建筑房地产法律实务丛书

专业律师累积数年实务经验
打造房地产领域常见问题解决之道

房地产全程
法律解读和风险防控

|第二版|

余水生 著

Real Estate Legal Counsel

房地产法律顾问

法律出版社 LAW PRESS·CHINA

第二版说明

2015年，本书第一版由法律出版社出版。由于本书的体系性、完整性、创新性、实践性，受到广泛的欢迎和好评，并数次重印，产生了较大的影响。本书第一版出版5年多来，我国房地产领域的立法和司法实践又有了一定的发展。2020年5月28日，十三届全国人大三次会议表决通过了《民法典》，自2021年1月1日起施行。为贯彻实施《民法典》，最高人民法院组织全面清理司法解释及相关规范性文件。2020年12月29日，最高人民法院发布首批司法解释，其中多部司法解释涉及房地产。除了典型案例或者引述中涉及的旧法律、法规及司法解释无法修改之外，为更好地适应当前的实际需要，笔者对本书进行了全面改版并交付出版。

本书第二版注意反映近年来我国房地产立法和理论研究的发展变化，注意反映近年来司法实践中新的情况和案例，注意融合近年来笔者新的心得和经验，也特别注意纠正第一版存在的错误和缺陷。第一，感谢广大读者的关心和厚爱，笔者对读者提出的疑问和笔误在第二版中逐一做了修正。第二，笔者针对第一版存在的不足和缺陷，从体系、内容等方面全方位地对本书进行改版。第三，针对近年来新颁布和修改的房地产领域的法律、法规、规章、政策以及各级法院指导文件，笔者对法条逐一做了修改和完善。第四，针对近年来人民法院公布的案例，笔者从中挑选一批具有典型意义的新案例，进一步调整和充实了本书的案例。第五，笔者近年来在律师执业中逐步积累了一些新的心得和经验，并在系统研究和整理的基础上融合进了第二版。法律出版社的有关领导和编辑对本书的修订和及时出版非常重视并予以鼎力支持，家人蔡秀静、余弘毅、余瑞琦的理解和鼓励，在此一并表示衷心感谢！

二〇二一年一月于北京

前　言

房地产业是国民经济的支柱产业，为我国经济的快速增长作出了重要贡献，在国计民生中发挥着举足轻重的作用。基于房地产业在国民经济中的重要地位和作用，其一直是国家立法规范和国家宏观政策调控的重点对象。我国以宪法为核心，以法律为主干，包括行政法规、地方性法规等规范性文件在内，由七个法律部门、三个层次法律规范构成的中国特色社会主义法律体系已经基本形成。作为中国特色社会主义法律体系的组成部分，在房地产领域形成了以《民法典》《土地管理法》《城市房地产管理法》《建筑法》《招标投标法》等为核心、系列行政法规并列、诸多行政规章及标准规范相补充的房地产法律体系。

房地产业是资源密集型产业，具有投资规模大、建设周期长、能源消耗高、关联度强等特点。相对其他行业，房地产业受国家法律的规范和宏观政策的调控更广，其面临的法律风险更多。综观房地产企业面临的众多风险，法律风险管理作为企业风险管理的主要组成部分，对于企业的经营安全和可持续发展起着不可替代的作用，可谓"房地产法律规则博大精深，房地产法律实务纷繁复杂"。无论是对于法律工作者，还是对于房地产业的从业者来说，深入研究房地产法律，进而防控房地产法律风险，具有重大的实践意义和较高的实用价值。笔者作为一名法律工作者，长期从事房地产领域的经营管理和法律实务，一直致力于房地产法律的理论研究及实践。在这个过程中，逐步积累了一些心得和经验，并在系统研究和整理的基础上编写了《土地法律顾问：土地全程法律解读和风险防控》《房地产法律顾问：房地产全程法律解读和风险防控》《建筑法律顾问：建设工程全程法律解读和风险防控》，基本涵括了房地产法律实务的方方面面。相比而言，本书具有以下特点：

（一）全面系统注重体系创新

从本书的体系来看，主要分房地产开发、房地产交易、房地产金融及财税、物业服务四编，在编之下又进一步细分二十六个专题：(1)房地产开发编分五个专题：开发企业、外商投资、合作开发、股权转让、项目转让；(2)房地产交易编分十二个专题：商品房代理销售、商品房销售方式、房地产广告、商品房买受人、商品房认购、商品房预/现售、商品房买卖合同、商品房买卖合同条款、期房转让、二手房买卖、房屋租赁、房屋租赁的特殊规则；(3)房地产金融及财税编分三个专题：按揭贷款、开发贷款、房地产税收；(4)物业服务编分六个专题：物业服务企业、业主及业主大会、前期物业管理、物业管理、建筑物区分所有权、物业使用和维护。从每一专题的内容来看,又统一分为法律解读、法律风险提示及防控、典型案例、法律链接四个部分。

(二)密切关注最新立法动态

房地产法律易受国家宏观调控政策的影响,具有灵活、易变的特点。本书始终关注房地产领域的最新立法和理论研究的前沿,特别是近年来相继出台的立法。在房地产立法方面,本书涵括与房地产相关的全国人大制定的法律、国务院制定的行政法规、国家部委制定的行政规章、地方人大制定的地方法规、地方政府制定的地方规章;在国家政策方面,本书始终把握近20多年来国家发布的一系列与房地产相关的国家宏观调控政策;在法院审判实践方面,本书涵括最高人民法院发布的与房地产相关的司法解释,各地高级、中级人民法院发布的与房地产相关的意见、纪要等,并选择最高人民法院公报和中国法院网中与房地产相关的案例作为参考案例。

(三)注重理论和实践的结合

法律理论源于法律实践,法律理论指导法律实践,法律理论随法律实践的发展而发展。房地产法律的研究必须坚持理论与实践的统一。本书十分注重理论和实践的结合,在内容安排上坚持了理论和实践相结合的精神,每一专题的法律解读部分主要倾向于法理层面的研究,法律风险提示及防控、典型案例、法律链接部分则更多关注法律实务方面的操作。法律解读部分侧重介绍每一主体的基础法律知识、基本法律理论问题;法律风险提示及防控部分侧重从法律责任的角度介绍每一专题的法律风险,进而从实务操作角度介绍每一专题法律风险的防控;典型案例部分侧重介绍人民法院审判的具有典型意义的房地产案例;法律链接部分侧重介绍与每一专题相关的法律、法规、规章、司法解释、审判意见。

笔者受自身学识、专业和经验的局限,本书不足、缺漏、错误之处在所难免,希望广大读者能够不吝赐教,共同推动房地产法律的理论研究和实践工作。

简　　目

目　录

导论:房地产法律和政策体系

《企业法律风险管理指南》将企业法律风险定义为:"企业法律风险是指基于法律规定、监管要求或合同约定,由于企业外部环境及其变化,或企业及其利益相关者的作为或不作为,对企业目标产生的影响。"[①]可见,房地产法律风险主要来源于法律的规定和合同的约定。法律和政策同为房地产宏观调控手段,法律是硬性调控手段,政策是软性引导手段。因此,有必要深入研究房地产法律及政策,进而防控房地产法律风险。

一、房地产法律体系

(一)房地产法的调整范围

房地产法的调整范围,也就是房地产法的规范事项。房地产法是调整房地产关系的法律规范的总称。因此,房地产法的调整范围就是房地产关系。所谓房地产关系,是指在房地产所有、开发、使用、管理等过程中所形成的房地产权属、开发、经营、使用、交易、服务、管理等与房地产相关的各种社会关系。[②] 房地产法律关系种类繁多,性质各异。有的学者将房地产关系划分为房地产民事关系、房地产经济行政关系、房地产社会保障关系。[③] 也有的学者将房地产关系划分为房地产民事关系、房地产行政关系、房地产经济关系、房地产社会保障关系。[④] 房地产法律关系可以分为:平等主体之间的房地产民事关系;非平等主体之间的房地产行政管理关系、经济关系、社会保障关系。

(二)房地产法律体系

法律体系,是指由一国现行全部法律规范按照不同的法律部门分类组合形成的有机统一体。[⑤] 房地产法律体系,是指由我国现行的与房地产相关的各项法律、行政法规、司法解释、地方性法规、自治条例、单行条例、部门规章和地方政府规章等组成的有机联系的统一整体。从立法效力等级上看,房地产法律规范可以分为:

1. 宪法。《宪法》对于房地产作出了原则性规定。例如,《宪法》第十条的规定。《宪法》具有最高的法律效力,无论是房地产立法或执法都必须遵循宪法规定的原则。

2. 房地产法律。房地产法律,是指由全国人民代表大会及其常务委员会通过、由国家主席签署主席令予以公布的规范房地产的法律规范。例如,《民法典》《城市房地产管理法》《土地管理法》。

---

① 参见《企业法律风险管理指南》(GB/T 27914－2011)3. 术语和定义。

② 房绍坤:《房地产法》,北京大学出版社 2011 年版,第 8～9 页。

③ 李延荣、周珂:《房地产法》,中国人民大学出版社 2008 年版,第 37～38 页。

④ 於向平、邱艳:《房地产法律制度研究》,北京大学出版社 2004 年版,第 6～8 页。

⑤ 吕鹤云、黄新民:《法学概论》,高等教育出版社 2014 年版,第 18 页。

3.房地产行政法规。房地产行政法规，是指由国务院根据宪法和法律制定、由总理签署国务院令予以公布的规范房地产的各项法规。例如，《城市房地产开发经营管理条例》《物业管理条例》《不动产登记暂行条例》。

4.房地产行政规章。房地产行政规章，是指房地产行政主管部门按照国务院规定的职权范围，独立或同国务院有关部门联合，根据法律和国务院的行政法规、决定、命令制定，由房地产行政主管部门负责人签署部令予以公布的规范房地产的各项行政规章。例如，《商品房销售管理办法》《城市商品房预售管理办法》《商品房屋租赁管理办法》。

5.房地产司法解释。房地产司法解释，是指最高人民法院对房地产审判工作中具体应用法律所作的具有普遍司法效力的解释。例如，最高人民法院公布的《关于审理商品房买卖合同纠纷案件适用法律若干问题的解释》《关于审理涉及国有土地使用权合同纠纷案件适用法律问题的解释》《关于审理建筑物区分所有权纠纷案件适用法律若干问题的解释》《关于审理城镇房屋租赁合同纠纷案件具体应用法律若干问题的解释》。

6.房地产地方性法规、规章。房地产地方性法规、规章，是指依法由有地方立法权的地方人大及其常委会、人民政府所制定的房地产地方性法规、地方性规章。例如，《广东省房地产开发经营条例》《上海市住宅物业管理规定》《上海市土地使用权出让办法》。

近年来，我国颁布了大量与房地产相关的法律、行政法规、行政规章，虽然形成了以《民法典》《土地管理法》《城市房地产管理法》《建筑法》《招标投标法》等为核心、系列行政法规并列、诸多行政规章相补充的房地产法律体系，但是立法体系有待进一步完善、立法质量有待进一步提高。我国房地产法律体系存在的主要问题可以概括为“残缺不全”“律出多门”“效力偏低”“交叉重复”“混乱不清”。

二、房地产宏观调控政策

政策是国家或者政党为实现一定历史时期的任务和执行其路线而制定的活动准则和行为规范。政策包括国家政策和政党政策。[①] 宏观调控，是指国家运用计划、法规、政策、道德等手段，对经济运行状态和经济关系进行干预和调整，把微观经济活动纳入国民经济宏观发展轨道，及时纠正经济运行中的偏离宏观目标的倾向，以保证国民经济的持续、快速、协调、健康发展。房地产宏观调控，是指国家运用经济、法律和行政等手段，从宏观上对房地产业进行指导、监督、调节和控制，促进房地产市场总供给与总需求、供给结构与需求结构的平衡与整体优化，实现房地产业与国民经济协调发展的管理活动。房地产宏观调控政策是房地产宏观调控的手段之一，也是我国最经常使用的手段。由于房地产市场的复杂性，国家在对房地产市场采取鼓励或者限制手段时往往采取“组合拳”的形式，即同时采用法律、金融、财税、计划、行政等调控手段。

1986—1998 年，是中国房地产市场的萌芽和起步阶段。自 1986 年住房改革开始，经过 1992 年房地产热潮的兴起和泡沫的破灭，国家对房地产主要是采取扶持的态度，尚未开始对房地产市场进行宏观调控。1998—2002 年，是房地产宏观调控初步介入阶段，房地产业在规范中稳步发展。国家吸取了第一轮房地产泡沫破灭的教训，开始谨慎展开宏观调控，政策导向还是以规范市

① 房绍坤：《房地产法》，北京大学出版社 2011 年版，第 14 页。

场为主,兼有部分鼓励政策。从2003年开始,进入房地产宏观调控密集期。截至目前,根据国家对房地产市场采取鼓励或者限制的不同态度,大致可以分为以下五个阶段:

第一阶段:为房地产业正名(2003—2004年)。这一阶段,随着各大城市房价进入上涨通道,国家对房地产的态度由支持转为警惕,宏观调控开始转向以稳定房价为目标。2003年8月12日,国务院下发《关于促进房地产市场持续健康发展的通知》(国发〔2003〕18号,简称"18号文件"),开启了楼市调控的序幕。2003年7月18日,国务院办公厅发出《关于暂停审批各类开发区的紧急通知》(国办发明电〔2003〕30号)。2003年7月30日,国务院办公厅发出《关于清理整顿各类开发区加强建设用地管理的通知》(国办发〔2003〕70号)。2003年7月31日,国务院召开全国进一步治理整顿土地市场秩序电视电话会议。2003年8月8日,国务院责成国土资源部等五部委联合组成十个督察组,对全国31个省(区、市)的土地市场进行督查。2003年11月3日,国务院发出《关于加大工作力度进一步治理整顿土地市场秩序的紧急通知》(国发明电〔2003〕7号)。截至2003年年底,国土资源部宣布全国已撤销各类开发区2426个,整合294个,基本刹住了开发区"圈地"之风。

第二阶段:降温(2005—2008年)。2005年4月27日,国务院常务会议分析当前房地产市场形势,研究进一步加强房地产市场宏观调控问题。2005年3月26日,国务院出台《关于切实稳定住房价格的通知》(国办发明电〔2005〕8号,简称"老国八条"),提出稳定住房价格的八点意见。2005年5月9日,国务院办公厅《转发建设部等部门关于做好稳定住房价格工作意见的通知》(国办发〔2005〕26号,简称"新国八条"),提出做好稳定住房价格工作的八点意见。2006年5月,国务院办公厅转发《建设部等部门关于调整住房供应结构稳定住房价格意见的通知》(国办发〔2006〕37号,简称"国六条"),提出六点措施。

第三阶段:紧急救市(2008年下半年—2009年)。2008年9月15日,美国第四大投资银行雷曼兄弟宣布破产,次贷危机升级为全球性金融危机。为应对全球性金融危机对中国经济的冲击,自2008年9月起,国家开始推行一系列促进房地产市场繁荣发展的政策,房地产宏观调控拐点再现。2008年11月10日,国务院召开省区市人民政府和部门主要负责同志会议,提出要促进房地产市场平稳健康发展,继续整顿房地产市场秩序,规范市场交易。2008年12月8日,国务院办公厅下发《关于当前金融促进经济发展的若干意见》(国办发〔2008〕126号)。2008年12月20日,国务院办公厅下发《关于促进房地产市场健康发展的若干意见》(国办发〔2008〕131号)。2009年12月14日,国务院常务会议为"遏制房价过快上涨",提出四大举措,简称"国四条"。

第四阶段:全面加码(2010—2013年)。2009年12月至2013年,国务院先后五次常务会议研究房地产市场调控。2010年1月7日,国务院办公厅下发《关于促进房地产市场平稳健康发展的通知》(国办发〔2010〕4号,简称"国十一条")。2010年4月14日,国务院常务会议研究部署遏制部分城市房价过快上涨的政策措施,提出四条措施(简称新"国四条")。2011年1月26日,国务院办公厅下发《关于进一步做好房地产市场调控工作的有关问题的通知》(国办发〔2011〕1号,简称"新国八条")。2012年1月31日、4月13日,国务院常务会议提出坚持房地产调控政策不动摇。2012年7月开始,国务院分别派出8个督察组赴16个省(市)了解调控政策落实情况。2012年12月4日,中央政治局会议指出加强房地产市场调控和住房保障工作,强化社会服务和管理,维护社会和谐稳定。2013年2月20日,国务院常务会议出台楼市调控"新国五条"。2013年2月26日,国务院办公厅下发《关于继续做好房地产市场调控工作的通知》(国办发〔2013〕17号),作为"新国五条"细则。2013年11月,中共中央十八届三中全会审议通过了《关于全面深化改革若干重大问题的决定》,强调市场的决定作用,促房地产长效机制建立健全,明确提出:"建立城乡统一的建设用地市场。在符合规划和用途管制前提下,允许农村集体经营性建设用地出让、租赁、入股,实行与国有土地同等入市、同权同价。"十八届三中全会后,上海、广州、武汉等城市相继推出新一轮调控政策,主要内容为收紧限购政策及加大土地供应,楼市调控由一二线城市向二三线城市扩围。

第五阶段:全面刺激和紧急收紧(2014年至今)。2014年是中国房地产市场调控政策的"拐点"。短短4年多经历了从刺激到紧急收紧两种调控方向,也经历了从全国一盘棋到"因城施策"、探索建立长效机制、构建住房制度的转变过程。本轮调控周期经历"5个调控阶段,4次刺激,1次收紧,2个调控目标"。这一阶段,经历了全面刺激(2014年3月30日起)和紧急收紧(2016年9月30日起)两种调控方向,几乎动用了政策工具箱里的所有工具。这一阶段,房地产调控的目标只有两个:避免过热和防止过冷。2016年2月17日以前在于防止过冷,2016年9月30日以后在于避免过热。

(1)2014年9月30日:宽松重启。在"稳增长+去库存"诉求下,2014年6月起非一线城市限购陆续取消,市场却反应平淡。9月30日,以放松限贷为特点的全国性宽松开启:二套房认定标准由"认房又认贷"改为"认贷不认房",同年11月央行重启降息。

(2)2015年3月30日:宽松加码。市场无明显复苏迹象,地产投资降至冰点。3月30日五部委将二套房首付比例降至40%、出售房屋营业税免征年限由5年缩短至2年。降低首付比例直接提高了居民杠杆水平,营业税减免优惠刺激了居民换房热情,此后央行3次降息、2次降准,全面宽松就此开始。

(3)2015年9月30日:全面宽松。由于库存仍处高位,9月30日,四部委再出两项新政,将非限购城市首套商贷首付比降至25%;同时提高公积金贷款额度、全面推行异地贷。此后商贷首套首付比又降至20%,二套首付比降至30%,央行再度降息降准各1次,利率优惠叠加低首付,信贷处于全面宽松状态。同时,2015年12月中央经济工作会议提出供给侧改革五大任务之"去库存",棚改货币化力度加大,一二线城市房地产市场启动。

(4)2016年2月17日:最后一击。热点城市复苏明显,区域分化显著。2月27日,下调房屋交易环节契税,是本轮调控的最后一项重大全国性政策,四招"刺激组合拳"出尽,一二线城市房地产市场全面启动并迅速向三四五线城市蔓延。

(5)2016年9月30日:回归本源。热点城市房价上涨引起中央警惕,2016年9月30日之后北京等16个热点城市推出楼市新政,调控全面转向。至此开始,房地产紧缩力度空前,"限购、限贷、限售、限价、限土拍、限商改住"六限推进,房地产融资全面收紧。在限购方面,截至2018年6月,限购城市有:一线4城、二线23城、三四线25城。在限售方面,限售城市从热点一二线城市向三四线城市蔓延,截至2018年6月已有50余城实施限售。在限价方面,2016年3月苏州推出"限价"政策后,多个城市效仿对预售证价格进行管制,目前公开出台限价政策的城市有31个。

在限土拍方面,为抑制土地市场热度和地价倒逼房价上涨的现象,热点城市陆续出台土地调控措施,从拿地规则、资金来源、保证金及付款期限、预售管理等方面进行限制,拿地门槛提高。在限商改住方面,商业、办公类项目陆续受到严监管,北京、上海、广州、深圳、南京、成都、东莞、温州、重庆等城市发文限制商改住。

展望未来房地产调控,调控影响短期波动,住房制度才是决定房地产市场平稳健康的根本。未来从供给着手,从短期行政政策过渡到长效机制建设、从行政手段过渡到经济手段、从商品属性为主过渡到构建强调居住属性的住房制度为主非常重要。在"房子是用来住的,不是用来炒的"旗帜指引下,建立"多主体供应、多渠道保障、租购并举的住房制度"将是住房制度改革的新方向。

Chapter 1 房地产开发编

对于房地产的概念存在不同的理解。有学者认为，房地产是指土地、土地权益以及地上建筑物、构筑物等房屋的总称。[1] 有学者认为，房地产是房产和地产的总称（通称），与不动产具有相同的含义。[2] 也有学者认为，房地产是土地财产、土地上的房屋财产及其衍生的房地产权益的总称。[3] 房地产是由房产和地产结合而成的。房产，是指在法律上有明确所有权权属关系的房屋财产，即通常意义上的房屋。《城市房地产管理法》第二条第二款规定："本法所称房屋，是指土地上的房屋等建筑物及构筑物。"地产，是指土地及其相关权益。房地产作为不动产的一种，具有固定性、非损耗性、保值和增值性、差异性、有限性等特点。

《城市房地产管理法》第二条第三款规定："本法所称房地产开发，是指在依据本法取得国有土地使用权的土地上进行基础设施、房屋建设的行为。"《城市房地产开发经营管理条例》第二条规定："本条例所称房地产开发经营，是指房地产开发企业在城市规划区内国有土地上进行基础设施建设、房屋建设，并转让房地产开发项目或者销售、出租商品房的行为。"房地产开发，通常是指房地产开发企业以营利为目的的开发，包括从立项、取得土地使用权、土地开发、工程建设、房屋销售等房地产开发经营行为。房地产开发可以分为土地开发和房屋开发。土地开发，是指将不具备基本建设条件的土地通过场地平整等基础建设，改变为可供建设使用的土地的行为，即通常所说的将"生地"建设为"熟地"。经过开发后的土地达到基本建设条件有"三通一平""五通一平""七通一平"等状态。房屋开发，是指在具备基本建设条件的土地上修建房屋及其附属物的行为。

从体系上讲，本书主要研究房地产开发及其相关问题，本编主要研究房地产开发的问题。因此，本编具有基础性地位。其中，房地产开发企业、外商投资房地产与房地产开发的主体相关，合作开发房地产、房地产公司股权转让、房地产开发项目转让与房地产开发项目并购相关，即与房地的核心问题建设用地使用权的获取相关。

---

① 房绍坤：《房地产法》（第4版），北京大学出版社2011年版，第1～2页。

② 符启林：《房地产法》（第4版），法律出版社2009年版，第1页。

③ 陈耀东：《房地产法》（第2版），复旦大学出版社2009年版，第5页。

专题一 房地产开发企业

房地产开发企业是房地产开发和经营的实施主体。我国法律对房地产开发和经营主体的限制较多,对房地产开发企业实行严格的资质管理制度。因此,本专题主要研究房地产开发企业的法律解读和风险防控问题。

PART 1:房地产开发企业的法律解读

法律解读1 房地产开发企业的资质

根据《城市房地产管理法》第三十条第一款的规定,房地产开发企业是以营利为目的,从事房地产开发和经营的企业。根据《城市房地产开发经营管理条例》和《房地产开发企业资质管理规定》的规定,房地产开发主管部门应当根据房地产开发企业的资产、专业技术人员和开发经营业绩等,对备案的房地产开发企业核定资质等级。房地产开发企业应当按照核定的资质等级,承担相应规模的房地产开发项目。未取得房地产开发资质等级证书的企业,不得从事房地产开发业务。

法律解读2 房地产开发企业资质等级

(一)房地产开发企业资质改革

2021年5月19日,国务院下发《关于深化"证照分离"改革进一步激发市场主体发展活力的通知》(国发〔2021〕7号),决定在全国范围内推行"证照分离"改革全覆盖,并在自由贸易试验区加大改革试点力度。依据通知的相关规定,房地产开发企业资质由四级调整为两级,取消三级、四级资质,相应调整二级资质的许可条件。

依据该通知附件1《中央层面设定的涉企经营许可事项改革清单(2021年全国版)》第17、18项的规定,将房地产开发企业资质由四级调整为两级,取消三级、四级资质,相应调整二级资质的许可条件。加强事中事后监管措施:(1)开展"双随机、一公开"监管,依法查处违法违规行为并公开结果。(2)加强信用监管,依法依规对失信主体开展失信惩戒。(3)发挥行业协会自律作用。

依据该通知附件1《中央层面设定的涉企经营许可事项改革清单(2021年全国版)》第187、188项的规定,决定优化房地产开发企业一级、二级资质核定审批服务。具体改革措施为:(1)精简申报资料,不再要求申请人提供法定代表人和高级管理人员任职文件、身份证及专业管理人员劳动合同、上一年度财务报告、近三年房地产开发统计年报基层表、项目《房地产开发项目手册》及在建项目进度说明等,对于能与登记注册、社会保险缴纳实现共享的信息,不再要求企业重复提供;(2)依托全国一体化政务服务平台身份认证、数据共享、电子印章、电子证照等基础支撑,按照"一网通办"要求办理房地产开发企业资质核定工作,全面实行电子化评审。加强事中事后监管措施:(1)开展"双随机、一公开"监管,依法查处违法违规行为并公开结果;(2)加强信用监管,依法依规对失信主体开展失信惩戒;(3)发挥行业协会自律作用。

依据该通知附件2《中央层面设定的涉企经营许可事项改革清单(2021年自由贸易试验区版)》第32项的规定,决定在自由贸易试验区对房地产开发企业二级资质核定实行告知承诺。具体改革措施为:制作并公布告知承诺书格式文本,一次性告知申请人许可条件和所需材料,对申请人自愿承诺符合许可条件并按要求提交材料的,当场作出许可决定。加强事中事后监管措施:(1)开展"双随机、一公开"监管,对企业履行承诺情况进行监督检查,依法查处违法违规行为并公开结果;(2)加强信用监管,依法依规对失信主体开展失信惩戒;(3)发挥行业协会自律作用。

(二)房地产开发企业资质登记条件

房地产开发企业按照企业条件分为两个资质等级,各等级的条件具体可参见住房和城乡建设部颁布的《房地产开发企业资质管理规定》的相关规定。

(三)资质等级的审批

暂定资质证书、资质等级的申请、资质等级的分级审批等内容可参见住房和城乡建设部颁布的《房地产开发企业资质管理规定》的相关规定。

(四)各资质等级企业承担的房地产项目范围

一级资质的房地产开发企业承担房地产项目的建设规模不受限制,可以在全国范围内承揽房地产开发项目;二级资质的房地产开发企业的建设规模可参见住房和城乡建设部颁布的《房地产开发企业资质管理规定》的相关规定。

(五)资质等级证书的年检、变更、注销、吊销、降级和收回

资质等级证书的年检、变更、注销、吊销、降级和收回可参见住房和城乡建设部颁布的《房地产开发企业资质管理规定》的相关规定。

法律解读3　房地产开发企业的设立条件

(一)房地产开发企业可以采用有限责任公司,或者股份有限公司,但两者的设立条件不同

1. 根据《公司法》第二十三条的规定,设立有限责任公司,应当具备下列条件:(1)股东符合法定人数;(2)有符合公司章程规定的全体股东认缴的出资额;(3)股东共同制定公司章程;(4)有公司名称,建立符合有限责任公司要求的组织机构;(5)有公司住所。

2. 根据《公司法》第七十六条的规定,设立股份有限公司,应当具备下列条件:(1)发起人符合法定人数;(2)有符合公司章程规定的全体发起人认购的股本总额或者募集的实收股本总额;(3)股份发行、筹办事项符合法律规定;(4)发起人制订公司章程,采用募集方式设立的经创立大会通过;(5)有公司名称,建立符合股份有限公司要求的组织机构;(6)有公司住所。2013年10月25日,国务院常务会议明确放宽注册资本登记条件,不再限制公司设立时股东(发起人)的首次出资比例和缴足出资的期限。

（二）设立房地产开发企业，除必须符合《公司法》规定的一般条件之外，还应符合房地产法律、行政法规规定的特殊条件

根据《城市房地产管理法》第三十条第一款的规定，设立房地产开发企业，应当具备下列条件：(1)有自己的名称和组织机构；(2)有固定的经营场所；(3)有符合国务院规定的注册资本；(4)有足够的专业技术人员；(5)法律、行政法规规定的其他条件。《城市房地产开发经营管理条例》第五条规定："设立房地产开发企业，除应当符合有关法律、行政法规规定的企业设立条件外，还应当具备下列条件：（一）有100万元以上的注册资本；（二）有4名以上持有资格证书的房地产专业、建筑工程专业的专职技术人员，2名以上持有资格证书的专职会计人员。省、自治区、直辖市人民政府可以根据本地方的实际情况，对设立房地产开发企业的注册资本和专业技术人员的条件作出高于前款的规定。"

有些地方对注册资本、专业技术人员作出更高的要求，需要特别关注。虽然《房地产开发企业资质管理规定》删除关于注册资本的规定，但是需要关注实践中各地对于房地产注册资本的规定。

法律解读4 房地产开发企业资质的性质

我国房地产开发企业资质主要是从政府行政管理角度作出的规定，属于行政许可法的调整范围。房地产开发企业资质是一种准入性的行政许可制度，是对从事房地产的主体进入市场的准入性资格审查。《行政许可法》第二条规定："本法所称行政许可，是指行政机关根据公民、法人或者其他组织的申请，经依法审查，准予其从事特定活动的行为。"根据《行政许可法》的上述规定，结合我国行政法学界近年来的研究成果，我们可以对行政许可的概念作如下界定：行政许可，是指在法律规范一般禁止的情况下，行政主体根据行政相对人的申请，经依法审查，通过颁发许可证或者执照等形式，依法作出准予或者不准予特定的行政相对人从事特定活动的行政行为。《行政许可法》实际上是将行政许可分为一般（普通）许可、特许、认可、核准、登记五类。[①] 房地产开发企业资质许可可以归入一般（普通）许可这一类型。

PART 2：房地产开发企业的法律风险提示及防控

法律风险提示1

（一）房地产开发企业与《公司法》相关的法律风险

根据《公司法》《公司登记管理条例》的规定，在公司设立过程中需要承担的行政责任主要有：

1. 虚报注册资本，取得公司登记的，由公司登记机关责令改正，处以虚报注册资本金额5%以上15%以下的罚款；情节严重的，撤销公司登记或者吊销营业执照。

---

① 姜明安：《行政法与行政诉讼法》（第5版），北京大学出版社、高等教育出版社2011年版，第228～230页。

2. 提交虚假材料或者采取其他欺诈手段隐瞒重要事实,取得公司登记的,由公司登记机关责令改正,处以5万元以上50万元以下的罚款;情节严重的,撤销公司登记或者吊销营业执照。

3. 公司的发起人、股东虚假出资,未交付或者未按期交付作为出资的货币或者非货币财产的,由公司登记机关责令改正,处以虚假出资金额5%以上15%以下的罚款。

4. 公司的发起人、股东在公司成立后,抽逃出资的,由公司登记机关责令改正,处以所抽逃出资金额5%以上15%以下的罚款。①

5. 房地产法律还规定:未取得营业执照擅自从事房地产开发业务的,由县级以上人民政府市场监督管理部门责令停止房地产开发业务活动,没收违法所得,可以并处罚款(《城市房地产开发经营管理条例》规定可以并处违法所得5倍以下的罚款)。②

(二)房地产开发企业与开发资质相关的法律风险

1. 行政法律责任

(1)《城市房地产管理法》第六十五条规定:"违反本法第三十条的规定,未取得营业执照擅自从事房地产开发业务的,由县级以上人民政府工商行政管理部门责令停止房地产开发业务活动,没收违法所得,可以并处罚款。"《城市房地产开发经营管理条例》第三十三条规定:"违反本条例规定,未取得营业执照,擅自从事房地产开发经营的,由县级以上人民政府工商行政管理部门责令停止房地产开发经营活动,没收违法所得,可以并处违法所得5倍以下的罚款。"

(2)《城市房地产开发经营管理条例》第三十四条规定:"违反本条例规定,未取得资质等级证书或者超越资质等级从事房地产开发经营的,由县级以上人民政府房地产开发主管部门责令限期改正,处5万元以上10万元以下的罚款;逾期不改正的,由工商行政管理部门吊销营业执照。"

(3)《房地产开发企业资质管理规定》第二十一条规定:"企业有下列行为之一的,由原资质审批部门公告资质证书作废,收回证书,并可处以1万元以上3万元以下的罚款:(一)隐瞒真实情况、弄虚作假骗取资质证书的;(二)涂改、出租、出借、转让、出卖资质证书的。"

(4)《商品房销售管理办法》第三十七条规定:"未取得房地产开发企业资质证书,擅自销售商品房的,责令停止销售活动,处5万元以上10万元以下的罚款。"

2. 民事法律责任

《最高人民法院关于审理涉及国有土地使用权合同纠纷案件适用法律问题的解释》第十三条规定:"合作开发房地产合同的当事人一方具备房地产开发经营资质的,应当认定合同有效。当事人双方均不具备房地产开发经营资质的,应当认定合同无效。但起诉前当事人一方已经取得房地产开发经营资质或者已依法合作成立具有房地产开发经营资质的房地产开发企业的,应当认定合同有效。"我国法律所规定的房地产开发经营资质主要是行政管理措施,除合作开发房地产合同之外,除非法律、行政法规有明确规定,开发商在未取得房地产开发经营资质情况下签

① 参见《公司法》第一百九十八条至第二百条、《公司登记管理条例》第六十四条至第六十七条。

② 参见《城市房地产管理法》第六十五条、《城市房地产开发经营管理条例》第三十四条、《商品房销售管理办法》第三十六条。

订的其他合同,不宜认定为无效。

法律风险防控1

(一)房地产开发企业设立中的公司法律风险防控

在房地产开发企业的设立中,需要遵守公司法律、行政法规的相关规定,特别注意公司设立中容易发生的法律风险。

(二)房地产开发企业资质法律风险防控

1. 房地产开发企业应避免无资质等级证书从事房地产开发经营的法律风险

(1)新设立的房地产开发企业要在领取工商营业执照之日起30日内,到房地产开发主管部门备案并领取《暂定资质证书》;

(2)房地产开发企业应该在暂定资质证书有效期满前1个月内及时向房地产开发主管部门申请核定资质;

(3)房地产开发企业应该在资质到期前向房地产开发主管部门办理新的资质证书;

(4)在日常经营管理中,要指定专人负责房地产开发资质证书的管理,做好资质证书的申报、核定、年检、延期等工作,保证企业存续期间资质合法、有效,避免资质无效、过期等情形的发生。

2. 房地产开发企业应避免超越资质等级从事房地产开发经营的法律风险

各资质等级企业应当在规定的业务范围内从事房地产开发经营业务,不得越级承揽业务。房地产开发企业的资质等级是与开发规模相挂钩的,这主要体现在两个方面:

(1)资质等级的核定与房屋建筑面积累计竣工面积或者累计完成与此相当的房地产开发投资额相挂钩;

(2)资质等级与可承担房地产项目的建设规模相挂钩。

因此,房地产开发企业在新开项目时,应选择具备相应开发资质等级的企业作为开发企业。为承揽更大规模的项目、获取开发贷款,房地产开发企业应注意积累开发业绩,在符合相应条件时应及时申报更高等级的开发资质。

PART 3:房地产开发企业的典型案例

典型案例1

盐城港口集团有限公司与盐城市馨安房地产开发有限公司
合作开发房地产合同纠纷案

一审法院:盐城市中级人民法院(2009)盐民一初字第0014号

二审法院:江苏省高级人民法院(2009)苏民终字第0280号

二审观点

(一)关于盐城港口集团有限公司(以下简称港口公司)与盐城市馨安房地产开发有限公司(以下简称馨安公司)之间法律关系的性质及效力问题

港口公司与馨安公司就涉案地块进行合作开发,明确了具体合作事宜,协议内容反映,双方系合作开发房地产关系。《最高人民法院关于审理涉及国有土地使用权合同纠纷案件适用法律问题的解释》第十五条规定:“合作开发房地产合同的当事人一方具备房地产开发经营资质的,应当认定合同有效。当事人双方均不具备房地产开发经营资质的,应当认定合同无效。但起诉前当事人一方已经取得房地产开发经营资质或者已依法合作成立具有房地产开发经营资质的房地产开发企业的,应当认定合同有效。”因此,虽然房地产开发也存在市场准入的要求,但合作双方只要有一方具有资质即可。法律作此规定主要系考虑房地产开发可能对广大消费者的利益和社会稳定带来的影响,故房地产开发必须有一方具备开发资质。本案中馨安公司具备房地产开发资质,其与港口公司的合作符合法律规定,至于其内部利润怎么分配、盈亏怎么承担完全取决于双方的意思表示,对国家、社会并无实质性不利影响。因此,原审法院认定双方的合同无效缺乏法律依据。

(二)关于协议应否继续履行的问题

本案双方当事人在协议尚未完全履行前即产生矛盾,现港口公司坚决要求解除协议,而馨安公司则要求继续履行。二审认为,根据《合同法》第九十三条、第九十四条的规定,当事人可以协商解除合同,或在约定的解除条件成就,或法定解除条件出现时,当事人可以解除合同。现港口公司在诉讼中提出,馨安公司在土地过户后对项目开发自行其是,不按其要求开展工作,不通报项目情况,侵犯港口公司对项目重大事项的决定权和知情权,存在重大违约,但不能提供充分证据予以证实。因此,港口公司主张馨安公司有重大违约行为的理由缺乏依据。港口公司要求解除合同并不符合法律规定的条件。但考虑到合作开发房地产兼具资合和人合的特点,在目前情况下,双方当事人因缺乏信赖已不具备继续合作的基础,且合作尚未真正履行,故判令双方继续履行合同并无实质意义。因此,根据《合同法》第一百一十条的规定,二审不支持馨安公司要求继续履行合同的请求,依法判决双方合同予以解除。合同解除后,馨安公司宜将土地返还港口公司。对港口公司要求馨安公司承担土地返还的过户费用、赔偿损失的诉请,因本案合作协议的解除并非基于馨安公司的违约行为所致,故对港口公司的诉请不予支持。如馨安公司认为港口公司解除合同的行为致其遭受损失可另行主张。

典型案例2

青岛南方房地产开发有限公司与商丘市永安房地产开发有限公司、青岛南方房地产开发有限公司商丘分公司合作开发房地产合同纠纷案

一审法院：商丘市中级人民法院(2011)商民一初字第66号

二审法院：河南省高级人民法院(2012)豫法民一终字第115号

二审观点

关于永安公司与南方公司商丘分公司签订的《房地产联合开发合同》是否有效的问题。

国家建设部《房地产开发企业资质管理规定》第十八条规定："二级资质及二级资质以下的房地产开发企业可以承担建筑面积25万平方米以下的开发建设项目，承担业务的具体范围由省、自治区、直辖市人民政府建设行政主管部门确定。各资质等级企业应当在规定的业务范围内从事房地产开发经营业务，不得越级承担任务。"福源棚户区工程项目备案的开发建设面积为20.6万平方米，但该项目尚未经人民政府有关主管部门审批确定，且永安公司具有房地产开发企业三级资质，即使按上述面积开发建设，亦未超越其资质等级。永安公司与南方公司商丘分公司签订的联合开发合同未违反法律、行政法规的强制性规定，故南方公司关于永安公司超越资质等级与南方公司商丘分公司签订的联合开发合同无效的上诉理由无法律依据，不能成立，法院不予支持。

永安公司与南方公司商丘分公司签订的《房地产联合开发合同》约定，由南方公司商丘分公司负责前期开发手续的办理、项目用地的拆迁、安置及补偿等内容，永安公司负责建设及资金投入等内容，双方共同联合竞拍项目用地土地使用权，并分别取得开发项目10%和90%的利益分配。该合同围绕共同开发建设这一行为来设定双方的权利义务，亦无南方公司商丘分公司不承担经营风险、只收取固定利益的内容，故该合同性质为联合开发合同而非项目转让合同，南方公司关于该合同为无效的项目转让合同的上诉理由不能成立，法院不予支持。

PART 4：房地产开发企业的法律链接

法律链接

《中华人民共和国城市房地产管理法》(2019年8月26日修正)

第三十条 房地产开发企业是以营利为目的，从事房地产开发和经营的企业。设立房地产开发企业，应当具备下列条件：

(一)有自己的名称和组织机构；

(二)有固定的经营场所；

(三)有符合国务院规定的注册资本；

(四)有足够的专业技术人员;

(五)法律、行政法规规定的其他条件。

设立房地产开发企业,应当向工商行政管理部门申请设立登记。工商行政管理部门对符合本法规定条件的,应当予以登记,发给营业执照;对不符合本法规定条件的,不予登记。

设立有限责任公司、股份有限公司,从事房地产开发经营的,还应当执行公司法的有关规定。

房地产开发企业在领取营业执照后的一个月内,应当到登记机关所在地的县级以上地方人民政府规定的部门备案。

第三十一条 房地产开发企业的注册资本与投资总额的比例应当符合国家有关规定。

房地产开发企业分期开发房地产的,分期投资额应当与项目规模相适应,并按照土地使用权出让合同的约定,按期投入资金,用于项目建设。

第六十五条 违反本法第三十条的规定,未取得营业执照擅自从事房地产开发业务的,由县级以上人民政府工商行政管理部门责令停止房地产开发业务活动,没收违法所得,可以并处罚款。

《城市房地产开发经营管理条例》(2020年11月29日修订)

第五条 设立房地产开发企业,除应当符合有关法律、行政法规规定的企业设立条件外,还应当具备下列条件:

(一)有100万元以上的注册资本;

(二)有4名以上持有资格证书的房地产专业、建筑工程专业的专职技术人员,2名以上持有资格证书的专职会计人员。

省、自治区、直辖市人民政府可以根据本地方的实际情况,对设立房地产开发企业的注册资本和专业技术人员的条件作出高于前款的规定。

第六条 外商投资设立房地产开发企业的,除应当符合本条例第五条的规定外,还应当依照外商投资法律、行政法规的规定。

第七条 设立房地产开发企业,应当向县级以上人民政府工商行政管理部门申请登记。工商行政管理部门对符合本条例第五条规定条件的,应当自收到申请之日起30日内予以登记;对不符合条件不予登记的,应当说明理由。

工商行政管理部门在对设立房地产开发企业申请登记进行审查时,应当听取同级房地产开发主管部门的意见。

第八条 房地产开发企业应当自领取营业执照之日起30日内,提交下列纸质或电子材料,向登记机关所在地的房地产开发主管部门备案:

(一)营业执照复印件;

(二)企业章程;

(三)专业技术人员的资格证书和聘用合同。

第九条 房地产开发主管部门应当根据房地产开发企业的资产、专业技术人员和开发经营业绩等,对备案的房地产开发企业核定资质等级。房地产开发企业应当按照核定的资质等级,承担相应的房地产开发项目。具体办法由国务院建设行政主管部门制定。

第三十三条 违反本条例规定,未取得营业执照,擅自从事房地产开发经营的,由县级以上人民政府工商行政管理部门责令停止房地产开发经营活动,没收违法所得,可以并处违法所得5倍以下的罚款。

第三十四条 违反本条例规定,未取得资质等级证书或者超越资质等级从事房地产开发经营的,由县级以上人民政府房地产开发主管部门责令限期改正,处5万元以上10万元以下的罚款;逾期不改正的,由工商行政管理部门吊销营业执照。

《商品房销售管理办法》(2001年4月4日)

第三十六条 未取得营业执照,擅自销售商品房的,由县级以上人民政府工商行政管理部门依照《城市房地产开发经营管理条例》的规定处罚。

第三十七条 未取得房地产开发企业资质证书,擅自销售商品房的,责令停止销售活动,处5万元以上10万元以下的罚款。

《最高人民法院关于审理涉及国有土地使用权合同纠纷案件适用法律问题的解释》(2020年12月29日修正)

第十三条 合作开发房地产合同的当事人一方具备房地产开发经营资质的,应当认定合同有效。

当事人双方均不具备房地产开发经营资质的,应当认定合同无效。但起诉前当事人一方已经取得房地产开发经营资质或者已依法合作成立具有房地产开发经营资质的房地产开发企业的,应当认定合同有效。

《房地产开发企业资质管理规定》对房地产开发企业资质管理进行了专门规定,读者可参见该规定。公司设立可参见《公司法》第二十三条至第三十五条、第七十六条至第九十七条、第一百九十八条至第二百条以及《公司登记管理条例》。

地方法规、地方规章

有些地方法规、规章对房地产开发企业作出了规定:(1)《安徽省城市房地产开发经营管理办法》第六条至第十一条、第三十条;(2)《重庆市城市房地产开发经营管理条例》第六条至第十六条、第三十八条、第三十九条;(3)《甘肃省城市房地产管理条例》第六条、第七条;(4)《广西壮族自治区城市房地产开发经营管理条例》第八条至第十四条、第四十二条;(5)《广东省房地产开发经营条例》第五条至第十条、第二十八条;(6)《黑龙江省城市房地产开发管理条例》第九条至第十四条、第三十二条、第三十三条;(7)《湖南省城市房地产开发经营管理办法》第六条至第十三条、第十八条、第三十四条、第三十五条;(8)《辽宁省城市房地产开发经营管理规定》第四条至第十条;(9)《内蒙古自治区城市房地产开发经营管理条例》第五条至第十二条;(10)《山东省城市房地产开发经营管理条例》第八条至第十三条;(11)《浙江省房地产开发管理条例》第十一条至第十三条。

专题二　外商投资房地产

2019年3月15日,十三届全国人大二次会议表决通过了《外商投资法》,自2020年1月1日起施行。我国对外商在我国境内投资房地产实行必要的限制,这些限制大多数是条件性、前置性的规定。外商只有在符合相关条件的前提下,才有可能在中国进行房地产开发经营。因此,本专题主要研究外商投资房地产的法律解读和风险防控问题。

PART 1:外商投资房地产的法律解读

法律解读5　外商投资房地产

(一)外商投资房地产

外商投资房地产,是指外国投资者通过新设、并购、再投资等方式在我国境内投资房地产领域,从事房地产开发经营活动。

(二)外商设立房地产开发企业遵循的基本原则

一是商业存在原则。商业存在原则,是指境外机构和个人在境内投资购买非自用房地产,应当遵循商业存在的原则,按照外商投资房地产的有关规定,申请设立外商投资企业;经有关部门批准并办理有关登记后,方可按照核准的经营范围从事相关业务。

二是项目公司原则。项目公司原则,是指外商欲申请设立房地产公司,必须事先取得土地使用权、房地产建筑物所有权,或者已经与土地管理部门、土地开发商或者房地产建筑物所有人签订土地使用权或者房产权的预约出让或者购买协议。

这两项原则是对"设立房地产开发企业"和"从事房地产开发活动"关系的概括和要求,相辅相成、缺一不可。

法律解读6　外商投资房地产的方式

(一)新设方式

新设方式,是指外国的公司、企业、其他经济组织和个人,依照我国法律的规定,在中国境内投资设立房地产开发企业,从事房地产开发活动。根据有关规定,新设方式的审批程序为:

《关于进一步加强、规范外商直接投资房地产业审批和监管的通知》第二条第一项规定,申请设立房地产公司,应先取得土地使用权、房地产建筑物所有权,或者已与土地管理部门、土地开发商/房地产建筑物所有人签订土地使用权或房产权的预约出让/购买协议。

《关于规范房地产市场外资准入和管理的意见》第一条第三项规定,设立外商投资房地产企业,由商务主管部门和市场监督管理机关依法批准设立和办理注册登记手续,颁发一年期《外商投资企业批准证书》和《营业执照》。企业付清土地使用权出让金后，凭上述证照到土地管理部门申办《国有土地使用证》，根据《国有土地使用证》到商务主管部门换发正式的《外商投资企业批准证书》，再到市场监督管理部门换发与《外商投资企业批准证书》经营期限一致的《营业执照》，到税务机关办理税务登记。

（二）并购方式

外国投资者并购境内企业，是指外国投资者购买境内非外商投资企业股东的股权或者认购境内公司增资，使该境内公司变更设立为外商投资企业；或者外国投资者设立外商投资公司，并通过该企业协议购买境内企业资产且运营该资产；或者外国投资者协议购买境内企业资产，并以该资产投资设立外商投资企业运营该资产。外资并购境内企业分为股权并购和资产并购两种模式，即通过股权转让或项目转让方式进行并购。根据《关于规范房地产市场外资准入和管理的意见》第一条第四项的规定，外商投资房地产企业的股权和项目转让，以及境外投资者并购境内房地产企业，由商务主管等部门严格按照有关法律法规和政策规定进行审批。投资者应提交履行《国有土地使用权出让合同》《建设用地规划许可证》《建设工程规划许可证》等的保证函、《国有土地使用证》、建设（房地产）主管部门的变更备案证明，以及税务机关出具的相关纳税证明材料。

法律解读7　外商投资房地产的法律限制

《外商投资法》第二十八条规定："外商投资准入负面清单规定禁止投资的领域，外国投资者不得投资。外商投资准入负面清单规定限制投资的领域，外国投资者进行投资应当符合负面清单规定的条件。外商投资准入负面清单以外的领域，按照内外资一致的原则实施管理。"

（一）新设方式的法律限制

新设方式的限制主要体现在四个方面：投资领域、注册资本、投资回报、外汇业务。

1. 投资领域的限制

根据《外商投资准入特别管理措施（负面清单）》（2020年版）的规定，国家限制外商投资：（1）核电站的建设、经营须由中方控股；（2）民用机场的建设、经营须由中方相对控股。外方不得参与建设、运营机场塔台。

2. 注册资本的限制

根据《关于规范房地产市场外资准入和管理的意见》第一条第二项、《关于贯彻落实〈关于规范房地产市场外资准入和管理的意见〉有关问题的通知》第三条的规定，外商投资设立房地产企业，投资总额在1000万美元（含1000万美元）以上的，其注册资本应不低于投资总额的50%；投资总额在300万美元至1000万美元的，其注册资本应不低于投资总额的50%；投资总额在300万美元以下（含300万美元）的，其注册资本应不低于投资总额的70%。

3. 投资回报的限制

根据《关于规范房地产市场外资准入和管理的意见》第二条第八项的规定，外商投资房地产企业的中外投资各方，不得以任何形式在合同、章程、股权转让协议以及其他文件中，订立保证任何一方固定回报或者变相固定回报的条款。

4.外汇业务的限制

根据《关于规范房地产市场外资准入和管理的意见》第二条第七项的规定,外商投资房地产企业注册资本金未全部缴付的,未取得《国有土地使用证》的,或者开发项目资本金未达到项目投资总额35%的,不得办理境内、境外贷款,外汇管理部门不予批准该企业的外汇借款结汇。根据《关于进一步加强、规范外商直接投资房地产业审批和监管的通知》第六条的规定,外汇管理部门、外汇指定银行对未完成商务部备案手续或者未通过外商投资企业联合年检的外商投资房地产企业,不予办理资本项目结售汇手续。根据《关于规范房地产市场外汇管理有关问题的通知》第七条第二款的规定,外商投资房地产企业的中外投资各方,在合同、章程、股权转让协议以及其他文件中,订立保证任何一方固定回报或者变相固定回报条款的,外汇局不予办理外商投资企业外汇登记或者登记变更。该通知第八条规定,境外机构和个人在境内银行开立的外国投资者专用外汇账户内的资金,不得用于房地产开发和经营。

(二)并购方式的法律限制

1.转让金支付的限制

根据《关于规范房地产市场外资准入和管理的意见》第一条第五项的规定,境外投资者通过股权转让及其他方式并购境内房地产企业,或者收购合资企业中方股权的,须妥善安置职工、处理银行债务,并以自有资金一次性支付全部转让金。

2.投资额的限制

根据《关于外国投资者并购境内企业的规定》第十九条的规定,外国投资者股权并购的,除国家另有规定外,对并购后所设外商投资企业应按照以下比例确定投资总额的上限:注册资本在210万美元以下的,投资总额不得超过注册资本的10/7;注册资本在210万美元以上至500万美元的,投资总额不得超过注册资本的2倍;注册资本在500万美元以上至1200万美元的,投资总额不得超过注册资本的2.5倍;注册资本在1200万美元以上的,投资总额不得超过注册资本的3倍。

3.外汇业务的限制

根据《关于规范房地产市场外汇管理有关问题的通知》第七条的规定,境外机构和个人通过股权转让及其他方式并购境内房地产企业,或者收购合资企业中方股权,未能以自有资金一次性支付全部转让款的,外汇局不予办理转股收汇外资外汇登记。

另外,外商投资房地产采用并购方式的,还应符合《城市房地产管理法》第三十九条、第四十条规定的房地产转让条件。

(三)《关于调整房地产市场外资准入和管理有关政策的通知》

2015年8月19日,住房和城乡建设部等部门联合发布《关于调整房地产市场外资准入和管理有关政策的通知》,根据该规定:

1.外商投资房地产企业注册资本与投资总额比例,按照《国家工商行政管理局关于中外合资经营企业注册资本与投资总额比例的暂行规定》(工商企字〔1987〕第38号)执行。

2.取消外商投资房地产企业办理境内贷款、境外贷款、外汇借款结汇必须全部缴付注册资本金的要求。

PART 2:外商投资房地产的法律风险提示及防控

法律风险提示2

外商投资房地产应特别注意法律、政策中的条件性、前置性的特殊规定。外商投资房地产除需要防控内资房地产开发企业的法律风险之外,还应特别注意我国法律、政策对于外商投资房地产的特殊规定。我国对于外商投资房地产的限制,涉及发改委、市监、商务、税务、住建、外汇等主管部门,主要是投资领域、注册资本、投资回报、外汇业务、税收征管等方面的限制。这些限制大多数是条件性、前置性的规定,外商只有在符合相关条件的前提下,才有可能在中国进行房地产开发经营。

法律风险防控2

首先,外商必须了解我国法律、政策对于外商投资房地产的特殊规定。也就是说,既要了解我国关于房地产开发的一般性法律规定,更要特别注意我国法律、政策对于外商投资房地产的特殊规定。外商投资房地产的法律、政策众多,往往涉及发改委、市监、商务、税务、住建、外汇等多个主管部门,有些法律、政策时效性很强,且经常根据房地产市场的形势进行更新。因此,外商在我国投资之前,事先要熟悉我国对于外商投资房地产的特殊规定,做好相应的法律风险评估,权衡相应法律风险后再决定是否投资。

其次,外商必须遵守我国法律、政策对于外商投资房地产的特殊规定。也就是说,既要遵守我国关于房地产开发的一般性法律规定,更要遵守我国法律、政策对于外商投资房地产的特殊规定。在外商投资房地产存续期间,外商既要持续关注我国法律、政策关于房地产开发一般规定的变化,同时也要关注我国法律、政策关于外商投资房地产特殊规定的变化,做到合法、合规经营。

PART 3:外商投资房地产的典型案例

典型案例3

香港嘉利来国际集团有限公司与北京二商集团有限责任公司等组建合作公司出资纠纷案

1994年9月,以北京二商集团有限责任公司(以下简称二商集团)和香港嘉利来国际集团有限公司(以下简称香港嘉利来)为主要股东,成立中外合作企业北京嘉利来房地产有限公司,筹备建设嘉利来世贸中心。2001年9月27日,原北京市外经贸委作出批复(以下简称627号批复),[①]将香港嘉利来在北京嘉利来的股权给了香港美邦集团有限公司。2001年10月,香港嘉利

① 参见北京市外经贸委《关于北京嘉利来房地产有限公司更换合作方的批复》(京经贸资字〔2001〕627号)。

来向原国家外经贸部提起行政复议申请,要求依法撤销627号批复。2002年7月,原国家外经贸部作出行政复议决定(以下简称67号决定),[①]撤销627号批复。随后,二商集团向北京市二中院提起对商务部的行政诉讼,要求撤销67号决定。2003年12月,北京市二中院对二商集团告商务部的行政诉讼案作出一审判决,判决撤销67号决定。[②] 2004年1月6日,商务部向北京市高院递交上诉状,请求法院撤销一审判决,维持67号决定。2005年2月21日,北京市高院下达裁定,撤销北京市二中院判决,发回重审。[③] 2005年2月24日,二商集团撤回对商务部的起诉。2005年6月6日,北京市商务局作出决定,撤回627号批复。[④] 2005年9月20日,中国国际经济贸易仲裁委员会对备受关注的嘉利来股权纠纷作出终局裁决:"确认嘉利来国际集团有限公司是北京嘉利来房地产有限公司的股东,享有60%的股东权益。"2006年3月8日,北京市商务局下发了通知,批准北京市二商集团提出的对北京嘉利来房地产有限公司进行特别清算的请求。[⑤]

PART 4:外商投资房地产的法律链接

法律链接

《中华人民共和国外商投资法》(2019年3月15日)

第二十八条 外商投资准入负面清单规定禁止投资的领域,外国投资者不得投资。

外商投资准入负面清单规定限制投资的领域,外国投资者进行投资应当符合负面清单规定的条件。

外商投资准入负面清单以外的领域,按照内外资一致的原则实施管理。

相关的法律、行政法规、行政规章

与外商投资房地产相关的法律、行政法规、行政规章:(1)《外汇管理条例》;(2)《关于规范房地产市场外汇管理有关问题的通知》(汇发〔2006〕47号);(3)《关于外商投资企业境内投资的暂行规定》(工商行政管理局令〔2000〕6号);(4)《关于外商投资的公司审批登记管理法律适用若干问题的执行意见》;(5)《关于实施〈关于外商投资的公司审批登记管理法律适用若干问题的执行意见〉的通知》(工商外企字〔2006〕第102号);(6)《鼓励外商投资产业目录》(2020年版);(7)《关于规范房地产市场外资准入和管理的意见》(建住房〔2006〕171号);(8)《关于贯彻落实〈关于规范房地产市场外资准入和管理的意见〉有关问题的通知》(商资字〔2006〕192号);(9)《关于进一步加强、规范外商直接投资房地产业审批和监管的通知》(商资函〔2007〕50号);(10)住房和城乡建设部等部门《关于调整房地产市场外资准入和管理有关政策的通知》(建房〔2015〕122号)。

---

① 参见原国家对外贸易经济合作部《行政复议决定书》(外经贸法函〔2002〕67号)。
② 参见北京市第二中级人民法院(2002)二中行初字第151号。
③ 参见北京市高级人民法院(2004)高行终字第126号。
④ 参见北京市商务局《关于撤回京经贸字〔2001〕627号批复的通知》(京商资字〔2005〕443号)。
⑤ 参见北京市商务局《关于同意对北京嘉利来房地产有限公司进行特别清算的通知》(京商资字〔2006〕190号)。

专题三 合作开发房地产

合作开发房地产作为房地产并购的形式之一，当事人通过提供以出让方式取得的建设用地使用权或者资金作为共同投资，共享利润、共担风险，合作开发房地产。因此，本专题主要研究合作开发房地产的法律解读和风险防控问题。

PART 1：合作开发房地产的法律解读

法律解读 8 合作开发房地产

合作开发房地产，是指当事人提供以出让方式取得的建设用地使用权或者资金作为共同投资，共享利润、共担风险，合作开发房地产。共同投资、共享利润、共担风险是合作开发房地产的基本特征，也是界定合作开发房地产真实性的基础。需要注意的是，共同经营不是合作开发的必备条件。在实践中，相当一部分合作方基于自身管理经验、能力不足等方面原因不参与经营，而是由其他合作方独立经营。这种做法符合契约自由原则，应受法律保护。

法律解读 9 合作开发房地产的条件

合作开发房地产应当符合以下条件：

1. 合同主体中至少一方应当具有房地产开发资质。否则，合作开发房地产合同有可能被认定为无效。

2. 合作开发的当事人应以提供建设用地使用权或者资金等作为合作条件。共同投资是合作开发的基础和前提，投资的方式可以是资金、实物、权益。以建设用地使用权出资的，必须是以出让方式取得的建设用地使用权，以划拨方式取得建设用地使用权必须经有批准权的人民政府批准。

3. 各方共同投资、共享利润、共担风险是合作开发房地产的实质条件。如果不是共同投资、共享利润、共担风险，特别是共担风险，就有可能被认定为其他性质的合同。

法律解读 10 合作开发房地产的模式

合作开发房地产可以采用项目公司股权收购模式、法人型或者合伙型联营模式。

如果以建设用地使用权出资的一方已经设立了项目公司，可以采用项目公司股权收购模式。

如果以建设用地使用权出资的一方未设立项目公司，可以采用法人型或者合伙型联营模式。

(1)法人型联营模式，是指一方以建设用地使用权作为出资，另一方以现金等方式出资，共同组建成一个项目公司来合作开发房地产项目的模式。

(2)合伙型联营模式,是指一方以建设用地使用权作为出资,另一方以现金等方式出资,双方不组建项目公司,而只是以协议的方式来合作开发房地产项目的模式。

法律解读11　合作开发房地产合同

合作开发房地产的当事人应当签订合作开发房地产合同。根据《最高人民法院关于审理涉及国有土地使用权合同纠纷案件适用法律问题的解释》第十二条的规定,合作开发房地产合同,是指当事人订立的以提供出让土地使用权、资金等作为共同投资,共享利润、共担风险合作开发房地产为基本内容的合同。

法人型联营模式的合同一般包括以下条款:(1)项目概述;(2)项目公司的注册资本及双方的出资额、出资方式、股权比例、双方的出资时间及项目公司的注册登记;(3)双方权利义务;(4)项目公司法人治理结构和经营管理;(5)声明、陈述和保证;(6)保密;(7)违约和损害赔偿;(8)争议和处理。

合伙型联营模式的合同一般包括以下条款:(1)项目概述;(2)土地使用权情况及作价;(3)投资方的出资额、出资方式、出资时间;(4)双方共享项目利润或者共担项目风险比例;(5)双方权利义务;(6)项目管理机构及其表决机制;(7)声明、陈述和保证;(8)保密;(9)违约和损害赔偿;(10)争议和处理。

法律解读12　无效的合作开发房地产合同

无效的合作开发房地产合同,是指合同虽然成立,但因其在内容上违反了法律、行政法规的强制性规定和社会公共利益而无法律效力。除了《民法典》所规定的无效合同之外,无效的合作开发房地产合同还包括:

《最高人民法院关于审理涉及国有土地使用权合同纠纷案件适用法律问题的解释》第十三条规定:“合作开发房地产合同的当事人一方具备房地产开发经营资质的,应当认定合同有效。当事人双方均不具备房地产开发经营资质的,应当认定合同无效。但起诉前当事人一方已经取得房地产开发经营资质或者已依法合作成立具有房地产开发经营资质的房地产开发企业的,应当认定合同有效。”

法律解读13　无效的合作开发房地产合同的效力补正

无效合同补正,是指当事人对无效合同进行修正,消除其无效的原因,或者通过法院依当事人的请求修改合同,从而使合同变为有效合同。无效合同补正的构成要件是:(1)被补正的合同必须是应当被确认无效的合同;(2)当事人必须采取一定的行为消除合同无效的原因;(3)当事人承认该合同的内容。无效的合作开发房地产合同的效力补正包括下列情形:根据《最高人民法院关于审理涉及国有土地使用权合同纠纷案件适用法律问题的解释》第十三条的规定,合作开发房地产合同的当事人双方均不具备房地产开发经营资质的，应当认定合同无效。但起诉前当事人一方已经取得房地产开发经营资质或者已依法合作成立具有房地产开发经营资质的房地产开发企业的，应当认定合同有效。

法律解读 14 四类不属于合作开发房地产的合同

合作开发房地产的本质特征为共同投资、共享利润、共担风险。在实践中，经常出现名为“合作”“合资”“联建”“参建”等合作开发房地产合同，实质上却不是合作开发房地产合同。下列不承担经营风险的合同不属于合作开发房地产合同：

（一）名为合作开发房地产合同，实为土地使用权转让合同

根据《最高人民法院关于审理涉及国有土地使用权合同纠纷案件适用法律问题的解释》第二十一条的规定，合作开发房地产合同约定提供土地使用权的当事人不承担经营风险，只收取固定利益的，应当认定为土地使用权转让合同。如果被认定为土地使用权转让合同，对于其合同效力，应按照有关土地使用权转让合同的法律规定进行认定和处理。

（二）名为合作开发房地产合同，实为房屋买卖合同

根据《最高人民法院关于审理涉及国有土地使用权合同纠纷案件适用法律问题的解释》第二十二条的规定，合作开发房地产合同约定提供资金的当事人不承担经营风险，只分配固定数量房屋的，应当认定为房屋买卖合同。如果被认定为房屋买卖合同，对于其合同效力，应当按照有关商品房销（预）售合同的法律规定进行认定和处理。

（三）名为合作开发房地产合同，实为借款合同

根据《最高人民法院关于审理涉及国有土地使用权合同纠纷案件适用法律问题的解释》第二十三条的规定，合作开发房地产合同约定提供资金的当事人不承担经营风险，只收取固定数额货币的，应当认定为借款合同。如果被认定为借款合同，对于其合同效力，应区分企业借贷和个人借贷，按照有关法律规定进行认定和处理。

（四）名为合作开发房地产合同，实为房屋租赁合同

根据《最高人民法院关于审理涉及国有土地使用权合同纠纷案件适用法律问题的解释》第二十四条的规定，合作开发房地产合同约定提供资金的当事人不承担经营风险，只以租赁或者其他形式使用房屋的，应当认定为房屋租赁合同。如果被认定为房屋租赁合同，对于其合同效力，应当按照有关房屋租赁合同的法律规定进行认定和处理。

上述四类合同有一个共同特点，即名义上为合作开发房地产的合同，但一方当事人不承担经营风险，实际法律关系为土地使用权转让、房屋买卖、借款、房屋租赁。可见，合作开发房地产的认定标准，最重要的不在于是否参与经营管理，而在于是否共同承担经营风险。

法律解读 15 合作开发房地产合同未约定或者约定不明确事宜的处理

（一）投资额变化纠纷的处理

根据《最高人民法院关于审理涉及国有土地使用权合同纠纷案件适用法律问题的解释》第

十四条的规定,投资数额超出合作开发房地产合同的约定,对增加的投资数额的承担比例,当事人协商不成的,按照当事人的过错确定;因不可归责于当事人的事由或者当事人的过错无法确定的,按照约定的投资比例确定;没有约定投资比例的,按照约定的利润分配比例确定。

(二)房屋建筑面积减少纠纷的处理

根据《最高人民法院关于审理涉及国有土地使用权合同纠纷案件适用法律问题的解释》第十五条的规定,房屋实际建筑面积少于合作开发房地产合同的约定,对房屋实际建筑面积的分配比例,当事人协商不成的,按照当事人的过错确定;因不可归责于当事人的事由或者当事人过错无法确定的,按照约定的利润分配比例确定。

(三)对违法建筑产生的利益不予保护

根据《最高人民法院关于审理涉及国有土地使用权合同纠纷案件适用法律问题的解释》第十六条的规定,在下列情形下,合作开发房地产合同的当事人请求分配房地产项目利益的,不予受理;已经受理的,驳回起诉:(1)依法需经批准的房地产建设项目未经有批准权的人民政府主管部门批准;(2)房地产建设项目未取得建设工程规划许可证;(3)擅自变更建设工程规划。因当事人隐瞒建设工程规划变更的事实所造成的损失,由当事人按照过错承担。

(四)房屋建筑面积增加纠纷的处理

根据《最高人民法院关于审理涉及国有土地使用权合同纠纷案件适用法律问题的解释》第十七条的规定,房屋实际建筑面积超出规划建筑面积,经有批准权的人民政府主管部门批准后,当事人对超出部分的房屋分配比例协商不成的,按照约定的利润分配比例确定。对增加的投资数额的承担比例,当事人协商不成的,按照约定的投资比例确定;没有约定投资比例的,按照约定的利润分配比例确定。

(五)违反规划导致房屋被拆除纠纷的处理

根据《最高人民法院关于审理涉及国有土地使用权合同纠纷案件适用法律问题的解释》第十八条的规定,当事人违反规划开发建设的房屋,被有批准权的人民政府主管部门认定为违法建筑责令拆除,当事人对损失承担协商不成的,按照当事人过错确定责任;过错无法确定的,按照约定的投资比例确定责任;没有约定投资比例的,按照约定的利润分配比例确定责任。

(六)未按约定足额出资时利润分配纠纷的处理

根据《最高人民法院关于审理涉及国有土地使用权合同纠纷案件适用法律问题的解释》第十九条的规定,合作开发房地产合同约定仅以投资数额确定利润分配比例,当事人未足额交纳出资的,按照当事人的实际投资比例分配利润。

(七)当事人可否将预售款冲抵投资参与利润分配纠纷的处理

根据《最高人民法院关于审理涉及国有土地使用权合同纠纷案件适用法律问题的解释》第二十条的规定,合作开发房地产合同的当事人要求将房屋预售款充抵投资参与利润分配的,不予支持。

PART 2：合作开发房地产的法律风险提示及防控

法律风险提示3

（一）合作开发房地产合同无效的法律风险

合作开发房地产合同一旦被认定为无效合同，不能产生法律效力。合作开发房地产合同被确认无效后当事人面临的法律风险主要为承担缔约过失责任。合作开发房地产合同无效的处理应当遵循《民法典》的普遍原则，即合同被认定无效后，当事人可能要承担民法上的返还财产、赔偿损失等法律责任。

（二）不属于合作开发房地产合同的法律风险

对于实践中经常出现的名为合作开发房地产合同，实质上却不是合作开发房地产的合同，应按照相应合同的法律规定进行认定和处理：

1. 名为合作开发房地产合同、实为土地使用权转让合同，应按照有关土地使用权转让合同的法律规定进行认定和处理。

2. 名为合作开发房地产合同、实为房屋买卖合同，应当按照有关商品房销（预）售合同的法律规定进行认定和处理。

3. 名为合作开发房地产合同、实为借款合同，应区分企业借贷和个人借贷，按照有关法律规定进行认定和处理。

4. 名为合作开发房地产合同、实为房屋租赁合同，应当按照有关房屋租赁合同的法律规定进行认定和处理。

（三）合作开发房地产合同未约定或约定不明确的法律风险

对于合作开发房地产合同未约定或约定不明确事宜，《最高人民法院关于审理涉及国有土地使用权合同纠纷案件适用法律问题的解释》规定了处理的规则，应予特别关注。总体而言，首先，要求当事人协商解决；其次，当事人协商不成的，按照当事人的过错确定；最后，因不可归责于当事人的事由或者当事人的过错无法确定的，则按照约定投资比例或利润分配比例确定。这些情形包括：（1）投资额变化；（2）房屋建筑面积减少；（3）对违法建筑产生的利益不予保护；（4）房屋建筑面积增加；（5）违反规划导致房屋被拆除；（6）未按约定足额出资时利润分配；（7）当事人可否将预售款充抵投资参与利润分配。

法律风险防控3

（一）事先做好尽职调查

当事人在签订合同前，应对拟出资的建设用地使用权的权属状况进行尽职调查，内容包括：

1. 拟出资建设用地使用权登记情况。土地出资方是否取得建设用地使用权证；证上所记载内容与土地登记簿内容是否一致。

2. 拟出资建设用地使用权的取得方式。建设用地使用权的取得方式包括出让、转让、出租等，不同取得方式所对应的土地权利是不同的，用于出资时所需要履行的手续也大相径庭。对于以出让方式取得的建设用地使用权,需要调查清楚出资方是否已经足额支付土地出让金、土地的剩余使用年限等。对于以划拨方式取得的建设用地使用权,需要调查清楚出资方是否经有批准权的人民政府批准、是否办理土地使用权出让手续、是否按照国家的有关规定缴纳土地使用权出让金。

3. 拟出资建设用地使用权是否完整。是否设有权利负担,是否存在抵押情况,是否存在司法机关或者行政机关依法裁定、决定查封、扣押或者以其他方式限制建设用地使用权及其地上建筑物、构筑物和其他附属设施权利的情况,以及其他影响建设用地使用权合作开发利用的情况。

4. 拟出资建设用地使用权是否存在地上建筑物、构筑物及其他附属设施。如果存在,需要注意其产权登记情况,是否出租、抵押。在签订合同时,根据房地一并处理原则应一并作出处理。

5. 合作方是否具备主体资格。如果合作方为有限责任公司、股份有限公司,应当审查股东会、董事会同意出资的书面文件;如果合作方为国有公司,应当审查政府主管部门的批准文件;如果合作方为外资企业,应当审查是否符合外商投资房地产的规定。

6. 审查拟出资建设用地使用权是否符合规划用途。合作方需要审查土地的规划用途是否符合合作的需要,如果不符合应确定是否可以到土地管理部门办理土地变更登记手续。

(二)签好合作开发合同

项目合作开发合同除必须具备一般投资合作合同的条款外,还应具备以下有关建设用地使用权的合同条款:

1. 建设用地使用权的基本情况,坐落地点、面积、四至范围、剩余使用年限、规划用途、规划条件;

2. 建设用地使用权的出让方式、土地出让金的缴纳情况;

3. 建设用地使用权的权属状况,是否存在抵押、出租、查封、扣押等影响开发利用的情形;

4. 建设用地使用权的投资作价;

5. 建设用地使用权的交付日期和交付方式;

6. 建设用地使用权是否存在地上建筑物、构筑物、其他附属设施,以及其权属状况及处理方案;

7. 建设用地使用权利用的其他事项。

对于《最高人民法院关于审理涉及国有土地使用权合同纠纷案件适用法律问题的解释》所涉及的合作开发房地产合同未约定或者约定不明确事宜,应予特别关注,完善有关投资额变化、房屋建筑面积减少或增加、利润分配等方面的合同条款。

(三)履行好出资义务

1. 以土地出资义务的履行:

(1)土地出资方应当将建设用地使用权作为出资实际交付给新成立的合作公司使用;

(2)土地出资方应当将建设用地使用权过户到新成立的合作公司名下。

2. 以货币出资义务的履行:货币出资方应当按照合同约定的认缴金额、认缴期限实际缴纳注册资本金。

（四）避免合作开发房地产合同被认定为无效

1. 为避免因房地产开发经营资质导致合作开发房地产合同被认定为无效，在起诉前，至少当事人一方应当取得房地产开发经营资质，或者依法合作成立的房地产开发公司应当取得房地产开发经营资质。

2. 为避免以划拨土地使用权作为投资实施合作开发的合作开发房地产合同被认定为无效，在起诉前，经补办出让手续并经有批准权的人民政府批准的，可以认定合作开发合同有效。以下三种情形视为批准或者认可：(1)有批准权的政府已作出书面同意的材料；(2)有批准权的政府已作出具体的行政行为表明其认可；(3)起诉前合作方已经签订土地使用权出让合同，但一方尚未缴齐土地使用权出让金，或者未领取、换发土地使用权证的。

3. 为避免以出让土地使用权作为投资实施合作开发的合作开发房地产合同被认定为无效，在起诉前，以土地作为出资一方的当事人，应当交清土地出让金，并取得建设用地使用权证。

PART 3：合作开发房地产的典型案例

典型案例4

海南海联工贸有限公司与海南天河旅业投资有限公司、三亚天阔置业有限公司等合作开发房地产合同纠纷案

二审法院：海南省高级人民法院(2012)琼民一终字第51号

提审法院：最高人民法院(2015)民提字第64号

提审观点

（一）关于天阔公司是否系海联公司与天河公司共同设立的项目公司的问题

如何认定天阔公司是海联公司与天河公司共同设立的项目公司，应当依据《公司法》的规定，而不应仅仅凭借当事人的自认。根据《公司法》关于有限责任公司设立的规定看，设立有限责任公司应由全体股东指定的代表或者共同委托的代理人向公司登记机关报送登记申请书、公司章程、验资证明等文件，申请设立登记；股东应当按期足额缴纳公司章程中规定的各自认缴的出资额；有限责任公司成立后，应当向股东签发出资证明书。而天阔公司并非海联公司与天河公司申请设立的，也没有共同制定天阔公司的章程，没有按章程缴纳出资，天阔公司也没有向海联公司签发出资证明书，更没有将海联公司登记在天阔公司的股东名册上。如果认定天阔公司为海联公司与天河公司共同设立，天阔公司的工商注册股东就应当是海联公司与天河公司，即便如海南高院所认定的，天阔公司股权登记在邢坚、邢伟名下是和天河公司共同商量的，那么天阔公司的另一个股东王家金又是如何成为海联公司与天河公司合作项目的成员。尽管天阔公司作为开发天阔广场的项目公司，是各方当事人均认可的客观事实，并承担了合作项目公司的职能，但不能就此认定天阔公司是海联公司与天河公司共同设立的项目公司，三亚中院和海南高院认定

天阔公司是海联公司与天河公司共同设立的项目公司显属不当。即便如海南高院判决所认定的天阔公司是海联公司与天河公司共同设立的项目公司,但天阔公司也仅是天河公司与海联公司双方按照《合作项目合同书》约定为进行天阔广场项目合作开发,履行各自权利义务的载体,并非《合作项目合同书》的合同主体,更不是海联公司、天河公司在合作开发协议中的合同相对方。

(二)关于邢坚、邢伟是否代海联公司持有天阔公司股权的问题

三亚中院、海南高院仅仅以邢坚作为海联公司的法定代表人,是实际控制人,在履行合作开发"天阔广场"项目过程中的一系列行为,而认定海联公司已形骸化,海联公司与邢坚本人之间已构成人格混同,从而判定邢坚、邢伟系代海联公司持有天阔公司23.8%的股权,没有事实和法律依据。公司是否已经形骸化,公司与股东之间是否构成人格混同,应严格按照法律关于公司法人终止、股东是否滥用权利,是否在财产、业务、人员等多方面出现混同等因素进行判定。从本案事实看,海联公司并不存在形骸化和公司与股东人格混同的情形。邢坚、邢伟所持有的天阔公司23.8%的股权不能视为海联公司在《合作项目合同书》中的合同权益,海联公司是否为天阔公司的股东,不影响其在《合作项目合同书》中所应享有的权利。

(三)关于海联公司是否有权解除《合作项目合同书》,并要求天阔公司将其依据海口仲裁委员会(2008)海仲裁字第249号《裁决书》确定的第二项权利和义务、"天阔广场"土地及项目开发权、项目建设主体返还并变更为海联公司的问题

法院认为,本案是海联公司与天河公司基于《合作项目合同书》而发生的合作开发纠纷。根据前述,天阔公司只是天河公司与海联公司双方按照《合作项目合同书》约定为开发天阔广场项目而借用的合作项目载体,不是涉案合作开发合同的相对方,海联公司无论是否为天阔公司的股东,均不影响其在《合作项目合同书》中所享有的收益权。

根据上述事实,在天河公司未经海联公司同意即将所持天阔公司股权转让给丽源公司、丽源公司又很快再次将其受让的股权转让给爱地公司和富丽达公司后,以及天阔公司的后续股东不仅没有按照约定进行投资完成拆迁工作,而且也拒绝与海联公司进行协商等行为,充分表明天河公司已不再履行与海联公司所签订的《合作项目合同书》所约定的义务。从本案查明的事实看,由于天河公司迟延履行合同义务,后续股东也没有按约完成拆迁安置工作,天阔广场项目目前仍处于停滞状态,致使海联公司在《合作项目合同书》中的合同目的不能实现。天河公司不但明确表示,而且以其行为表明不再履行《合作项目合同书》约定的义务,其行为已构成根本违约。根据《合同法》第九十四条第二项、第四项,第九十七条的规定,海联公司请求解除《合作项目合同书》,返还"天阔广场"项目的开发权和土地使用权的诉讼请求,于法有据,应予支持。

典型案例5

四川省聚丰房地产开发有限责任公司与达州广播电视大学合资、合作开发房地产合同纠纷案

一审法院：四川省高级人民法院(2012)川民初字第11号

二审法院：最高人民法院(2013)民一终字第18号

二审观点

(一)关于合同性质和效力问题

法院认为，涉案合同虽然冠以"合作开发协议书"之名，但合同中明确约定电大财校只享有固定开发收益，不承担开发经营的风险。根据《最高人民法院关于审理涉及国有土地使用权合同纠纷案件适用法律问题的解释》第二十四条"合作开发房地产合同约定提供土地使用权的当事人不承担经营风险，只收取固定利益的，应当认定为土地使用权转让合同"的规定，《合作开发协议书》性质为土地使用权转让合同。一审法院关于合同性质的认定有误，予以纠正。

根据《最高人民法院关于适用〈中华人民共和国合同法〉若干问题的解释(一)》第四条"合同法实施以后，人民法院确认合同无效，应当以全国人大及其常委会制定的法律和国务院制定的行政法规为依据，不得以地方性法规、行政规章为依据"的规定，以及《最高人民法院关于适用〈中华人民共和国合同法〉若干问题的解释(二)》第十四条关于"合同法第五十二条第(五)项规定的'强制性规定'，是指效力性强制性规定"的规定，因"违反法律、行政法规的强制性规定"而无效的合同，是指违反了法律、行政法规中的效力性强制性规定，法律、行政法规中的管理性强制性规定不能作为认定合同无效的依据。本案中，电大财校主张合同无效的理由是《合作开发协议书》违反了《国有资产评估管理办法》第三条第一项、《招标拍卖挂牌出让国有建设用地使用权规定》、《事业单位国有资产管理暂行办法》第二十八条，以及《城镇国有土地使用权出让和转让暂行条例》第十九条、《城市房地产管理法》第三十九条第二项的规定，但《国有资产评估管理办法》、《招标拍卖挂牌出让国有建设用地使用权规定》和《事业单位国有资产管理暂行办法》系行政规章，而《城市房地产管理法》第三十九条第二项、《城镇国有土地使用权出让和转让暂行条例》第十九条为法律、行政法规中的管理性强制性规定，均不能作为认定合同无效的依据。电大财校关于合同无效的主张，缺乏法律依据，法院不予支持。聚丰公司和电大财校之间订立的《合作开发协议书》是双方当事人真实的意思表示，不违反法律、行政法规的强制性规定，合同有效。

(二)关于《合作开发协议书》是否解除问题

根据《合同法》第九十三条的规定，"当事人协商一致，可以解除合同。当事人可以约定一方解除合同的条件。解除合同的条件成就时，解除权人可以解除合同"。第九十四条规定，"有下列情形之一的，当事人可以解除合同：(一)因不可抗力致使不能实现合同目的；(二)在履行期限届满之前，当事人一方明确表示或者以自己的行为表明不履行主要债务；(三)当事人一方迟延履行主要债务，经催告后在合理期限内仍未履行；(四)当事人一方迟延履行债务或者有其他违

约行为致使不能实现合同目的;(五)法律规定的其他情形”。本案中,双方在《合作开发协议》第十条中约定电大财校可以解除合同的条件为,“在乙方(聚丰公司)未按照本合同第九条第一款约定按期兑现甲方(电大财校)利益”以及“乙方(聚丰公司)违反合同第六条第七款之规定(即不得将本项目整体或部分转让给其他任何单位或个人开发)”。电大财校所主张的政府拟对合作开发的土地重新拍卖、无法履行合作协议的解除合同的理由,并非合同约定的电大财校可以解除合同的条件,也不属于《合同法》第九十四条可以行使法定解除权的情形。《合同法》第九十六条和《最高人民法院关于适用〈中华人民共和国合同法〉若干问题的解释(二)》第二十四条关于合同的约定解除和法定解除权利行使方式和期限的规定,不能适用于本案电大财校通知解除合同的情形。电大财校以《解除函》通知聚丰公司解除合同的行为,不发生解除合同的效力。一审判决根据《合同法》第九十六条和《最高人民法院关于适用〈中华人民共和国合同法〉若干问题的解释(二)》第二十四条的规定认定《合作开发协议书》已经解除,适用法律错误,法院予以纠正。

(三)关于《合作开发协议书》能否继续履行问题

2011年11月17日,达州市人民政府在《达州日报》刊登《关于注销土地使用证的公告》,注销了涉案土地的国有土地使用证。一审判决据此认定合同在法律上或事实上不能继续履行。电大财校在二审期间亦辩称,达州市国土资源局向其发出了收回土地的函告,达州市人民政府已经注销了土地使用权证,其“不再享有该宗土地使用权”,“双方合作开发房地产这行为丧失了履行合同的基础和条件,该协议书在客观上已经不能履行”。

根据《物权法》第十四条的规定,“不动产物权的设立、变更、转让和消灭,依照法律规定应当登记的,自记载于不动产登记簿时发生效力”;第十七条规定,“不动产权属证书是权利人享有该不动产物权的证明。不动产权属证书记载的事项,应当与不动产登记簿一致;记载不一致的,除有证据证明不动产登记簿确有错误外,以不动产登记簿为准”。上述法律规定表明,不动产权利人的确定,应当以不动产登记簿的记载为依据。达州市人民政府虽然公告注销了作为涉案土地不动产物权证明的国有土地使用证,但并未注销土地登记,且至二审诉讼期间,涉案土地的土地登记档案中载明的权利人仍然是达州市广播电视大学。这一事实说明,达州市人民政府注销国有土地使用证的行为,并未改变涉案土地的权属状况。根据《城镇国有土地使用权出让和转让暂行条例》第四十二条的规定,“国家对土地使用者依法取得的土地使用权不提前收回。在特殊情况下,根据社会公共利益的需要,国家可以依照法律程序提前收回,并根据土地使用者已使用的年限和开发、利用土地的实际情况给予相应的补偿”。《物权法》第四十二条、第四十四条也对为了公共利益以及因抢险、救灾等紧急需要,依照法律规定的权限和程序可以征收单位、个人的不动产作出规定。但迄今并无证据证明涉案土地已经被依法征收、征用的事实。综上,涉案土地使用权的权属并未发生变化,电大财校仍然是涉案土地使用权的权利人,《合作开发协议书》的履行不存在法律上的障碍,能够继续履行。

典型案例6

重庆雨田房地产开发有限公司与中国农业银行股份有限公司重庆市分行房屋联建纠纷案

二审法院:重庆市高级人民法院(2001)渝高法民终字第118号

提审法院:最高人民法院(2011)民抗字第48号

提审观点

(一)关于雨田大厦中间验收后是否具备交房条件以及农行市分行应收房的时间和依据问题

1.关于雨田大厦中间验收后是否具备交房条件的问题。无论将雨田公司与农行市分行签订的《联合建房总协议书》及《联合建房协议》之间所形成的法律关系定性为联合建房关系还是房屋买卖合同关系,但基于《联合建房总协议书》及《联合建房协议》所约定内容是双方真实意思表示,且不违反法律规定,对于合法有效的合同应当严格执行。综上,雨田大厦经中间验收后符合了当事人在合同中对房屋移交所约定的条件,原判决认定雨田大厦经中间验收后就具备交房条件并无不当。但原判决以合同没有约定必须经市质监站综合评定后作为交房条件的理由不当,农行市分行以原判决将雨田大厦在建中的《中间验收记录》视为具备交房条件属适用法律错误的理由不能成立,法院不予支持。

2.关于农行市分行应收房的时间及依据问题。《中间验收记录》上的验交意见只能作为符合当事人约定移交房屋的条件,其记载的时间并不能确定为房屋交付使用的时间。因为符合交房条件并不意味着雨田公司当即将房屋交付给农行市分行,雨田公司未能举证证明在1997年12月17日通知农行市分行接房。现有证据证明雨田公司于1998年10月19日第一次通知农行市分行接收房屋,农行市分行对该通知不持异议。农行市分行接收房屋的时间应根据雨田公司所发函件内容来确定,雨田公司要求农行市分行于1998年10月23日前接收房屋,说明该时间为接收房屋的最后期限,故可以确定农行市分行的应接收房屋时间为1998年10月23日。

(二)关于农行市分行支付2960万元利息的依据问题

《联合建房总协议书》及《联合建房协议》是双方当事人在平等自愿基础上达成的一致协议,符合法律规定,合法有效,上述两份协议所约定的内容均应对当事人产生约束力。当两份合同(协议)均属有效合同(协议),除当事人有特别约定外,如果前后两份合同(协议)对同一内容有不同约定产生冲突时,基于意思表示最新最近,且不违反合同(协议)目的,可根据合同(协议)成立的时间先后,确定以后一合同(协议)确定的内容为准。如果前后两份合同(协议)所约定的内容并不冲突,只是对合同(协议)的内容进行了不同的约定,因此,不能简单地认定后一协议是前一协议的变更,或后一协议是对前一协议的补充和完善。因此,《联合建房协议》内容的增加或没有重复约定《联合建房总协议书》的相关内容,只是对协议内容的调整,两者之间并不冲突。鉴于上述两份协议均有效,其所约定的内容均应对当事人产生约束力。

(三)关于原判决对农行市分行违约责任的判决是否超出雨田公司的诉讼请求问题

当事人在法律规定的范围内处分自己的民事、诉讼权利和"不告不理"是民事诉讼的重要原则,人民法院处理民商事纠纷时,只能对已诉至法院的民事权利义务关系作出判断,除涉及国家和公共利益外,其审理和判决应以当事人的请求、主张的范围为限。当事人所诉告的内容既包括其在一审时起诉、增加诉讼请求以及答辩、反驳、反诉等,也包括其在二审时上诉请求、上诉答辩等,还包括其在庭审中享有的陈述、举证、辩论、质证、调解以及人民法院进行的询问等。

典型案例7

兰州滩尖子永昶商贸有限责任公司等与爱之泰房地产开发有限公司合作开发房地产合同纠纷案

一审法院:甘肃省高级人民法院(2010)甘民一初字第2号

二审法院:最高人民法院(2012)民一终字第126号

二审观点

(一)关于农垦机电公司是否具备联建协议当事人资格的问题

虽然案涉土地使用权登记在永昶商贸公司名下,但各方对案涉土地真实权属状况是明知的,合同约定也是明确的,该合同约定亦不违背法律的规定,故上述约定对各方具有约束力。退一步讲,即使农垦机电公司对标的物无任何处分权,亦不影响各联建协议及补充协议的效力,农垦机电公司仍享有相关的合同权利。综上,爱之泰公司以农垦机电公司对案涉土地无任何权益为由主张农垦机电公司不具备联建主体资格的理由不能成立。

(二)关于未办理案涉项目报建、规划等手续问题

对案涉联建项目的报批手续等,各方均须履行一定义务,现各方均未能提供充分证据证明已履行相应义务,故导致案涉项目规划手续未能有效办理,各方均应承担相应的责任。办理案涉项目各项规划手续是联建三方的共同义务,爱之泰公司负责办理工作,永昶商贸公司和农垦机电公司负责协助,导致案涉项目规划手续未能办理,各方均有一定责任。而且,各方对案涉项目先开工后补办手续也是明知并认可的。同时,根据相关行政部门的决定,案涉项目并非根本性违章建筑,可以通过补办相关规划手续使之合法化。因此,爱之泰公司虽然未成功办理规划手续,但并不属于根本性违约导致合同目的不能实现,原判决以爱之泰公司未办理规划等手续导致案涉项目为违章建筑为由,认定永昶商贸公司和农垦机电公司有权解除合同,无事实和法律依据。

(三)关于爱之泰公司未按时交付联建房产问题

在双务合同中,双方均存在违约的情况下,应根据合同义务分配情况、合同履行程度以及各方违约大小等综合考虑合同当事人是否享有解除权。综合全案情况看,爱之泰公司承担了联建项目中的主要工作,并已经履行了大部分合同义务,案涉项目主体工程已经完工,在各方均存在违约的情况下,认定永昶商贸公司和农垦机电公司享有法定解除权,无事实和法律依据,并导致

合同双方利益的显著失衡。原判决解除合同不妥,法院予以纠正。同时,根据《合同法》第一百一十二条的规定,当事人一方不履行合同义务或者履行合同义务不符合约定的,在履行义务或采取补救措施后,对方还有其他损失的,应当赔偿损失。因此,合同继续履行并不影响各方要求对方承担违约责任的权利。

典型案例8

深圳富山宝实业有限公司与深圳市福星股份合作公司、深圳市宝安区福永物业发展总公司、深圳市金安城投资发展有限公司等合作开发房地产合同纠纷案

一审法院:广东省高级人民法院(2006)粤高法民一初字第18号

二审法院:最高人民法院(2010)民一终字第45号

二审观点

(一)关于福星公司与富山宝公司之间的《合作投资兴建三星花园合同书》是否解除的问题

《最高人民法院关于适用〈中华人民共和国合同法〉若干问题的解释(二)》第二十四条规定:"当事人对合同法第九十六条、第九十九条规定的合同解除或者债务抵销虽有异议,但在约定的异议期限届满后才提出异议并向人民法院起诉的,人民法院不予支持;当事人没有约定异议期间,在解除合同或者债务抵销通知到达之日起三个月以后才向人民法院起诉的,人民法院不予支持。"本案中富山宝公司于2004年12月25日收到解除函件后,并未在规定的时间内行使异议权。因此,应当认定福星公司与富山宝公司签订的《合作投资兴建三星花园合同书》已经在合同解除函到达富山宝公司时解除。

(二)关于富山宝公司是否享有"金银城"项目75%的权益的问题

第一,从双方约定看,双方之间系就合作项目的利润而非不动产物权所作的分配约定,《补充协议》则是对分配比例进行的部分调整。富山宝公司享有的是合同权益,就其性质而言应属于债权,而不是对"金银城"项目上的土地和地上建筑物享有75%的物权。第二,从法律规定看,《物权法》第九条规定:"不动产物权的设立、变更、转让和消灭,经依法登记,发生效力;未经登记,不发生效力,但法律另有规定的除外。"本案中,"金银城"项目土地使用权不仅从未登记在富山宝公司名下,反而因其违约导致福星公司与富山宝公司解除了合作开发合同。富山宝公司在合作开发合同被解除之后,不再享有"金银城"项目土地的使用权利。第三,从合同履行看,富山宝公司能否最终取得《合作投资兴建三星花园合同书》中约定的75%的利润,既取决于合作开发房地产项目是否全部完成并通过结算后产生利润,又取决于其是否完全履行了合同义务。在整个合作项目没有完成、双方之间的合作开发合同已经解除以及富山宝公司在合作开发中构成根本违约的情况下,即主张其享有"金银城"项目75%的权益,既没有事实依据也没有法律依据。

典型案例9

长治市华茂副食果品有限公司与长治市杰昌房地产开发有限公司合作开发房地产合同纠纷案

一审法院:山西省高级人民法院(2005)晋民初字第1号

二审法院:最高人民法院(2005)民一终字第60号

二审观点

关于华茂公司和杰昌公司之间是合作开发关系还是拆迁安置补偿关系的问题。合作开发房地产合同,是当事人订立的以提供土地使用权、资金等作为共同出资,共享利润、共担风险合作开发房地产为基本内容的协议。在一方以资金为投入,另一方以取得的土地使用权为投入的合作开发房地产合同中,土地使用权投入方将土地使用权变更为合作各方共有或者变更至项目公司名下,通常是合作开发房地产合同约定的重要内容,有的还要另行签订土地使用权转让合同。其真实意思表示是以土地使用权作价出资的合作,还是单一的土地使用权转让,合作各方是否共享利润、共担风险是主要的认定依据。各方约定共同成立专门的项目公司开发房地产,无论项目公司是否成立,以及土地使用权是否已经变更登记为项目公司享有,均不影响合作开发房地产合同的效力。《房地产合作开发协议书》中合作各方关于房产的分配,并没有无论项目盈亏任何一方都不承担合作风险亦获取固定利益的约定。合作各方均承担了实际的合作风险。该协议的实质是华茂公司以土地使用权出资,与相对方合作开发。因此,华茂公司与苏福伦、香港益群公司、陈培森之间通过《房地产合作开发协议书》及对该协议的实际履行行为形成合作关系。《房地产合作开发协议书》签订后,就该合作协议未尽事宜,又签订了《拆迁安置协议》和《补充协议书》,在此,杰昌公司是合作协议的主体,并承担了《房地产合作开发协议书》中苏福伦、香港益群公司、陈培森的权利和义务,负责履行该协议约定的有关内容。因此,华茂公司与杰昌公司之间存在实际合作开发关系。《拆迁安置协议》所确定的内容,是华茂公司与杰昌公司就具体拆迁安置事项形成的另一法律关系。

典型案例10

陈全、皮治勇与重庆碧波房地产开发有限公司、夏昌均、重庆奥康置业有限公司合同纠纷案

二审法院:重庆市高级人民法院(2009)渝高法民终字第141号

再审法院:最高人民法院(2009)民申字第1760号

再审观点

关于碧波公司和奥康公司之间法律关系的性质问题。

奥康公司在与碧波公司联合开发过程中的主要义务是提供土地并办理相关手续，所分配的利益是18,000平方米住房的包销款1980万元，不承担经营风险，符合《最高人民法院关于审理涉及国有土地使用权合同纠纷案件适用法律问题的解释》第二十四条关于“合作开发房地产合同约定提供土地使用权的当事人不承担经营风险，只收取固定利益的，应当认定为土地使用权转让合同”的规定。根据《补充协议》的约定，项目部虽以奥康公司名义成立，但单独建账、独立核算，项目部经营活动的一切经济与法律责任由碧波公司、夏昌均承担。即使奥康公司对外承担了项目经营活动的责任，其仍可以要求碧波公司和夏昌均对于奥康公司的损失承担连带赔偿责任，因此，二审判决认定奥康公司不承担经营风险并无不当。综上，碧波公司、夏昌均、奥康公司关于二审判决将奥康公司和碧波公司之间的法律关系认定为土地使用权转让合同缺乏事实根据和法律依据的主张不能成立。

典型案例11

北京新中实经济发展有限责任公司、海南中实(集团)有限公司与华润置地(北京)股份有限公司房地产项目权益纠纷案

一审法院：北京市高级人民法院(2003)高民初字第715号

二审法院：最高人民法院(2004)民一终字第107号

二审观点

一审期间，华润公司在起诉状、庭审陈述及所附证据材料中，均明确表示其主张项目转让款的依据为双方之间存在房地产项目转让的法律关系。一审法院基于审理查明的事实认为，华润公司诉请主张的“项目转让关系”不能成立，遂于庭审结束后至一审判决前，多次向华润公司行使释明权，告知其变更诉讼请求，否则自行承担诉讼风险，但华润公司拒绝对诉讼请求予以变更。根据《最高人民法院关于民事诉讼证据的若干规定》的规定，一审诉讼过程中，当事人主张的法律关系的性质或民事行为的效力与一审法院根据案件事实作出的认定不一致，一审法院应当告知当事人可以变更诉讼请求。本案中，经一审法院告知后，华润公司仍未变更诉讼请求，由于华润公司主张的法律关系性质与一审法院根据案件事实认定的不一致，一审法院不应作出实体判决，而应驳回华润公司的起诉。一审法院在华润公司经释明仍未变更诉讼请求的情形下，径行对华润公司未予主张的法律关系予以裁判，既替行了华润公司的起诉权利，又剥夺了新中实公司和海南中实公司的抗辩权利，违反了人民法院审理民事案件的法定程序。

典型案例 12

广西桂冠电力股份有限公司与广西泳臣房地产开发有限公司房屋买卖合同纠纷案

一审法院:广西壮族自治区高级人民法院(2007)桂民一初字第 2 号

二审法院:最高人民法院(2009)民一终字第 23 号

一审观点

关于本案合同的性质及效力问题。一审法院认为,双方当事人签订的《定向开发协议》和《补充协议》既有合作开发房地产的内容,也有建筑工程承包合同的条款,但双方当事人最终目的是由桂冠公司向泳臣公司支付购房对价款,泳臣公司交付预定的办公综合楼所有权给桂冠公司的一种交易。该交易行为中双方当事人权利义务关系的实质符合房屋买卖合同的本质特征。因此,本案合同应认定为名为基地定向开发,实为房屋买卖合同纠纷。泳臣公司主张本案合同应认定为商品房买卖合同。对此,一审法院认为,商品房应是由房地产开发企业开发建设并向社会不特定公众公开出售的房屋。出售行为的社会化、公开化是商品房买卖的特征之一。本案中,当事人签订的合同名称冠有“定向开发”字样,合同内容约定由泳臣公司为桂冠公司建设办公综合楼,桂冠公司负责房地产开发全部建设资金,所建成的房屋全部由桂冠公司购买,因而本案泳臣公司所开发的该办公楼出售对象是特定的而非向社会公众出售。因此,一审法院对泳臣公司主张的商品房买卖合同性质不予支持。一审认定本案当事人所签订的《定向开发协议》《补充协议》是双方当事人真实意思表示,没有违反法律和行政法规的禁止性规定,属合法有效合同。

典型案例 13

北京公达房地产有限责任公司与北京祥和三峡房地产开发公司房地产开发合同纠纷案

二审法院:北京市高级人民法院(1997)高民终字第 114 号

提审法院:最高人民法院(2009)民提字第 76 号

提审观点

关于公达公司与三峡公司签订的项目转让合同是否有效问题。1995 年 4 月 13 日刘玉章作为三峡公司的法定代表人与公达公司签订了革新里项目转让协议,在该协议书上有三峡公司的公章及刘玉章的签字。此时,刘玉章虽然已被三峡公司上级单位停止了工作,但直至 1995 年 4 月 22 日,工商登记才将三峡公司的法定代表人刘玉章变更为张胜利。即刘玉章在与公达公司签订项目转让协议时,在三峡公司的工商登记上刘玉章仍为该公司的法定代表人。刘玉章以法定代表人的身份与公达公司签订协议符合企业法人对外进行民事活动的形式要件，并且该协议也加盖了三峡公司的公章，因此，双方签订的项目转让协议应当依法成立并生效。刘玉章在签订协议时虽已被其上级单位决定停止职务，但该决定属三峡公司内部工作调整，刘玉章代表三峡公司对外进行民事活动的身份仍应以工商登记的公示内容为依据。不能以其公司内部工作人员职务变更为由，否认其对外代表行为的效力。此外，1996年1月10日，北京市城市开发建设综合开发办公室召集三峡公司和公达公司开会研究革新里项目的开发建设问题，三峡公司的时任法定代表人张胜利参加了会议。此事实表明三峡公司也认可了三峡公司与公达公司签订项目转让协议的效力。原审法院以三峡公司内部人员调整为由认定刘玉章与公达公司签订协议为无权代理，属认定事实错误，应予纠正。

PART 4：合作开发房地产的法律链接

法律链接

《中华人民共和国民法典》(2020年5月28日)

第五十七条　法人是具有民事权利能力和民事行为能力，依法独立享有民事权利和承担民事义务的组织。

第五十八条　法人应当依法成立。

法人应当有自己的名称、组织机构、住所、财产或者经费。法人成立的具体条件和程序，依照法律、行政法规的规定。

设立法人，法律、行政法规规定须经有关机关批准的，依照其规定。

《中华人民共和国城市房地产管理法》(2019年8月26日修正)

第二十八条　依法取得的土地使用权，可以依照本法和有关法律、行政法规的规定，作价入股，合资、合作开发经营房地产。

《最高人民法院关于审理涉及国有土地使用权合同纠纷案件适用法律问题的解释》(2020年12月29日修正)

第十二条　本解释所称的合作开发房地产合同，是指当事人订立的以提供出让土地使用权、资金等作为共同投资，共享利润、共担风险合作开发房地产为基本内容的合同。

第十三条　合作开发房地产合同的当事人一方具备房地产开发经营资质的，应当认定合同有效。

当事人双方均不具备房地产开发经营资质的，应当认定合同无效。但起诉前当事人一方已经取得房地产开发经营资质或者已依法合作成立具有房地产开发经营资质的房地产开发企业的，应当认定合同有效。

第十四条　投资数额超出合作开发房地产合同的约定，对增加的投资数额的承担比例，当事人协商不成的，按照当事人的违约情况确定；因不可归责于当事人的事由或者当事人的违约情况无法确定的，按照约定的投资比例确定；没有约定投资比例的，按照约定的利润分配比例确定。

第十五条 房屋实际建筑面积少于合作开发房地产合同的约定,对房屋实际建筑面积的分配比例,当事人协商不成的,按照当事人的违约情况确定;因不可归责于当事人的事由或者当事人违约情况无法确定的,按照约定的利润分配比例确定。

第十六条 在下列情形下,合作开发房地产合同的当事人请求分配房地产项目利益的,不予受理;已经受理的,驳回起诉:

(一)依法需经批准的房地产建设项目未经有批准权的人民政府主管部门批准;

(二)房地产建设项目未取得建设工程规划许可证;

(三)擅自变更建设工程规划。

因当事人隐瞒建设工程规划变更的事实所造成的损失,由当事人按照过错承担。

第十七条 房屋实际建筑面积超出规划建筑面积,经有批准权的人民政府主管部门批准后,当事人对超出部分的房屋分配比例协商不成的,按照约定的利润分配比例确定。对增加的投资数额的承担比例,当事人协商不成的,按照约定的投资比例确定;没有约定投资比例的,按照约定的利润分配比例确定。

第十八条 当事人违反规划开发建设的房屋,被有批准权的人民政府主管部门认定为违法建筑责令拆除,当事人对损失承担协商不成的,按照当事人过错确定责任;过错无法确定的,按照约定的投资比例确定责任;没有约定投资比例的,按照约定的利润分配比例确定责任。

第十九条 合作开发房地产合同约定仅以投资数额确定利润分配比例,当事人未足额交纳出资的,按照当事人的实际投资比例分配利润。

第二十条 合作开发房地产合同的当事人要求将房屋预售款充抵投资参与利润分配的,不予支持。

第二十一条 合作开发房地产合同约定提供土地使用权的当事人不承担经营风险,只收取固定利益的,应当认定为土地使用权转让合同。

第二十二条 合作开发房地产合同约定提供资金的当事人不承担经营风险,只分配固定数量房屋的,应当认定为房屋买卖合同。

第二十三条 合作开发房地产合同约定提供资金的当事人不承担经营风险,只收取固定数额货币的,应当认定为借款合同。

第二十四条 合作开发房地产合同约定提供资金的当事人不承担经营风险,只以租赁或者其他形式使用房屋的,应当认定为房屋租赁合同。

地方法规、地方规章

有些地方的法规、规章对合作开发房地产问题进行了规定,读者可进一步查阅相关法条:(1)《重庆市城市房地产开发经营管理条例》第三十条、第三十一条、第四十三条;(2)《广东省实施〈中华人民共和国土地管理法〉办法》第四十二条、第五十六条第三项。

专题四 房地产公司股权转让

房地产公司股权转让作为房地产并购的形式之一，受让人通过受让房地产公司股权来实现对该房地产开发项目的控制，从而以资本运作来达到并购该房地产开发项目的意图。因此，本专题主要研究房地产公司股权转让的法律解读和风险防控问题。

PART 1：房地产公司股权转让的法律解读

法律解读 16 房地产公司股权转让

房地产公司股权转让，包括全部股权转让和部分股权转让，指开发项目所有人通过转让其股权，受让人通过受让股权来实现对该房地产开发项目的控制，从而以资本运作来达到并购该房地产开发项目的意图。

法律解读 17 房地产公司股权转让的条件

房地产公司的股权转让应符合下列条件：

1. 如公司的股东向该公司股东以外的人转让股权，应按《公司法》规定程序获得该公司过半数股东的同意，或者符合公司章程的规定。

2. 按《公司法》规定的程序取得公司其他股东放弃优先购买权的承诺，或者符合公司章程的规定。

3. 转让双方各自取得了为股权转让所需的内部决议文件和外部批准文件。

4. 符合《国有土地使用权出让合同》中有关改变项目公司投资比例的规定。项目公司股权转让涉及国有资产转让的，应履行相应的批准手续，委托有资质的评估机构进行评估，并进入依法设立的产权交易市场进行交易。

法律解读 18 房地产公司股权转让合同

房地产公司股权转让的当事人应签订股权转让合同。股权转让合同的条款一般包括：(1)项目公司、项目及转让标的概况；(2)股权转让实施程序；(3)股权转让价格及支付方式；(4)各方陈述和保证；(5)项目公司债权、债务处理；(6)过渡期控制；(7)股权转让所涉税收及费用承担；(8)项目及文件移交；(9)合同解除及违约责任；(10)生效条件。

涉及国有资产转让的，有的地方要求必须进入产权交易市场进行交易。转让方和受让方达成意向后，应当采用当地《产权交易合同(示范文本)》，签署产权交易合同。

法律解读 19　股权转让

股权,是指投资人由于向公民合伙和向企业法人投资而享有的权利。股权在本质上是股东对公司及其事务的控制权或者支配权,是股东基于出资而享有的法律地位和权利的总称,具体包括收益权、表决权、知情权以及其他权利。股权转让,是公司股东依法将自己的股东权益有偿转让给他人,使他人取得股权的民事法律行为。股权自由转让制度,是现代公司制度最为成功的表现之一,股东有权通过法定方式转让其全部出资或者部分出资。股权转让是双方当事人意思表示一致而发生的股权转移,为契约行为。

有限责任公司股东转让出资的方式有两种:一是股东将股权转让给其他现有的股东,即公司内部的股权转让;二是股东将其股权转让给现有股东以外的其他投资者,即公司外部的股权转让。这两种形式在条件和程序上存在一定差异:(1)出资股东之间依法相互转让其股权,属于股东之间的内部行为,根据《公司法》的有关规定,变更公司章程、股东名册及出资证明书等即可发生法律效力。(2)股东向股东以外的第三人转让股权时,属于对公司外部的转让行为。

《公司法》第七十一条第二款规定:"股东向股东以外的人转让股权,应当经其他股东过半数同意。股东应就其股权转让事项书面通知其他股东征求同意,其他股东自接到书面通知之日起满三十日未答复的,视为同意转让。其他股东半数以上不同意转让的,不同意的股东应当购买该转让的股权;不购买的,视为同意转让。"该规定表明:(1)以人数主义作为投票权的计算基础,而不是按照股东所持出资比例为计算基础。(2)需要转让方以外股东的过半数同意。

法律解读 20　房地产公司股权转让的限制

股权转让以自由为原则,以限制为例外。具体来说,对房地产公司股权转让的限制可以分为以下三种情形。

(一)依法律的股权转让限制

依法律的股权转让限制,即法律对股权转让明文设置的条件限制。根据我国法律的规定,依法律的股权转让限制主要表现为:

1. 封闭性限制。《公司法》第七十一条第二款规定:"股东向股东以外的人转让股权,应当经其他股东过半数同意。股东应就其股权转让事项书面通知其他股东征求同意,其他股东自接到书面通知之日起满三十日未答复的,视为同意转让。其他股东半数以上不同意转让的,不同意的股东应当购买该转让的股权;不购买的,视为同意转让。"

2. 股权转让场所的限制。《公司法》第一百三十八条规定:"股东转让其股份,应当在依法设立的证券交易场所进行或者按照国务院规定的其他方式进行。"

3. 发起人持股时间的限制。《公司法》第一百四十一条第一款规定:"发起人持有的本公司股份,自公司成立之日起一年内不得转让。公司公开发行股份前已发行的股份,自公司股票在证券交易所上市交易之日起一年内不得转让。"

4. 董事、监事、高级管理人员的限制。《公司法》第一百四十一条第二款规定:"公司董事、监事、高级管理人员应当向公司申报所持有的本公司的股份及其变动情况,在任职期间每年转让的股份不得超过其所持有本公司股份总数的百分之二十五;所持本公司股份自公司股票上市交易之日起一年内不得转让。上述人员离职后半年内,不得转让其所持有的本公司股份。公司章程可以对公司董事、监事、高级管理人员转让其所持有的本公司股份作出其他限制性规定。"

5. 取得自己股份的限制。《公司法》第一百四十二条规定:"公司不得收购本公司股份。但是,有下列情形之一的除外:(一)减少公司注册资本;(二)与持有本公司股份的其他公司合并;(三)将股份用于员工持股计划或者股权激励;(四)股东因对股东大会作出的公司合并、分立决议持异议,要求公司收购其股份;(五)将股份用于转换上市公司发行的可转换为股票的公司债券;(六)上市公司为维护公司价值及股东权益所必需。公司因前款第(一)项、第(二)项规定的情形收购本公司股份的,应当经股东大会决议;公司因前款第(三)项、第(五)项、第(六)项规定的情形收购本公司股份的,可以依照公司章程的规定或者股东大会的授权,经三分之二以上董事出席的董事会会议决议。公司依照本条第一款规定收购本公司股份后,属于第(一)项情形的,应当自收购之日起十日内注销;属于第(二)项、第(四)项情形的,应当在六个月内转让或者注销;属于第(三)项、第(五)项、第(六)项情形的,公司合计持有的本公司股份数不得超过本公司已发行股份总额的百分之十,并应当在三年内转让或者注销。上市公司收购本公司股份的,应当依照《中华人民共和国证券法》的规定履行信息披露义务。上市公司因本条第一款第(三)项、第(五)项、第(六)项规定的情形收购本公司股份的,应当通过公开的集中交易方式进行。公司不得接受本公司的股票作为质押权的标的。"

(二)依章程的股权转让限制

依章程的股权转让限制,是指通过公司章程对股权转让设置的条件。《公司法》第七十一条第四款规定:"公司章程对股权转让另有规定的,从其规定。"依章程的股权转让限制,主要取决于公司章程的具体规定。

(三)依合同的股权转让限制

依合同的股权转让限制,是指依照合同的约定对股权转让作价的限制。此类合同包括公司与股东、股东与股东以及股东与第三人之间的合同。例如,部分股东之间就股权优先受让权所作的相互约定、公司与部分股东之间所作的特定条件下回购股权的约定。

PART 2:房地产公司股权转让的法律风险提示及防控

法律风险提示4

在房地产项目公司转让中,受让方必须考虑来自房地产项目和项目公司的法律风险。

(一)来自项目公司的法律风险

来自项目公司的法律风险主要是项目公司债务不确定的风险和出让股权合法性的风险。

1. 项目公司债务不确定的风险

受让方收购股权后必须承担目标公司的债务。即便转让协议明确规定受让方对目标企业的债务不承担责任,但也不能对抗善意第三人,受让方只能在对外承担债务后再对转让方进行追偿。在股权转让中,最主要的风险是项目公司债务不确定的风险,包括或有负债的风险和未披露债务的风险。

(1)或有负债,是指过去的交易或者事项形成的潜在义务,其存在须通过未来不确定事项的发生或者不发生予以证实;或者过去的交易或事项形成的现时义务,履行该义务不慎很可能导致经济利益流出企业或者该义务的金额不能可靠地计量。项目公司的或有负债,包括未披露的对外担保、潜在的合同违约、潜在的未支付款项等。

(2)未披露负债,是指项目公司资产负债表的不真实表现,包括虚列资产和隐瞒债务。虚列资产包括:应付工程款未开发票,挂预付款;长期投资权益虚增;少提或者不提坏账准备;高估固定资产或少提折旧,高估存货价值;虚列无形资产或者递延资产摊销期延长。隐瞒债务包括:应付工程款、应付利息、滞纳金不体现在账户中;延迟纳税时间、拖欠税款;隐瞒行政处罚;隐瞒担保债务。

2. 出让股权合法性的风险

(1)出让股权是否符合我国法律的规定。例如,《公司法》规定有限责任公司的股东必须在50人以下。收购中外合资的项目公司股权中必须遵守《中外合资企业法》的规定,如果涉及企业性质变更,则须办理相关审批手续。

(2)出让国有股权是否符合我国法律的规定。如果出让的是国有股权,必须按法定程序进行交易,否则转让合同视为无效。

(3)出让股权是否办理相关手续。例如,国有股权出让必须办理审批手续,外资企业股权出让必须办理审批手续,公司股权出让必须完成内部手续等。

(二)来自开发项目的法律风险

来自开发项目的法律风险主要是项目合法性的风险:

1. 项目是否符合规划条件、有无违反规划的情形存在;

2. 项目审批手续是否齐全、合法;

3. 建设用地使用权取得方式是否合法,规划指标是否受到限制,有无被查封、抵押或存在其他权利瑕疵的风险。

(三)办理交接手续的法律风险

股权转让的交接手续较为复杂,受让人不仅要对与项目有关的实物、资料进行接收,更重要的是要摸清与项目公司有关的债权、债务。在办理交接手续时,稍有不慎交接不清,就可能使后续经营面临巨大的法律风险。

法律风险防控 4

(一)做好前期法律尽职调查

法律尽职调查主要是围绕目标企业和目标项目进行的,有的调查报告将两者并列为两大问题,有的调查报告将目标项目融入目标企业的业务。法律尽职调查一般包括以下内容:

1. 对目标企业合法性的调查,即对目标企业设立、存续的合法性作出判断;

2. 对目标企业发展过程历史沿革的调查，主要对目标企业的背景和目标企业所处行业的背景进行尽职调查；

3. 对目标企业主要财产和财产权利情况调查，主要查阅目标企业土地使用权、房产的权属凭证、相关合同、支付凭证、主要财产的权属凭证等资料；

4. 对目标企业是否存有负债的调查，主要是对目标企业未列示或者列示不足的负债予以核实，并且还应分析各种潜在的可能负债；

5. 对目标企业规章制度的调查，以确信并消除本次并购交易存在程序上的障碍；

6. 对目标企业人员状况的调查，主要是核实目标企业的人力资源配置是否科学、合理、合法，目标企业与员工签订的劳动合同是否会对此次并购产生影响；

7. 对目标企业合同履行情况的调查，即查阅目标企业将要履行、正在履行以及虽已履行完毕但可能存在潜在纠纷的合同，并对其合法性、有效性以及是否存在潜在风险作出判断；

8. 对目标企业的诉讼、仲裁或者行政处罚情况的调查，即调查目标企业执行完结、正在执行或可预见的重大诉讼、仲裁及行政处罚案件。

（二）签好股权转让合同

1. 明确合同的目的：转让方目的是通过出让股权收回其对项目公司及开发项目的投资及利益，受让方的目的是通过受让股权以取得项目的开发权，并通过后续投资取得投资收益。

2. 明确订立合同的基础和前提：

（1）项目公司的现状，包括项目公司的股权、人员、管理现状；

（2）项目公司的资产与负债现状，包括项目公司的总资产、净资产、总负债、净负债等；

（3）开发项目的现状，包括是否完成拆迁，是否达到“七通一平”，是否已经开始施工及工程进度；

（4）开发用地的现状，包括宗地位置、类型、面积、规划用途、出让年限、规划指标、土地出让金及相关税费的支付情况等。

3. 明确转让的标的：转让标的为转让方所拥有的项目公司全部或者部分股权以及该股权所享有的权益，权益主要包括项目的开发权、建设用地使用权、规划设计所形成的权利以及为该项目所投入的资金、进行的工作而形成的依照法律及商业习惯所实际取得和应当取得的成果、权利和机会。

4. 明确公司的资产负债：股权转让合同应明确公司的资产的归属和负债的承担，详细列明公司的资产和负债情况，主要是明确对于合同未列明的负债应特别约定由谁承担。受让方可以通过下列合同条款明确公司债务的承担：对于本合同未披露的负债（包括或有负债）、未披露的诉讼及纠纷（包括潜在的）所造成的损失，由转让方承担，受让方或者公司在对外承担责任后，于任何时间都有权向转让方全额追偿。总之，对受让方而言，最大的风险即在于对项目公司债务的控制。因此，股权受让方应最大限度地对公司债务进行锁定，通过合同条款规避债务风险。

5. 明确股权转让价款的构成及其支付方式：转让款的支付节点应与工商变更登记，公司证照、批文、印鉴、资料的交接，公司实物的交接等重大节点相挂钩。

6. 明确税费的承担：明确交易所涉及的出让方、受让方应缴纳税费的承担及缴纳；对于公司所需缴纳的交接日之前、之后的税费的承担及缴纳。

7. 明确合同的附件:

(1)双方的营业执照等证明材料的复印件;

(2)公司的资产、负债清单;

(3)公司的实物清单;

(4)公司的证照、批文、印章、档案资料清单;

(5)公司的合同清单;

(6)公司的人员清单;

(7)项目公司诉讼纠纷情况。

(三)做好交接工作

1. 做好工商登记变更手续:项目公司股权转让需要到工商部门办理变更登记,通常根据股权的全部或者部分转让变更公司章程、股东名册、法定代表人、董事、监事和其他高级管理人员。

2. 做好公司档案资料的交接:根据转让股权的多少,移交、备份或者备阅包括公司工商登记资料、财务资料、证照批文等在内的全部档案资料。

3. 做好已签订合同的交接:根据转让股权的多少,移交、备份或者备阅项目公司已签订的合同,转让方应当告知受让方合同的履行情况,妥善处理后续履行等问题。

4. 做好公司实物的交接:根据转让股权的多少,移交、备份或者备阅项目公司的资产清单(包括有形资产和无形资产),做好交接工作。

5. 重刻项目公司的印章:股权转让只是导致股东变更,而项目公司的法人主体地位并没有发生变化,原公司的印章依然有效。为明确股权转让前后项目公司的责任承担,最好在办妥股权变更工商登记之后,注销项目公司原有印章,重新刻制、启用新印章。

6. 做好公司工作人员的交接:项目公司股权转让可能会涉及原有工作人员的变动,受让方应当按照股权转让协议的约定安置原有工作人员。

(四)采取合理担保制度,保证双方利益顺利实现

为规避受让方支付股权转让款后转让方不办理股权转让登记和交接手续,或者转让方办理股权转让登记或交接手续后受让方不支付股权转让款,股权转让款可以根据转移登记和交付手续等节点分期、分批支付,或者将股权转让款存入资金监管账户。为规避负债的法律风险,受让方可要求留下一部分尾款作为保证金。如果担保期满,没有额外的债务和风险出现,该款项再支付给转让方。

PART 3：房地产公司股权转让的典型案例

典型案例14

符瀚文、海口同山商贸有限公司与王官耀、海南欣达实业有限公司、海南美瑞实业发展有限公司、重庆宝庄商贸有限公司股权转让纠纷案

案例索引：(2016)最高法民终455号

案情简介

金川公司成立于1992年12月26日，注册资本为2000万元。金川公司原股东为符瀚文持有1590万股，占股79.5%，同山公司持有410万股，占股20.5%。2010年2月10日，符瀚文、同山公司作为甲方（转让方）与海南源集实业投资有限公司（现欣达公司）、美瑞公司作为乙方（受让方）签订《股权转让协议书》，甲方将金川公司80%股权以4800万元的价格转让给乙方，股权转让工商变更登记后的目标公司的股权结构为：源集公司占58%、美瑞公司占22%，符瀚文占20%。该协议签订后王官耀向符瀚文支付了350万元，但该《股权转让协议书》签订后，双方未到工商部门办理股权变更登记手续。2010年4月8日，金川公司的法定代表人由符瀚文变更为王官耀。2010年6月3日，海南源集实业投资有限公司企业名称变更为海南欣达实业有限公司。2011年3月13日同山公司股东会决议一致同意同山公司将所持有的金川公司20.5%股权以512万元的对价转让给欣达公司。2011年3月15日，金川公司股东会决议一致同意同山公司将所持有的金川公司20.5%股权以512万元的对价转让给欣达公司。同日，同山公司作为甲方（转让方）与欣达公司作为乙方（受让方）、符瀚文作为丙方，美瑞公司作为丁方签订《股权转让协议书》，约定同山公司将其持有的金川公司20.5%的股权以512万元的价格转让给欣达公司，该合同第二条中四方当事人声明：本协议与四方于2010年2月10日在海口市签订的《股权转让协议书》若有冲突或抵触的条款，则以本协议条款之规定为准。该《股权转让协议书》签订后，双方未到工商部门办理股权变更登记手续。2011年3月24日，符瀚文、同山公司作为甲方与王官耀作为乙方签订《有偿委托代理合同书》，甲方同意按5000万元的包干价格委托王官耀代理金川公司100%的股权转让之事宜。2011年3月24日，符瀚文、同山公司作为甲方（转让方）与宝庄公司作为乙方（受让方）签订《股权转让合同》，甲方将其在金川公司所占的全部股权暂作价3亿元转让给乙方，最终的转让价格须经审计后双方确定；本协议转让之股权所对应的全部权益为本协议所约定的402亩国有土地使用权，即402亩国有出让旅游用地使用权的对价为3亿元（暂作价），每亩单价为74.62万元，转让总价格以新换发土地证所确定的面积为准；自本协议生效后3个月内，甲方完成更换新的402亩土地使用权证，已更换新的402亩土地使用权证由甲乙双方实行共管后三日内，甲乙双方必须无条件地向资金共管银行出示已更换新的402亩土地使用权证原件的同时，甲方无条件同意从共管账户中将1亿元人民币的股权转让款解付给甲方，同时，甲乙双方共同到工商管理机关办理甲方将金川公司法定代表人变更为乙方指定的法定代表人之手续。

2011年3月25日,符瀚文、同山公司作为甲方(转让方)与宝庄公司作为乙方(受让方)签订《股权转让协议》,约定符瀚文将其持有的金川公司79.5%股权中的69.5%作价1390万元转让给宝庄公司,同山公司将其持有的20.5%股权作价410万元转让给宝庄公司。2011年3月25日,符瀚文作为甲方与王官耀作为乙方签订《股权转让协议》,约定将金川公司10%以200万元的价格转让给王官耀。合同签订后,王官耀于2011年3月24日向符瀚文支付650万元,于2011年3月29日向符瀚文支付了350万元,共计1000万元。2011年4月1日,金川公司股东由符瀚文和同山公司变更登记为宝庄公司占股90%,王官耀占股10%。王官耀与宝庄公司于2011年3月28日在中国农业银行股份有限公司海南省分行营业部开设共管账户,4月2日宝庄公司向共管账户中打进1亿元。王官耀与宝庄公司于2011年6月29日解除共管账户,1亿元退回宝庄公司。符瀚文、同山公司于2013年6月25日向海南省海口市中级人民法院(以下简称海口中院)提起诉讼,因符瀚文、同山公司在指定期限内不预交案件受理费,也不提交减、缓、免申请,该院于2013年7月17日作出(2013)海中法民二初字第62号民事裁定书,裁定按符瀚文、同山公司自动撤诉处理,该裁定于2013年7月25日向符瀚文、同山公司送达。2014年9月15日符瀚文、同山公司向一审法院递交起诉状,提起本案诉讼。2008年5月20日,陵水县政府作出《关于依法收回海南金川房地产开发公司402亩国有土地使用权并核发换地权益书的决定》,注销陵国用(旅)字第9351号《国有土地使用证》和用地红线图,并给金川公司核发换地权益证书。金川公司不服,向海南省人民政府申请行政复议。2008年12月25日,海南省人民政府作出琼府复决(2008)201号行政复议决定书,维持陵水县政府陵府〔2008〕44号《关于依法收回海南金川房地产开发公司402亩国有土地使用权并核发换地权益书的决定》。金川公司在海南省人民政府的复议决定书下达后没有提起行政诉讼,也没有向陵水县政府申请办理换地权益证书。

各方观点

(一)诉讼当事人

1. 上诉人(原审原告):符瀚文、海口同山商贸有限公司

符瀚文、同山公司认为股权转让行为已经完成的情况下,王官耀、欣达公司、美瑞公司及宝庄公司拒不支付股权转让款项的行为,构成违约,且经符瀚文、同山公司催促后仍拒绝履行的行为已经给符瀚文、同山公司造成了经济损失。

2. 被上诉人(原审被告):王官耀、海南欣达实业有限公司、海南美瑞实业发展有限公司

欣达公司与符瀚文、同山公司、美瑞公司之间签订的《股权转让协议书》并未实际履行,后符瀚文、同山公司将股权另行转让给了宝庄公司,其向欣达公司主张股权转让款,没有事实依据。虽然符瀚文、同山公司与欣达公司的法定代表人王官耀个人签订了《有偿委托代理合同书》,但该合同实为居间合同。王官耀作为居间人,对于符瀚文、同山公司与宝庄公司之间签订的股权转让合同不承担支付股权转让款的义务。

3. 被上诉人(原审被告):重庆宝庄商贸有限公司

一审法院认定符瀚文、同山公司将其拥有的涉案股权办理过户给了宝庄公司是正确的。从符瀚文、同山公司2011年3月24日所签署的《海南金川房地产开发公司股东会决议》可以看出,

符瀚文、同山公司是授权公司法定代表人王官耀代表全体股东与宝庄公司签署股权转让协议的。符瀚文、同山公司与宝庄公司所签署的《股权转让合同》能否正常履行的关键问题是符瀚文、同山公司能否在约定的时间内办理好涉案土地使用权的新证。

（二）一审法院

1. 符瀚文、同山公司、欣达公司、美瑞公司分别于2010年2月10日、2011年3月15日签署的两份《股权转让协议书》在符瀚文、同山公司与宝庄公司签订并履行《股权转让合同》后已无法履行。因此，符瀚文、同山公司请求欣达公司、美瑞公司向其支付转让金川公司的股权转让款并赔偿损失缺乏事实和法律依据，一审法院不予支持。

2. 由于金川公司名下的第9351号土地证至今无法更换新证，宝庄公司签订《股权转让合同》的合同目的无法实现，且宝庄公司也表明其无意再继续履行《股权转让合同》。因此，符瀚文、同山公司请求王官耀、宝庄公司支付股权转让款缺乏事实和法律依据，一审法院不予支持。

（三）二审法院

1. 符瀚文、同山公司与宝庄公司于2011年3月24日签订就金川公司100%股权订立《股权转让合同》后，宝庄公司依约将1亿元股权转让款付至共管账户，符瀚文、同山公司也配合办理了将其持有金川公司股权变更为宝庄公司持有90%、王官耀持有10%的工商登记手续。该合同上所加盖的同山公司公章虽与其在工商行政管理部门存档预留的印鉴不符，但该公司法定代表人沈晁进在该合同上的签字是真实的，故根据《民法通则》第四十三条关于“企业法人对它的法定代表人和其他工作人员的经营活动，承担民事责任”以及《合同法》第五十条关于“法人或者其他组织的法定代表人、负责人超越权限订立的合同，除相对人知道或者应当知道其超越权限的以外，该代表行为有效”的规定，同山公司应当接受其法定代表人所签署合同的约束。符瀚文、同山公司虽主张系王官耀代为协商股权转让事宜、事先并不知情，但符瀚文与同山公司法定代表人沈晁进在该合同上签字的行为表明其应当已经知晓合同权利义务的内容并积极促成该合同的成立及生效，故其关于未与宝庄公司发生案涉股权转让交易的主张因无事实根据和法律依据而不能成立。

2. 关于金川公司名下402亩土地使用权被收回是否影响股权转让合同的履行问题。就买卖合同而言，出卖人不仅负担交付标的物、转移所有权等基本义务，还应向买受人承担标的瑕疵担保义务，即若买卖标的上存有买受人不接受的瑕疵的，出卖人应当消除瑕疵以保证标的物的形式完整及法律上无障碍。这一担保义务不仅存在于有体物的买卖合同中，亦存在于以权利为标的的买卖合同之中。而该义务所对应的商事责任即瑕疵担保责任，对于本案所涉以股权为标的的转让合同亦应适用。就本案而言，土地使用权对房地产开发公司的重要性不言而喻，案涉402亩土地使用权保留于金川公司名下是该公司股权得以转让的实质要件。

3. 由于案涉402亩土地使用权并未在宝庄公司将1亿元人民币转入共管账户后3个月内办理新的土地使用证并交双方共管，该1亿元已经结束共管状态并退回宝庄公司，这一行为可视为双方协商一致解除前述合同，根据《合同法》第九十七条关于“合同解除后，尚未履行的，终止履行；已经履行的，根据履行情况和合同性质，当事人可以要求恢复原状、采取其他补救措施，并有权要求赔偿损失”的规定，宝庄公司对于尚未履行的合同义务包括支付剩余股权转让款等无须继续履行。另由于合同约定解除的原因并非宝庄公司造成,故该公司亦无须对相关损失承担赔偿责任。

裁判结果

(一)起诉及上诉请求

1. 王官耀、欣达公司、美瑞公司及宝庄公司向符瀚文、同山公司支付股权转让价款3650万元,并赔偿损失657万元,共计4307万元;上述王官耀、欣达公司、美瑞公司及宝庄公司对上述债务承担连带清偿责任。

2. 符瀚文、同山公司上诉请求:撤销一审判决,发回重审或依法改判支持符瀚文、同山公司全部诉讼请求。

(二)一审判决:(2014)琼民二初字第11号民事判决

(三)二审判决:(2016)最高法民终455号民事判决

驳回上诉,维持原判。

裁判摘要

就买卖合同而言,出卖人不仅负担交付标的物、转移所有权等基本义务,还应向买受人承担标的瑕疵担保义务,即若买卖标的上存有买受人不接受的瑕疵的,出卖人应当消除瑕疵以保证标的物的形式完整及法律上无障碍。这一担保义务不仅存在于有体物的买卖合同中,亦存在于以权利为标的的买卖合同之中。而该义务所对应的商事责任即瑕疵担保责任,对于本案所涉以股权为标的的转让合同亦应适用。

典型意义

笔者认为,本案在股权转让瑕疵担保责任方面具有典型意义:在股权转让合同中,转让人应保证股权的形式完整及法律上无障碍,承担瑕疵担保责任。

典型案例15

陶向群、孙苹为与许建明、吴平、安徽奥泰克置业投资有限公司股权转让纠纷案

案例索引:(2016)最高法民终264号

案情简介

2010年2月9日,欧普康视科技(合肥)有限公司(乙方,以下简称欧普康视公司)与安徽省灵璧县人民政府(甲方,以下简称灵璧县政府)签订了一份《灵璧县钟灵文化广场、文化活动中心、灵璧大剧院和五纵三横道路市政工程投资建设项目协议书》(以下简称《投资协议》),协议第三条第二项约定:灵璧县钟灵文化广场、文化活动中心、灵璧大剧院和五纵三横道路市政工程投资建设项目(包括规划设计费)由欧普康视公司全额垫资建设,相应工程款则由灵璧县政府以挂

牌土地出让金支付。整个欧普康视公司垫资市政工程投资建设项目分为二期。同日，双方又签订了一份《补充协议》，对五横三纵道路和出让地块所处位置，以及部分出让地块起始价予以确认。2011 年 1 月 5 日，陶向群、孙苹（甲方）与许建明、吴平（乙方）签订《奥泰克公司股权转让合同》（简称《股权转让合同》）一份，主要约定：（1）欧普康视科技（合肥）有限公司授权陶向群、孙苹投资成立了奥泰克公司全权负责《投资协议》中的项目，总注册资本为 4446 万元，法定代表人为陶向群，股东为陶向群、孙苹，分别持有公司 66.7%和 33.3%股权。（2）陶向群、孙苹将其所持有的奥泰克公司 100%股权以人民币 4446 万元的价格转让给许建明、吴平。（3）由于乙方股权收购款尚缺 3446 万元，由许建明、吴平先向奥泰克公司借款 3446 万元，奥泰克公司再向陶向群、孙苹借款 4446 万元处理，以完成转让手续。（4）股权转让后，根据《投资协议》相关条款，灵璧县政府应返还奥泰克公司“二号地块”土地出让金溢价分成 8640.24 万元，许建明、吴平同意奥泰克公司将其中的 40%计 34,560,960 元返还给陶向群、孙苹。实际分成总额以最终政府分配到奥泰克公司账面金额为准。（5）陶向群、孙苹借给奥泰克公司的款项 4446 万元，奥泰克公司如在 2011 年 7 月 18 日前归还，利息按年息 15%计算；2011 年 7 月 18 日以后的借款利息按年息 20%计算，最迟于 2012 年 1 月 31 日归还。（6）股权转让后，如政府不履行《政府协议》，不返还二号地块的土地出让金分成，双方另行签订二号地块共同开发协议。与此同时，由目标公司追究政府责任，政府赔偿 5184.144 万元以内部分由许建明、吴平享受，超出此数额部分由陶向群、孙苹享受。同日，为变更奥泰克公司工商登记，许建明分别与陶向群、孙苹签订《股权转让协议》一份，分别约定许建明受让陶向群、孙苹持有的奥泰克公司 66.7%、13.3%股权，股权转让款分别为 2964.6 万元、592.2 万元；吴平与孙苹签订《股权转让协议》一份，约定吴平受让孙苹持有的奥泰克公司 20%股权，股权转让款为 889.2 万元，合计转让价款为 4446 万元。2011 年 1 月 7 日，陶向群（甲方）与奥泰克公司（乙方）、许建明及吴平（丙方）签订了《借款协议》。2012 年 5 月 9 日，陶向群、孙苹（甲方）与许建明、吴平（乙方）和奥泰克公司（丙方）签订一份《协议书》，约定甲方借款的利息、续借 1 年、本金归还等事宜，奥泰克公司同意并担保。上述协议签订后，许建明及奥泰克公司向陶向群、孙苹，支付的款项合计 56,195,586 元。2013 年 6 月 18 日，奥泰克公司与安徽省灵璧县国土资源局签订《国有建设用地使用权出让合同》一份，约定以其他地块（以下简称七号地块）置换原出让给奥泰克公司宗地编号为 2010－3 地块（二号地块）。安徽省灵璧县国土资源局并就此于 2014 年 12 月 8 日出具《情况说明》。2014 年 10 月 14 日，安徽省灵璧县人民政府财政局出具《关于拨付奥泰克公司土地意见返还拨付时间的证明》，载明该局向奥泰克公司返还土地溢价款合计 8205.12 万元。2013 年 6 月 18 日，奥泰克公司与安徽省灵璧县国土资源局签订的《国有建设用地使用权出让合同》第八条约定，本合同项下宗地的国有建设用地使用权（七号地块）出让价格为 2010－3 号置换土地（二号地块）对应价款。

争议焦点

许建明、吴平应否向陶向群、孙苹支付土地出让金溢价款；奥泰克公司是否应当承担连带担保责任；许建明、吴平应否向陶向群、孙苹支付 14,167,313 元的借款本金及利息损失。

各方观点

(一)诉讼当事人

1. 上诉人(原审原告):陶向群、孙苹

《股权转让合同》中有关土地出让金溢价分成的约定并不违反公司法中的任何强制性规定,应认定合法有效。当时奥泰克公司并无其他股东,不可能造成原审判决认为的“其他股东的损失”之结果。土地出让金溢价分成的约定是陶向群、孙苹与三被上诉人达成的一致意思表示,不存在陶向群、孙苹滥用股东权利损害公司利益的情形,更不会因此动摇公司的独立法人地位,没有违反《公司法》第三条和第二十条的规定。土地出让金溢价分成的约定无法构成陶向群、孙苹抽逃出资事实。

原审判决以许建明、吴平在履行2012年5月9日《协议书》过程中不存在违约情形为由,认定陶向群、孙苹已同意放弃政府返还给奥泰克公司“二号地块”土地出让金溢价分成的分配,缺乏事实和法律根据。原审判决业已查明,许建明、吴平并没有在《协议书》第二条约定的期限内还本付息,应当认定陶向群、孙苹没有放弃政府返还给奥泰克公司的2010-3地块(二号地块)土地出让金溢价分成的分配权。

原审判决以三被上诉人在履行《协议书》中不存在违约行为为由,驳回陶向群、孙苹要求三被上诉人支付借款本息及滞纳金的请求违背本案事实,应当改判。

2. 被上诉人(原审被告):许建明、吴平、安徽奥泰克置业投资有限公司

陶向群、孙苹主张许建明、吴平、奥泰克公司支付其土地出让金税后溢价分成款26,256,384元及滞纳金的请求均不能成立。陶向群、孙苹主张本案的土地溢价没有事实根据。灵璧县国土资源局已出具书面证明确认灵璧县政府已收回该二号地块的使用权,并由许建明、吴平与灵璧县政府签订新的《土地使用权出让合同》。因此,陶向群、孙苹在本案中主张分配许建明、吴平重新置换土地出让金溢价款的请求显然没有任何事实根据和法律依据。退一万步讲,即使上述约定的土地没有被政府收回,鉴于相关协议中已约定陶向群、孙苹放弃土地溢价分配权条件已成就,陶向群、孙苹的主张本案溢价请求权也不能成立。原审法院认定本案《股权转让合同》中有关土地出让溢价分成款项的约定无效是正确的。根据我国《公司法》的相关规定,股东在股权转让合同中无权对公司财产进行处置,而且陶向群、孙苹在上诉状中认为土地溢价的收益分成的约定是股权转让价格的组成部分。这实质就是股东转让股权时处分公司财产的行为,这与《公司法》规定的公司享有独立财产权的立法本意是相悖的。因此,双方约定将公司财产权支付给原股东的约定没有法律依据。

陶向群、孙苹主张归还借款本金及利息的请求是错误的。目前许建明、吴平已支付的款项与陶向群、孙苹邮件中确认本金及利息的数额是相符的。

(二)一审法院

1. 关于讼争股权转让的合同依据。各方对于《股权转让合同》及在工商部门备案的《股权转让协议》的真实性、合法性均不存异议,各方实际履行的应是《股权转让合同》。

2. 关于《股权转让合同》中有关土地出让金溢价分成款约定的效力。《股权转让合同》约定

了土地出让金溢价分成条款,陶向群、孙苹亦是据此主张土地出让金溢价分成款。此项诉请实质是公司股东在股权转让的同时处分了公司财产,对于其效力的认定:首先,法人财产权的权利主体是公司。依据《公司法》第三条"公司是企业法人,有独立的法人财产,享有法人财产权。公司以其全部财产对公司的债务承担责任。有限责任公司的股东以其认缴的出资额为限对公司承担责任;股份有限公司的股东以其认购的股份为限对公司承担责任"的规定,公司自成立之日起,即成为有独立权利能力和行为能力的民事主体,公司对法人财产拥有占有、使用、收益、支配和处分的权利。股东则对自己的股权拥有使用、收益、支配、处分的权利。股东向公司缴纳出资获得股权的实质是,股东将其出资的所有权让渡给公司,并由出资所有权的让渡获得相应的对价,即股权。出资一旦缴纳给公司,其所有权便归属公司,从而奠定了股东不得退回、抽逃出资的法理基础。其次,股权转让合同是股权转让人将股权让渡给受让人,受让人支付价款的协议。法人财产权的权利主体是公司而非股东,因而股东作为股权转让合同的主体,只能让渡股权,而不能转移公司财产的所有权。故股权转让合同转让的标的物只能是股权而不应是法人财产。最后,依据《公司法》第二十条"公司股东应当遵守法律、行政法规和公司章程,依法行使股东权利,不得滥用股东权利损害公司或者其他股东的利益;不得滥用公司法人独立地位和股东有限责任损害公司债权人的利益"、第三十五条"公司成立后,股东不得抽逃出资"的规定,股权转让合同中关于公司某项资产归属一方当事人的约定,系股东非法转移公司资产,会侵害公司的法人财产,影响公司的对外偿债能力,动摇公司的独立法人地位,造成债权人及其他股东的损失,属于损害公司利益和债权人利益的行为。这样的约定违反了公司法中的强制性规范,根据《合同法》第五十二条第五项之规定,应属无效。如上所述,该约定因涉及通过股权转让方式处置公司资产,违反了《公司法》的强制性规定,应属无效。但案涉《股权转让合同》除该条款无效外,合同其他条款系当事人真实意思表示,不违反法律、行政法规的强制性规定,应为合法有效。

(三)二审法院

1. 关于合同的约定情况。陶向群、孙苹关于土地分成溢价款属于股权转让价款组成部分的上诉理由,因合同约定明确,该上诉理由成立。

2. 关于土地出让金溢价分成条款的效力问题。首先,土地出让金溢价分成的约定是陶向群、孙苹向许建明、吴平转让奥泰克公司100%股权的股权转让款组成部分,许建明、吴平作为奥泰克公司的新股东是同意和认可的。因此,土地出让金溢价分成的约定不会损害许建明、吴平作为公司股东的合法权益,更不会涉及损害其他股东权益的问题。其次,2016年1月7日安徽辰星会计师事务所出具的《奥泰克公司验资报告》载明,未有债权人要求奥泰克公司清偿债务或对债务提供相应担保。故该项约定亦不会损害奥泰克公司债权人的权益。再次,土地出让金溢价分成的约定是陶向群、孙苹与许建明、吴平、奥泰克公司达成的一致意思表示,不存在陶向群、孙苹滥用股东权利损害公司利益的情形,不会因此动摇公司的独立法人地位,并未违反《公司法》第三条和第二十条的规定。最后,在《股权转让合同》签订之前的2010年12月2日,陶向群、孙苹已向奥泰克公司实际出资4446万元,履行了作为原股东对奥泰克公司的全部出资义务。在陶向群、孙苹向许建明、吴平转让奥泰克公司股权时,奥泰克公司通过公开拍卖取得了二号地块土地出让金溢价分成的权利。该项权利是陶向群、孙苹经营奥泰克公司期间预期获得的收入,对于该笔收入进行分配是双方当事人的意思自治行为,且已经奥泰克公司确认,不构成陶向群、孙苹抽逃出资的事实。综上事实分析,本案《股权转让协议》中关于土地出让金溢价分成的约定没有损害公司、公司股东、公司债权人的合法权益,没有违反法律、行政法规的禁止性规定,不宜否定其效力。

裁判结果

(一)起诉及上诉请求

1. 陶向群、孙苹起诉主要请求判令许建明、吴平立即支付按约应由陶向群、孙苹所得的土地出让金税后溢价分成款26,256,384元及滞纳金损失14,734,600元,由奥泰克公司承担连带清偿责任;溢价分成款个人所得税6,564,096元由奥泰克公司代扣代缴;判令许建明、吴平立即归还陶向群、孙苹借款本金14,167,313元及利息损失1,212,256元,并由奥泰克公司承担连带清偿责任;以上合计56,329,569元。

2. 陶向群、孙苹上诉请求:撤销原审判决,改判支持陶向群、孙苹的全部诉讼请求。

(二)一审判决:(2015)皖民二初字第00017号民事判决

驳回陶向群、孙苹的诉讼请求。

(三)二审判决:(2016)最高法民终264号民事判决

撤销一审判决;判令许建明、吴平自本判决生效之日起10日内向陶向群、孙苹支付土地出让金溢价款8205.12万元的40%计3282.048万元,按照陶向群、孙苹的股权比例66.68:33.32分别予以支付,相应税金由陶向群、孙苹自行向税务机关缴纳;许建明、吴平同时支付上述应付款项的滞纳金(自2014年5月15日起至实际给付之日止,按照中国人民银行同期贷款利率计算);驳回陶向群、孙苹的其他诉讼请求。

裁判摘要

本案《股权转让协议》中关于土地出让金溢价分成的约定没有损害公司、公司股东、公司债权人的合法权益,没有违反法律、行政法规的禁止性规定,不宜否定其效力。

典型意义

笔者认为,本案在房地产公司股权转让如何处理土地出让金溢价方面具有典型意义。

典型案例16

海亮地产控股集团有限公司与中国房地产开发合肥有限公司股权转让纠纷案

案例索引:(2015)民一终字第81号、(2015)民一终字第82号

案情简介

中国房地产开发合肥有限公司(简称中房合肥公司)将公司的房地产部分资产无偿划至设

立的中房置业公司，注册资金为1000万元。此后，中房合肥公司委托开元资产评估有限公司对中房置业公司全部资产的市场价值进行评估，评估对象于评估基准日的市场价值的最终评估结论为96,185.34万元。2011年7月28日，合肥招标投标中心、合肥市产权交易中心发布公告，受中房合肥公司委托，对该公司持有的中房置业公司100%股权进行公开转让。2011年8月23日，海亮地产控股集团有限公司（简称海亮地产公司）向合肥市产权交易中心出具《承诺函》，对转让公告表示完全响应。2011年8月28日，海亮地产公司通过投标最终以96,185.34万元竞买成功。2011年9月8日，中房合肥公司（甲方）与海亮地产公司（乙方）签订《产权转让合同》，转让价格为96,185.34万元。合同签订后，海亮地产公司依约履行了首次付款义务，即支付了转让价款的50%，合计48,092.67万元。双方于2011年11月15日办理完毕工商变更登记手续，将中房置业公司更名为安徽海亮公司。后因股权转让款支付、信息披露问题双方发生纠纷，中房合肥公司起诉请求支付股权转让款，海亮地产公司起诉请求赔偿未披露事项的损失。

争议焦点

《产权转让合同》是股权转让合同还是资产转让合同。

各方观点

（一）诉讼当事人

1. 海亮集团有限公司、海亮地产公司：《产权转让合同》的性质为以房地产为主要内容的资产转让合同。

2. 中房合肥公司：《产权转让合同》应为股权转让合同，而不是具有股权和资产转让双重特性的合同。

（二）一审法院

鉴于中房合肥公司将其房地产部分资产无偿划转至中房置业公司之目的是转让该资产，亦应认定双方交易的目的，不仅仅转让股权，同时也是为了实现对中房置业公司全部资产的拥有，即上述5个房地产项目等的转让，案涉的《产权转让合同》兼具股权转让和资产转让双重特征。

（三）二审法院

关于《产权转让合同》的性质是股权转让合同还是资产转让合同问题。所谓股权转让合同，一般是指公司股东将其享有的股权转让他人，他人支付价款并取得公司的股东地位的合同。而资产转让合同，通常是指资产所有人将标的物的所有权转让他人，他人支付价款并取得标的物所有权的合同。由此可见，两者在交易主体、交易客体及交易目的上存在显著不同。具体到本案中，双方所签合同的名称虽然为《产权转让合同》，但从交易主体和合同内容看，中房合肥公司系将其持有的中房置业公司100%股权转让给海亮地产公司，海亮地产公司支付相应价款并取得股东地位。从履行情况看，中房合肥公司已将其股权变更登记至海亮地产公司名下。虽然合同中约定了资产交割问题，但此仅是新旧股东之间对目标公司资产的交接，资产的所有权仍然属于目标公司。由以上分析可以看出，《产权转让合同》符合股权转让合同的一般特征，其性质应为股权转让合同。当然，根据合同的约定，股权的转让价款是通过评估公司评估中房置业公司的土地使用权、固定资产、在建工程及其他全部资产确定的，且在资产评估报告中列明了股权所对应的资产、负债及相关情况。此外,双方在合同中还约定了包括房地产项目在内的各项资产的交割问题,即原股东中房合肥公司将所掌控的中房置业公司的资产移交给新股东海亮地产公司。由此可见,《产权转让合同》性质虽然为股权转让合同,但其履行内容不限于股权转让,还包括股权所对应资产的交割等问题,故《产权转让合同》也包含了资产转移的特征,一审法院对合同性质的认定并无不当。

裁判结果

(一)起诉及上诉请求

中房合肥公司起诉请求支付股权转让款,对一审判决双方不服上诉;海亮地产公司起诉请求赔偿未披露事项的损失,对一审判决双方不服上诉。

(二)一审判决:(2012)皖民四初字第00009号、(2012)皖民四初字第00011号民事判决

部分支持中房合肥公司起诉请求;部分支持海亮地产公司起诉请求。

(三)二审判决:(2015)民一终字第81号、(2015)民一终字第82号民事判决

改判,对一审判决数额进行调整。

裁判摘要

(一)案涉的《产权转让合同》兼具股权转让和资产转让双重特征。

(二)《产权转让合同》性质虽然为股权转让合同,但其履行内容不限于股权转让,还包括股权所对应资产的交割等问题,故《产权转让合同》也包含了资产转移的特征,一审法院对合同性质的认定并无不当。

典型意义

笔者认为,本案房地产企业股权转让方面具有典型意义:房地产企业的《产权转让合同》,性质虽然为股权转让合同,但其履行内容不限于股权转让,还包括股权所对应资产的交割等问题,兼具股权转让和资产转让双重特征。

典型案例17

中惠(海南)置业有限公司、中惠(南京)房地产开发有限公司、中惠(中国)置业集团有限公司与北京安能信达能源投资有限公司、李华国以及海口博泰隆房地产开发有限公司股权转让纠纷案

案例索引:(2013)民四终字第1号

案情简介

2007年3月9日,海南省海口市国土环境资源局与博泰隆房地产开发有限公司(以下简称博泰隆公司)签订了《国有土地使用权出让合同》,约定由海口市国土局出让给博泰隆公司位于海口市桂林洋海滨旅游区西侧总面积为642,351.28平方米的土地,土地出让金额为每平方米152

元人民币,合计总金额为97,637,394.56元。海口市国土局为博泰隆公司办理了海口市国用(2007)第002838号《国有土地使用权证》。2007年7月19日,博泰隆公司的股东北京安能信达能源投资有限公司(以下简称安能信达公司)、李华国作为出让方,中惠(中国)置业集团有限公司(以下简称中惠中国公司)作为受让方,双方于海口市签订了《关于海口博泰隆房地产开发有限公司之合作及股权转让协议书》(以下简称《博泰隆公司股权转让协议》),约定李华国出让给中惠中国公司博泰隆公司60%的股权,股权转让款共计为17,921万元,由受让方在中国大陆注册的全资公司中惠(南京)房地产开发有限公司(以下简称中惠南京公司)进行收购。依照上述合同的约定,李华国作为转让人,中惠南京公司作为受让人,双方在海南省海口市签订了《股权转让协议书》,转让股权的总价款为600万元。2007年7月23日,中惠南京公司向李华国电汇9000万元。同月25日,博泰隆公司法定代表人由李华国变更为丁根祥;企业类型由有限责任公司(国有控股)变更为有限责任公司(外商投资企业与内资合资);股东由李华国变更为中惠南京公司,实缴出资600万元;另一股东仍为安能信达公司,实缴出资400万元未予变更。截至2007年8月16日,安能信达公司向中惠南京公司移交了博泰隆公司企业法人营业执照、章程、公司登记资料、税务登记证、开户许可证、有关土地的相关文件、土地使用权证、账本、凭证、会计报表、财务专用章,并约定公司印章和合同章双方共管。同年9月24日,中惠南京公司向博泰隆公司电汇投资款8400万元。同年10月26日,中惠南京公司向李华国电汇521万元。博泰隆公司于2007年10月18日、22日、31日分四次向北京博泰投资有限公司偿还欠款1.4亿元。2007年12月17日,博泰隆公司向海口市工商局申请变更了注册资本,变更前实收注册资本1000万元,变更后实收注册资本15,000万元;其中安能信达公司出资6000万元,占出资比例40%,中惠南京公司出资9000万元,占出资比例60%;还对博泰隆公司住所地和经营范围进行了变更。2009年2月26日,中惠(香港)置业有限责任公司(以下简称中惠香港公司)向安能信达公司出具《情况说明》,称中惠南京公司、中惠(海南)置业有限公司(以下简称中惠海南公司)两公司为同一控股人,是中惠集团的全资子公司;根据上市需求,公司决定将中惠南京公司持有博泰隆公司60%股权100%转让给中惠海南公司,以上股权转让完全满足贵司提出的持股人是中惠集团下设的全资子公司条件。同月17日,安能信达公司在博泰隆公司股东会关于安能信达公司放弃对另一股东中惠南京公司持有博泰隆公司60%股权转让的优先购买权的决议上签字盖章。同日,中惠南京公司同中惠海南公司在海南省海口市签订《股权转让协议书》。2009年4月17日,博泰隆公司向海口市工商局申请变更登记,股东中惠南京公司变更为中惠海南公司,出资额为9000万元,持股比例60%,另一股东安能信达公司未变更,出资额仍为6000万元,持股比例仍为40%。中惠南京公司注册资本和实收资本均为1000万美元,公司类型为有限责任公司(中外合资),中惠海南公司注册资本和实收资本均为1000万美元,公司类型为有限责任公司(台港澳法人独资)。

争议焦点

涉案股权转让合同的主体、性质和效力;合同履行情况和责任认定及合同如何处理。

各方观点

(一)诉讼当事人

1. 上诉人(一审被告):中惠海南公司、中惠南京公司、中惠中国公司

《博泰隆公司股权转让协议》第9.2条特别约定受让方可以在实际股权交易中由其关联公司作为履行主体,中惠中国公司将股权的受让方确定为中惠南京公司,并在征得安能信达公司的同意后再转让给中惠海南公司,完全符合协议约定。此外,根据外商投资企业法的规定,应当报批的是中外合资经营企业合同,而本案中尚不存在这样的合同;即使应当报批,报批义务方应当是博泰隆公司,而非中惠中国公司。

2. 被上诉人(一审原告):安能信达公司、李华国

中惠中国公司全面控制了博泰隆公司及其项目但至今未启动外商投资项目审批手续,中惠中国公司无意于投资开发合作项目,导致合同目的落空,属根本性违约。

3. 一审第三人:博泰隆公司

(二)一审法院

1. 关于涉案股权转让合同的主体、性质和效力

关于涉案股权转让合同的主体。安能信达公司、李华国同中惠中国公司签订协议的目的,是通过股权转让、变更使博泰隆公司成为中外合资的有限责任公司,以便通过港方股东在香港运作上市后为项目融资。中惠南京公司同李华国以及同中惠海南公司签订转让协议及转让股权的行为,是辅助履行中惠中国公司受让李华国在博泰隆公司60%股权的行为。

安能信达公司、李华国同中惠中国公司签订的《博泰隆公司股权转让协议》的性质为涉港股权转让合同。《合同法》第四十四条第二款规定:"法律、行政法规规定应办理批准登记等手续生效的,依照其规定。"《中外合资经营企业法》第三条规定:"合营各方签订的合营协议、合同、章程,应报国家对外经济贸易主管部门(以下称审查批准机关)审查批准。"《中外合资经营企业法实施条例》第六条规定:"在中国境内设立合营企业,必须经中华人民共和国对外贸易经济合作部(以下简称对外贸易经济合作部)审查批准。"第十四条规定:"合营企业协议、合同和章程经审批机构批准后生效。其修改时同。"《最高人民法院关于审理外商投资企业纠纷案件若干问题的规定(一)》第一条第一款规定:"当事人在外商投资企业设立、变更等过程中订立的合同,依法律、行政法规的规定应当经外商投资企业审批机关批准后才生效的,自批准之日起生效;未经批准的,人民法院应认定该合同未生效。当事人请求确认该合同无效的,人民法院不予支持。"依照上述法律、行政法规和司法解释的规定,安能信达公司、李华国同中惠中国公司签订的《博泰隆公司股权转让协议》必须依法报经外商投资审批机关审查批准后方能生效,而该合同自2007年9月17日签订至今,虽经催告但仍未向审批机关报送审批,故该合同因未依法经审批机关审查批准而未生效。

关于安能信达公司、李华国同中惠中国公司签订的《博泰隆公司股权转让协议》中约定的报批义务及因该报批义务而设定的相关条款的效力。《合同法》第八条规定:"依法成立的合同,对当事人具有法律的约束力。当事人应当按照约定履行自己的义务,不得擅自变更或者解除合

同。"《最高人民法院关于审理外商投资企业纠纷案件若干问题的规定(一)》第一条第二款规定:"前款所述合同未经批准而被认定未生效的,不影响合同中当事人履行报批义务条款及因该报批义务而设定的相关条款的效力。"依照该规定,合同已成立但未生效时,依然对当事人有法律的约束力。本案中约定的报批义务条款以及因该报批义务而设定的相关的条款是合同当事人促成合同生效的一项重要义务,依司法解释规定为当事人的合同义务。上述双方在合同中约定先支付款项和办理委托持股变更手续后再报批的约定,应为有效,不受合同未生效的影响。

2. 关于合同履行情况和责任认定及合同如何处理

《合同法》第八条规定:"依法成立的合同,对当事人具有法律约束力。当事人应当按照约定履行自己的义务,不得擅自变更或解除合同。"第九十四条第一款第五项规定"法律规定的其他情形"的,可以解除合同。外商投资企业股权转让合同的生效及全部履行,法律规定必须要报主管部门的批准。批准不仅仅是股权转让合同的生效条件,即未经批准的合同未生效;同时也是履行股权转让合同的主要形式,即合同一经批准,合同的转让就已实际履行。工商登记只是使其取得公示的效力。报批义务兼具有合同的生效条件和履行合同义务的双重属性。依照《最高人民法院关于审理外商投资企业纠纷案件若干问题的规定(一)》的相关规定,按《合同法》第八条的规定,在合同未生效场合,合同具有形式拘束力,并未发生实质效力,只有履行报批才能促成生效。但是报批义务属于基于诚实信用原则产生的默示的合同义务,这种义务相对于主合同义务同样具有独立性,报批义务人怠于履行报批义务的,另一方当事人可以请求报批义务人继续履行报批义务,否则可以请求报批义务人承担违约责任。如果报批义务方经催告后仍拒绝履行,意味着其并无促成合同生效的意思,可以适用预期违约的法理,赋予另一方当事人合同解除权,另一方当事人可以主张解除合同。中惠中国公司与其控制的博泰隆公司经催告后仍拒绝履行报批的法定义务,故安能信达公司、李华国同中惠中国公司签订的《博泰隆公司股权转让协议》依法应予解除。李华国同中惠南京公司签订的《股权转让协议书》、中惠南京公司同中惠海南公司签订的《股权转让协议书》,均系为履行和实现中惠中国公司受让股权而签订的辅助履行的协议,中惠中国公司同安能信达公司、李华国之间的协议依法被解除,故为实现其合同目的而签订的辅助履行的其他协议依法均应予解除。

(三)二审法院

1. 关于本案争议的性质及法律适用

本案源于博泰隆公司的原股东安能信达公司、李华国与中惠中国公司及其关联公司中惠南京公司、中惠海南公司之间就转让博泰隆公司60%股权产生的纠纷,因此系股权转让合同纠纷。本案涉及三份合同:一是安能信达公司、李华国与中惠中国公司之间的《博泰隆公司股权转让协议》。该合同一方当事人中惠中国公司是在香港特别行政区设立的法人,系涉外合同关系,当事人在该合同中明确约定适用中华人民共和国法律,根据《民法通则》第一百四十五条第一款的规定,应当适用中华人民共和国内地法律审理该合同争议。二是李华国与中惠南京公司之间的《股权转让协议书》。三是中惠南京公司与中惠海南公司之间的《股权转让协议书》。中惠南京公司是中外合资经营企业,中惠海南公司是外商独资企业,两公司均是内地企业法人,并非域外法人,该两合同法律关系无论从主体还是从客体、内容上看,均没有涉外因素,是纯国内民事法律关系,当然应当适用中华人民共和国内地法律。

2. 关于本案所涉合同的效力及其处理

关于安能信达公司、李华国与中惠中国公司之间的《博泰隆公司股权转让协议》的效力。从《博泰隆公司股权转让协议》约定的内容看,是安能信达公司、李华国与中惠中国公司之间签订的关于将李华国持有的博泰隆公司60%股权转让给中惠中国公司或其指定的关联公司的总协议,该协议并非导致外商投资企业设立的协议,并非我国外商投资企业法律、行政法规中所规定的应当报经审批机关批准后才能生效的合同。该协议是三方当事人之间真实的意思表示,并不违反内地法律、行政法规的规定,因此,应当认定有效。

关于李华国与中惠南京公司之间的《股权转让协议书》的效力。中惠南京公司与中惠中国公司是具有上层股权关联关系的关联公司。该协议系双方当事人在《博泰隆公司股权转让协议》基础上另行签订的关于由李华国将博泰隆公司60%股权转让给中惠中国公司指定的中惠南京公司的协议。该协议是双方当事人之间真实的意思表示,亦不违反我国法律、行政法规的规定,应当认定有效。

关于中惠南京公司与中惠海南公司之间的《股权转让协议书》的效力。《股权转让协议书》是双方当事人的真实意思表示,并不违反我国法律、行政法规的规定,应当认定有效。

《博泰隆公司股权转让协议》及两份《股权转让协议书》均为有效,且已经实际履行。中惠中国公司及其关联公司已经完成了《博泰隆公司股权转让协议》项下的付款义务,未将博泰隆公司60%股权转让至中惠中国公司,尚不能认定中惠中国公司构成迟延履行义务或者有其他违约行为致使不能实现合同目的,即不能得出中惠中国公司构成根本违约的结论。目前,中惠中国公司完全有能力将博泰隆公司60%的股权从关联公司中惠海南公司转让至自己名下。本案并不存在《合同法》第九十四条规定的可以解除合同的任一情形,安能信达公司、李华国无权单方解除《博泰隆公司股权转让协议》。

裁判结果

(一)起诉及上诉请求

1. 安能信达公司、李华国起诉主要请求:解除安能信达公司、李华国与中惠中国公司于2007年7月19日签署的《博泰隆公司股权转让协议》;解除李华国与中惠南京公司于2007年7月18日签订的《股权转让协议书》及中惠南京公司与中惠海南公司于2009年3月17日签订的《股权转让协议书》;判令中惠海南公司将其在博泰隆公司中的60%股权返还给李华国,李华国将取得的17,921万元返还中惠中国公司;判令中惠中国公司、中惠南京公司、中惠海南公司共同承担自2007年7月18日起至返还股权完毕之日止资金占用损失(以安能信达公司股权价值11,947.6万元为本金,按照中国人民银行一年期贷款基准利率计算)。

2. 中惠海南公司、中惠南京公司、中惠中国公司上诉请求:撤销一审判决;驳回安能信达公司、李华国的全部诉讼请求。

(二)一审判决:(2010)琼民三初字第1号民事判决

(1)解除安能信达公司、李华国同中惠中国公司签订的《博泰隆公司股权转让协议》,解除李华国同中惠南京公司签订的《股权转让协议书》;解除中惠南京公司同中惠海南公司签订的《股权转让协议书》。(2)中惠中国公司及中惠海南公司于判决生效之日起10日内将博泰隆公司60%的股权返还给李华国,并将其占有的博泰隆公司的全部证照、文件、印鉴及账簿等完整返还给安能信达公司和李华国;博泰隆公司配合办理公司变更股权等相关手续。(3)李华国于判决生效之日起10日内返还中惠中国公司17,921万元。

(三)二审判决:(2013)民四终字第1号民事判决

撤销一审判决;驳回安能信达公司、李华国的诉讼请求。

裁判摘要

从《博泰隆公司股权转让协议》约定的内容看,是安能信达公司、李华国与中惠中国公司之间签订的关于将李华国持有的博泰隆公司60%股权转让给中惠中国公司或其指定的关联公司的总协议,该协议并非导致外商投资企业设立的协议,并非我国外商投资企业法律、行政法规中所规定的应当报经审批机关批准后才能生效的合同。

典型意义

笔者认为,本案在外商并购内资企业方面具有典型意义:外商并购内资企业不同于设立外商投资企业,外商并购内资企业协议不同于设立外商投资企业的协议,并非我国外商投资企业法律、行政法规中所规定的应当报经审批机关批准后才能生效的合同。

典型案例18

广州市仙源房地产股份有限公司与广东中大中鑫投资策划有限公司、广州远兴房产有限公司、中国投资集团国际理财有限公司股权转让纠纷案

二审法院:广东省高级人民法院(2008)粤高法民四终字第323号

再审法院:最高人民法院(2009)民申字第1068号

再审观点

(一)关于《股权转让及项目合作合同》的性质问题

当事人争议的是该合同是股权(权益)转让合同还是借款合同。该合同名称为股权转让和项目合作合同,其内容也是仙源公司受让中鑫公司持有的28.5%股权,股权需变更至仙源公司名下,并约定了未按期完成股权变更的违约责任,故该合同是典型的股权(权益)变更合同。中鑫公司称从《股权转让及项目合作合同》订立的背景和目的看,该合同是借款合同。该合同签订的背景是中鑫公司在竞拍远兴公司权益时出现资金缺口,这是事实。但在现实经济生活中,通过借款来解决资金困难不是唯一的方式,当事人还可以通过转让股权(权益)等方式来筹资。本案当事人选择了转让股权(权益)这种方式来筹资,并无借款的意思表示。中鑫公司称《股权转让

及项目合作合同》第五条第二款为保底条款,由此可推断该合同只能是借款合同。按照该合同条款,中鑫公司和仙源公司在远兴公司获得的贷款中提取一部分先行收回投资,该条款是提前收回出资的条款,而不是保底条款,更不能据此认定整个合同是借款合同。中鑫公司称他人为该合同履行提供了担保,故该合同就是借款合同,这是对法律的误解。《担保法》第二条第一款规定:"在借贷、买卖、货物运输、加工承揽等经济活动中,债权人需要以担保方式保障其债权实现的,可以依照本法规定设定担保。"该条仅列举了适用担保的部分情形,不能根据该款规定得出只能为借贷、买卖、货物运输、加工承揽提供担保的结论。根据《民法通则》第八十九条,可以为各类债务的履行设定担保。股权(权益)转让合同属于民法上的债,为其履行设定担保符合法律规定。因此,不能根据肖雨田等人为《股权转让及项目合作合同》的履行提供了担保就认定该合同只能是借款合同。

(二)关于《股权转让及项目合作合同》的效力问题

《中外合作经营企业法》第十条规定:"中外合作者的一方转让其在合作企业合同中的全部或者部分权利、义务的,必须经他方同意,并报审查批准机关批准。"对于未经批准的,效力如何,该法没有明确规定。但《合同法》第四十四条规定:"依法成立的合同,自成立时生效。法律、行政法规规定应当办理批准、登记等手续生效的,依照其规定。"依照《合同法》该条规定,此类合同虽已成立,但不像普通合同那样在成立时就生效,而是成立但未生效。《最高人民法院关于适用〈中华人民共和国合同法〉若干问题的解释(一)》第九条对此类合同的效力则有更明确的解释,即"依照合同法第四十四条第二款的规定,法律、行政法规规定合同应当办理批准手续,或者办理批准、登记等手续才生效,在一审法庭辩论终结前当事人仍未办理批准手续的,或者仍未办理批准、登记等手续的,人民法院应当认定该合同未生效"。因此,二审判决认定《股权转让及项目合作合同》成立未生效是正确的。由于该合同未生效的原因是未经批准,而批准的前提是当事人报批,促成合同生效的报批义务在合同成立时即应产生,否则,当事人可肆意通过不办理或不协助办理报批手续而恶意阻止合同生效,显然违背诚实信用原则。《最高人民法院关于适用〈中华人民共和国合同法〉若干问题的解释(二)》第八条规定:经批准才能生效的合同成立后,有义务办理申请批准手续的一方当事人未按照法律规定或者合同约定办理申请批准的,属于合同法第四十二条第(三)项规定的"其他违背诚实信用原则的行为",人民法院可以判决相对人自己办理有关手续;对方当事人对由此产生的费用和给相对人造成的实际损失,应当承担损害赔偿责任。既然"相对人"可以自己办理有关手续,而"对方当事人"应对由此产生损失给予赔偿,那么,"相对人"自然也可以要求"对方当事人"办理申请批准手续。二审判决中鑫公司履行报请审查批准机关批准的义务是正确的。

PART 4:房地产公司股权转让的法律链接

法律链接

《中华人民共和国公司法》(2018 年 10 月 26 日修正)

第七十一条 有限责任公司的股东之间可以相互转让其全部或者部分股权。

股东向股东以外的人转让股权，应当经其他股东过半数同意。股东应就其股权转让事项书面通知其他股东征求同意，其他股东自接到书面通知之日起满三十日未答复的，视为同意转让。其他股东半数以上不同意转让的，不同意的股东应当购买该转让的股权；不购买的，视为同意转让。

经股东同意转让的股权，在同等条件下，其他股东有优先购买权。两个以上股东主张行使优先购买权的，协商确定各自的购买比例；协商不成的，按照转让时各自的出资比例行使优先购买权。

公司章程对股权转让另有规定的，从其规定。

第七十二条 人民法院依照法律规定的强制执行程序转让股东的股权时，应当通知公司及全体股东，其他股东在同等条件下有优先购买权。其他股东自人民法院通知之日起满二十日不行使优先购买权的，视为放弃优先购买权。

第七十三条 依照本法第七十一条、第七十二条转让股权后，公司应当注销原股东的出资证明书，向新股东签发出资证明书，并相应修改公司章程和股东名册中有关股东及其出资额的记载。对公司章程的该项修改不需再由股东会表决。

第七十四条 有下列情形之一的，对股东会该项决议投反对票的股东可以请求公司按照合理的价格收购其股权：

（一）公司连续五年不向股东分配利润，而公司该五年连续盈利，并且符合本法规定的分配利润条件的；

（二）公司合并、分立、转让主要财产的；

（三）公司章程规定的营业期限届满或者章程规定的其他解散事由出现，股东会会议通过决议修改章程使公司存续的。

自股东会会议决议通过之日起六十日内，股东与公司不能达成股权收购协议的，股东可以自股东会会议决议通过之日起九十日内向人民法院提起诉讼。

第七十五条 自然人股东死亡后，其合法继承人可以继承股东资格；但是，公司章程另有规定的除外。

第一百三十七条 股东持有的股份可以依法转让。

第一百三十八条 股东转让其股份，应当在依法设立的证券交易场所进行或者按照国务院规定的其他方式进行。

第一百三十九条 记名股票，由股东以背书方式或者法律、行政法规规定的其他方式转让；转让后由公司将受让人的姓名或者名称及住所记载于股东名册。

股东大会召开前二十日内或者公司决定分配股利的基准日前五日内，不得进行前款规定的股东名册的变更登记。但是，法律对上市公司股东名册变更登记另有规定的，从其规定。

第一百四十条 无记名股票的转让，由股东将该股票交付给受让人后即发生转让的效力。

第一百四十一条 发起人持有的本公司股份，自公司成立之日起一年内不得转让。公司公开发行股份前已发行的股份，自公司股票在证券交易所上市交易之日起一年内不得转让。

公司董事、监事、高级管理人员应当向公司申报所持有的本公司的股份及其变动情况，在任职期间每年转让的股份不得超过其所持有本公司股份总数的百分之二十五;所持本公司股份自公司股票上市交易之日起一年内不得转让。上述人员离职后半年内,不得转让其所持有的本公司股份。公司章程可以对公司董事、监事、高级管理人员转让其所持有的本公司股份作出其他限制性规定。

第一百四十二条 公司不得收购本公司股份。但是,有下列情形之一的除外:

(一)减少公司注册资本;

(二)与持有本公司股份的其他公司合并;

(三)将股份用于员工持股计划或者股权激励;

(四)股东因对股东大会作出的公司合并、分立决议持异议,要求公司收购其股份;

(五)将股份用于转换上市公司发行的可转换为股票的公司债券;

(六)上市公司为维护公司价值及股东权益所必需。

公司因前款第(一)项、第(二)项规定的情形收购本公司股份的,应当经股东大会决议;公司因前款第(三)项、第(五)项、第(六)项规定的情形收购本公司股份的,可以依照公司章程的规定或者股东大会的授权,经三分之二以上董事出席的董事会会议决议。

公司依照本条第一款规定收购本公司股份后,属于第(一)项情形的,应当自收购之日起十日内注销;属于第(二)项、第(四)项情形的,应当在六个月内转让或者注销;属于第(三)项、第(五)项、第(六)项情形的,公司合计持有的本公司股份数不得超过本公司已发行股份总额的百分之十,并应当在三年内转让或者注销。

上市公司收购本公司股份的,应当依照《中华人民共和国证券法》的规定履行信息披露义务。上市公司因本条第一款第(三)项、第(五)项、第(六)项规定的情形收购本公司股份的,应当通过公开的集中交易方式进行。

公司不得接受本公司的股票作为质押权的标的。

第一百四十四条 上市公司的股票,依照有关法律、行政法规及证券交易所交易规则上市交易。

专题五 房地产开发项目转让

房地产开发项目转让作为房地产并购的形式之一,转让人将建设用地使用权及附着于该土地上的在建建筑物、构筑物、附属设施一并转让给受让人,并由受让人支付转让价款。因此,本专题主要研究房地产开发项目转让的法律解读和风险防控问题。

PART 1:房地产开发项目转让的法律解读

法律解读 21 房地产项目转让

房地产项目转让,是指转让人将建设用地使用权及附着于该土地上的在建建筑物、构筑物、附属设施一并转让给受让人,并由受让人支付转让价款的民事法律行为。房地产项目转让的核心问题是建设用地使用权的转让。从形式上讲,以下方式可以实现建设用地使用权的转让:

1. 以房地产开发项目转让的形式实现建设用地使用权的转让。根据房地产项目开发所处阶段的不同,又可细分为:建设用地使用权转让(完成开发投资总额的25%),预售阶段的房地产开发项目转让(投入开发建设的资金达到工程建设总投资的25%以上),现售阶段的房地产开发项目转让(商品房竣工验收合格)。其中,建设用地使用权转让和预售阶段的房地产开发项目转让通常包括在建工程,因此又可称为在建工程转让。

2. 以房地产项目公司股权转让的形式实现建设用地使用权的转让。

3. 以合作开发房地产的形式实现建设用地使用权的转让,包括法人型联营模式或者合伙型联营模式。

4. 以其他形式,如司法拍卖实现建设用地使用权的转让。

法律解读 22 建设用地使用权转让

根据我国法律的规定,房地产转让方式包括买卖、赠与、互换、出资或者其他方式。[①] 建设用地使用权转让有广义和狭义两种理解。从广义上理解,转让是权利人通过买卖、赠与、互换、出资或者其他方式将建设用地使用权再转移的行为。从狭义上理解,转让仅指权利人将建设用地使用权转移给他人获得价款的行为,即建设用地使用权的买卖。如无特殊说明,本书所讲的建设用地使用权转让仅指建设用地使用权的买卖。建设用地使用权的转让原则上是一种有偿行为,受让方应当向转让方支付对价。建设用地使用权的转让,当事人应当采取书面形式订立合同。建

① 参见《城镇国有土地使用权出让和转让暂行条例》第十九条、《城市房地产管理法》第三十七条、《民法典》第三百五十三条。

设用地使用权转让的期限由当事人约定,但是不能超过建设用地使用权的剩余期限。

法律解读 23　在建工程转让

在建工程,是指依据建设工程总承包合同,在国有土地上正在建设(含已停建或者缓建)的房屋等建筑物、构筑物及附属设施。在建工程转让,是指转让方将建设用地使用权及附着于该土地上的未建成的建筑物、构筑物、附属设施一并转让给受让方,并由受让方支付转让价款的民事法律行为。

(一)在建工程转让的条件

1. 按照出让合同约定已经支付全部建设用地使用权出让金,并取得土地使用权证书;

2. 按照出让合同约定进行投资开发,属于房屋建设工程的,完成开发投资总额的 25% 以上,属于成片开发土地的,形成工业用地或者其他建设用地条件;

3. 取得建设工程规划许可证、取得建设工程施工许可证。

(二)在建工程转让的标的(范围)

1. 建设用地使用权;

2. 建设用地使用权出让合同中有关的权利义务;

3. 土地现状上的建筑物、构筑物及附属设施;

4. 与在建工程有关的指定债权债务。

按现状是在建工程转让的基准,但涉及大量与在建工程有关合同的处理,转让双方应明确约定如何处理。

(三)相关合同处理

1. 抵押借款合同

(1)经贷款银行同意转让在建工程,转让方提前清偿贷款或者将转让价款用于清偿贷款,消灭抵押权;

(2)经贷款银行同意转让在建工程,由受让方提前清偿贷款,消灭抵押权;

(3)经贷款银行同意转让在建工程,由受让方继续履行原借款合同和抵押合同;

(4)未与贷款银行协商,或者贷款银行不同意转让在建工程的,受让方代转让方先行清偿债务,消灭抵押权。这种方式属于债的代为给付,受让方代为支付的款项冲抵相应部分的在建工程转让价款。

2. 建设工程施工合同

(1)转让双方与施工企业协商终止原施工合同,对已完工程进行结算,并约定由转让方承担合同终止后的债权债务;

(2)转让双方与施工企业协商终止原施工合同,对已完工程进行结算,并约定由受让方承担合同终止后的债权债务;

(3)转让双方与施工企业协商由受让方替代转让方继续履行原施工合同;

(4)如施工企业既不同意提前解除合同,也不同意由受让方继续履行合同的,可能影响在建工程的转让,原施工合同的权利、义务仍由转让方承担。

3. 材料、设备采购合同

对受让方不同意继续履行的合同,相关债权债务仍由转让方承担;对双方约定由受让方继续履行的合同,转让方应向相关供应商发出债权债务转移的通知。

4. 商品房预售合同

一般情况下,在建工程转让前,受让方应要求转让方履行书面通知预售商品房受让人的义务,以确定原预售合同将解除还是由受让方继续履行。有的地方规定,开发商转让在建工程的,应取得购房者的书面同意。购房者不同意继续履行的,可以解除商品房预售合同。例如,《北京市城市房地产转让管理办法》第五十一条规定:"已经取得商品房预售许可的项目依法转让的,项目受让人应当按照本办法第三十条的规定申请预售许可。原房地产开发企业应当自项目转让合同签订之日起10日内书面通知预购人,预购人在收到书面通知之日起30日内有权解除预售合同。预购人未解除预售合同的,预售合同中约定原房地产开发企业的权利和义务,由项目受让人承担。"《广东省商品房预售管理条例》第十一条第一款规定:"预售人将已预售的商品房项目转让给其他房地产开发企业开发建设时,应当经拥有已预售商品房建筑面积的三分之二以上的预购人同意。"

法律解读24 建设用地使用权转让

(一)建设用地使用权转让的性质

建设用地使用权在性质上属于用益物权。《民法典》第三百二十三条规定:"用益物权人对他人所有的不动产或者动产,依法享有占有、使用和收益的权利。"建设用地使用权转让在性质上属于物权转让。物权转让,是指当事人基于法律和合同规定转移物权,从而使物权的主体发生变化。建设用地使用权转让是权利转移行为,而非设定行为。建设用地使用权转让必须符合用益物权转让的一般性规定。

(二)建设用地使用权转让的限制

我国《城市房地产管理法》从正面列举转让的条件和从反面列举禁止转让的情形,共同构成了建设用地使用权转让的限制。

1. 禁止转让情形

根据《城市房地产管理法》第三十八条的规定,下列房地产,不得转让:(1)以出让方式取得土地使用权的,不符合本法第三十九条规定的条件的;(2)司法机关和行政机关依法裁定、决定查封或者以其他形式限制房地产权利的;(3)依法收回土地使用权的;(4)共有房地产,未经其他共有人书面同意的;(5)权属有争议的;(6)未依法登记领取权属证书的;(7)法律、行政法规规定禁止转让的其他情形。

2. 以出让方式取得的建设用地使用权的转让条件

根据《城市房地产管理法》第三十九条、《城市房地产转让管理规定》第十条的规定,以出让方式取得的建设用地使用权的转让,必须符合下列条件:(1)按照出让合同约定已经支付全部土地使用权出让金,并取得土地使用权证书。(2)按照出让合同约定进行投资开发,属于房屋建设工程的,应完成开发投资总额的25%以上;属于成片开发土地的,依照规划对土地进行开发建设,完成供排水、供电、供热、道路交通、通信等市政基础设施、公用设施的建设,达到场地平整,形成工业用地或者其他建设用地条件。转让房地产时房屋已经建成的,还应当持有房屋所有权证书。

3. 以划拨方式取得的建设用地使用权的转让条件

以划拨方式取得的建设用地使用权原则上不得转让,只有在符合法律所规定的特殊条件时,才能进行转让。因此,在转让方和受让方办理审批手续、出让手续、缴纳出让金后,以划拨方式取得的建设用地使用权可以转让。

《城镇国有土地使用权出让和转让暂行条例》第四十五条规定:"符合下列条件的,经市、县人民政府土地管理部门和房产管理部门批准,其划拨土地使用权和地上建筑物、其他附着物所有权可以转让、出租、抵押:(一)土地使用者为公司、企业、其他经济组织和个人;(二)领有国有土地使用证;(三)具有地上建筑物、其他附着物合法的产权证明;(四)依照本条例第二章的规定签订土地使用权出让合同,向当地市、县人民政府补交土地使用权出让金或者以转让、出租、抵押所获效益抵交土地使用权出让金。转让、出租、抵押前款划拨土地使用权的,分别依照本条例第三章、第四章和第五章的规定办理。"

《城市房地产管理法》第四十条规定:"以划拨方式取得土地使用权的,转让房地产时,应当按照国务院规定,报有批准权的人民政府审批。有批准权的人民政府准予转让的,应当由受让方办理土地使用权出让手续,并依照国家有关规定缴纳土地使用权出让金。以划拨方式取得土地使用权的,转让房地产报批时,有批准权的人民政府按照国务院规定决定可以不办理土地使用权出让手续的,转让方应当按照国务院规定将转让房地产所获收益中的土地收益上缴国家或者作其他处理。"

《城市房地产转让管理规定》第十一条规定:"以划拨方式取得土地使用权的,转让房地产时,按照国务院的规定,报有批准权的人民政府审批。有批准权的人民政府准予转让的,除符合本规定第十二条所列的可以不办理土地使用权出让手续的情形外,应当由受让方办理土地使用权出让手续,并依照国家有关规定缴纳土地使用权出让金。"第十二条规定:"以划拨方式取得土地使用权的,转让房地产时,属于下列情形之一的,经有批准权的人民政府批准,可以不办理土地使用权出让手续,但应当将转让房地产所获收益中的土地收益上缴国家或者作其他处理。土地收益的缴纳和处理的办法按照国务院规定办理。(一)经城市规划行政主管部门批准,转让的土地用于建设《中华人民共和国城市房地产管理法》第二十三条规定的项目的;(二)私有住宅转让后仍用于居住的;(三)按照国务院住房制度改革有关规定出售公有住宅的;(四)同一宗土地上部分房屋转让而土地使用权不可分割转让的;(五)转让的房地产暂时难以确定土地使用权出让用途、年限和其他条件的;(六)根据城市规划土地使用权不宜出让的;(七)县级以上人民政府规定暂时无法或不需要采取土地使用权出让方式的其他情形。依照前款规定缴纳土地收益或作其他处理的,应当在房地产转让合同中注明。"

法律解读25　以出让方式取得的建设用地使用权转让合同的法律效力

1.《最高人民法院关于审理涉及国有土地使用权合同纠纷案件适用法律问题的解释》第八条规定:“土地使用权人作为转让方与受让方订立土地使用权转让合同后,当事人一方以双方之间未办理土地使用权变更登记手续为由,请求确认合同无效的,不予支持。”

2.《最高人民法院关于审理涉及国有土地使用权合同纠纷案件适用法律问题的解释》第九条规定:“土地使用权人作为转让方就同一出让土地使用权订立数个转让合同,在转让合同有效的情况下,受让方均要求履行合同的,按照以下情形分别处理:(一)已经办理土地使用权变更登记手续的受让方,请求转让方履行交付土地等合同义务的,应予支持;(二)均未办理土地使用权变更登记手续,已先行合法占有投资开发土地的受让方请求转让方履行土地使用权变更登记等合同义务的,应予支持;(三)均未办理土地使用权变更登记手续,又未合法占有投资开发土地,先行支付土地转让款的受让方请求转让方履行交付土地和办理土地使用权变更登记等合同义务的,应予支持;(四)合同均未履行,依法成立在先的合同受让方请求履行合同的,应予支持。未能取得土地使用权的受让方请求解除合同、赔偿损失的,依照民法典的有关规定处理。”

3. 如果转让方未按照规定完成土地开发投资即转让建设用地使用权,其效力应如何认定?《最高人民法院关于土地转让方未按规定完成土地的开发投资即签订土地使用权转让合同的效力问题的答复》(法函〔2003〕34号)作了明确解释:“根据《中华人民共和国城市房地产管理法》第三十八条的规定,以出让方式取得土地使用权的,转让房地产时,应当符合两个条件:(一)按照出让合同约定已经支付全部土地使用权出让金,并取得土地使用权证书;(二)按照出让合同约定进行投资开发,属于房屋建设工程的,完成开发投资总额的百分之二十五以上。因此,未同时具备上述两个条件,而进行转让的,其转让合同无效。以出让方式取得土地使用权后转让房地产的,转让方已经支付全部土地使用权出让金,并且转让方和受让方前后投资达到完成开发投资总额的百分之二十五以上,已经办理了登记手续,或者虽然没有办理登记手续,但当地有关主管部门同意补办土地使用权转让手续的,转让合同可以认定有效。”但是,《全国民事审判工作会议纪要(2011年)》第十七条规定:“当事人以转让房地产时未达到城市房地产管理法第三十九条第一款第(二)项规定的条件为由,请求认定转让合同无效的,不予支持。”

法律解读26　以划拨方式取得的建设用地使用权转让合同的法律效力

1.《城市房地产管理法》第四十条第一款规定:“以划拨方式取得土地使用权的,转让房地产时,应当按照国务院规定,报有批准权的人民政府审批。有批准权的人民政府准予转让的,应当由受让方办理土地使用权出让手续,并依照国家有关规定缴纳土地使用权出让金。”该规定没有明确规定审批截止时间、转让合同的性质、受让方办理土地使用出让手续的性质等问题,《最高人民法院关于审理涉及国有土地使用权合同纠纷案件适用法律问题的解释》对此作出了明确规定:

(1)划拨土地使用权转让在起诉前经批准并由受让人办理出让手续的,转让合同按补偿性质合同处理。《最高人民法院关于审理涉及国有土地使用权合同纠纷案件适用法律问题的解释》第十条规定:“土地使用权人与受让方订立合同转让划拨土地使用权,起诉前经有批准权的人民政府同意转让,并由受让方办理土地使用权出让手续的,土地使用权人与受让方订立的合同可以按照补偿性质的合同处理。"该规定明确将该合同定性为补偿性质的合同,并将受让人办理出让手续的时间宽延到了起诉前。

(2)划拨土地使用权转让在起诉前经有批准权的政府决定划拨给受让人使用,转让合同按补偿性质合同处理。《最高人民法院关于审理涉及国有土地使用权合同纠纷案件适用法律问题的解释》第十一条规定:"土地使用权人与受让方订立合同转让划拨土地使用权,起诉前经有批准权的人民政府决定不办理土地使用权出让手续,并将该划拨土地使用权直接划拨给受让方使用的,土地使用权人与受让方订立的合同可以按照补偿性质的合同处理。"实际上,这时已不是划拨土地使用权的转让,而是划拨土地使用权的重新划拨。

2. 以划拨方式取得的建设用地使用权转让应注意的问题

(1)应当经有批准权的人民政府的批准。根据法律规定,有批准权的人民政府是指市、县人民政府的土地管理部门。设有区的市,其权力部门仍是市级主管部门而不是区级主管部门。

(2)政府批准的依据。《招标拍卖挂牌出让国有建设用地使用权规定》第四条第一款规定:"工业、商业、旅游、娱乐和商品住宅等各类经营性用地以及同一宗地有两个以上意向用地者的,应当以招标、拍卖或者挂牌方式出让。"2004 年 10 月,国务院《关于深化改革严格土地管理的决定》(国发〔2004〕28 号)重申商业、旅游、娱乐和商品住宅等各类经营性用地必须实行招标、拍卖、挂牌出让,经依法批准转让原划拨土地使用权的,应当在土地有形市场公开交易,按照市场价补缴土地出让金。因此,如果原划拨土地使用权人与受让人协议将划拨土地使用权转让后用作商业、旅游、娱乐和商品住宅等经营性用地,一旦通过土地有形市场公开交易,受让方很可能无法竞得土地使用权,意味着"得不到政府的批准"。

PART 2:房地产开发项目转让的法律风险提示及防控

法律风险提示 5

(一)房地产开发项目不符合转让法定条件的风险

我国法律对房地产开发项目的转让设置有法定条件,转让项目必须符合相应的法定转让条件。否则,可能会因违反法律的效力性强制规定而导致项目转让协议无效。

(二)房地产开发项目转让协议无效的法律风险

房地产开发项目转让协议一旦被认定为无效合同,不能产生法律效力。房地产开发项目转让协议被确认无效后当事人面临的法律风险主要为承担缔约过失责任。房地产开发项目转让协议无效的处理应当遵循《民法典》的普遍原则,即合同被认定无效后,当事人可能要承担民法上的返还财产、赔偿损失等法律责任。

(三)房地产开发项目转让的刑事法律风险

房地产开发项目转让前必须完成法定要求的投资,否则有可能被认定为炒卖土地,存在被追究非法倒卖土地使用权罪的刑事风险。《刑法》第二百二十八条规定:"以牟利为目的,违反土地管理法规，非法转让、倒卖土地使用权，情节严重的，处三年以下有期徒刑或者拘役，并处或者单处非法转让、倒卖土地使用权价额百分之五以上百分之二十以下罚金；情节特别严重的，处三年以上七年以下有期徒刑，并处非法转让、倒卖土地使用权价额百分之五以上百分之二十以下罚金。”按照《最高人民法院关于审理破坏土地资源刑事案件具体应用法律若干问题的解释》第一条第四项的规定，该罪的定罪标准为非法获利50万元。

法律风险防控5

（一）做好前期法律尽职调查

房地产开发项目转让的法律尽职调查主要是针对目标项目合法性的调查，即对目标项目的合法性作出判断，具体可参见上节股权转让的法律尽职调查部分的内容。

（二）选择合适的转让方式

房地产项目的转让必须符合一定的条件，特别是完成投资总额25%的法定条件。如果转让项目不符合转让条件，可在现有法律框架下采取以下灵活的变通方案：

1. 增资扩股方式，即通过增资扩股的方式，为房地产项目开发提供所需资金的融资方法，属于房地产长期性股权融资。

2. 阶段性股权融资方式，即房地产开发企业通过增资扩股的方式进行融资，而在房地产项目实现销售后溢价回购原所增股权的融资方式。

3. 商品房包销方式，即用包销来代替项目转让，将项目转让合同中受让方的权利义务转化为包销合同中包销方对项目经营管理的权利义务，包销人按包销合同约定的时间分期分批支付包销款，等于变相地支付项目转让款或合作款。

4. 承包经营方式，即以实现广义项目转让为目的的承包经营，分为承包经营项目公司与承包经营项目两种。前者由承包人与项目公司的股东签订承包经营合同，后者由承包人与项目公司签订承包经营合同；前者的合同标的是项目公司，后者的合同标的是项目本身。

（三）签好项目转让合同

以在建工程转让合同为例，除了必须具备一般项目转让合同条款外，还应对相关合同的处置进行谈判、约定，有必要的还应签订三方合同，并将相关合同及其履行情况作为合同附件。

1. 在建工程转让合同的条款一般包括：

（1）双方的概况；

（2）在建工程概况，包括坐落、四至范围、土地面积、用地性质、规划指标等；

（3）转让标的，包括建设用地使用权、现场建筑物的现状、债权债务的承担等；

（4）双方的保证和承诺；

（5）转让价格的构成和支付方式；

（6）税费的承担及缴纳；

（7）在建工程转让过户登记；

（8）在建工程的移交；

(9)后续工程建设的协作配合。

2. 合同附件一般包括:

(1)国有土地使用权证;

(2)转让双方各自取得的同意在建工程转让的内部和外部批准文件;

(3)转让双方约定转让的设施、设备清单;

(4)转让项目已取得的各项审批手续;

(5)与转让项目相关的已签订的勘察、设计、施工、监理、采购、营销等合同及其履行情况、后续安排;

(6)转让双方与银行签订的有关抵押借款合同及其履行情况、后续安排;

(7)转让方已签订的商品房预售合同及其履行情况、后续安排。

(四)做好交接工作

房地产项目转让应做好相应的交接工作,包括:

1. 实物的交接,包括转让涉及设备、设施的交接;

2. 建设现场的交接,即对在建工程工地现场的交接;

3. 资料的交接,包括证照、合同、印鉴、图纸、资料的移交;

4. 变更的手续:到相关行政主管部门办理相关审批手续、证照的变更。

(五)采取合理担保制度

为规避受让方支付转让款后转让方不办理转让登记和交接手续,或者转让方办理转让登记或交接手续后受让方不支付转让款,转让款可以根据转移登记和交付手续等节点分期、分批支付,或者将转让款存入资金监管账户。

(六)采用合理的付款方式

1. 银行保函。受让方向转让方出具银行保函,承诺转让方完成项目转让变更手续后,银行担保支付转让款。该方式可以排除完成项目转让变更手续后受让方拒绝付款的法律风险,也可以排除受让方支付转让款后转让方拒绝办理项目转让变更手续的法律风险。

2. 设立共管账户。转让方和受让方共同设立共管账户,通常一方出公司印鉴,另一方出人名章印鉴,只有齐备双方持有的印鉴才能提取账户中的资金。该方式对资金的安全有充分保障,但存在一方拖延或者相互扯皮的可能。

3. 第三方托管。转让方和受让方共同选定律师事务所或者公证机关等中介机构为托管单位,由托管单位监督合同的履行并托管股权转让款。完成项目转让变更手续后,转让方可按照合同的约定要求托管单位支付项目转让款。

(七)分摊好有关税费

对于房地产开发项目转让涉及的税费,转让方和受让方都应事先做好税务筹划,事先约定好相应税费的承担。一般情况下,转让方应缴纳的税费包括企业所得税、增值税、印花税等,受让方应缴纳的税费包括契税、印花税等。

PART 3：房地产开发项目转让的典型案例

典型案例19

山西嘉和泰房地产开发有限公司与太原重型机械(集团)有限公司土地使用权转让合同纠纷案

裁判摘要

1. 根据《最高人民法院关于审理涉及国有土地使用权合同纠纷案件适用法律问题的解释》第九条的规定，转让方未取得出让土地使用权证书与受让方订立合同转让土地使用权，起诉前转让方已经取得出让土地使用权证书或者有批准权的人民政府同意转让的，应当认定合同有效。

2. 虽然我国税收管理方面的法律、法规对于各种税收的征收均明确规定了纳税义务人，但是并未禁止纳税义务人与合同相对人约定由合同相对人或者第三人缴纳税款，即对于实际由谁缴纳税款并未作出强制性或禁止性规定。因此，当事人在合同中约定由纳税义务人以外的人承担转让土地使用权税费的，并不违反相关法律、法规的强制性规定，应认定为合法有效。

3. 根据《合同法》第一百一十四条的规定，对于当事人在合同中约定的违约金数额，只有在当事人请求调整，且合同约定的违约金数额确实低于或者过分高于违约行为给当事人造成的损失时，人民法院才能进行调整。

基本案情

2002年3月26日，太重公司与嘉和泰公司签订《协议书》，太重公司将位于太原市并州南路西一巷48号约64.5亩土地使用权转让给嘉和泰公司。2002年4月2日，太重公司与嘉和泰公司签订《补充协议》。2002年9月24日，太重公司与太原市国土资源局签订《国有土地使用权出让合同》，太重公司取得了该宗土地的使用权。2002年12月，太重公司与嘉和泰公司签订《太原市出让土地使用权转让合同书》，主要约定转让价格为每平方米1223元、总额为5255.08万元。此后，嘉和泰公司以承兑汇票、支票、现金方式共支付土地补偿金4580万元，余款未付。2002年9月24日，太重公司和太原市国土资源局签订《出让合同》。2002年8月12日、2002年9月23日，嘉和泰公司合计向太重公司支付土地出让金1050万元。2003年1月15日，太重公司与嘉和泰公司取得国有土地使用权转让鉴证单。双方通过办理权属变更登记手续，嘉和泰公司于2003年1月取得该宗土地的国有土地使用证。按照《协议书》和《补充协议》有关税费承担的约定，嘉和泰公司尚欠太重公司各种税金。2002年12月31日，嘉和泰公司向太原市国土资源局支付土地出让金386.72万元。太重公司已缴纳契税41.25万元；已申报营业税281.25万元，实际缴纳营业税242.526万元。太重公司起诉请求判令：嘉和泰公司立即支付土地补偿金、相关税费合计3548.6271万元及违约金755.862,56万元。

裁判结果

山西省高级人民法院于2007年1月22日作出(2006)晋民初字第20号民事判决：嘉和泰公

司向太重公司支付土地补偿金1478.3万元及利息、契税41.25万元。最高人民法院于2007年12月21日作出(2007)民一终字第62号民事判决:变更一审判决第一项为嘉和泰公司向太重公司支付土地补偿金1508.6万元人民币;变更一审判决第二项为嘉和泰公司向太重公司支付营业税58.206,24万元人民币,支付契税41.25万元人民币。

典型案例20

崂山国土局与南太置业公司国有土地使用权出让合同纠纷案

裁判摘要

1.根据《合同法》第四十五条的规定,当事人对合同的效力约定所附条件,是指在合同中特别约定一定的条件,以条件成就与否作为合同效力发生的根据。该条件必须是将来发生的、不确定的、约定的、合法的事实。政府机关对有关事项或者合同审批或者批准的权限和职责,源于法律和行政法规的规定,不属于当事人约定的范畴。当事人将上述权限和职责约定为合同所附条件,不符合法律规定。

2.根据《合同法》第五十二条第五项和《最高人民法院关于适用〈中华人民共和国合同法〉若干问题的解释(一)》第四条的规定,确认合同无效应当以法律和行政法规作为依据,不得以地方性法规和行政规章作为依据。双方当事人签订的《国有土地使用权出让合同》中约定的土地用途与规划和评估报告中的土地用途不同,如果可能导致土地使用权出让金低于订立合同时当地政府按照国家规定确定的最低价的,属于影响国有土地使用权出让合同价格条款效力的因素,但不导致国有土地使用权出让合同无效。

3.根据《民法通则》第六条的规定,民事主体从事民事活动,除必须遵守法律外,在法律没有规定的情况下还应当遵守国家政策。国务院下发的有关规范整顿土地出让市场秩序的通知以及国务院有关部委颁发的贯彻配套规定等规范性文件,属于国家政策。按照国家有关政策规定,在2002年7月1日前未经市、县政府前置审批或者签订书面项目开发协议而在此后协议出让经营性用地的,应当按照有关规定改为以招标拍卖挂牌方式出让。完善招标拍卖挂牌手续的,属于对有关国有土地使用权出让合同的变更或者解除,影响到相关合同能否实际履行以及是否解除问题,不影响和限制合同的效力。

4.解除权在实体方面属于形成权,在程序方面则表现为形成之诉。在没有当事人依法提出该诉讼请求的情况下,人民法院不能依职权径行裁判。

基本案情

2001年2月23日,段家埠村与澳大利亚南太置业股份有限公司、青岛鑫城房地产有限公司签订《开发"澳大利亚旅游观光度假村"联建合同书》。2001年8月15日,崂山区国土局与南太公司、澳大利亚南太置业股份有限公司签订《青岛市崂山区国有土地使用权预约协议》。2001年10月11日,青岛市人民政府批准成立南太公司。2002年1月24日,青岛市崂山区发展计划局批准澳洲花园开发项目实施。2002年2月4日,青岛市规划局下发《建设工程规划审查意见书》。2002年7月29日,青岛市规划局下发《建设用地规划设计条件通知书》。2002年12月26日,青岛市人民政府向山东省人民政府报送《关于崂山区2002年度第十八批城市建设用地的请示》。2002年12月27日,青岛市规划局崂山分局下发《建设工程规划方案审查意见书》。2003年1月6日,崂山区国土局与南太公司签订《国有土地使用权出让合同》。2003年1月13日,山东省青岛市规划局向南太公司发放了青规用地字(2003)3号《建设用地规划许可证》。2003年2月19日,山东省人民政府下发《关于青岛市崂山区2002年第十八批次城市建设用地的批复》。2004年4月12日,崂山区国土局以《国有土地使用权出让合同》无效、其无法履行合同约定的义务为由,通知南太公司解除双方签订的《国有土地使用权出让合同》,并要求南太公司于接到通知后30日内到崂山区经营性用地合同清理办公室办理退款等相关事宜。2004年6月18日,崂山区国土局向南太公司送达《关于抓紧办理土地出让金退款手续的函》,要求南太公司于接到本函后15日内到崂山区经营性用地合同清理办公室办理土地出让金退款等相关手续,逾期崂山区经营性用地合同清理办公室将依法律程序退还南太公司已经缴纳的土地出让金。另查明,自2001年9月28日至2003年5月29日,南太公司付清了出让合同约定的土地出让金56,369,943.3元及《补充协议》约定的代征道路及绿化用地征地费2,514,975元,两项合计58,884,918.3元。南太公司起诉请求判令崂山区国土局继续履行《国有土地使用权出让合同》,立即为南太公司颁发土地使用权证。

裁判结果

山东省高级人民法院于2004年9月14日作出(2004)鲁民一初字第9号民事判决:崂山区国土局、南太公司继续履行《国有土地使用权出让合同》;崂山区国土局为南太公司办理《国有土地使用权证》。最高人民法院于(2004)民一终字第106号民事判决:撤销山东省高级人民法院(2004)鲁民一初字第9号民事判决;驳回南太公司关于继续履行合同的诉讼请求。

典型案例21

重庆索特盐化股份有限公司与重庆新万基房地产开发有限公司土地使用权转让合同纠纷案

一审法院:重庆市高级人民法院(2008)渝高法民初字第2号

二审法院:最高人民法院(2008)民一终字第122号

二审观点

(一)关于《联合开发协议》及其《补充协议》的效力问题

首先,根据《担保法》第四十九条的规定,抵押期间抵押人转让抵押物应当通知抵押权人,否则转让行为无效;《物权法》第一百九十一条亦规定抵押期间转让抵押物须经抵押权人同意。其立法目的是确保抵押权人的利益不受侵害。但《最高人民法院关于适用〈中华人民共和国担保法〉若干问题的解释》第六十七条和《物权法》第一百九十一条也规定,未经通知或者未经抵押权人同意转让抵押物的,如受让方代为清偿债务消灭抵押权的,转让有效。即受让人通过行使涤除权涤除转让标的物上的抵押权负担的,转让行为有效。上述法律和司法解释的规定体现了相关立法和司法解释的指导思想是要在抵押权人和抵押人、受让抵押标的物的第三人之间实现利益平衡,既充分保障抵押权不受侵害,又不过分妨碍财产的自由流转,充分发挥物的效益。本案双方当事人在《联合开发协议》中约定由索特公司在不影响开发进度的前提下办理解除抵押的相关手续,即以约定的方式将先行解除本案所涉土地上的抵押权负担的义务赋予了索特公司;该约定既保障了抵押权人的利益,也不妨害抵押人和受让土地的第三人的利益,与《担保法》、《物权法》及《最高人民法院关于适用〈中华人民共和国担保法〉若干问题的解释》保障各方当事人利益平衡的立法精神并不相悖,不违反法律规定。从合同法的角度看,转让方对转让标的负有权利瑕疵担保责任,其主动告知转让土地上的权利负担,并承诺由其在不影响开发进度的前提下先行解除抵押,该承诺构成合同中的负担行为,即承担义务的行为,符合意思自治和合同自由原则,且确保了抵押权人的利益不受侵害,与《担保法》、《物权法》和《最高人民法院关于适用〈中华人民共和国担保法〉若干问题的解释》的立法本意和制度设计不相抵触。因此,应当确认该《联合开发协议》及《补充协议》有效,双方应按照合同诚信履行,索特公司有义务根据双方商定的开发进度清偿银行债务,从而解除该转让土地上的抵押权负担。

其次,根据《物权法》第十五条的规定,当事人之间订立有关设立、变更、转让和消灭不动产物权的合同,除法律另有规定或者合同另有约定外,自合同成立时生效;未办理物权登记的,不影响合同效力。该规定确定了不动产物权变动的原因与结果相区分的原则。物权转让行为不能成就,并不必然导致物权转让的原因即债权合同无效。双方签订的《联合开发协议》及《补充协议》作为讼争土地使用权转让的原因行为,是一种债权形成行为,并非该块土地使用权转让的物权变动行为。相关法律关于未经通知抵押权人而导致物权转让行为无效的规定,其效力不应及于物权变动行为的原因行为。因为当事人可以在合同约定中完善物权转让的条件,使其转让行为符合法律规定。本案即属此种情形。

综上,双方当事人签订的《联合开发协议》未违反法律强制性规定,应为有效合同。一审判决对此问题的认定适用法律不当,应予纠正。

(二)索特公司是否应向新万基公司支付违约金

一审判决根据双方签订的《联合开发协议》及《补充协议》约定的权利义务内容,确定双方的协议为土地使用权转让协议,此认定事实清楚,适用法律正确,双方当事人亦无异议,法院予以确认。土地使用权转让协议作为一项双务合同,要求出让方首先提供具有使用权无瑕疵的土地,受让方依约支付转让款。双方的《联合开发协议》第一条即明确了该转让土地已被抵押,且约定索特公司履行解除抵押的义务。该条约定表明,索特公司作为土地使用权的转让方具有消除转让土地上所存权利瑕疵的义务。双方在随后签订的《补充协议》中对履行各自义务的时间作出了约定,即以双方共同确定的《金三峡花园联合开发项目开发进度表》作为双方履行义务的时间表。新万基公司依《补充协议》的约定,于2005年12月5日向索特公司提交了《金三峡花园联合开发项目开发进度表》,要求索特公司解除转让土地上的抵押,索特公司未予回复。索特公司此举违反了《联合开发协议》第一条关于双方共同确定项目开发进度表的义务性规定，未能按协议约定适时解除转让土地上设定的抵押，提供无权利瑕疵的土地，此种消极不履行合同的行为，已构成违约。索特公司的沉默行为，引起新万基公司对合同继续履行的正当信赖，导致新万基公司与中冶赛迪工程技术股份有限公司等第三方签订了工程设计等一系列与项目开发实施行为有关的合同。在此情况下，索特公司提起诉讼请求解除《联合开发协议》及《补充协议》，根据《合同法》第一百零八条的规定，应认定其构成根本违约。索特公司辩称，索特公司未能解除抵押的原因是新万基公司未能支付转让款，致使其无资金解除抵押。根据《联合开发协议》第四条索特公司的承诺，索特公司应以其自有资金履行解除抵押权义务，而不是以新万基公司先行支付转让款为条件，因此，索特公司的抗辩理由不成立。综上，结合涉案土地已经大幅升值的实际情况，以及双方在土地使用权转让过程中的利益平衡，索特公司应按《联合开发协议》第十条的约定承担违约责任。

典型案例22

青岛市国土资源和房屋管理局崂山国土资源分局与青岛乾坤木业有限公司土地使用权出让合同纠纷案

一审法院：山东省高级人民法院(2006)鲁民一初字第8号

二审法院：最高人民法院(2007)民一终字第84号

二审观点

(一)关于《国有土地使用权出让合同》效力的认定问题

本合同虽约定合同须经山东省人民政府批准方可生效，但在合同签订前，合同项下的84亩土地已经山东省人民政府批准，由农业用地转为建设用地，故这部分土地未经审批不影响相应部分的合同效力；合同项下其余部分土地尚未办理农用地转用审批手续，按约定合同尚未生效，依法不得出让。崂山国土资源分局认为合同已经成立但未生效，不应认定部分有效、部分无效。法院认为：涉案合同是双方当事人的真实意思表示，内容不损害国家、集体和第三人的合法权益，且已经过公证，应认定已经成立。《合同法》第四十四条规定："依法成立的合同，自成立时生效。法律、行政法规规定应当办理批准、登记等手续生效的，依照其规定。"《土地管理法》第四十四条规定："建设占用土地，涉及农用地转为建设用地的，应当办理农用地转用审批手续。"据此认定本案中未经政府批准农转用土地的部分合同无效。根据《合同法》第五十六条的规定，部分合同无效，不影响其他部分效力的，其他部分仍然有效。就本案情况看，认定部分合同无效，不会影响其他部分的效力。因此，应当认定合同中经过政府批准的84亩土地使用权出让有效，未经政府批准的131亩土地使用权出让无效，其他合同条款仍然有效。对于崂山国土资源分局关于涉案合同项下转让的土地是不可分物，不适用量上的部分有效、部分无效的上诉主张，法院不予支持。

(二)崂山国土资源分局是否有权解除合同

解除合同的前提是合同已经生效。涉案《国有土地使用权出让合同》第三十一条约定,受让人延期支付土地出让金超过6个月的,出让人有权解除合同。该合同未约定行使合同解除权的期限,也未约定出让方在解除合同前要进行催告。鉴于该合同部分有效,乾坤公司应在合同有效部分的范围内履行义务。涉案合同于2003年1月16日签订,截至2003年3月26日,乾坤公司向崂山国土资源分局交付土地出让金488万元,未达到84亩土地的出让金总额。因此,解除合同的条件已经成就。崂山国土资源分局根据《合同法》第九十三条第二款的规定,行使了合同解除权,且已经通知了乾坤公司。其未对乾坤公司进行催告,并不构成违约。对崂山国土资源分局关于乾坤公司没有按期付清合同项下全部土地出让金,其有权解除合同的主张,法院应予支持。对乾坤公司关于解除合同的条件未成就,崂山国土资源分局无权单方解除合同的主张,法院不予支持。

典型案例23

大连远东房屋开发有限公司与辽宁金利房屋实业公司、辽宁澳金利房地产开发有限公司国有土地使用权转让合同纠纷案

一审法院:辽宁省高级人民法院(2004)辽民一房初字第9号

二审法院:最高人民法院(2005)民一终字第95号

二审观点

(一)关于金利公司提起本案诉讼应否支持的问题

《联合开发协议》虽系金利公司与远东公司所签,但后来围绕联合开发所发生的往来函件、付款等一系列民事行为,主要是澳金利公司以其名义与远东公司之间展开。

从各方履行《联合开发协议》的实际情况看,该协议中约定的地块位置因政府规划变更而有所调整,远东公司将此事告知对方后,对方并未提出异议,表明对远东公司提供地块有所变动之事,金利公司和澳金利公司是知道并认可的。金利公司和澳金利公司不断地催要本金及利息并为此事专门进行公证,远东公司多次就对方催款事宜作出愿意归还的书面承诺,证明各方均已无意继续履行《联合开发协议》,并且对远东公司向澳金利公司偿还1350万元本金及利息形成一致的意思表示。因此,远东公司的合同义务已由向对方交付土地转变为向对方归还本息。

依据已查明的案件事实,2002年,金利公司和澳金利公司向远东公司送达《催收欠款通知书》,明确表示债权主体只有澳金利公司且此通知可作为权利转让之用,说明金利公司已经将其基于《联合开发协议》享有的要求远东公司还本付息的权利转移给了澳金利公司。按照《合同法》第七十九条、第八十条之规定,债权人可以将合同权利全部或者部分转让给第三人,转让只需通知到债务人即可而无须征得债务人的同意。根据前面所述双方履行《联合开发协议》的实际

情况,金利公司依法享有向远东公司要求还本付息的权利且无须再履行其他义务,故其有权将该权利在不损害远东公司合法权益的前提下予以转让。本案中金利公司和澳金利公司就《催收欠款通知书》的内容及送达过程专门进行了公证,足以证明该转让行为系出于其真实意思表示,该转让内容不违反法律规定,应予认可。远东公司收到《催收欠款通知书》后未持异议,应视为当事人对《联合开发协议》中的权利主体变更已经达成共识。公证机关为此出具了正式的具有较强公示效力的《公证书》,此权利转让已经完成,权利主体已由金利公司变更为澳金利公司。金利公司此后已经丧失了以自己名义作为债权人向远东公司主张还本付息的主体资格。2004 年 4 月 6 日,金利公司以自己名义向远东公司主张其已经转让了的权利,远东公司对此提出抗辩的理由成立,应予支持。

有鉴于此,金利公司主体不适格,不享有提起本纠纷之诉权,对其起诉应予驳回。

(二)关于澳金利公司提起本案诉讼应否支持的问题

根据查明的事实,在一审法院受理本案之前,澳金利公司于 2002 年 9 月 23 日向辽宁省大连市中级人民法院提起诉讼,请求确认远东公司与金利公司签订的《联合开发协议》无效并要求远东公司返还投资款 1350 万元及相应利息。该案由辽宁省高级人民法院以(2003)辽民一房终字第 310 号民事裁定,驳回了澳金利公司的起诉。

2004 年 4 月 6 日,澳金利公司作为原告提起本案诉讼,仍然要求确认《联合开发协议》无效并由远东公司返还投资款 1350 万元及相应利息,除了利息数额有所增加以外,与(2003)辽民一房终字第 310 号民事裁定驳回起诉案件的诉请和理由均相同。利息数额因时间推移而增加,并不属于《最高人民法院关于适用〈中华人民共和国民事诉讼法〉若干问题的意见》第一百四十二条规定中具备符合起诉应予受理的情形,故对澳金利公司就同一诉讼标的重复提起的本案诉讼,应当驳回其起诉。

当事人对已经发生法律效力的判决不服,除依法通过启动审判监督程序对案件重新审理外,不得在以后的诉讼中主张与已生效判决相反的内容,亦不能就同一诉讼标的重复起诉。因此,澳金利公司如认为其有权向远东公司主张权利,应当另循法律途径解决。

典型案例 24

广西北生集团有限责任公司与北海市威豪房地产开发公司、广西壮族自治区畜产进出口北海公司土地使用权转让合同纠纷案

一审法院:广西壮族自治区高级人民法院(2005)桂民一初字第 3 号

二审法院:最高人民法院(2005)民一终字第 104 号

二审观点

(一)关于北海公司是否具备原告的主体资格问题

经查,威豪公司是由北海公司申办成立的。由于威豪公司未按规定申报工商年检,2003 年

11月26日,广西壮族自治区北海市工商行政管理局作出行政处罚决定书,决定吊销威豪公司的营业执照,但至今尚未成立清算组进行清算。根据《民法通则》第三十六条的规定:"法人是具有民事权利能力和民事行为能力,依法独立享有民事权利和承担民事义务的组织。法人的民事权利能力和民事行为能力,从法人成立时产生,到法人终止时消灭。"《公司登记管理条例》第三十八条规定:"经公司登记机关核准注销登记,公司终止。"威豪公司虽然系由北海公司申请开办,但被依法吊销了营业执照之后并没有进行清算,也没有办理公司的注销登记,因此威豪公司仍然享有民事诉讼的权利能力和行为能力,即有权以自己的名义参加民事诉讼。北海公司作为威豪公司的开办单位,虽然有权利和义务对威豪公司的债权债务进行清理,但在威豪公司尚未注销时,其开办单位作为当事人共同参加诉讼,没有法律依据。北海公司不是威豪公司与北生集团所签合同的缔约人,其与北生集团之间没有直接的民事法律关系。因此,一审法院认定北海公司为本案适格原告,于法无据。北生集团关于北海公司不具备本案原告的诉讼主体资格的上诉请求,应予支持。

(二)关于威豪公司的起诉是否超过诉讼时效期间问题

一审法院认为,威豪公司与北生集团签订的《土地合作开发协议书》,名为合作开发,实为土地使用权的转让协议。因北生集团未取得讼争土地的使用权即与威豪公司签订协议转让该土地的使用权,且既未对土地进行实际的投资开发也未在一审审理期间补办有关土地使用权登记或变更登记手续,故双方当事人签订的《土地合作开发协议书》应为无效。一审法院上述关于合同性质及效力的认定,符合本案事实,适用法律正确。且双方当事人对合同效力亦无异议。

依照《民法通则》第一百三十五条、第一百三十七条之规定,当事人向人民法院请求保护民事权利的诉讼时效期间为2年,诉讼时效期间从知道或者应当知道权利被侵害时起计算。法院认为,合同当事人不享有确认合同无效的法定权利,只有仲裁机构和人民法院有权确认合同是否有效。合同效力的认定,实质是国家公权力对民事行为进行的干预。合同无效系自始无效,单纯的时间经过不能改变无效合同的违法性。当事人请求确认合同无效,不应受诉讼时效期间的限制,而合同经确认无效后,当事人关于返还财产及赔偿损失的请求,应当适用法律关于诉讼时效的规定。本案中,威豪公司与北生集团签订的《土地合作开发协议书》被人民法院确认无效后,威豪公司才享有财产返还的请求权,故威豪公司的起诉没有超过法定诉讼时效期间。

PART 4:房地产开发项目转让的法律链接

法律链接

《中华人民共和国民法典》(2020年5月28日)

第三百五十三条 建设用地使用权人有权将建设用地使用权转让、互换、出资、赠与或者抵押,但是法律另有规定的除外。

第三百五十四条 建设用地使用权转让、互换、出资、赠与或者抵押的,当事人应当采用书面形式订立相应的合同。使用期限由当事人约定,但是不得超过建设用地使用权的剩余期限。

第三百五十五条 建设用地使用权转让、互换、出资或者赠与的，应当向登记机构申请变更登记。

第三百五十六条 建设用地使用权转让、互换、出资或者赠与的，附着于该土地上的建筑物、构筑物及其附属设施一并处分。

第三百五十七条 建筑物、构筑物及其附属设施转让、互换、出资或者赠与的，该建筑物、构筑物及其附属设施占用范围内的建设用地使用权一并处分。

《中华人民共和国城市房地产管理法》(2019 年 8 月 26 日修正)

第三十八条 下列房地产，不得转让：

(一)以出让方式取得土地使用权的，不符合本法第三十九条规定的条件的；

(二)司法机关和行政机关依法裁定、决定查封或者以其他形式限制房地产权利的；

(三)依法收回土地使用权的；

(四)共有房地产，未经其他共有人书面同意的；

(五)权属有争议的；

(六)未依法登记领取权属证书的；

(七)法律、行政法规规定禁止转让的其他情形。

第三十九条 以出让方式取得土地使用权的，转让房地产时，应当符合下列条件：

(一)按照出让合同约定已经支付全部土地使用权出让金，并取得土地使用权证书；

(二)按照出让合同约定进行投资开发，属于房屋建设工程的，完成开发投资总额的百分之二十五以上，属于成片开发土地的，形成工业用地或者其他建设用地条件。

转让房地产时房屋已经建成的，还应当持有房屋所有权证书。

第四十条 以划拨方式取得土地使用权的，转让房地产时，应当按照国务院规定，报有批准权的人民政府审批。有批准权的人民政府准予转让的，应当由受让方办理土地使用权出让手续，并依照国家有关规定缴纳土地使用权出让金。

以划拨方式取得土地使用权的，转让房地产报批时，有批准权的人民政府按照国务院规定决定可以不办理土地使用权出让手续的，转让方应当按照国务院规定将转让房地产所获收益中的土地收益上缴国家或者作其他处理。

第四十一条 房地产转让，应当签订书面转让合同，合同中应当载明土地使用权取得的方式。

第四十二条 房地产转让时，土地使用权出让合同载明的权利、义务随之转移。

第四十三条 以出让方式取得土地使用权的，转让房地产后，其土地使用权的使用年限为原土地使用权出让合同约定的使用年限减去原土地使用者已经使用年限后的剩余年限。

第四十四条 以出让方式取得土地使用权的，转让房地产后，受让人改变原土地使用权出让合同约定的土地用途的，必须取得原出让方和市、县人民政府城市规划行政主管部门的同意，签订土地使用权出让合同变更协议或者重新签订土地使用权出让合同，相应调整土地使用权出让金。

第六十六条 违反本法第三十九条第一款的规定转让土地使用权的，由县级以上人民政府土地管理部门没收违法所得,可以并处罚款。

第六十七条 违反本法第四十条第一款的规定转让房地产的,由县级以上人民政府土地管理部门责令缴纳土地使用权出让金,没收违法所得,可以并处罚款。

《城市房地产开发经营管理条例》(2020年11月29日修订)

第十九条 转让房地产开发项目,应当符合《中华人民共和国城市房地产管理法》第三十九条、第四十条规定的条件。

第二十条 转让房地产开发项目,转让人和受让人应当自土地使用权变更登记手续办理完毕之日起30日内,持房地产开发项目转让合同到房地产开发主管部门备案。

第二十一条 房地产开发企业转让房地产开发项目时,尚未完成拆迁补偿安置的,原拆迁补偿安置合同中有关的权利、义务随之转移给受让人。项目转让人应当书面通知被拆迁人。

第三十五条 违反本条例规定,擅自转让房地产开发项目的,由县级以上人民政府负责土地管理工作的部门责令停止违法行为,没收违法所得,可以并处违法所得5倍以下的罚款。

《城镇国有土地使用权出让和转让暂行条例》(2020年11月29日修订)

第十九条 土地使用权转让是指土地使用者将土地使用权再转让的行为,包括出售、交换和赠与。未按土地使用权出让合同规定的期限和条件投资开发、利用土地的,土地使用权不得转让。

第二十条 土地使用权转让应当签订转让合同。

第二十一条 土地使用权转让时,土地使用权出让合同和登记文件中所载明的权利、义务随之转移。

第二十二条 土地使用者通过转让方式取得的土地使用权,其使用年限为土地使用权出让合同规定的使用年限减去原土地使用者已使用年限后的剩余年限。

《全国民事审判工作会议纪要》(2011年11月9日)

17.当事人以转让房地产时未达到城市房地产管理法第三十九条第一款第(二)项规定的条件为由,请求认定转让合同无效的,不予支持。

《最高人民法院关于审理涉及国有土地使用权合同纠纷案件适用法律问题的解释》(2020年12月29日修正)

第七条 本解释所称的土地使用权转让合同,是指土地使用权人作为转让方将出让土地使用权转让于受让方,受让方支付价款的合同。

第八条 土地使用权人作为转让方与受让方订立土地使用权转让合同后,当事人一方以双方之间未办理土地使用权变更登记手续为由,请求确认合同无效的,不予支持。

第九条 土地使用权人作为转让方就同一出让土地使用权订立数个转让合同,在转让合同有效的情况下,受让方均要求履行合同的,按照以下情形分别处理:

(一)已经办理土地使用权变更登记手续的受让方,请求转让方履行交付土地等合同义务的,应予支持;

(二)均未办理土地使用权变更登记手续,已先行合法占有投资开发土地的受让方请求转让方履行土地使用权变更登记等合同义务的,应予支持;

（三）均未办理土地使用权变更登记手续，又未合法占有投资开发土地，先行支付土地转让款的受让方请求转让方履行交付土地和办理土地使用权变更登记等合同义务的，应予支持；

（四）合同均未履行，依法成立在先的合同受让方请求履行合同的，应予支持。

未能取得土地使用权的受让方请求解除合同、赔偿损失的，依照民法典的有关规定处理。

第十条　土地使用权人与受让方订立合同转让划拨土地使用权，起诉前经有批准权的人民政府同意转让，并由受让方办理土地使用权出让手续的，土地使用权人与受让方订立的合同可以按照补偿性质的合同处理。

第十一条　土地使用权人与受让方订立合同转让划拨土地使用权，起诉前经有批准权的人民政府决定不办理土地使用权出让手续，并将该划拨土地使用权直接划拨给受让方使用的，土地使用权人与受让方订立的合同可以按照补偿性质的合同处理。

地方法规、地方规章

有些地方的法规、规章对房地产项目转让进行了规定：(1)《安徽省城市房地产交易管理条例》第十五条；(2)《安徽省城市房地产开发经营管理办法》第二十一条；(3)《北京市城市房地产转让管理办法》第五十一条；(4)《重庆市城市房地产开发经营管理条例》第二十八条、第二十九条、第四十三条；(5)《重庆市城镇房地产交易管理条例》第二十三条；(6)《福建省国有土地使用权出让和转让办法》第二十条至第二十七条；(7)《广东省房地产开发经营条例》第十四条；(8)《广东省商品房预售管理条例》第十一条至第十三条；(9)《广东省实施〈中华人民共和国土地管理法〉办法》第四十三条、第四十四条；(10)《广东省经济特区土地管理条例》第二十八条至第三十五条、第四十七条；(11)《广西壮族自治区城市房地产开发经营管理条例》第三十一条；(12)《河北省城市房地产开发经营管理规定》第十八条；(13)《湖北省实施〈中华人民共和国城市房地产管理法〉办法》第二十条；(14)《辽宁省城市房地产开发经营管理规定》第二十条至第二十二条；(15)《内蒙古自治区城市房地产开发经营管理条例》第二十一条至第二十四条、第三十三条；(16)《山东省城市房地产开发经营管理条例》第三十九条、第四十条；(17)《上海市房地产转让办法》第四十四条至第四十七条。

Chapter 2 房地产交易编

房地产交易是指以房地产为对象的交易，包括房地产转让、房地产抵押和房地产租赁。根据《城市房地产管理法》第二条的规定，房地产交易包括房地产转让、房地产抵押和房屋租赁。房地产是房产和地产的合称，因此房地产交易包括土地交易（纯土地）和房地产交易（土地+房屋）。根据土地所有权的不同，可以把房地产交易分为国有土地上的房地产交易和集体土地上的房地产交易。《城市房地产管理法》第二条第一款规定："在中华人民共和国城市规划区国有土地（以下简称国有土地）范围内取得房地产开发用地的土地使用权，从事房地产开发、房地产交易，实施房地产管理，应当遵守本法。"第三款规定："本法所称房地产开发，是指在依据本法取得国有土地使用权的土地上进行基础设施、房屋建设的行为。"因此，如无特殊说明，本书主要讨论的是国有土地上的房地产交易。

从体系上讲，本编主要研究房地产的交易问题。房地产除了开发环节之外，还有经营环节。房地产交易为房地产经营的主要内容，容易引发纠纷，是法律、政策规制的重点。因此，本编主要研究与房地产交易相关的代理销售、销售方式、房地产广告、买受人、认购、预/现售、商品房买卖合同、商品房买卖合同条款、期房转让、二手房买卖、房屋租赁、房屋租赁的特殊规则等内容。

房地产交易

法律解读 27 房地产交易

（一）土地交易（纯土地）

土地交易（纯土地）包括：建设用地使用权出让、建设用地使用权划拨、建设用地使用权转让、建设用地使用权出租、建设用地使用权抵押等。

根据《城市房地产管理法》第八条的规定，建设用地使用权出让，是指国家将建设用地使用权在一定年限内出让给建设用地使用者，由建设用地使用者向国家支付土地使用权出让金的行为。

根据《城市房地产管理法》第二十三条第一款的规定，建设用地使用权划拨，是指县级以上人民政府依法批准，在建设用地使用者缴纳补偿、安置等费用后将该幅土地交付其使用，或者将土地使用权无偿交付给建设用地使用者使用的行为。

根据《城镇国有土地使用权出让和转让暂行条例》第十九条的规定，建设用地使用权转让是指建设用地使用者将建设用地使用权再转让的行为，包括出售、交换和赠与。

根据《城镇国有土地使用权出让和转让暂行条例》第二十八条第一款的规定，建设用地使用权出租是指建设用地使用者作为出租人将建设用地使用权随同地上建筑物、其他附着物租赁给承租人使用，由承租人向出租人支付租金的行为。

（二）交易（土地＋房屋）

房地产交易（土地＋房屋）包括：房地产转让、房地产抵押、商品房预售、商品房现售、二手房买卖、房屋出租等。

根据《城市房地产管理法》第三十七条的规定，房地产转让，是指房地产权利人通过买卖、赠与或者其他合法方式将其房地产转移给他人的行为。

根据《城市房地产转让管理规定》第三条的规定，其他合法方式主要包括下列行为：(1)以房地产作价入股、与他人成立企业法人，房地产权属发生变更的；(2)一方提供土地使用权，另一方或者多方提供资金，合资、合作开发经营房地产，而使房地产权属发生变更的；(3)因企业被收购、兼并或合并，房地产权属随之转移的；(4)以房地产抵债的；(5)法律、法规规定的其他情形。

根据《城市房地产管理法》第四十七条的规定，房地产抵押，是指抵押人以其合法的房地产以不转移占有的方式向抵押权人提供债务履行担保的行为。债务人不履行债务时，抵押权人有权依法以抵押的房地产拍卖所得的价款优先受偿。

根据《城市房地产管理法》第五十三条的规定，房屋租赁，是指房屋所有权人作为出租人将其房屋出租给承租人使用，由承租人向出租人支付租金的行为。

根据《商品房销售管理办法》第三条的规定，商品房销售包括商品房现售和商品房预售。商品房现售,是指房地产开发企业将竣工验收合格的商品房出售给买受人,并由买受人支付房价款的行为。商品房预售,是指房地产开发企业将正在建设中的商品房预先出售给买受人,并由买受人支付定金或者房价款的行为。

法律解读28　房地产交易的原则

(一)房地一并处分原则

在法律上,土地和房屋的权利是否可以分开,历来存在两种不同的立法例。一是吸收主义。在此种模式下,房屋被认为是土地的重要组成部分,或者被认为是地上权的组成部分。二是分离主义。在此种模式下,房屋和土地是分别的所有权客体,房屋不是土地的组成部分,而是独立的权利客体。我国采用分离主义模式,土地和房屋可以分别成为物权的客体,并可以分别登记。但是,我国的分离主义模式和外国的有所不同,在确认房地可以分属于不同权利主体的同时,适用"房随地走、地随房走"原则,房地要一并流转。我国房地一并处分包括如下内容:(1)房地流转中的一并处分规则;(2)抵押时的一并处分规则。[①]

(二)登记要件主义

在大陆法系国家,关于物权变动,主要有如下几种模式:(1)意思主义,是指仅凭当事人的债权意思(如当事人达成合意)就发生物权变动的效力,而不需以登记或者交付为其成立或生效要件。(2)形式主义,是指除了债权意思以外,当事人还必须履行登记或交付的法定方式,才能产生物权变动效力。形式主义又分为物权形式主义和债权形式主义。物权形式主义,是指物权变动法律效果的发生,除了债权意思以外,还必须有物权变动的意思表示,并履行登记或交付的法定方式。债权形式主义,是指物权变动的法律效果的发生,除了债权意思以外,还必须履行登记或交付的法定方式,但是并不需要作出物权变动的意思表示。[②] 我国关于物权变动模式是合意加公示的模式,实际上确立了一种以债权形式主义为原则,以公示对抗主义为例外的二元物权变动模式。[③] 登记要件模式,是指登记是不动产物权变动的生效要件,未经登记,不动产物权不发生变动。[④] 对于不动产物权,我国采用的是登记要件主义为基本原则,登记对抗主义为例外。房地产属于不动产,也应适用登记要件主义。

法律解读29　房地产交易的条件

房地产作为不动产,其交易除了必须满足一般商品交易的条件之外,还有其特殊的交易条件。

1. 房地产交易的主体必须合法。房地产交易主体应该具有从事房地产买卖的行为能力,应该符合相关法律、法规对房地产交易主体的特殊要求。我国对房地产交易主体的限制较多,房地

① 参见《城市房地产管理法》第三十二条,《民法典》第三百五十六条、第三百五十七条,《城镇国有土地使用权出让和转让暂行条例》第二十三条、第二十四条。

② 谢哲胜:《财产法专题研究》,台北,三民书局1995年版,第83~85页。

③ 王利明:《物权法研究》(上卷)(修订版),中国人民大学出版社2007年版,第256页。

④ 王泽鉴:《民法物权》(第1册),2001年自版,第107页。

产交易主体必须符合法律、行政法规、调控政策的相关要求。自然人作为房地产交易的主体,必须是年满18周岁的具有完全民事行为能力人。商品房的购买人还必须符合在特定情况下的“限购”“限贷”等政策。另外,境外机构、个人在境内购买商品房的,还应受到时间限制、用途限制和汇兑限制。商品房的出卖人必须是合法设立的房地产开发企业,其设立必须符合《城市房地产管理法》第三十条、《公司法》以及其他法律、行政法规规定的条件。

2. 房地产交易的标的必须符合法律规定的流通要求。首先,我国的土地所有权只有国家土地所有权和农民集体土地所有权两种形式,土地所有权是禁止进入市场流通的。其次,建设用地使用权的流转必须符合法律规定的条件。建设用地使用权的转让,必须符合《城市房地产管理法》第三十九条、第四十条规定的条件。最后,商品房销售必须符合法律规定的条件。商品房预售必须符合《城市房地产管理法》第四十五条的规定,商品房现售必须符合《商品房销售管理办法》第七条规定的条件。

3. 房地产交易建设用地使用权及附着于该土地上的建筑物、构筑物及其附属设施必须一并处分。建设用地使用权转让、互换、出资或者赠与的,附着于该土地上的建筑物、构筑物及其附属设施一并处分。建筑物、构筑物及其附属设施转让、互换、出资或者赠与的,该建筑物、构筑物及其附属设施占用范围内的建设用地使用权一并处分。

4. 房地产交易应符合法律规定的形式要件。房地产交易的对象是作为特殊商品的房地产,其交易应当适用不动产交易的特殊规则。根据我国《民法典》的规定,我国不动产实行登记要件主义,即不动产物权的设立、变更、转让和消灭,经依法登记,发生效力;未经登记,不发生效力,但法律另有规定的除外。我国实行建设用地使用权和房屋所有权登记发证制度,当事人应当依法办理房地产转让、抵押权属登记手续。

法律解读30 房地产转让

房地产转让,是指房地产权利人通过买卖、赠与或者其他合法方式将其房地产转移给他人的行为。房地产转让包括以出让方式取得的建设用地使用权的转让、以划拨方式取得的建设用地使用权的转让、商品房买卖(商品房预售和商品房现售)、二手房买卖等。根据《城市房地产管理法》第三十七条的规定,房地产转让的方式包括买卖、赠与或者其他合法方式将其房地产转移给他人的行为。其他合法方式主要包括下列行为:(1)以房地产作价入股、与他人成立企业法人,房地产权属发生变更的;(2)一方提供土地使用权,另一方或者多方提供资金,合资、合作开发经营房地产,而使房地产权属发生变更的;(3)因企业被收购、兼并或合并,房地产权属随之转移的;(4)以房地产抵债的;(5)法律、法规规定的其他情形。房地产转让的条件可以分为禁止转让、限制转让和依法自由转让三种情况。

(一)禁止转让的房地产

根据我国法律的规定,下列房地产不得转让:[①](1)以出让方式取得土地使用权的,不符合

① 参见《城市房地产管理法》第三十八条、《城市房地产转让管理规定》第六条。

《城市房地产管理法》第三十九条规定的条件的;(2)司法机关和行政机关依法裁定、决定查封或者以其他形式限制房地产权利的;(3)依法收回土地使用权的;(4)共有房地产,未经其他共有人书面同意的;(5)权属有争议的;(6)未依法登记领取权属证书的;(7)法律、行政法规规定禁止转让的其他情形。

(二)限制转让的房地产

根据相关法律规定,下列房地产的转让受到限制:(1)机关、团体、部队、企事业单位不得购买或者变相购买城市私有房屋,如因特殊情况需要购买的,须经县级以上人民政府批准。(2)经济适用房购买人拥有有限产权,经济适用房的转让受到限制。(3)房屋所有权人出卖租用的城市私有房屋的,须在合理期限之前通知承租人,在同等条件下承租人有优先购买权。(4)单位集资建房的产权关系按照经济适用房的有关规定执行。(5)城市私房共有人出卖共有房屋的,在同等条件下共有人有优先购买权。(6)公有旧房出售时,原住户有优先购买权;职工购买旧房居住或经营一定时期后(5年),允许其出售,但原单位有优先购买权。

(三)依法自由转让的房地产

以出让方式取得建设用地使用权的,如果符合《城市房地产管理法》第三十九条的规定,可以依法自由转让。以划拨方式取得建设用地使用权的,如果符合《城市房地产管理法》第四十条的规定,可以依法自由转让。

专题六 商品房代理销售

开发商可以自行销售商品房,也可以委托房地产中介服务机构销售商品房。如果开发商委托销售商品房,则开发商与房地产中介服务机构之间存在委托代理关系。因此,本专题主要研究商品房代理销售的法律解读和风险防控问题。

PART 1:商品房代理销售的法律解读

法律解读31 商品房销售模式

根据《商品房销售管理办法》第四条的规定,房地产开发企业可以自行销售商品房,也可以委托房地产中介服务机构销售商品房。在实践中,商品房的销售模式主要有以下四种:

1. 开发商自销模式;
2. 开发商和房地产中介服务机构协同销售模式;
3. 房地产中介服务机构独家代理销售模式;
4. 房地产中介服务机构联合代理销售模式。

上述销售模式很难讲孰优孰劣,需要开发商根据自身情况进行确定。在楼市较好的情况下,对于热销型项目,开发商比较倾向于采取自销模式或者与房地产中介服务机构协同销售模式;在楼市低迷的情况下,对于滞销型项目,开发商比较倾向于采取与房地产中介服务机构协同销售模式、房地产中介服务机构联合代理销售模式。

法律解读32 房地产中介服务机构

房地产中介服务机构,是指按国家及地方有关法律、法规注册的具有独立法人资格的经纪组织。房地产中介服务机构包括房地产咨询机构、房地产价格评估机构、房地产经纪机构等。根据《房地产经纪管理办法》第七条第一款的规定,房地产经纪机构,是指依法设立、从事房地产经纪活动的中介服务机构。根据《房地产经纪管理办法》第八条第二款的规定,房地产经纪人员,是指从事房地产经纪活动的房地产经纪人和房地产经纪人协理。

(一)房地产经纪机构的设立条件

从事房地产经纪业务要求成立房地产经纪机构,房地产经纪机构的组织形式有企业法人、合伙制企业,必须符合《公司法》或者《合伙企业法》的一般要求,以及《城市房地产管理法》《房地产经纪管理办法》的特殊要求。

1. 设立有限责任公司的房地产经纪机构,必须符合下列要求:股东符合法定人数,即 1 人至 50 人;股东共同制定公司章程;有公司名称、建立符合有限公司要求的组织机构;有公司的住所;

从事房地产经纪业务的,须有规定数量的房地产经纪人。

2. 设立合伙制房地产经纪企业的,必须符合下列要求:有 2 个以上合伙人,并且都是依法承担无限责任;书面合伙协议;由各合伙人实际缴付的出资;有合伙企业名称;有经营场所和从事合伙经营的必要条件;从事房地产经纪业务的,须有规定数量的房地产经纪人。

以上为设立房地产经纪机构的总体性规定,对于成立房地产经纪机构所需的房地产经纪人的数量,由各地区依据不同情况分别制定规范。以北京市为例,根据《关于加强本市房地产经纪机构管理的通知》的规定,设立企业法人形式的房地产经纪机构,必须有 4 名取得《房地产经纪资格考试合格证》的专职人员,设立合伙企业形式的房地产经纪机构需要具有 4 名合伙人,合伙人必须是取得《房地产经纪资格考试合格证》的人员。

(二)房地产经纪机构的资质及其分支机构

1. 房地产经纪机构的资质。房地产经纪机构必须取得房地产经纪机构资质证书。以北京市为例,申请房地产经纪机构资质的条件为:申办企业为在北京注册取得营业执照的企业法人或合伙制企业;有 4 名以上(含)持有《房地产经纪资格考试合格证》的专职人员;有合法的办公地址权属证明。

2. 房地产经纪机构的分支机构。根据《房地产经纪管理办法》第七条第二款的规定,房地产经纪机构可以设立分支机构。根据《房地产经纪管理办法》第八条第一款的规定,设立房地产经纪机构和分支机构,应当具有足够数量的房地产经纪人员。以北京市为例,房地产经纪机构设立分支机构,每个分支机构应有 2 名以上(含)取得《房地产经纪资格考试合格证》的从业人员。设立分支机构,应向分支机构所在地市场监督管理部门办理注册登记手续,取得营业执照之日起 30 日内到所在地国土房管部门备案。

(三)房地产经纪人员

房地产经纪人员,是指从事房地产经纪活动的房地产经纪人和房地产经纪人协理。我国对房地产经纪人员实行职业资格管理制度,凡从事房地产经纪活动的人员,必须取得房地产经纪人员职业资格证书,并经注册生效。未取得职业资格证书的人员,一律不得从事房地产经纪活动。《房地产经纪人员职业资格制度暂行规定》把房地产经纪人员职业资格分为房地产经纪人执业资格和房地产经纪人协理从业资格。取得房地产经纪人执业资格是进入房地产经纪活动关键岗位和发起设立房地产经纪机构的必备条件,取得房地产经纪人协理从业资格是从事房地产经纪活动的基本条件。房地产经纪人员的职业资格管理制度在实际执行过程中效果并不理想,一直存在废存的争议。2014 年 8 月 12 日,国务院发布《关于取消和调整一批行政审批项目等事项的决定》(国发〔2014〕27 号),取消和下放 45 项行政审批项目,取消 11 项职业资格许可和认定事项,其中包括房地产经纪人。由于房地产经纪人职业资格许可的取消,与其相关联的房地产经纪机构和房地产经纪人员的政策法规,有待市场监管、房管部门的进一步修订和调整。2016 年 3 月 1 日,住房和城乡建设部、国家发展和改革委员会、人力资源和社会保障部联合发布《关于修改〈房地产经纪管理办法〉的决定》,将第十条修改为:“房地产经纪人协理和房地产经纪人职业资格实行全国统一大纲、统一命题、统一组织的考试制度,由房地产经纪行业组织负责管理和实施考试工作,原则上每年举行一次考试。国务院住房城乡建设主管部门、人力资源社会保障部门负责对房地产经纪人协理和房地产经纪人职业资格考试进行指导、监督和检查。”

法律解读33　商品房代理销售

房地产中介服务，是指在房地产投资、建设、交易、消费等各个环节中为当事人提供举荐服务的经营活动，是房地产咨询、房地产价格评估、房地产经纪等活动的总称。根据《房地产经纪管理办法》第三条的规定，房地产经纪，是指房地产经纪机构和房地产经纪人员为促成房地产交易，向委托人提供房地产居间、代理等服务并收取佣金的行为。《房地产经纪管理办法》第十四条至第二十七条对房地产经纪活动进行了规定，主要有从业机构、公示内容、房地产经纪服务合同、明码标价制度、禁止行为等，具体可参见相关条款的规定。

法律解读34　商品房包销

对于商品房包销的定义，主要有如下观点：(1)商品房包销是开发商与包销商就特定商品约定结算基价的销售方式。包销商在一定期限内享有销售代理权，并保证在包销期限届满时买入未售出的剩余商品房。[①] (2)商品房包销是开发商与包销商就特定商品房约定，由包销商以一定价格和付款条件，在约定期限内向开发商买入全部商品房的一种商业经营行为。[②] (3)商品房包销是包销商承包销售开发商商品房的行为，在约定期限内包销商以开发商名义或同时以自己的名义对外销售商品房，向开发商支付包销价格并获取销售差价利益。包销期限届满则由包销商购入未售完的商品房的行为。[③] (4)商品房包销是开发商与包销商约定的，就特定商品房由包销商在一定期限内以开发商的名义销售，向开发商支付包销价款，获取销售差价利益，并保证在包销期限届满时买入未售出的剩余商品房的一种行为。[④] 笔者认为，商品房包销，是指开发商与包销商之间订立商品房包销合同，约定开发商以包销基价，将其开发建设的已建成符合出售条件的房屋或者尚未建成但符合预售条件的期房，交由包销商以开发商的名义进行销售，包销期限届满包销商品房如有剩余，由包销商按照合同约定的价格购入剩余的包销商品房。

法律解读35　商品房代理销售的法律性质

从法理上讲，商品房代理销售属于典型的委托代理。代理，是指代理人在代理权限内，以被代理人的名义实施民事法律行为，由此产生的民事权利、民事义务由被代理人享有和承担。委托代理，是指基于被代理人的委托授权而发生的代理。被代理人的授权是委托代理的前提条件，委托代理又称“意定代理”。代理商是代理人，代为开发商实施商品房买卖行为；开发商是被代理人，由代理商以自己的名义代为商品房买卖行为。代理行为涉及三方主体，又包含着三部分法律

---

① 李景华：《房屋包销行为探悉》，载《上海审判实践》1997年第6期。

② 王家德：《试论商品房包销行为的若干法律问题》，载《上海审判实践》1998年第2期。

③ 高富平、黄武双：《房地产法新论》，中国法制出版社2002年版，第306页。

④ 陈耀东：《商品房法律问题专论》，法律出版社2003年版，第111页。

关系:一是被代理人与代理人之间产生代理的基础法律关系,如委托合同;二是代理人与第三人所为的民事法律行为,称为代理行为;三是被代理人与第三人之间承受代理行为产生的法律后果,即基于代理行为而产生、变更或消灭的某种法律关系。

法律解读36 商品房包销的法律性质

(一)商品房包销的法律关系

商品房包销涉及三方当事人、两个合同。三方当事人是指:开发商(出卖人)、包销商、买受人(购房者)。两个合同是指:开发商与包销商之间签订的《包销合同》、开发商与买受人之间签订的《商品房预(现)售合同》。

(二)商品房包销的法律性质

包销分为两个阶段:第一阶段为包销期间,主要是包销商以开发商的名义进行商品房的代理销售,由开发商与买受人之间签订《商品房预(现)售合同》。该阶段属于典型的委托代理,并无多大争议。第二阶段为包销届满后,包销人按照《包销合同》约定的价格购买未销售的商品房。该阶段的法律性质如何,亦即包销的法律性质如何,存在较大的争议。主要有以下几种观点:(1)代理说。该说认为,商品房包销是一种排他的独家代理的行为。(2)买卖说。该说认为,包销行为是一种买卖行为。(3)两合行为说(又称混合行为)。该说认为,包销行为既不是一种简单的买卖行为,也不是一种纯粹的民事代理行为。它是一种既同代理行为相似,又同买卖行为有联系,集两者于一体的新型的民事法律行为。笔者认为,对于商品房包销的法律性质需要区分不同阶段的不同情况进行认定,不能简单将其归属于某类法律关系。商品房包销至少涉及四个方面的法律关系:(1)开发商与包销商之间的商品房买卖代理关系。在包销期间,开发商将商品房委托包销商承销,包销商须以开发商的名义向买受人出售商品房。(2)开发商与包销商之间的附条件的买卖关系。包销期限届满,如果包销的商品房未售完,则由包销商购入剩余的包销房。此时,包销商与开发商之间形成一种附条件的买卖关系。(3)开发商与买受人之间的买卖关系。包销商品房的所有人是开发商,也只有开发商才有销售主体资格。商品房买卖虽然是由包销商实际完成的,但实际上商品房买卖合同的当事人是开发商与买受人。(4)包销商与买受人之间的代理买卖关系。开发商与包销商的委托授权行为与买受人无关,仅在开发商与包销商之间产生法律效力。委托授权与代理销售行为是两个法律行为,委托授权是开发商与包销商之间的内部法律关系,代理销售是包销商与买受人之间的外部法律关系。委托授权是代理销售行为合法化的前提,代理销售是委托授权的结果。

法律解读37 商品房包销合同的法律效力

商品房包售商是否必须为房地产经纪机构,是否需要房地产经纪机构资质或者房地产开发资质?

1. 从法律规定的角度看:我国现行法律、行政法规、行政规章中并没有包销的相关法律规定,只有《最高人民法院关于审理商品房买卖合同纠纷案件适用法律若干问题的解释》第十六条、第十七条、第十八条涉及包销的问题。《最高人民法院关于审理商品房买卖合同纠纷案件适用法律若干问题的解释》并未规定包销商的法律主体资格,可以视同认可包销商的主体资格及包销合同的法律效力。在法律、行政法规对包销没有禁止性规定的情况下,以商品房包售商不是房地产经纪机构、不具备房地产经纪机构资质或房地产开发资质为由认定包销合同无效是不恰当的。

2. 从包销与房地产经纪的关系看:《城市房地产管理法》第五十七条规定的房地产中介服务机构包括房地产咨询机构、房地产价格评估机构、房地产经纪机构等,并不包括商品房包销商。可见,由于商品房包销法律关系的复杂性以及法律性质的特殊性,用房地产经纪及房地产经纪机构的规定来规范商品房包销及商品房包销商是不恰当的。

3. 从各地法院的意见看:除《最高人民法院关于审理商品房买卖合同纠纷案件适用法律若干问题的解释》可以视同认可包销商的主体资格及包销合同的法律效力之外,各地一般认为商品房包售商是否为房地产经纪机构,是否具备房地产经纪机构资质或者房地产开发资质,并不影响包销合同的法律效力。例如,《广东省高级人民法院关于〈中华人民共和国合同法〉施行后认定房地产开发经营合同效力问题的指导意见》(2001 年)第二十七条规定:“无论包销商是否具有房地产经营资质,均可认定包销合同有效,但应责令当事人限期补交再转让商品房应缴纳的税费,并函告税务部门。”《福建省高级人民法院关于审理商品房买卖合同纠纷案件疑难问题的解答》(2008 年)第二十七条规定:“现有法律、法规并未规定包销人应当具备房地产开发经营资格,因此,当事人以此为由主张包销合同无效的,不予支持。”综上所述,商品房包售商是否必须为房地产经纪机构,是否需要房地产经纪机构资质或者房地产开发资质,并不影响商品房包销合同的法律效力。

法律解读 38　开发商、包销商和买受人的诉讼地位

根据合同相对性原理,商品房买卖合同的当事人为开发商与买受人,因商品房买卖合同发生的纠纷,诉讼主体应为开发商与买受人。但是,在商品房包销中,由于包销的特殊性,案件的处理结果可能与包销商有直接的利害关系,一般应通知包销商参加诉讼。《最高人民法院关于审理商品房买卖合同纠纷案件适用法律若干问题的解释》第十八条规定:“对于买受人因商品房买卖合同与出卖人发生的纠纷,人民法院应当通知包销人参加诉讼;出卖人、包销人和买受人对各自的权利义务有明确约定的,按照约定的内容确定各方的诉讼地位。”除非合同有特殊约定,人民法院通知包销人参加诉讼,包销商的身份应当是无独立请求权的第三人。

PART 2:商品房代理销售的法律风险提示及防控

法律风险提示 6

一、商品房代理销售

(一)商品房代理销售的民事法律后果承担

商品房代理销售属于委托代理。开发商与代理商之间的委托授权是内部法律关系,与买受

人无关。《商品房预(销)售合同》的当事人为开发商与买受人,根据合同相对性原理,应由开发商负责合同的履行,并对买受人承担责任,而不是代理商。因此,如果开发商与买受人之间因《商品房预(销)售合同》发生纠纷,应由开发商承担相应的违约责任。如果代理商在代理销售商品房的过程中存在过错,开发商在对外向买受人承担违约责任后,可以向代理商追究相应的责任。

(二)商品房代理销售的行政法律责任

1. 根据《商品房销售管理办法》第四十二条第八项的规定,房地产开发企业委托没有资格的机构代理销售商品房的,需要承担的行政责任为:处以警告,责令限期改正,并可处以 1 万元以上 3 万元以下罚款。

2. 根据《城市房地产管理法》第六十九条的规定,未取得营业执照擅自从事房地产中介服务业务的,应承担的行政责任为:责令停止房地产中介服务业务活动,没收违法所得,可以并处罚款。

3. 根据《商品房销售管理办法》第四十三条的规定,房地产中介服务机构代理销售不符合销售条件的商品房的,应承担的行政责任为:处以警告,责令停止销售,并可处以 2 万元以上 3 万元以下罚款。

4. 根据《房地产经纪管理办法》第三十三条至第三十七条的规定,房地产经纪机构、房地产经纪人员违反《房地产经纪管理办法》相关规定,应承担的行政责任主要有:责令(限期)改正,记入信用档案,取消网上签约资格,情节严重的依法给予停业整顿,没收违法所得,处以罚款。

二、商品房包销

(一)因包销商的房地产广告引起纠纷,开发商对外承担赔偿责任的法律风险

除非《商品房预(销)售合同》对开发商、包销商和买受人各自的权利义务另外有明确的约定,由于包销商的房地产广告引起的纠纷,首先应由开发商按照《商品房预(销)售合同》的约定对买受人承担责任,再由开发商按照《包销合同》的约定追究包销商的责任。

(二)开发商擅自出售包销商品房的法律风险

《最高人民法院关于审理商品房买卖合同纠纷案件适用法律若干问题的解释》第十七条规定:"出卖人自行销售已经约定由包销人包销的房屋,包销人请求出卖人赔偿损失的,应予支持,但当事人另有约定的除外。"如果《包销合同》中对开发商销售包销商品房有约定的,或者虽然没有约定但是开发商事先取得包销商同意的,开发商销售包销商品房是可以的。否则,开发商擅自销售包销商品房是不允许的,开发商的行为构成违约,应赔偿包销人因此造成的损失。

(三)包销商不按包销价进行销售的法律风险

在商品房包销中,无论包销商是否出售包销商品房,包销商都应该按照合同的约定向开发商付款。如果销售包销商品房,包销商必须按照合同约定的包销价格销售包销商品房;如果包销商品房有剩余,包销商应按照合同约定的价格购买剩余的包销商品房。如果包销商以超过包销基价的价格出售包销商品房,则该超额部分归包销商所有;如果包销商以低于包销基价的价格出售包销商品房,包销商应向开发商补偿差额部分。

(四)包销的税务法律风险

在商品房包销中,如果按照包销合同约定的价格进行包销,一般不存在税务法律风险问题。如果包销商以高于或者低于包销合同约定的价格进行销售,就涉及税务问题。如果包销期限届满,包销商售完全部包销商品房,开发商与买受人之间按照买卖关系各自纳税,开发商与包销商之间按照代理关系各自纳税。如果包销期限届满,包销商未售完全部包销商品房,则包销商需要购入剩余的包销商品房。首先,开发商与包销商之间需要按照买卖关系各自纳税;其次,包销商购入剩余的包销商品房的目的一般不是自持而是再出售,再出售包销商与买受人之间需要按照二手房买卖合同关系各自纳税。

法律风险防控6

(一)选择好商品房销售模式

开发商可以选择自销模式、协同销售模式、独家代理销售模式、代理销售模式。开发商需要根据企业自身的营销管理水平和项目的具体情况,选择合适的商品房销售模式。

(二)选好房地产经纪机构

房地产经纪机构必须取得房地产经纪机构资质证书,房地产经纪机构的好坏直接影响到商品房销售的去化速度和水平。如果开发商委托房地产经纪机构代理销售,应选择具有资质证书、良好营销业绩、与项目规模相适应的营销团队和营销水平的房地产经纪机构。

(三)签好销售代理合同

销售代理合同是把"双刃剑",对双方都具有约束力。对于实务中容易发生纠纷的问题,一定要在销售代理合同中约定清楚:

1. 明确是独家代理还是联合销售,如果选择独家代理应设置解除条件;

2. 开发商要牢牢把控销售最核心的定价权、销控权;

3. 明确、量化、分解销售指标,如何对销售指标进行考核、奖惩,未完成销售指标如何处理;

4. 明确销售底价,以及溢价部分的处理;

5. 明确税款的承担;

6. 销售代理合同属于委托合同,而商品房买卖合同的当事人是开发商和买受人,开发商最好能够自己签约、收款;

7. 预防销售代理公司及其员工虚假承诺、不实宣传以及其他不当行为的条款,造成开发商损失的应由代理商负责赔偿。

(四)管好销售代理公司

委托代理销售并不代表开发商可以置之不理。在销售代理合同履行期间,开发商要做好销售代理工作的监管工作,严格按照合同约束和要求销售代理公司开展销售工作,确保销售指标的实现。

PART 3:商品房代理销售的典型案例

典型案例25

湖北金华实业有限公司与苏金水等商品房买卖合同纠纷案

裁判摘要

1. 人民法院审理检察机关抗诉的再审案件一般应以原审审理范围为限。当事人的诉讼请求不同于支持其提出请求的理由和依据,如当事人提出请求的理由和依据不同于检察机关抗诉所提出的理由和依据,并不意味着其申请抗诉的请求未获得检察机关抗诉支持;当事人的再审请求未超出原审审理范围的,人民法院再审中应予审理。

2. 在房地产开发企业委托代理机构销售房屋的情况下,房地产开发企业因委托代理机构未告知其特定房屋已经售出而导致一房二卖,属于其选择和监督委托代理人的经营风险,不得转嫁于购房者,房地产开发企业以此为由主张《最高人民法院关于审理商品房买卖合同纠纷案件适用法律若干问题的解释》第八条规定的惩罚性赔偿应予免除的请求,人民法院不予支持。

基本案情

2005年3月12日,金华公司与皓羽公司签订一份《"楚天星座"商品房保底包干销售合同》。同年6月,双方签订一份《销售代理补充协议》,约定皓羽公司代理销售由金华公司开发的"楚天星座"项目。2006年3月28日,双方签订一份《〈"楚天星座"商品房保底包干销售合同〉补充协议》。2006年4月苏金水与金华公司就购买06号、07号商铺签订了《〈楚天星座〉商品房认购合同》,该两份认购合同均载明甲方(出卖方)为金华公司,乙方(买受方)为苏金水。同月,苏金水与金华公司签署了两份《武汉市商品房买卖合同》,约定出卖人为金华公司,委托代理机构为皓羽公司,买受人为苏金水。此后,苏金水向皓羽公司支付了购房款,皓羽公司也向苏金水出具了相应的收款收据。2006年6月20日,皓羽公司向金华公司发出《解除〈"楚天星座"商品房保底包干销售合同〉的通知》。此后,皓羽公司销售人员退出售楼部,金华公司重新组织人员对该项目进行销售。皓羽公司向金华公司发出解除合同通知后,仍持有部分房屋销售合同等材料的原件,湖北省武汉市中级人民法院已于2006年8月29日组织双方办理了移交手续。2006年9月29日,金华公司将本案讼争的07号商铺出售给李晶,双方签订了商品房买卖合同并办理了合同备案。2007年1月16日,金华公司将本案讼争的06号商铺出售给李少伟并办理了合同备案。2006年10月31日,苏金水到"楚天星座"售楼部要求办理交房手续时,金华公司以该公司并未与其签订合同,也未收到其购房款为由拒绝办理交房手续,从而引起本案纠纷。

裁判结果

湖北省武汉市中级人民法院于2008年12月2日作出(2008)武民初字第56号民事判决:解除苏金水与金华公司签订的06号商铺《武汉市商品房买卖合同》;皓羽公司向苏金水返还购房款5,631,010元并赔偿其资金占用损失。湖北省高级人民法院于2009年12月23日作出(2009)鄂民一终字第28号民事判决:维持一审判决主文第二项;撤销一审判决主文第一项、第三项;解除苏金水与金华司签订的06号、07号商铺《武汉市商品房买卖合同》;金华公司对皓羽公司的给付义务承担补充赔偿责任;金华公司赔偿苏金水2,815,505元。金华公司不服上述二审判决,向检察机关提出申诉。最高人民检察院向最高人民法院提出抗诉认为,上述二审判决适用法律错误。最高人民法院于2013年7月1日作出(2012)民抗字第24号民事判决:维持湖北省高级人民法院(2009)鄂民一终字第28号民事判决。

典型案例26

厦门东方设计装修工程有限公司与福建省实华房地产开发有限公司商品房包销合同纠纷案

一审法院:福建省高级人民法院(2004)闽民初字第59号

二审法院:最高人民法院(2005)民一终字第51号

二审观点

(一)关于实华公司终止合同的条件是否已经成就的问题

实华公司在双方对支付第二笔包销保证金的条件存在分歧且争议未解决的前提下,即以东方公司未支付第二笔包销保证金为由单方宣布终止合同,显属不当。因此,实华公司应当对其因未能在合同约定的最后期限内办妥该楼盘的《商品房预售许可证》的违约行为以及单方宣布终止合同给东方公司造成的损失承担赔偿责任。

(二)关于东方公司已交付给实华公司的100万元包销保证金应否返还的问题

东方公司要求实华公司返还第一笔包销保证金的请求及理由能否成立,取决于东方公司支付第二笔包销保证金的条件是否成就。根据《房产包销合同》第四条的约定,东方公司应当在《商品房预售许可证》颁发之日起的1个月内付清第二笔包销保证金,逾期三个工作日内未交足第二笔保证金,实华公司有权没收第一笔保证金,并终止该合同。因此,东方公司未按约定交付第二笔保证金,是实华公司没收第一笔保证金的必要条件。如第一个问题所述,由于双方在《房产包销合同》中对单个楼体还是整个楼盘的《商品房预售许可证》"颁发之日"约定不明,故东方公司对支付第二笔保证金的条件是否成就持有异议。在异议未解决之前,双方之间的包销合同因实华公司的单方终止行为而无法继续履行,包销保证金作为对东方公司的一种履约保证已失去意义,实华公司理应返还东方公司已经支付的第一笔包销保证金100万元。一审判决以东方公司未如期支付第二笔包销保证金为由,认定实华公司可以终止合同并没收东方公司已交付的第一笔包销保证金100万元,认定事实错误,适用法律不当。

(三)关于东方公司主张溢价款和赔偿损失的权利应否得到保护的问题

实华公司以福州市房地产管理局的通知为由,在合同约定的终止条件成就之前,单方终止《房产包销合同》,应当承担违约责任并赔偿东方公司因合同不能实际履行所造成的损失。在本案中,福州市房地产管理局作为房地产业的行政主管部门于2004年3月30日以书面通知的形式要求实华公司终止与东方公司的包销合同,其具体行政行为导致合同不能实际履行的后果也不能完全由实华公司承担。此外,东方公司也认可了合同在客观上已无法实际履行的事实,故在本案诉讼中未提出实际履行合同的诉讼请求。同时,在实华公司单方宣布终止合同之前,东方公司在广告投入、景观绿化等方面也未能完全按照《房产包销合同》的约定履行自己的义务。

典型案例27

北京华睦房地产开发有限公司与北京天诚建业房地产经纪有限公司委托合同纠纷案

基本案情

2006年10月18日,华睦公司(合同甲方)与天诚公司(合同乙方)签订代理合同,甲方委托乙方为"华睦大厦"项目提供"营销策划及销售代理"服务,甲方委托乙方对B座21,573.44平方米以整售、部分整售或零售方式进行销售,乙方从市场营销、客户需求的角度确定针对本项目B座商业部分的总体营销项目定位,并于本合同签订时提供《全案策划执行方案》作为本合同附件一。《全案策划执行方案》所选择的营销方式为:项目以产权式商铺模式进行销售;发展商引入商业经营公司负责统一的商场管理及招商;项目实行委托租赁政策,投资者购买该项目商铺后由商业经营公司统一管理,管理期为10年,10年内由商业经营公司从项目经营收益租金中每年以8%的回报率返还投资者;对于投资者收益的返还采用月结或者其他更好的方式……合同签订后,天诚公司开始以华睦公司名义与预约方签订预约单,预约方按每套商铺1000元支付预约金。2006年11月22日,北京市工商行政管理局丰台分局向华睦公司发出《询问通知书》,内容如下:"为调查了解你单位在《北京娱乐信报》2006年11月16日A01版发布含有升值、投资、回报承诺房地产广告,请你于2006年11月24日9时到丰台工商局接受询问。"2006年11月27日,华睦公司发出通知函,内容为:"销售代理公司接到本通知单后继续华睦商业的排号工作,暂停商业销售,在商业价格未确定期间,任何销售人员不予承诺排号客户商业价格,其他问题等待开发商另行通知。"华睦大厦项目未能在代理合同约定的期间内开盘销售。预订商铺的客户申请退铺。自2006年11月至2007年3月,就华睦大厦项目收取的预约金已全部退还预约方。天诚公司至2007年4月撤离华睦大厦销售现场。天诚公司起诉请求判令华睦公司偿付违约金50万元。

裁判结果

一审北京市宣武区人民法院(2008)宣民初字第8779号民事判决:华睦公司偿付天诚公司违约金50万元。华睦公司不服,提起上诉。二审北京市第一中级人民法院(2009)一中民终字第3558号民事判决:驳回上诉,维持原判。

裁判理由

根据《商品房销售管理办法》第十一条的规定,“房地产开发企业不得采取售后包租或者变相售后包租的方式销售未竣工商品房”。《商品房销售管理办法》系部门规章,其相关规定不属于法律、行政法规的强制性规定。根据《合同法》第五十二条的规定,违反法律、行政法规的强制性规定,合同无效。故本案中,虽然天诚公司与华睦公司签订的代理合同附件——《全案策划执行方案》选择的营销方式系以售后包租的方式销售未竣工的商品房,违反了上述规定,但是并不影响双方当事人缔结的代理合同的效力。法院对华睦公司主张的代理合同无效的上诉意见不予支持。

PART 4:商品房代理销售的法律链接

法律链接

《中华人民共和国城市房地产管理法》(2019年8月26日修正)

第五十七条 房地产中介服务机构包括房地产咨询机构、房地产价格评估机构、房地产经纪机构等。

第五十八条 房地产中介服务机构应当具备下列条件:

(一)有自己的名称和组织机构;

(二)有固定的服务场所;

(三)有必要的财产和经费;

(四)有足够数量的专业人员;

(五)法律、行政法规规定的其他条件。

设立房地产中介服务机构,应当向工商行政管理部门申请设立登记,领取营业执照后,方可开业。

第六十九条 违反本法第五十八条的规定,未取得营业执照擅自从事房地产中介服务业务的,由县级以上人民政府工商行政管理部门责令停止房地产中介服务业务活动,没收违法所得,可以并处罚款。

《城市房地产开发经营管理条例》(2020年11月29日修订)

第二十八条 房地产开发企业委托中介机构代理销售商品房的,应当向中介机构出具委托书。中介机构销售商品房时,应当向商品房购买人出示商品房的有关证明文件和商品房销售委托书。

《商品房销售管理办法》(2001年4月4日)

第四条 房地产开发企业可以自行销售商品房,也可以委托房地产中介服务机构销售商品房。

第二十五条 房地产开发企业委托中介服务机构销售商品房的,受托机构应当是依法设立并取得工商营业执照的房地产中介服务机构。

房地产开发企业应当与受托房地产中介服务机构订立书面委托合同,委托合同应当载明委托期限、委托权限以及委托人和被委托人的权利、义务。

第二十六条　受托房地产中介服务机构销售商品房时,应当向买受人出示商品房的有关证明文件和商品房销售委托书。

第二十七条　受托房地产中介服务机构销售商品房时,应当如实向买受人介绍所代理销售商品房的有关情况。

受托房地产中介服务机构不得代理销售不符合销售条件的商品房。

第二十八条　受托房地产中介服务机构在代理销售商品房时不得收取佣金以外的其他费用。

第二十九条　商品房销售人员应当经过专业培训,方可从事商品房销售业务。

第四十二条　房地产开发企业在销售商品房中有下列行为之一的,处以警告,责令限期改正,并可处以1万元以上3万元以下罚款。

……

(八)委托没有资格的机构代理销售商品房的。

第四十三条　房地产中介服务机构代理销售不符合销售条件的商品房的,处以警告,责令停止销售,并可处以2万元以上3万元以下罚款。

《最高人民法院关于审理商品房买卖合同纠纷案件适用法律若干问题的解释》(2020年12月29日修正)

第十六条　出卖人与包销人订立商品房包销合同,约定出卖人将其开发建设的房屋交由包销人以出卖人的名义销售的,包销期满未销售的房屋,由包销人按照合同约定的包销价格购买,但当事人另有约定的除外。

第十七条　出卖人自行销售已经约定由包销人包销的房屋,包销人请求出卖人赔偿损失的,应予支持,但当事人另有约定的除外。

第十八条　对于买受人因商品房买卖合同与出卖人发生的纠纷,人民法院应当通知包销人参加诉讼;出卖人、包销人和买受人对各自的权利义务有明确约定的,按照约定的内容确定各方的诉讼地位。

地方法规、地方规章

有些地方法规、地方规章对房地产代理销售进行了规定:(1)《重庆市城镇房地产交易管理条例》第四十二条至第四十九条、第六十四条至第六十六条;(2)《广东省房地产开发经营条例》第二十六条、第三十三条;(3)《广东省商品房预售管理条例》第十八条、第三十八条;(4)《广州市房地产中介管理条例》;(5)《南宁市城市房地产交易管理条例》第三十六条至第四十一条、第四十九条;(6)《贵州省城镇房地产开发经营管理条例》第四十六条至第五十七条、第六十一条至第六十三条;(7)《贵阳市城市房地产管理办法》第四十九条至第五十四条;(8)《贵阳市房地产中介服务管理规定》;(9)《海口市房地产中介服务管理办法》;(10)《吉林市房地产交易管理条例》第三十九条至第四十六条;(11)《深圳经济特区房地产转让条例》第四十九条至第五十四条、第六十二条;(12)《石家庄市房产中介服务管理办法》;(13)《苏州市房地产经纪管理办法》;(14)《厦门市商品房预售管理规定》第十七条、第十八条;(15)《银川市房地产经纪管理条例》;(16)《郑州市城市房地产市场管理条例》第三十八条至第四十二条;(17)《郑州市商品房销售管理办法》第三十五条至第三十九条。

专题七 商品房销售方式

在实践中,开发商经常采用返本销售或者变相返本销售、售后包租或者变相售后包租、分割拆零等销售方式。目前,从法律、行政法规层面,国家并未明确规定或者禁止这些销售方式。因此,本专题主要研究商品房销售方式的法律解读和风险防控问题。

PART 1:商品房销售方式的法律解读

法律解读39 商品房销售方式

根据《商品房销售管理办法》第十一条、第十二条的规定,开发商不得采取返本销售或者变相返本销售、售后包租或者变相售后包租、分割拆零等方式销售商品房。

(一)返本销售

根据《商品房销售管理办法》第四十五条第一款的规定,返本销售,是指房地产开发企业以定期向买受人返还购房款的方式销售商品房的行为。返本销售的通常表现为:以提供固定年回报、原价(或者增值)回购、承诺无(低)风险投资等方式,销售公寓式酒店、分时度假酒店、酒店式公寓、酒店式办公楼、产权式百货商场、产权商铺等。

(二)售后包租

根据《商品房销售管理办法》第四十五条第二款的规定,售后包租,是指房地产开发企业以在一定期限内承租或者代为出租买受人所购该企业商品房的方式销售商品房的行为。根据标的物不同,售后包租可以分为酒店售后包租、商铺售后包租、写字楼售后包租、住宅售后包租。在实务中,售后包租主要用于酒店、商铺、写字楼等经营性物业,买受人购买的主要目的在于投资,而不在于使用。根据主体的不同,售后包租可以分为开发商包租、第三方包租。在实务中,开发商为了转移包租的法律风险,通常委托开发商投资成立或者与开发商有关联的公司包租,或者直接委托第三方包租。根据阶段的不同,售后包租可以分为未竣工项目的售后返租、已竣工项目的售后返租、已经营项目的售后返租。根据时间长短的不同,售后包租可以分为短期包租、中期包租、长期包租,售后包租的期限有2年、3年至5年、5年以上等。

(三)分割拆零销售

根据《商品房销售管理办法》第四十五条第三款的规定,分割拆零销售,是指房地产开发企业以将成套的商品住宅分割为数部分分别出售给买受人的方式销售商品住宅的行为。我国法律规定,商品住宅必须按套设计、销售、登记,即商品房的基本单位为套。《住宅设计规范》(GB 50096-2011)第5.1.1条规定:“住宅应按套型设计,每套住宅应设卧室、起居室(厅)、厨房和卫生间等基本功能空间。”《商品房销售管理办法》第十二条规定:“商品住宅按套销售,不得分割拆零销售。"《房屋登记办法》第十条规定:"房屋应当按照基本单元进行登记。……国有土地范围内成套住房,以套为基本单元进行登记;非成套住房,以房屋的幢、层、间等有固定界限的部分为基本单元进行登记……"

法律解读40 返本销售

返本销售实质上是开发商的一种融资方式。返本销售,就是将现价提高,在若干年后将本金归还购房者,开发商靠本金的利息获利。变相返本销售就是以一种规避法律的形式进行返本销售。返本销售实质是以合法的形式掩盖非法的目的,通过大型商场的平台获取大量的资金,是非法集资的一种形式。《关于进一步打击非法集资等活动的通知》(银发〔1999〕289号)明确规定,非法集资的形式之一是"对物业、地产等资产进行等份分割,通过出售其份额的处置权进行高息集资"。

法律解读41 售后包租

《商品房销售管理办法》禁止的是开发商对"未竣工商品房"的售后包租行为;对已竣工的商品房,开发商售后包租并未被禁止。对于"未竣工商品房",禁止的也只是开发商自己售后包租,第三方包租并不在禁止之列。售后包租涉及三方当事人:开发商、买受人、承租人。售后包租涉及三种法律关系:一是买受人与开发商之间的买卖关系;二是买受人与开发商之间的委托租赁关系;三是买受人与承租人之间的租赁关系。在实务中,开发商为了转移包租的风险,通常委托开发商投资成立或者与开发商有关联的公司包租,或者直接委托第三方包租。在存在第三方的情况下,由于涉及四方当事人,法律关系更为复杂。

法律解读42 分割拆零销售

商品住宅必须以套为基本单位进行销售,不得在套之间分割拆零销售。《商品房销售管理办法》禁止的是对"商品住宅"的分割拆零销售,通常用地性质为居住用地。对于商品住宅之外的,用地性质为商业、旅游、娱乐、教育、科技、文化、卫生、体育等非居住用地之上建设的公寓、酒店、办公楼、商场等非商品住宅,并不在禁止之列。

商品住宅之所以不能分割拆零销售,是因为:从法理上讲,自罗马法以来的物权法理论抽象出一物一权主义基本规则。按照多数学者所主张的观点,一物一权"是指一个物权的客体原则上应为一物,在一物上只能存在一个所有权,并且不能同时设定两个内容互相抵触的其他物权","一物一权原则实际上包括物权的排他性原则和物权客体特定性原则两个内容"。随着人类社会的发展和建筑形态的复杂化,诞生了与一物一权主义基本规则不相符合的建筑物区分所有权。根据《民法典》第二百七十一条的规定,业主对建筑物内的住宅、经营性用房等专有部分享有所有权,对专有部分以外的共有部分享有共有和共同管理的权利。基于物权客体的独立性原则,区分所有的专有部分,须具备一定条件,才可以作为建筑物区分所有中专有权的客体:(1)须具有构造上的独立性，即被区分的部分在建筑物的构造上，可以加以区分并与建筑物的其他部分隔离；(2)须具有使用上的独立性，即被区分的各部分，可以为居住、工作或其他目的而使用；(3)能够登记成为特定业主所有权的客体。

从住宅设计规范上讲，住宅应按套设计。2012 年 8 月 1 日起实施的《住宅设计规范》(GB 50096－2011)第 5.1.1 条规定："住宅应按套型设计，每套住宅应设卧室、起居室(厅)、厨房和卫生间等基本功能空间。"该条为强制性条文，必须严格执行。从房屋产权制度上讲，房屋必须以套为基本单位进行房产登记。《房屋登记办法》第十条规定："房屋应当按照基本单元进行登记。房屋基本单元是指有固定界限、可以独立使用并且有明确、唯一的编号(幢号、室号等)的房屋或者特定空间。国有土地范围内成套住房，以套为基本单元进行登记；非成套住房，以房屋的幢、层、间等有固定界限的部分为基本单元进行登记。集体土地范围内村民住房，以宅基地上独立建筑为基本单元进行登记；在共有宅基地上建造的村民住房，以套、间等有固定界限的部分为基本单元进行登记。非住房以房屋的幢、层、套、间等有固定界限的部分为基本单元进行登记。"

法律解读 43　商品房销售方式的法律效力

目前，我国法律、行政法规并未明确规定或者禁止返本销售或者变相返本销售、售后包租或者变相售后包租、分割拆零等销售方式。

我国部门规章及部分地方法律、法规对返本销售、售后包租、分割拆零等销售方式作出了禁止性的规定。例如，《商品房销售管理办法》第十一条、第十二条规定不得返本销售或者变相返本销售、以售后包租或者变相售后包租的方式销售未竣工商品房、分割拆零销售；《北京市城市房地产转让管理办法》第十二条规定房屋不得分割转让；《厦门市商品房预售管理规定》第十五条第三项规定不得以返本销售、售后包租等方式预售商品房；《江苏省城市房地产交易管理条例》第十一条规定建设设计为独立成套的房屋不得分割转让；《山东省商品房销售条例》第二十条规定不得以返本销售或者变相返本销售、售后包租或者变相售后包租的方式销售未建成的商品房；《重庆市城镇房地产交易管理条例》第十一条第一款规定建筑设计为独立成套的住宅不得分割拆零转让，第二十七条规定不得返本销售或者变相返本销售、售后包租或者变相售后包租；《天津市房地产交易管理条例》第十三条规定不得分割转让，第十八条规定不得返本销售或者变相返本销售。

那么，开发商采取返本销售、售后包租、分割拆零等销售方式，与买受人签订的《商品房预(现)售合同》的法律效力如何？现行的法律、行政法规对此没有进行规定。我国部门规章及部分地方法律、法规对返本销售、售后包租、分割拆零等销售方式作出了禁止性的规定，并且规定了相应的法律责任，但主要是行政法律责任。按照《民法典》第一百五十三条的规定，部门规章及部分地方法律、法规对返本销售、售后包租、分割拆零等销售方式作出的禁止性的规定并不能构成认定《商品房预(现)售合同》无效的效力性强制规定。

法律解读 44 商品房销售方式与非法吸收公众存款罪

《刑法》第一百七十六条规定了非法吸收公众存款罪。非法吸收公众存款罪,是指违反国家金融管理法规非法吸收公众存款或变相吸收公众存款,扰乱金融秩序的行为。根据1998年颁布的《非法金融机构和非法金融业务活动取缔办法》的规定,非法吸收公众存款,是指未经中国人民银行批准,向社会不特定对象吸收资金,出具凭证,承诺在一定期限内还本付息的活动;变相吸收公众存款,是指未经中国人民银行批准,不以吸收公众存款的名义,向社会不特定对象吸收资金,但承诺履行的义务与吸收公众存款性质相同的活动。《最高人民检察院、公安部关于公安机关管辖的刑事案件立案追诉标准的规定(二)》第二十八条对非法吸收公众存款罪的立案追诉标准进行了规定。

根据《最高人民法院关于审理非法集资刑事案件具体应用法律若干问题的解释》第二条的规定,不具有房产销售的真实内容或者不以房产销售为主要目的,以返本销售、售后包租、约定回购、销售房产份额等方式非法吸收资金的,在符合法定条件的情况下,以非法吸收公众存款罪定罪处罚。根据该条的规定,除必须具备非法吸收公众存款罪的构成要件之外,认定房产销售构成非法吸收公众存款罪还必须具备下列条件:(1)未经有关部门依法批准或者借用合法经营的形式吸收资金;(2)通过媒体、推介会、传单、手机短信等途径向社会公开宣传;(3)承诺在一定期限内以货币、实物、股权等方式还本付息或者给付回报;(4)向社会公众即社会不特定对象吸收资金。未向社会公开宣传,在亲友或者单位内部针对特定对象吸收资金的,不属于非法吸收或者变相吸收公众存款。

根据该解释的规定,返本销售、售后包租构成非法吸收公众存款罪,以"不具有房产销售的真实内容或者不以房产销售为主要目的"为限:(1)房屋已经建成,开发商采用售后包租、返本销售的方式来进行促销的,一般不构成非法吸收公众存款罪。对于因售后包租、返本销售行为所产生的纠纷,应通过民事方式处理。(2)房屋尚未建成,应分两个方面进行分析:如果商品房尚未投入建设或仅仅投入少量的建设,不符合预售条件,应视为"不具有房产销售的真实内容或不以房产销售为主要目的",构成非法吸收公众存款罪;如果开发商已经对房产建设进行了相当的投入,取得商品房预售许可,一般不构成非法吸收公众存款罪。

PART 2:商品房销售方式的法律风险提示及防控

法律风险提示7

(一)开发商的法律风险

1. 行政法律责任

《商品房销售管理办法》规定的行政责任:处以警告,责令限期改正,并可处以1万元以上3万元以下罚款。综合部分地方法规、规章的规定,行政责任主要有:处以警告、责令限期改正,处以罚款。至于罚款的数额则不相一致,大多高于《商品房销售管理办法》规定的额度。

2. 刑事法律责任

如果构成非法吸收公众存款罪，根据《刑法》第一百七十六条的规定，非法吸收公众存款或者变相吸收公众存款，扰乱金融秩序的，处 3 年以下有期徒刑或者拘役，并处或者单处罚金；数额巨大或者有其他严重情节的，处 3 年以上 10 年以下有期徒刑，并处罚金；数额特别巨大或者有其他特别严重情节的，处 10 年以上有期徒刑，并处罚金。单位犯前款罪的，对单位判处罚金，并对其直接负责的主管人员和其他直接责任人员，依照前款的规定处罚。在提起公诉前积极退赃退赔，减少损害结果发生的，可以从轻或者减轻处罚。

3. 民事法律责任

开发商采用返本销售、售后包租的销售方式，需要按照合同的约定向买受人承担支付本金、租金的民事责任，类似于固定回报。

（二）买受人的法律风险

一般情况下，存在一定问题的项目才有必要采用返本销售、售后包租、分割拆零的销售方式。因而，买受人最大的法律风险就是开发商的违约风险。一旦开发商携款逃匿、资金链断裂、建成后经营不善、无法达到预期收益等情况，买受人可能面临开发商无法返还本金、支付租金的违约风险。

法律风险防控 7

1. 对于开发商而言，返本销售、售后包租是一把“双刃剑”。如果项目运作得当、市场行情好，作为有效的促销手段，确实可以实现收益，按照约定返还买受人本金、支付租金；但如果项目运作不当、市场行情不好，未能实现预期收益，就会背负上巨额的本金、租金包袱，无法按照约定返还买受人本金、支付租金。因此，开发商要谨慎选择返本销售、售后包租的销售方式，签好相关的合同，尽可能规避相关法律风险。另外，为有效解决售后包租的法律风险，可以房地产信托的方式来进行售后包租，具体包括两种模式：

（1）由买受人与信托公司直接签约，形成由买受人向信托公司委托经营的信托关系，再由信托公司转委托给专业公司经营，向市场提供约定期限的房屋租赁服务。该模式下，开发商与买受人只有买卖关系，并不参与后续的委托租赁经营服务，大大降低了履约风险。

（2）开发商将房产租赁收益财产信托给信托公司，并划分出若干份优先收益权，再由信托公司向投资者转让，或者信托公司运用信托资金直接购买房产，通过房产的租金保证信托收益。该模式利用信托财产的独立性、权属转移的无偿性等特征，一方面保障投资者的收益，另一方面可以促进开发商的资金融通。

2. 对于买受人而言，涉及返本销售、售后包租、分割拆零的项目，一定要充分评估开发商的违约风险，谨慎购买。一般情况下，存在一定问题的项目才有必要采用返本销售、售后包租、分割拆零的销售方式。买受人切不可贪图开发商返本、付租的承诺，而应关注项目本身的好坏。

PART 3:商品房销售方式的典型案例

典型案例28

杨练兵与湘银房地产股份有限公司商品房销售合同纠纷案

基本案情

杨练兵与湘银公司于2006年4月18日签订《商品房买卖合同》,原告购买被告开发的位于建宁购物公园空中街市2024/3021号房屋。同日,原告与第三人博翰公司签订了一份建宁购物公园商铺《委托经营协议》,约定原告购买建宁购物花园空中街市商铺2024/3021号门面,同意委托开发商将铺面直接交付给第三人博翰公司无偿经营及管理,第三人博翰公司负责招商和培育市场,期限为2006年10月1日至2009年9月30日。湘银公司根据《委托经营协议》将铺面交由第三人博翰公司管理经营。因原告购买的2024/3021号铺面于2009年9月30日返租到期,双方2010年6月13日办理了交付手续。另发生法律效力的株洲市中级人民法院(2010)株中法民四终字第142号原告宁海军与被告湘银公司、博翰公司商品房买卖合同纠纷一案的民事判决书认定湘银公司在与原告签订《商品房买卖合同》后,要求原告与博翰公司签订《委托经营协议》并委托其将商铺直接交付博翰公司无偿经营及管理三年的行为,实际上是一种售后包租的行为。原告起诉请求确认合同无效。

裁判结果

一审湖南省株洲市芦淞区人民法院作出(2011)芦法民一初字第998号民事判决:驳回原告杨练兵的诉讼请求。二审株洲市中级人民法院作出(2011)株中法民四终字第88号民事判决:驳回上诉,维持原判。

裁判理由

本案的《商品房买卖合同》《购房折扣协议》《委托经营协议》合在一起就形成了一个完整的售后包租方案,折扣的对价实际上就是被上诉人无偿租用3年,而围绕这三个协议的履行存在的问题并不能否定三协议的法律效力。《商品房销售管理办法》禁止售后包租或者变相售后包租的目的是减少纠纷和降低商业风险,房产商违反该规定,有关部门可以给予行政处罚,但这并不构成合同无效的法定理由。《最高人民法院关于适用〈中华人民共和国合同法〉若干问题的解释(一)》第四条规定:"合同法实施以后,人民法院确认合同无效,应当以全国人大及其常委会制定的法律和国务院制定的行政法规为依据,不得以地方性法规、行政规章为依据。"根据《立法法》的规定,《商品房销售管理办法》仅属部门规章,因此不能以该规章为依据认定本案售房包租协议无效。到目前为止,对售后包租的情况,没有任何全国人大及其常委会制定的法律和国务院行政法规作出过强制性禁止规定,因此不存在违反法律和行政法规的强制性规定的情况。上诉人以与被上诉人签订的《商品房买卖合同》违反《商品房销售管理办法》第十一条规定为由,请求确认合同(协议)无效,法院不予支持。

典型案例29

湖北金华实业有限公司与苏金水等商品房买卖合同纠纷案

二审法院：湖北省高级人民法院（2009）鄂民一终字第28号

提审法院：最高人民法院（2012）民抗字第24号

提审观点

（一）关于皓羽公司向苏金水销售06号、07号商铺行为的法律后果是否应归属于金华公司的问题

根据《民法通则》第六十三条的规定，被代理人对代理人在代理权限内以被代理人名义实施的代理行为，承担民事责任。因此，本案皓羽公司销售行为的法律后果归属于金华公司取决于皓羽公司的销售行为是否构成有权代理。本院认为皓羽公司的销售行为已构成有权代理，理由是：第一，在销售案涉楼盘时，金华公司已授予皓羽公司独家全程的代理权限。第二，皓羽公司系以金华公司的名义而非以皓羽公司自身名义销售案涉商铺。第三，06号合同和07号合同尾部均有苏金水签字，06号合同尾部加盖有出卖人金华公司的销售合同专用章，07号合同尾部亦有皓羽公司以金华公司委托代理人身份加盖的销售合同专用章。第四，苏金水购买商铺的过程中还取得了06号、07号商铺的《〈楚天星座〉商品房认购合同》，该两份认购合同均加盖有金华公司的销售合同专用章。第五，苏金水系在楼盘售楼处现场签订06号合同与07号合同并通过现场POS机支付主要购房款。可见，皓羽公司以金华公司名义向苏金水销售案涉商铺的行为，足以认定构成有权代理，且苏金水作为普通购房者亦有较为充分理由相信皓羽公司具有销售案涉商铺的代理权限。综上，皓羽公司基于有效的委托代理关系所实施的代理行为不违反法律法规禁止性规定，应认定为有效，其代理行为的法律后果应直接约束被代理人，所产生的民事责任直接由被代理人承担。皓羽公司作为委托代理人签订的06号、07号合同应直接约束被代理人金华公司，皓羽公司作为委托代理人收取款项的法律后果亦应归属于被代理人金华公司，皓羽公司所为产生的相应民事责任应由金华公司承担。另，皓羽公司向苏金水销售案涉商铺系以被代理人金华公司的名义而并非以其自身名义，而成立隐名代理的必要前提之一系受托人以自己的名义与第三人订立合同，故二审判决适用《合同法》第四百零二条认为皓羽公司销售07号商铺的行为构成隐名代理，对合同效力的最终认定虽无影响，但属于适用法律不当，法院予以纠正。

（二）关于金华公司是否因另售06号、07号商铺而对苏金水负担相应赔偿责任的问题

根据《最高人民法院关于审理商品房买卖合同纠纷案件适用法律若干问题的解释》第八条规定，"具有下列情形之一，导致商品房买卖合同目的不能实现的，无法取得房屋的买受人可以请求解除合同、返还已付购房款及利息、赔偿损失，并可以请求出卖人承担不超过已付购房款一倍的赔偿责任：（一）商品房买卖合同订立后，出卖人未告知买受人又将该房屋抵押给第三人；（二）商品房买卖合同订立后，出卖人又将该房屋出卖给第三人。"可见，只要出卖人在商品房买卖合同订立后事实上存在将该房屋出卖给第三人的行为，无法取得房屋的买受人即可请求出卖人承担不

超过已付购房款1倍的赔偿责任,且上述规定中并不存在此种赔偿责任的适用以出卖人具有恶意违约故意为前提的规定。

PART 4:商品房销售方式的法律链接

法律链接

《商品房销售管理办法》(2001年4月4日)

第十一条 房地产开发企业不得采取返本销售或者变相返本销售的方式销售商品房。

房地产开发企业不得采取售后包租或者变相售后包租的方式销售未竣工商品房。

第十二条 商品住宅按套销售,不得分割拆零销售。

第四十二条 房地产开发企业在销售商品房中有下列行为之一的,处以警告,责令限期改正,并可处以1万元以上3万元以下罚款。

……

(三)返本销售或者变相返本销售商品房的;

(四)采取售后包租或者变相售后包租方式销售未竣工商品房的;

(五)分割拆零销售商品住宅的……

第四十五条 本办法所称返本销售,是指房地产开发企业以定期向买受人返还购房款的方式销售商品房的行为。

本办法所称售后包租,是指房地产开发企业以在一定期限内承租或者代为出租买受人所购该企业商品房的方式销售商品房的行为。

本办法所称分割拆零销售,是指房地产开发企业以将成套的商品住宅分割为数部分分别出售给买受人的方式销售商品住宅的行为。

《中华人民共和国刑法》(2020年12月26日修正)

第一百七十六条 非法吸收公众存款或者变相吸收公众存款,扰乱金融秩序的,处三年以下有期徒刑或者拘役,并处或者单处罚金;数额巨大或者有其他严重情节的,处三年以上十年以下有期徒刑,并处罚金;数额特别巨大或者有其他特别严重情节的,处十年以上有期徒刑,并处罚金。

单位犯前款罪的,对单位判处罚金,并对其直接负责的主管人员和其他直接责任人员,依照前款的规定处罚。

有前两款行为,在提起公诉前积极退赃退赔,减少损害结果发生的,可以从轻或者减轻处罚。

《最高人民法院关于审理非法集资刑事案件具体应用法律若干问题的解释》(2010年12月13日)

第一条 违反国家金融管理法律规定,向社会公众(包括单位和个人)吸收资金的行为,同时具备下列四个条件的,除刑法另有规定的以外,应当认定为刑法第一百七十六条规定的"非法吸收公众存款或者变相吸收公众存款":

（一）未经有关部门依法批准或者借用合法经营的形式吸收资金；

（二）通过媒体、推介会、传单、手机短信等途径向社会公开宣传；

（三）承诺在一定期限内以货币、实物、股权等方式还本付息或者给付回报；

（四）向社会公众即社会不特定对象吸收资金。

未向社会公开宣传，在亲友或者单位内部针对特定对象吸收资金的，不属于非法吸收或者变相吸收公众存款。

第二条 实施下列行为之一，符合本解释第一条第一款规定的条件的，应当依照刑法第一百七十六条的规定，以非法吸收公众存款罪定罪处罚：

（一）不具有房产销售的真实内容或者不以房产销售为主要目的，以返本销售、售后包租、约定回购、销售房产份额等方式非法吸收资金的……

地方法规、地方规章

有些地方法规、地方规章对商品房销售方式进行了规定，读者可进一步查阅相关法条：(1)《北京市城市房地产转让管理办法》第十二条；(2)《重庆市城镇房地产交易管理条例》第十条、第十一条、第二十七条、第五十五条、第六十一条；(3)《江苏省城市房地产交易管理条例》第十一条；(4)《山东省商品房销售条例》第二十条、第二十七条、第四十七条、第四十八条；(5)《天津市房地产交易管理条例》第十三条、第十八条、第三十五条；(6)《厦门市商品房预售管理规定》第十五条、第三十九条。

专题八 房地产广告

发布房地产广告,除应遵守《广告法》《广告管理条例》等对广告的一般性规定之外,还应遵守《城市房地产管理法》《房地产广告发布规定》等对房地产广告的特殊性规定。因此,本专题主要研究房地产广告的法律解读和风险防控问题。

PART 1:房地产广告的法律解读

法律解读 45 房地产销售广告

(一)房地产广告

根据《广告法》第二条第一款的规定,广告是指商品经营者或者服务提供者通过一定媒介和形式直接或者间接地介绍自己所推销的商品或者服务的商业广告活动。根据《房地产广告发布规定》第二条第一款的规定,房地产广告,指房地产开发企业、房地产权利人、房地产中介服务机构发布的房地产项目预售、预租、出售、出租、项目转让以及其他房地产项目介绍的广告。

(二)广告的主体

广告的主体主要有广告主、广告经营者、广告发布者、广告代言人。根据《广告法》第二条的规定:

1. 广告主,是指为推销商品或者服务,自行或者委托他人设计、制作、发布广告的自然人、法人或者其他组织。

2. 广告经营者,是指接受委托提供广告设计、制作、代理服务的自然人、法人或者其他组织。

3. 广告发布者,是指为广告主或者广告主委托的广告经营者发布广告的自然人、法人或者其他组织。

4. 广告代言人,是指广告主以外的,在广告中以自己的名义或者形象对商品、服务作推荐、证明的自然人、法人或者其他组织。

法律解读 46 房地产广告的一般性规定

发布房地产广告,应遵守《广告法》《广告管理条例》等对广告的一般性规定。

(一)广告应当符合的要求

《广告法》第八条规定,广告中对商品的性能、功能、产地、用途、质量、成分、价格、生产者、有效期限、允诺等或者对服务的内容、提供者、形式、质量、价格、允诺等有表示的,应当准确、清楚、明白。广告中表明推销的商品或者服务附带赠送的,应当明示所附带赠送商品或者服务的品种、规格、数量、期限和方式。法律、行政法规规定广告中应当明示的内容,应当显著、清晰表示。

（二）《广告法》禁止广告的情形

《广告法》第九条规定广告不得有：

1. 使用或者变相使用中华人民共和国的国旗、国歌、国徽，军旗、军歌、军徽；

2. 使用或者变相使用国家机关、国家机关工作人员的名义或者形象；

3. 使用“国家级”“最高级”“最佳”等用语；

4. 损害国家的尊严或者利益，泄露国家秘密；

5. 妨碍社会安定，损害社会公共利益；

6. 危害人身、财产安全，泄露个人隐私；

7. 妨碍社会公共秩序或者违背社会良好风尚；

8. 含有淫秽、色情、赌博、迷信、恐怖、暴力的内容；

9. 含有民族、种族、宗教、性别歧视的内容；

10. 妨碍环境、自然资源或者文化遗产保护；

11. 法律、行政法规规定禁止的其他情形。

（三）《广告法》规定房地产广告的基本要求

《广告法》第二十六条规定，房地产广告，房源信息应当真实，面积应当表明为建筑面积或者套内建筑面积，并不得含有下列内容：

1. 升值或者投资回报的承诺；

2. 以项目到达某一具体参照物的所需时间表示项目位置；

3. 违反国家有关价格管理的规定；

4. 对规划或者建设中的交通、商业、文化教育设施以及其他市政条件作误导宣传。

法律解读 47 房地产广告的特殊性规定

发布房地产广告，应遵守《城市房地产管理法》《房地产广告发布规定》等对房地产广告的特殊性规定。《房地产广告发布规定》对房地产广告作出了具体规定。

（一）房地产广告、房源信息应当真实，面积应当表明为建筑面积或者套内建筑面积，并不得含有下列内容

1. 升值或者投资回报的承诺；

2. 以项目到达某一具体参照物的所需时间表示项目位置；

3. 违反国家有关价格管理的规定；

4. 对规划或者建设中的交通、商业、文化教育设施以及其他市政条件作误导宣传。

（二）凡下列情况的房地产，不得发布广告

1. 在未经依法取得国有土地使用权的土地上开发建设的；

2. 在未经国家征用的集体所有的土地上建设的；

3. 司法机关和行政机关依法裁定、决定查封或者以其他形式限制房地产权利的；

4. 预售房地产，但未取得该项目预售许可证的；

5. 权属有争议的;

6. 违反国家有关规定建设的;

7. 不符合工程质量标准,经验收不合格的;

8. 法律、行政法规规定禁止的其他情形。

(三)发布房地产广告,应当具有或者提供的证明文件

1. 房地产开发企业、房地产权利人、房地产中介服务机构的营业执照或者其他主体资格证明;

2. 建设主管部门颁发的房地产开发企业资质证书;

3. 土地主管部门颁发的项目土地使用权证明;

4. 工程竣工验收合格证明;

5. 发布房地产项目预售、出售广告,应当具有地方政府建设主管部门颁发的预售、销售许可证证明;出租、项目转让广告,应当具有相应的产权证明;

6. 中介机构发布所代理的房地产项目广告,应当提供业主委托证明;

7. 确认广告内容真实性的其他证明文件。

(四)房地产预售、销售广告必须载明的事项

1. 开发企业名称;

2. 中介服务机构代理销售的,载明该机构名称;

3. 预售或者销售许可证书号。

广告中仅介绍房地产项目名称的,可以不必载明上述事项。

(五)房地产广告必须符合的要求

1. 房地产广告不得含有风水、占卜等封建迷信内容,对项目情况进行的说明、渲染,不得有悖社会良好风尚。

2. 房地产广告中涉及所有权或者使用权的,所有或者使用的基本单位应当是有实际意义的完整的生产、生活空间。

3. 房地产广告中对价格有表示的,应当清楚表示为实际的销售价格,明示价格的有效期限。

4. 房地产广告中的项目位置示意图,应当准确、清楚,比例恰当。

5. 地产广告中涉及的交通、商业、文化教育设施及其他市政条件等,如在规划或者建设中,应当在广告中注明。

6. 房地产广告涉及内部结构、装修装饰的,应当真实、准确。

7. 房地产广告中不得利用其他项目的形象、环境作为本项目的效果。

8. 房地产广告中使用建筑设计效果图或者模型照片的,应当在广告中注明。

9. 房地产广告中不得出现融资或者变相融资的内容。

10. 房地产广告中涉及贷款服务的,应当载明提供贷款的银行名称及贷款额度、年期。

11. 房地产广告中不得含有广告主能够为入住者办理户口、就业、升学等事项的承诺。

12. 房地产广告中涉及物业管理内容的,应当符合国家有关规定;涉及尚未实现的物业管理内容,应当在广告中注明。

13. 房地产广告中涉及房地产价格评估的，应当表明评估单位、估价师和评估时间；使用其他数据、统计资料、文摘、引用语的，应当真实、准确，表明出处。

法律解读48　房地产广告的主要内容

1. 环境类广告：主要是针对项目规划范围内、外环境所作的广告。规划范围内的通常称生活环境，如小区的园林绿化、配套设施；规划范围外的一般包括项目区位、自然环境、交通环境、购物环境、人文环境等。

2. 配套类广告：主要是针对项目自身配套、市政配套所作的广告。项目自身配套主要是小区规划配套建设的学校、商业、银行、医院、娱乐等；市政配套主要指小区规划范围外周边市政配套的情况。

3. 产品类广告：主要是针对商品房自身所作的广告，包括商品房美观类广告、商品房使用功能类广告、建筑状况类广告、商品房个别因素类广告等。

4. 销售类广告：主要是针对商品房销售所作的广告，包括商品房价格类广告、商品房优惠促销类广告、商品房合同内容类广告等。

5. 主体类广告：主要是针对开发商、物业公司所作的广告，包括开发商及物业公司品牌、业绩、品质。

法律解读49　房地产广告的法律性质

一般认为房地产广告是要约邀请，而符合一定条件的房地产广告为要约。《民法典》第四百七十二条规定："要约是希望与他人订立合同的意思表示，该意思表示应当符合下列规定：(一)内容具体确定；(二)表明经受要约人承诺，要约人即受该意思表示约束。"第四百七十三条规定："要约邀请是希望他人向自己发出要约的表示。拍卖公告、招标公告、招股说明书、债券募集办法、基金招募说明书、商业广告和宣传、寄送的价目表等为要约邀请。商业广告和宣传的内容符合要约条件的，构成要约。"一般情况下，广告应视为要约邀请。但是，广告的内容符合要约规定的，应视为要约。

《最高人民法院关于审理商品房买卖合同纠纷案件适用法律若干问题的解释》第三条规定："商品房的销售广告和宣传资料为要约邀请，但是出卖人就商品房开发规划范围内的房屋及相关设施所作的说明和允诺具体确定，并对商品房买卖合同的订立以及房屋价格的确定有重大影响的，构成要约。该说明和允诺即使未载入商品房买卖合同，亦应当为合同内容，当事人违反的，应当承担违约责任。"一般情况下，房地产广告和宣传资料构成要约邀请。在同时符合下列三个条件的情况下，视为要约：

1. 出卖人就商品房开发规划范围内的房屋及相关设施所作的说明和允诺。房屋及相关设施应理解为硬件设施，包括三个层次：(1)房屋结构部分，房屋内装饰装修、水电煤气、各种管线等；(2)房屋所在楼宇的公共部分，如大堂、电梯间、楼梯间、外立面等的造型、颜色、用材及品牌、装饰装修标准等；(3)房屋所属项目的配套、绿化、规划道路、供暖方式等。商品房开发规划范围可以从狭义和广义两个角度进行理解。狭义的商品房开发规划范围应理解为规划批准的项目用地范围内的所有建筑及配套设施。广义的商品房开发规划范围应理解为规划批准的项目中所涉及的组成建筑和配套设施的所有元素。凡是与该元素有关的,都应列入此范围。通常情况下,对商品房开发规划范围应按照狭义的理解,但如果对超出商品房开发规划范围外的事务的说明和承诺对客户非常重要又比较具体明确,不能排除被认定为要约。

2. 该说明和允诺具体确定。所谓具体确定,通常是指要约的内容明确、全面,受要约人通过要约能清楚地知道要约人的真实意思表示和将来可能订立的合同的主要内容。

3. 该说明和允诺对商品房买卖合同的订立以及房屋价格的确定有重大影响。什么样的说明和允诺对客户具有重大影响,因人而异,不同的客户关注点会有所不同。

法律解读 50　房地产广告的法律关系分析

房地产广告的主体主要有:广告主、广告经营者、广告发布者,以及监督管理机关。房地产广告的法律关系包括民事法律关系和行政法律关系。房地产广告的民事法律关系主要是广告主、广告经营者、广告发布者之间在设计、制作、代理、发布等广告活动中发生的民事法律关系;房地产广告行政法律关系主要是广告监督管理机关在依法监督、检查、管理各种广告活动中发生的行政法律关系。

法律解读 51　虚假广告的法律规制

(一)虚假广告

根据《广告法》第二十八条的规定,广告以虚假或者引人误解的内容欺骗、误导消费者的,构成虚假广告。广告有下列情形之一的,为虚假广告:

1. 商品或者服务不存在的;

2. 商品的性能、功能、产地、用途、质量、规格、成分、价格、生产者、有效期限、销售状况、曾获荣誉等信息,或者服务的内容、提供者、形式、质量、价格、销售状况、曾获荣誉等信息,以及与商品或者服务有关的允诺等信息与实际情况不符,对购买行为有实质性影响的;

3. 使用虚构、伪造或者无法验证的科研成果、统计资料、调查结果、文摘、引用语等信息作证明材料的;

4. 虚构使用商品或者接受服务的效果的;

5. 以虚假或者引人误解的内容欺骗、误导消费者的其他情形。

(二)法律规制

在我国现行法律体系中,规制虚假广告的法律、行政法规、行政规章主要有:《广告法》《反不正当竞争法》《消费者权益保护法》《产品质量法》《广告管理条例》及地方法规、规章等。

1.《广告法》第四条规定:"广告不得含有虚假或者引人误解的内容,不得欺骗、误导消费者。广告主应当对广告内容的真实性负责。"

2.《反不正当竞争法》第八条规定:"经营者不得对其商品的性能、功能、质量、销售状况、用户评价、曾获荣誉等作虚假或者引人误解的商业宣传,欺骗、误导消费者。经营者不得通过组织虚假交易等方式,帮助其他经营者进行虚假或者引人误解的商业宣传。"

3.《消费者权益保护法》第二十条第一款规定:"经营者向消费者提供有关商品或者服务的质量、性能、用途、有效期限等信息,应当真实、全面,不得作虚假或者引人误解的宣传。"

4.《产品质量法》第五十九条规定:"在广告中对产品质量作虚假宣传,欺骗和误导消费者的,依照《中华人民共和国广告法》的规定追究法律责任。"

5.《城市房地产开发经营管理条例》第二十五条规定:"房地产开发企业不得进行虚假广告宣传,商品房预售广告中应当载明商品房预售许可证明的文号。"

PART 2:房地产广告的法律风险提示及防控

法律风险提示8

违法广告,指的是广告行为人由于实施了违反我国广告法律、行政法规的广告违法活动,使广告受众的合法权益受到损害并依照我国法律规范而承担法律后果的广告的总称。房地产广告作为商业广告,如果构成违法广告,广告行为人应承担相应的民事责任、行政责任甚至刑事责任。

(一)商品房销售虚假广告法律责任的适用

在房地产广告构成虚假广告的情况下,规制虚假广告的法律有《广告法》《反不正当竞争法》《消费者权益保护法》《产品质量法》,应该适用哪种法律的规定呢?

1.《广告法》与《产品质量法》:根据《产品质量法》第五十九条的规定,在广告中对产品质量作虚假宣传的,依照《广告法》的规定追究法律责任。

2.《广告法》与《反不正当竞争法》:《广告法》主要调整商业广告行为,《反不正当竞争法》主要调整市场竞争行为。判断一个虚假广告是适用《广告法》还是适用《反不正当竞争法》,主要是看广告内容是否违反公平交易原则、广告是否对竞争对手造成不利影响。如果经营者在广告中将商品或服务与竞争对手进行直接或间接的对比,足以使消费者误认为此商品好于其他同类商品、此服务优于其他同类服务,从而放弃正常的交易对象转而与其洽谈,损害了竞争对手的利益,就属于不正当竞争违法行为,适用《反不正当竞争法》。否则,就属于广告违法行为,适用《广告法》。

3.《广告法》与《消费者权益保护法》:根据《消费者权益保护法》第五十六条的规定,如果虚假广告符合《广告法》的规定,应优先根据《广告法》的规定执行,《广告法》未作规定的,适用《消费者权益保护法》第五十六条的规定。

(二)房地产广告的法律责任形式

1.民事责任

根据《广告法》第五十六条第一款前段的规定,违反本法规定,发布虚假广告,欺骗、误导消费者,使购买商品或者接受服务的消费者的合法权益受到损害的,由广告主依法承担民事责任。在房地产广告构成要约、要约邀请的情况下,法律责任是不同的:

(1)在房地产广告构成要约邀请的情况下,如果由于出卖人撤回房地产广告或者由于房地产广告导致合同不成立、被撤销或者无效,出卖人不需要承担违约责任,但需要承担缔约过失责任。

(2)房地产广告构成要约的情况下,根据《最高人民法院关于审理商品房买卖合同纠纷案件适用法律若干问题的解释》第三条的规定,即便该说明和允诺未载入商品房买卖合同,亦应当视为合同内容,当事人违反的,应当承担违约责任。此时,出卖人可能承担以下几种民事责任:

①出卖人承担缔约过失责任。如果出卖人未依法撤回、撤销房地产广告,或者由于房地产广告导致合同不成立、被撤销或者无效,出卖人需要承担缔约过失责任。

②出卖人承担一般性的违约责任。在出卖人与买受人签订的商品房买卖合同不存在被撤销或者无效的情况下,如果出卖人不兑现房地产广告中的说明和允诺,即便该说明和允诺未载入商品房买卖合同,买受人也可以要求出卖人承担违约责任。

③出卖人承担惩罚性的违约责任。在出卖人与买受人签订的商品房买卖合同不存在被撤销或者无效的情况下,如果出卖人不兑现房地产广告中的说明和允诺,且该行为符合《消费者权益保护法》第五十五条规定的,出卖人应按照买受人的要求承担惩罚性的违约责任,即出卖人应当按照买受人的要求增加赔偿其受到的损失,增加赔偿的金额为消费者购买商品的价款或者接受服务的费用的 3 倍。出卖人明知商品房存在缺陷,仍然向买受人提供,造成买受人或者其他受害人死亡或者健康严重受损的,受害人有权要求经营者依照《消费者权益保护法》第四十九条、第五十一条等法律规定赔偿损失,并有权要求所受损失两倍以下的惩罚性赔偿。当然,商品房买卖合同中的买受人是否视为消费者,是否受《消费者权益保护法》的保护,仍然存在一定的争议。

除了上述民事责任之外,如果房地产广告侵犯人身权(主要是指对肖像权的侵害)、知识产权(主要是指对著作权、商标权的侵害),则开发商还应承担相应的侵权责任。

2. 行政责任

(1)房地产广告构成虚假广告的行政责任

根据《广告法》第五十五条第一款、第四款的规定,违反本法规定,发布虚假广告的,由市场监督管理部门责令停止发布广告,责令广告主在相应范围内消除影响,处广告费用 3 倍以上 5 倍以下的罚款,广告费用无法计算或者明显偏低的,处 20 万元以上 100 万元以下的罚款;两年内有 3 次以上违法行为或者有其他严重情节的,处广告费用 5 倍以上 10 倍以下的罚款,广告费用无法计算或者明显偏低的,处 100 万元以上 200 万元以下的罚款,可以吊销营业执照,并由广告审查机关撤销广告审查批准文件、1 年内不受理其广告审查申请。广告主、广告经营者、广告发布者有本条第一款、第三款规定行为,构成犯罪的,依法追究刑事责任。

根据《反不正当竞争法》第二十四条的规定,发布虚假广告的,广告主需要承担的行政责任有:责令停止违法行为;消除影响;可以根据情节处以 1 万元以上 20 万元以下的罚款。广告的经营者,在明知或者应知的情况下,代理、设计、制作、发布虚假广告的,需要承担的行政责任有:责令停止违法行为,没收违法所得,并依法处以罚款。

根据《消费者权益保护法》第五十六条的规定,经营者对商品或者服务作虚假或者引人误解的宣传的,如果别的法律、法规未作规定的,经营者需要承担的行政责任主要有:由市场监督管理部门或者其他有关行政部门责令改正；可以根据情节单处或者并处警告；没收违法所得、处以违法所得1倍以上10倍以下的罚款，没有违法所得的，处以50万元以下的罚款；情节严重的，责令停业整顿、吊销营业执照；处罚机关应当记入信用档案，向社会公布。

(2)房地产广告构成违法广告的行政责任

根据《广告法》第五十八条第一款第八项的规定，违反《广告法》第二十六条规定发布房地产广告的，由市场监督管理部门责令停止发布广告，责令广告主在相应范围内消除影响，处广告费用1倍以上3倍以下的罚款，广告费用无法计算或者明显偏低的，处10万元以上20万元以下的罚款；情节严重的，处广告费用3倍以上5倍以下的罚款，广告费用无法计算或者明显偏低的，处20万元以上100万元以下的罚款，可以吊销营业执照，并由广告审查机关撤销广告审查批准文件、一年内不受理其广告审查申请。

3. 刑事责任

房地产广告如果情节严重构成虚假广告罪的，广告主、广告经营者、广告发布者依法应承担刑事责任。《刑法》第二百二十二条规定了虚假广告罪。虚假广告罪，是指广告主、广告经营者、广告发布者违反国家规定，利用广告对商品或者服务作虚假宣传，情节严重的行为。《最高人民检察院、公安部关于公安机关管辖的刑事案件立案追诉标准的规定(二)》第七十五条规定了虚假广告案的立案追诉标准。

(三)房地产广告的责任主体

房地产广告主体有：广告主、广告经营者、广告发布者、广告代言人。除了广告主应承担相应责任外，根据《广告法》的规定，广告经营者、广告发布者、广告代言人应承担的责任主要有：

1. 根据《广告法》第五十五条第三款、第四款的规定，广告经营者、广告发布者明知或者应知广告虚假仍设计、制作、代理、发布的，由市场监督管理部门没收广告费用，并处广告费用3倍以上5倍以下的罚款，广告费用无法计算或者明显偏低的，处20万元以上100万元以下的罚款；两年内有3次以上违法行为或者有其他严重情节的，处广告费用5倍以上10倍以下的罚款，广告费用无法计算或者明显偏低的，处100万元以上200万元以下的罚款，并可以由有关部门暂停广告发布业务、吊销营业执照。广告主、广告经营者、广告发布者有本条第一款、第三款规定行为，构成犯罪的，依法追究刑事责任。

2. 根据《广告法》第五十六条的规定，违反本法规定，发布虚假广告，欺骗、误导消费者，使购买商品或者接受服务的消费者的合法权益受到损害的，由广告主依法承担民事责任。广告经营者、广告发布者不能提供广告主的真实名称、地址和有效联系方式的，消费者可以要求广告经营者、广告发布者先行赔偿。关系消费者生命健康的商品或者服务的虚假广告，造成消费者损害的，其广告经营者、广告发布者、广告代言人应当与广告主承担连带责任。前款规定以外的商品或者服务的虚假广告，造成消费者损害的，其广告经营者、广告发布者、广告代言人，明知或者应知广告虚假仍设计、制作、代理、发布或者作推荐、证明的，应当与广告主承担连带责任。

3. 根据《广告法》第五十八条第三款的规定，广告经营者、广告发布者明知或者应知有本条第一款规定违法行为仍设计、制作、代理、发布的，由市场监督管理部门没收广告费用，并处广告费用1倍以上3倍以下的罚款，广告费用无法计算或者明显偏低的，处10万元以上20万元以下的罚款;情节严重的,处广告费用3倍以上5倍以下的罚款,广告费用无法计算或者明显偏低的,处20万元以上100万元以下的罚款,并可以由有关部门暂停广告发布业务、吊销营业执照。

4. 根据《消费者权益保护法》第四十五条的规定,消费者因经营者利用虚假广告或者其他虚假宣传方式提供商品或者服务,其合法权益受到损害的,可以向经营者要求赔偿。广告经营者、发布者不能提供经营者的真实名称、地址和有效联系方式的,应当承担赔偿责任。广告经营者、发布者设计、制作、发布关系消费者生命健康商品或者服务的虚假广告,社会团体或者其他组织、个人在关系消费者生命健康商品或者服务的虚假广告或者其他虚假宣传中向消费者推荐商品或者服务,造成消费者损害的,应当与提供该商品或者服务的经营者承担连带责任。

法律风险防控 8

(一)将广告限定为要约邀请

开发商应将房地产广告限定为要约邀请,避免广告内容合同化,被认定为要约:

1. 避免说明和允诺过于具体确定。开发商不能只考虑广告的吸引力、创意等问题,更要考虑其法律风险,尤其是广告中的说明和允诺。对于难以实现、无法兑现、把握性较小、与具体情况并不相符的说明和允诺应进行修改,或者避免具体确定。

2. 避免说明和允诺对商品房买卖合同的订立以及房屋价格的确定产生重大影响。

(二)避免构成虚假广告

在制作、发布房地产广告时,开发商应本着诚实信用原则,不弄虚作假。在订立、履行合同时,原则上应当遵守广告的承诺。如果随意变更广告的内容,情节严重的会构成虚假广告,造成实际损失的,承担赔偿责任,还会受到相应的行政处罚。

(三)注意广告内容的审查

对合同订立和价格确定有重大影响的下列合同内容,应特别注意、谨慎发布:

1. 开发商、建设单位、设计单位、监理单位;

2. 占地面积、总建筑面积、容积率、总户数;

3. 绿化率、绿地面积(总绿地面积、人均/户均绿地面积);

4. 户型(结构、进深与开间等尺度、露台、飘窗、阳台等);

5. 景观、朝向、间距;

6. 价格(均价、起价、价格期间、某套房屋的具体价格)、优惠条件;

7. 设施、设备、材料(品牌/制造商、型号/规格、性能、数量);

8. 附属花园(面积、交付标准、用途);

9. 按揭(按揭条件、年限、金额);

10. 周边道路、环境、市政配套;

11. 采暖、燃气、热水等管网(服务商、收费标准、服务标准);

12. 交通承诺(班车,包括承运人、费用、期间等);

13. 物业管理:物业管理人、管理费用、管理方法(小区封闭、组团封闭等)、管理与服务内容

(安防等承诺);

14. 营销赠送礼品、抽奖活动及奖品;

15. 小区配套,如会所(设施与具体功能)、停车场/库(车位比/数量、租/售)、游泳池等体育娱乐设施、学校等文化教育设施(入学条件或资格)、商铺、医疗、邮局等;

16. 承诺一层赠送绿地、顶层赠送屋顶花园;

17. 户口、就业、升学承诺。

(四)使用提示语避免广告内容构成要约承担合同责任

开发商在广告资料中应采用足以引起对方注意的文字、符号、字体等作为特别提示语,避免广告内容构成要约承担合同责任。提示语的位置要醒目易见,字体不得小于同一版面的主要文字。提示语举例:

1. 售楼书:本售楼书为要约邀请,并不视为商品房买卖合同的内容或交房标准和条件,最终以商品房买卖合同的约定为准。

2. 报纸广告、户外广告牌、海报:本广告仅为要约邀请,买卖双方的权利义务以最终签署的商品房买卖合同为准。

3. 沙盘/模型:本沙盘/模型因制作比例和材质所限,与实景可能存在一定差异,不作为交房标准。

4. 户型模型:本模型仅为户型结构示意,相同户型单位因楼栋、楼层、单元不同,局部结构、面积等可能有所不同。

5. 效果图:非实景图,仅为效果图。

6. 户型图:本户型图所标尺寸仅供参考,交房尺寸以最终签署的商品房买卖合同的约定为准;相同户型单位因楼栋、楼层、单元等差别,局部结构、面积等可能不同。

7. 介绍项目周边信息的文字:"本页中对项目周围环境、交通及其他公共设施的介绍,旨在提供相关信息,不视为本公司对此作出了承诺。"另外,对于项目周边道路交通状况、文体商业服务设施介绍等,应温馨提示:"以上资料为截至××年×月×日的项目周边情况。"

8. 对政府规划中待建的项目如地铁、轻轨、公园、公交线路等的介绍,应提示"以上信息来源于……"

(五)避免侵权的发生

1. 避免侵犯知识产权

(1)著作权:广告中使用图片、照片、文章、书法、音乐,均有可能涉及他人著作权,应当取得著作权人的书面同意。如委托广告经营单位制作、发布广告的,应当要求广告经营单位提供合法使用上述著作的证明,并应当在合同中明确约定:"因本广告合同的履行和广告的使用导致的对任何第三方关于人身权和知识产权方面的赔偿责任均由广告经营单位承担。"

(2)专利权:广告中涉及专利的,应当标明专利号和专利种类。

(3)商标权:除合理使用外,应与商标权人签署商标许可使用合同并支付使用费。广告中在注册商标上使用标记的,所使用的商标图样应当与注册商标图样一致,不能更换字体。

2. 避免侵犯人身权

(1)肖像权、姓名权:广告中需要使用他人肖像或姓名的,应当征得肖像权或姓名权人的书面同意。

(2)隐私权:广告如报道他人的姓名及其他个人资料,必须取得当事人书面同意。业主和其他客户、会员的个人资料涉及隐私权,开发商负有保密义务。

(3)名誉权:广告中避免涉及国家机关及其工作人员,不得提及具体的国家机关名称和领导人职务、姓名,对含有国家机关或政府工作人员信息的新闻报道、图片和证书应当注明新闻报道的出处。

(六)避免构成不正当竞争

房地产广告中不应贬低其他房地产开发商或其他项目的商品或者服务;有奖销售,奖金不能超过人民币5000元;不擅自使用他人注册商标进行项目的定位。否则,有可能构成不正当竞争。

PART 3:房地产广告的典型案例

典型案例30

预售承诺与现实迥异 开发商夸大宣传被判违约[①]

2011年5月,被告楚雄市某房地产开发有限公司对其开发建设的某项目楼盘进行广告宣传及预售,公开发放的宣传资料及售楼处工作人员宣称,其开发的位于黄金区位的中央黄金临街商铺即将面世,该商业步行街铺铺临街,是楚雄中央公园旁的鼎级湖滨商业街区,开放便利的交通格局将使周边两条主干道和毗邻公园的人流可以直接到达项目商业环境中,不久将成为最具价值的商业中心,未来价值潜力不可限量。同年7月20日,原告张某等14户购房户通过售楼人员的讲解和仔细观看被告展示的沙盘,询问售楼人员具体情况后,分别与被告签订了商品房购销合同。合同签订后,原告张某等14户购房户依约支付了购房款及相关税费、配套费。2012年12月26日,合同约定的商铺交付日期到期后,原告张某等到项目地办理商铺交接手续时才发现,楼盘宣传所称的各种优势与真实情况大相径庭,双方对合同的履行产生争议。纠纷发生后,原告张某等14户购房户多次找开发商和有关部门协商解决,但都未达成一致意见。2013年12月27日,张某等14户购房户向楚雄市人民法院提起诉讼,请求法院判令解除与被告公司签订的商品房购销合同,返还已支付的购房款及相关税费,支付同期银行贷款利息。

法院审理认为,在该系列案中,被告公司对其开发的项目进行预售宣传发放广告,宣传内容明确具体,且制作了楼盘沙盘,虽然原、被告之间在签订合同时并未将宣传内容载入合同,但张某等购房户在被告开发项目尚未建成之际购买商铺,决定张某等购房者购买商铺的依据、信息等都

① 王亚雄、高丽华:《预售承诺与现实迥异 开发商夸大宣传被判违约》,载《人民法院报》2014年12月2日。

直接来源于被告所做的广告和宣传资料，售楼广告和宣传资料对最终确定房价及决定签订合同起到重要作用，被告对商铺所做的广告宣传及允诺应视为合同内容。被告实际交付的商铺违反合同约定，致使商铺商业价值无法体现，合同目的无法实现，其已构成根本违约，原告诉请符合法律规定，应予以支持。据此，法院判决解除原、被告之间签订的商品房购销合同，并由被告返还原告支付的购房款及相关税费，支付同期银行贷款利息。

典型案例31

中山市凯茵豪园房地产开发有限公司与陈峰明商品房买卖合同纠纷案

基本案情

2002年9月11日，凯茵公司在《中山日报》发布的广告宣传中将其公司拟开发建设的凯茵新城定位于中山市东区范围内。凯茵公司陆续发布的广告宣传资料中亦宣称凯茵新城地处中山东区中心地段，30台大型豪华住客巴士24小时从凯茵新城至城区A、B线路所列站点，高峰期每15分钟一班，并有至小榄、古镇的C线路；占地12万平方米的动感亲子园面向凯茵业主及中山市民全面开放，多达25项的玩乐设施一律免费；业主专享九洞高尔夫全面开放；另有滑草场、骑马乐园、水上乐园等逾百项尊贵设施等内容。2003年5月22日，陈峰明作为买受人与出卖人凯茵公司签订《商品房买卖合同》，约定，买受人购买第E1－1幢503房，后凯茵公司将上述房屋交付给陈峰明使用。2004年10月26日，中山市人民政府办公室在中府办函〔2004〕378号《关于凯茵新城治安户籍管理问题的复函》中答复凯茵公司，根据属地管理原则，凯茵新城治安户籍管理工作由火炬区负责。陈峰明由于不能落户中山市东区，而是火炬开发区，向法院提起诉讼。

裁判结果

一审广东省中山市人民法院(2006)中法民一初字第275号民事判决：驳回陈峰明的诉讼请求。二审中山市中级人民法院于2008年4月2日作出(2007)中中法民一终字第343号民事判决：撤销一审判决；凯茵公司应赔偿上诉人陈峰明16,544.75元。二审判决后，广东省人民检察院向广东省高级人民法院提起抗诉。其间，陈峰明向广东省高级人民法院提出再审申请。广东省高级人民法院于2009年9月9日作出(2008)粤高法审监民提字第132号民事判决：维持中山市中级人民法院(2007)中中法民一终字第343号民事判决。

裁判理由

双方合同中虽然未对关于住客巴士、动感亲子园等事项进行约定，但凯茵公司在销售广告和宣传资料中对凯茵新城设施的说明和允诺具体确定，并对商品房买卖合同的订立以及房屋价格的确定有重大影响。《最高人民法院关于审理商品房买卖合同纠纷案件适用法律若干问题的解释》第三条规定："商品房的销售广告和宣传资料为要约邀请，但是出卖人就商品房开发规划范围内的房屋及相关设施所作的说明和允诺具体确定,并对商品房买卖合同的订立以及房屋价格的确定有重大影响的,应当视为要约。该说明和允诺即使未载入商品房买卖合同,亦应当视为合同内容,当事人违反的,应当承担违约责任。”据此,上述广告和宣传资料应当视为要约,虽然这些说明和允诺未载入双方的商品房买卖合同,但依法应视为合同内容。

PART 4:房地产广告的法律链接

法律链接

《城市房地产开发经营管理条例》(2020 年 11 月 29 日修订)

第二十五条　房地产开发企业不得进行虚假广告宣传,商品房预售广告中应当载明商品房预售许可证明的文号。

《商品房销售管理办法》(2001 年 4 月 4 日)

第十四条　房地产开发企业、房地产中介服务机构发布商品房销售宣传广告,应当执行《中华人民共和国广告法》、《房地产广告发布暂行规定》等有关规定,广告内容必须真实、合法、科学、准确。

第十五条　房地产开发企业、房地产中介服务机构发布的房地产广告和宣传资料所明示的事项,当事人应当在商品房买卖合同中约定。

《城市商品房预售管理办法》(2004 年 7 月 20 日)

第九条　开发企业进行商品房预售,应当向承购人出示《商品房预售许可证》。售楼广告和说明书应当载明《商品房预售许可证》的批准文号。

《最高人民法院关于审理商品房买卖合同纠纷案件适用法律若干问题的解释》(2020 年 12 月 29 日修正)

第三条　商品房的销售广告和宣传资料为要约邀请,但是出卖人就商品房开发规划范围内的房屋及相关设施所作的说明和允诺具体确定,并对商品房买卖合同的订立以及房屋价格的确定有重大影响的,构成要约。该说明和允诺即使未载入商品房买卖合同,亦应当为合同内容,当事人违反的,应当承担违约责任。

《中华人民共和国刑法》(2020 年 12 月 26 日修正)

第二百二十二条　广告主、广告经营者、广告发布者违反国家规定,利用广告对商品或者服务作虚假宣传,情节严重的,处二年以下有期徒刑或者拘役,并处或者单处罚金。

《最高人民检察院、公安部关于公安机关管辖的刑事案件立案追诉标准的规定(二)》(2010 年 6 月 21 日)

第七十五条　[虚假广告案(刑法第二百二十二条)]广告主、广告经营者、广告发布者违反国家规定,利用广告对商品或者服务作虚假宣传,涉嫌下列情形之一的,应予立案追诉:

(一)违法所得数额在十万元以上的;

(二)给单个消费者造成直接经济损失数额在五万元以上的,或者给多个消费者造成直接经济损失数额累计在二十万元以上的；

（三）假借预防、控制突发事件的名义，利用广告作虚假宣传，致使多人上当受骗，违法所得数额在三万元以上的；

（四）虽未达到上述数额标准，但两年内因利用广告作虚假宣传，受过行政处罚二次以上，又利用广告作虚假宣传的；

（五）造成人身伤残的；

（六）其他情节严重的情形。

《中华人民共和国反不正当竞争法》（2019 年 4 月 23 日修正）

第八条　经营者不得对其商品的性能、功能、质量、销售状况、用户评价、曾获荣誉等作虚假或者引人误解的商业宣传，欺骗、误导消费者。

经营者不得通过组织虚假交易等方式，帮助其他经营者进行虚假或者引人误解的商业宣传。

第二十条　经营者违反本法第八条规定对其商品作虚假或者引人误解的商业宣传，或者通过组织虚假交易等方式帮助其他经营者进行虚假或者引人误解的商业宣传的，由监督检查部门责令停止违法行为，处二十万元以上一百万元以下的罚款；情节严重的，处一百万元以上二百万元以下的罚款，可以吊销营业执照。

经营者违反本法第八条规定，属于发布虚假广告的，依照《中华人民共和国广告法》的规定处罚。

《中华人民共和国消费者权益保护法》（2013 年 10 月 25 日修正）

第二十条第一款　经营者向消费者提供有关商品或者服务的质量、性能、用途、有效期限等信息，应当真实、全面，不得作虚假或者引人误解的宣传。

第二十三条第二款　经营者以广告、产品说明、实物样品或者其他方式表明商品或者服务的质量状况的，应当保证其提供的商品或者服务的实际质量与表明的质量状况相符。

第四十五条　消费者因经营者利用虚假广告或者其他虚假宣传方式提供商品或者服务，其合法权益受到损害的，可以向经营者要求赔偿。广告经营者、发布者发布虚假广告的，消费者可以请求行政主管部门予以惩处。广告经营者、发布者不能提供经营者的真实名称、地址和有效联系方式的，应当承担赔偿责任。

广告经营者、发布者设计、制作、发布关系消费者生命健康商品或者服务的虚假广告，造成消费者损害的，应当与提供该商品或者服务的经营者承担连带责任。

社会团体或者其他组织、个人在关系消费者生命健康商品或者服务的虚假广告或者其他虚假宣传中向消费者推荐商品或者服务，造成消费者损害的，应当与提供该商品或者服务的经营者承担连带责任。

第五十五条　经营者提供商品或者服务有欺诈行为的，应当按照消费者的要求增加赔偿其受到的损失，增加赔偿的金额为消费者购买商品的价款或者接受服务的费用的三倍；增加赔偿的金额不足五百元的，为五百元。法律另有规定的，依照其规定。

经营者明知商品或者服务存在缺陷，仍然向消费者提供，造成消费者或者其他受害人死亡或者健康严重损害的，受害人有权要求经营者依照本法第四十九条、第五十一条等法律规定赔偿损失,并有权要求所受损失二倍以下的惩罚性赔偿。

第五十六条第一款第六项 经营者有下列情形之一,除承担相应的民事责任外,其他有关法律、法规对处罚机关和处罚方式有规定的,依照法律、法规的规定执行;法律、法规未作规定的,由工商行政管理部门或者其他有关行政部门责令改正,可以根据情节单处或者并处警告、没收违法所得、处以违法所得一倍以上十倍以下的罚款,没有违法所得的,处以五十万元以下的罚款;情节严重的,责令停业整顿、吊销营业执照:

……

(六)对商品或者服务作虚假或者引人误解的宣传的……

《中华人民共和国产品质量法》(2018年12月29日修正)

第五十九条 在广告中对产品质量作虚假宣传,欺骗和误导消费者的,依照《中华人民共和国广告法》的规定追究法律责任。

《广告法》《广告管理条例》《房地产广告发布规定》《关于进一步加强房地产广告管理的通知》等对房地产广告进行了专门规定,读者可参见相关条文。

地方法规、地方规章

有些地方法规、地方规章对房地产广告进行规定,读者可进一步查阅相关法条:(1)《北京市城市房地产转让管理办法》第三十四条;(2)《广东省房地产开发经营条例》第十八条;(3)《贵州省城镇房地产开发经营管理条例》第二十七条;(4)《河北省城市房地产开发经营管理规定》第二十三条第二款、第二十六条;(5)《河南省城市房地产交易管理办法》第十三条;(6)《湖南省城市房地产开发经营管理办法》第二十七条;(7)《江苏省城市房地产交易管理条例》第十六条;(8)《兰州市房地产开发经营管理办法》第三十条、第三十一条第二款;(9)《山东省商品房销售条例》第二十一条至第二十三条、第四十九条;(10)《山西省城市房地产交易管理条例》第十六条;(11)《上海市房地产转让办法》第三十三条;(12)《厦门市商品房预售管理规定》第二十一条第二款;(13)《天津市商品房管理条例》第三十一条至第三十三条;(14)《浙江省房地产开发管理条例》第二十六条、第四十条;(15)《郑州市城市房地产开发经营管理条例》第二十一条;(16)《郑州市城市房地产市场管理条例》第十二条第三款;(17)《郑州市商品房销售管理办法》第二十四条、第二十六条。

专题九 商品房买受人

限购、限贷作为房地产宏观调控针对商品房买受人采取的措施，目的在于限制民事主体购买房屋及融资活动的规定。商品房买受人除了必须符合民事主体及民事行为的一般性规定之外，还必须符合房地产限购、限贷等特殊性规定。因此，本专题主要研究商品房买受人的法律解读和风险防控问题。

PART 1：商品房买受人的法律解读

法律解读 52 未成年人购房

根据我国《民法典》的规定，公民的民事权利能力始于出生、终于死亡。公民无论年龄大小、健康状况如何，都具有民事权利能力，都可以依法成为房屋所有权人。公民具有民事权利能力不代表其具有民事行为能力。在我国，从年龄上可以把公民的民事行为能力分为三种：十八周岁以上为完全民事行为能力人、十周岁以上不满十八周岁为限制民事行为能力人、不满十周岁为无民事行为能力人。只有完全民事行为能力的人才能独立进行民事活动。限制民事行为能力人只能进行与其年龄、智力相适应的民事活动。无民事行为能力人和限制民事行为能力人的其他民事活动均需要他的法定代理人代理。

由于购房涉及标的额巨大，属重大民事活动，只能由未成年人的父母代理进行。父母为未成年孩子购房可分为如下两种情况：

1. 一次性付款：父母必须出具出生证明、户口本等身份关系证明文件，由父母代为签约，在买受人上签孩子的名字，在法定代理人签字的地方签上父亲或者母亲自己的名字。

2. 购房贷款：向银行申请贷款，不仅要求申请人具备完全民事行为能力，而且要求申请人有相对稳定的职业和较高的收入。因此，未成年人不能成为贷款申请人。银行一般不办理未成年人的独立贷款申请，而要求未成年人的父亲或者母亲共同申请贷款。

法律解读 53 境外买受人购房

1. 住房和城乡建设部等部门《关于调整房地产市场外资准入和管理有关政策的通知》（建房〔2015〕122 号）规定："三、境外机构在境内设立的分支代表机构（经批准从事经营房地产的企业除外）和在境内工作、学习的境外个人可以购买符合实际需要的自用、自住商品房。对于实施住房限购政策的城市，境外个人购房应当符合当地政策规定。"

2. 根据《关于规范房地产市场外汇管理有关问题的通知》第一条至第三条的规定，境外机构在境内设立的分支、代表机构在注册登记地购买符合实际需要的自用商品房，或者在境内工作、学习境外个人购买符合实际需要的自住商品房,或者港澳台居民和华侨因生活需要在境内购买一定面积的自住商品房的,应按照该通知的规定办理结汇手续。

3. 根据《关于进一步规范境外机构和个人购房管理的通知》第一条的规定,境外个人在境内只能购买用于自住的住房。在境内设立分支、代表机构的境外机构只能在注册城市购买办公所需的非住宅房屋。法律法规另有规定的除外。

综上所述,境外机构和个人在境内购买商品房应符合的条件包括:(1)用于自用、自住;(2)接受国家外汇监管。国家对境外机构和个人在境内购房的限制政策是与房地产市场涨跌相辅相成的:当房地产畅销、价格上涨过快时,国家一般会实行遏制政策;当房地产滞销、价格回落时,国家一般会实行刺激政策。

法律解读 54 购房入户政策

购房入户政策,是指凡一次性或者分期在指定区域购买建筑面积达到一定标准的成套商品房,购房人或者其家人迁入购房地,允许其办理入户手续。购房入户政策曾是一项拉动楼市的法宝,对商品房市场起到积极的促进作用,但也因导致大型城市人口迁入过快等问题而颇受争议。

(一)购房入户政策的现状

购房入户政策作为一项与房地产相伴相生的政策,在不同的城市命运各异,因房地产而兴,也因房地产亡。一方面,在特大城市方面,作为一项控制人口的重要手段,特大城市陆续取消购房入户政策。北京(2005年)、上海(2009年)、天津(2014年)、广州(2004年)、深圳(2003年)、厦门(2016年)、东莞(2008年)等城市先后取消了购房入户政策,取而代之的是积分制入户。另一方面,在一些城市,购房入户政策作为一项刺激当地楼市、促进经济发展的措施,继续推行或者调整购房入户政策。例如,自2014年6月1日起,成都购房入户标准调高为购房满90平方米以上住房;自2014年5月1日起,无锡购房入户标准调整为户均60平方米以上;自2013年2月起,哈尔滨将购房入户金额由原来的15万元以上放宽为10万元以上;自2013年3月1日起,大连将购房入户政策调整为单套住宅70平方米或者非住宅50平方米。

(二)购房入户政策的核心问题

购房入户政策的核心问题在于户籍。户籍制度是依法收集、确认、提供人口基本信息的制度,除了具有身份证明、人口统计和社会控制的管理功能外,还兼有利益分配功能,这也是户籍制度改革遭遇的最大难题。自20世纪50年代以来,户籍身份成为代代相传的身份,与户籍身份对应的还有权利。户籍身份不同,享有的权利也不一样,诸如住房、教育、就业和医疗等方面的潜在利益,总是因户籍身份不同而有所差异。

(三)户籍改革

2012年11月19日,十八大报告提出:"加快改革户籍制度,有序推进农业转移人口市民化,努力实现城镇基本公共服务常住人口全覆盖。"

2013年11月12日,十八届三中全会报告提出:"推进农业转移人口市民化,逐步把符合条件的农业转移人口转为城镇居民。创新人口管理,加快户籍制度改革,全面放开建制镇和小城市落户限制,有序放开中等城市落户限制,合理确定大城市落户条件,严格控制特大城市人口规模。”

2013年12月12日,中央城镇化工作会议提出:“全面放开建制镇和小城市落户限制,有序放开中等城市落户限制,合理确定大城市落户条件,严格控制特大城市人口规模。”

2014年7月30日,国务院印发《关于进一步推进户籍制度改革的意见》,提出进一步调整户口迁移政策:“(1)全面放开建制镇和小城市落户限制……(2)有序放开中等城市落户限制……(3)合理确定大城市落户条件……(4)严格控制特大城市人口规模……”2014年10月29日,国务院印发《关于调整城市规模划分标准的通知》,以城区常住人口为统计口径,将城市划分为五类七档。城区常住人口50万以下的城市为小城市,其中20万以上50万以下的城市为Ⅰ型小城市,20万以下的城市为Ⅱ型小城市;城区常住人口50万以上100万以下的城市为中等城市;城区常住人口100万以上500万以下的城市为大城市,其中300万以上500万以下的城市为Ⅰ型大城市,100万以上300万以下的城市为Ⅱ型大城市;城区常住人口500万以上1000万以下的城市为特大城市;城区常住人口1000万以上的城市为超大城市。

2019年4月15日,中共中央、国务院印发《关于建立健全城乡融合发展体制机制和政策体系的意见》,提出到2022年城市落户限制逐步消除,要有力有序有效深化户籍制度改革,放开放宽除个别超大城市外的城市落户限制。

法律解读55 商品房限购令

限购令有广义与狭义之分。狭义的限购令,是指限制民事主体购买房屋及融资活动的规定。广义的限购令,是指除了包含狭义限购令的文件,通常还包括税收、保障房供应、土地供应等方面的内容。这里所指的是狭义的限购令。

(一)限购令的实施与解绑

2010年4月17日,国务院办公厅下发《关于坚决遏制部分城市房价过快上涨的通知》(国发〔2010〕10号),提出要严格限制各种名目的炒房和投机性购房。商品住房价格过高、上涨过快、供应紧张的地区,商业银行可根据风险状况,暂停发放购买第三套及以上住房贷款;对不能提供1年以上当地纳税证明或社会保险缴纳证明的非本地居民暂停发放购买住房贷款。地方人民政府可根据实际情况,采取临时性措施,在一定时期内限定购房套数。随后,北京、深圳、广州等46个城市先后公布限购令。

2014年,房地产急速转冷以来,地方政府纷纷出台救市措施,刺激市场回暖。自2014年6月底呼和浩特市率先宣布取消限购后,各地方政府便纷纷跟进,仅一个多月的时间里,相继又有36个城市以不同的方式对限购政策进行了调整。截至2014年年底,除了北京、上海、广州、深圳4个一线城市和三亚之外,46个限购城市当中,41个已正式取消或者变相放松了限购。

2016年9月,热点城市房价上涨引起中央警惕,北京等16个热点城市推出楼市新政,调控全面转向,房地产紧缩力度空前。“限购、限贷、限售、限价、限土拍、限商改住”六限推进,房地产融资全面收紧。在限购方面,截至2018年6月,限购城市有:一线4城、二线23城、三四线25城。

(二)限购令的条款类型

综合各地的限购令,限购令主要有下列类型:

1. 限制购房资格。例如,国务院办公厅《关于进一步做好房地产市场调控工作有关问题的通知》(国办发〔2011〕1 号)第六条第一款规定,“对已拥有 1 套住房的当地户籍居民家庭、能够提供当地一定年限纳税证明或社会保险缴纳证明的非当地户籍居民家庭,限购 1 套住房(含新建商品住房和二手住房);对已拥有 2 套及以上住房的当地户籍居民家庭、拥有 1 套及以上住房的非当地户籍居民家庭、无法提供一定年限当地纳税证明或社会保险缴纳证明的非当地户籍居民家庭,要暂停在本行政区域内向其售房”。

2. 限制商业贷款。例如,国务院办公厅《关于进一步做好房地产市场调控工作有关问题的通知》第四条规定:“对贷款购买第二套住房的家庭,首付款比例不低于 60%,贷款利率不低于基准利率的 1.1 倍。”

3. 限制住房公积金贷款。例如,宁波市《关于坚决遏制房价过快上涨促进房地产市场平稳健康发展的实施意见》(甬政发〔2010〕57 号)第一条第二项规定:“家庭首次购买普通自住住房的,住房公积金贷款给予优先保障;家庭再次申请住房公积金贷款购买住房的,从严控制,首付款比例按照商业银行贷款首付款比例要求执行;家庭购买第三套及以上住房的,暂停发放住房公积金贷款。每户家庭在原住房公积金贷款未还清前,一律不予再次发放住房公积金贷款。”

4. 限制境外机构和个人购房。例如,《关于进一步规范境外机构和个人购房管理的通知》(建房〔2010〕186 号)第一条规定:“境外个人在境内只能购买一套用于自住的住房。在境内设立分支、代表机构的境外机构只能在注册城市购买办公所需的非住宅房屋。”

5. 限制二手房转让。例如,2018 年 4 月 22 日中共海南省委办公厅、海南省人民政府办公厅发布《关于进一步稳定房地产市场的通知》,第五条第一款规定:“非本省户籍居民家庭在我省购买住房,申请商业性个人住房贷款首付款比例不得低于 70%。居民家庭或企事业单位、社会组织在我省购买的住房,取得不动产权证满 5 年后方可转让。”

(三)限购令实施中存在的问题

自限购令出台以来,各种规避手段层出不穷,主要是为了规避对购房资格、户籍、购房套数的限制。这些规避手段主要有:

1. 假离婚,一般是本地户籍居民为了规避购房套数而采取的手段。一般限购令都规定“本市户籍家庭已经拥有两套住房的,不能购买第三套住房”。把已有的两套住房分给夫妻一方,另一方离婚后则可以购买新房。

2. 假结婚,一般外地户籍居民为了规避本地户籍限制而采取的手段。非本地户籍居民与本地居民办理假结婚,等买到房子之后再离婚。

3. 假的纳税证明或者社保证明,一般是非本地户籍居民为了取得“一定年限缴纳社保证明或者纳税证明”而采取的手段。

4. 借用他人身份购房,一般是非本地户籍居民为了在本地购房,借用具备购房条件的本地居民或者已缴纳一定年限社保或所得税的非本地户籍居民的名义购房。

法律解读 56 商品房买受人是否为消费者进而享有消费者相关权益

在商品房买受人方面，需要关注的问题是商品房买受人是否为消费者，享有消费者相关权益。国际标准化组织消费者政策委员会（ISO/COPOLCO）把消费者定义为："为个人目的购买或使用商品和服务的个体社会成员。"我国法律、行政法规没有对消费者的概念进行界定，也没有就商品房买受人是否为消费者、享有消费者权益作出明确的规定。《消费者权益保护法》第五十五条第一款规定："经营者提供商品或者服务有欺诈行为的，应当按照消费者的要求增加赔偿其受到的损失，增加赔偿的金额为消费者购买商品的价款或者接受服务的费用的三倍；增加赔偿的金额不足五百元的，为五百元。法律另有规定的，依照其规定。"商品房买受人是不是消费者，是否享有消费者权益，是否可以按照《消费者权益保护法》第五十五条的规定向开发商主张惩罚性赔偿，存在两种不同的观点：

1. 以梁慧星教授为代表的一批学者认为商品房买受人不是消费者，商品房买卖中的欺诈行为不应适用《消费者权益保护法》第四十九条（修正后的第五十五条）的规定，理由主要有：(1)《消费者权益保护法》制定时，所针对的是普通商品市场存在的严重的假冒伪劣和短斤缺两现象，立法原意所设想的适用范围不包括商品房。(2)作为不动产的商品房和作为动产的普通商品存在很大差异，即使出卖人在商品房买卖中隐瞒了某项真实情况或捏造了某项虚假情况，与普通商品房交易中的欺诈行为也不能等量齐观，商品房质量问题通过瑕疵担保责任制度可以得到更妥善的解决。(3)商品房买卖合同金额巨大，判决双倍赔偿将使双方的利益关系显失平衡。[①]

2. 赞成商品房买卖应该适用《消费者权益保护法》第四十九条（修正后的第五十五条）的学者则认为：(1)商品房是商品，具备商品的一切特征，《消费者权益保护法》没有将商品房排除在商品之外。(2)为生活消费目的购买商品房的买受人符合国际标准化组织认定的消费者特征。(3)在最高人民法院2002年6月11日《关于建设工程价款优先受偿权问题的批复》中，已经肯定了买受人的消费者地位。(4)买受人和房地产开发商、销售代理商之间力量对比悬殊，使购房者处于弱势地位，法律应该给予弱者适用《消费者权益保护法》的特殊保护，这是现代法治精神的要求。[②] (5)如果对房地产开发商的行为不适用双倍赔偿的惩罚，将会人为地制造法律的不公平使不动产领域造价的法律成本低于动产领域造价的法律成本，就等于在动产经营者和不动产经营者之间制造了人为的不平等，房地产领域势必成为让消费者战战兢兢、如履薄冰的领域。[③]

值得一提的是，《福建省房屋消费者权益保护条例》第二条第一款规定："在本省行政区域内向房屋开发者、销售者购买房屋的消费者，因旧房被拆迁与拆迁人调换房屋产权的消费者，其合法权益受国家法律、法规和本条例保护。"第十五条规定："经营者有下列欺诈行为之一的，消费者有权请求人民法院或者仲裁机构变更或者撤销合同，并可以要求经营者加倍赔偿损失：(一)将违法建设的房屋销售给不知情的消费者的；(二)将同一房屋销售给不同消费者的；

---

① 梁慧星：《消费者权益保护法第49条的解释与适用》，载《人民法院报》2001年3月29日。

② 陈耀东：《商品房法律问题专论》，法律出版社2003年版，第126～128页。

③ 刘俊海：《旗帜鲜明地适用消法第四十九条》，载《人民法院报》2003年4月9日。

(三)故意隐瞒房屋权利受限制的情况,诱使消费者购买的;(四)以虚假承诺诱骗消费者签订购房合同的;(五)其他欺诈消费者的行为。"

法律解读 57 限购令

(一)限购令的法律性质

1. 限购令是抽象行政行为

抽象行政行为与具体行政行为是依据行政相对人是否特定所进行的划分。抽象行政行为是指行政主体针对不特定的行政相对人所为的行政行为。具体行政行为是指行政主体针对特定的行政相对人所为的行政行为。[①] 限购令是有普遍约束力的决定、命令,是行政机关为实施法律和执行政策,在法定权限内制定的除行政法规和规章以外的决定、命令等行政规范性文件。

2. 限购令属于行政强制措施

对于限购令是属于行政强制措施还是行政许可虽存有分歧,但普遍认为是一种行政强制措施。《行政强制法》第二条第二款规定:"行政强制措施,是指行政机关在行政管理过程中,为制止违法行为、防止证据损毁、避免危害发生、控制危险扩大等情形,依法对公民的人身自由实施暂时性限制,或者对公民、法人或者其他组织的财物实施暂时性控制的行为。"

3. 限购令属于情势变更

合同成立以后客观情况发生了当事人在订立合同时无法预见的、非不可抗力造成的不属于商业风险的重大变化,继续履行合同对于一方当事人明显不公平或者不能实现合同目的,当事人请求人民法院变更或者解除合同的,人民法院应当根据公平原则,并结合案件的实际情况确定是否变更或者解除。情势变更原则,是指合同有效成立以后,因当事人不可预见的事情发生,导致合同的基础动摇或丧失,若继续维持合同原有效力有悖于诚实信用原则(显失公平)时,应允许变更合同或者解除合同。适用情势变更的条件包括:(1)须有情势变更之事实,这是适用情势变更的前提条件。所谓"情势",是指作为合同法律行为基础或环境的一切客观事实,包括政治、经济、法律及商业上的种种客观状况。所谓"变动",是指这种情势在客观上发生异常变动。该事实是否构成情势变更,应以是否导致合同赖以成立的基础丧失,是否导致当事人目的不能实现,以及是否造成对价关系障碍为判断标准。(2)情势变更必须发生在合同成立以后,履行终止之前。(3)情势变更是当事人所不能遇见的,且有不可预见之性质。(4)因情势变更而使原合同的履行显失公平。虽然限购令出台并非完全不可预见,但是合同当事人无法预见何时出台、限购套数、有没有缓冲期等。可见,限购令属于情势变更。

(二)违反限购令并不必然导致合同无效

《民法典》第一百五十三条第一款规定,"违反法律、行政法规的强制性规定的民事法律行为无效。但是,该强制性规定不导致该民事法律行为无效的除外。"我国的房地产限购令并没有明确规定违反的后果导致合同无效,并不属于效力性强制规定。

---

① 参见姜明安:《行政法和行政诉讼法》,北京大学出版社、高等教育出版社 2007 年版。

（三）限购令与现行法律的冲突

限购令自出台以来备受争议，普遍认为限购令与现行法律相冲突，缺乏法律依据。最为明显的是，限购令与我国《宪法》《立法法》的规定相冲突。《宪法》第三十三条第二款、第三款规定："中华人民共和国公民在法律面前一律平等。国家尊重和保障人权。"限购令限制公民购房住房的权利，并且导致本地户籍与外地户籍的差别待遇，明显与《宪法》的规定相冲突。《立法法》第八条第八项、第九项规定，民事基本制度、基本经济制度只能制定法律。2015 年 3 月 15 日，第十二届全国人民代表大会第三次会议通过《关于修改〈中华人民共和国立法法〉的决定》。修改后的《立法法》对于部门规章和地方政府规章权限进行规范，分析认为一些地方限行、限购等行政手段就不能那么"任性"了。《立法法》第八十条第二款规定："部门规章规定的事项应当属于执行法律或者国务院的行政法规、决定、命令的事项。没有法律或者国务院的行政法规、决定、命令的依据，部门规章不得设定减损公民、法人和其他组织权利或者增加其义务的规范，不得增加本部门的权力或者减少本部门的法定职责。"第八十二条第六款规定："没有法律、行政法规、地方性法规的依据，地方政府规章不得设定减损公民、法人和其他组织权利或者增加其义务的规范。"

法律解读 58　房产代持

（一）房产代持

房产代持，是指不符合购房政策或者不愿意出面的购房者（实际出资人），借符合购房条件者（名义产权人）的名义，由自己出资购房，在房地产权簿上登记名义产权人的行为。

（二）房产代持的学说

对于房产代持，主要有形式说和实质说两种学说。形式说认为，从保护交易安全的角度出发，应仅将名义产权人视为购房者。实质说认为，从当事人意思自治角度出发，只要没有触及法律的禁止性规定或者公共道德、公序良俗，交易当事人的真实意思应尽量予以满足和保护，而不能简单地凭登记或者公示片面的违背交易者的真实愿望。当事人有证据证明不动产登记簿的记载与真实权利状态不符、其为该不动产物权的真实权利人，请求确认其享有物权的，应予支持。

（三）房产代持的法律关系

在房产代持中，主要存在以下三种法律关系：第一种是实际出资人与名义产权人之间的法律关系；第二种是实际出资人、名义产权人与房产出售人之间的法律关系；第三种是实际出资人、名义产权人与房产出售人外第三人之间的关系。第一种法律关系仅涉及两个个体，属于个人法范畴。所以，如果两者出现争议，只要能证明两者存在房产代持关系，则实际出资人的出资至少应从债权角度上得到确认。但问题是，房产对实际出资人来讲往往比因代出资产生的债权更为重要。在实际出资人要求确认房产的问题上，有人认为应视房产代持合同的约定，如果合同中明确约定实际出资人为真正所有权人并享有权益、承担相应义务和责任，则应认定实际出资人为真正所有权人。但笔者认为，虽然房产代持关系建立在实际出资人和名义产权人之间，但出于对稳定性的综合考虑，第二种法律关系的考量便不可避免。所以，如果实际出资人隐瞒身份，名义产权人按照实际产权人的意志出面行使权利，在第三方对房产代持事项并不知情的情况下，为维系法律关系的稳定和保护第三方的利益,不应鼓励确认实际出资人的所有权人身份。但是,第三方知悉实际出资人的存在和房产代持的事实,因知情而丧失了为保护稳定性的抗辩理由,应不允许将实际出资人的人格否定,而应承认实际出资人为房产的真正所有权人。

(四)房产代持的法律效力

目前,我国法律、法规暂没有对房产代持的法律效力作出明确规定。因此,判断代持合同是否合法有效应根据《民法典》及相关司法解释的相关规定。只要合同签订的主体均具备完全民事行为能力,合同的签订是当事人之间真实意思表示,合同内容没有违反国家法律、行政法规的强制性规定,合同就应当合法有效。当事人有证据证明不动产登记簿的记载与真实权利状态不符、其为该不动产物权的真实权利人,请求确认其享有物权的,应予支持。

《北京市高级人民法院关于审理房屋买卖合同纠纷案件适用法律若干问题的指导意见(试行)》第十五条规定:"当事人约定一方以他人名义购买房屋,并将房屋登记在他人名下,借名人实际享有房屋权益,借名人依据合同约定要求登记人(出名人)办理房屋所有权转移登记的,可予支持。"第十六条规定:"借名人违反相关政策、法规的规定,借名购买经济适用住房等政策性保障住房,并登记在他人名下,借名人主张确认房屋归其所有或者依据双方之间的约定要求登记人办理房屋所有权转移登记的,一般不予支持。"从上述指导意见可以看出,北京市高级人民法院是认可房产代持这种行为的。但是,房产代持是附条件的,底线是不能违反相关政策、法规的规定,比如不能借名购买经济适用住房等政策性保障住房。

PART 2:商品房买受人的法律风险提示及防控

法律风险提示 9

一、商品房买受人

1. 如果遇到房地产限购,一旦买受人不符合购房条件、属于受限制对象,买受人就有可能无法购买房产,商品房买卖合同就会无法签订或者已经签订的会因此解除。

2. 如果遇到房地产限贷,一旦买受人不符合贷款条件,属于受限制对象,买受人就有可能无法支付房款,进而导致无法购买房产,商品房买卖合同就会无法签订或者已经签订的会因此解除。

3. 如果因为限购、限贷导致商品房买卖合同无法签订或者已经签订被解除,开发商应返还买受人交付的购房款及其利息,在房价上涨的时候,对开发商相对有利,买受人则丧失购房的机会且得不到赔偿;在房价下跌的时候,对于买受人相对有利,开发商则丧失销售的机会且得不到赔偿。

二、房产代持

(一)实际出资人的法律风险

实际出资人作为房屋实际购买人,承担出资义务,享有事实上的房屋所有权。但在作为认定房产归属的不动产登记簿上,实际出资人却不会作为房产所有权人加以公示。不动产权属证书是权利人享有该不动产物权的证明。不动产权属证书记载的事项，应当与不动产登记簿一致；记载不一致的，除有证据证明不动产登记簿确有错误外，以不动产登记簿为准。这就给实际出资人带来了所有权确认以及房产被名义产权人处分的风险。

1. 名义产权人占有房产的法律风险：如果名义产权人拒绝将代持房产转给实际出资人，则实际出资人面临名义产权人占有房产的法律风险。

2. 因限购政策导致代持房产无法过户的法律风险：房产代持往往是因为限购实际出资人没有购房资格所致，则实际出资人面临因限购政策导致代持房产无法过户的法律风险。

3. 名义产权人代持人出售、抵押房产的法律风险：如果名义产权人将代持房产人出售、抵押给第三人，则实际出资人面临名义产权人代持人出售、抵押房产的法律风险。

4. 代持房产被拍卖、查封的法律风险：如果代持房产因名义产权人的原因被拍卖、查封，则实际出资人面临代持房产被拍卖、查封的法律风险。

5. 因名义产权人离婚代持房产被分割的法律风险：如果代持房产因名义产权人离婚而被分割，则实际出资人面临代持房产被分割的法律风险。

6. 因名义产权人死亡代持房产被继承的法律风险：如果代持房产因名义产权人死亡而被继承，则实际出资人面临代持房产被继承的法律风险。

（二）名义产权人的法律风险

1. 丧失购房、贷款资格的法律风险：在限购、限贷的情况下，由于代持房产占用购房、贷款资格，可能导致名义产权人自身无法购房、申请贷款，或者提高购房、贷款的成本。

2. 逾期还款的法律风险：在贷款购房的情况下，名义产权人也作为名义贷款人，如果实际出资人不按时还款产生逾期，则名义产权人面临承担逾期还款责任、产生不良信用记录的法律风险。

3. 诉讼的法律风险：在贷款购房的情况下，如果实际出资人不按时还款产生纠纷，在名义产权人面临承担违约责任、被执行并列入失信被执行人名单的法律风险。

法律风险防控 9

一、商品房买受人

1. 我国对商品房买受人的限制属于政策性、时效性很强的国家宏观调控政策，往往随着房地产市场波动而调整。因此，商品房买卖合同的当事人应随时关注国家房地产宏观调控政策的变化。

2. 在签约之前，开发商应加强对买受人购房、贷款资格的审核，避免因国家宏观调控政策导致买受人无法购房的损失。限购令不属于不可抗力或者商业风险，是否属于情势变更，应结合实际情况来确定。

3. 对于合同签订之后才出台的限购令，适用情势变更原则；对于合同签订之前已出台的限购令，不适用情势变更原则。对于符合情势变更原则的商品房买卖合同，当事人可以选择如下应对措施：

(1)变更合同。限购令只是暂时限定购房套数,所以可变更《商品房买卖合同》中的相关条款,等到解限时继续履行合同。当然,这只是从法律角度可以考虑的一种策略,在实际中当事人应该没有这个耐心,且对未来市场的变化是无法预见的,一般不被采用。

(2)解除合同。出卖人返还买受人购房款本金及其利息或者定金。

(3)特殊情况下,应承担违约责任。如在合同中有“因政策调整的风险由买方承担”等类似约定时,买方解除合同,应向卖方承担违约责任。

二、房产代持

1. 要选好人。房产代持的双方都面临法律风险,因此在代持之前,要对对方的情况有个基本的了解,包括户籍、家庭、工作、收入、资产等基本情况,选择合作方一定要谨慎。

2. 要签好代持协议。在协议中应把双方的权利义务约定清楚,特别要约定好房产权属的归属、产权过户的时间、名义产权人违约责任、承担责任方式。对于从开发商处购买的房产,实际出资人与名义产权人之间可以签订委托合同,约定名义产权人委托实际出资人办理交房和验收手续。

3. 要采取必要的担保措施。实际出资人可与名义产权人之间签订一份《借款合同》,并以该房产为该笔借款作抵押担保,由实际出资人作为第一抵押权人办理房产抵押登记,并将不动产登记证交由实际出资人保管。

4. 要保留好证据。实际出资人在购房时最好保证资金从自己处直接支付给出卖方,并保留所有票据、证件在自己手中。如确实不能采取这种方法,至少也要要求名义产权人向自己出具支付款项的欠条,以防将来在主张权利时有书面依据。此外,保留不动产登记证、购房发票等文件。

PART 3:商品房买受人的典型案例

典型案例32

朱植宏与CHUKENCHUWING合同纠纷案

基本案情

2008年,CHUKENCHUWING口头委托朱植宏购买逸翠湾A2幢31层3108号房屋。同年7月21日,朱植宏以自己的名义(作为乙方)与开发商(作为甲方)签订《商品房买卖合同》,约定乙方向甲方购买上址(逸翠湾)A2幢31层3108房。合同签订后,朱植宏按合同约定向开发商支付了全部购房款,开发商向朱植宏支付了逾期交楼违约金12,566.4元。CHUKENCHUWING、朱植宏确认,当时以朱植宏名义办理了房屋抵押贷款手续,后朱植宏提前还贷,并办理了涂销抵押登记手续。因CHUKENCHUWING与朱植宏就涉案房屋的实际出资和归属问题没有达成一致意见,CHUKENCHUWING于2011年1月17日向原审法院提起诉讼,要求确认朱植宏与开发商签订的编号为200807048449的商品房买卖合同项下乙方(买方)的全部权利义务由CHUKENCHU-

WING 享有及承担;朱植宏返还剩余购房款43,170.53元及逾期交楼补偿款 12,566.4 元给 CHUKENCHUWING。原告与朱植宏之间存在的委托代理人法律关系及上述房产的实际出资人的事实,已由广州市荔湾区人民法院(2011)荔法民三初字第 279 号民事判决及广州市中级人民法院(2011)穗中法民五终字第 2393 号民事判决予以确认。2012 年 11 月 20 日,上述房屋登记在朱植宏名下。由于朱植宏拒绝返还房屋产权也拒绝按房屋市场价值返还款项,CHUKENCHU-WING 提起诉讼,要求返还款项。

裁判结果

一审广州市荔湾区人民法院作出(2013)穗荔法民三初字第 1710 号民事判决:朱植宏向 CHUKENCHUWING 返还按评估机构确定的房屋市场价值款人民币 3,114,250 元。二审广州市中级人民法院作出(2014)穗中法民五终字第 1785 号民事判决:驳回上诉,维持原判。

裁判理由

原审根据《协议声明》的内容,认定 CHUKENCHUWING、朱植宏双方是委托购房关系正确。上述《协议声明》是朱植宏的真实意思表示,且无违反法律法规的强制性规定,故双方的委托合同关系合法有效。关于朱植宏上诉主张《协议声明》无效并双方的委托合同关系无效的问题,《最高人民法院关于适用〈中华人民共和国合同法〉若干问题的解释(一)》第四条规定:"合同法实施以后,人民法院确认合同无效,应当以全国人大及其常委会制定的法律和国务院制定的行政法规为依据,不得以地方性法规、行政规章为依据。"朱植宏所依据的《关于规范房地产市场外资准入和管理的意见》不属于法律和行政法规,不能作为确认合同无效的依据,且该意见属于管理性规范,对境外个人购房也只是有所限制,并非绝对禁止,故朱植宏该主张,理由不成立,法院不予采纳。

典型案例 33

四川名人房地产开发有限责任公司与刘顺房屋买卖合同纠纷案

基本案情

2011 年 9 月 24 日,刘顺与名人公司签订了《商品房买卖合同》及《商品房买卖合同补充协议》,约定名人公司将其所有的位于成都市金牛区圃园北路 1 号 1 栋 18 层 60 号房屋卖与刘顺,房屋总价 366,827 元。补充协议第四条第一款规定,刘顺决定以按揭贷款方式支付部分购房款,并承诺在无法取得贷款的情况下自己有足够的资金,并以现金一次性付款方式支付该房款。同日,刘顺向名人公司交纳了房屋的首付款176,827元。之后刘顺办理了相关按揭手续。另查明,刘顺系外地户口,该套住房是刘顺在成都购买的第一套住房。刘顺在成都参加社保的时间是 2012 年 11 月 1 日。刘顺的纳税证明是在购房后的 2011 年 10 月 8 日补缴的。刘顺认为双方签订的买卖合同既违反成都市的购房限购令,也违反了国务院的强制限贷规定。名人公司明知刘顺不具有相关条件仍与刘顺签订合同,该合同应当依法解除。刘顺于2012年8月22日向原审法院起诉,请求判令解除合同、退还购房款。

裁判结果

一审成都市金牛区人民法院作出(2012)金牛民初字第4060号民事判决:《商品房买卖合同》及《商品房买卖合同补充协议》解除;名人公司返还刘顺房屋首付款176,827元。二审四川省成都市中级人民法院作出(2013)成民终字第1704号民事判决:驳回上诉,维持原判。

裁判理由

《商品房买卖合同》及《商品房买卖合同补充协议》系双方真实意思表示,且不违反法律法规的规定,应为合法有效。《合同法》第九十四条第四项规定,当事人一方迟延履行债务或者有其他违约行为致使不能实现合同目的的,当事人可以解除合同。国务院《关于坚决遏制部分城市房价过快上涨的通知》第二条第三项规定,"对不能提供1年以上当地纳税证明或社会保险缴纳证明的非本地居民暂停发放购买住房贷款。地方人民政府可根据实际情况,采取临时性措施,在一定时期内限定购房套数";成都市房管局、成都市发改委、成都市财政局等《关于贯彻落实国务院进一步加快推进住房保障做好房地产调控工作要求的实施意见》第二条第二项规定,外地户籍居民家庭在本市主城区(锦江区、青羊区、金牛区、武侯区、成华区、高新区)无住房的,可凭本市纳税证明或社会保险缴纳证明在本市主城区购买1套住房,暂停购买第2套住房,不能提供本市纳税证明或社会保险缴纳证明的外地户籍居民家庭,暂停在本市主城区购买住房。因刘顺作为外地户籍在本市主城区无住房的购房户,其在与名人公司签订涉案合同购买房屋时,无成都市纳税的证明或缴纳社保的证明,因此,刘顺的情形属于上述规定中的限购范围,按照该"限贷令"和"限购令"的规定,刘顺不能在本市主城区购房并取得权属证,因而刘顺与名人公司签订涉案合同的目的无法实现,根据《合同法》第九十四条第四项的规定,双方签订的涉案合同应当予以解除。

典型案例34

李刚与李文燕所有权确认纠纷案

裁判摘要

善意第三人与名义持有人签订买卖合同,所有权发生转移。即使法院确认代持协议合法有效,因其不能对抗善意第三人,实际持有人仍然丧失了房屋所有权。

基本案情

2013年4月12日,原告李刚与被告李文燕签订代持房屋协议书,约定甲方为房产的实际权利人,乙方仅受甲方的委托代为持有房产。2016年7月15日,第三人熊灿与被告李文燕就涉案房产发生的买卖合同之诉经法院审理,判决李文燕将房屋交付并过户至熊灿名下,熊灿已申请强制执行。7月28日,经过仲裁确立原被告的代持房屋协议书有效。2016年10月13日,原告李刚向法院提出执行异议，主张涉案房产实际为其所有，请求中止对涉案房产的执行。法院经审查认为涉案房产被查封时登记在被执行人李文燕名下，依法可以认定为被执行人的财产，并裁定驳回李刚、金爱的异议。

裁判结果

法院确认代持房屋协议有效，但在第三人熊灿与被告李文燕就涉案房产签订房屋买卖合同时，涉案房产系登记在被告李文燕名下，且原告李刚作为被告李文燕的代理人与第三人熊灿签订了房屋买卖合同。第三人熊灿通过签订房屋买卖合同并支付合理对价的行为，善意取得了涉案房产的所有权。由此给原告带来的损失，原告可另循法律途径解决。对于原告提出被告将涉案房产过户至原告名下的诉讼请求，法院不予支持。

典型案例35

徐松、赵万与上海浦东发展银行股份有限公司台州临海支行、临海市实佳工艺品厂、临海市回浦汽车工业有限公司、浙江和福实业有限公司、朱朝辉、金勤红案外人执行异议之诉纠纷案

裁判摘要

代持产权协议不能对抗法院强制执行，法院对房产的查封应以权属登记为准。

基本案情

2010年11月30日，徐松、赵万签订协议，约定双方共同出资购买某房产。考虑到现行限购限贷政策，双方一致同意将相关产权委托给实佳厂代持。2011年9月29日，在银行与实佳厂的票据纠纷一案中，法院准许了银行对讼争房产的保全申请，后又作出民事判决，确定实佳厂等承担连带责任。判决生效后，银行向法院申请强制执行讼争房产。徐松、赵万以案外人身份向法院提出书面异议，法院裁定驳回异议，徐松、赵万遂提起案外人执行异议之诉。

裁判结果

不动产的权属情况应以不动产登记簿记载的内容为准。就效力而言，不动产登记簿具有推定力和公信力。依照《物权法》第九条的规定，我国采取的是登记生效主义的不动产物权变动模式，即除法律另有规定外，不动产物权变动原则上以登记完成为生效要件。涉案房产登记所有权人为实佳厂，故实佳厂系涉案房产的买受人。两原告出于某些因素考虑将房产登记在第三人实佳厂名下，就应当预见到可能由此带来的风险，并应当承担这种风险出现的后果。因实佳厂经法院判决而对银行承担债务，法院在执行中依据不动产登记簿，采取查封登记在实佳厂名下的执行措施符合物权法定原则，该执行措施并无不当。至于所查封的房产，在被执行后用于偿付债务而确导致二原告经济损失的，二原告可根据代持产权协议等约定来要求合同相对方赔偿损失。

典型案例 36

骆劲、严晓琳与何美玲及第三人李峰案外人执行异议之诉纠纷案

裁判摘要

房屋代持人离婚时将代持房屋作为夫妻共同财产进行分割,实际购房人无法证明代持事实的,法院不予认可,房屋仍作为代持人夫妻共同财产进行分割。

基本案情

原告为骆劲、严晓琳夫妇,被告何美玲与第三人李峰原是夫妻关系,于 2009 年结婚 2011 年离婚。2004 年年底,原告借用第三人李峰的名义办理了某小区十余套房屋的产权登记,当时被告何美玲与第三人李峰尚未办理结婚手续。由于原告在何美玲与李峰结婚之前就已经认识被告何美玲,出于对被告何美玲的信任,也出于原告已通过公证《委托书》掌控了某小区十余套房屋的占有、使用、收益、处分权,因此,原告在何美玲与李峰结婚时和结婚后也没有再要求二人对某小区十余套房屋的实际权属作出书面的确认。此后,被告何美玲与第三人李峰婚姻关系出现问题,于 2011 年离婚。在离婚判决中,确定李峰对何美玲有支付 100 万元的付款义务,何美玲申请申请查封了登记在李峰名下的讼争房产,讼争房产在该案执行过程中已被确定为司法拍卖的执行标的。原告骆劲、严晓琳主张自己为房屋实际所有人,对被告何美玲提起案外人执行异议之诉。

裁判结果

依照《物权法》第九条之规定,不动产物权的设立、变更、转让和消灭,经依法登记,发生效力。诉争房产登记在第三人李峰名下,不动产物权登记具有公示公信的效力,原告并未提交相关证据证明诉争房系由其出资购买且不能说明诉争房登记在第三人李峰名下的正当理由,原告提交的一系列证据仅能证明其就诉争房产与李峰之间有相关的约定,该约定不能对抗善意第三人,另外,对不动产享有占有、使用、收益和处分权不是认定不动产权属的充要条件,故法院未支持原告请求确认讼争房屋及其产权为原告所有的主张。

典型案例 37

黄细友与黄帆返还原物纠纷案

裁判摘要

被继承人在遗嘱中对房产进行处分,但涉案房产并非登记于被继承人名下,法院在判决时仍会严格依照物权法的规定,认定其为非权利人,在其遗嘱中所作的处分无效。

基本案情

案外人黄细美和上诉人(原审被告)黄细友是兄弟关系,被上诉人(原审原告)黄帆是黄细美的女儿。2012年9月,黄细美去世。案件争议的焦点是位于深圳的一套房产,该商品房权利登记人为黄帆,但一直为黄细友偿还贷款并居住使用。黄帆称系因其出国留学,由黄细友代为管理,现要求黄细友停止侵占,返还房屋。而黄细友则主张涉案房屋为其与黄细美置换所得,涉案房产归其所有,黄帆仅系涉案房产名义上的权利人,系代持该房产,提出的证据为黄细美的遗嘱。黄细美在遗嘱中写明,黄帆名下某房产,归黄细友拥有。

裁判结果

本案为返还原物纠纷。涉案房屋现登记在黄帆名下,根据《物权法》第十六条的规定,应首先推定该房屋的所有权人为黄帆。即使黄细美所出具的《遗嘱》属实,该遗嘱内容也系黄细美而非黄帆确认涉案房屋为黄细友所有,在依本案现有证据无法确认黄细美为涉案房屋实际权利人的情况下,不能依据非权利人在其遗嘱中所作的表示而认定涉案房屋为黄细友所有;黄细友虽亦主张黄帆曾出具确认涉案房屋归属的《声明书》,但黄帆对此予以否认,除黄细友单方陈述外并无任何其他证据予以佐证。据此,虽然涉案房屋现由黄细友占用并由其偿还银行按揭贷款,但前述事实仅可能在黄细友与房屋权利人之间产生有关房屋使用、替代偿还贷款等债权债务关系,而并不足以证明黄细友与黄帆之间存在委托"代持"的基础法律关系,既不能推翻涉案房屋的现产权登记内容,也不能据此认定黄细友系涉案房屋的真实所有权人。

PART 4:商品房买受人的法律链接

法律链接

《中华人民共和国消费者权益保护法》(2013年10月25日修正)

第五十五条第一款　经营者提供商品或者服务有欺诈行为的,应当按照消费者的要求增加赔偿其受到的损失,增加赔偿的金额为消费者购买商品的价款或者接受服务的费用的三倍;增加赔偿的金额不足五百元的,为五百元。法律另有规定的,依照其规定。

《最高人民法院关于审理商品房买卖合同纠纷案件适用法律若干问题的解释》(2020年12月29日修正)

第四条　出卖人通过认购、订购、预订等方式向买受人收受定金作为订立商品房买卖合同担保的,如果因当事人一方原因未能订立商品房买卖合同,应当按照法律关于定金的规定处理;因不可归责于当事人双方的事由,导致商品房买卖合同未能订立的,出卖人应当将定金返还买受人。

《全国民事审判工作会议纪要(2011年)》(2011年10月9日)

19.对房屋买卖合同明确约定以按揭贷款方式付款,且买受人能够举证证明其确因首付款比例提高、贷款利率提高或不能办理按揭贷款等因素,导致无履约能力的,其以不可归责于双方当事人的事由为由请求解除合同,并要求出卖人返还收受的购房款或者定金的,可以支持。

对合同未明确约定以按揭贷款方式付款的,买受人以信贷政策变化为由请求解除买卖合同的,原则上不予支持;但买受人举证证明订立合同时出卖人明知且接受其实际将以按揭方式付款的,人民法院应依据相关法律、司法解释的规定,审查其解除合同的理由是否成立。

20. 房屋买受人在合同签订后由于相应住房限购政策的实施而无法办理房屋所有权转移登记的,买受人以不可归责于双方当事人的原因导致合同目的无法实现为由,请求解除合同,返还所支付的购房款和定金的,可以支持。当事人并主张赔偿损失的,原则上不予支持。

21. 人民法院对因国家宏观调控政策调整导致双方当事人解除房屋买卖合同后的损失,应适当区分基本住房、改善性住房和投资性住房予以公平处理,依法保护普通民众特别是弱势群体和低收入阶层的利益。对购买基本住房或改善性住房的,出卖人在解除合同后请求买受人赔偿损失的,原则上不予支持;对购买投资性住房的,出卖人在合同解除后请求买受人承担相应补偿责任的,人民法院应当依据公平原则进行处理,合同约定定金的,补偿数额原则上以定金数额为限,没有约定定金的,原则上不超过合同标的额的10%;对购买投资性住房的,应依据合同法的相关规定处理。

22. 对因国家宏观调控政策变化引发的居间报酬纠纷应加以重视。房屋买卖双方确因中介机构的居间行为订立合同的,除合同另有约定外,一方当事人以宏观调控政策调整无法继续履行合同为由,请求解除居间合同并要求返还已支付的居间报酬的,原则上不予支持。但约定的居间报酬确实过高,当事人请求适当酌减的,人民法院可以根据案件具体情况,根据公平原则处理。

对于中介机构故意隐瞒真实情况、违规操作,恶意促成买卖双方交易,导致房屋买卖合同无法履行,严重损害委托人利益的,中介机构请求委托人支付居间报酬的,不予支持;委托人请求中介机构赔偿损失的,应当根据当事人的过错程度处理。

《最高人民法院关于当前形势下审理民商事合同纠纷案件若干问题的指导意见》(2009年7月7日)

一、慎重适用情势变更原则,合理调整双方利益关系

1. 当前市场主体之间的产品交易、资金流转因原料价格剧烈波动、市场需求关系的变化、流动资金不足等诸多因素的影响而产生大量纠纷,对于部分当事人在诉讼中提出适用情势变更原则变更或者解除合同的请求,人民法院应当依据公平原则和情势变更原则严格审查。

2. 人民法院在适用情势变更原则时,应当充分注意到全球性金融危机和国内宏观经济形势变化并非完全是一个令所有市场主体猝不及防的突变过程,而是一个逐步演变的过程。在演变过程中,市场主体应当对于市场风险存在一定程度的预见和判断。人民法院应当依法把握情势变更原则的适用条件,严格审查当事人提出的"无法预见"的主张,对于涉及石油、焦炭、有色金属等市场属性活泼、长期以来价格波动较大的大宗商品标的物以及股票、期货等风险投资型金融产品标的物的合同,更要慎重适用情势变更原则。

3. 人民法院要合理区分情势变更与商业风险。商业风险属于从事商业活动的固有风险,诸如尚未达到异常变动程度的供求关系变化、价格涨跌等。情势变更是当事人在缔约时无法预见的非市场系统固有的风险。人民法院在判断某种重大客观变化是否属于情势变更时,应当注意衡量风险类型是否属于社会一般观念上的事先无法预见、风险程度是否远远超出正常人的合理

预期、风险是否可以防范和控制、交易性质是否属于通常的“高风险高收益”范围等因素，并结合市场的具体情况，在个案中识别情势变更和商业风险。

4. 在调整尺度的价值取向把握上，人民法院仍应遵循侧重于保护守约方的原则。适用情势变更原则并非简单地豁免债务人的义务而使债权人承受不利后果，而是要充分注意利益均衡，公平合理地调整双方利益关系。在诉讼过程中，人民法院要积极引导当事人重新协商，改订合同；重新协商不成的，争取调解解决。为防止情势变更原则被滥用而影响市场正常的交易秩序，人民法院决定适用情势变更原则作出判决的，应当按照《最高人民法院关于正确适用〈中华人民共和国合同法〉若干问题的解释(二)服务党和国家工作大局的通知》(法〔2009〕165号)的要求，严格履行适用情势变更的相关审核程序。

国务院及各部委意见、通知

国务院《关于坚决遏制部分城市房价过快上涨的通知》(国发〔2010〕10号)，国务院《关于进一步推进户籍制度改革的意见》(国发〔2014〕25号)，国务院《关于调整城市规模划分标准的通知》(国发〔2014〕51号)，建设部等六部委《关于规范房地产市场外资准入和管理的意见》(建住房〔2006〕171号)，国家外汇管理局、建设部《关于规范房地产市场外汇管理有关问题的通知》(汇发〔2006〕47号)，住房和城乡建设部、国家外汇管理局《关于进一步规范境外机构和个人购房管理的通知》(建房〔2010〕186号)等文件对商品房买受人的相关问题进行了规定，读者可参见相关规定。

国务院及相关部门的通知和意见

国务院《关于坚决遏制部分城市房价过快上涨的通知》(国发〔2010〕10号)，国务院《关于进一步推进户籍制度改革的意见》(国发〔2014〕25号)，国务院《关于调整城市规模划分标准的通知》(国发〔2014〕51号)，建设部等六部委《关于规范房地产市场外资准入和管理的意见》(建住房〔2006〕171号)，国家外汇管理局、建设部《关于规范房地产市场外汇管理有关问题的通知》(汇发〔2006〕47号)，住房和城乡建设部、国家外汇管理局《关于进一步规范境外机构和个人购房管理的通知》(建房〔2010〕186号)等文件对商品房买受人的相关问题进行了规定，读者可参见相关规定。

专题十　商品房认购

在正式签订商品房买卖合同之前,开发商与客户通常会签订商品房认购书。商品房认购书应属于商品房买卖合同的预约合同,商品房认购书与商品房买卖合同是预约与本约的关系。因此,本专题主要研究商品房认购的法律解读和风险防控问题。

PART 1:商品房认购的法律解读

法律解读 59　商品房认购

在取得《商品房预售许可证》之前,开发商为了回笼部分资金,锁定客户、房源、价格,通常会开展认购活动。商品房认购主要发生在取得《商品房预售许可证》之前,认购的标的主要是期房。如果已取得《商品房预售许可证》,开发商可直接进行预售;如果期房已转现房,开发商可直接进行现售,都没有必要进行认购。在商品房认购阶段,开发商与买受人之间订立的为认购书(或称为预定书、订购书)。认购书,是指商品房买卖双方当事人在正式签订商品房买卖合同之前就商品房买卖事宜所达成的一些初步共识所签订的法律文书,是对商品房买卖事宜的初步法律确认和书面凭证。

法律解读 60　商品房认购书与商品房买卖合同的区别

商品房认购书与商品房买卖合同不同,两者的区别主要有:

1. 性质不同。商品房认购书是签订商品房买卖合同的预约,是签订商品房买卖合同的准备行为,商品房买卖合同是商品房认购书的履行结果。

2. 目的不同。签订商品房认购书的目的是签订商品房买卖合同,签订商品房买卖合同的目的是买卖商品房。

3. 生效要件不同。商品房认购书适用合同生效的一般规则。商品房买卖合同的生效还应符合我国法律规定的商品房预售的条件。

4. 定金性质不同。商品房认购书中的定金属于立约定金,主要是为了保证签订正式的商品房买卖合同。商品房买卖合同中的定金属于违约定金,它是为了保证签订商品房买卖合同的双方履行合同。

5. 民事责任不同。当事人违反商品房认购书应承担违约责任,可视为承担商品房买卖合同的缔约过失责任,即认购书的违约责任与买卖合同的缔约过失责任存在竞合的可能。商品房认购书指向的双方签订本约的行为,在性质上不宜适用强制履行。商品房认购书中的非违约方主张的损害赔偿只能是直接损失,而不包括尚未发生的履行利益。

法律解读61 商品房认购书的法律性质

关于商品房认购书的性质，目前存在的观点主要有：

1. 认购书为意向书；

2. 认购书为预售合同的从合同；

3. 认购书为正式的预售合同；

4. 认购书为附条件的商品房买卖合同；

5. 认购书是预约合同。

通说认为，商品房认购书应属于商品房买卖合同的预约合同，商品房认购书与商品房买卖合同是预约与本约的关系。诚如郑玉波先生所言，“预约乃约定将来成立一定契约之契约”。通常，人们把将来要订立的契约称为本约，而以订立本约为其标的的合同便是预约。预约是相对本约而言，它指向本约的缔结。

法律解读62 商品房认购书的预约效力

关于预约效力主要有四种学说：

1. 必须磋商说：“当事人之间一旦缔结预约，双方在未来某个时候对缔结本约进行了磋商就履行了预约的义务，是否最终缔结本约则非其所问。”只要当事人诚信履行了磋商义务，就被视为适当履行了预约义务。

2. 必须缔约说：“预约债务人负有订立本约的义务，权利人得诉请履行，法院命债务人为订立本约的意思表示，债务人不为意思表示者，视同自判决确定时已为意思表示。”

3. 区分说：这种学说是在分析上述两种学说的利弊后提出来的，认为“必须磋商说”和“必须缔约说”均过于偏向某一方的利益而不利于双方利益平衡。所以，应按预约中涉及本约必要条款的完备程度来划分预约的效力，如果必要条款不完备应适用“必须磋商说”，如果必要条款已完备应适用“必须缔约说”。

4. 所有内容完备的预约视为本约说：“如果预约实际上已具备本约之要点而无须另订本约者，应视为本约。”预约是否必然导致本约的缔结不能一概而论，而应根据预约的内容进行认定。

法律解读63 商品房认购书的法律效力

对于商品房认购书的法律效力，应注意以下问题：

（一）商品房认购书认定为商品房买卖合同

《最高人民法院关于审理商品房买卖合同纠纷案件适用法律若干问题的解释》第五条规定：“商品房的认购、订购、预订等协议具备《商品房销售管理办法》第十六条规定的商品房买卖合同的主要内容，并且出卖人已经按照约定收受购房款的，该协议应当认定为商品房买卖合同。”可见，商品房认购书认定为商品房买卖合同应具备两个条件：

1. 具备《商品房销售管理办法》第十六条规定的商品房买卖合同的主要内容

《商品房销售管理办法》第十六条规定了商品房买卖合同应当具备的十三项主要内容:当事人基本情况;商品房基本状况;商品房的销售方式;商品房价款的确定方式及总价款、付款方式、付款时间;交付使用条件及日期;装饰、设备标准承诺;供水、供电、供热、燃气、通讯、道路、绿化等配套基础设施和公共设施的交付承诺和有关权益、责任;公共配套建筑的产权归属;面积差异的处理方式;办理产权登记有关事宜;解决争议的方法;违约责任;双方约定的其他事项。在实践中,存在的争议主要是如果认购书缺失了其中几项,认购书是否还可以认定为买卖合同?一般认为,除后三项外,前十项原则上不能缺失,否则不应认定为买卖合同。

2. 出卖人已经按照约定收取了购房款

这里的购房款既包括全部购房款,也包括部分购房款。在实践中,即便认购书具备了《商品房销售管理办法》第十六条规定的商品房买卖合同的主要内容,也还需要正式签订商品房买卖合同。出卖人收取购房款实质上是在当事人没有正式签订商品房买卖合同的情况下,买受人履行商品房买卖合同的付款义务。因此,以认购书符合商品房买卖合同主要内容和开始实际履行商品房买卖合同作为认定标准,符合我国商品房买卖的实际情况。

在商品房认购书视同商品房买卖合同的情况下,认购等同于买卖,认购书的效力应按照商品房买卖合同的相关规定进行认定。在此情况下,商品房预售除了适用《民法典》关于合同生效的一般规定外,还应符合法律、行政法规规定的商品房预售条件。

(二)商品房认购的前提条件

房地产开发周期长,需要历经立项、规划、报建、开工、预售、交付等阶段。根据我国法律规定,开发商只有取得商品房预售许可证才能预售商品房。开发商进行商品房认购主要是因为尚未取得商品房预售许可证,不具备商品房预售的条件。我国法律、行政法规虽然没有规定商品房认购必须具备的条件,但是不等于商品房认购不需要任何条件。根据最高人民法院民事审判第一庭的观点,如果开发商已办妥立项、规划、报建审批手续,那么开发项目的总面积、容积率、建筑密度、绿化率等建筑指标均已确定,即商品房中位置、户型、朝向、结构等对商品房销售价格有实质影响的条件已确定,但尚不具备预售条件,尚未取得《商品房销售许可证》,应当说此时开发商已具备签订认购书即预约合同的条件;如果开发项目尚未立项就允许开发商向社会公众销售房屋,认购书就不是针对特定项目签订的,认购书上的所有条款都是不确定的,认购书是建立在空中楼阁上的,缺乏商品房买卖的现实基础,这一阶段签订的认购书与非法融资无异,应当无效。可见,签订认购书的前提条件是开发商已办妥立项、规划、报建审批手续。如果开发商在没有办理立项、规划、报建等手续的情况下进行认购,就有可能被认定为非法集资。

(三)商品房认购是否以取得《商品房预售许可证》为必要条件

根据《城市房地产管理法》第四十五条、《城市房地产开发经营管理条例》第二十三条、《商品房销售管理办法》第六条、《城市商品房预售管理办法》第五条的规定,商品房预售实行许可制度,开发企业进行商品房预售,应当向房地产管理部门申请预售许可,取得《商品房预售许可证》。未取得《商品房预售许可证》的,不得进行商品房预售。《最高人民法院关于审理商品房买卖合同纠纷案件适用法律若干问题的解释》第二条规定:“出卖人未取得商品房预售许可证明,与买受人订立的商品房预售合同,应当认定无效,但是在起诉前取得商品房预售许可证明的,可以认定有效。"可见,我国法律、行政法规关于商品房预售许可的规定为效力性强制规定。开发商未取得《商品房预售许可证》,与买受人订立的商品房预售合同,应当认定无效。至于商品房认购是否必须以取得《商品房预售许可证》为必要条件,对此认识不一。《山东省高级人民法院全省民事审判工作会议纪要(2011 年)》第二条第七项具有一定的参考意义:"依据城市房地产管理法和最高人民法院相关司法解释的规定,出卖人预售商品房必须取得商品房预售许可证明,未取得预售许可证明的商品房买卖合同应依法认定为无效。商品房认购书是一种预约合同,是双方当事人为将来签订作为本约合同的商品房买卖合同所作出的一种承诺,并非正式的商品房预售行为。由于商品房认购书并非商品房买卖合同,故出卖人未取得商品房预售许可证明,不影响商品房认购书的法律效力。但依据《最高人民法院关于审理商品房买卖合同纠纷案件适用法律若干问题的解释》第 5 条的规定,如商品房认购书已经具备了商品房买卖合同的实质性内容,此种情形下,商品房认购书不应当认定为预约合同,而是商品房买卖合同,出卖人未取得预售许可证明的,该商品房认购书应依法认定无效。"笔者认为,在法律没有明确规定的情况下,不应混淆商品房认购书与商品房预售合同的效力问题。商品房认购书效力的认定应当按照《民法典》关于合同生效的一般要件进行认定。但是,在商品房认购书认定为商品房买卖合同的情况下,开发商未取得《商品房预售许可证》的,该商品房认购书应认定为无效。

法律解读 64 商品房认购书与预约的违约责任

商品房认购书属于预约,预约的违约责任主要有:

(一)强制履行

强制履行,又称特定履行或者依约履行,也称继续履行,是指在违约方不履行合同时,由法院强制违约方继续履行合同债务的违约责任方式。当事人违反预约,一般不允许强制履行。但在特殊情况下,允许当事人主张强制履行预约。

(二)赔偿损失

对于赔偿损失,应区分预约是否对赔偿数额作出约定。如果作出约定,则应按约定赔偿损失;如果没有作出约定,对本约的信赖利益的赔偿以不超过本约的履行利益为限。

法律解读 65 商品房认购定金

定金是在合同订立或在履行之前支付的一定数额的金钱作为担保的担保方式。定金主要分为订约定金、成约定金、解约定金、违约定金(实际是履约定金)、证约定金。在商品房认购书中一般会约定:因买受人原因未能在认购书约定的期限内缴纳购房款或签订商品房买卖合同,出卖人有权解除合同,将认购商品房另行出售,买受人无权要求返还定金;因出卖人原因不能出售认购商品房或签订商品房买卖合同,应该双倍返还定金。

(一)商品房认购定金的性质

一般认为,商品房认购定金兼具立约定金与违约定金的性质:(1)商品房认购定金主要是为了担保当事人订立商品房买卖合同,在性质上显然是立约定金;(2)因当事人一方原因未能订立商品房买卖合同,应当按照法律关于定金的规定处理;因不可归责于当事人双方的事由,导致商品房买卖合同未能订立的,出卖人应当将定金返还买受人。

(二)商品房认购定金的识别

在商品房认购中,出卖人收取的款项可能为定金、订金、押金、保证金、担保金、预付款、留置金、排号费等。当事人交付留置金、担保金、保证金、订约金、押金或者订金等,但没有约定定金性质的,当事人主张定金权利的,人民法院不予支持。《最高人民法院关于审理商品房买卖合同纠纷案件适用法律若干问题的解释》第四条规定:"出卖人通过认购、订购、预订等方式向买受人收受定金作为订立商品房买卖合同担保的,如果因当事人一方原因未能订立商品房买卖合同,应当按照法律关于定金的规定处理;因不可归责于当事人双方的事由,导致商品房买卖合同未能订立的,出卖人应当将定金返还买受人。"可见,只有在商品房认购书明确约定出卖人所收款项为定金的情况下,才能适用定金罚则。

(三)根据《最高人民法院关于审理商品房买卖合同纠纷案件适用法律若干问题的解释》第四条的规定,商品房认购定金责任

1. 因出卖人导致商品房买卖合同未能订立的,出卖人应双倍返还定金。在实践中,出卖人的原因导致商品房买卖合同未能订立的情形主要有:

(1)出卖的商品房不具备商品房销售条件的;

(2)出卖人提出与商品房认购书约定的不同条件;

(3)在商品房认购书明确约定的期限内,出卖人将认购房屋转售第三人;

(4)出卖人对规划、设计作了变更;

(5)出卖人不同意按照认购书条件签订商品房买卖合同,或者提出与商品房认购书约定的不同条件;

(6)出卖人故意拖延,不按照约定的日期商谈商品房买卖合同的签订事宜的。

2. 因买受人导致商品房买卖合同未能订立的,买受人无权要求返还定金。在实践中,买受人的原因导致商品房买卖合同未能订立的情形主要有:

(1)买受人不同意按照认购书条件签订商品房买卖合同,或者提出与商品房认购书约定的不同条件;

(2)买受人故意拖延,不按照约定的日期前往商谈商品房买卖合同的签订事宜。

3. 因不可归责于当事人双方的事由导致商品房买卖合同未能订立的,出卖人应返还定金。在实践中,因不可归责于当事人双方的事由主要包括下列情形:

(1)出卖人和买受人就商品房买卖合同无法达成一致;

(2)由于银行未批准买受人的按揭贷款申请;

(3)因不可抗力或者政府原因。

PART 2：商品房认购的法律风险提示及防控

法律风险提示 10

（一）民事法律风险

如果当事人违反商品房认购书的约定，需要承担违约责任。在这种情况下，存在认购书的违约责任与买卖合同的缔约过失责任存在竞合的可能，即相对于认购书而言是违约责任，相对于买卖合同而言是缔约过失责任。一般情况下，当事人违反认购书的约定需要承担违约责任。在认购书视为买卖合同的情况下，就存在违约责任和缔约过失责任的竞合。在承担违约责任的情况下，当事人的赔偿范围包括消极利益损失（现有财产的减损灭失和费用的支出）和积极利益（可得利益、履行利益）。在承担缔约过失责任的情况下，需要赔偿信赖利益损失，同违约责任中消极利益损失（现有财产的减损灭失和费用的支出）的范围是相同的。可见，在违约责任和缔约过失责任竞合的情况下，赔偿的实际范围是相同的，都是非违约方（在缔约过失中是无过错方）的现有财产的减损灭失和费用的支出。

（二）行政法律风险

如果开发商未取得商品房预售许可，开展具有预售性质的认购活动，收取客户的款项，就有可能被政府行政主管部门查处，承担相应的行政责任。对于具体的行政责任，可参见违反商品房预售规定需要承担的行政责任。如果开发商在没有办理立项、规划、报建等手续的情况下进行认购，就有可能被认定为非法集资，有可能需要承担相应的刑事法律责任。

法律风险防控 10

（一）开发商应避免商品房认购书被认定为商品房买卖合同的法律风险

1. 认购书不能包括买卖合同的主要条款

认购书内容具体确定，且开发商向买受人收购房款（包括定金）的，该认购书应认定为商品房买卖合同。对于认购书是否包含了商品房买卖合同的主要内容，法院判别标准可能不一致。因此，开发商在制定商品房认购书时，只要能够锁定房号、价格即可，尽量不要“面面俱到”，把商品房买卖合同的主要内容都照搬到认购书中。

2. 避免预售的法律风险

在没有取得《商品房预售许可证》的情况下，如果认购书被视为买卖合同，开发商就有可能需要承担相应的行政责任，以及认购书被认定为无效需要承担的违约责任。在这种情况下，开发商收款要特别谨慎。为规避政府监管，开发商可以采取一些变通的形式，来达到预售和收款的目的。例如，通过入会收会费，通过排号收排号费，通过团购收团购费，通过认购收认购费等。但是，无论采取何种形式，只要开发商没有取得商品房预售许可证，开展预售、进行收款，就会存在被政府主管部门查处的可能。

（二）开发商应避免定金法律风险

在没有取得《商品房预售许可证》的情况下，开发商收款应注意：(1)在认购书中明确约定，所收的款项为认购书的定金;(2)最高金额不能超过总房款的20%;(3)在开具收据时,要写明所收的款项为定金。

定金罚则对双方都适用,开发商应权衡开发进度、预售审批等各方面情况后再确定是否规定定金条款。认购书一旦规定了定金条款,开发商应按照认购约定的条件、期限与买受人协商签订商品房买卖合同,避免因开发商导致商品房买卖合同不能订立。如果是因为开发商导致不能订立商品房买卖合同的,开发商应双倍返还定金。

PART 3:商品房认购的典型案例

典型案例38

成都讯捷通讯连锁有限公司与四川蜀都实业有限责任公司、四川友利投资控股股份有限公司房屋买卖合同纠纷案

二审法院:四川省高级人民法院(2012)川民终字第331号

提审法院:最高人民法院(2013)民提字第90号

提审观点

(一)关于蜀都实业公司与讯捷公司之间就案涉房屋所形成的法律关系的性质和效力问题

法院认为,在蜀都实业公司与讯捷公司之间成立了房屋买卖法律关系。理由如下:

首先,仅就案涉《购房协议书》而言,其性质应为预约。预约是指将来订立一定契约的契约。预约的形态多种多样,有的预约条款非常简略,仅表达了当事人之间有将来订立本约的意思,至于本约规定什么内容留待以后磋商决定;有的预约条款则非常详尽,将未来本约应该规定的内容几乎都在预约中作了明确约定。而若仅从内容上看,后者在合同内容的确定性上几乎与本约无异,即使欠缺某些条款,往往也可以通过合同解释的方式加以补全。因此,仅根据当事人合意内容上是否全面,并不足以界分预约和本约。判断当事人之间订立的合同系本约还是预约的根本标准应当是当事人的意思表示,也就是说,当事人是否有意在将来订立一个新的合同,以最终明确在双方之间形成某种法律关系的具体内容。如果当事人存在明确的将来订立本约的意思,那么,即使预约的内容与本约已经十分接近,即便通过合同解释,从预约中可以推导出本约的全部内容,也应当尊重当事人的意思表示,排除这种客观解释的可能性。本案中,蜀都实业公司与讯捷公司在2006年9月20日签订的《购房协议书》中明确约定了双方拟进行买卖的房屋的位置、面积和价款,应当说具备了一份正式的房屋买卖合同的主要内容,可直接据此履行而无须另订本约。但是,双方当事人同时在该协议中约定:“……3.甲、乙双方应就购房合同及付款方式等问题在本协议原则下进行具体磋商……5.甲乙双方就该宗房屋买卖合同签订时,本协议自动失效。”可见,双方当事人虽然约定了房屋的位置、面积及总价款,但仍一致认为在付款方式等问题上需要日后进一步磋商,双方的这一意思表示是明确的,而且,当事人在该协议第五条进一步明确要

在将来订立一个新的合同,以最终明确双方之间的房屋买卖法律关系的具体内容。因此,案涉《购房协议书》的性质为预约合同,一审、二审判决认定该《购房协议书》的性质为本约是错误的,应予纠正。

其次,结合双方当事人在订立《购房协议书》之后的履行事实,蜀都实业公司与讯捷公司之间已经成立了房屋买卖法律关系。法院认为,对于当事人之间存在预约还是本约关系,不能仅凭一份孤立的协议就简单地加以认定,而是应当综合审查相关协议的内容以及当事人嗣后为达成交易进行的磋商甚至具体的履行行为等事实,从中探寻当事人的真实意思,并据此对当事人之间法律关系的性质作出准确的界定。本案中,双方当事人在签订《购房协议书》时,作为买受人的迅捷公司已经实际交付了定金并约定在一定条件下自动转为购房款,作为出卖人的蜀都实业公司也接受了讯捷公司的交付。在签订《购房协议书》的三个多月后,蜀都实业公司将合同项下的房屋交付给了讯捷公司,讯捷公司接受了该交付。而根据《购房协议书》的预约性质,蜀都实业公司交付房屋的行为不应视为对该合同的履行,在当事人之间不存在租赁等其他有偿使用房屋的法律关系的情形下,蜀都实业公司的该行为应认定为系基于与讯捷公司之间的房屋买卖关系而为的交付。据此,由于蜀都实业公司在该房屋买卖法律关系中的主要义务就是交付案涉房屋,根据《合同法》第三十六条、第三十七条的规定,可以认定当事人之间达成了买卖房屋的合意,成立了房屋买卖法律关系。

综上所述,蜀都实业公司与讯捷公司之间的房屋买卖法律关系成立,且系当事人真实意思表示,内容不违反法律、行政法规的强制性规定,合法有效。一审、二审判决认定《购房协议书》即构成本约的理由不当,但其关于蜀都实业公司和讯捷公司之间成立房屋买卖法律关系的结论是正确的。

(二)关于蜀都实业公司发出的解除函是否产生解除双方合同关系效力的问题

法院认为,首先,根据《合同法》第九十三条、第九十四条之规定,合同的解除包括法定解除和约定解除两种情形。本案中,双方在《购房协议书》及其他相关书面文件中均未对单方解除合同的事项作出约定,故蜀都实业公司不享有约定解除权。而根据《购房协议书》,双方的主要合同义务是就达成房屋买卖合意进行诚信磋商,讯捷公司支付1000万元定金。讯捷公司已经支付了1000万元定金,并且就案涉房屋买卖一事一直在与蜀都实业公司进行协商,其在本案诉讼过程中亦明确表示有意愿、有能力履行支付全部购房款的义务,本案也不存在不可抗力致使不能实现合同目的的情形,因此,本案也不具备单方解除合同的法定解除情形。综上,蜀都实业公司主张其有权单方解除合同的理由不能成立。

其次,根据《合同法》第九十六条的规定,当事人单方解除合同的,应当通知对方。合同自通知到达对方时解除。对方有异议的,可以请求人民法院或者仲裁机构确认解除合同的效力。根据《最高人民法院关于适用〈中华人民共和国合同法〉若干问题的解释(二)》第二十四条的规定,对于该异议期间,当事人之间有约定的从约定,未约定的为解除合同通知到达之日起三个月。本案中,当事人没有就包括合同解除异议期间在内的合同解除事项进行任何约定,而蜀都实业公司于2010年3月3日向讯捷公司发出了解除《购房协议书》的通知函,该函件于2010年3月8日到达讯捷公司,讯捷公司向一审法院提起诉讼的时间为2010年5月12日。因此,无论蜀都实业公司是否有权单方解除《购房协议书》,因讯捷公司于收到解除函的三个月内通过起诉的方式提出了异议,故蜀都实业公司的解除函也不产生解除双方合同关系的效力。

(三)关于讯捷公司要求继续履行的诉讼请求应否得到支持,蜀都实业公司主张的腾退房屋并支付房屋使用费的请求应否得到支持的问题

法院认为,首先,本案中,当事人已就合同项下房屋的位置、面积和价款进行了明确具体的约定,蜀都实业公司已向讯捷公司交付了案涉房屋,讯捷公司支付了1000万元定金,虽然当事人之间在讯捷公司是否应向蜀都实业公司支付使用案涉房屋的场地占用费并承担房屋买卖的全部税费问题上未达成一致意见,但在双方房屋买卖法律关系的主要权利义务均已确定的情形下,上述争议可以通过《合同法》第六十一条、第六十二条规定的合同解释原则进行补救,故并不构成法律上或者事实上的履行障碍。而且,如前所述,在蜀都实业公司与迅捷公司之间,房屋买卖法律关系已经成立并生效,也不存在《合同法》第九十三条、第九十四条规定的合同解除的情形,故讯捷公司主张继续履行的诉讼请求应予支持。

其次,根据《物权法》第十五条规定之精神,处分行为有别于负担行为,解除合同并非对物进行处分的方式,合同的解除与否不涉及物之所有权的变动,而只与当事人是否继续承担合同所约定的义务有关。本案中,蜀都实业公司确实仍然对该房屋享有所有权,但这并不意味着其可在不符合当事人约定或者法律规定的情形下随意解除双方之间的合同关系。在双方房屋买卖法律关系成立并生效后,蜀都实业公司虽系该房屋的所有权人,但其应当依约全面、实际履行其在房屋买卖法律关系项下的义务。二审判决认为在买卖标的物转移之前,所有人对自己的标的物享有占有、使用、收益、处分的权利,进而认定蜀都实业公司有权选择处分财产的方式解除合同,并判决迅捷公司将房屋腾退给蜀都实业公司,违背了《合同法》保障交易安全的基本原则,系对《物权法》的错误理解与适用,法院对此予以纠正。

最后,蜀都实业公司主张迅捷公司支付场地使用费应有相应的法律依据。如前所述,双方在本案中的法律关系为房屋买卖法律关系,而非租赁等有偿使用法律关系,蜀都实业公司将案涉房屋交付给讯捷公司是基于房屋买卖法律关系而为的交付,因此,蜀都实业公司要求讯捷公司支付场地使用费的主张没有任何事实和法律依据,一审、二审判决对该问题的认定和处理是正确的。

综上所述,法院认为,本案中,蜀都实业公司与讯捷公司之间存在房屋买卖法律关系,当事人均应本着诚实信用的原则履行各自义务,在履行过程中,若当事人之间就对方的履行行为是否构成违约以及应否承担违约责任等问题发生争议,可自行协商或者另循法律途径解决。

典型案例39

张励与徐州市同力创展房地产有限公司商品房预售合同纠纷案

一审法院:徐州市泉山区人民法院

一审观点

(一)关于原、被告双方签订的《橙黄时代小区彩园组团商品房预订单》的性质问题

依传统民法理论,当事人之间签订的合同可以分为预约合同和本约合同,预约合同的目的在于当事人对将来签订特定合同的相关事项进行规划,其主要意义就在于为当事人设定了按照公平、诚信原则进行磋商以达成本约合同的义务;本约合同则是对双方特定权利义务的明确约定。预约合同既可以是明确本约合同的订约行为,也可以是对本约合同的内容进行预先设定,其中对经协商一致设定的本约内容,将来签订的本约合同应予直接确认,其他事项则留待订立本约合同时继续磋商。判断商品房买卖中的认购书究竟为预约合同还是本约合同,最主要的是看此类认购书是否具备了《商品房销售管理办法》第十六条规定的商品房买卖合同的主要内容即是否具备当事人名称或者姓名和住所,商品房基本状况,商品房的销售方式,商品房价款的确定方式及总价款、付款方式、付款时间,交付使用条件及日期,装饰、设备标准承诺,水电气讯配套等承诺和有关权益、责任,公共配套建筑的产权归属等条款。但一般来说,商品房认购书中不可能完全明确上述内容,否则就与商品房买卖合同本身无异,因此在实践操作过程中,这类认购书只要具备了双方当事人的姓名或名称,商品房的基本情况(包括房号、建筑面积)、总价或单价、付款时间、方式、交付条件及日期,就可以认定认购书已经基本具备了商品房买卖合同本约的条件。反之,则应认定为预约合同。

(二)关于违反预约合同应承担的法律后果问题

具有相应行为能力的人在意思表示真实的情况下签订的预约合同在双方当事人之间也产生拘束力,非经当事人协商一致不得更改,否则构成对预约合同的违约。预约权利人可以请求对方履行订立本约的义务或者赔偿损失。本案中,原、被告双方签订商品房预订单后,因建设商品房用地拆迁安置问题致使商品房开工建设日期拖延,在此过程中,国务院及徐州市政府相继出台的有关行政法规对于新建商品房的建筑面积、施工工艺及材料进行了强制性规定,加上新的拆迁安置情况出现,致使商品房建设规划变更、面积变化及建筑成本增加,应属于不可预料的情形,不应视为被告同力创展公司故意违反预约合同。但被告在未取得商品房预售许可时即对尚未开工建设的商品房进行出售违反了有关的法律法规,其行为具有违法性;同时在与原告张励签订商品房认购单时对于上述情况估计不足,其后又将认购书中列明的房号安置给他人,致使双方失去了进一步协商并签订本约合同可能性,双方签订的商品房预订单终止履行,对此结果被告应承担相应责任。

(三)关于原告损失的确定问题

在违约责任中,承担责任的一方应给对方造成的利益损失进行赔偿。本案中,原告张励在与被告同力创展公司签订预订单后,有理由相信被告会按约定履行订立本约合同的义务,从而丧失了按照预订单约定的房屋价格与他人另订购房合同的机会,因此被告因违约给原告造成的损失应根据订立预订单时商品房的市场行情和现行商品房价格予以确定,但因被告所开发建设的房屋无论是结构还是建筑成本都与双方签订预订单时发生了重大的变化,因此原告以被告开发建设房屋的现行销售价格作为赔偿标准亦显失公平,法院不予采纳。

PART 4:商品房认购的法律链接

法律链接

《中华人民共和国民法典》(2020 年 5 月 28 日)

第五百八十六条　当事人可以约定一方向对方给付定金作为债权的担保。定金合同自实际交付定金时成立。

定金的数额由当事人约定;但是,不得超过主合同标的额的百分之二十,超过部分不产生定金的效力。实际交付的定金数额多于或者少于约定数额的,视为变更约定的定金数额。

第五百八十七条　债务人履行债务的,定金应当抵作价款或者收回。给付定金的一方不履行债务或者履行债务不符合约定,致使不能实现合同目的的,无权请求返还定金;收受定金的一方不履行债务或者履行债务不符合约定,致使不能实现合同目的的,应当双倍返还定金。

第五百八十八条　当事人既约定违约金,又约定定金的,一方违约时,对方可以选择适用违约金或者定金条款。

定金不足以弥补一方违约造成的损失的,对方可以请求赔偿超过定金数额的损失。

《商品房销售管理办法》(2001 年 4 月 4 日)

第十六条　商品房销售时,房地产开发企业和买受人应当订立书面商品房买卖合同。

商品房买卖合同应当明确以下主要内容:

(一)当事人名称或者姓名和住所;

(二)商品房基本状况;

(三)商品房的销售方式;

(四)商品房价款的确定方式及总价款、付款方式、付款时间;

(五)交付使用条件及日期;

(六)装饰、设备标准承诺;

(七)供水、供电、供热、燃气、通讯、道路、绿化等配套基础设施和公共设施的交付承诺和有关权益、责任;

(八)公共配套建筑的产权归属;

(九)面积差异的处理方式;

(十)办理产权登记有关事宜;

(十一)解决争议的方法;

(十二)违约责任;

(十三)双方约定的其他事项。

第二十二条　不符合商品房销售条件的,房地产开发企业不得销售商品房,不得向买受人收取任何预订款性质费用。

符合商品房销售条件的,房地产开发企业在订立商品房买卖合同之前向买受人收取预订款性质费用的,订立商品房买卖合同时,所收费用应当抵作房价款;当事人未能订立商品房买卖合同的,房地产开发企业应当向买受人返还所收费用;当事人之间另有约定的,从其约定。

第四十二条 房地产开发企业在销售商品房中有下列行为之一的,处以警告,责令限期改正,并可处以1万元以上3万元以下罚款。

……

(六)不符合商品房销售条件,向买受人收取预订款性质费用的……

《最高人民法院关于审理商品房买卖合同纠纷案件适用法律若干问题的解释》(2020年12月29日修正)

第四条 出卖人通过认购、订购、预订等方式向买受人收受定金作为订立商品房买卖合同担保的,如果因当事人一方原因未能订立商品房买卖合同,应当按照法律关于定金的规定处理;因不可归责于当事人双方的事由,导致商品房买卖合同未能订立的,出卖人应当将定金返还买受人。

第五条 商品房的认购、订购、预订等协议具备《商品房销售管理办法》第十六条规定的商品房买卖合同的主要内容,并且出卖人已经按照约定收受购房款的,该协议应当认定为商品房买卖合同。

地方法规、地方规章

有些地方法规、地方规章对商品房认购进行了规定:(1)《广东省商品房预售管理条例》第二十三条;(2)《贵州省城镇房地产开发经营管理条例》第三十三条;(3)《山东省商品房销售条例》第三十一条;(4)《天津市商品房管理条例》第二十八条;(5)《厦门市商品房预售管理规定》第十五条第二项;(6)《郑州市商品房销售管理办法》第三十三条。

专题十一 商品房预/现售

商品房销售包括商品房现售和商品房预售。商品房预售的是期房,商品房现售的是现房。商品房销售是房地产开发的重要环节,也是房地产交易的最重要形式,系房地产法律规制的重点。因此,本专题主要研究商品房预/现售的法律解读和风险防控问题。

PART 1:商品房预/现售的法律解读

法律解读 66 商品房预/现售

商品房销售包括商品房现售和商品房预售。商品房预售的是期房,商品房现售的是现房。期房,是指房地产开发商从取得商品房预售许可证开始至取得房地产大产权证为止,所出售的商品房。买受人在购买期房时所签订的是商品房预售合同,买卖人在购买现房时所签订的是商品房现售合同。商品房现售,是指房地产开发企业将竣工验收合格的商品房出售给买受人,并由买受人支付房价款的行为。商品房预售,是指房地产开发企业将正在建设中的商品房预先出售给买受人,并由买受人支付定金或者房价款的行为。

商品房预售俗称"卖楼花",首创于我国香港地区。1954 年,香港立信置业公司最先推出了楼宇"分层售卖、分期付款"的方式。1956 年,香港政府出台了《预售楼花同意书》制度,标志着商品房预售成为一种法律制度。此后,该种售楼方式便在香港地区流行开来。由于房屋施工阶段就被"拆零砸碎",分期、分批预售给投资者,犹如落英片片坠落,因此被形象地称为"楼花"。自 20 世纪 80 年代开始,随着我国住房制度的改革,商品房预售制度也被引进中国内地。1986 年,上海市房产管理局首次发布《关于商品房预售的几点通知》(沪房〔86〕商字发第 201 号)。1989 年,深圳市政府公布《关于加强深圳经济特区房地产市场管理的试行规定》(深府〔1989〕274 号)。1994 年,我国颁布《城市房地产管理法》,确立预售制度。同年,建设部发布《城市商品房预售管理办法》,并对商品房预售作了明确规定。经过二十多年的发展,商品房预售已经成为商品房销售的主要方式,各地商品房预售比例普遍都在 80% 左右,部分城市甚至高达 90% 以上。2012 年 10 月 10 日,国务院《关于第六批取消和调整行政审批项目的决定》(国发〔2012〕52 号)中商品房预售许可由"县级以上地方人民政府房地产管理部门"下放至"设区的市级、县级人民政府房地产管理部门",关于商品房预售许可制度的存与废再次引起社会的热议。我国商品房预售包括商品房预售归口管理制度、预售条件法定制度、预售许可证制度、预售广告限制制度、预售合同登记备案制度、预售款专用制度。

商品房现售不同于预售,区别主要有:(1)标的物的现实性与非现实性:在商品房现售中,标的物明确、具体、特定,房屋现实存在,买卖行为生效后当事人即可办理房屋所有权转移登记手续;在商品房预售中,商品房正在建设中,作为事物形态的房屋尚不存在,预购方取得的只是房屋的债权以及房屋所有权的期待权。(2)合同履行的即时性与非即时性。在商品房现售中,出卖人交付房屋、买受人支付购房款,当事人均可即时履行;在商品房预售中,出卖人只能在未来的某个日期交付房屋,不可能像现售那样即时交房。(3)买卖条件的任意性与非任意性。商品房预售与现售相比风险较大,国家对预售的干预要大于现售,购房条件中有的就排除了当事人的任意约定。(4)行为性质的物权性与债权性。在商品房现售中,履行的即时性决定了当事人一经办理过户登记手续,就拥有了房屋所有权;在商品房预售中,履行的非即时性决定了买受人取得的房屋权利只能是一种债权,即便进行了预告登记,买受人享有的也只是一种物权化的债权,而不是物权。

法律解读 67　商品房预售的法律性质

对于商品房预售的法律性质,在法学界有过房屋委建行为、期货交易行为、附期限交易行为等观点。目前,法学界比较一致地认为商品房预售属于附期限的远期交易行为,理由主要有:

(1)商品房预售是远期交易,而不是期货交易;

(2)商品房预售是一种房屋买卖行为,而不是房屋委建行为;

(3)商品房预售是附期限的交易行为,而不是附条件的交易行为。

我国商品房预售许可主要是从政府行政管理角度作出的规定,属于行政许可法的调整范围。《商品房预售许可证》是市、县人民政府房地产行政管理部门允许房地产开发企业销售商品房的批准文件。《行政许可法》第二条规定:“本法所称行政许可,是指行政机关根据公民、法人或者其他组织的申请,经依法审查,准予其从事特定活动的行为。”根据《行政许可法》的上述规定,结合我国行政法学界近年来的研究成果,我们可以对行政许可的概念作如下界定:行政许可,是指在法律规范一般禁止的情况下,行政主体根据行政相对人的申请,经依法审查,通过颁发许可证或者执照等形式,依法作出准予或者不准予特定的行政相对人从事特定活动的行政行为。[①]《行政许可法》实际上是将行政许可分为一般(普通)许可、特许、认可、核准、登记五类。[②] 商品房预售许可可以归入核准这一类型。

法律解读 68　商品房预售的条件

1.《城市房地产管理法》第四十五条、《城市房地产开发经营管理条例》第二十三条、《城市商品房预售管理办法》第五条规定了商品房预售的条件。

《城市房地产管理法》第四十五条第一款规定:“商品房预售,应当符合下列条件:(一)已交付全部土地使用权出让金,取得土地使用权证书;(二)持有建设工程规划许可证;(三)按提供预售的商品房计算,投入开发建设的资金达到工程建设总投资的百分之二十五以上,并已经确定施

① 姜明安:《行政法与行政诉讼法》(第5版),北京大学出版社、高等教育出版社2011年版,第224~225页。

② 姜明安:《行政法与行政诉讼法》(第5版),北京大学出版社、高等教育出版社2011年版,第228~230页。

工进度和竣工交付日期;(四)向县级以上人民政府房产管理部门办理预售登记,取得商品房预售许可证明。"《城市房地产开发经营管理条例》第二十三条、《城市商品房预售管理办法》第五条在《城市房地产管理法》第四十五条规定的基础上,增加了商品房预售应当持有建设工程施工许可证的规定。

2. 综合我国法律规定的商品房预售许可条件,可以概括为两个方面:

第一个方面,为预售审批手续,取得《建设用地规划许可证》《建设用地使用权证》《建设工程规划许可证》《建设工程施工许可证》《商品房预售许可证》,即通常所说的商品房预售必须具备的"五证"。

第二个方面,为"投入开发建设的资金达到工程建设总投资的百分之二十五以上",通常体现为建设工程的形象进度。买受人可以根据《商品房预售许可证》来判定开发商是否具有预售资格。

3. 根据《城市房地产开发经营管理条例》第二十二条的规定,房地产开发企业预售商品房,应当符合下列条件:"(一)已交付全部土地使用权出让金,取得土地使用权证书;(二)持有建设工程规划许可证和施工许可证;(三)按提供的预售商品房计算,投入开发建设的资金达到工程建设总投资的25%以上,并已确定施工进度和竣工交付日期;(四)已办理预售登记,取得商品房预售许可证明。"也就是说,只要开发商取得《商品房预售许可证》,即可认定具备全部预售条件。

(1)商品房预售所需的"五证"

商品房预售所需的"五证"是有先后顺序的,前一手续是后一手续的前置条件。取得"五证"的先后顺序为:《建设用地规划许可证》《建设用地使用权证》《建设工程规划许可证》《建设工程施工许可证》《商品房预售许可证》。

(2)商品房预售所需的建设工程形象进度

根据《城市房地产管理法》第四十五条第一款第三项的规定,商品房预售应符合"投入开发建设的资金达到工程建设总投资的百分之二十五以上"。在实践中,该规定可操作性不强,各地一般采取变通的形式,要求建设工程达到一定的形象进度:

①北京市《关于进一步加强本市商品房预售许可管理有关问题的通知》(京建法〔2013〕12号)规定:"地上规划层数7层(含)以下的,施工进度应达到主体结构封顶;8层(含)以上的,施工进度应达到地上规划层数1/2以上(且不低于7层)。"

②上海市人民政府《关于同意调整商品房预售应达到的工程进度标准的批复》(沪府〔2000〕60号)规定:"七层以下(含七层)的商品房项目,应当完成基础工程并施工至主体结构封顶;八层以上(含八层)的商品房项目,应当完成基础工程并施工至主体结构三分之二以上(不得少于七层)。"

③广东省建设厅《关于调整我省商品房预售项目工程形象进度条件的通知》(粤建房字〔2001〕2号)规定:"七层以下(含本数)的商品房项目,已完成结构工程并封顶;七层以上(不含本数)的商品房预售项目,已完成三分之二结构工程。"

④《厦门市商品房预售管理规定》第五条第一款第四项规定:"7层以下(含7层)的,已完成主体建筑封顶工程;8层以上(含8层)的,已完成主体结构工程的二分之一以上,且不得少于

7层。”

⑤《郑州市商品房销售管理办法》第九条第四项规定:“六层以下(含六层)的商品房项目,完成基础并施工至二层以上(含地下室)结构封顶工程,七至十二层(含十二层)小高层建筑完成三层以上(含地下室)结构封顶工程,十三层以上(含地下室)高层建筑完成五层以上结构封顶工程。”

⑥《湖南省城市房地产开发经营管理办法》第二十四条第二项规定:“高层建筑工程进度达到设计形象进度的三分之一以上,其他建筑工程进度达到设计形象进度的二分之一以上。”

⑦《长沙市城市房地产交易管理办法》第十八条第一款第四项规定:“房屋土建工程完成50%以上或多层建筑封顶、高层建筑达到十层,并已确定施工进度和竣工交付日期(含环境和配套设施建设)。”

⑧《吉林市房地产交易管理条例》第十一条第一款第四项规定:“高层建筑已达到主体2/3层数以上、非高层建筑已达到最高层数;或者工程建设进度达到标准层且高层建筑达到主体2/3层数。”

⑨《长春市城市房地产交易管理条例》第十五条规定:“(一)3层以下(含3层)的商品房项目应当完成基础和结构工程;(二)4层以上(含4层)的商品房项目,有地下室工程的,应当完成基础和首层结构工程;无地下室工程的,应当完成基础和4层结构工程。”

⑩《山西省城市房地产交易管理条例》第十五条第一款第三项规定:“完成建筑物主体工程三分之一以上,并已经确定施工进度和竣工交付日期。”

⑪《四川省人民政府批转省建委关于加强城市商品房预售管理实施意见的通知》(川府发〔2000〕17号)规定:“六层(含六层)以下的商品住宅项目已完成基础和主体结构工程;六层(含六层)以下的非住宅项目和六层以上的商品房项目,有地下室工程的已完成基础和主体首层结构工程,无地下室工程的已完成基础和主体六层结构工程。”

⑫《重庆市城镇房地产交易管理条例》第十四条第一款第四项规定:“拟预售的房屋为八层以下的,完成主体建筑封顶;九层以上的,已建房屋建筑面积达到规划批准的拟建房屋面积的二分之一以上。”

⑬《杭州市城市房地产开发经营管理若干规定》第十四条规定:“(一)多层建筑已完成主体结构三分之一以上;(二)高层建筑已完成地面以下的主体工程。”

法律解读69 商品房预售资金监管

商品房预售资金,是指开发商将正在建设中的商品房预售给买受人,买受人按照商品房预售合同的约定所支付的购房款。商品房预售资金监管,是指预售资金监管部门、监管银行对开发商的预售资金实施第三方监管,开发商必须将预售资金存入银行专用监管账户,预售资金只能用于本项目的工程建设,不得随意支取、使用。《城市房地产管理法》第四十五条第三款规定:“商品房预售所得款项,必须用于有关的工程建设。”《城市商品房预售管理办法》第十一条规定:“开发企业预售商品房所得款项应当用于有关的工程建设。商品房预售款监管的具体办法,由房地产管理部门制定。"各地一般是笼统重述"商品房预售所得款项必须用于有关的工程建设"。由于不具可操作性,有些地方专门制定了规范性文件,例如,《北京市商品房预售资金监督管理办法》《天津市新建商品房预售资金监管办法》。

(一)商品房预售资金监管主体

综合各地规定,监管主体主要有:(1)商业银行(北京);(2)房地产行政主管部门(浙江、合肥、山西);(3)房地产行政主管部门下设专门机构(天津为市房地产交易资金监管中心,南昌为市房屋商品化办公室,南宁为房地产交易资金监管机构,重庆为城市建设综合开发管理办公室,武汉为商品房预售资金监管机构)。可见,商品房预售资金监管主体主要是房地产行政主管部门及其下设的专门监管机构。另外,由于商品房预售资金涉及监管账户的开设,有些地方还规定当地人民银行和银监部门也负有一定的监管、配合的职责。

(二)监管协议的当事人

综合各地规定,监管协议的当事人主要有:(1)开发商、商业银行(北京、南京、重庆);(2)开发商、商业银行、监管机构(天津、合肥、南昌、南宁、武汉);(3)开发商、商业银行、监理单位(浙江、山西)。另外,有的地方还要求,办理商品房预售资金监管业务的商业银行必须与房地产行政主管部门签订合作协议。商品房预售资金监管协议的内容主要有:当事人的名称、地址;监管项目的名称、坐落位置;监管账户名称、账号;监管项目范围;重点监管资金使用计划;新建商品房预售资金的收存、支出、使用方式;违约责任;争议解决方式。

(三)商品房预售资金监管期限

综合各地规定,预售资金监管期限的起始期一般为取得《商品房预售许可证》之日起,终止期主要有:(1)完成房屋初始登记(北京、天津、南昌、山西、重庆、武汉);(2)完成竣工验收备案(浙江、合肥、南宁、南京)。

(四)预售资金的收存、支出

综合各地规定,对于预售资金的收存、支出:(1)开发商一般要有预售资金支出计划,根据取得预售许可、地下结构完成、主体结构完成、竣工验收备案、初始登记完成等设置重大节点;(2)监管资金及支付比例有金额要求;(3)申请支付必须符合一定的条件,并且需要提供相关的证明材料,经审批后监管银行方可支付。

在商品房预售资金监管关系中,存在"两个合同、三方主体和两种法律责任"。"两个合同"指买受人与开发商之间签订的商品房预售合同、开发商与监管机构之间签订的预售资金监管协议,前者是后者产生的前提,后者的作用在于通过对当事人一方资金使用的监管保证前者的履行。"三方主体"指监管机构、被监管人即开发商以及商品房买受人。商品房买受人不是商品房预售资金监管协议的当事人,而是作为监管协议履行利益的直接受益人参加到监管关系中来。"两种法律责任"指连带责任和行政责任。从形式上看,资金监管协议类似保证合同,有的还约定了监管机构的连带责任;从法律上看,不能简单将资金监管协议归为保证担保关系,而应侧重于第三方的监督和管理。如果开发商违反预售资金监管的规定,还有可能承担相应的行政责任。商品房预售资金监管属于行政监管,是政府对预售资金的监管措施。

法律解读 70 商品房现售的条件

1. 根据《商品房销售管理办法》第七条的规定，商品房现售应当符合以下条件：

(1)现售商品房的房地产开发企业应当具有企业法人营业执照和房地产开发企业资质证书；

(2)取得土地使用权证书或者使用土地的批准文件；

(3)持有建设工程规划许可证和施工许可证；

(4)已通过竣工验收；

(5)拆迁安置已经落实；

(6)供水、供电、供热、燃气、通讯等配套基础设施具备交付使用条件，其他配套基础设施和公共设施具备交付使用条件或者已确定施工进度和交付日期；

(7)物业管理方案已经落实。

2. 综合河北、江苏、山东、山西等地的规定，有的地方还要求商品房现售必须取得竣工验收备案证明、房屋建筑面积测绘成果报告、拆迁安置方案已经落实。

3. 可见，商品房现售条件可以划分为两大方面：

第一方面，为建设审批手续，即开发商的资质、《建设用地规划许可证》、《建设用地使用权证》、《建设工程规划许可证》、《建设工程施工许可证》等。

第二方面，为实质性条件，即商品房竣工验收合格，具备交付使用条件。

《商品房买卖合同(现售)示范文本》(GF－2014－0172)第二条销售依据规定："该商品房已取得【建设工程竣工验收备案证明文件】【《房屋所有权证》】【备案号】【《房屋所有权证》证号】为________，【备案机构】【房屋登记机构】为________。"可见，合同示范文本将商品房现售的条件规定为取得建设工程竣工验收备案证明文件或者《房屋所有权证》。

PART 2：商品房预/现售的法律风险提示及防控

法律风险提示 11

(一)行政责任

开发商违反商品房预售规定，擅自预售商品房，可能承担的行政责任主要有：由县级以上人民政府房地产管理部门责令停止预售活动，没收违法所得，可以并处罚款(预付款百分之一以下的罚款)。[①]

开发商隐瞒有关情况、提供虚假材料，或者采用欺骗、贿赂等不正当手段取得商品房预售许可的，由房地产管理部门责令停止预售，撤销商品房预售许可，并处 3 万元罚款。[②] 综合各地法

---

① 参见《城市房地产管理法》第六十八条、《城市房地产开发经营管理条例》第三十九条、《商品房销售管理办法》第三十八条。

② 参见《城市商品房预售管理办法》第十五条。

规、规章关于商品房预售的规定,大多数是按照上述规定处理,或者重复上述规定。但是,也有加重罚款的,如《广东省商品房预售管理条例》第三十五条规定:“可以处以其已预售的商品房价款百分之三十以上百分之五十以下的罚款。”

《商品房销售管理办法》第三十六条至第四十二条规定了违反该规定应承担的行政责任,具体可参见相关条款的规定。

(二)民事责任

《最高人民法院关于审理商品房买卖合同纠纷案件适用法律若干问题的解释》第二条规定:“出卖人未取得商品房预售许可证明,与买受人订立的商品房预售合同,应当认定无效,但是在起诉前取得商品房预售许可证明的,可以认定有效。”商品房预售合同被确认无效后当事人面临的法律风险主要为承担缔约过失责任。商品房预售合同无效的处理应当遵循《民法典》的普遍原则,即合同被认定无效后,当事人可能要承担民法上的返还财产、赔偿损失等法律责任。如果违反商品房预/现售合同的约定,根据《民法典》的规定,违约方还应承担相应的违约责任。

(三)违反预售资金监管的法律风险

如果违反预售资金监管的规定,开发商主要承担的是行政责任。综合各地规定,开发商违反预售资金监管的行政责任主要有:责令其限期改正、暂停项目的网上签约、暂停监管项目的销售、暂停监管资金的拨付、记入企业信用信息系统、处以罚款等。开发商预售商品房的主要目的在于加快资金回笼、缓解资金压力,暂停监管项目的销售、暂停项目的网上签约、暂停监管资金的拨付等行政责任对开发商的影响比较大。另外,开发商申请拨付预售资金必须符合拨付条件,需要按照规定办理拨付手续,无形中也影响了预售资金的正常使用。

法律风险防控 11

(一)商品房预售法律风险防控

1. 对于开发商而言,在未取得《商品房预售许可证》之前,开发商不能擅自发布商品房预售广告或者预售商品房。开发商在未取得《商品房预售许可证》之前预售商品房最主要的目的是收取定金或者房款,缓解资金压力。为规避政府监管,开发商通常会采取一些变通的形式,来达到预售和收款的目的。例如,通过入会收会费,通过排号收排号费,通过团购收团购费,通过认购收认购费,或者通过经纪公司、网络公司、银行等第三方机构收钱。但是,无论开发商采取何种形式,只要没有取得《商品房预售许可证》即开展预售、进行收款,就有可能被房地产行政主管部门查处。

2. 对于买受人而言,为规避开发商未取得《商品房预售许可证》的法律风险,在购买预售商品房时应要求开发商出示《商品房预售许可证》,认真查验该证记载的内容是否与实际情况一致。特别是在开发商对同一项目实行分期开发或分阶段施工时,应验证已有的《商品房预售许可证》是否包含所要预购的商品房。

(二)商品房现售法律风险防控

在商品房现售阶段,已经进入商品房的正常销售阶段,对于开发商而言主要是依法合规开展商品房销售,对于买卖双方而言主要是履行商品房现售合同的约定。由于本书已在相关章节讨论商品房买卖的相关法律风险问题,在此不作详述,可参见相关章节。

PART 3:商品房预/现售的典型案例

典型案例 40

泛华工程有限公司西南公司与中国人寿保险(集团)公司商品房预售合同纠纷案

一审法院:重庆市高级人民法院(2005)渝高法民初字第 13 号

二审法院:最高人民法院(2005)民一终字第 85 号

二审观点

(一)关于人寿(集团)公司的诉讼主体资格问题

根据《公司法》第十三条①的规定,公司可以设立分公司,分公司不具有企业法人资格,其民事责任由公司承担。因此,公司分支机构于法人变更过程中是否已实际经工商注销完毕,不影响公司基于独立法人性质行使对其分支机构所享有的民事权利和民事义务。人寿(集团)公司于本案中以原告身份向泛华公司主张《商品房预售(预购)合同》项下的合同权利符合法律规定。

(二)关于违约责任的认定问题

经查,自本案诉讼伊始,泛华公司一直未能就讼争房屋已通过竣工验收合格及人寿(集团)公司于合同履行过程中存在不符合合同约定的设计变更提供有效证据。对此,泛华公司主张系由其前任法定代表人隐匿工程资料导致其举证不能所致。泛华公司法定代表人的变更属于其公司内部人员的调整变化,在公司依法存续期间,法定代表人的更迭不构成影响公司民事责任承担的法定抗辩理由,故泛华公司该项上诉主张亦不能成立。

结合本案查明事实分析,人寿(集团)公司购买泛华大厦的目的系为解决办公用房之需,因泛华公司一直未能交付讼争房屋,人寿(集团)公司至今仍于他处租赁房屋办公。于此情形下,依泛华公司的上诉主张人寿(集团)公司于房屋交付期限届至后长期不主张权利,既不符合本案《商品房预售(预购)合同》的订立目的,亦有违常理。

---

① 最新《公司法》已修正为第十四条。

典型案例41

宋宇与北京盛和发房地产开发有限公司、广东粤财投资控股有限公司、北京城乡建设集团有限责任公司商品房预售合同纠纷案

再审法院:北京市高级人民法院(2010)高民再终字第1715号

提审法院:最高人民法院(2011)民提字第331号

提审观点

(一)关于原判决是否存在程序错误的问题

《民事诉讼法》第一百七十七条第二款规定,最高人民法院对地方各级人民法院已经发生法律效力的判决、裁定,上级人民法院对下级人民法院已经发生法律效力的判决、裁定,发现确有错误的,有权提审或者指令下级人民法院再审。故北京高院根据该条规定,对北京二中院(2006)二中民初字第16218号民事判决依职权启动的再审程序,符合法律规定,在程序上并无不当。关于再审诉讼中,北京二中院允许城乡建设作为无独立请求权第三人参加诉讼的问题。根据《民事诉讼法》第五十六条第二款的规定,对当事人双方的诉讼标的,第三人虽然没有独立请求权,但案件处理结果同他有法律上的利害关系的,可以申请参加诉讼。本案中,案涉房屋2004年即已在城乡建设诉盛和发公司建设工程施工合同纠纷一案中被查封,并作为强制执行的标的,且盛和发公司目前已被吊销营业执照,基本上无其他财产可供执行,因此,本案处理结果同城乡建设有法律上的利害关系,北京二中院在再审中将城乡建设作为无独立请求权第三人参加诉讼,并无不妥。

(二)关于宋宇与盛和发公司之间的商品房买卖关系是否真实有效的问题

法院认为,案涉商品房买卖关系是否真实存在是本案争议的关键所在。本案商品房买卖关系明显与同类的正常交易不符。虽然盛和发公司与宋宇在诉讼中均主张双方之间存在真实有效的商品房买卖关系,但对签订购房合同、支付购房款等重要事实,宋宇多次陈述不一、前后矛盾。在存在上述众多疑点的情况下,认定宋宇与盛和发公司之间存在真实商品房买卖关系,依据明显不足。原审判决认定宋宇与盛和发公司之间不存在真实的商品房买卖关系,并无不当,法院予以维持。

典型案例42

俞财新与福建华辰房地产有限公司、魏传瑞商品房买卖(预约)合同纠纷案

一审法院:福建省高级人民法院(2009)闽民初字第8号

二审法院:最高人民法院(2010)民一终字第13号

二审观点

（一）关于俞财新少支付500万元订金是否属于行使不安抗辩权的问题

法院认为，俞财新主张不安抗辩权的理由是华辰公司丧失商业信誉，依据是其与福州华辰公司签订另一购房合同后，福州华辰公司将合同约定的房屋设定抵押。然而，福州华辰公司与华辰公司是两个不同的法人，以案外人违约为由在本案合同履行中行使不安抗辩权，不符合合同相对性原则。根据《合同法》第六十八条的规定，俞财新关于其行使不安抗辩权的主张，依据不足。《合同法》第六十九条规定了行使不安抗辩权的要件，即使俞财新有权行使不安抗辩权，也应当及时通知对方。但无证据证明俞财新履行过通知义务。因此，俞财新关于其行使不安抗辩权的主张，缺乏事实和法律依据，法院不予支持。

（二）关于华辰公司应否承担违约责任的问题

法院认为，俞财新虽主张其已向华辰公司支付了大部分订金，履行了支付订金的主要义务，并享有不安抗辩权，但按照《商铺认购书》的约定，华辰公司应在收到俞财新订金后30日内领取《商品房预售许可证》并与俞财新签订购房合同。据此，应认定俞财新负有先履行义务，其应在2007年12月20日之前付清6360万元订金，但俞财新至今仅支付了5860万元订金，其主张行使不安抗辩权的理由不能成立。因此，应认定俞财新违约，故其无权向华辰公司主张违约金。由于俞财新违约在先，即使后来华辰公司没有及时领取《商品房预售许可证》并与俞财新签订购房合同，也不应向俞财新支付违约金。本案《商铺认购书》解除后，双方当事人的权利义务终止。因房屋交易尚未完成，应当返还一方占有另一方的财产。华辰公司占有俞财新的5860万元购房订金及所生利息，理应一并返还，故对华辰公司关于只应向俞财新返还4900万元订金的主张，法院不予支持。

PART 4：商品房预/现售的法律链接

法律链接

《中华人民共和国城市房地产管理法》（2019年8月26日修正）

第四十五条　商品房预售，应当符合下列条件：

（一）已交付全部土地使用权出让金，取得土地使用权证书；

（二）持有建设工程规划许可证；

（三）按提供预售的商品房计算，投入开发建设的资金达到工程建设总投资的百分之二十五以上，并已经确定施工进度和竣工交付日期；

（四）向县级以上人民政府房产管理部门办理预售登记，取得商品房预售许可证明。

商品房预售人应当按照国家有关规定将预售合同报县级以上人民政府房产管理部门和土地管理部门登记备案。

商品房预售所得款项，必须用于有关的工程建设。

第六十八条　违反本法第四十五条第一款的规定预售商品房的，由县级以上人民政府房产管理部门责令停止预售活动,没收违法所得,可以并处罚款。

《城市房地产开发经营管理条例》(2020 年 11 月 29 日修订)

第二十二条　房地产开发企业预售商品房,应当符合下列条件:

(一)已交付全部土地使用权出让金,取得土地使用权证书;

(二)持有建设工程规划许可证和施工许可证;

(三)按提供的预售商品房计算,投入开发建设的资金达到工程建设总投资的25%以上,并已确定施工进度和竣工交付日期;

(四)已办理预售登记,取得商品房预售许可证明。

第二十三条　房地产开发企业申请办理商品房预售登记,应当提交下列文件:

(一)本条例第二十三条第(一)项至第(三)项规定的证明材料;

(二)营业执照和资质等级证书;

(三)工程施工合同;

(四)预售商品房分层平面图;

(五)商品房预售方案。

第二十四条　房地产开发主管部门应当自收到商品房预售申请之日起10日内,作出同意预售或者不同意预售的答复。同意预售的,应当核发商品房预售许可证明;不同意预售的,应当说明理由。

第二十六条　房地产开发企业预售商品房时,应当向预购人出示商品房预售许可证明。

房地产开发企业应当自商品房预售合同签订之日起30日内,到商品房所在地的县级以上人民政府房地产开发主管部门和负责土地管理工作的部门备案。

第三十六条　违反本条例规定,擅自预售商品房的,由县级以上人民政府房地产开发主管部门责令停止违法行为,没收违法所得,可以并处已收取的预付款1%以下的罚款。

《商品房销售管理办法》(2001 年 4 月 4 日)

第三条　商品房销售包括商品房现售和商品房预售。

本办法所称商品房现售,是指房地产开发企业将竣工验收合格的商品房出售给买受人,并由买受人支付房价款的行为。

本办法所称商品房预售,是指房地产开发企业将正在建设中的商品房预先出售给买受人,并由买受人支付定金或者房价款的行为。

第六条　商品房预售实行预售许可制度。商品房预售条件及商品房预售许可证明的办理程序,按照《城市房地产开发经营管理条例》和《城市商品房预售管理办法》的有关规定执行。

第七条　商品房现售,应当符合以下条件:

(一)现售商品房的房地产开发企业应当具有企业法人营业执照和房地产开发企业资质证书;

(二)取得土地使用权证书或者使用土地的批准文件;

(三)持有建设工程规划许可证和施工许可证;

(四)已通过竣工验收;

（五）拆迁安置已经落实；

（六）供水、供电、供热、燃气、通讯等配套基础设施具备交付使用条件，其他配套基础设施和公共设施具备交付使用条件或者已确定施工进度和交付日期；

（七）物业管理方案已经落实。

第八条 房地产开发企业应当在商品房现售前将房地产开发项目手册及符合商品房现售条件的有关证明文件报送房地产开发主管部门备案。

第三十八条 违反法律、法规规定，擅自预售商品房的，责令停止违法行为，没收违法所得；收取预付款的，可以并处已收取的预付款1%以下的罚款。

第四十二条 房地产开发企业在销售商品房中有下列行为之一的，处以警告，责令限期改正，并可处以1万元以上3万元以下罚款。

（一）未按照规定的现售条件现售商品房的；

（二）未按照规定在商品房现售前将房地产开发项目手册及符合商品房现售条件的有关证明文件报送房地产开发主管部门备案的；

（三）返本销售或者变相返本销售商品房的；

（四）采取售后包租或者变相售后包租方式销售未竣工商品房的；

（五）分割拆零销售商品住宅的；

（六）不符合商品房销售条件，向买受人收取预订款性质费用的；

（七）未按照规定向买受人明示《商品房销售管理办法》、《商品房买卖合同示范文本》、《城市商品房预售管理办法》的；

（八）委托没有资格的机构代理销售商品房的。

《最高人民法院关于审理商品房买卖合同纠纷案件适用法律若干问题的解释》(2020年12月29日修正)

第二条 出卖人未取得商品房预售许可证明，与买受人订立的商品房预售合同，应当认定无效，但是在起诉前取得商品房预售许可证明的，可以认定有效。

第六条 当事人以商品房预售合同未按照法律、行政法规规定办理登记备案手续为由，请求确认合同无效的，不予支持。

当事人约定以办理登记备案手续为商品房预售合同生效条件的，从其约定，但当事人一方已经履行主要义务，对方接受的除外。

地方法规、地方规章对商品房预售的规定

有些地方法规、地方规章对商品房预售进行了规定：(1)《安徽省城市房地产开发经营管理办法》第二十二条、第二十三条；(2)《安徽省城市房地产交易管理条例》第三十六条；(3)《北京市城市房地产转让管理办法》第二十九条至第四十二条、第五十二条、第五十三条；(4)《重庆市城镇房地产交易管理条例》第十四条至第二十四条、第五十七条至第六十一条；(5)《广东省房地产开发经营条例》第十八条至第二十条、第二十九条；(6)《广东省商品房预售管理条例》；(7)《广西壮族自治区城市房地产开发经营管理条例》第三十三条至第三十六条、第四十五条至第四十八条；(8)《贵州省城镇房地产开发经营管理条例》第二十四条至第二十六条；(9)《河北省城市房地产开发经营管理规定》第二十二条、第二十三条;(10)《河南省城市房地产交易管理办法》第十一条、第二十条;(11)《黑龙江省城市房地产开发管理条例》第二十六条至第三十一条、第三十五条至第三十七条;(12)《湖南省城市房地产开发经营管理办法》第二十四条至第二十七条;(13)《湖北省实施〈中华人民共和国城市房地产管理法〉办法》第二十一条、第三十八条;(14)《江苏省城市房地产交易管理条例》第十三条;(15)《内蒙古自治区城市房地产开发经营管理条例》第二十五条至第二十九条;(16)《辽宁省城市房地产开发经营管理规定》第二十三条;(17)《辽宁省城镇房地产交易管理条例》第二十二条;(18)《山东省城市房地产开发经营管理条例》第四十一条至第四十三条;(19)《山东省商品房销售条例》第六条至第十条、第四十六条;(20)《山西省城市房地产交易管理条例》第十五条、第四十七条;(21)《陕西省城市房地产市场管理条例》第十七条至第十九条;(22)《上海市房地产转让办法》第三十一条、第三十二条;(23)《深圳经济特区房地产转让条例》第二十八条、第三十四条至第三十七条;(24)《厦门市商品房预售管理规定》;(25)《新疆维吾尔自治区实施〈中华人民共和国城市房地产管理法〉办法》第二十一条、第三十七条;(26)《浙江省房地产开发管理条例》第二十五条、第三十九条。

地方法规、地方规章对商品房现房销售的规定

有些地方法规、地方规章对商品房现房销售进行了规定:(1)《安徽省城市房地产开发经营管理办法》第二十三条;(2)《河北省城市房地产开发经营管理规定》第二十五条;(3)《吉林市房地产交易管理条例》第十八条至第二十条;(4)《江苏省城市房地产交易管理条例》第十二条;(5)《山东省商品房销售条例》第三条、第十四条、第十五条;(6)《山西省城市房地产交易管理条例》第十八条、第四十八条;(7)《深圳经济特区房地产转让条例》第二十七条、第三十条至第三十三条;(8)《厦门市商品房预售管理规定》第十三条;(9)《郑州市商品房销售管理办法》;(10)《郑州市商品房销售管理办法》第二十条至第二十三条。

专题十二 商品房买卖合同

商品房销售包括商品房现售和商品房预售。商品房预售的是期房,商品房现售的是现房。买受人在购买期房时所签订的是商品房预售合同,买受人在购买现房时所签订的是商品房现售合同。因此,本专题主要研究商品房买卖合同的法律解读和风险防控问题。

PART 1:商品房买卖合同的法律解读

法律解读 71 商品房买卖合同

根据《城市房地产管理法》第四十一条、《城市房地产开发经营管理条例》第二十八条的规定,商品房买卖应当签订书面合同。商品房买卖合同属于买卖合同的一种。商品房买卖合同的主体包括出卖人和买受人。出卖人是房地产开发企业(开发商),买受人是商品房的购买者(购房者)。

法律解读 72 商品房预售合同与商品房现售合同

根据《最高人民法院关于审理商品房买卖合同纠纷案件适用法律若干问题的解释》第一条的规定,商品房买卖合同,是指房地产开发企业将尚未建成或者已竣工的房屋向社会销售并转移房屋所有权于买受人,买受人支付价款的合同。商品房买卖包括“一手房”买卖和“二手房”买卖。“一手房”买卖主要指商品房的初次交易,即开发商将开发的商品房出售给买受人,包括商品房预售和商品房现售。“二手房”买卖主要指商品房的再次交易,即商品房买受人将买受的商品房转让给第三人,包括期房的转让和现房的转让(俗称“二手房买卖”)。本部分主要讨论商品房的“一手”买卖合同。

商品房销售包括商品房现售和商品房预售。商品房预售的是期房,商品房现售的是现房。买受人在购买期房时所签订的是商品房预售合同,买受人在购买现房时所签订的是商品房现售合同。商品房预售合同,是指房地产开发企业将尚未建成的房屋向社会销售并转移房屋所有权于买受人,买受人支付价款的合同。商品房现售合同,是指房地产开发企业将已竣工的房屋向社会销售并转移房屋所有权于买受人,买受人支付价款的合同。由于预售合同的标的是期房,在合同签订时预售标的并不存在,导致预售合同与现售合同的内容有所不同:(1)商品房预售受到更为严格的监管,主要体现为预售条件(预售许可证)与现售条件(商品房竣工验收合格)不同,预售资金需要存入预售资金监管账户,预售合同需要办理登记备案手续;(2)商品房面积的不确定,预售依据的是预售面积,可能与实测面积有所不同,而现售依据的是实测面积;(3)预售的商品房在建设工程中可能存在规划设计变更的问题,而现售的商品房已建成,不存在规划设计变更的问题。

根据《商品房销售管理办法》第十六条的规定,商品房买卖合同应当明确以下主要内容:(1)当事人名称或者姓名和住所;(2)商品房基本状况;(3)商品房的销售方式;(4)商品房价款的确定方式及总价款、付款方式、付款时间;(5)交付使用条件及日期;(6)装饰、设备标准承诺;(7)供水、供电、供热、燃气、通讯、道路、绿化等配套基础设施和公共设施的交付承诺和有关权益、责任;(8)公共配套建筑的产权归属;(9)面积差异的处理方式;(10)办理产权登记有关事宜;(11)解决争议的方法;(12)违约责任;(13)双方约定的其他事项。

法律解读 73 商品房买卖合同示范文本

(一)《商品房买卖合同(预售)示范文本》(GF-2014-0171)与《商品房买卖合同(现售)示范文本》(GF-2014-0172)

2014 年 4 月,住房和城乡建设部、国家工商行政管理总局联合发布《商品房买卖合同(预售)示范文本》(GF-2014-0171)与《商品房买卖合同(现售)示范文本》(GF-2014-0172),自 2014 年 4 月 9 日起执行。两者的主要差别为:

1. 预售比现售多面积差异处理方式条款(第十三条)、规划设计变更条款(第十四条、第十五条),合同备案条款(第十九条);现售比预售多租赁情况条款(第五条)。

2. 预售与现售条款的内容有所不同:

(1)预售条件(第二条)与现售条件(第二条)不同;

(2)预售为预售面积(第三条)、现售为实测面积(第三条);

(3)预售所得款项存入预售资金监管账户(第七条)、现售所得款项直接存入出卖人账户(第九条)。

(二)《2014 年版商品房买卖合同》新规则、新特点

1. 开发商违反合同承诺,最高可拿到双倍的总房价款。新文本第五条要求开发商承诺房屋产权的合法性、不存在一房两卖、不存在司法查封和限制转让三种情形。如果开发商违反这些承诺,导致购房者合同无法备案或无法办证的,买受人可以主张退房、退利息,以及最高赔偿一倍的房价款。

2. 交房必备测绘报告,水电暖气要实际可用。新文本第九条、第十条约定了商品房的交付条件,要求有房屋测绘报告、竣工验收备案表,建设好项目内的水、电、暖、气设施设备,还要实际与市政管网连接、确保供应。

3. 交房通知至少提前 10 日,查验交付不得有前提。新文本第十一条规定交付通知发送的时间提前量限定为不得少于 10 日,不得以缴纳相关税费或者签署物业管理文件作为购房者查验房屋和办理交付手续的前提条件。

4. 空气质量、建筑隔声、节能措施明确列入合同。新文本第十六条除大幅强化了开发商的质量维修责任外,还明确约定空气质量、建筑隔声、节能措施三项内容。空气质量、建筑隔声如果不达标,给开发商一次整改的机会,再不达标的,买受人有权退房。

5. 质量担保措施首次列入买卖合同。新文本第十八条及附件八特别约定了如果开发商不承担质量保修义务,必须由另一家单位来承担连带责任,另一家单位可以是开发商的股东或者关联公司。该条款解决的是商品房"养老问题",即开发项目的项目公司注销后的商品房质量责任承担问题。

6. 购房者信息保密义务的明确提出。新文本第二十六条明确提出开发商对在卖房过程中收集到的购房者信息负有保密义务,不得对外披露和越权使用。

7. 补充协议的约定要更谨慎。合同示范文本中特别强调了"补充协议中含有不合理的减轻或免除本合同中约定应当由出卖人承担的责任,或不合理的加重买受人的责任、排除买受人主要权利内容的,仍以本(主)合同为准"。

8. 要求开发商在附件中重点披露遮挡或妨碍房屋正常使用的情况。新文本专设附件十,用于开发商披露说明楼盘中存在哪些可能遮挡或妨碍购房者所购房屋正常使用的情况,并举例说明如该商品房公共管道检修口、柱子、变电箱等遮挡或妨碍情形。

法律解读 74 商品房预售合同的性质

商品房预售合同属于买卖合同的一种,但对于商品房预售合同性质存在不同意见。有的学者认为,商品房的预售是预约交易行为,商品房预售合同即商品房交易预约合同。[①] 商品房预售合同签订时,商品房预售标的还在建设中,因而商品房买卖合同的履行期限一般比较长,因此有的学者据此认为商品房预售合同是期货买卖合同。[②] 由于商品房预售合同是在将来的一定期限内交付商品房的合同,因此有的学者据此认为商品房预售合同是附期限买卖合同。[③] 在商品房预售中,买受人有的时候是分期支付购房款,因此有的学者据此认为商品房预售合同是一种分期付款买卖合同。[④] 在实践中,商品房预售合同不同于预约、期货、附期限、分期付款买卖合同。商品房预售合同与远期交货合同更为相似,远期交货合同是指合同双方当事人在合同中约定在将来的一定期间内交货的合同。

法律解读 75 商品房买卖合同的效力

(一)商品房买卖合同的生效要件

商品房买卖合同除必须符合《民法典》规定的民事法律行为的生效要件之外,还应特别注意:(1)当事人必须符合法律规定的条件。出卖人必须是依法设立的房地产开发企业、具有与开发项目相适应的房地产资质等级,买受人必须具有购买资格。我国往往以政策、规范性文件的名义出台限购政策,另外政府保障房对买受人有严格的资格限制。(2)商品房买卖合同必须具备

① 杨明刚:《预售房屋合同探微》,载《法学》1994 年第 5 期。

② 范成山:《建立期房抵押制度势在必行》,载《经济与法》1995 年第 5 期。

③ 金俭:《析商品房预售合同》,载《现代法学》1996 年第 1 期。

④ 耀振华:《房地产开发中的法律问题》,载梁慧星主编:《民商法论丛》(第 4 卷),法律出版社 1996 年版,第 93 页。

法律所要求的形式。《城市房地产管理法》第四十一条规定:“房地产转让,应当签订书面转让合同,合同中应当载明土地使用权取得的方式。”第四十五条第二款规定:“商品房预售人应当按照国家有关规定将预售合同报县级以上人民政府房产管理部门和土地管理部门登记备案。”可见,我国法律明确规定商品房买卖合同应当采用书面形式,商品房预售合同必须办理登记备案手续。

(二)商品房预售条件与商品房预售合同的效力

《城市房地产管理法》第四十五条、《城市房地产开发经营管理条例》第二十三条、第二十四条、第二十七条对商品房预售的条件进行了规定。《最高人民法院关于审理商品房买卖合同纠纷案件适用法律若干问题的解释》第二条规定:“出卖人未取得商品房预售许可证明,与买受人订立的商品房预售合同,应当认定无效,但是在起诉前取得商品房预售许可证明的,可以认定有效。”该解释将商品房预售许可证作为审查商品房预售合同是否有效的依据,而不审查商品房预售的其他条件是否具备。

(三)商品房预售合同登记备案与商品房预售合同的效力

《城市房地产管理法》第四十五条第二款规定,商品房预售人应当按照国家有关规定将预售合同报县级以上人民政府房产管理部门和土地管理部门登记备案。《城市房地产开发经营管理条例》第二十六条规定,房地产开发企业应当自商品房预售合同签订之日起 30 日内,到商品房所在地的县级以上人民政府房地产开发主管部门和负责土地管理工作的部门备案。商品房预售合同登记备案,是指已经具备商品房预售条件、持有商品房预售许可证的房地产开发商,在与购房人签订商品房预售合同后,而将合同依法向当地房地产行政管理部门办理的备案性登记。综合各地规定,一般都规定应当自商品房预售合同签订之日起 30 日内办理登记备案,但也有个别地方的规定不同。例如,《贵州省城镇房地产开发经营管理条例》第三十条规定,房地产开发企业和房地产经纪机构应当自商品房销售合同签订之日起 3 日内将销售合同报送房地产开发项目所在地房地产主管部门备案登记。《厦门市商品房预售管理规定》第十九条第二款规定,预售人应当在商品房买卖合同签订之日起 10 日内到登记机构办理登记备案手续。

法律、行政法规规定合同应当办理批准手续,或者办理批准、登记等手续才生效,在一审法庭辩论终结前当事人仍未办理批准手续的,或者仍未办理批准、登记等手续的,人民法院应当认定该合同未生效;法律、行政法规规定合同应当办理登记手续,但未规定登记后生效的,当事人未办理登记手续不影响合同的效力,合同标的物所有权及其他物权不能转移。《城市房地产管理法》第四十五条第二款规定:“商品房预售人应当按照国家有关规定将预售合同报县级以上人民政府房产管理部门和土地管理部门登记备案。”该规定只是要求商品房预售合同应当登记备案,并没有明确规定商品房预售许可合同必须经过登记备案才能生效。《最高人民法院关于审理商品房买卖合同纠纷案件适用法律若干问题的解释》第六条规定:“当事人以商品房预售合同未按照法律、行政法规规定办理登记备案手续为由,请求确认合同无效的,不予支持。当事人约定以办理登记备案手续为商品房预售合同生效条件的,从其约定,但当事人一方已经履行主要义务,对方接受的除外。”因此,商品房预售登记备案是不是商品房预售合同的生效要件,首先要看双方的合同约定,如果约定以办理登记备案手续为商品房预售合同生效条件的,还要看合同的履行情况。否则,当事人以商品房预售合同未办理登记备案手续为由,请求确认合同无效的,不予支持。

（四）商品房买卖合同示范文本与商品房买卖合同的法律效力

《民法典》第四百七十条第二款规定："当事人可以参照各类合同的示范文本订立合同。"《商品房买卖合同（预/现售）示范文本》"说明"部分规定：（1）各地可在有关法律法规、规定的范围内，结合实际情况调整合同相应内容。（2）出卖人与买受人可以针对本合同文本中没有约定或者约定不明确的内容，根据所售项目的具体情况在相关条款后的空白行中进行补充约定，也可以另行签订补充协议。根据《民法典》的规定，除非今后法律、行政法规明确规定合同应当采用示范文本才生效的，当事人可以参照各类合同的示范文本订立合同，但不要求当事人必须采用合同示范文本，即合同的成立与生效与当事人是否采用示范文本无关。

值得注意的是，我国各地的规定大致可以分为两类：（1）要求应当使用示范文本，例如，《湖南省城市房地产开发经营管理办法》第二十八条、《湖北省实施〈中华人民共和国城市房地产管理法〉办法》第二十一条。（2）要求参照使用示范文本，例如，《辽宁省城市房地产开发经营管理规定》第二十五条第二款、《上海市房地产转让办法》第十六条。上述规定主要是从地方行政管理的角度进行的规定，如果当事人没有采用国家或当地制定的商品房买卖合同示范文本，不应作扩大解释，即合同的成立和生效与当事人是否采用示范文本无关。各地一般推行网络签约，要求必须到房地产行政主管部门办理备案手续。如果当事人不采用示范文本，可能导致无法办理网络签约及备案手续，也起到了间接牵制使用商品房买卖合同示范文本的效果。因此，对于商品房买卖合同示范文本的问题，为了避免各地不尽一致的规定，需要更高层次的法律、行政法规进行明确、统一的规定。

PART 2：商品房买卖合同的法律风险提示及防控

法律风险提示 12

（一）行政法律风险

商品房买卖合同必须符合商品房预售、商品房现售以及其他商品房买卖的有关规定，否则应承担相应的行政责任。由于本书已在相关章节讨论有关行政责任，在此不作详述，可参见相关章节。

（二）民事法律风险

开发商与买受人之间签订的为商品房销售合同。如果开发商或者买受人违反商品房销售合同的约定，则需要按照合同的约定承担相应的违约责任。商品房买卖合同一旦被认定为无效合同，不能产生法律效力。商品房买卖合同被确认无效后当事人面临的法律风险主要为承担缔约过失责任。商品房买卖合同无效的处理应当遵循《民法典》的普遍原则，即合同被认定无效后，当事人可能要承担民法上的返还财产、赔偿损失等法律责任。

法律风险防控 12

在商品房销售阶段，对于开发商而言主要是依法合规开展商品房销售，对于买卖双方主要是履行合同的相关约定。由于本书已在相关章节讨论商品房买卖的法律风险问题，在此不作详述，具体可参见相关章节。

PART 3：商品房买卖合同的典型案例

典型案例 43

汤龙、刘新龙、马忠太、王洪刚与新疆鄂尔多斯彦海房地产开发有限公司商品房买卖合同纠纷案

裁判要点

借款合同双方当事人经协商一致，终止借款合同关系，建立商品房买卖合同关系，将借款本金及利息转化为已付购房款并经对账清算的，不属于《物权法》第一百八十六条规定禁止的情形，该商品房买卖合同的订立目的，亦不属于《最高人民法院关于审理民间借贷案件适用法律若干问题的规定》第二十四条规定的"作为民间借贷合同的担保"。在不存在《合同法》第五十二条规定情形的情况下，该商品房买卖合同具有法律效力。但对转化为已付购房款的借款本金及利息数额，人民法院应当结合借款合同等证据予以审查，以防止当事人将超出法律规定保护限额的高额利息转化为已付购房款。

基本案情

原告汤龙、刘新龙、马忠太、王洪刚诉称：根据双方合同约定，新疆鄂尔多斯彦海房地产开发有限公司（以下简称彦海公司）应于 2014 年 9 月 30 日向四人交付符合合同约定的房屋。但至今为止，彦海公司拒不履行房屋交付义务。故请求判令：一、彦海公司向汤龙、刘新龙、马忠太、王洪刚支付违约金 6000 万元；二、彦海公司承担汤龙、刘新龙、马忠太、王洪刚主张权利过程中的损失费用 416,300 元；三、彦海公司承担本案的全部诉讼费用。

彦海公司辩称：汤龙、刘新龙、马忠太、王洪刚应分案起诉。四人与彦海公司没有购买和出售房屋的意思表示，双方之间房屋买卖合同名为买卖实为借贷，该商品房买卖合同系为借贷合同的担保，该约定违反了《担保法》第四十条、《物权法》第一百八十六条的规定无效。双方签订的商品房买卖合同存在显失公平、乘人之危的情况。四人要求的违约金及损失费用亦无事实依据。

法院经审理查明：汤龙、刘新龙、马忠太、王洪刚与彦海公司于 2013 年先后签订多份借款合同，通过实际出借并接受他人债权转让，取得对彦海公司合计 2.6 亿元借款的债权。为担保该借款合同履行，四人与彦海公司分别签订多份商品房预售合同，并向当地房屋产权交易管理中心办理了备案登记。该债权陆续到期后，因彦海公司未偿还借款本息，双方经对账，确认彦海公司尚欠四人借款本息 361,398,017.78 元。双方随后重新签订商品房买卖合同，约定彦海公司将其名下房屋出售给四人，上述欠款本息转为已付购房款，剩余购房款 38,601,982.22 元，待办理完毕全部标的物产权转移登记后一次性支付给彦海公司。汤龙等四人提交与彦海公司对账表显示，

双方之间的借款利息系分别按照月利率3%和4%、逾期利率10%计算，并计算复利。

裁判结果

新疆维吾尔自治区高级人民法院于2015年4月27日作出(2015)新民一初字第2号民事判决，判令：一、彦海公司向汤龙、马忠太、刘新龙、王洪刚支付违约金9,275,057.23元；二、彦海公司向汤龙、马忠太、刘新龙、王洪刚支付律师费416,300元；三、驳回汤龙、马忠太、刘新龙、王洪刚的其他诉讼请求。上述款项，应于判决生效后十日内一次性付清。宣判后，彦海公司以双方之间买卖合同系借款合同的担保，并非双方真实意思表示，且欠款金额包含高利等为由，提起上诉。最高人民法院于2015年10月8日作出(2015)民一终字第180号民事判决：一、撤销新疆维吾尔自治区高级人民法院(2015)新民一初字第2号民事判决；二、驳回汤龙、刘新龙、马忠太、王洪刚的诉讼请求。

裁判理由

法院生效裁判认为：本案争议的商品房买卖合同签订前，彦海公司与汤龙等四人之间确实存在借款合同关系，且为履行借款合同，双方签订了相应的商品房预售合同，并办理了预购商品房预告登记。但双方系争商品房买卖合同是在彦海公司未偿还借款本息的情况下，经重新协商并对账，将借款合同关系转变为商品房买卖合同关系，将借款本息转为已付购房款，并对房屋交付、尾款支付、违约责任等权利义务作出了约定。民事法律关系的产生、变更、消灭，除基于法律特别规定，需要通过法律关系参与主体的意思表示一致形成。民事交易活动中，当事人意思表示发生变化并不鲜见，该意思表示的变化，除为法律特别规定所禁止外，均应予以准许。本案双方经协商一致终止借款合同关系，建立商品房买卖合同关系，并非为双方之间的借款合同履行提供担保，而是借款合同到期彦海公司难以清偿债务时，通过将彦海公司所有的商品房出售给汤龙等四位债权人的方式，实现双方权利义务平衡的一种交易安排。该交易安排并未违反法律、行政法规的强制性规定，不属于《物权法》第一百八十六条规定禁止的情形，亦不适用《最高人民法院关于审理民间借贷案件适用法律若干问题的规定》第二十四条规定。尊重当事人嗣后形成的变更法律关系性质的一致意思表示，是贯彻合同自由原则的题中应有之义。彦海公司所持本案商品房买卖合同无效的主张，不予采信。

但在确认商品房买卖合同合法有效的情况下，由于双方当事人均认可该合同项下已付购房款系由原借款本息转来，且彦海公司提出该欠款数额包含高额利息。在当事人请求司法确认和保护购房者合同权利时，人民法院对基于借款合同的实际履行而形成的借款本金及利息数额应当予以审查，以避免当事人通过签订商品房买卖合同等方式，将违法高息合法化。经审查，双方之间借款利息的计算方法，已经超出法律规定的民间借贷利率保护上限。对双方当事人包含高额利息的欠款数额，依法不能予以确认。由于法律保护的借款利率明显低于当事人对账确认的借款利率，故应当认为汤龙等四人作为购房人，尚未足额支付合同约定的购房款，彦海公司未按照约定时间交付房屋，不应视为违约。汤龙等四人以彦海公司逾期交付房屋构成违约为事实依据，要求彦海公司支付违约金及律师费，缺乏事实和法律依据。一审判决判令彦海公司承担支付违约金及律师费的违约责任错误，法院对此予以纠正。

典型案例44

黄光娜与海口栋梁实业有限公司、广东省阳江市建安集团有限公司海南分公司商品房销售合同纠纷案

一审法院:海南省高级人民法院(2015)琼立一初字第2号

二审法院:最高人民法院(2015)民一终字第37号

二审观点

(一)黄光娜能否作为阳江公司诉栋梁公司建设工程施工合同纠纷一案的第三人

根据《民事诉讼法》第五十六条,民事诉讼的第三人包括对案件诉讼标的有独立请求权的人,及虽无此请求权,但同案件处理结果有法律上利害关系的人。在阳江公司诉栋梁公司建设工程施工合同纠纷一案中,海南省海口市中级人民法院二审以(2014)琼环民终字第7号民事判决,判决栋梁公司将案涉华源大厦一层334平方米交付阳江公司并协助办理过户手续。而本案黄光娜主张其已向栋梁公司买受了1320平方米的华源大厦一层,并办理了过户手续。故上述阳江公司诉栋梁公司一案的终审判决结果影响黄光娜对案涉房产的权利,其应为该案第三人。

(二)黄光娜未参加前述诉讼能否归责于其本人

根据(2014)琼环民终字第7号民事判决查明的事实及黄光娜本案起诉内容,其与栋梁公司系在阳江公司诉栋梁公司一案诉讼过程中,就案涉房屋签订买卖合同,当时黄光娜为持有栋梁公司50%股份的股东。在前述阳江公司诉栋梁公司一案审理结果势必影响黄光娜重大权益的情况下,黄光娜未举证证明其在提起本案撤销之诉前,知悉前述二审判决结果较知晓该案整个诉讼过程的条件有何不同。本案一审法院依据黄光娜股东身份、当时持股比例,及案涉房屋买卖合同签订与前案起诉时间的关系,推定黄光娜知晓前案,符合常理和企业一般经营决策惯例。一审裁定认定黄光娜应当知晓前案诉讼情况,其不能证明因不能归责于本人的事由未参加该案诉讼,故其提起的本案诉讼不符合《民事诉讼法》第五十六条关于第三人撤销之诉的受理条件的规定正确。

典型案例45

洪秀凤与昆明安钡佳房地产开发有限公司房屋买卖合同纠纷案

一审法院:云南省高级人民法院(2014)云高民一初字第9号

二审法院:最高人民法院(2015)民一终字第78号

二审观点

(一)关于双方当事人之间法律关系的性质问题

民事法律关系是民事法律规范调整社会关系过程中形成的民事主体之间的民事权利义务关

系。除基于法律特别规定,民事法律关系的产生、变更、消灭,需要通过法律关系参与主体的意思表示一致才能形成。判断民事主体根据法律规范建立一定法律关系时所形成的一致意思表示,目的在于明晰当事人权利义务的边界、内容。一项民事交易特别是类似本案重大交易的达成,往往存在复杂的背景,并非一蹴而就且一成不变。当事人的意思表示于此间历经某种变化并最终明确的情况并不鲜见。有些已经通过合同确立的交易行为,恰恰也经历过当事人对法律关系性质的转换过程。而基于各自诉讼利益考量,当事人交易形成过程中的细节并不都能获得有效诉讼证据的支撑。合同在性质上属于原始证据、直接证据。根据《最高人民法院关于民事诉讼证据的若干规定》第七十七条有关证据证明力认定原则的规定,其应作为确定当事人法律关系性质的逻辑起点和基本依据,应当重视其相对于传来证据、间接证据所具有的较高证明力。仅可在确有充分证据证明当事人实际履行行为与书面合同文件表现的效果意思出现显著差异时,才可依前者确定其间法律关系的性质。亦即,除在基于特定法政策考量,有必要在书面证据之外对相关事实予以进一步查证等情形,推翻书面证据之证明力应仅属例外。民事诉讼中的案件事实,应为能够被有效证据证明的案件事实。此外,透过解释确定争议法律关系的性质,应当秉持使争议法律关系项下之权利义务更加清楚,而不是更加模糊的基本价值取向。在没有充分证据佐证当事人之间存在隐藏法律关系且该隐藏法律关系真实并终局地对当事人产生约束力的场合,不宜简单否定既存外化法律关系对当事人真实意思的体现和反映,避免当事人一方不当摆脱既定权利义务约束的结果出现。此外,即便在两种解读结果具有同等合理性的场合,也应朝着有利于书面证据所代表法律关系成立的方向作出判定,借此传达和树立重诺守信的价值导向。综上,若要否定书面证据所体现的法律关系,并确定当事人之间存在缺乏以书面证据为载体的其他民事法律关系,必须在证据审核方面给予更为审慎的分析研判。

根据《最高人民法院关于适用〈中华人民共和国合同法〉若干问题的解释(二)》第七条的规定,"交易习惯"是指,不违反法律、行政法规强制性规定的,在交易行为当地或者某一领域、某一行业通常采用并为交易对方订立合同时所知道或者应当知道的做法,或者当事人双方经常使用的习惯做法。《合同法》针对"交易习惯"问题作出相关规定,其意旨侧重于完善和补充当事人权利义务的内容,增强当事人合同权利义务的确定性。而本案并不涉及运用交易习惯弥补当事人合同约定不明确、不完整所导致的权利义务确定性不足的问题。在前述立法意旨之外,运用"交易习惯"认定当事人交易行为之"可疑性",应格外谨慎。

首先,关于房屋交付时间问题。案涉房产存在违反规划超建楼层且尚未报批即行出售的事实,在此情况下,当事人约定在合同签订之日后近四个月时交付房产。而即便不考虑前述事实,在现房买卖情形中,如何约定交房期限方符合"交易习惯",有无必要乃至是否形成"交易习惯",同类一般交易判断是否已经形成普遍共识,尚存较大疑问。

其次,关于房屋价格问题。抛开此节是否属于"交易习惯"的问题,对不合理低价的判断,亦需以当时当地房地产管理部门公布的同等房地产之价格信息为参考依据。虽安钡佳公司称对其法定代表人张晓霞与张琳婕是否为亲属关系不得而知,但其确认张琳婕同张传文(与张晓霞户籍迁移时间、原因,迁出及迁入地均相同)身份证号相同的事实。张琳婕与安钡佳公司《商品房购销合同》的备案登记,已于2014年4月22日(一审庭审时间为2014年9月23日)因退房被注销。一审法院未查明相关事实,亦未对安钡佳公司在一审庭审中所作陈述与前述合同约定单价出现明显差异的事实给予必要关注,径以双方当事人约定价格明显低于安钡佳公司与张琳婕在案涉合同签订之日近30个月前所订合同中约定价格为主要理由,否定本案双方当事人之间存在房屋买卖法律关系,理据不足。此外,至本案当事人签约时(2013年8月21日),昆明市进一步加强商品房预售管理实施意见已经在当地施行(2011年1月1日生效)。根据该意见的前述相关规定,可以认定洪秀凤所持本案交易价格符合合理区间的主张成立。

再次,关于付款问题。案涉合同约定的购房款支付方式为分期支付,但在洪秀凤所为一次性支付及安钡佳公司受领给付的共同作用下,应当认定其属于合同履行之变更。将此种合同履行变更视作与正常买房人的付款习惯相悖,理据尚不充分。而洪秀凤向安钡佳公司法定代表人张晓霞付款1900万元,也符合该公司所出具付款委托书的要求。购房发票系当事人办理房地产变更登记过程中所必需,一审法院认定安钡佳公司此前先行开具购房款收据违背房屋买卖"交易习惯",并得出当事人之间不存在房屋买卖法律关系的结论,缺乏足够的事实和法律依据。对本案736万元款项性质,双方所述均无合同依据且无其他证据佐证。然据前所述及,也不宜基此通过解释和推断得出推翻书面证据所反映当事人法律关系存在的结论。

最后,关于借贷法律关系问题。洪秀凤与安钡佳公司签订了房屋买卖合同且已经备案登记,在实际履行过程中,虽然有些事实可能引发不同认识和判断,但在没有任何直接证据证明洪秀凤与安钡佳公司之间存在民间借贷法律关系,且安钡佳公司对其所主张民间借贷法律关系诸多核心要素的陈述并不一致的情况下,认定双方当事人之间存在民间借贷法律关系,缺乏充分的事实依据。本案二审庭审时,当庭播放了沈汉卿与安钡佳公司法定代表人张晓霞于2014年11月10日(一审庭审之后)的通话录音。其时,安钡佳公司一审所持抗辩意见已经固定,但安钡佳公司法定代表人张晓霞在通话中对洪秀凤之购房人身份却是认可的。至于安钡佳公司主张支付吴基协的1840万元系其所归还的借款本金问题,因其未提供任何证据支持,法院难予采信。如有争议,当事人可另循法律途径解决。

证明标准是负担证明责任的人提供证据证明其所主张法律事实所要达到的证明程度。本案中,洪秀凤已经完成双方当事人之间存在房屋买卖法律关系的举证证明责任,安钡佳公司主张其与洪秀凤之间存在民间借贷法律关系。按照《最高人民法院关于适用〈中华人民共和国民事诉讼法〉的解释》第一百零八条规定,安钡佳公司之举证应当在证明力上足以使人民法院确信该待证事实的存在具有高度可能性。而基于前述,安钡佳公司为反驳洪秀凤所主张事实所作举证,没有达到高度可能性之证明标准。较之高度可能性这一一般证明标准而言,合理怀疑排除属于特殊证明标准。《最高人民法院关于适用〈中华人民共和国民事诉讼法〉的解释》第一百零九条对排除合理怀疑原则适用的特殊类型民事案件范围有明确规定。一审法院认定双方当事人一系列行为明显不符合房屋买卖的"交易习惯",进而基于合理怀疑得出其间系名为房屋买卖实为借贷民事法律关系的认定结论,没有充分的事实及法律依据,也不符合前述司法解释的规定精神,法院予以纠正。

(二)关于安钡佳公司应否向洪秀凤交付案涉房产并协助办理所有权变更登记的问题

安钡佳公司与洪秀凤所签两份《商品房购销合同》,不违反法律、行政法规的效力性强制性规定,应认定有效。《合同法》第八条、第六十条第一款规定,依法成立的合同,受法律保护,当事人应当按照约定全面履行自己的义务。在洪秀凤已经按约支付全部价款的情况下,安钡佳公司应当依法按约向洪秀凤交付房产并协助办理所有权变更登记。百富琪商业广场存在违规超建的事实,但该行政违法并不针对本案争议房产,安钡佳公司向洪秀凤交付房产并不存在法律上和事实上的障碍,对洪秀凤有关安钡佳公司交付案涉房产的诉请,法院予以支持。而因前述行政违法行为构成案涉房产所有权变更登记之法律障碍,于本案中直接判决安钡佳公司履行办理所有权变更登记义务并不妥当。安钡佳公司应在相关行政违法事项消除后,协助洪秀凤办理所有权变更登记。后续事项如因新的事实出现而再起争议,洪秀凤可另循法律途径解决。

(三)关于安钡佳公司应否以及如何承担逾期交房的违约责任,应否承担洪秀凤支付的律师费的问题

《合同法》第一百零七条规定,当事人一方不履行合同义务或者履行合同义务不符合约定的,应当承担继续履行、采取补救措施或者赔偿损失等违约责任。本案中,安钡佳公司逾期交房构成违约,理应依法承担相应的违约责任。根据《合同法》第一百一十三条第一款的规定,当事人一方不履行合同义务或者履行合同义务不符合约定,给对方造成损失的,损失赔偿额应当相当于因违约所造成的损失。

典型案例46

福建三木集团股份有限公司与福建省泉州市煌星房地产发展有限公司商品房预售合同纠纷案

一审法院:福建省高级人民法院(2003)闽民初字第3号

二审法院:最高人民法院(2004)民一终字第104号

二审观点

(一)关于煌星公司是否隐瞒了三份《商品房合同》项下房产已作为投资投入南南公司,已构成对三木公司欺诈的问题

在双方当事人对《协议书》的形式与内容主张不一,三木公司作为签约一方又不能提供《协议书》原件或相反证据证明煌星公司《协议书》原件不真实的情况下,一审法院依据优势证据原则认定煌星公司提供的《协议书》原件,能够证明《协议书》第五条关于"由于三木公司所购买的煌星大厦的房产为在建工程,并已作为投资投入南南公司作为资本"的内容,为三方当事人真实意思表示,并以此作为认定三木公司知道煌星公司已将三份《商品房合同》项下房产作为投资投入南南公司的证据采纳,并无不当。

(二)关于三木公司请求撤销的三份《商品房合同》是否真实合法的问题

根据《最高人民法院关于贯彻执行〈中华人民共和国民法通则〉若干问题的意见(试行)》第六十八条及《合同法》第五十四条的规定,一方当事人故意告知对方虚假情况,或者故意隐瞒真

实情况,诱惑对方当事人作出错误意思表示的,可认定为欺诈,受欺诈方才依法有权行使请求撤销权。三木公司自始未能举证证明双方订立三份《商品房合同》时,煌星公司有对三木公司存在故意隐瞒煌星大厦现状真实情况的行为。三木公司以上述证据否认双方房屋买卖的真实交易关系,主张煌星公司隐瞒了煌星大厦房产真实情况及没有预售资格构成欺诈,请求撤销三份《商品房合同》于法无据。

关于三木公司主张三份《商品房合同》价格显失公平的问题。我国现行法律没有明确显失公平的具体标准。本案三份《商品房合同》明确约定了预售房屋的面积、价格、付款时间与支付方式、交房时间等主要内容,双方权利义务内容是完整和真实的,不存在三木公司因胁迫或缺乏经验而订立合同的情形,且1.3487亿元购房款已在三份《商品房合同》订立前的2000年6月1日三方签订的《协议书》中明确。即便三份《商品房合同》项下房产价格比当时当地的同类房屋交易价格有所上涨,亦属于三木公司应当预见的商业交易风险。

PART 4:商品房买卖合同的法律链接

法律链接

《中华人民共和国民法典》(2020年5月28日)

第五百零二条 依法成立的合同,自成立时生效,但是法律另有规定或者当事人另有约定的除外。

依照法律、行政法规的规定,合同应当办理批准等手续的,依照其规定。未办理批准等手续影响合同生效的,不影响合同中履行报批等义务条款以及相关条款的效力。应当办理申请批准等手续的当事人未履行义务的,对方可以请求其承担违反该义务的责任。

依照法律、行政法规的规定,合同的变更、转让、解除等情形应当办理批准等手续的,适用前款规定。

第五百零三条 无权代理人以被代理人的名义订立合同,被代理人已经开始履行合同义务或者接受相对人履行的,视为对合同的追认。

第五百零四条 法人的法定代表人或者非法人组织的负责人超越权限订立的合同,除相对人知道或者应当知道其超越权限外,该代表行为有效,订立的合同对法人或者非法人组织发生效力。

第五百零五条 当事人超越经营范围订立的合同的效力,应当依照本法第一编第六章第三节和本编的有关规定确定,不得仅以超越经营范围确认合同无效。

第五百零六条 合同中的下列免责条款无效:

(一)造成对方人身损害的;

(二)因故意或者重大过失造成对方财产损失的。

第五百零七条 合同不生效、无效、被撤销或者终止的,不影响合同中有关解决争议方法的条款的效力。

第五百零八条 本编对合同的效力没有规定的，适用本法第一编第六章的有关规定。

《中华人民共和国城市房地产管理法》(2019 年 8 月 26 日修正)

第四十一条 房地产转让，应当签订书面转让合同，合同中应当载明土地使用权取得的方式。

第四十五条第二款 商品房预售人应当按照国家有关规定将预售合同报县级以上人民政府房产管理部门和土地管理部门登记备案。

《城市房地产开发经营管理条例》(2020 年 11 月 29 日修订)

第二十六条第二款 房地产开发企业应当自商品房预售合同签订之日起 30 日内，到商品房所在地的县级以上人民政府房地产开发主管部门和负责土地管理工作的部门备案。

第二十七条 商品房销售，当事人双方应当签订书面合同。合同应当载明商品房的建筑面积和使用面积、价格、交付日期、质量要求、物业管理方式以及双方的违约责任。

《商品房销售管理办法》(2001 年 4 月 4 日)

第十六条 商品房销售时，房地产开发企业和买受人应当订立书面商品房买卖合同。

商品房买卖合同应当明确以下主要内容：

（一）当事人名称或者姓名和住所；

（二）商品房基本状况；

（三）商品房的销售方式；

（四）商品房价款的确定方式及总价款、付款方式、付款时间；

（五）交付使用条件及日期；

（六）装饰、设备标准承诺；

（七）供水、供电、供热、燃气、通讯、道路、绿化等配套基础设施和公共设施的交付承诺和有关权益、责任；

（八）公共配套建筑的产权归属；

（九）面积差异的处理方式；

（十）办理产权登记有关事宜；

（十一）解决争议的方法；

（十二）违约责任；

（十三）双方约定的其他事项。

《城市商品房预售管理办法》(2004 年 7 月 20 日修正)

第十条 商品房预售，开发企业应当与承购人签订商品房预售合同。开发企业应当自签约之日起 30 日内，向房地产管理部门和市、县人民政府土地管理部门办理商品房预售合同登记备案手续。

房地产管理部门应当积极应用网络信息技术，逐步推行商品房预售合同网上登记备案。

商品房预售合同登记备案手续可以委托代理人办理。委托代理人办理的，应当有书面委托书。

《最高人民法院关于审理商品房买卖合同纠纷案件适用法律若干问题的解释》(2020年12月29日修正)

第一条　本解释所称的商品房买卖合同,是指房地产开发企业(以下统称为出卖人)将尚未建成或者已竣工的房屋向社会销售并转移房屋所有权于买受人,买受人支付价款的合同。

第二条　出卖人未取得商品房预售许可证明,与买受人订立的商品房预售合同,应当认定无效,但是在起诉前取得商品房预售许可证明的,可以认定有效。

第六条　当事人以商品房预售合同未按照法律、行政法规规定办理登记备案手续为由,请求确认合同无效的,不予支持。

当事人约定以办理登记备案手续为商品房预售合同生效条件的,从其约定,但当事人一方已经履行主要义务,对方接受的除外。

第七条　买受人以出卖人与第三人恶意串通,另行订立商品房买卖合同并将房屋交付使用,导致其无法取得房屋为由,请求确认出卖人与第三人订立的商品房买卖合同无效的,应予支持。

《最高人民法院关于当前形势下审理民商事合同纠纷案件若干问题的指导意见》(2009年7月7日)

五、正确适用强制性规定,稳妥认定民商事合同效力

15. 正确理解、识别和适用合同法第五十二条第(五)项中的"违反法律、行政法规的强制性规定",关系到民商事合同的效力维护以及市场交易的安全和稳定。人民法院应当注意根据《合同法解释(二)》第十四条之规定,注意区分效力性强制规定和管理性强制规定。违反效力性强制规定的,人民法院应当认定合同无效;违反管理性强制规定的,人民法院应当根据具体情形认定其效力。

16. 人民法院应当综合法律法规的意旨,权衡相互冲突的权益,诸如权益的种类、交易安全以及其所规制的对象等,综合认定强制性规定的类型。如果强制性规范规制的是合同行为本身即只要该合同行为发生即绝对地损害国家利益或者社会公共利益的,人民法院应当认定合同无效。如果强制性规定规制的是当事人的"市场准入"资格而非某种类型的合同行为,或者规制的是某种合同的履行行为而非某类合同行为,人民法院对于此类合同效力的认定,应当慎重把握,必要时应当征求相关立法部门的意见或者请示上级人民法院。

地方法规、地方规章

有些地方法规、地方规章对商品房买卖合同进行了规定:(1)《安徽省城市房地产交易管理条例》第十七条;(2)《安徽省城市房地产开发经营管理办法》第二十四条;(3)《北京市城市房地产转让管理办法》第十七条、第三十六条、第四十条、第四十一条;(4)《重庆市城镇房地产交易管理条例》第十九条、第五十九条;(5)《广东省房地产开发经营条例》第二十一条;(6)《广东省商品房预售管理条例》第二十二条至第二十五条;(7)《广西壮族自治区城市房地产开发经营管理条例》第三十七条;(8)《贵州省城镇房地产开发经营管理条例》第三十条、第三十一条;(9)《河南省城市房地产交易管理办法》第十二条;(10)《湖北省实施〈中华人民共和国城市房地产管理法〉办法》第十九条、第二十一条;(11)《湖南省城市房地产开发经营管理办法》第二十八条;(12)《江苏省城市房地产交易管理条例》第十四条;(13)《辽宁省城镇房地产交易管理条例》第

六条、第七条;(14)《辽宁省城市房地产开发经营管理规定》第二十五条;(15)《内蒙古自治区城市房地产开发经营管理条例》第三十条;(16)《山东省商品房销售条例》第十一条、第二十四条至第二十六条;(17)《山西省城市房地产交易管理条例》第十三条、第十四条;(18)《上海市房地产转让办法》第十六条、第十七条、第三十六条;(19)《天津市房地产交易管理条例》第十六条、第十七条。

专题十三　商品房买卖合同条款

《商品房销售管理办法》第十六条规定了商品房买卖合同的主要内容。因此,本专题主要研究解押、计价方式、面积差异、规划设计变更、质量、交付、登记、解除、违约责任等商品房买卖合同条款的法律解读和风险防控问题。

一、解押条款

法律解读76　解押

(一)解押的示范条款

《商品房买卖合同(预/现售)示范文本》:第四条抵押情况,附件三抵押权人同意该商品房转让的证明及关于抵押的相关约定。

(二)解押的法律解读

房地产抵押贷款,是指银行以借款人或第三人拥有的房地产作为抵押物方法的贷款。房地产开发贷款,是指对房地产开发企业发放的用于住房、商业用房和其他房地产开发建设的中长期项目贷款。房地产开发贷款期限一般不超过三年(含三年)。贷款原则上应采取抵押担保或者借款人有处分权的国债、存单及备付信用证质押担保方式,担保能力不足部分可采取保证担保方式。《民法典》第四百零六条规定:"抵押期间,抵押人可以转让抵押财产。当事人另有约定的,按照其约定。抵押财产转让的,抵押权不受影响。抵押人转让抵押财产的,应当及时通知抵押权人。抵押权人能够证明抵押财产转让可能损害抵押权的,可以请求抵押人将转让所得的价款向抵押权人提前清偿债务或者提存。转让的价款超过债权数额的部分归抵押人所有,不足部分由债务人清偿。"从《商品房买卖合同(预/现售)示范文本》第四条及附件三的内容来看,在合同中应详细注明抵押情况、抵押权人同意该商品房转让的证明、解除抵押的条件和时间等。

法律风险防控13

对于银行而言,抵押商品房的销售意味着抵押物的减少,银行同意销售并办理解押手续的前提是开发商用预售款偿还贷款;对于买受人而言,如果买受的商品房没有取得银行的同意,则无法抵抗银行第一顺位的抵押权,买受人的利益得不到保障。因此,开发商应当事先征得银行的同意,办理解押手续后方可销售商品房。否则,开发商需要承担违约责任。一般情况下,商品房买卖合同都会对商品房的抵押情况进行约定,要求开发商取得抵押权人同意该商品房转让的证明并作为合同的附件。另外,如果商品房已经抵押,通常都会办理抵押权登记。如果未取得抵押权人同意该商品房转让的证明,或者解除抵押登记,买受人就无法办理商品房产权登记备案。

典型案例47

上海ZX置业发展有限公司与SDH房屋买卖合同纠纷案

基本案情

2007年3月17日,SDH与ZX公司签订协议,ZX公司将其名下广北路31号商铺面积91.54平方米转让给SDH。SDH于2007年3月20日支付30万元,ZX公司出具加盖公司财务专用章的收据。2007年3月17日,SDH作为出租方、ZX公司作为承租方,签订《房屋租赁合同》,约定SDH将系争商铺出租给ZX公司。2007年5月30日,扣除ZX公司向SDH支付的第一年租金50,118元,SDH交给ZX公司一张金额为199,122元的支票,ZX公司出具加盖公司财务专用章的收据,收款金额为249,240元,收款事由写明"往来"。因原审法院已对系争房屋采取执行措施,故SDH诉至法院。原审另查明,ZX公司将系争房屋抵押给上海农村商业银行股份有限公司,于2010年11月12日被原审法院正式查封,查封期2年。2012年6月12日,对SDH就原审法院在执行上海农村商业银行股份有限公司老港支行与上海财信投资有限公司、ZX公司、汤秀红、GL借款合同纠纷一案中的执行标的即系争商铺提出的书面执行异议,原审法院出具裁定予以驳回。

裁判结果

一审上海市浦东新区人民法院作出(2012)浦民一(民)初字第23242号民事判决:解除就商铺签订的买卖协议;ZX公司返还SDH购房款549,240元;ZX公司赔偿SDH 674,130元;ZX公司赔偿SDH 274,620元。ZX公司提出上诉。二审上海市第一中级人民法院作出(2013)沪一中民二(民)终字第71号民事判决:驳回上诉,维持原判。

裁判理由

系争商铺在双方签署买卖协议之前已由上诉人抵押给案外人,而上诉人在双方签订买卖协议时并未就该商铺已设抵押之事实如实告知被上诉人,现因案外人行使抵押权而导致被上诉人购买房屋的合同目的不能实现,对此,上诉人存在明显过错,应承担相应的法律责任。原审依据被上诉人的诉请,适用《最高人民法院关于审理商品房买卖合同纠纷案件适用法律若干问题的解释》第九条的规定,判令解除双方间的买卖协议并由上诉人承担返还房款、赔偿差价损失及惩罚性赔偿责任,并无不当。

法律链接

《中华人民共和国民法典》(2020年5月28日)

第四百零六条 抵押期间,抵押人可以转让抵押财产。当事人另有约定的,按照其约定。抵押财产转让的,抵押权不受影响。

抵押人转让抵押财产的,应当及时通知抵押权人。抵押权人能够证明抵押财产转让可能损害抵押权的,可以请求抵押人将转让所得的价款向抵押权人提前清偿债务或者提存。转让的价款超过债权数额的部分归抵押人所有,不足部分由债务人清偿。

《商品房销售管理办法》(2001年4月4日)

第九条　房地产开发企业销售设有抵押权的商品房,其抵押权的处理按照《中华人民共和国担保法》、《城市房地产抵押管理办法》的有关规定执行。

地方法规、地方规章

有些地方法规、地方规章对解押进行了规定:(1)《北京市城市房地产转让管理办法》第三十九条;(2)《甘肃省城市房地产管理条例》第二十条;(3)《广东省商品房预售管理条例》第九条、第三十六条;(4)《山东省商品房销售条例》第三十六条;(5)《厦门市商品房预售管理规定》第二十二条。

二、计价方式条款

法律解读77　计价方式

(一)计价方式的示范条款

《商品房买卖合同(预售)示范文本》:第六条计价方式与价款。《商品房买卖合同(现售)示范文本》:第七条计价方式与价款。

(二)计价方式的法律解读

根据《商品房销售管理办法》第十八条第一款的规定,商品房销售可以按套(单元)计价,也可以按套内建筑面积或者建筑面积计价。我国法律规定,商品住宅必须按套设计、销售、登记,即商品房的基本单位为套。《住宅设计规范》(GB 50096－2011)第5.1.1条规定:“住宅应按套型设计,每套住宅应设卧室、起居室(厅)、厨房和卫生间等基本功能空间。”《商品房销售管理办法》第十二条规定:“商品住宅按套销售,不得分割拆零销售。”《房屋登记办法》第十条规定:“房屋应当按照基本单元进行登记……国有土地范围内成套住房,以套为基本单元进行登记;非成套住房,以房屋的幢、层、间等有固定界限的部分为基本单元进行登记。”因此,我国以套为基本单位,将商品房计价方式分为三种:按套(单元)计价、按套内建筑面积计价、按套的建筑面积计价。

有些地方的规定与《商品房销售管理办法》不同,如《北京市城市房地产转让管理办法》第二十一条规定,新建商品房转让应当按照套内建筑面积计价,但是独栋别墅、整栋楼房和车库(位)转让可以按照套内建筑面积计价,也可以按照建筑面积计价或者按照套(单元)计价;《贵州省城镇房地产开发经营管理条例》第三十四条第一款规定,商品房应当按照套内建筑面积或者按套(单元)计价结算销售;《山东省商品房销售条例》第二十八条规定,销售住宅商品房,按照套内建筑面积或者按套计价结算,当事人另有约定的除外;《天津市商品房管理条例》第二十五条规定,预售商品房不适用按套(单元)计价方式;《山西省城市房地产交易管理条例》第二十一条规定,商品房销售按建筑面积或者套内建筑面积计价,当事人应当在合同中载明约定面积与产权登记面积发生误差的处理方式。目前,我国商品房销售普遍采用当地房地产行政主管部门的网络进行签约、备案，一旦网签系统设定了计价方式，如果合同约定的计价方式与此不同，就无法进行网络签约、备案。

按套（单元）计价，是指将商品房以套（单元）为一个整体进行计价，不以建筑面积多少为支付价款的依据。《商品房销售管理办法》第十八条第三款规定："按套（单元）计价或者按套内建筑面积计价的，商品房买卖合同中应当注明建筑面积和分摊的共有建筑面积。"第十九条规定："按套（单元）计价的现售房屋，当事人对现售房屋实地勘察后可以在合同中直接约定总价款。按套（单元）计价的预售房屋，房地产开发企业应当在合同中附所售房屋的平面图。平面图应当标明详细尺寸，并约定误差范围。房屋交付时，套型与设计图纸一致，相关尺寸也在约定的误差范围内，维持总价款不变；套型与设计图纸不一致或者相关尺寸超出约定的误差范围，合同中未约定处理方式的，买受人可以退房或者与房地产开发企业重新约定总价款。买受人退房的，由房地产开发企业承担违约责任。"

法律风险防控 14

按套内建筑面积计价比较简单，一般不会发生争议。如果按套的建筑面积计价，当预测面积与实测面积不一致，或者套内建筑面积与应分摊的公用建筑面积之间的比例发生变化，就容易发生纠纷。按套的建筑面积计价，套内建筑面积与应分摊的公用建筑面积之和是固定的，但二者的比例却是可变的，如果开发商在保持建筑面积不变的情况下通过虚增应分摊的公用建筑面积来减少套内建筑面积，就会损害买受人的利益，容易发生纠纷。

按套（单元）计价的法律风险主要存在商品房预售中，如果合同商品房建筑面积与公摊面积的约定不明确、预测面积与实测面积约定不一致，开发商未向买受人说明、买受人又未能完全理解按套（单元）计价的含义，则容易产生纠纷。从开发商的角度来讲，开发商采用按套（单元）计价的方式主要是为了规避有些地方预售不能按建筑面积销售或者预售面积与实测面积误差的风险，因而在签订合同时一般也不会主动向买受人说明按套（单元）计价的含义及可能的后果。但是，开发商的销售价格仍然是以建筑面积和单价为基础计算总价。对于买受人而言，按套（单元）计价的法律风险主要是当建筑面积与公摊面积、预测面积与实测面积存在误差时，无法要求开发商承担赔偿责任。从开发商的角度来看，按套（单元）计价销售商品房时应注意：(1)在签订合同前，应让买受人对该房屋进行充分的了解与考察，并让买受人签署书面确认书；(2)在合同中明示约定选择"按套（单元）计价"，排除适用按套内建筑面积或建筑面积计价的相关条款；(3)在合同中避免出现单价条款；(4)在合同中注明建筑面积和分摊的共有建筑面积，同时注明该面积不作为计价依据，即并不与合同价款挂钩；(5)在合同中附所售房屋的平面图，标明详细尺寸，并详细约定误差范围和处理方式。从买受人的角度来看，按套（单元）计价购买商品房时应注意：(1)如果是现房，最好到现场实地勘察房屋，对房屋的价格构成以及房屋的建筑面积、公摊面积等进行详细咨询和估算，确认无误后方可签约；(2)如果是期房，最好在合同中附所售房屋的平面图，标明详细尺寸，并约定误差范围；(3)买受人要准确理解按套计价的含义，并且知悉其可能的后果，真正做到如果采用该方式计价，则其购买的依据即为该房屋的整体情况而不是房屋面积;(4)买受人在签订合同要清楚"套"的含义及其组成,如小间、露台、车库等是否包括在"套"之中;(5)要求在合同中注明建筑面积和分摊的共有建筑面积,以及面积误差比超过约定的处理方法;(6)在接收商品房时,要仔细核对房屋情况。

典型案例48

邢诒琚等与广州新华汇昌房地产开发有限公司商品房预售合同纠纷案

基本案情

2004年3月25日,邢诒琚、岑锦芳、邢鹏与新华汇昌公司签订《商品房买卖合同》一份,约定由买受人(邢诒琚等)购买出卖人(新华汇昌公司)开发天誉华庭A1幢25层(自然层22层)02号房(建筑面积124.203平方米、套内建筑面积104.169平方米),约定第四条计价方式与价款:该商品房属现房,按套出售,总金额879,427元;第五条面积确认及差异处理的第二款及第四款:当事人选择按套计价的,不适用本条约定。该合同的附件《天誉华庭补充协议》第三条约定:原《商品房买卖合同》第五条中,产权证办好后,实测计价面积与合同约定计价面积发生差异,双方同意按以下方式进行处理:(当事人选择按《商品房买卖合同》第四条第二、三种方式计价的,不适用本约定)……买受人已按合同约定支付了全部房款879,427元给出卖人,出卖人亦于2004年6月29日将涉案房屋交付给买受人使用。2008年2月4日,房管部门核发了涉案房屋的《房地产权证》(编号为粤房地证字第C1530740号)给买受人,该证上记载的涉讼房屋建筑面积为119.7924平方米,套内建筑面积为100.29平方米。买受人起诉请求判令出卖人返还面积差异购房款26,000元。

裁判结果

一审广州市天河区人民法院作出(2010)天法民四初字第667号民事判决:驳回买受人请求。二审广州市中级人民法院作出(2010)穗中法民五终字第3625号民事判决:驳回上诉,维持原判。

裁判理由

涉案房屋系现房,买受人作为完全民事行为能力人,对于涉案房屋的状况负有谨慎审查的义务。买受人经实地勘察涉案房屋后,与出卖人约定涉案房屋按套出售,即应视为双方当事人已约定对面积差异款不做退补,不属于《最高人民法院关于审理商品房买卖合同纠纷案件适用法律若干问题的解释》第十四条规定的"合同没有约定或者约定不明确"的情形。关于《商品房买卖合同》第五条是否为格式条款的问题,该条明确约定,当事人选择按套计价的,不适用本条约定。因此,双方当事人签订的《商品房买卖合同》并不包括该条款,买受人主张该条款系格式条款而无效,法院不予支持。关于《商品房销售管理办法》第十九条规定的问题,该规定适用于套型与设计图纸不一致或者相关尺寸超出约定的误差范围而合同未约定处理方式的情形,而双方当事人签订的《商品房买卖合同》并未约定面积误差范围,且买受人亦未选择退房,故本案并不适用该规定。

法律链接

《商品房销售管理办法》(2001年4月4日)

第十八条 商品房销售可以按套(单元)计价,也可以按套内建筑面积或者建筑面积计价。

商品房建筑面积由套内建筑面积和分摊的共有建筑面积组成,套内建筑面积部分为独立产权,分摊的共有建筑面积部分为共有产权,买受人按照法律、法规的规定对其享有权利,承担责任。

按套(单元)计价或者按套内建筑面积计价的,商品房买卖合同中应当注明建筑面积和分摊的共有建筑面积。

第十九条 按套(单元)计价的现售房屋,当事人对现售房屋实地勘察后可以在合同中直接约定总价款。

按套(单元)计价的预售房屋,房地产开发企业应当在合同中附所售房屋的平面图。平面图应当标明详细尺寸,并约定误差范围。房屋交付时,套型与设计图纸一致,相关尺寸也在约定的误差范围内,维持总价款不变;套型与设计图纸不一致或者相关尺寸超出约定的误差范围,合同中未约定处理方式的,买受人可以退房或者与房地产开发企业重新约定总价款。买受人退房的,由房地产开发企业承担违约责任。

地方法规、地方规章

有些地方法规、地方规章对计价方式进行了规定:(1)《北京市城市房地产转让管理办法》第二十一条;(2)《贵州省城镇房地产开发经营管理条例》第三十四条;(3)《河北省城市房地产开发经营管理规定》第二十条;(4)《江苏省城市房地产交易管理条例》第十五条;(5)《山东省商品房销售条例》第二十八条、第三十三条、第三十四条;(6)《山西省城市房地产交易管理条例》第二十一条第一款;(7)《天津市商品房管理条例》第二十五条、第二十六条;(8)《郑州市商品房销售管理办法》第二十九条、第三十条。

三、面积差异条款

法律解读78 面积差异

(一)面积差异的示范条款

可参见《商品房买卖合同(预/售)示范文本》第十三条“面积差异处理”的规定。

(二)面积差异的法律解读

1.法律规范的适用

除《测绘法》和《城市房地产管理法》外,规制商品房面积的规章文件有:《房产测绘管理办法》、《商品房销售面积计算及公用建筑面积分摊规则(试行)》(建房〔1995〕517号)、《关于房屋建筑面积计算与房屋权属登记有关问题的通知》(建住房〔2002〕74号)、国家质量技术监督局《房产测量规范》(GB/T 17986.1－2000)、住房和城乡建设部《建筑工程建筑面积计算规范》

(GB/T 50353-2013)。《建筑工程建筑面积计算规范》主要适用于工程计价,《房产测量规范》主要适用于商品房建筑面积测量,尽管有些具体内容不一致,但两者适用范围不一样,并不冲突。

2. 面积的组成

《房产测量规范》对建筑面积的定义是:"房屋建筑面积系指房屋外墙(柱)勒脚以上各层的外围水平投影面积。"《商品房销售面积计算及公用建筑面积分摊规则(试行)》第五条首次提出成套房屋建筑面积的概念:"商品房按套或单元出售,商品房的销售面积即为套或单元内建筑面积(简称套内建筑面积)与应分摊的公用建筑面积之和。"成套房屋的套内建筑面积由套内房屋的使用面积、套内墙体面积、套内阳台建筑面积三部分组成,其换算公式是:成套建筑面积=套内建筑面积+应分摊的共有建筑面积;套内建筑面积=套内使用面积+套内墙体面积+阳台面积。商品房按"套"或"单元"出售,商品房的销售面积即为购房者所购买的套内建筑面积与应分摊的公用建筑面积之和。商品房销售面积=套内建筑面积+分摊的公用建筑面积。

3. 面积误差

面积误差比,是指购买商品房时实测面积与预测面积之差和预测面积的比值。面积误差比是商品房买卖过程中处理面积差异的一种方法。实测面积即房屋的产权面积,是指房地产行政主管部门确认登记的房屋面积。预测面积即合同约定面积,是指商品房预售合同中约定的面积(房屋测绘机构的预测面积)。面积误差比=(实测面积-预测面积)×100%/预测面积;面积误差比绝对值=(实测计价面积-合同约定计价面积)的绝对值×100%/合同约定计价面积。从图纸到现房容易产生面积误差:商品房预售根据的是"预测面积",主要是根据图纸预测而得的;商品房交付时的面积是"实测面积",主要是项目竣工后实地测出。另外,开发商在施工过程中的规划设计变更、预测人员和实测人员的工作失误、预测规范的不一致等也有可能产生面积误差。

4. 面积误差的处理

《商品房销售管理办法》没有具体考虑到预测面积与实测面积的套内建筑面积与应分摊的公用建筑面积之间的比例发生变化时该如何处理。笔者认为,对此应区分不同计价方式进行处理。对此,《北京市城市房地产转让管理办法》的规定具有参考意义:

(1)按套内建筑面积计价发生面积误差的处理。第四十七条规定:"预售商品房按照套内建筑面积计价的,预售合同中载明的预售的套内建筑面积与实测的套内建筑面积发生误差时,按照合同约定的方式处理。合同中未作约定或者约定不明的,按照下列规定处理:(一)面积误差比绝对值在3%以内(含3%)的,根据实测面积结算房价款。(二)面积误差比绝对值超出3%的,预购人有权退房。预购人退房的,房地产开发企业应当在预购人提出书面退房要求之日起30日内退还预购人已付房价款及其利息。预购人不退房的,实测面积大于合同约定的,面积误差比在3%以内(含3%)部分的房价款由预购人补足;超出3%部分的房价款由房地产开发企业承担,产权归预购人。实测面积小于合同约定的,面积误差比绝对值在3%以内(含3%)部分的房价款由房地产开发企业返还预购人;超出3%部分的房价款由房地产开发企业双倍返还预购人。本办法所称的面积误差比等于实测面积与合同约定面积之差除以合同约定面积乘以100%。"

(2)按套的建筑面积计价发生面积误差的处理。第四十八条规定:"预售商品房按照建筑面积计价的,预售合同中载明的预售建筑面积、套内建筑面积与实测面积发生误差时,按照合同约定的方式处理。合同未作约定或者约定不明的，按照下列规定处理：（一）建筑面积、套内建筑面积误差比绝对值均在3%以内（含3%）的，根据实测面积结算房价款；（二）建筑面积误差比绝对值超出3%的，依照本办法第四十七条第一款第（二）项的规定执行；（三）建筑面积误差比绝对值在3%以内（含3%）、套内建筑面积误差比绝对值超出3%的，购房人有权退房。预购人退房的，房地产开发企业应当在预购人提出书面退房要求之日起30日内退还预购人已付房价款及其利息；购房人不退房的，根据实测面积结算房价款。"

（3）按套（单元）计价发生面积误差的处理。第四十九条规定："预售商品房按照套（单元）计价的，商品房预售合同中应当约定商品房的套型、详细尺寸和误差范围及处理方式并附平面图。按照套（单元）计价的预售商品房实际交付时，房屋的套型与设计图纸一致，相关尺寸在预售合同约定的误差范围之内的，总价款不变。套型与设计图纸不一致或者相关尺寸超出约定的误差范围的，按照合同约定的方式处理；合同未作约定的，由当事人协商解决；协商不成的，可以依法申请仲裁或者提起民事诉讼。"

法律风险防控15

面积误差的处理主要取决于合同约定。首先，合同有约定的按约定处理。其次，合同没约定或者约定不明确的，双方可以协商处理。最后，如果协商不成，按照《商品房销售管理办法》的规定处理。在实践中，开发商为了规避面积误差的法律风险，往往通过补充协议修改《商品房销售管理办法》、示范文本关于面积误差的规定，剥夺买受人的选择权，免除、减轻开发商的责任：无论面积误差多少只能多退少补、按实结算，无须支付利息、赔偿金，给买受人提出解除合同的时间较短，等等。在签订合同时，买受人应特别注意面积条款，要求写明套内建筑面积、公摊面积。一旦因面积误差发生纠纷，买受人应积极主张自己的权益。如果面积误差超过3%，且买受人主张解除合同的，应在合同约定的期限内，以合同约定的方式向开发商提出，以免丧失解除权。对于开发商提供的剥夺买受人的选择权、减免开发商责任的格式条款，买受人可以向法院主张上述条款无效，请求按《商品房销售管理办法》、示范文本的规定进行处理。

典型案例49

长城国际传播有限责任公司与北京远洋大厦有限公司商品房买卖合同纠纷案

裁判摘要

房屋出卖人交付使用的房屋建筑面积超出商品房买卖合同约定面积的，应按照《最高人民法院关于审理商品房买卖合同纠纷案件适用法律若干问题的解释》第十四条的规定处理。

基本案情

1999年3月1日,长城公司与远洋大厦公司签订《外销商品房预售契约》,长城公司购买远洋大厦公司开发的远洋大厦的G01单位,合同约定建筑面积为105.62平方米,国有土地使用面积16.84平方米。上述各项面积为暂测面积,该商品房交付时,房屋的实际面积与暂测面积的差别不超过暂测面积的±5%(不含)时,按照约定的售价进行结算;差别超过暂测面积的±5%(含)时,自远洋大厦公司向长城公司出示北京市房屋土地管理局实测面积文件之日起15日内,长城公司有权解除契约。2003年4月22日,远洋大厦公司向长城公司发函称:根据勘测报告原告购房的实测面积为77.5平方米,比契约规定的面积减少28.12平方米,承认实测面积与预售面积的误差已经超过合同约定的5%的范围,并告诉原告长城公司如选择解除原合同,需在接到通知的15日内书面回复;如选择继续履行合同,远洋大厦公司将在办理完房产证后退还减少面积部分的房价款78,736美元,还要求长城公司在收到此函后7日内与其联系办理有关手续。原告长城公司起诉要求被告远洋大厦公司返还房价款共计人民币1,233,314.26元,以及被告至今未办理房产证,应承担赔偿责任。

裁判结果

北京市西城区人民法院判决:远洋大厦公司返还长城公司购房款1,183,121元;远洋大厦公司给付长城公司自1999年12月30日至2003年4月29日的违约金。北京市第一中级人民法院于2004年6月28日判决:驳回上诉,维持原判。

裁判理由

一审认为认定面积误差比应以合同约定的5%为准,主要根据《最高人民法院关于审理商品房买卖合同纠纷案件适用法律若干问题的解释》的规定,实测面积小于合同约定面积的,面积误差比在3%以内(含3%)部分的房价款及利息由出卖人返还买受人。但双方在合同中约定实际面积与暂测面积的差别不超过±5%(不含)时,应按照合同房屋售价进行结算,双方当事人应遵守该约定。故本案应以双方在合同中约定的5%作为追究远洋大厦公司违约责任的起点。

典型案例50

房产商追偿面积差价　业主反诉房产商欺诈延期[1]

2003年6月17日,被告张某文向原告华立公司认购“华立花园商城”第六栋6C2号房即被告广告宣传的第六栋6C2“商铺”。2006年2月23日,钦州市城市建设测量队测绘确认被告所购房屋面积比合同约定的多了2.55平方米。2009年2月11日原告要求被告到物业管理处核对及结清房屋面积差异价款7094元。2010年5月18日原告再次发出结算通知书。被告接到通知书

[1] 赵子钦:《房产商追偿面积差价　业主反诉房产商欺诈延期》,载中国法院网:http://www.chinacourt.org/article/detail/2014/06/id/1316368.shtml,最后访问日期:2015年3月16日。

后一直没有与原告进行结算，也没有交付面积差异部分的房款。2010 年 9 月 15 日，原告在《钦州日报》刊登公告，并在华立花园小区内张贴公告、告示，通知包括被告在内的业主于 15 日内到原告处办理与领取《房屋所有权证》等手续并结清房价差额款，被告一直没有结清房价差额。原告华立公司于 2012 年 9 月 12 日向钦南区法院起诉，要求被告支付房屋差价 7094 元并支付利息。本诉被告张某文同年 10 月 9 日提出反诉，认为华立公司不能在合同约定的时间内提供房地产权属证书违约，要求华立公司支付违约金 5566.7 元，同时张某文认为华立公司在销售中进行虚假宣传，将住宅用房宣传为黄金铺面，造成被告以商铺的价格购买了住宅用房，要求按《消费者权益保护法》第四十九条判令华立公司赔偿房价款 1 倍的经济损失 111,334 元。

一审钦南区法院审理认为，按双方合法有效合同张某文应当向华立公司补交房屋面积差价 7094 元并支付逾期利息，利息按每日万分之三计算。反诉被告华立公司履行合约中已在期限内向房产部门提供资料进行备案，张某文没有证据证实其未能及时取得房产证是华立公司造成的，其主张华立公司承担延期办证的违约责任证据不足，法院不予采信。张某文在明知房屋用途性质是商品住宅并非黄金铺面的情况下仍自愿签订合同，不存在华立公司隐瞒事实欺骗情形，其主张受欺骗而要求赔偿房价款 1 倍的损失，法院不予支持。最终一审判决本诉被告张某文向原告华立公司支付房屋面积差价 7094 元并支付每日万分之三利息；驳回反诉原告张某文的反诉请求。二审钦州市中级法院审理认为，双方合同没有对逾期缴纳差额房款的违约责任进行约定，不能适用该合同第七条约定的每日万分之三计算，应按银行同类贷款利率计算。最终二审法院认为上诉人张某文的上诉部分有理，二审予以支持，遂改判张某文向被上诉人华立公司支付差价 7094 元并按银行同类贷款利率计算支付利息，其余维持一审判决。

法律链接

《商品房销售管理办法》(2001 年 4 月 4 日)

第十八条 商品房销售可以按套(单元)计价，也可以按套内建筑面积或者建筑面积计价。

商品房建筑面积由套内建筑面积和分摊的共有建筑面积组成，套内建筑面积部分为独立产权，分摊的共有建筑面积部分为共有产权，买受人按照法律、法规的规定对其享有权利，承担责任。

按套(单元)计价或者按套内建筑面积计价的，商品房买卖合同中应当注明建筑面积和分摊的共有建筑面积。

第十九条 按套(单元)计价的现售房屋，当事人对现售房屋实地勘察后可以在合同中直接约定总价款。

按套(单元)计价的预售房屋，房地产开发企业应当在合同中附所售房屋的平面图。平面图应当标明详细尺寸，并约定误差范围。房屋交付时，套型与设计图纸一致，相关尺寸也在约定的误差范围内，维持总价款不变；套型与设计图纸不一致或者相关尺寸超出约定的误差范围，合同中未约定处理方式的，买受人可以退房或者与房地产开发企业重新约定总价款。买受人退房的，由房地产开发企业承担违约责任。

第二十条 按套内建筑面积或者建筑面积计价的,当事人应当在合同中载明合同约定面积与产权登记面积发生误差的处理方式。

合同未作约定的,按以下原则处理:

(一)面积误差比绝对值在3%以内(含3%)的,据实结算房价款;

(二)面积误差比绝对值超出3%时,买受人有权退房。买受人退房的,房地产开发企业应当在买受人提出退房之日起30日内将买受人已付房价款退还给买受人,同时支付已付房价款利息。买受人不退房的,产权登记面积大于合同约定面积时,面积误差比在3%以内(含3%)部分的房价款由买受人补足;超出3%部分的房价款由房地产开发企业承担,产权归买受人。产权登记面积小于合同约定面积时,面积误差比绝对值在3%以内(含3%)部分的房价款由房地产开发企业返还买受人;绝对值超出3%部分的房价款由房地产开发企业双倍返还买受人。

$$面积误差比=\frac{产权登记面积-合同约定面积}{合同约定面积}\times 100\%$$

因本办法第二十四条规定的规划设计变更造成面积差异,当事人不解除合同的,应当签署补充协议。

第二十一条 按建筑面积计价的,当事人应当在合同中约定套内建筑面积和分摊的共有建筑面积,并约定建筑面积不变而套内建筑面积发生误差以及建筑面积与套内建筑面积均发生误差时的处理方式。

《最高人民法院关于审理建筑物区分所有权纠纷案件适用法律若干问题的解释》(2020年12月29日修正)

第八条 民法典第二百七十八条第二款和第二百八十三条规定的专有部分面积可以按照不动产登记簿记载的面积计算;尚未进行物权登记的,暂按测绘机构的实测面积计算;尚未进行实测的,暂按房屋买卖合同记载的面积计算。

《房产测绘管理办法》、《关于印发〈商品房销售面积计算及公用建筑面积分摊规则〉(试行)的通知》(建房〔1995〕517号)、《关于房屋建筑面积计算与房屋权属登记有关问题的通知》(建住房〔2002〕74号)、国家质量技术监督局《房产测量规范》(GB/T 17986.1-2000)、住房和城乡建设部《建筑工程建筑面积计算规范》(GB/T 50353-2013)等对面积进行了规定,读者可进一步参见相关规定。

地方法规、地方规章

有些地方法规、地方规章对面积误差进行了规定:(1)《安徽省城市房地产开发经营管理办法》第二十九条;(2)《北京市城市房地产转让管理办法》第三十五条、第四十六条至第四十九条;(3)《长春市城市房地产交易管理条例》第十八条;(4)《江苏省城市房地产交易管理条例》第十五条、第十七条;(5)《山西省城市房地产交易管理条例》第二十一条;(6)《上海市房地产转让办法》第四十三条;(7)《天津市商品房管理条例》第二十七条;(8)《郑州市商品房销售管理办法》第二十一条、第二十二条。

四、规划设计变更条款

法律解读 79 规划设计变更

(一)规划设计变更的示范条款

《商品房买卖合同(预售)示范文本》:第十四条规划变更,第十五条设计变更。

(二)规划设计变更的法律解读

规划变更,是指建设单位经规划主管部门批准对原规划条件所进行的变更。根据《城乡规划法》第四十三条第一款的规定,建设单位应当按照规划条件进行建设;确需变更的,必须向市、县人民政府城乡规划主管部门提出申请。从规划行政审批的角度来讲,建设工程包括《建设用地规划许可证》《建设工程规划许可证》。建设用地规划是建设工程规划的前提和条件,建设工程规划必须符合建设用地规划的条件。建设用地、工程规划又是建设工程施工图设计的前提和条件,建设工程必须符合建设用地、工程规划的条件。开发商应当按照建设工程规划许可证规定的条件建设商品房,不得擅自变更。商品房预售合同签订之后,如果用途、面积、容积率、绿地率、基础设施、配套设施等规划许可内容经城乡规划主管部门批准变更的,出卖人应当在变更确立之日起10 日内将书面通知送达买受人。

设计变更,是指设计单位依据建设单位要求调整,或者对原设计内容进行修改、完善、优化。根据《建设工程勘察设计管理条例》第二十八条的规定,建设单位、施工单位、监理单位不得修改建设工程设计文件;确需修改建设工程设计文件的,应当由原设计单位修改。经原设计单位书面同意,建设单位也可以委托其他具有相应资质的设计单位修改。与规划变更不同,设计单位并不是政府行政主管部门,一般不涉及行政审批。但是,对于特殊工程的设计变更,有可能涉及行政主管部门的审批。例如,《公路工程设计变更管理办法》第六条第一款规定:“公路工程重大、较大设计变更实行审批制。”第七条规定:“重大设计变更由交通部负责审批。较大设计变更由省级交通主管部门负责审批。”《水利工程设计变更管理暂行办法》第十五条规定:“工程设计变更审批采取分级管理制度。重大设计变更文件,由项目法人按原报审程序报原初步设计审批部门审批。一般设计变更文件由项目法人组织审查确认后实施,并报项目主管部门核备,必要时报项目主管部门审批。”开发商应当按照经批准的建筑工程施工图设计文件建设商品房,不得擅自变更。根据《商品房销售管理办法》第二十四条第二款的规定,设计单位同意的设计变更导致商品房的结构型式、户型、空间尺寸、朝向变化,以及出现合同当事人约定的其他影响商品房质量或者使用功能情形的,房地产开发企业应当在变更确立之日起 10 日内,书面通知买受人。

《商品房销售管理办法》第二十四条第三款前段规定:“买受人有权在通知到达之日起 15 日内做出是否退房的书面答复。买受人在通知到达之日起 15 日内未作书面答复的,视同接受规划、设计变更以及由此引起的房价款的变更。”与此不同的是,我国有些地方明确规定应当书面征得预购人的同意,例如,北京、天津、上海、广东等地的规定。[①] 当然,两者实质上是一致的,都是赋予买受人选择权。

法律风险防控 16

如果开发商擅自变更规划,未按照建设工程规划许可证的规定进行建设的,根据《城乡规划法》第六十四条的规定,可能需要承担责令停止建设、限制改正、没收实物或者违法收入、罚款等行政处罚。更为严重的后果是,如果规划变更未经审批,就会影响规划验收。如果不能或者延期办理规划验收,就会影响商品房的竣工验收、备案,乃至交付使用。因此,如果规划确需进行变更,开发商应及时办理审批手续。如果是政府为了公共利益而要求开发商进行的规划变更,应归入不可抗力或者重大情势变更,开发商不承担违约责任。

在实践中,设计变更更为常见、复杂。设计变更之所以需要设计单位同意,是因为设计为施工的基础,事关工程质量,设计单位需要承担相应的责任。如果未经设计单位同意,建设单位擅自对设计进行变更的,由此产生的质量责任应由建设单位承担。设计单位很有可能以此为由推脱责任,不配合竣工验收、出具竣工意见,影响商品房的竣工验收、备案,乃至交付使用。因此,如果设计确需进行变更,开发商应取得设计单位的书面同意。当然,并不是什么设计变更都要通知买受人,只有重大设计变更才需要通知买受人或者取得买受人的同意,即设计变更导致商品房的结构型式、户型、空间尺寸、朝向变化,以及出现合同当事人约定的其他影响商品房质量或者使用功能的设计变更。

除非合同另有约定,开发商应当在规划、设计变更确立之日起 10 日内,书面通知买受人。开发商未在规定时限内通知买受人的,买受人有权退房;买受人退房的,由开发商承担违约责任。买受人有权在通知到达之日起 15 日内作出是否退房的书面答复。买受人在通知到达之日起 15 日内未作书面答复的,视同接受规划、设计变更以及由此引起的房价款变更。

典型案例 51

拆迁合同不明确　开发商加盖楼层业主诉赔败诉[②]

2007 年 9 月 12 日,原告几十户拆迁户业主与被告广西钦州某房地产公司签订《城市房屋拆迁补偿协议书》及《补充协议书》。签订协议后,被告在未经原告同意的情况下,擅自将楼房的第六层标准层设计改为跃层住宅即楼中楼。2008 年 12 月,被告办理《建设工程规划许可证》,注明住宅楼的层数为 6 层,但第六层、第七层为一套跃层住宅,层数按照一层计算。2009 年 5 月,被告

① 参见《北京市城市房地产转让管理办法》第四十三条、《天津市商品房管理条例》第二十九条、《上海市房地产转让办法》第三十九条、《广东省商品房预售管理条例》第十条。

② 赵子钦:《拆迁合同不明确　开发商加盖楼层业主诉赔败诉》,载中国法院网:http://www.chinacourt.org/article/detail/2014/04/id/1277151.shtml,最后访问日期:2019 年 5 月 12 日。

办理《建筑工程施工许可证》后进行施工建设。2011 年 3 月,楼房经验收合格并交付原告使用。原告认为被告擅自改变设计,在原告回建房所在楼第六层之上加建了一个楼层即第七层作为商品房出售,被告的行为构成了违约,侵害了原告的合法权益。为此,原告向钦南区法院起诉。被告开发建设的第 4 ~ 8 号楼共有 41 套楼中楼,被告擅自改变设计,将第六层与第七层原应预留楼梯洞口用钢筋网封闭,在第七层楼层私自开设单独的用户出入门,涉嫌违法,被钦州市住建委立案查处。2013 年 6 月钦州市住建委作出行政处罚决定,责令被告限期改正,恢复设计原貌。

一审钦南区法院认为,双方协议书和补充协议书合法有效,有法律约束力,双方当事人均应按约定履行各自义务。被告在未经原告同意的情况下,擅自改变原来约定,改建跃层住宅楼,被告的行为已构成了违约,造成了原告所在回建住宅楼高度增加,致使原告住宅通风、采光等受到了一定影响,特别是原告占有住宅地面积相应减少,应当承担违约责任。但原告请求被告赔偿经济损失 3 万元证据不足,根据实际情况综合考虑,酌情确定被告赔偿原告经济损失 2 万元。钦州市中级法院二审认为,上诉人与被上诉人签订的协议书仅约定了房屋的基本情况,没有明确约定楼房的楼层数。合同附件中注明的“1 至 6 层为住宅”,仅能证明被上诉人可以在 1 ~ 6 层的范围内选择回建的房屋,并没有对上诉人所建房屋的楼层作出限制。被上诉人提供的证据未能证明其在与上诉人在签订协议时,双方明确约定上诉人所建房屋楼层数。因此,被上诉人主张上诉人建造七层楼房违反合同约定没有法律和事实依据,不予支持。上诉人在建设过程中将第六层与第七层原应预留楼梯洞口用钢筋网进行了封闭,主管部门已作出行政处罚,被上诉人不能以此为由追究上诉人合同违约。被上诉人请求上诉人赔偿经济损失 3 万元,但未能提供经济损失的依据,没有事实和法律依据,不予支持。遂于 2 月至 4 月陆续作出二审判决,判决撤销钦南区法院一审判决;改判驳回被上诉人的诉讼请求。

典型案例 52

小区用地变更办证逾期　购房户索赔违约金被驳[1]

裘某与银河公司于 2009 年 12 月签订房屋买卖合同,总价款为 40 万余元。该合同约定,实际交房之日起 60 日内,由双方向房屋所在地土地房屋登记机构履行办证手续,并取得土地房屋登记机构出具的登记受理单;因银河公司未按期办理手续,需向裘某支付违约金。双方还补充约定,银河公司接受裘某委托办理合同登记备案、产权登记事宜,如受政策及专业部门有关规定、工作程序影响,未能按期办理相关手续的,不承担违约责任。签订后,裘某履行了全部付款义务,并于 2011 年 8 月 4 日实际接房。2012 年 5 月,银河公司与国土部门协议调整该小区用地红线,小区用地面积及土地出让金随之调整。2012 年 6 月,银河公司取得该栋房屋的房地产权证。银河

---

① 郝绍彬:《小区用地变更办证逾期　购房户索赔违约金被驳》,载中国法院网:http://www.chinacourt.org/article/detail/2015/03/id/1567477.shtml,最后访问日期:2019 年 5 月 12 日。

公司为裘某办理房屋权属登记取得业务受理单的时间为2012年7月13日。因逾期办证,裘某将银河公司告上法庭,要求其履行违约责任。

重庆市九龙坡区人民法院审理后认为,银河公司在施工过程中发生用地红线调整事宜,因此造成逾期办理相关证件,并非银河公司责任。据此,法院一审驳回裘某的诉讼请求。裘某不服一审判决上诉,重庆市五中院经审理后作出二审判决,驳回上诉,维持原判。法院认为,合同中的专业部门是指相关业务主管部门,包括政府部门的国土、规划部门。上述小区系依国土部门确定的用地红线、规划部门划定的建筑物控制线开发建设,该房屋位于审批地块内,符合业务主管部门审批要求。银河公司在经主管部门批准进行施工的情况下,发生用地红线调整,需补充履行用地手续的事实,继而造成逾期办证,并无证据证明该事实系由银河公司原因所致,由此造成的办证延迟不应归责于被告。依双方补充约定上述情况导致逾期办证,银河公司免责。

法律链接

《中华人民共和国城乡规划法》(2019年4月23日修正)

第四十三条第一款　建设单位应当按照规划条件进行建设;确需变更的,必须向城市、县人民政府城乡规划主管部门提出申请。变更内容不符合控制性详细规划的,城乡规划主管部门不得批准。城市、县人民政府城乡规划主管部门应当及时将依法变更后的规划条件通报同级土地主管部门并公示。

第六十四条　未取得建设工程规划许可证或者未按照建设工程规划许可证的规定进行建设的,由县级以上地方人民政府城乡规划主管部门责令停止建设;尚可采取改正措施消除对规划实施的影响的,限期改正,处建设工程造价百分之五以上百分之十以下的罚款;无法采取改正措施消除影响的,限期拆除,不能拆除的,没收实物或者违法收入,可以并处建设工程造价百分之十以下的罚款。

《商品房销售管理办法》(2001年4月4日)

第二十四条　房地产开发企业应当按照批准的规划、设计建设商品房。商品房销售后,房地产开发企业不得擅自变更规划、设计。

经规划部门批准的规划变更、设计单位同意的设计变更导致商品房的结构型式、户型、空间尺寸、朝向变化,以及出现合同当事人约定的其他影响商品房质量或者使用功能情形的,房地产开发企业应当在变更确立之日起10日内,书面通知买受人。

买受人有权在通知到达之日起15日内做出是否退房的书面答复。买受人在通知到达之日起15日内未作书面答复的,视同接受规划、设计变更以及由此引起的房价款的变更。房地产开发企业未在规定时限内通知买受人的,买受人有权退房;买受人退房的,由房地产开发企业承担违约责任。

地方法规、地方规章

有些地方法规、地方规章对规划设计变更进行了规定:(1)《北京市城市房地产转让管理办法》第四十三条;(2)《重庆市城镇房地产交易管理条例》第二十二条;(3)《广东省商品房预售管理条例》第十条;(4)《贵州省城镇房地产开发经营管理条例》第三十八条;(5)《山东省城市房地产开发经营管理条例》第三十二条、第五十四条;(6)《山东省商品房销售条例》第三十五条;(7)《陕西省城市房地产市场管理条例》第二十条第二款;(8)《上海市房地产转让办法》第三十八条;(9)《深圳经济特区房地产转让条例》第三十九条;(10)《天津市商品房管理条例》第二十九条;(11)《郑州市城市房地产开发经营管理条例》第十一条。

五、质量条款

法律解读 80 质量

(一)质量的示范条款

《商品房买卖合同(预售)示范文本》:第十六条商品房质量,第十七条保修责任,附件六关于装饰装修及相关设备标准的约定,附件七关于保修范围、保修期限和保修责任的约定,附件八关于质量担保的证明。《商品房买卖合同(现售)示范文本》:第十四条商品房质量,第十五条保修责任,第十六条质量担保,附件七关于装饰装修及相关设备标准的约定,附件八关于保修范围、保修期限和保修责任的约定,附件九关于质量担保的证明。

(二)质量的法律解读

1. 房屋主体质量不合格的处理

《最高人民法院关于审理商品房买卖合同纠纷案件适用法律若干问题的解释》第九条规定:"因房屋主体结构质量不合格不能交付使用,或者房屋交付使用后,房屋主体结构质量经核验确属不合格,买受人请求解除合同和赔偿损失的,应予支持。"房屋主体质量不合格包括两种情况:一是房屋主体结构质量不合格不能交付使用。《建筑法》第六十一条第二款、《民法典》第七百九十九条第二款规定:"建设工程竣工经验收合格后,方可交付使用;未经验收或者验收不合格的,不得交付使用。"二是房屋交付使用后,房屋主体结构质量经核验确属不合格。《城市房地产开发经营管理条例》第三十二条、《商品房销售管理办法》规定,商品房交付使用后,购买人认为主体结构质量不合格的,可以向工程质量监督单位申请重新核验。经核验,确属主体结构质量不合格的,购买人有权退房;给购买人造成损失的,房地产开发企业应当依法承担赔偿责任。

2. 因房屋质量问题严重影响正常居住使用的处理

《最高人民法院关于审理商品房买卖合同纠纷案件适用法律若干问题的解释》第十条第一款规定:"因房屋质量问题严重影响正常居住使用,买受人请求解除合同和赔偿损失的,应予支持。"何为"严重影响正常居住使用",一般认为,如果房屋质量问题可以修复的,不能认为是严重影响正常居住;如果多次修复仍不能正常使用的,可以认定为严重影响正常生活。

3. 保修范围内的一般质量问题,出卖人应承担修复责任

《最高人民法院关于审理商品房买卖合同纠纷案件适用法律若干问题的解释》第十条第二款规定:"交付使用的房屋存在质量问题,在保修期内,出卖人应当承担修复责任;出卖人拒绝修复或者在合理期限内拖延修复的,买受人可以自行或者委托他人修复。修复费用及修复期间造

成的其他损失由出卖人承担。”

(1)根据《建设工程质量管理条例》第四十条、《房屋建筑工程质量保修办法》第七条的规定,正常使用条件下房屋建筑工程的最低保修期限为:①基础设施工程、房屋建筑的地基基础工程和主体结构工程,为设计文件规定的该工程的合理使用年限;②屋面防水工程、有防水要求的卫生间、房间和外墙面的防渗漏,为5年;③供热与供冷系统,为2个采暖期、供冷期;④电气管线、给排水管道、设备安装和装修工程,为2年。其他项目的保修期限由发包方与承包方约定。我国法律规范没有统一规定地基工程和主体结构的合理使用年限,需要根据各类建设工程的不同情况进行认定。根据《工程结构可靠性设计统一标准》(GB 50153-2008)的规定,房屋建筑结构的设计基准期为50年。房屋建筑结构的设计使用年限分为四类:类别1设计使用年限为5年,类别2设计使用年限为25年,类别3设计使用年限为50年,类别4设计使用年限为100年。①

(2)商品房作为特殊的建设工程,与其他建筑物保修有所区别:①适用法律较多。商品房除适用建设工程法律、行政法规规定的一般保修期外,还应当遵守房地产开发法律、行政法规关于保修期的特殊规定。②保修义务人是房地产开发企业。根据《城市房地产开发经营管理条例》第三十条的规定,房地产开发企业应当按照住宅质量保证书的约定,承担商品房保修责任。保修期内,因房地产开发企业对商品房进行维修,致使房屋原使用功能受到影响,给购买人造成损失的,应当依法承担赔偿责任。③保修责任始期特殊。《商品房销售管理办法》第三十三条第一款规定:“保修期从交付之日起计算。”④保修期限较长。《商品房销售管理办法》第三十三条第二款规定,商品住宅的保修期限不得低于建设工程承包单位向建设单位出具的质量保修书约定保修期的存续期;存续期少于《商品住宅实行质量保证书和住宅使用说明书制度的规定》中确定的最低保修期限的,按照该规定确定最低保修期限。根据《商品住宅实行住宅质量保证书和住宅使用说明书制度的规定》第五条规定,地基基础和主体结构在合理使用寿命年限内承担保修。正常使用情况下各部位、部件保修内容与保修期分别为:屋面防水3年;墙面、厨房和卫生间地面、地下室、管道渗漏1年;墙面、顶棚抹灰层脱落1年;地面空鼓开裂、大面积起砂1年;门窗翘裂、五金件损坏1年;管道堵塞2个月;供热、供冷系统和设备1个采暖期或供冷期;卫生洁具1年;灯具、电器开关6个月;其他部位、部件的保修期限,由房地产开发企业与用户自行约定。

《建设工程质量管理条例》第四十条、《房屋建筑工程质量保修办法》第七条规定的房屋建筑工程的最低保修期限与《商品住宅实行住宅质量保证书和住宅使用说明书制度的规定》第五条规定的商品房保修期不一致。对此如何适用?由于《建设工程质量管理条例》为行政法规,因此商品房的最低保修期限应适用《建设工程质量管理条例》的规定。值得注意的是,《商品房销售管理办法》第三十三条及部分地方法规、地方规章规定,商品房的保修期从交付之日起计算。开发商向买受人交付商品房的时间一般晚于建设工程竣工验收合格后施工单位交付给开发商的时间,两者的时间并不一致,而商品房的保修期限如果从交付之日起计算,则有可能发生施工单位的保修期限届满而开发商的保修期限未届满的情况,对此如何处理有待今后立法的进一步明确。

① 参见《工程结构可靠性设计统一标准》(GB 50153-2008)A.1.2、A.1.3。

法律风险防控 17

1. 如果商品房出现质量问题,勘察、设计、施工等环节都有可能导致质量问题,建设单位、监理单位、勘察单位、设计单位、施工单位、材料及设备供应单位都有可能承担相应的行政责任、民事责任。根据合同相对性原则,除开发商自身原因导致的质量问题之外,一般都是由开发商先行向买受人承担民事责任,再由开发商向相关责任单位追偿。

2. 买受人并不是任何情况下都可以解除合同:商品房未经验收的,买受人可以拒绝收房;商品房验收不合格的,买受人可以拒绝收房;房屋交付后因质量问题严重影响正常生活的,买受人可以解除合同。

3. 如果商品房在保修范围和保修期限内发生质量问题,开发商首先应查明商品房质量问题的基本情况,其次要找出导致工程质量问题的原因,再次要分清工程质量的责任,又次开发商要先向买受人承担责任,最后再追究相关责任主体的责任。如果质量问题是由于施工单位原因所致的,则施工单位应当在质量保修期内承担无条件的保修义务并承担维修费用。若保修期内发生的工程质量问题是由其他方原因造成的,则不属于施工单位保修的范围,施工单位虽可进行维修但由此产生的费用应由责任方承担。如果保修的质量问题是由于勘察单位、设计单位或者建筑材料、发包人自身原因造成的,则应当追究责任方的质量赔偿责任。

典型案例 53

杨珺与东台市东盛房地产开发有限公司商品房销售合同纠纷案

裁判摘要

人民法院依法独立行使审判权,在审理案件中“以事实为根据,以法律为准绳”。人民法院据以定案的事实根据,是指经依法审理查明的客观事实。建设行政主管部门的审批文件以及建筑工程勘察、设计、施工、工程监理等单位分别签署的质量合格文件,在关于房屋建筑工程质量的诉讼中仅属诉讼证据,对人民法院认定事实不具有当然的确定力和拘束力。如果存在房屋裂缝、渗漏等客观事实,并且该客观事实确系建筑施工所致,则人民法院应当依法认定房屋存在质量缺陷。除有特别约定外,房屋出卖人应当保证房屋质量符合工程建设强制性标准以及合同的约定,房屋买受人因房屋存在质量缺陷为由向出卖人主张修复等民事责任的,人民法院应当予以支持。

基本案情

2006 年 3 月 25 日,杨珺与东盛公司签订商品房买卖合同,杨珺购买东盛公司开发的水景湾 10 号楼 A 室房屋一套。水景湾 10 号楼为叠加别墅,除去顶楼阁楼层后有 4 个结构层,为砖混结构,屋面未设置保温层。对此,东盛公司出售房屋时未予告知。2006 年 6 月 21 日,杨珺领取了涉案房屋的房屋所有权证。在装修、居住过程中,杨珺发现存在墙体多处裂缝、窗户渗漏等问题,多次报修,东盛公司多次派员维修,但均未能根本修复。2007 年 9 月 3 日,杨珺将东盛公司诉至法院要求其修复房屋的裂缝。审理中,杨珺申请对墙体裂缝渗漏的原因及维修方案进行鉴定。2007年12月11日,南京东南建设工程安全鉴定有限公司作出SF207078-1号《东台市水景湾10号楼A室裂缝原因及维修方案鉴定报告》。2007年12月19日,杨珺向法院提出撤诉申请,同日法院裁定准许撤诉。同年12月21日,杨珺另诉要求东盛公司承担根治修复房屋裂缝渗漏及相关费用的民事责任,赔偿因裂缝渗漏造成的损失7100元。2008年1月7日,杨珺申请对东台市水景湾10号楼A室房屋整改修复工程造价进行评估。2008年7月9日,中国建设银行股份有限公司江苏省分行作出结论为:10号楼A室房屋整改修复工程造价为35,481.36元。

裁判结果

江苏省东台市人民法院于2008年12月14日判决:东盛公司对属于杨珺所购房屋按《东台市水景湾10号楼A室裂缝原因及维修方案鉴定报告》中所明确的整改修复方案进行整改修复。盐城市中级人民法院于2009年5月15日判决:驳回上诉,维持原判。

典型案例54

男孩高空坠落受重伤　父母告开发公司索赔偿[①]

2013年4月10日下午2点左右,家住桂林市阳光小区的王女士临时外出,由于家中无人,她将3岁的儿子晨晨单独反锁在家。其间,晨晨从家中六楼阳台栏杆的间隙处跌落至楼下,虽然在跌落过程中被三楼的晾衣杆缓冲了一下,但晨晨的伤情仍然较严重。2013年10月,经司法机构鉴定,晨晨因人身损害受伤致左眼盲目5级(无光感)构成八级伤残;致双下肢长度相差2厘米构成十级伤残。晨晨的父亲李先生在司法鉴定结果出来后,将中房桂林公司告上法院,称导致晨晨从六楼阳台栏杆缝隙处坠落至一楼地面遭受严重伤害的根本原因,系开发商出售的房屋的阳台栏杆不符合国家规定。涉案房屋阳台经法院组织双方现场勘验,证实存在两个问题:一是5根横向栏杆均不能防止儿童攀登;二是杆件之间的净距过大,阳台从地面往上砌出的水泥台阶与最下一根横杆的间距为17厘米,且无任何护板遮挡,依次往上的横杆之间间距为14.5厘米、15.5厘米、15.5厘米、18厘米,远远超过建设部《住宅设计规范》(2003年修订版)中要求的阳台栏杆垂直杆件间净距不应大于11厘米的标准。

法院经审理认为,本案中,受害人晨晨系无民事行为能力人,其父母为其法定监护人,对其身体健康安全有监护义务。晨晨从阳台栏杆间隙处坠落时,无人在家,其监护人主观存在过错,属于过失,未尽监护义务,对原告晨晨的损失应自行承担相应责任。被告中房桂林公司开发建设的房屋阳台不符合国家强制性规范《住宅设计规范》(2003年修订版),存在安全隐患,亦是造成原告损害后果发生的客观原因,应对原告的损失承担赔偿责任。根据《侵权责任法》第二十六条

---

① 蒋峰、屈斐琳:《男孩高空坠落受重伤　父母告开发公司索赔偿》,载中国法院网:https://www.chinacourt.org/article/detail/2014/05/id/1287001.shtml,最后访问日期:2019年5月12日。

“被侵权人对损害的发生也有过错的，可以减轻侵权人的责任”的规定，双方的责任承担比例以2∶8为宜。原告晨晨的各项经济损失共计20.1512万元，故被告中房桂林公司应向原告晨晨支付16.121万元，另需支付精神抚慰金10,000元。据此，秀峰法院依法作出了上述判决。

典型案例55

电梯紧邻卧室噪声扰民　业主起诉开发商担责①

2010年11月17日，刘女士夫妇在重庆市荣昌县昌州街道迎宾大道29号购买了一套商品房。2012年6月，刘女士一家人搬进了新装修的房屋。随后，刘女士发现与电梯井一墙之隔的卧室，到了晚上就能听见电梯运行的噪声，让人无法入睡。刘女士感觉该房屋无法正常居住，给自己的生活、工作带来巨大困扰，于是数次找到开发商协商此事，但均未得到解决。2014年1月6日，刘女士一纸诉状将开发商东邦公司告上了法院，请求排除妨碍，并诉请被告支付赔偿金50,000元。

荣昌法院审理认为，原告刘女士所购买房屋的卧室内听到的噪声排放源来自电梯，显然位于敏感建筑物即该居民楼内，且噪声主要作用于房屋卧室，影响原告休息、生活。在目前我国尚无明确的居民楼内电梯噪声排放标准的情况下，相对于《声环境质量标准》较为概括的声环境区分及排放标准值而言，《社会生活环境噪声排放标准》对噪声排放的声环境区分及排放限值作了更为详细的分类，明确规定了住宅卧室等以睡眠为目的、需要保证夜间安静的房间的噪声排放限值，法院认为参照《社会生活环境噪声排放标准》作为认定本案噪声排放是否超标的依据更为客观、合理。根据《环境噪声污染防治法》第二条第二款“本法所称环境噪声污染，是指所产生的环境噪声超过国家规定的环境噪声排放标准，并干扰他人正常生活、工作和学习的现象”的规定，依照荣环(监)字〔2013〕第W31号监测报告的监测结果，诉争房屋卧室夜间噪声值已超过《社会生活环境噪声排放标准》A类房间夜间噪声排放限值30分贝，原告在噪声影响下无法正常休息，噪声污染影响了原告的正常生活、工作，被告应采取相应措施排除噪声妨碍。对于原告主张的赔偿金50,000元，被告未予认可，原告又未举示证据加以证实，故不予支持。

法律链接

《城市房地产开发经营管理条例》(2020年11月29日修订)

第十六条　房地产开发企业开发建设的房地产项目，应当符合有关法律、法规的规定和建筑工程质量、安全标准、建筑工程勘察、设计、施工的技术规范以及合同的约定。

房地产开发企业应当对其开发建设的房地产开发项目的质量承担责任。

---

① 郝绍彬、李天全：《电梯紧邻卧室噪声扰民　业主起诉开发商担责》，载中国法院网：http://www.chinacourt.org/article/detail/2014/11/id/1474513.shtml，最后访问日期：2019年5月12日。

勘察、设计、施工、监理等单位应当依照有关法律、法规的规定或者合同的约定,承担相应的责任。

第三十条 房地产开发企业应当在商品房交付使用时,向购买人提供住宅质量保证书和住宅使用说明书。

住宅质量保证书应当列明工程质量监督部门核验的质量等级、保修范围、保修期和保修单位等内容。房地产开发企业应当按照住宅质量保证书的约定,承担商品房保修责任。

保修期内,因房地产开发企业对商品房进行维修,致使房屋原使用功能受到影响,给购买人造成损失的,应当依法承担赔偿责任。

第三十一条 商品房交付使用后,购买人认为主体结构质量不合格的,可以向工程质量监督单位申请重新核验。经核验,确属主体结构质量不合格的,购买人有权退房;给购买人造成损失的,房地产开发企业应当依法承担赔偿责任。

《商品房销售管理办法》(2001年4月4日)

第三十二条 销售商品住宅时,房地产开发企业应当根据《商品住宅实行质量保证书和住宅使用说明书制度的规定》(以下简称《规定》),向买受人提供《住宅质量保证书》《住宅使用说明书》。

第三十三条 房地产开发企业应当对所售商品房承担质量保修责任。当事人应当在合同中就保修范围、保修期限、保修责任等内容做出约定。保修期从交付之日起计算。

商品住宅的保修期限不得低于建设工程承包单位向建设单位出具的质量保修书约定保修期的存续期;存续期少于《规定》中确定的最低保修期限的,保修期不得低于《规定》中确定的最低保修期限。

非住宅商品房的保修期限不得低于建设工程承包单位向建设单位出具的质量保修书约定保修期的存续期。

在保修期限内发生的属于保修范围的质量问题,房地产开发企业应当履行保修义务,并对造成的损失承担赔偿责任。因不可抗力或者使用不当造成的损坏,房地产开发企业不承担责任。

第三十五条 商品房交付使用后,买受人认为主体结构质量不合格的,可以依照有关规定委托工程质量检测机构重新核验。经核验,确属主体结构质量不合格的,买受人有权退房;给买受人造成损失的,房地产开发企业应当依法承担赔偿责任。

《最高人民法院关于审理商品房买卖合同纠纷案件适用法律若干问题的解释》(2020年12月29日修正)

第九条 因房屋主体结构质量不合格不能交付使用,或者房屋交付使用后,房屋主体结构质量经核验确属不合格,买受人请求解除合同和赔偿损失的,应予支持。

第十条 因房屋质量问题严重影响正常居住使用,买受人请求解除合同和赔偿损失的,应予支持。

交付使用的房屋存在质量问题,在保修期内,出卖人应当承担修复责任;出卖人拒绝修复或者在合理期限内拖延修复的,买受人可以自行或者委托他人修复。修复费用及修复期间造成的其他损失由出卖人承担。

地方法规、地方规章

有些地方法规、地方规章对商品房质量进行了规定:(1)《安徽省城市房地产开发经营管理办法》第二十七条、第二十八条;(2)《北京市城市房地产转让管理办法》第二十六条;(3)《重庆市城市房地产开发经营管理条例》第三十二条、第四十二条;(4)《甘肃省城市房地产管理条例》第十三条;(5)《广东省商品房预售管理条例》第二十八条;(6)《广州市房地产开发办法》第二十三条至第三十一条;(7)《贵州省城镇房地产开发经营管理条例》第二十一条、第二十二条、第四十二条;(8)《河北省城市房地产开发经营管理规定》第二十九条至第三十一条;(9)《湖北省实施〈中华人民共和国城市房地产管理法〉办法》第十三条、第三十三条;(10)《湖南省城市房地产开发经营管理办法》第二十九条至第三十二条;(11)《辽宁省城市房地产开发经营管理规定》第十七条、第十八条;(12)《山东省城市房地产开发经营管理条例》第三十三条至第三十七条、第五十五条;(13)《山东省商品房销售条例》第四十三条至第四十五条;(14)《山西省城市房地产交易管理条例》第二十二条;(15)《天津市商品房管理条例》第七条、第八条、第十三条;(16)《郑州市城市房地产开发经营管理条例》第二十五条至第二十七条;(17)《郑州市商品房销售管理办法》第四十三条、第四十五条;(18)《长春市城市房地产开发经营管理条例》第二十六条、第二十七条;(19)《内蒙古自治区城市房地产开发经营管理条例》第三十三条、第三十四条。

六、交付条款

法律解读81　交付

(一)交付的示范条款

《商品房买卖合同(预售)示范文本》:第九条商品房交付条件,第十条商品房相关设施设备交付条件,第十一条交付时间和手续,第十二条逾期交付责任,附件五关于本项目内相关设施、设备的具体约定。《商品房买卖合同(现售)示范文本》:第十条商品房交付条件,第十一条商品房相关设施设备交付条件,第十二条交付时间和手续,第十三条逾期交付责任,附件六关于本项目内相关设施、设备的具体约定。

(二)交付的法律解读

《最高人民法院关于审理商品房买卖合同纠纷案件适用法律若干问题的解释》第八条规定:“对房屋的转移占有,视为房屋的交付使用,但当事人另有约定的除外。房屋毁损、灭失的风险,在交付使用前由出卖人承担,交付使用后由买受人承担;买受人接到出卖人的书面交房通知,无正当理由拒绝接收的,房屋毁损、灭失的风险自书面交房通知确定的交付使用之日起由买受人承担,但法律另有规定或者当事人另有约定的除外。”转移占有,是指占有人以法律行为将其占有物交付受让人,受让人取得占有的行为。需要注意的是,商品房的交付并不意味着商品房所有权的转移。《民法典》第二百零九条第一款规定:“不动产物权的设立、变更、转让和消灭,经依法登记,发生效力;未经登记,不发生效力,但是法律另有规定的除外。”可见,我国不动产实行登记要件主义,商品房的交付并不意味着商品房所有权的转移。商品房交付的法律意义表现在风险承担、利益享受、确定保修及办理房产证期限的起算时间。

1. 商品房的交付条件

根据我国法律、行政法规规定,房地产开发项目竣工验收合格后,方可交付使用;未经验收或者验收不合格的,不得交付使用。[①] 2000 年 1 月 30 日国务院颁发《建设工程质量管理条例》,规定我国建设工程实行竣工验收备案制度,政府工程质量监督开始了从"质量等级核验制"向"竣工验收备案制"转变,建设工程竣工验收也从政府行政主管部门主导的行政许可向由建设单位主导的竣工验收转变。但是,建设工程竣工验收备案是不是商品房交付的必要条件呢?在实践中,对此存在不同的观点:一种观点认为,建设工程竣工验收备案是商品房交付的必要条件。建设工程竣工验收备案是一项准行政许可行为,是建设工程竣工的必经程序。另一种观点则认为,建设工程竣工验收备案不是商品房交付的必要条件。商品房交付是买卖双方的一种民事行为,应当取决于双方在合同中的约定。建设工程竣工验收备案是一种准行政行为,与开发商和购房者之间的民事行为没有关系。对于建设工程竣工验收备案是不是商品房交付的必要条件,笔者认为:

(1)关于"交付"的定义。建设工程的交付可以分为两次交付:第一次交付是建设工程竣工验收合格后,由施工单位交付给建设单位;第二次交付是开发商接受竣工验收合格的房屋后交付给购房者。在探讨建设工程竣工验收备案是不是商品房交付的必要条件时,应当区分两次交付。否则,就不能清楚解释交付的问题。

(2)关于法定和约定的商品房交付条件。《商品房买卖合同(预/现售)示范文本》明确规定,商品房交付时应当取得建设工程竣工验收备案证明文件。开发商往往在示范文本之外要求购房者签订补充协议,约定商品房的交付条件是通过建设单位组织的,由勘察单位、设计单位、施工单位、监理单位参加的建设工程竣工验收。在实践中,开发商往往在建设项目没有通过规划、消防、环保、节能等专业验收的情况下,仅凭建设工程竣工验收报告,根据补充协议的变更约定强行组织交房。开发商的这种做法是否违反法律的规定,建设工程竣工验收备案是不是商品房交付的必要条件?从相关规定来看,法律、行政法规规定的是"房地产开发项目竣工验收合格后,方可交付使用",并没有明确规定"经过竣工验收备案后,方可交付使用"。笔者认为,这涉及如何理解竣工验收。按照《房屋建筑和市政基础设施工程竣工验收备案管理办法》第五条的规定,竣工验收备案必须具备下列条件:

①城乡规划行政主管部门对工程是否符合规划设计要求进行检查,并出具认可文件;

②有消防、环保等部门出具的认可文件或者准许使用文件;

③建设行政主管部门及其委托的工程质量监督机构等有关部门责令整改的问题全部整改完毕。

另外,我国《消防法》《环境保护法》《城乡规划法》等法律都明确规定,建设工程必须要通过消防、环保、规划等专业验收方可组织竣工验收。可见,建设单位组织竣工验收的前提条件之一是建设工程已经通过规划、消防、环保、节能等专业验收。按照《房屋建筑和市政基础设施工程竣

① 参见《民法典》第七百九十九条第二款、《城市房地产管理法》第二十六条第二款、《建筑法》第六十一条第二款、《城市房地产开发经营管理条例》第十七条第一款、《建设工程质量管理条例》第十六条第三款。

工验收备案管理办法》第四条的规定，建设单位应当自工程竣工验收合格之日起15日内，向工程所在地的县级以上地方人民政府建设主管部门备案。建设工程竣工验收备案只是程序性的准行政行为，只要建设工程竣工验收备案符合法定条件就能取得备案表。综上所述，《商品房买卖合同（预/现售）示范文本》将《竣工验收备案表》作为交房条件符合法律规定，即建设工程竣工验收备案是商品房交付的必要条件。

综合各地规定，有些地方明确把建设工程竣工验收备案表或通过消防、规划等专业验收作为商品房交付的条件。例如，《山东省高级人民法院关于印发全省民事审判工作会议纪要的通知》（2011年）第二条第六项规定："出卖人交付的房屋应是完成了工程竣工验收、消防、配套设施、绿化、环保等综合验收。"《福建省高级人民法院关于审理商品房买卖合同纠纷案件疑难问题的解答》（2008年）第二十二条规定："交付使用的房屋不仅应当经设计、施工、监理、建设单位等验收合格，还应当符合法律、法规关于房屋交付使用的其他强制性规定，包括消防验收。"《北京市城市房地产转让管理办法》第五十条规定："房地产开发企业交付预售商品房，应当符合下列条件：（一）取得建筑工程竣工验收备案表；（二）取得商品房面积实测技术报告书；（三）预售合同约定的其他交付条件。"《贵州省城镇房地产开发经营管理条例》第三十九条规定："商品房交付使用，应当符合下列条件：（一）房地产开发项目经竣工验收合格，依法取得建设、城乡规划等有关部门出具的认可文件或者准许使用文件，并经房地产主管部门备案……"《山东省商品房销售条例》第三十七条规定："房地产开发企业交付商品房时，应当向买受人提供下列材料：（一）房地产开发项目综合验收报告及备案证明……"《重庆市城市房地产开发经营管理条例》第二十六条规定："房地产住宅项目的交付使用应当符合下列条件：（一）已取得建设工程竣工验收备案证……"《重庆市城镇房地产交易管理条例》第二十五条规定："商品房项目竣工验收合格，并依法办理建设工程竣工验收备案后方能交付使用。"

《商品房买卖合同（预/现售）示范文本》对商品房交付条件的规定更为细化：

第一，明确商品房交付应符合的条件包括：该商品房已取得建设工程竣工验收备案证明文件；该商品房已取得房屋测绘报告。

第二，明确基础设施设备交付条件：①供水、排水：交付时供水、排水配套设施齐全，并与城市公共供水、排水管网连接，使用自建设施供水的，供水的水质符合国家规定的饮用水卫生标准；②供电：交付时纳入城市供电网络并正式供电；③供暖：交付时供热系统符合供热配建标准，使用城市集中供热的，纳入城市集中供热管网；④燃气：交付时完成室内燃气管道的敷设，并与城市燃气管网连接，保证燃气供应；⑤电话通信：交付时线路敷设到户；⑥有线电视：交付时线路敷设到户；⑦宽带网络：交付时线路敷设到户。

第三，明确公共服务及其他配套设施（以建设工程规划许可为准）的交付条件及时间：小区内绿地、小区内非市政道路、规划的车位、车库、物业服务用房、医疗卫生机构、幼儿园、学校。

2. 商品房的交付标准

交付标准，是指买卖双方约定的房屋交付时所应达到的状态。在实践中，商品房的交付标准大致可分为：室外公共部分和室内部分交付标准，室内部分交付标准又可分为毛坯和精装交付标准。毛坯交付标准一般仅在规划设计要求的范围内对室内进行简单的装修，水、电、暖、气、弱电等进户即可。《商品住宅装修一次到位实施细则》第 1.1.2 条规定:"商品住宅装修一次到位所指商品住宅为新建城镇商品住宅中的集合式住宅。装修一次到位是指房屋交钥匙前,所有功能空间的固定面全部铺装或粉刷完成,厨房和卫生间的基本设备全部安装完成,简称全装修住宅。"精装交付标准主要取决于双方约定的精装修标准,通常要求达到"拎包即住"。毛坯交付标准主要取决于规划设计的要求,如果不符合规划设计的要求,就无法通过规划验收,达不到交房标准,更多体现的是国家的行政干涉。精装交付标准远高于毛坯交付标准,除了必须具备毛坯交付标准的基本要求之外,还必须符合双方约定的精装交付标准,更多体现的是双方的合意。精装交付标准的内容包罗万象,质量、环境、配套、装修、品牌、型号等都可以自由约定。

商品房的交付标准与交付条件不同。法律规定的是商品房交付条件,而不是商品房交付标准。商品房的交付条件是法定要求,商品房的交付标准是双方合意。但是,商品房的交付标准不得低于商品房的交付条件。如果商品房达不到交付条件,则构成根本违约,买受人可据此解除合同;如果商品房达到交付条件,但达不到交付标准,并不影响合同目的的实现,一般不构成根本违约,可以通过违约责任来解决。在实践中,大量的交付纠纷,并不是由于商品房达不到交付条件,而是对商品房是否符合交付标准存在争议。买受人往往因为商品房达不到交付标准而拒绝收房,而不是通过追究开发商的违约责任来解决问题。

3. 样板间(房)与交付

样板间(房)作为一种重要的促销手段,被开发商普遍采用。开发商设置样板间(房)的目的各异,或者作为一种促销手段,或者作为一种交房标准,或者作为装修效果的参照实例,主要取决于合同的约定。《商品房销售管理办法》第三十一条规定:"房地产开发企业销售商品房时设置样板房的,应当说明实际交付的商品房质量、设备及装修与样板房是否一致,未作说明的,实际交付的商品房应当与样板房一致。"有些地方的法规对此也作出了规定,例如,《北京市城市房地产转让管理办法》第四十五条、《广东省商品房预售管理条例》第二十六条、《贵州省城镇房地产开发经营管理条例》第四十三条、《河北省城市房地产开发经营管理规定》第二十七条、《山东省商品房销售条例》第三十八条第二款、《山西省城市房地产交易管理条例》第十九条。因此,开发商设置样板间(房),应在现场醒目位置明确公示,并在商品房买卖合同中明确约定间(房)是否作为交房标准。

如果实际交付的房屋与样板间(房)不一致,应区分两种情况进行处理:(1)合同对样板间(房)与实际交付房屋是否一致未作说明。实际交付的商品房应当与样板间(房)一致,如果不一致,开发商应承担违约责任,方式主要有三种:①重新交付符合样板房标准的房屋;②对已经交付的房屋进行符合样板间(房)要求的再装修;③酌情减少价款或者赔偿损失。(2)合同对样板间(房)与实际交付房屋是否一致作出说明。按照合同处理即可。

4. 房地产广告与交付

《最高人民法院关于审理商品房买卖合同纠纷案件适用法律若干问题的解释》第三条规定:"商品房的销售广告和宣传资料为要约邀请,但是出卖人就商品房开发规划范围内的房屋及相关设施所作的说明和允诺具体确定,并对商品房买卖合同的订立以及房屋价格的确定有重大影响的,应当视为要约。该说明和允诺即使未载入商品房买卖合同,亦应当视为合同内容,当事人违反的，应当承担违约责任。”如果房地产广告涉及交房标准，在房地产广告视为要约的情况下，即便该说明和允诺未载入商品房买卖合同，亦应当视为合同内容。如果开发商违反该房地产广告，应当承担违约责任。

法律风险防控 18

1. 要区分交房条件与交房标准。竣工验收合格是商品房交付的法定条件。如果商品房达不到交付条件，则构成根本违约，买受人可以据此解除合同，要求赔偿损失。商品房交付标准主要取决于当事人之间的约定，但是不得低于法律、行政法规规定的质量标准。如果交付的商品房低于法律、行政法规规定的质量标准，买受人可以据此解除合同，要求赔偿损失。如果交付的商品房符合法律、行政法规规定的质量标准，但是达不到合同约定的交房标准，不影响合同目的的实现，买受人不可要求解除合同，但可以要求开发商赔偿损失。对于这种情况，买受人不能拒绝收房。

2. 为了逃避逾期交房的责任，开发商在不具备交付条件的情况下，往往强行通知买受人收房。在这种情况下，买受人可以拒绝收房，要求开发商承担逾期交房的责任。如果买受人收房，是否可以要求开发商承担逾期交房责任？在实践中，有的法院认为不需要承担逾期交房的责任，有的法院认为需要承担逾期交房的责任。

3. 交房通知不是交房的必要条件。我国法律、行政法规没有规定交房通知是交付的必要条件，但在合同中一般会约定开发商应在交付日期届满前以书面形式通知买受人。在实务中，常见买受人称未收到交付通知而要求开发商承担迟延交付的违约责任，法院通常要求开发商提供通知的书面证据。法院要求的证据通常是经签收的交房通知书、特快专递、挂号信等书面证据，而电话、短信、电子邮件、普通信函、报纸公告、非本人签收的特快回执往往得不到法院的认可。显然，法院的这种做法是变相地把交付通知作为交付的法定条件，只要开发商不能证明已经通知了买受人，就要承担逾期交付的违约责任。交付通知的意义仅在于告知买受人交付的时间和地点，就算没有通知买受人也可按照合同约定的时间要求开发商交房。《商品房买卖合同（预/现售）示范文本》关于交付时间和手续的条款就比较合理：“该商品房达到……约定的交付条件后，出卖人应当在交付日期届满前____日（不少于 10 日）将查验房屋的时间、办理交付手续的时间地点以及应当携带的证件材料的通知书面送达买受人。买受人未收到交付通知书的，以本合同约定的交付日期届满之日为办理交付手续的时间，以该商品房所在地为办理交付手续的地点。”对于此条款内容的变化，要特别提醒买受人，买受人逾期办理交付手续的，如果合同约定了买受人逾期受领的责任，则买受人有可能需要承担逾期受领的责任。在商品房买卖合同中应明确约定交房的通知方式，如可以通过电话、手机短信、电子邮件、挂号信、特快专递、公告送达、登报或者电视媒体通知的方式。买受人应提供有效的联系方式，如果联系方式变更应及时通知开发商。

4. 受领房屋既是买受人的一项权利，也是买受人的一项义务。从权利的角度来讲，买受人有权要求开发商按照规定的时间交付符合条件的商品房；从义务的角度来讲，买受人有义务按照规定的时间受领开发商交付的符合条件的商品房。买受人是否可以质量问题拒绝受领商品房？商品房经验收合格是法定的交付条件,验收合格并不代表商品房就不存在问题了。商品房交付意味着商品房毁损灭失风险的转移,意味着买受人需要开始缴纳物业服务费等费用。对于商品房交付过程中买受人所发现的质量问题,除非商品房竣工验收不合格,或者因房屋主体结构质量不合格不能交付使用,买受人不能据此拒不受领商品房。

5. 因逾期交房解除合同的程序和期限。根据《最高人民法院关于审理商品房买卖合同纠纷案件适用法律若干问题的解释》第十一条的规定,根据《民法典》第五百六十三条的规定,出卖人迟延交付房屋或者买受人迟延支付购房款,经催告后在三个月的合理期限内仍未履行,解除权人请求解除合同的,应予支持,但当事人另有约定的除外。法律没有规定或者当事人没有约定,经对方当事人催告后,解除权行使的合理期限为三个月。对方当事人没有催告的,解除权人自知道或者应当知道解除事由之日起一年内行使。逾期不行使的,解除权消灭。可见,买受人享有法定解除权,但前提是必须催告,给出卖人合理的履行期限。在实践中,商品房买卖合同通常会约定:"逾期交房,按已付房款____%按天/月支付违约金;逾期交房超____天,买受人可解除合同。"买受人应注意:(1)明确约定行使合同解除权时,仍有权主张逾期交房的违约金。(2)违约金的数额确定应充分考虑出卖人违约导致合同解除,给买受人造成的包括房屋升值等预期利益损失。(3)解除合同的通知仍需送达至出卖人,方始产生解除的法律效果。(4)通知的方式应在商品房买卖合同中有明确约定,建议以合同上载明的联系方式为通知方式。(5)解除通知已到达出卖人属买受人举证义务,故证据形式、内容上要注意做到具备真实性、关联性。(6)解除通知到达出卖人后,在出卖人有异议又拖延的情况下,建议买受人及时通过法律程序确认解除通知的效力,并追究违约责任。因出卖人的过错,不能按约定的时间交付商品房的,出卖人应当支付违约金。违约金金额合同有约定的,从合同约定;未约定的,为延期交付商品房期间的指导租金。如果造成买受人损失,出卖人除支付违约金外,还应当负赔偿责任。出卖人超过约定时间三个月仍不交付商品房的,买受人有权解除合同,但出卖人与买受人另有约定的除外。

典型案例56

黄颖与北京美晟房地产开发有限公司商品房预售合同纠纷案

裁判摘要

1. 对所购房屋显而易见的瑕疵,业主主张已经在开发商收执的《业主入住验收单》上明确提出书面异议。开发商拒不提交有业主签字的《业主入住验收单》,却以业主已经入住为由,主张业主对房屋现状认可。根据《最高人民法院关于民事诉讼证据的若干规定》,可以推定业主关于已提出异议的主张成立。

2. 根据《合同法》第一百零七条的规定,交付房屋不符合商品房预售合同中的约定,应由开发商向业主承担违约责任。交付房屋改变的建筑事项,无论是否经过行政机关审批或者是否符合建筑规范,均属另一法律关系,不能成为开发商不违约或者免除违约责任的理由。

基本案情

原告通过签订合同,购买了被告预售的一套房屋。在办理入住手续时原告发现,该房屋客厅窗外有一根用于装饰的钢梁。这个钢梁不仅遮挡窗户,给原告造成视觉和心理障碍,还威胁原告的人身、财产安全和隐私权。原告多次以书面方式要求被告解决这个问题,但被告均以各种借口拒绝。原告请求判令被告拆除原告窗外的装饰钢梁,并负担本案诉讼费用。被告辩称:原告所诉窗外有钢梁情况属实。这个钢梁是从整个小区的美观与协调考虑,按照经政府相关部门批准的小区建设设计图纸安装的,且符合建筑规范。现在整个小区已经竣工,并经验收合格。

裁判结果

北京市大兴区人民法院于2005年3月20日判决:驳回原告黄颖的诉讼请求。北京市第一中级人民法院于2005年7月8日判决:撤销一审民事判决;被上诉人美晟房产公司将上诉人黄颖所购房屋窗外的装饰钢梁横梁上移55厘米并重新焊接。

典型案例57

周显治、俞美芳与余姚众安房地产开发有限公司商品房销售合同纠纷案

一审法院:余姚市人民法院

二审法院:宁波市中级人民法院

一审观点

(一)关于涉案房屋的交付问题

《最高人民法院关于审理商品房买卖合同纠纷案件适用法律若干问题的解释》第十一条规定:对房屋的转移占有,视为房屋的交付使用,但当事人另有约定的除外。二原告在该《双方同意书》上言明“经本人与众安公司协商一致,本人按照合同约定时间配合办理相关交房工作,以便按期办理相关产证等手续,但不领取×幢×号钥匙等物料”,该文字表述并没有包含被告无须书面通知原告方办理房屋交付手续的意思表示,只是原告表明愿意按照合同约定的时间配合被告办理相关交房工作,即并未免除被告的书面通知以及签署交接单等义务,因此商品房达到交付使用条件后,被告仍应当按照合同的约定以书面的方式通知原告方办理房屋交付手续,双方进行验收交接,并签署房屋交接单等,且不仅仅局限于“领取×幢×号钥匙等物料”。

(二)关于违约责任的承担问题

1. 原告俞美芳、周显治认为被告众安公司应当承担逾期交房和逾期交付房产证、土地证的违约责任;被告认为被告已经于2013年3月9日取得涉案房屋所有权证,于2013年3月25日取得土地使用权证,上述均属于合同约定2013年3月31日之前,只有在买卖双方办理完毕交房手续后上述权证才可以过户到原告名下,因原告原因导致产权证无法过户,即使认定被告逾期交房,那么逾期交房屋权属证书时间应当相应的顺延。首先,《商品房买卖合同》载明:“出卖人负责办

理土地使用权初始登记，取得《土地使用权证书》或土地使用证明，出卖人负责申请该商品房所有权初始登记，取得该商品房《房屋所有权证》，出卖人承诺于2013年3月31日前，取得前款规定的土地、房屋权属证书，交付给买受人"，该内容明确被告应当于2013年3月31日前取得土地、房屋权属证书，并交付给原告方，而不能理解为被告自身于2013年3月31日前取得《土地使用权证书》《房屋所有权证》的初始登记，否则无法确定原告方何时才能取得房地产权证(将房产从被告公司转移登记过户至原告个人名下)，现被告已逾期交付房地产权属证书，显然与此相悖，被告亦未提供证据证明系可归责于原告方的原因导致逾期交付房地产权属证书。其次，依照合同约定，被告负有按时交房与按时交付权属证书的义务。现被告以合同中的条款(附件八补充协议第6条第2款)"若出卖人逾期交房并承担了逾期交房违约责任的，则本合同第十六条中出卖人承诺取得土地、房屋权属证书的时间相应顺延，顺延期限与商品房交付的逾期期限相同等"为由，认为即使认定被告逾期交房，那么逾期交房屋权属证书时间也应当相应的顺延。根据《合同法》第三十九条、第四十条的规定：采用格式条款订立合同的，提供格式条款的一方应当遵循公平原则确定当事人之间的权利和义务，并采取合理的方式提请对方注意免除或者限制其责任的条款，按照对方的要求，对该条款予以说明；格式条款具有本法第五十二条和第五十三条规定情形的，或者提供格式条款一方免除其责任、加重对方责任、排除对方主要权利的，该条款无效。附件八补充协议第6条第2款系被告方提供，其内容显然置原告方的利益于不顾，导致其权益处于不确定状态，免除了被告按时交付房地产权属证书的义务，应当为无效的格式条款，故被告不能因为双方有此条款的约定而免除其逾期交付权属证书的违约责任。

2. 二原告要求被告支付逾期交房的违约金以及逾期交付权属证书的违约金；被告余姚众安房地产开发有限公司认为，即使认定构成违约情况下恳请按照法律规定适当减少违约金。《最高人民法院关于审理商品房买卖合同纠纷案件适用法律若干问题的解释》第十六条规定：当事人以约定的违约金过高为由请求减少的，应当以违约金超过造成的损失30%为标准适当减少；当事人以约定的违约金低于造成的损失为由请求增加的，应当以违约造成的损失确定违约金数额。从双方订立《商品房买卖合同》的目的来看，二原告与被告之间关于逾期交房和交付房地产权属证书的违约金约定更具惩罚性质(惩罚性违约金)，换言之，是合同双方对于违约所约定的一种制裁。二原告已按照合同约定将购房款5,162,730元全部支付给被告，为防止被告怠于履行其合同义务，敦促其及时履行交付房屋和交付房地产权属证书的义务，违约金仍应按照合同约定计算。二原告诉请被告立即履行2013年9月23日出具的《悦龙湾×幢×号房产所在问题》维修单确定的维修义务，维修结果应与图纸相符，达到国家标准，其实质在于要求被告按约及时交付房屋。

典型案例 58

开发商延期交房拒赔偿　抗辩理由不当要担责[①]

2011 年 9 月 29 日，张某购买了大庆一房地产开发公司开发的一套房屋，并与该房地产公司签订了《商品房买卖合同》。双方在合同中约定，卖方应当在 2012 年 7 月 31 日将符合要求的房屋交付给张某，房屋总价款为 120 万元；如果卖方不能按期交付房屋，卖方应当向买方支付违约金，违约金数额按照已经支付房款日万分之三支付给张某。2012 年 7 月 31 日，卖方迟迟没能将房屋交付给张某。直到 2013 年 4 月 14 日，开发商终于将张某购买的房屋交给了张某。后因违约赔偿问题，双方发生争议，故张某诉至法院，要求按照合同支付违约金，并计算至 2013 年 10 月取得竣工备案证之时，即支付违约金额为 164,880 元。

经法院审理后认为，原、被告双方签订的商品房买卖合同，系双方真实意思表示，内容不违背法律法规的强制性规定，合同合法有效，双方均应当按照合同的约定履行各自的义务。合同约定，被告应当在 2012 年 7 月 31 日前向原告交付房屋，但直至 2013 年 4 月 14 日，被告才将涉案房屋交付原告，因此，被告逾期交付房屋的行为构成违约，应当按照合同约定向原告支付违约金。因原告于 2013 年 4 月 14 日接收房屋，对于原告提出按照楼房竣工备案之日计算，缺少根据，故不予采纳。鉴于上述情况，故对于被告支付违约金的日期应当计算到该日期止，故法院作出被告支付原告违约金共计 92,880 元的判决。

典型案例 59

商品房接通临时用电　开发商承担违约责任[②]

2009 年 8 月 31 日，家住江北区的何先生与某开发商签订《商品房买卖合同》，约定恒大公司在 2011 年 6 月 30 日前交付房屋时，与该房屋正常使用直接关联的基础设施和配套设施，包括通电，须符合使用条件，否则视为被告延期交楼，构成违约。2011 年 6 月 30 日，何先生签署《收楼证明书》，即接收房屋并居住使用。入住后不久，因房屋接通的为临时用电，电压不稳，造成频繁跳闸停电。何先生诉称，2011 年 7 月 1 日至 2012 年 8 月 9 日，小区使用的为临时用电，违反了买卖合同中“每户设独立电表”的约定，应视为延期交房的违约行为，遂向重庆市渝中区人民法院起诉，请求判令被告按照已交房款每日万分之一赔偿逾期交房违约金 26,499.62 元。

---

① 李海静、付建国：《开发商延期交房拒赔偿　抗辩理由不当要担责》，载中国法院网：http://www.chinacourt.org/article/detail/2014/09/id/1434637.shtml，最后访问日期：2019 年 5 月 12 日。

② 郝绍彬、屈冬梅：《商品房接通临时用电　开发商承担违约责任》，载中国法院网：https://www.chinacourt.org/article/detail/2015/01/id/1536130.shtml，最后访问日期：2019 年 5 月 12 日。

法院审理认为,涉案房屋接通的是临时用电,不能满足城市生活所需,不符合交易目的,应视为违约。鉴于何先生未提供证据证明实际遭受的损失,且双方约定违约金明显过高,故法院以实际损失为基础,兼顾合同的履行情况、双方的过错程度综合考量,酌定开发商支付违约金1000元。本案中,双方签订的商品房买卖合同,对通电的要求系需要达到"使用条件",结合双方订立商品房买卖合同的目的及日常交易习惯,该"使用条件"应理解为合法、正常的用电。对于"非正式供电"的行为,即使实际上达到了通电的效果,但并未纳入城市供电网络,既不符合《供电营业规则》第十二条规定,也不符合商品房买卖合同的交易习惯,不能视为其达到了合同约定的"使用条件"。故开发商未按合同约定于2011年6月30日前通电并达到使用条件,视为延期交房,应承担逾期交房的违约责任。

法律链接

《中华人民共和国民法典》(2020年5月28日)

第七百九十九条 建设工程竣工后,发包人应当根据施工图纸及说明书、国家颁发的施工验收规范和质量检验标准及时进行验收。验收合格的,发包人应当按照约定支付价款,并接收该建设工程。

建设工程竣工经验收合格后,方可交付使用;未经验收或者验收不合格的,不得交付使用。

《中华人民共和国建筑法》(2019年4月23日修正)

第六十一条第二款 建筑工程竣工经验收合格后,方可交付使用;未经验收或者验收不合格的,不得交付使用。

《中华人民共和国城乡规划法》(2019年4月23日修正)

第四十五条 县级以上地方人民政府城乡规划主管部门按照国务院规定对建设工程是否符合规划条件予以核实。未经核实或者经核实不符合规划条件的,建设单位不得组织竣工验收。

建设单位应当在竣工验收后六个月内向城乡规划主管部门报送有关竣工验收资料。

《中华人民共和国城市房地产管理法》(2019年8月26日修正)

第二十七条 房地产开发项目的设计、施工,必须符合国家的有关标准和规范。

房地产开发项目竣工,经验收合格后,方可交付使用。

《建设工程质量管理条例》(2019年4月23日修订)

第十六条 建设单位收到建设工程竣工报告后,应当组织设计、施工、工程监理等有关单位进行竣工验收。

……

建设工程经验收合格的,方可交付使用。

第四十九条第一款 建设单位应当自建设工程竣工验收合格之日起15日内,将建设工程竣工验收报告和规划、公安消防、环保等部门出具的认可文件或者准许使用文件报建设行政主管部门或者其他有关部门备案。

第五十八条 违反本条例规定,建设单位有下列行为之一的,责令改正,处工程合同价款

2%以上4%以下的罚款;造成损失的,依法承担赔偿责任:

(一)未组织竣工验收,擅自交付使用的;

(二)验收不合格,擅自交付使用的;

(三)对不合格的建设工程按照合格工程验收的。

《城市房地产开发经营管理条例》(2020年11月29日修订)

第十七条 房地产开发项目竣工,依照《建设工程质量管理条例》的规定验收合格后,方可交付使用。

《中华人民共和国消防法》(2021年4月29日修正)

第十三条第三款 依法应当进行消防验收的建设工程,未经消防验收或者消防验收不合格的,禁止投入使用;其他建设工程经依法抽查不合格的,应当停止使用。

第五十八条 违反本法规定,有下列行为之一的,由住房和城乡建设主管部门、消防救援机构按照各自职权责令停止施工、停止使用或者停产停业,并处三万元以上三十万元以下罚款:

(一)依法应当进行消防设计审查的建设工程,未经依法审查或者审查不合格,擅自施工的;

(二)依法应当进行消防验收的建设工程,未经消防验收或者消防验收不合格,擅自投入使用的;

(三)本法第十三条规定的其他建设工程验收后经依法抽查不合格,不停止使用的;

(四)公众聚集场所未经消防救援机构许可,擅自投入使用、营业的;或者经核查发现场所使用、营业情况与承诺内容不符的。

核查发现公众聚集场所使用、营业情况与承诺内容不符,经责令限期改正,逾期不整改或者整改后,仍达不到要求的,依法撤销相应许可。

建设单位未依照本法规定在验收后报住房和城乡建设主管部门备案的,由住房和城乡建设主管部门责令改正,处五千元以下罚款。

《商品房销售管理办法》(2001年4月4日)

第三十条 房地产开发企业应当按照合同约定,将符合交付使用条件的商品房按期交付给买受人。未能按期交付的,房地产开发企业应当承担违约责任。

因不可抗力或者当事人在合同中约定的其他原因,需延期交付的,房地产开发企业应当及时告知买受人。

第三十一条 房地产开发企业销售商品房时设置样板房的,应当说明实际交付的商品房质量、设备及装修与样板房是否一致,未作说明的,实际交付的商品房应当与样板房一致。

第四十条 房地产开发企业将未组织竣工验收、验收不合格或者对不合格按合格验收的商品房擅自交付使用的,按照《建设工程质量管理条例》的规定处罚。

《房屋建筑工程和市政基础设施工程竣工验收备案管理暂行办法》(2009年10月19日修正)

第四条 建设单位应当自工程竣工验收合格之日起15日内,依照本办法规定,向工程所在地的县级以上地方人民政府建设行政主管部门(以下简称备案机关)备案。

第七条 工程质量监督机构应当在工程竣工验收之日起5日内,向备案机关提交工程质量监督报告。

第八条 备案机关发现建设单位在竣工验收过程中有违反国家有关建设工程质量管理规定行为的,应当在收讫竣工验收备案文件15日内,责令停止使用,重新组织竣工验收。

《最高人民法院关于审理商品房买卖合同纠纷案件适用法律若干问题的解释》(2020年12月29日修正)

第八条 对房屋的转移占有,视为房屋的交付使用,但当事人另有约定的除外。

房屋毁损、灭失的风险,在交付使用前由出卖人承担,交付使用后由买受人承担;买受人接到出卖人的书面交房通知,无正当理由拒绝接收的,房屋毁损、灭失的风险自书面交房通知确定的交付使用之日起由买受人承担,但法律另有规定或者当事人另有约定的除外。

第十一条 根据民法典第五百六十三条的规定,出卖人迟延交付房屋或者买受人迟延支付购房款,经催告后在三个月的合理期限内仍未履行,解除权人请求解除合同的,应予支持,但当事人另有约定的除外。

法律没有规定或者当事人没有约定,经对方当事人催告后,解除权行使的合理期限为三个月。对方当事人没有催告的,解除权人自知道或者应当知道解除事由之日起一年内行使。逾期不行使的,解除权消灭。

地方法规、地方规章

有些地方法规、地方规章对交付进行了规定:(1)《安徽省城市房地产开发经营管理办法》第二十条;(2)《北京市城市房地产转让管理办法》第四十五条、第五十条;(3)《重庆市城市房地产开发经营管理条例》第二十四条至第二十七条、第三十二条、第四十条至第四十二条;(4)《重庆市城镇房地产交易管理条例》第二十五条;(5)《甘肃省城市房地产管理条例》第十条、第十三条;(6)《广东省商品房预售管理条例》第十五条、第二十六条、第二十八条;(7)《广西壮族自治区城市房地产开发经营管理条例》第二十五条;(8)《贵州省城镇房地产开发经营管理条例》第三十九条至第四十三条;(9)《黑龙江省城市房地产开发管理条例》第二十三条;(10)《河北省城市房地产开发经营管理规定》第二十七条;(11)《湖南省城市房地产开发经营管理办法》第二十一条;(12)《内蒙古自治区城市房地产开发经营管理条例》第二十条;(13)《山东省商品房销售条例》第三十七第至第四十一条;(14)《山西省城市房地产交易管理条例》第十九条;(15)《天津市商品房管理条例》第九条至第十二条;(16)《新疆维吾尔自治区实施〈中华人民共和国城市房地产管理法〉办法》第十三条;(17)《浙江省房地产开发管理条例》第二十八条。

七、登记条款

法律解读82 登记

(一)登记的示范条款

《商品房买卖合同(预售)示范文本》:第二十条房屋登记。《商品房买卖合同(现售)示范文本》:第十七条房屋登记。

(二)登记的法律解读

1. 房屋登记

根据《房屋登记办法》第二条的规定，房屋登记，是指房屋登记机构依法将房屋权利和其他应当记载的事项在房屋登记簿上予以记载的行为。房屋登记包括房屋所有权初始登记和转移登记。房屋所有权初始登记，是指因合法建造房屋所申请的房屋所有权初始登记。根据《房屋登记办法》第三十一条的规定，房地产开发企业申请房屋所有权初始登记时，应当对建筑区划内依法属于全体业主共有的公共场所、公用设施和物业服务用房等房屋一并申请登记，由房屋登记机构在房屋登记簿上予以记载，不颁发房屋权属证书。商品房竣工验收合格并经备案后，开发商应申请房屋所有权初始登记，俗称“大产权”。开发商办理房屋所有权初始登记(“大产权”)是办理房屋所有权转移登记的前提条件(“小产权”)。如果因开发商的原因无法办理房屋所有权初始登记(“大产权”)，导致无法办理房屋所有权转移登记，开发商应向买受人承担逾期办理房屋登记的违约责任。房屋所有权转移登记，是指房屋所有权从出卖人转移至买受人所办理的登记类型。根据《房屋登记办法》第三十二条的规定，发生下列情形之一的，当事人应当在有关法律文件生效或者事实发生后申请房屋所有权转移登记：(1)买卖；(2)互换；(3)赠与；(4)继承、受遗赠；(5)房屋分割、合并，导致所有权发生转移的；(6)以房屋出资入股；(7)法人或者其他组织分立、合并，导致房屋所有权发生转移的；(8)法律、法规规定的其他情形。

《商品房买卖合同(预/现售)示范文本》指的是房屋所有权转移登记。与房屋所有权初始登记由开发商申请所不同的是，房屋所有权转移登记必须由开发商和买受人共同向房屋登记机构申请办理该商品房的房屋所有权转移登记，即双方都有义务相互配合，才能办理房屋所有权转移登记。否则，开发商和买受人都有可能承担逾期办理的违约责任。《城市房地产开发经营管理条例》第三十二条规定：“预售商品房的购买人应当自商品房交付使用之日起90日内，办理土地使用权变更和房屋所有权登记手续；现售商品房的购买人应当自销售合同签订之日起90日内，办理土地使用权变更和房屋所有权登记手续。房地产开发企业应当协助商品房购买人办理土地使用权变更和房屋所有权登记手续，并提供必要的证明文件。”该条仅规定买受人办理土地使用权变更和房屋所有权登记手续，未区分初始登记和转移登记，容易发生纠纷。我国有些地方规定与此不相一致。

2. 土地登记

《城市房地产开发经营管理条例》第三十二条还规定了土地使用权变更登记手续。土地登记包括初始登记和变更登记。根据《土地登记办法》第二十五条的规定，初始登记是指土地总登记之外对设立的土地权利进行的登记。依法以出让方式取得国有建设用地使用权的，当事人应当在付清全部国有土地出让价款后，持国有建设用地使用权出让合同和土地出让价款缴纳凭证等相关证明材料，申请出让国有建设用地使用权初始登记。根据《土地登记办法》第三十八条的规定，变更登记，是指因土地权利人发生改变，或者因土地权利人姓名或者名称、地址和土地用途等内容发生变更而进行的登记。因依法买卖、交换、赠与地上建筑物、构筑物及其附属设施涉及建设用地使用权转移的，当事人应当持原土地权利证书、变更后的房屋所有权证书及土地使用权发生转移的相关证明材料，申请建设用地使用权变更登记。《商品房买卖合同(预/现售)示范文本》仅规定了房屋所有权转移登记,并没有规定土地使用权的变更登记。在实践中,有些地方要求办理土地、房屋两证,有的地方土地、房屋合为一证,有的地方仅要求办理房屋证。

法律风险防控 19

1. 对于开发商而言,房屋登记的权利分为两个阶段:(1)房屋所有权的初始登记由开发商负责办理,并且是房屋所有权转移登记的前提条件。如果开发商未办理房屋所有权的初始登记导致无法办理转移登记的,开发商需要向买受人承担逾期办理房屋登记的违约责任。(2)房屋所有权的转移登记需要开发商和买受人的共同配合,开发商有义务提供办理房屋所有权转移登记的所需材料。如果开发商未履行相应义务的,需要承担逾期办理房屋登记的违约责任。在实践中,无法办理房屋所有权转移登记一般都是因为开发商无法按时办理房屋所有权初始登记所导致的。根据《房屋登记办法》第三十条的规定,申请房屋所有权初始登记,应当提交建设用地使用权证明、建设工程符合规划的证明、房屋已竣工的证明、房屋测绘报告等材料。上述材料中涉及行政审批的事项,往往导致开发商办理房屋所有权初始登记的期限不确定,是导致开发商逾期办理房屋所有权初始登记的主要原因之一。如果是因为行政审批导致开发商逾期办证的,只要开发商能够证明已经实质具备条件并按时提交行政审批所需材料,就可以免除逾期办证的违约责任。

2. 对于买受人而言,房屋所有权转移登记也并非完全是开发商的事情,即便合同约定由开发商负责办理房屋所有权转移登记,买受人也有义务提供办理房屋所有权转移登记的所需材料。如果买受人未履行相应义务的,不仅不得要求开发商承担逾期办理房屋登记的违约责任,而且还有可能需要向开发商承担逾期办理房屋登记的违约责任。

3. 需要注意的是,《城市房地产开发经营管理条例》第三十三条、《最高人民法院关于审理商品房买卖合同纠纷案件适用法律若干问题的解释》第十四条以及部分地方法规、地方规章规定办理房屋所有权变更登记的时限是商品房交付之日起 90 日内。在实践中,在商品房交付之日起 90 日未能完成房屋所有权初始登记、房屋所有权转移登记的情况屡见不鲜。因此,买受人和开发商最好在商品房买卖合同中具体约定办理房屋登记的时限。其实,房屋登记的时限是"双刃剑",很难说对谁有利。从开发商的角度来讲,如果合同约定由开发商负责房屋登记,似乎是约定的时间越长越有利。但是,从另外一方角度来讲,如果是按揭贷款,开发商需要承担担保责任至完成房屋所有权转移登记、在买受人房屋所有权证上办理抵押登记,因此按揭贷款的买受人往往不积极配合开发商办理房屋登记。另外,为避免对方不履行办理房屋所有权转移登记的义务,另一方在通知或督促对方办理房屋所有权转移登记时都有必要保留相关的证据。

典型案例60

董怡与大连海创房地产开发有限公司房屋买卖合同纠纷案

基本案情

2009年10月28日，原告与被告签订《商品房买卖合同》，约定原告购买由被告开发的位于大连市高新园区海创世达街(芝麻街)19-1-16-20号房屋(建筑面积51.58平方米)，合同约定办理房屋所有权登记的期限为一年，自该房屋交付之日起计算。如因出卖人责任，自房屋交付之日起超过一年买受人仍无法办理房屋所有权或无法取得房屋权属证书的，自期限届满之次日起，出卖人承担已收房款日万分之一的赔偿金，直至可以办理。合同签订后，原告履行了交款义务。2011年1月18日，被告将涉案房屋交付给原告，但至本案辩论终结前，被告所售海创大厦房屋尚无法办理房屋所有权证。2010年5月4日，大连市公安消防局出具《建设工程消防设计审核意见书》，同意海创大厦的消防设计。2013年5月22日，海创大厦建筑、自动建设工程的消防工程通过验收。而在此前，被告于2011年11月4日、2011年12月14日申报海创大厦的消防验收均为不合格。关于消防验收不合格的原因，被告辩称系因公安部消防局发布新规定对于民用建筑外保温材料采用严格标准，故直至新规废止，海创大厦的消防工程方于2013年5月22日通过验收。而除此两次申报外，被告称其于2011年4月进行过第一次申报，但当时新规定刚开始执行，故被告的验收申请未予受理且没有相关证明文件。另行查明，被上诉人海创公司于2013年12月5日取得了案涉海创大厦项目《房屋建筑工程和市政基础设施工程竣工验收备案表》，大连高新技术产业园区房地产交易管理中心于2013年12月30日完成了案涉海创大厦住宅项目的初始登记。诉讼中，上诉人与被上诉人双方均同意按照被上诉人办理初始登记的2013年12月30日作为违约金计算的截止日期。

裁判结果

一审大连市甘井子区人民法院作出(2013)甘民初字第2740号民事判决：海创公司给付原告逾期办证违约金，自2013年6月7日起至被告可协助原告办理所购海创大厦房屋产权登记之日止。二审大连市中级人民法院作出(2014)大民二终字第00628号民事判决：变更一审判决第一项为被上诉人海创公司给付上诉人董怡逾期办证违约金12,876元；撤销一审判决第二项。

裁判理由

合同第十五条约定“如因出卖人责任，自房屋交付之日起超过一年买受人仍无法办理房屋所有权登记或无法取得房屋权属证书的，自期限届满之次日起，出卖人承担已收房款日万分之一的赔偿金，直至可以办理”。该条是双方对逾期办证违约责任归责原则的约定，即确立了以出卖人是否有主观过错作为认定其是否承担违约责任的要件。该约定符合《最高人民法院关于审理商品房买卖合同纠纷案件适用法律若干问题的解释》第十八条及第十九条所确定的立法精神，双方均应遵照履行。原审法院确定自房屋交付之日起至2013年6月7日的时间段内，是因公安部消防局新出台的《关于进一步明确民用建筑外保温材料消防监督管理有关要求的通知》(公消〔2011〕65号)致使案涉海创大厦项目的消防工程无法通过正常验收,并影响后续的其他专项验收的进行,被上诉人对此无过错,不应当承担该阶段的违约责任。被上诉人在约定的一年办证期限内进行了消防验收申报及其他专项验收申报工作,积极履行了合同约定的协助办证义务。被上诉人在约定的办证期间内,积极履行涉案工程的竣工备案手续是其免责的前提条件。

法律链接

《城市房地产开发经营管理条例》(2020年11月29日修订)

第三十二条　预售商品房的购买人应当自商品房交付使用之日起90日内,办理土地使用权变更和房屋所有权登记手续;现售商品房的购买人应当自销售合同签订之日起90日内,办理土地使用权变更和房屋所有权登记手续。房地产开发企业应当协助商品房购买人办理土地使用权变更和房屋所有权登记手续,并提供必要的证明文件。

《商品房销售管理办法》(2001年4月4日)

第三十四条　房地产开发企业应当在商品房交付使用前按项目委托具有房产测绘资格的单位实施测绘,测绘成果报房地产行政主管部门审核后用于房屋权属登记。

房地产开发企业应当在商品房交付使用之日起60日内,将需要由其提供的办理房屋权属登记的资料报送房屋所在地房地产行政主管部门。

房地产开发企业应当协助商品房买受人办理土地使用权变更和房屋所有权登记手续。

第四十一条　房地产开发企业未按规定将测绘成果或者需要由其提供的办理房屋权属登记的资料报送房地产行政主管部门的,处以警告,责令限期改正,并可处以2万元以上3万元以下罚款。

《城市商品房预售管理办法》(2004年7月20日修正)

第十二条　预售的商品房交付使用之日起90日内,承购人应当依法到房地产管理部门和市、县人民政府土地管理部门办理权属登记手续。开发企业应当予以协助,并提供必要的证明文件。

由于开发企业的原因,承购人未能在房屋交付使用之日起90日内取得房屋权属证书的,除开发企业和承购人有特殊约定外,开发企业应当承担违约责任。

《最高人民法院关于审理商品房买卖合同纠纷案件适用法律若干问题的解释》(2020年12月29日修正)

第十四条　由于出卖人的原因,买受人在下列期限届满未能取得不动产权属证书的,除当事人有特殊约定外,出卖人应当承担违约责任:

(一)商品房买卖合同约定的办理不动产登记的期限;

(二)商品房买卖合同的标的物为尚未建成房屋的,自房屋交付使用之日起90日;

(三)商品房买卖合同的标的物为已竣工房屋的,自合同订立之日起90日。

合同没有约定违约金或者损失数额难以确定的,可以按照已付购房款总额,参照中国人民银行规定的金融机构计收逾期贷款利息的标准计算。

第十五条　商品房买卖合同约定或者城市房地产开发经营管理条例第三十二条规定的办理不动产登记的期限届满后超过一年，由于出卖人的原因，导致买受人无法办理不动产登记，买受人请求解除合同和赔偿损失的，应予支持。

地方法规、地方规章

有些地方法规、地方规章对登记进行了规定：(1)《北京市城市房地产转让管理办法》第二十四条、第二十五条；(2)《重庆市城镇房地产交易管理条例》第二十六条；(3)《甘肃省城市房地产管理条例》第二十七条、第二十八条；(4)《广东省房地产开发经营条例》第二十二条、第二十三条；(5)《贵州省城镇房地产开发经营管理条例》第四十五条；(6)《兰州市房地产开发经营管理办法》第三十四条；(7)《内蒙古自治区城市房地产开发经营管理条例》第三十五条；(8)《山东省商品房销售条例》第四十二条、第五十条；(9)《山西省城市房地产交易管理条例》第二十条；(10)《天津市商品房管理条例》第十四条；(11)《郑州市商品房销售管理办法》第四十四条。

八、合同解除条款

法律解读 83　合同解除

(一)合同解除的示范条款

《商品房买卖合同(预售)示范文本》涉及解除权的条款有：第八条逾期付款责任、第十二条逾期交付责任、第十三条面积差异处理、第十四条规划变更、第十五条设计变更、第十六条商品房质量、第二十条房屋登记。《商品房买卖合同(现售)示范文本》涉及解除权的条款有：第六条房屋权利状况承诺、第九条逾期付款责任、第十三条逾期交付责任、第十四条商品房质量、第十七条房屋登记。上述解除权除逾期付款开发商享有解除权外，其余均为买受人享有的解除权。

(二)合同解除的法律解读

合同解除，是指合同有效成立后，当具备合同解除条件时，因当事人一方或双方的意思表示而使合同关系自始消灭或向将来消灭的一种行为。[①] 合同解除可以分为法定解除和约定解除。

1. 法定解除

法定解除，是指在合同成立以后，没有履行或没有履行完毕以前，当事人一方通过行使法定的解除权而使合同消灭的行为。《民法典》第五百六十三条第一款规定："有下列情形之一的，当事人可以解除合同：(一)因不可抗力致使不能实现合同目的；(二)在履行期限届满前，当事人一方明确表示或者以自己的行为表明不履行主要债务；(三)当事人一方迟延履行主要债务，经催告后在合理期限内仍未履行；(四)当事人一方迟延履行债务或者有其他违约行为致使不能实现合同目的；(五)法律规定的其他情形。"在合同履行过程中，只要出现上述情形之一，守约方即有权行使法定解除权要求解除合同，因违约方的违约行为导致守约方遭受损失的，守约方还有权要求赔偿损失。商品房买卖合同除适用《民法典》关于法定解除的一般规定之外，还应适用商品房

① 王利明：《合同法研究》(第2卷)，中国人民大学出版社2003年版，第269页。

买卖法律的特殊规定。《最高人民法院关于审理商品房买卖合同纠纷案件适用法律若干问题的解释》就商品房买卖合同当事人的解除权作出了具体规定,涉及的条款主要有第九条、第十条、第十一条、第十五条、第十九条、第二十条、第二十一条,除第二十一条双方都有可能享有解除权之外,其余均为买受人享有的解除权。

2. 约定解除

约定解除,是指当事人可以通过约定或行使约定的解除权而导致合同的解除。当事人协商一致,可以解除合同。《商品房买卖合同(预售)示范文本》共有七个条款涉及解除权:第八条逾期付款责任、第十二条逾期交付责任、第十三条面积差异处理、第十四条规划变更、第十五条设计变更、第十六条商品房质量、第二十条房屋登记。《商品房买卖合同(现售)示范文本》涉及解除权的共有五个条款:第六条房屋权利状况承诺、第九条逾期付款责任、第十三条逾期交付责任、第十四条商品房质量、第十七条房屋登记。

3. 解除权的行使期限

《民法典》第五百六十四条规定:"法律规定或者当事人约定解除权行使期限,期限届满当事人不行使的,该权利消灭。法律没有规定或者当事人没有约定解除权行使期限,自解除权人知道或者应当知道解除事由之日起一年内不行使,或者经对方催告后在合理期限内不行使的,该权利消灭。"第五百六十五条规定:"当事人一方依法主张解除合同的,应当通知对方。合同自通知到达对方时解除;通知载明债务人在一定期限内不履行债务则合同自动解除,债务人在该期限内未履行债务的,合同自通知载明的期限届满时解除。对方对解除合同有异议的,任何一方当事人均可以请求人民法院或者仲裁机构确认解除行为的效力。当事人一方未通知对方,直接以提起诉讼或者申请仲裁的方式依法主张解除合同,人民法院或者仲裁机构确认该主张的,合同自起诉状副本或者仲裁申请书副本送达对方时解除。"

法律风险防控20

《民法典》第五百六十六条规定:"合同解除后,尚未履行的,终止履行;已经履行的,根据履行情况和合同性质,当事人可以请求恢复原状或者采取其他补救措施,并有权请求赔偿损失。合同因违约解除的,解除权人可以请求违约方承担违约责任,但是当事人另有约定的除外。主合同解除后,担保人对债务人应当承担的民事责任仍应当承担担保责任,但是担保合同另有约定的除外。"我国法律承认合同解除与损害赔偿是可以并存的,即受害人可以要求违约方承担赔偿责任。《最高人民法院关于审理商品房买卖合同纠纷案件适用法律若干问题的解释》《商品房买卖合同(预/现售)示范文本》将买受人置于弱者地位,更倾向于保护买受人的合法权益,直接将合同的解除权赋予买受人。因此,开发商在制定解除权条款时,必须熟知该解释的相关条款规定,明确约定存在哪些行为时买受人有权解除合同以及行使期限。对于开发商通过补充协议剥夺买受人解除权,或者规定较为苛刻的解除条件、较短的解除期限的,买受人要特别关注。当发生符合行使法定解除权或约定解除权的事由时,并不当然产生合同解除的法律后果,而必须经有解除权人在解除期限内发出解除合同的意思表示且通知到达对方时,才产生合同解除的法律效力。现行法律、行政法规并未明确以何种方式进行解除合同的通知。在实践中,有解除权的一方可以通过书面、口头、电子邮件、电话或传真等方式通知对方解除合同。鉴于合同解除后可能引起诉讼或仲裁,因此最好采用书面形式,并要求对方签收。

典型案例61

购商铺无法办理产权登记　法院判返还购房款①

2011年2月20日,甲某与乙公司签订《某某商业街商铺认购书》1份,约定甲某预订乙公司开发的某某街×号商铺,并支付了全部房款49万元。2015年5月11日,甲某以乙公司未通知其签订正式的商品房买卖合同,未取得商铺的国有土地使用权证为由向法院起诉,请求法院判令解除双方的合同关系,乙公司返还购房款49万元及利息损失。同年6月10日,经法院主持调解,双方当事人自愿达成调解协议,乙公司返还甲某购房款49万元,并赔偿甲某损失4万元,商铺归乙公司所有。法院出具民事调解书,但此后双方并未按照调解协议履行,乙公司未返还购房款,甲某也未交还房屋。

2015年8月5日,双方就案涉商铺又签订《房屋买卖合同》1份,约定的主要内容:双方同意民事调解书不再履行,即总房款49万元甲某已全部付清,无须再付,乙公司也不再赔偿4万元,同时该商铺已完全归甲某所有。乙公司承诺房屋于2015年8月5日前交付使用,逾期按甲某已交房款的日万分之一支付违约金。如后期该房屋统一办理房产证及土地证,甲某需补缴土地出让金、办证等相关费用等。

法院经审理认为,案涉商铺的土地为农村集体所有,乙公司在未取得国有土地使用权的情况下,建设房屋并出售,该《房屋买卖合同》应属无效。合同无效系自始无效,单纯的时间经过不能改变无效合同的违法性,当事人请求确认合同无效,不应受诉讼时效期间的限制,故对乙公司抗辩合同无效已超过诉讼时效的意见,法院不予支持。因双方签订的合同无效,乙公司应返还甲某购房款49万元,同时甲某应交还房屋给乙公司。而甲某在明知该房屋不能办理产权登记的情况之下,执意就同一房屋重新签订《房屋买卖合同》,存在过错,由此而造成的损失由其自行承担。综上,法院判决甲某与乙公司于2015年8月5日签订的《房屋买卖合同》无效,乙公司于本判决生效后十日内返还甲某购房款49万元,同时甲某交还房屋,驳回甲某的其他诉讼请求。

---

① 刘肇玄、叶庭庭:《购商铺无法办理产权登记　法院判返还购房款》,载中国法院网:https://www.chinacourt.org/article/detail/2019/02/id/3737925.shtml,最后访问日期:2019年5月12日。

典型案例62

买房过户深陷限购泥沼　房价暴涨最终房落谁家[1]

程某与妙某签订买卖房屋合同支付了房屋首付款。此时,妙某并未取得房屋的房产证,双方约定房产证下发后双方立即办理过户。之后,通州区多次下发限购政策,致使程某多次在可以过户的边缘失去购房资格。2017年,妙某见北京房价大涨,心生悔意,遂以程某多年不过户为由将程某诉至法院,要求解除合同,且向程某索赔25.2万元。近日,北京市通州区人民法院审结此案,判决驳回妙某的全部诉讼请求。

程某于2010年12月与妙某签订了房屋买卖合同,购买了妙某位于通州某处的新房。在交房时,妙某没有获得该房屋的产权证。在签订合同的2个月后,也就是2011年2月,北京市下发了房屋购买限购政策,要求外地购房人必须在北京缴纳社保满5年,于是程某失去了购房资格。但妙某在当时没有解除合同的意愿,依然让程某居住在房屋中,程某也对房屋进行了装修。同时,双方在2012年8月签署了一份《房屋协议》,约定房屋买卖行为继续有效,且从该年7月房屋贷款由程某偿还。之后数年,程某一直居住在涉案房屋中,也一直坚持每月向妙某银行卡中打款偿还房屋贷款。2015年11月,程某一次性偿还了房屋剩余贷款,拿着妙某的委托书去银行领取了贷款结清证明,但由于相关房屋管理部门需要妙某本人或者代理人持有公证委托书才可以办理注销抵押登记手续,妙某常年不在北京,所以双方并未办理注销抵押登记手续。但在2015年8月,通州区又出台了房屋限购政策,要求外地购房人除在北京缴纳社保满5年外还必须在通州缴存满3年社保,于是程某又失去了资格。为满足购房条件,程某于2016年4月开始在通州缴存社保,积极获得购房资格。2017年年中,妙某以程某多年不履行过户义务为由将程某告上法院。

该案法官认为,程某和妙某在2010年签署房屋买卖合同时,双方已知晓房屋无法立即完成过户,双方应承担因政策、市场变化、交易惯例等而导致的交易风险。且在北京市于2011年年初出台房屋限购政策后,程某不具备购房资质,妙某并没有解除合同的意愿,还与程某签署了房屋协议约定房屋买卖继续有效,且由程某偿还剩余贷款。虽然2015年通州区又出台了限购政策致使程某短期内无法满足购房条件,但妙某依然向程某出具委托书并同意程某一次性提前偿还全部剩余贷款,该院可合理推断妙某以其行为表明自己愿意等待程某继续缴纳社会保险直至符合购房资格。程某于2016年开始缴纳通州社保,积极获得购房资格,同时,从公平角度考虑,程某已支付了全部购房款,房屋价格自2010年至今已经上涨数倍,程某自2010年12月起对房屋进行装修、居住并交纳了居住期间的物业供暖等费用,妙某在此时要求解除合同无事实及法律依据,故法院最终判决驳回妙某的所有诉讼请求。该案判决作出后,妙某提出上诉,后撤回上诉,现该判决已生效。

---

① 周芸:《买房过户深陷限购泥沼　房价暴涨最终房落谁家》,载中国法院网:https://www.chinacourt.org/article/detail/2018/09/id/3507892.shtml,最后访问日期:2019年5月12日。

典型案例63

张俭华、徐海英与启东市取生置业有限公司房屋买卖合同纠纷

一审法院:启东市人民法院

二审法院:南通市中级人民法院

二审观点

关于张俭华、徐海英能否以合同目的不能实现解除案涉购房合同的问题。根据《合同法》第九十四条第一款第四项的规定,当事人一方迟延履行债务或者有其他违约行为致使不能实现合同目的,当事人可以解除合同。该条赋予合同目的不能实现时非违约方的法定解除权,案涉房屋内部布局左右相反导致上诉人张俭华、徐海英合同目的不能实现,其有权解除购房合同。

其一,合同目的包括客观目的和主观目的。客观目的即典型交易目的,当事人购房的客观目的在于取得房屋所有权并用于居住、孩子入学、投资等,影响合同客观目的实现的因素有房屋位置、面积、楼层、采光、质量、小区配套设施等,客观目的可通过社会大众的普通认知标准予以判断。主观目的为某些特定情况下当事人的动机和本意。一般而言,《合同法》第九十四条第一款第四项中的合同目的不包括主观目的,但当事人将特定的主观目的作为合同的条件或成交的基础,则该特定的主观目的客观化,属于《合同法》第九十四条的规制范围。

其二,本案中,双方当事人对于房屋的内部左右布局约定明确。从现有证据来看,无论是被上诉人取生置业的宣传图片还是购房合同附件中的房屋平面图,均明确了房屋进门后的左右布局。取生置业在购房合同附件中的房屋平面图加盖合同专用章,该附件并未提醒购房者,实际交付房屋的内部左右布局可能与平面图相反。取生置业辩称其工作人员在销售房屋时曾明确告知,但并未提供证据予以证明,应承担举证不能的不利后果。且上诉人张俭华、徐海英所购房屋为期房,在购房时参观的样板房也与实际交付的房屋不一致,无法据此推断张俭华、徐海英明知所购房屋的内部左右布局与合同约定相反。

其三,上诉人张俭华、徐海英对于房屋内部左右布局明确约定并作为特定的合同目的,并不违反法律、行政法规的禁止性规定,亦未侵害第三人权益,属于当事人意思自治的范畴,法律尊重和保护个体通过自身价值判断自由选择合适房屋的合法权利。房屋并非普通商品,购房者对所购房屋的谨慎选择符合生活常理。由于被上诉人取生置业并未交付符合合同约定布局的房屋且无法调换,致使张俭华、徐海英购买符合购房合同附件中约定布局房屋的合同目的落空,张俭华、徐海英要求解除合同于法有据,法院予以确认。张俭华、徐海英于2015年7月16日向取生置业发出律师函,告知取生置业构成根本违约,要求其拿出解决方案,但未明确解除合同,故法院确认案涉购房合同的解除时间为一审期间起诉状副本送达取生置业之日即2015年8月1日。

根据《合同法》第九十七条的规定,合同解除后,尚未履行的,终止履行;已经履行的,根据履行情况和合同性质,当事人可以要求恢复原状、采取其他补救措施并有权要求赔偿损失。由于上诉人张俭华、徐海英并未实际取得案涉房屋,被上诉人取生置业应返还购房款630,000元,同时,

张俭华、徐海英放弃对违约金部分的主张,系对自身权利的自由处分,法院照准。

法律链接

《中华人民共和国民法典》(2020年5月28日)

第五百六十二条 当事人协商一致,可以解除合同。

当事人可以约定一方解除合同的事由。解除合同的事由发生时,解除权人可以解除合同。

第五百六十三条 有下列情形之一的,当事人可以解除合同:

(一)因不可抗力致使不能实现合同目的;

(二)在履行期限届满前,当事人一方明确表示或者以自己的行为表明不履行主要债务;

(三)当事人一方迟延履行主要债务,经催告后在合理期限内仍未履行;

(四)当事人一方迟延履行债务或者有其他违约行为致使不能实现合同目的;

(五)法律规定的其他情形。

以持续履行的债务为内容的不定期合同,当事人可以随时解除合同,但是应当在合理期限之前通知对方。

第五百六十四条 法律规定或者当事人约定解除权行使期限,期限届满当事人不行使的,该权利消灭。

法律没有规定或者当事人没有约定解除权行使期限,自解除权人知道或者应当知道解除事由之日起一年内不行使,或者经对方催告后在合理期限内不行使的,该权利消灭。

第五百六十五条 当事人一方依法主张解除合同的,应当通知对方。合同自通知到达对方时解除;通知载明债务人在一定期限内不履行债务则合同自动解除,债务人在该期限内未履行债务的,合同自通知载明的期限届满时解除。对方对解除合同有异议的,任何一方当事人均可以请求人民法院或者仲裁机构确认解除行为的效力。

当事人一方未通知对方,直接以提起诉讼或者申请仲裁的方式依法主张解除合同,人民法院或者仲裁机构确认该主张的,合同自起诉状副本或者仲裁申请书副本送达对方时解除。

第五百六十六条 合同解除后,尚未履行的,终止履行;已经履行的,根据履行情况和合同性质,当事人可以请求恢复原状或者采取其他补救措施,并有权请求赔偿损失。

合同因违约解除的,解除权人可以请求违约方承担违约责任,但是当事人另有约定的除外。

主合同解除后,担保人对债务人应当承担的民事责任仍应当承担担保责任,但是担保合同另有约定的除外。

《最高人民法院关于审理商品房买卖合同纠纷案件适用法律若干问题的解释》(2020年12月29日修正)

第九条、第十条、第十一条、第十五条、第十九条、第二十条、第二十一条涉及解除权,具体可参见相关条款。

九、违约责任条款

法律解读 84 违约责任

(一)违约责任的示范条款

《商品房买卖合同(预售)示范文本》涉及违约责任共有九个条款:第五条开发商承诺不实的赔偿责任、第八条买受人的逾期付款责任、第十条及第十二条开发商的逾期交付责任、第十三条出现面积误差时开发商的赔偿责任、第十四条发生规划变更时开发商的支付违约金或赔偿损失责任、第十五条发生设计变更时开发商的支付违约金或赔偿损失责任、第十六条发生质量问题时开发商的赔偿责任、第二十条逾期办证开发商支付违约金责任。《商品房买卖合同(现售)示范文本》涉及解除权的共有六个条款:第六条开发商承诺不实的赔偿责任、第九条买受人的逾期付款责任、第十一条及第十三条开发商的逾期交付责任、第十四条发生质量问题时开发商的赔偿责任、第十七条逾期办证开发商支付违约金责任。上述违约责任条款,除逾期付款责任是关于买受人的违约责任之外,其余均为开发商的违约责任。

(二)违约责任的法律解读

1. 违约金

《民法典》第五百八十五条规定:"当事人可以约定一方违约时应当根据违约情况向对方支付一定数额的违约金,也可以约定因违约产生的损失赔偿额的计算方法。约定的违约金低于造成的损失的,人民法院或者仲裁机构可以根据当事人的请求予以增加;约定的违约金过分高于造成的损失的,人民法院或者仲裁机构可以根据当事人的请求予以适当减少。当事人就迟延履行约定违约金的,违约方支付违约金后,还应当履行债务。"《最高人民法院关于审理商品房买卖合同纠纷案件适用法律若干问题的解释》第十三条规定:"商品房买卖合同没有约定违约金数额或者损失赔偿额计算方法,违约金数额或者损失赔偿额可以参照以下标准确定:逾期付款的,按照未付购房款总额,参照中国人民银行规定的金融机构计收逾期贷款利息的标准计算。逾期交付使用房屋的,按照逾期交付使用房屋期间有关主管部门公布或者有资格的房地产评估机构评定的同地段同类房屋租金标准确定。"《最高人民法院关于审理商品房买卖合同纠纷案件适用法律若干问题的解释》第十二条规定:"当事人以约定的违约金过高为由请求减少的,应当以违约金超过造成的损失30%为标准适当减少;当事人以约定的违约金低于造成的损失为由请求增加的,应当以违约造成的损失确定违约金数额。"

2. 损失赔偿

损失赔偿金,是指因一方的违约行为给对方造成损失时,为了弥补守约方的损失,违约方支付给对方一定数额的货币。守约方主张违约方支付损失赔偿金,必须同时具备以下条件:(1)合同明确约定了损害赔偿金的数额或者具体计算方式;(2)对方确实有违约行为,且违约行为给守约方造成了损失;(3)合同中约定的违约金数额不足以弥补守约方的损失。《民法典》第五百八十四条规定:"当事人一方不履行合同义务或者履行合同义务不符合约定,造成对方损失的,损失赔偿额应当相当于因违约所造成的损失,包括合同履行后可以获得的利益;但是,不得超过违约一方订立合同时预见到或者应当预见到的因违约可能造成的损失。”

法律风险防控 21

违约责任主要有继续履行、采取补救措施、赔偿损失、支付违约金、定金责任等形式。商品房买卖合同的当事人,除适用《民法典》关于违约责任的一般规定之外,还应适用法律、行政法规关于商品房买卖合同违约责任的特殊规定。《最高人民法院关于审理商品房买卖合同纠纷案件适用法律若干问题的解释》《商品房买卖合同(预/现售)示范文本》将买受人置于弱者地位,更倾向于保护买受人的合法权益,更多规定的是开发商应承担的违约责任。违约金主要取决于商品房买卖合同的约定。因此,开发商在制定违约责任条款时,必须熟知该解释的相关条款规定,并明确约定存在哪些行为时开发商应承担违约责任。对于《商品房买卖合同(预/现售)示范文本》约定的违约责任,开发商往往通过补充协议免除自身责任、加重对方责任、排除对方主要权利。对于此类条款,买受人要特别关注。开发商和买受人在签订商品房买卖合同时应充分考虑违约的可能性,进而约定合理、合适的违约金。作为开发商,应考虑能否依约交付、质量是否符合约定、能否依约办理房屋登记等;作为买受人,应考虑能否依约付款,能否依约接受商品房等。

典型案例 64

谎称新政出台要求解除购房合同　实为单方违约①

原告王女士诉称,2017 年 3 月,她与周先生签订了《北京市存量房买卖合同》及《资金划转补充协议》,约定周先生将其名下的一套房屋出售给王女士,成交价格为 1285 万元,购房定金 100 万元。现王女士认为,受北京限购限贷政策影响,再次购房时普通住宅首付比例由 35% 涨到了 60%,其无力支付增加的这 108 万元首付款,故要求解除双方之间签订的上述合同,周先生返还定金 100 万元。

被告周先生辩称,限购限贷政策出台后双方仍在履行合同,比如进行了网签、完成了房屋贷款评估。周先生同意王女士要求解除房屋买卖合同及补充协议的诉讼请求,也同意退还其定金,但要求同法院判决的违约金进行折抵。此外,周先生提出反诉,要求王女士支付违约金 385.5 万元。

审理中,王女士提交的《在职与收入证明》显示,其本人为中国银行经理,月岗位工资为 19,000 多元;其配偶为交通银行职员,月收入为 25,000 多元。2017 年 3 月 19 日,王女士与周先生办理了涉案房屋的网签手续,并于 2017 年 4 月 23 日就房屋评估进行了协商。中介公司工作人员作为证人亦出庭作证,证明新政出台后及时通知了双方,王女士表示想试着继续履行,于是

---

① 倪筠:《谎称新政出台要求解除购房合同　实为单方违约》,载中国法院网:https://www.chinacourt.org/article/detail/2018/09/id/3507881.shtml,最后访问日期:2019 年 5 月 12 日。

继续办理了网签和房屋评估；在王女士表示没有能力履行的情况下，周先生同意可以降价100万元，但是王女士仍旧表示不同意履行。

法院经审理后认为，依法成立的合同受法律保护。在上述合同履行过程中，王女士向法院提出要求解除本案房屋买卖合同及资金划转补充协议，理由就是受新政影响首付款比例大大增加，导致其无力继续履行。但王女士的上述主张明显不能成立。首先，双方签订房屋买卖合同的时间为2017年3月5日，合同中明确约定“拟贷款金额为280万元，买受人因自身原因未获得银行或公积金管理中心批准的，买受人自行筹齐剩余房价款，以现金形式支付给出卖人”，该约定意味着，王女士对于在其因自身原因导致约定的贷款数额不能实现的情况下，其对需自行筹集剩余房款的风险是明确知晓的；其次，新政出台时间为2017年3月17日，作为房屋交易主体，新政内容很大程度上会对双方当事人的后续交易流程产生重大影响，故王女士在明知新政内容且自身亦为金融业从业人员的情况下，选择继续交易，并于2017年3月19日与周先生办理了网签的行为，进一步表明愿意承担相应的风险；最后，王女士在周先生明确提出同意降价100万元的情况下，仍表示不同意继续履行合同，说明王女士存在主观上不愿意继续履行本案房屋买卖合同的故意。综合上述分析，王女士主张的新政出台导致首付比例增加一节并不构成本案房屋买卖合同的实质履行障碍，其据此要求解除房屋买卖合同及相关补充协议的诉请，缺乏事实和法律依据，其行为构成违约。鉴于周先生亦同意解除合同，故法院对合同解除不持异议。合同解除后，尚未履行的，终止履行；已经履行的，根据履行情况和合同性质，当事人可以要求恢复原状、采取其他补救措施，并有权要求赔偿损失。对于王女士要求周先生返还定金100万元之诉请，因周先生亦表示同意，故法院对此不持异议。

最后，法院判决解除王女士和周先生双方签订的《北京市存量房买卖合同》及《资金划转补充协议》；王女士给付周先生违约金100万元。一审判决作出后，双方当事人均提出上诉，二审判决认定王女士解除合同的原因并非受到新政影响丧失履行能力，一审认定其违约是正确的，应予维持。一审法院依据周先生的实际损失，综合合同的履行情况、王女士的过错程度以及双方当事人的预期利益等因素，酌情确定王女士支付周先生违约金200万元，符合公平原则和诚实信用原则，应予维持。王女士上诉要求降低违约金、周先生上诉要求增加违约金，均依据不足，不能成立。

典型案例65

李明柏与南京金陵置业发展有限公司商品房预售合同纠纷案

一审法院：南京市江宁区人民法院

二审法院：南京市中级人民法院

再审法院：江苏省高级人民法院

再审观点

(一)关于政府机关及其他职能部门出具的证明材料能否作为人民法院认定案件事实根据的问题

人民法院应当以证据能够证明的案件事实为依据依法作出裁判,无论是当事人提供的证据,还是人民法院依职权调取的证据,均应客观真实的反映案件事实,并经双方当事人质证后,才能作为定案的依据。对于政府机关及其他职能部门出具的询价意见、咨询意见等证据材料,人民法院应当对其真实性、合法性以及与待证事实的关联性进行判断,如上述证据不能反映案件的客观真实情况,则不能作为人民法院认定案件事实的根据。

(二)关于租金损失的计算标准问题

本案中,金陵置业公司违反合同约定,交付的房屋存在质量问题致李明柏不能正常居住,应承担违约责任。李明柏请求以同期房屋租金为标准计算其因房屋质量问题而造成的实际损失,人民法院应予支持。根据市场一般行情,决定房屋租赁价格的因素主要包括房屋面积、户型、地理位置、装潢档次、周边环境等因素,物价局价格认证中心出具的询价意见仅是认定房屋租赁价格的参考和证据材料,而不应成为认定涉案房屋租金标准的直接依据。根据法院查明的事实,物价局价格认证中心出具的房屋租金标准远低于美仕别墅区位的同类房屋实际市场租赁价格,故该询价标准不符合当时涉案房屋租赁市场价格的实际情形。因此,原审法院仅以向物价局的询价标准来认定涉案房屋租金损失显失公平,在计算涉案房屋租金实际损失时,应当综合房屋市场租赁价格真实情况据实予以认定。

法律链接

《中华人民共和国民法典》(2020 年 5 月 28 日)

第五百七十七条至第五百九十四条规定了违约责任,读者可参见相关条款。

《最高人民法院关于审理商品房买卖合同纠纷案件适用法律若干问题的解释》(2020 年 12 月 29 日修正)

第十二条 当事人以约定的违约金过高为由请求减少的,应当以违约金超过造成的损失30%为标准适当减少;当事人以约定的违约金低于造成的损失为由请求增加的,应当以违约造成的损失确定违约金数额。

第十三条 商品房买卖合同没有约定违约金数额或者损失赔偿额计算方法,违约金数额或者损失赔偿额可以参照以下标准确定:

逾期付款的,按照未付购房款总额,参照中国人民银行规定的金融机构计收逾期贷款利息的标准计算。

逾期交付使用房屋的,按照逾期交付使用房屋期间有关主管部门公布或者有资格的房地产评估机构评定的同地段同类房屋租金标准确定。

专题十四 期房转让

期房转让,即预售商品房转让,是指期房在竣工交付验收合格、取得房地产产权证前,买受人将购买的期房转让给第三人。在法律性质上,期房转让属于债权的转让或者债权债务的概括转让。因此,本专题主要研究期房转让的法律解读和风险防控问题。

PART 1:期房转让的法律解读

法律解读 85 期房与现房

期房是相对于现房而言的概念。商品房销售包括商品房现售和商品房预售。商品房预售的是期房,商品房现售的是现房。期房,是指房地产开发商从取得商品房预售许可证开始至取得房地产大产权证为止,所出售的商品房。现房,是指房地产开发商竣工验收合格取得房地产大产权证的商品房。期房与现房的区别主要有:

1. 所处阶段不同。期房处于从取得商品房预售许可证开始至取得房地产大产权证为止的阶段,尚处施工阶段,还存在变更的可能;现房处于竣工验收合格取得房地产大产权证后的阶段,已施工完毕,是按现状销售。

2. 销售条件不同。期房为商品房预售,应当符合法律规定的商品房预售条件;现房为商品房现售,应当符合法律规定的商品房现售条件。

3. 转让限制不同。由于法律、行政法规未明确规定期房转让问题,所以各地规定不相一致,因而期房转让较不确定;现房转让属于二手房交易,买受人可以依法自由转让。

4. 销售价格不同。一般情况下,期房的销售价格低于现房的销售价格,期房越接近现房,销售价格就越高。

5. 交付时间不同。期房签约后不能立即交付使用,必须等到商品房竣工验收合格、具备交付条件之后方可交付使用;现房签约后,只要购房款付清,即可交付使用。

6. 风险承担不同。期房从签约到交付需要一段时间,存在一定的变数,买受人需要承担开发商违约、一房数卖、重复抵押、房价下跌、质量缺陷等风险;现房通常签约后即交付使用,不存在变数,买受人需要承担的风险较小。

法律解读 86 期房转让

期房转让,即预售商品房转让,是指期房在竣工交付验收合格、取得房地产产权证前,买受人将购买的期房转让给第三人。期房转让是否可以转让?

（一）我国法律、行政法规未明确规定

《城市房地产管理法》第三十八条第六项规定，未依法登记领取权属证书的房地产不得转让。但是，该条限制的是已竣工交付使用的不动产的转让，并非限制期房的转让。《城市房地产管理法》第四十六条规定："商品房预售的，商品房预购人将购买的未竣工的预售商品房再行转让的问题，由国务院规定。"但是，国务院至今没有就预售商品房转让问题制定行政法规。

（二）我国政策作出期房禁止转让的规定

《国务院办公厅转发建设部等部门关于做好稳定住房价格工作意见的通知》(国办发〔2005〕26号)第七条规定："根据《中华人民共和国城市房地产管理法》有关规定，国务院决定，禁止商品房预购人将购买的未竣工的预售商品房再行转让。在预售商品房竣工交付、预购人取得房屋所有权证之前，房地产主管部门不得为其办理转让等手续；房屋所有权申请人与登记备案的预售合同载明的预购人不一致的，房屋权属登记机关不得为其办理房屋权属登记手续。"《建设部关于贯彻〈国务院办公厅转发建设部等部门关于做好稳定住房价格工作意见的通知〉的通知》(建住房电〔2005〕33号)第三条规定："根据城市房地产管理法的有关规定，国务院决定禁止商品房预购人将购买的未竣工的预售商品房再行转让。同时，实行实名制购房，推行商品房预销售合同网上即时备案。各地房地产主管部门要坚决贯彻执行国务院关于禁止期房转让的决定，认真组织实施，在预售合同备案、房屋权属登记等环节严格把关。"

（三）各地的规定不相一致

多数地方规定期房可以转让，如《安徽省城市房地产开发经营管理办法》第二十六条、《安徽省城市房地产交易管理条例》第十八条、《甘肃省城市房地产管理条例》第十四条、《北京市城市房地产转让管理办法》第四十四条、《河南省城市房地产交易管理办法》第十四条、《山东省商品房销售条例》第十二条、《重庆市城镇房地产交易管理条例》第二十四条、《天津市商品房管理条例》第三十条、《上海市房地产转让办法》第三十九条至第四十一条。但是，广东省规定不得转让。《广东省房地产开发经营条例》第二十一条第三款规定："预购的房屋在未竣工并取得房屋所有权证之前，不得转让。法律、法规另有规定的从其规定。"

法律解读87　期房转让的法律性质

在法律性质上，期房转让属于债权的转让或者债权债务的概括转让。根据买受人履行商品房买卖合同的程度不同，期房转让有可能构成债权债务的概括转让，也有可能构成债权转让。期房转让只变更预售合同的主体，预售合同的内容并不发生变化，而是由买受人将原预售合同的债权或者权利义务一并转让给第三人，使第三人与开发商之间设立新的法律关系。预售合同标的物是正在建筑、尚未竣工的商品房，其所有权尚未产生。买受人在预售合同履行中，虽交付预购款，但不享有预售商品房的所有权，其转让处分的自然也不是所有权。故期房转让的性质，根据转让时买受人已履行预售合同义务程度的不同，分别是债权债务的概括转让或者债权转让。买受人已全部履行合同义务所为的转让是债权；买受人只部分履行合同义务所为的转让是权利义务转让。如果期房转让属于债权转让，买受人无须事先征得开发商的同意，但应当通知开发商。

未经通知,该转让对开发商不发生效力。如果期房转让属于债权债务概括转让,买受人事先应当征得开发商的同意。

法律解读 88 期房转让的条件

(一)期房转让必须符合的条件

首先,须签订转让合同。买受人与受让人或者由受让人与开发商签订转让合同,如果为债权让与,应由买受人与受让人签订债权让与合同;如果为债权债务概括转让,可由买受人与受让人签订转让合同,再由受让人与开发商签订合同,其中的买受人与受让人签订的转让合同必须经开发商同意方为生效。

其次,必须符合《民法典》关于合同转让的规定。如果期房转让属于债权转让,买受人无须事先征得开发商的同意,但应当通知开发商。未经通知,该转让对开发商不发生效力。如果期房转让属于债权债务概括转让,买受人事先应当征得开发商的同意。

再次,须发生在买受人取得房屋所有权之前。期房转让之所以属于合同转让行为,是因为买受人尚未取得房屋所有权,而是取得房屋所有权的期待权,转让的是债权而不是物权。若买受人取得了房屋所有权,一般按二手房买卖处理。

最后,预售合同须合法有效。期房转让的是预售合同的权利义务。预售合同无效的,再转让行为将因标的不存在而无效。

(二)北京市、天津市、上海市、山东省规定期房转让的条件

1. 未付清预售商品房预售合同约定的总价款的,预购人应当取得房地产开发企业同意;

2. 已付清预售商品房预售合同约定的总价款的,预购人应当将其转让预购商品房的情况书面通知房地产开发企业;

3. 预售商品房转让的,买受人和受让人应当依法办理商品房预售合同备案的变更手续。①

法律解读 89 期房转让合同的法律效力

根据《民法典》第一百五十三条第一款的规定,违反效力性强制规定的合同无效。《国务院办公厅转发建设部等部门关于做好稳定住房价格工作意见的通知》、《建设部关于贯彻〈国务院办公厅转发建设部等部门关于做好稳定住房价格工作意见的通知〉的通知》不属于效力性强制性规定。因而,期房转让合同不能根据上述通知被认定为无效。

综合各地法院的意见,上述通知并不影响转让合同的效力。例如,《上海市高级人民法院关于审理“二手房”买卖案件若干问题的解答》(2005 年 12 月 16 日)第四条、《广州市中级人民法院关于审理预售商品房合同纠纷若干问题的指导意见》(2010 年)第九条。

① 参见《北京市城市房地产转让管理办法》第四十四条、《山东省商品房销售条例》第十二条、《天津市商品房管理条例》第三十条、《上海市房地产转让办法》第三十九条。

PART 2:期房转让的法律风险提示及防控

法律风险提示13

(一)期房转让被认定为无效的法律风险

由于国务院尚未出台有关期房转让的相关规定,在实务中,有些地方法院依据《国务院办公厅转发建设部等部门关于做好稳定住房价格工作意见的通知》第七条的规定,将期房转让合同认定为无效。一旦期房转让合同被认定为无效,当事人可能要承担民法上的返还财产、赔偿损失等法律责任。

(二)期房转让的其他主要风险

由于期房转让属于债权转让或者债权债务的概括转让,对于受让人而言,需要承担较大的法律风险:

1. 税收的风险。如果是开发商先办理大产权证,然后转让人办出小产权证,最后办理产权变更登记,则属于二手房交易,出卖人和买受人需要按规定缴纳相关的税费。如果期房转让合同没有对税费进行约定,容易引发纠纷。

2. 合同解除的风险。如果是转让人先与开发商解除商品房预售合同,再由受让人与开发商签订商品房预售合同,虽然可以少交税费,但是存在开发商拒绝与受让人签订商品房买卖合同、无法办理房地产备案手续的法律风险。

3. 意向转让的风险。如果转让人和受让人签订意向书,约定转让人取得期房的产权时再将房屋过户给受让人,受让人支付意向金或定金。一旦转让人取得产权证后反悔将房屋另售他人,受让人的权利将不能得到保障,意向金也难以取回。

4. 逾期交房的风险。如果开发商交房、办证给转让人后,再由转让人将房屋交付、过户给受让人,一旦开发商逾期交房、办证,或者转让人拖延或者拒绝交付房屋、办理产权转让手续,则受让人的利益得不到保障。

5. 违约的法律风险。在房价上涨的情况下,如果违约所得高于违约成本,转让人可能拒绝交易或者要求受让方增加房款。

6. 一房二卖的风险。由于期房转让中转让的是债权,并不能像商品房预售那样办理合同网上备案和预告登记,难以阻止转让人一房二卖。

法律风险防控22

1. 为了防控期房转让的法律风险,应尽量采用到开发商处办理变更合同的方式进行交易。

首先,需要终止转让人与开发商之间的商品房买卖合同,撤回合同备案手续。

其次,受让人与开发商之间签订商品房预售合同,重新办理合同备案手续。采用这种形式,必须得到开发商的同意和配合,同时办理合同撤备案手续。在存在贷款的情况下,转让人还需要提前偿还贷款,银行撤销抵押登记后才可进行后续交易。

2. 如果开发商不配合办理合同变更手续或者撤备案手续,则只能采用转让人与受让人之间签订期房转让合同的方式,只能等开发商将商品房交付、产权证办理给转让人后,转让人再办理交付、变更手续。采用这种方式,实际上与二手房交易无异。在实务中,应注意:

(1)应当确认转让人已经付清全部房款,在合同上将转让人对开发商所享有的全部债权转让给受让人,同时转让人写一份给开发商的《债权转让通知书》。

(2)对双方的税费承担作出详细的约定,并考虑税收政策调整的因素,约定如有新增加的税收由谁承担。

(3)为防止一房二卖,转让人从开发商处取得的预售合同、发票等交由买受人保管或者交由中间方监管。

(4)期房转让价款最好分期给付,与房屋交付、产权办理等相联系起来。

(5)密切注意开发商的施工进度、交房时间、办证时间,一旦具备交房条件、办证条件,受让方应立即督促转让方办理交房、产权变更手续。

(6)办理预告登记手续。为防止转让人将转让的期房再次转让或者进行抵押,可以向登记机关申请预告登记。

(7)要求提供相应的担保。受让人可以要求转让人提供与已交付房款相对应的担保。

PART 3:期房转让的典型案例

典型案例66

张利与安文青买卖合同纠纷案

基本案情

2011年8月31日,原告安文青与被告张利签订一份房屋买卖协议,约定被告将位于大学城四期10号楼二单元顶楼01室楼号(已付房款15万元)转卖给原告所有(面积以实际面积为准);经双方协商转号费为3万元整,同已付房款共计18万元整(已交定金2万元整,待余款16万元交清后,被告把楼房付款收据交给原告保有)。合同签订后,原告将双方最终协商的转号费52,000元、楼房款15万元,共计202,000元交付被告。同时查明双方签订买卖协议时该楼房仍未建成。另查明该预期楼房是黄骅市发改局工作人员靳文涛与开发商黄骅市华城房地产开发公司签订的房屋买卖合同。2010年10月,被告将购楼款15万元交付靳文涛,靳文涛于2010年12月10日和15日共计向开发商黄骅市华城房地产开发公司交纳购房款15万元。另查明该预期楼房已由靳文涛与开发商黄骅市华城房地产开发公司解除买卖合同,华城房地产已退还给靳文涛15万元购房款。

裁判结果

一审河北省黄骅市人民法院作出(2013)黄民初字第2159号民事判决:解除原被告签订的楼房买卖协议;被告张利于判决生效之日起5日内退还原告安文青现金202,000元。二审河北省沧州市中级人民法院作出(2014)沧民终字第637号民事判决:驳回上诉,维持原判。

裁判理由

我国《城市房地产管理法》第四十六条规定,商品房预购人将购买的未竣工的预售商品房再行转让的问题,由国务院规定。2005年5月9日,国务院办公厅转发了建设部等七部委《关于做好稳定住房价格工作的意见》(国办发〔2005〕26号),其第七条规定,根据《城市房地产管理法》有关规定,国务院决定禁止商品房预购人将购买的未竣工的预售商品房再行转让。本案中,2011年8月31日张利与安文青签订房屋买卖协议将预售商品房转让时,开发商尚未取得商品房预售许可证,房屋尚未竣工,双方所订房屋买卖协议违反了法律、行政法规的强制性规定,根据《合同法》第五十二条的相关规定,该房屋买卖协议无效。《合同法》第五十八条规定,因无效合同取得的财产,应当予以返还。

典型案例67

青岛吉奥房地产开发有限公司与刘希兴等房屋买卖合同纠纷案

基本案情

2007年8月18日,任日贤以立德新公司(乙方)名义与吉奥公司(甲方)签订由吉奥公司开发的吉奥新园2号、3号楼建设工程施工合同,合同约定甲方将2号楼西一单元房屋抵顶给乙方作为工程款。甲方法定代表人王淑清签名盖章;乙方法定代表人李安德盖章,委托代理人任日贤签名。合同签订后,任日贤又以立德新公司名义将其承建的吉奥公司开发的吉奥新园2号、3号楼建筑施工工程转包给崔立平。崔立平按照合同约定已将所转包的楼房施工完毕,并已交付给吉奥公司,且将其因折抵工程款而取得的2号楼西一单元2楼西户以140,250元的价格卖给刘希兴,刘希兴并已支付购房款10万元,余款为崔立平出具了欠条,但四被告至今未为刘希兴办理涉案房产产权转移登记手续,未向刘希兴交付涉案房屋。为此,刘希兴诉至法院。在审理过程中,根据刘希兴的申请,莱西市人民法院裁定查封了吉奥公司开发的吉奥新园二号楼西一单元2楼西户房屋。

裁判结果

山东省莱西市人民法院于2011年1月24日作出(2010)西民初字第586号民事判决,吉奥公司不服,上诉至青岛市中级人民法院。青岛市中级人民法院于2011年5月30日作出(2011)青民一终字第1249号民事判决,已经发生法律效力。吉奥公司不服,向检察机关申诉,山东省人民检察院向山东省高级人民法院提出抗诉。山东省高级人民法院指令青岛市中级人民法院再审本案。青岛市中级人民法院裁定发回山东省莱西市人民法院重审。

抗诉理由

检察机关抗诉认为,崔立平将涉案房屋出售给刘希兴的行为既不符合合同约定,也违反了法律禁止性规定。首先,立德新公司、任日贤与崔立平之间的转包、分包行为不符合合同约定,违反了法律禁止性规定。崔立平出售房屋没有法律和合同依据,属于无权处分行为。其次,崔立平出售涉案房屋的行为，违反了法律的禁止性规定。《城市房地产管理法》第四十六条规定，商品房预售的，商品房预购人将购买的未竣工的预售商品房再行转让的问题，由国务院规定。而国办发〔2005〕26号《国务院办公厅转发建设部等部门关于做好稳定住房价格工作意见的通知》中《关于做好稳定住房价格工作意见》第七条规定："国务院决定，禁止商品房预购人将购买的未竣工的预售商品房再行转让。"

PART 4：期房转让的法律链接

法律链接

《中华人民共和国城市房地产管理法》（2019年8月26日修正）

第四十六条 商品房预售的，商品房预购人将购买的未竣工的预售商品房再行转让的问题，由国务院规定。

《国务院办公厅转发建设部等部门关于做好稳定住房价格工作意见的通知》（2005年5月9日）

七、切实整顿和规范市场秩序，严肃查处违法违规销售行为

根据《中华人民共和国城市房地产管理法》有关规定，国务院决定，禁止商品房预购人将购买的未竣工的预售商品房再行转让。在预售商品房竣工交付、预购人取得房屋所有权证之前，房地产主管部门不得为其办理转让等手续；房屋所有权申请人与登记备案的预售合同载明的预购人不一致的，房屋权属登记机关不得为其办理房屋权属登记手续。实行实名制购房，推行商品房预销售合同网上即时备案，防范私下交易行为。

《建设部关于贯彻〈国务院办公厅转发建设部等部门关于做好稳定住房价格工作意见的通知〉的通知》（2005年5月26日）

三、整顿规范市场秩序，严肃查处违法违规销售行为

当前一些地方出现的投机炒房行为，是造成住房价格过快上涨、市场秩序混乱的重要原因。根据城市房地产管理法的有关规定，国务院决定禁止商品房预购人将购买的未竣工的预售商品房再行转让。同时，实行实名制购房，推行商品房预销售合同网上即时备案。各地房地产主管部门要坚决贯彻执行国务院关于禁止期房转让的决定，认真组织实施，在预售合同备案、房屋权属登记等环节严格把关。

地方法规、地方规章

我国有些地方法规、地方规章对期房转让问题进行了规定：（1）《安徽省城市房地产开发经营管理办法》第二十六条；（2）《安徽省城市房地产交易管理条例》第十八条；（3）《北京市城市房地产转让管理办法》第四十四条；（4）《长沙市城市房地产交易管理办法》第二十二条；（5）《重庆市城镇房地产交易管理条例》第二十四条；（6）《甘肃省城市房地产管理条例》第十四条；（7）《广东省房地产开发经营条例》第二十一条、第三十一条；（8）《河南省城市房地产交易管理办法》第十四条；（9）《山东省商品房销售条例》第十二条；（10）《上海市房地产转让办法》第三十九条至第四十一条；（11）《天津市商品房管理条例》第三十条。

专题十五 二手房买卖

二手房买卖属于房地产交易的形式之一，除了必须符合房地产交易的一般条件，还应符合二手房买卖的特殊规则。因此，本专题主要研究二手房买卖的法律解读和风险防控问题。

PART 1：二手房买卖的法律解读

法律解读90 二手房

二手房，是指已经在房地产交易中心备过案、完成初始登记和总登记的、再次上市进行交易的房产。二手房是相对开发商手里的商品房而言的，是房地产产权交易二级市场的俗称，并不是一个法律概念。在我国现行体制下，二手房的房源非常复杂。根据房屋权属的定性和定位，房屋可以分为国有土地上城市规划区内的房屋和集体土地上的房屋。国有土地上的房屋又可以分为商品房和保障性住房。本专题所指的二手房主要是指包括保障性住房在内的国有土地上的房屋。

法律解读91 二手房交易的条件

二手房买卖属于房地产交易的形式之一，必须符合房地产交易的一般条件：

1. 房地产交易的主体必须合法；

2. 房地产交易的标的必须符合法律规定的流通要求；

3. 房地产交易建设用地使用权及附着于该土地上的建筑物、构筑物及其附属设施必须一并处分；

4. 房地产交易应符合法律规定的形式要件。

另外，根据《城市房地产管理法》第三十八条第六项的规定，二手房必须是依法登记领取权属证书的房屋。

法律解读92 保障房上市交易的特殊条件

保障房指的是保障性住房，是与商品性住房相对应的概念。保障房，是指政府为中低收入住房困难家庭所提供的限定标准、限定价格或者租金的住房，一般包括经适房、廉租房、公租房、安置房、两限房、安居房等带有住宅保障性质的房屋。在二手房买卖中，与一般商品房的交易不同，保障房由于自身所承载的住宅保障性质的特殊性，其上市交易受到法律的特殊规制。由于保障房的特殊性，其上市交易必须符合法定的条件；由于保障房的复杂性，其上市交易条件因房而异；

由于保障房的地域性,其上市交易条件因地而异。

一般情况下,保障房上市交易必须符合两个条件:经过一定的年限;向政府交纳土地收益等相关价款。以经济适用房为例,《经济适用住房管理办法》第三十条规定:“经济适用住房购房人拥有有限产权。购买经济适用住房不满5年,不得直接上市交易,购房人因特殊原因确需转让经济适用住房的,由政府按照原价格并考虑折旧和物价水平等因素进行回购。购买经济适用住房满5年,购房人上市转让经济适用住房的,应按照届时同地段普通商品住房与经济适用住房差价的一定比例向政府交纳土地收益等相关价款,具体交纳比例由市、县人民政府确定,政府可优先回购;购房人也可以按照政府所定的标准向政府交纳土地收益等相关价款后,取得完全产权。上述规定应在经济适用住房购买合同中予以载明,并明确相关违约责任。”

以北京为例,《关于已购经济适用住房上市出售有关问题的通知》(京建住〔2008〕225号)规定:(1)已购经济适用住房家庭取得契税完税凭证或房屋所有权证未满5年的,不得按市场价格上市出售,确需出售的,产权人应当向户口所在区县住房保障管理部门提出申请,由区县住房保障管理部门通过摇号等方式确定符合条件的购房人(购房人须按照有关规定,已办理经济适用住房的购买资格审核手续),由购房人按原价购买或由区县住房保障管理部门按原价回购;(2)已购经济适用住房家庭取得契税完税凭证或房屋所有权证满5年后,可以按市场价出售所购住房。产权人应按原购房价格和出售价格价差的70%补交土地收益等价款。同等价格条件下,已购经济适用住房产权人户口所在区县住房保障管理部门可以优先回购。

法律解读93 二手房交易的税费

二手房交易的税费包括税和费两个部分。国家明文规定了买卖双方各自应承担的税费标准,买方承担其自身购房的交易税费,卖方承担其自身通过出售房屋所得收益应缴纳的税费。税费的承担与房价关联:如果卖家交税费,那么房价可能高一些;买家交税费,房价就相对低一些。

(一)二手房交易的税

二手房交易税是指在二手房交易中,税务部门向买卖双方征收的各类税,包括增值税、个人所得税、土地增值税、契税、印花税、城市维护建设税及教育费附加等。其中,卖方需要缴纳增值税、个人所得税、印花税、城建税、教育附加税。买方需要缴纳契税和印花税。

1. 增值税。纳税人为卖方。自2016年5月1日起,在全国范围内全面推开营业税改征增值税试点,建筑业、房地产业、金融业、生活服务业等全部营业税纳税人,纳入试点范围,由缴纳营业税改为缴纳增值税。财政部、国家税务总局联合发布《关于全面推开营业税改证增值税试点的通知》(财税〔2016〕36号)。对于非一线城市,个人购买不足2年的住房对外销售,按照5%的征收率全额缴纳增值税;个人将购买2年以上(含2年)的住房对外销售的,免征增值税。北、上、广、深四个一线城市,个人购买不足2年的住房对外销售的,按照5%的征收率全额缴纳增值税;个人将购买2年以上(含2年)的非普通住房对外销售的,以销售收入减去购买住房价款后的差额按照5%的征收率缴纳增值税;个人将购买2年以上(含2年)的普通住房对外销售的,免征增值税。

2. 个人所得税。纳税人为卖方。根据《个人所得税法》第三条第五项的规定,财产转让所得,适用比例税率,税率为20%。1999年11月6日,财政部、国家税务总局、建设部下发《关于个人出售住房所得征收个人所得税有关问题的通知》(财税字〔1999〕278号),规定为鼓励个人换购住房,对出售自有住房并拟在现住房出售后1年内按市场价重新购房的纳税人,其出售现住房所应缴纳的个人所得税,视其重新购房的价值可全部或部分予以免除;对个人转让自用5年以上并且是家庭唯一生活用房取得的所得,继续免征个人所得税。2006年7月18日,国家税务总局发布《关于个人住房转让所得征收个人所得税有关问题的通知》(国税发〔2006〕108号),规定纳税人未提供完整、准确的房屋原值凭证,不能正确计算房屋原值和应纳税额的,税务机关可根据《税收征收管理法》第三十五条的规定,对其实行核定征税,即按纳税人住房转让收入的一定比例核定应纳个人所得税额。具体比例由省级地方税务局或者省级地方税务局授权的地市级地方税务局根据纳税人出售住房的所处区域、地理位置、建造时间、房屋类型、住房平均价格水平等因素,在住房转让收入1%~3%的幅度内确定。2010年9月29日,财政部、国家税务总局、住房和城乡建设部下发《关于调整房地产交易环节契税个人所得税优惠政策的通知》(财税〔2010〕94号),规定对出售自有住房并在1年内重新购房的纳税人不再减免个人所得税。2013年2月26日,国务院办公厅下发《关于继续做好房地产市场调控工作的通知》(国办发〔2013〕17号),要求税务、住房城乡建设部门要密切配合,对出售自有住房按规定应征收的个人所得税,通过税收征管、房屋登记等历史信息能核实房屋原值的,应依法严格按转让所得的20%计征。

3. 土地增值税。纳税人为卖方。根据《土地增值税暂行条例》第七条的规定,土地增值税实行四级超率累进税率:增值额未超过扣除项目金额50%的部分,税率为30%;增值额超过扣除项目金额50%、未超过扣除项目金额100%的部分,税率为40%;增值额超过扣除项目金额100%、未超过扣除项目金额200%的部分,税率为50%;增值额超过扣除项目金额200%的部分,税率为60%。1999年7月29日,财政部、国家税务总局下发《关于调整房地产市场若干税收政策的通知》(财税字〔1999〕210号),规定对居民个人拥有的普通住宅,在其转让时暂免征收土地增值税。2008年10月22日,财政部、国家税务总局下发《关于调整房地产交易环节税收政策的通知》,规定对个人销售住房暂免征收土地增值税。《土地增值税暂行条例实施细则》第十一条第一款规定:"普通标准住宅,是指按所在地一般民用住标准建造的居住用住宅。高级公寓、别墅、度假村等不属于普通标准住宅。普通准住宅与其他住宅的具体划分界限由各省、自治区、直辖市人民政府规定。"第十二条规定:"个人因工作调动或改善居住条件而转让原自用住房,经向税务机关申报核准,凡居住满五年或五年以上的,免予征收土地增值税;居住满三年未满五年的,减半征收土地增值税。居住未满三年的,按规定计征土地增值税。"

4. 印花税。纳税人买卖双方。根据《印花税法》附件《印花税税目税率表》的规定,土地使用权、房屋等建筑和构建物所有权转移书据按照价款的万分之五贴花。2008年10月22日,财政部、国家税务总局下发《关于调整房地产交易环节税收政策的通知》,规定对个人销售或购买住房暂免征收印花税。

5. 契税。纳税人为买方。《契税法》第三条规定:"契税税率为百分之三至百分之五。契税的具体适用税率,由省、自治区、直辖市人民政府在前款规定的幅度内提出,报同级人民代表大会常务委员会决定，并报全国人民代表大会常务委员会和国务院备案。”2010年9月29日，财政部、国家税务总局、住房和城乡建设部下发《关于调整房地产交易环节契税个人所得税优惠政策的通知》（财税〔2010〕94号），规定对个人购买普通住房，且该住房属于家庭（成员范围包括购房人、配偶以及未成年子女，下同）唯一住房的，减半征收契税。对个人购买90平方米及以下普通住房，且该住房属于家庭唯一住房的，减按1%税率征收契税。由于契税的税率由各省、自治区、直辖市人民政府确定，各地一般实行个人购买住房差别化税率，各地的契税税率减免、补贴政策也不尽相同。

6. 城市维护建设税及教育费附加。根据《城市维护建设税暂行条例》第三条、第四条的规定，城市维护建设税税率如下：纳税人所在地在市区的，税率为7%；纳税人所在地在县城、镇的，税率为5%；纳税人所在地不在市区、县城或镇的，税率为1%。城市维护建设税，以纳税人实际缴纳的消费税、增值税、营业税税额为计税依据，分别与消费税、增值税、营业税同时缴纳。根据《征收教育费附加的暂行规定》第三条第一款的规定，教育费附加，以各单位和个人实际缴纳的增值税、营业税、消费税的税额为计征依据，教育费附加率为3%，分别与增值税、营业税、消费税同时缴纳。

（二）二手房交易的费

二手房交易的费包括中介费、公证费、评估费等。中介费由买卖双方承担，房地产中介机构可以分别向买方和卖方收取。1995年7月17日，国家计委、建设部下发《关于房地产中介服务收费的通知》（计价格〔1995〕971号），规定房屋买卖代理收费，按成交价格总额的0.5%～2.5%计收；实行独家代理的，收费标准由委托方与房地产中介机构协商，可适当提高，但最高不超过成交价格的3%。2014年6月13日，国家发展改革委、住房城乡建设部下发《关于放开房地产咨询收费和下放房地产经纪收费管理的通知》（发改价格〔2014〕1289号），规定下放房地产经纪服务收费定价权限，由省级人民政府价格、住房城乡建设行政主管部门管理，各地可根据当地市场发育实际情况，决定实行政府指导价管理或市场调节价。实行政府指导价管理的，要制定合理的收费标准并明确收费所对应的服务内容等；实行市场调节价的，房地产经纪服务收费标准由委托和受托双方，依据服务内容、服务成本、服务质量和市场供求状况协商确定。

法律解读94 二手房交易的法律性质

二手房买卖属于房地产交易的形式之一，在法律性质上属于不动产转让，既包括房屋所有权转让，也包括该房屋占用范围内的建设用地使用权转让。二手房转让必须符合不动产转让的基本原则：

1. 房地一并处分原则：二手房转让的，该房屋占用范围内的建设用地使用权一并处分。

2. 登记要件主义：二手房属于不动产，适用登记要件主义。二手房转让未经登记，不动产物权不发生变动。

法律解读95 共有二手房的买卖

根据《城市房地产管理法》第三十八条第四项的规定,未经其他共有人书面同意的,共有房地产不得转让。不动产或者动产可以由两个以上单位、个人共有。共有包括按份共有和共同共有。按份共有,是指按份共有人对共有的不动产或者动产按照其份额享有所有权。共同共有,是指共同共有人对共有的不动产或者动产共同享有所有权。《民法典》第三百零一条规定:"处分共有的不动产或者动产以及对共有的不动产或者动产作重大修缮、变更性质或者用途的,应当经占份额三分之二以上的按份共有人或者全体共同共有人同意,但是共有人之间另有约定的除外。"在房屋为按份共有的情况下,《城市房地产管理法》关于共有房地产的转让与《民法典》关于按份共有转让的规定不一致。

由于我国实行不动产登记要件主义,加上复杂的婚姻财产体制,夫妻共有房屋买卖显得尤为复杂。根据购买时间,房屋可分为婚前所购、婚后所购;根据登记产权人,房屋可分为一方名下、双方名下;根据购买资金来源,婚前所购房屋可分为一方(父母)出资、双方(父母)出资;根据登记时间,婚前所购房屋可分为婚前登记、婚后登记。可见,对于夫妻共有房屋买卖,不能单纯依据登记产权人、登记时间等判断,而应综合各方面情况进行综合判定。

共有有对内效力和对外效力之别,共有房屋买卖还涉及善意取得。善意取得,又称即时取得或即时时效,指动产占有人向第三人移转动产所有权或为第三人设定其他物权,即使动产占有人无处分动产的权利,善意受让人仍可取得动产所有权或其他物权的制度。根据《民法典》第三百一十一条第一款的规定,善意取得应具备下列条件:(1)标的物须为动产或者不动产;(2)让与人对处分的动产或不动产无处分权;(3)受让人受让财产时须为善意;(4)受让人须支付合理的价格;(5)转让的动产或不动产已经交付或者登记。在共有房屋买卖中,如果卖方无权处分、买方符合善意取得的条件,买方可以主张善意取得。

法律解读96 二手房的一房数卖

一房数卖,是指出卖人以同一房屋为标的物订立数个买卖合同,分别出售给数个买受人的行为。我国不动产实行登记要件主义,二手房买卖合同的生效并不必然发生物权变动的法律后果,需要与登记相结合。物权变动通过登记对外公示而获得对抗一切人的绝对效力。《全国民事审判工作会议纪要(2011年)》第十六条规定:"数份房屋买卖合同均为合法有效且各买受人均要求履行合同的,应按照已经办理房屋所有权移转登记、合法占有房屋以及买卖合同成立先后等顺序确定权利保护顺位。确定买卖合同成立时间,应综合考虑合同在主管机关备案的时间、合同载明的签订时间以及其他证据证明的合同签订时间等。预告登记期间内,未经预告登记的权利人同意,房屋所有权人所为的处分行为,不得对抗预告登记权利人。"

综合各地法院意见、纪要,对于一房数卖一般也是按照上述顺序确定权利顺位。

PART 2:二手房买卖的法律风险提示及防控

法律风险提示 14

《城市房地产管理法》第三十八条规定:“下列房地产,不得转让:(一)以出让方式取得土地使用权的,不符合本法第三十九条规定的条件的;(二)司法机关和行政机关依法裁定、决定查封或者以其他形式限制房地产权利的;(三)依法收回土地使用权的;(四)共有房地产,未经其他共有人书面同意的;(五)权属有争议的;(六)未依法登记领取权属证书的;(七)法律、行政法规规定禁止转让的其他情形。”可见,不是任何房屋都能上市交易。

(一)限购的法律风险

如果二手房所在地有限购政策,一旦买方不符合购房条件,二手房交易就无法达成。如果买方需要贷款,就要受到限贷政策的影响;如果买方不符合贷款条件,就无法通过贷款方式付清购房款。

(二)共有房屋的交易风险

根据《城市房地产管理法》第三十八条第四项的规定,未经其他共有人书面同意的,共有房地产不得转让。房屋的共有情况可以分为两种情况:

1. 夫妻共有房屋

根据《民法典》的规定,夫妻对在婚姻关系存续期间所得的共有财产有平等处理权。夫妻共有财产的区分以法定共有为原则、约定共有为例外。对于夫妻一方在婚姻关系存续期间购买的房屋,只要双方未约定或者约定不明确,为法定的夫妻共有财产。在实践中,夫妻共有财产往往只登记在一方名下,这给二手房交易带来了一定的风险。

2. 非夫妻共有房屋

非夫妻共有房屋包括按份共有和共同共有。在这种情况下,房屋所有权证“共有人”一栏会注明共有人的人数及姓名,需要取得共有人一致同意出售房屋的书面意见。

(三)抵押房屋的法律风险

《民法典》第四百零六条规定:“抵押期间,抵押人可以转让抵押财产。当事人另有约定的,按照其约定。抵押财产转让的,抵押权不受影响。抵押人转让抵押财产的,应当及时通知抵押权人。抵押权人能够证明抵押财产转让可能损害抵押权的,可以请求抵押人将转让所得的价款向抵押权人提前清偿债务或者提存。转让的价款超过债权数额的部分归抵押人所有,不足部分由债务人清偿。”在房屋存在抵押的情况下,房屋所有权证“他项权利”一栏上会记载相关抵押事项。

(四)租赁房屋的法律风险

《民法典》第七百二十五条规定:“租赁物在承租人按照租赁合同占有期限内发生所有权变动的,不影响租赁合同的效力。”第七百二十六条规定:“出租人出卖租赁房屋的,应当在出卖之前的合理期限内通知承租人,承租人享有以同等条件优先购买的权利;但是,房屋按份共有人行使优先购买权或者出租人将房屋出卖给近亲属的除外。出租人履行通知义务后,承租人在十五日内未明确表示购买的,视为承租人放弃优先购买权。”在房屋已经出租的情况下,存在“买卖不破租赁”和“承租人优先购买权”的法律风险。

(五)房屋被查封、涉诉的法律风险

根据《城市房地产管理法》第三十八条第二项、第五项的规定,房屋被司法机关和行政机关依法裁定、决定查封或者以其他形式限制房地产权利的,房屋权属有争议的,不得转让。在房屋被查封、涉诉等情况下,买方比较难得知相关情况,存在较大的交易风险。

(六)保障房的交易风险

保障房上市交易必须符合法定的年限、价格、出售对象等条件。如果保障房不符合法定的交易条件,双方就面临无法达成交易的法律风险。

(七)避税的法律风险

二手房买卖双方需要缴纳契税、印花税、增值税、土地增值税、个人所得税等税费。二手房买卖双方为了避税,往往通过签订“阴阳合同”的方式进行交易。“阳合同”成交价格低,以达到少缴税的目的;“阴合同”成交价格较高,是按照实际成交价格签订的。在存在“阴阳合同”的情况下,可能面临低评估价、再次出售税额高、卖方违约举证难、税务处罚等法律风险。

(八)违约的法律风险

对于卖方而言,最主要的风险是先行交付房屋或者过户手续之后,买方拒绝支付剩余房款;对于买方而言,最主要的风险是先行交付部分或付清全部房款之后,卖方拒绝交付房屋、办理过户手续,或者另做他卖。在房价上涨的情况下,卖方通常会选择放弃出卖;在房价下跌的情况下,买方通常会放弃购买。

法律风险防控23

(一)审核买卖双方主体资格

对于买方而言,如果房屋所在地有限购政策,需要核实买方名下有几套房产。如果是本地户籍居民,需要审核是否符合购房条件;如果是外地户籍居民,需要审核社会保险缴纳证明、纳税证明,以核实是否符合外地户籍居民的购房条件。如果买方需要贷款,除了审核买方名下有几套房产之外,还需要审核买方的征信记录、名下有无房贷等,以核实是否符合贷款条件。另外,买方应核实卖方买房的原始合同、发票、缴费票据及相关文件等资料。对于卖方有银行贷款的,需要卖方提供偿还银行贷款、解除房屋抵押的相关证明。

(二)确认房屋的相关权属状况

买方应审查二手房的权属证明及相关文件,主要是对二手房的房屋所有权证和土地使用权证进行查验,对没有房屋所有权证和土地使用权证的二手房最好不要购买。买方在确认房屋的相关权属状况时,最好到不动产登记机构查询,核实房屋所有权证、国有土地使用权证的登记事项,包括证号、所有权人、坐落位置、登记时间、用地性质、土地状况、房屋状况、共有情况、抵押情况等与不动产登记簿是否一致。

(三)规避夫妻共有房屋买卖风险

为规避夫妻共有房屋买卖的法律风险,需要注意:(1)如果卖方已婚,应审查其结婚证原件,要求与其配偶见面，确认夫妻双方一致同意出售房屋，由配偶出具同意出售的书面声明；(2)如果卖方离异或者丧偶，应要求提供离婚证、法院离婚判决书或者调解书、街道等有关部门的丧偶证明；(3)如果卖方未婚，应要求卖方提供当地民政部门出具的单身证明。为规避非夫妻共有房屋买卖的法律风险，买方应要求卖方提供全体共有人一致同意出售房屋的书面意见。

(四)规避抵押房屋的风险

为规避抵押房屋的法律风险，买方应要求卖方提供抵押权人同意转让房屋或者放弃抵押权的书面意见。如果抵押权人不同意，买方应要求卖方解除抵押及登记后再交易。

(五)规避租赁房屋的风险

为规避租赁房屋的法律风险，买方应要求卖方提供承租人放弃优先购买权的书面证明。如果买方不愿将房屋继续出租给承租人，应要求卖方提前终止租赁合同或者要求卖方提供承租人同意终止租赁合同的书面证明。

(六)规避涉诉、查封等受限房屋的风险

为规避涉诉、查封等受限房屋的法律风险，买方应尽量避免直接与卖方交易。如确需购买，可通过参加司法拍卖等公开形式购买。

(七)规避保障房交易风险

为规避保障房的交易风险，二手房买卖双方应了解清楚当地保障房上市交易的法定条件，以及交易对象是否符合交易的法定条件。如果具备上市交易的法定条件，买方应要求卖方提供相关的书面证明材料。如果保障房上市交易需要办理审批手续的，买方应要求卖方办理审批手续并提供相关证明材料。如果保障房上市交易卖方需要上交土地收益等相关价款的，双方应明确该部分是否包括在交易房款中，由哪一方负责缴纳。如果是由卖方负责缴纳的，买方应要求卖方提供相关的缴费凭据原件。

(八)规避税费的风险

为规避税费的法律风险，双方应做好税费的核算工作，明确卖方、买方各自需要承担的税费种类、具体金额、缴纳期限。

(九)签好二手房买卖合同

二手房买卖合同最主要的是要规避违约法律风险。对于卖方而言，最主要的风险是先行交付房屋或者过户手续之后，买方拒绝支付剩余房款；对于买方而言，最主要的风险是先行交付部分或付清全部房款之后，卖方拒绝交付房屋、办理过户手续，或者另做他卖。一般情况下，卖方会要求买方付清全部房款后才办理交付、过户手续，买方则会要求先行办理交付、过户手续后再付清房款。因此，付款节奏最好与房屋交付、过户手续相关联。为避免买卖双方互不信任，最好走正规的二手房买卖程序，到当地房地产行政主管部门办理二手房买卖合同网签、备案手续，将交易款项存入当地房地产行政主管部门的资金监管账户。

(十)做好相关交接工作

首先，在房屋交接时，要确认卖方是否结清水、电、燃气、暖气、电话费、网络费、物业管理费等，在确认卖方已经结清或者明确由谁承担之后，应做好相关过户手续。其次，要做好房屋及其附属设备、设施的实物交接手续。对于房屋存在的质量问题，应明确由谁承担维修责任；对于房屋所属的车位、车库、储物间、地下室等附属设施,应明确是否包括在买卖范围内及其价格,并做好交接记录;对于房屋附属的装修、家具及其他设备,应明确是否包括在买卖范围内及其价格,并做好交接记录。最后,要做好相关文件资料的交接手续。对于房屋原始买卖或后续交易、使用过程中形成的文件资料,应做好交接记录。对于有落户需求的买方,需要核实卖方是否把户籍迁出。如果卖方户籍未迁出,买方无法将户籍落到新购房中。

PART 3:二手房买卖的典型案例

典型案例68

上海中原物业顾问有限公司与陶德华居间合同纠纷案

裁判要点

房屋买卖居间合同中关于禁止买方利用中介公司提供的房源信息却绕开该中介公司与卖方签订房屋买卖合同的约定合法有效。但是,当卖方将同一房屋通过多个中介公司挂牌出售时,买方通过其他公众可以获知的正当途径获得相同房源信息的,买方有权选择报价低、服务好的中介公司促成房屋买卖合同成立,其行为并没有利用先前与之签约中介公司的房源信息,故不构成违约。

基本案情

原告上海中原物业顾问有限公司(以下简称中原公司)诉称:被告陶德华利用中原公司提供的上海市虹口区株洲路某号房屋销售信息,故意跳过中介,私自与卖方直接签订购房合同,违反了《房地产求购确认书》的约定,属于恶意"跳单"行为,请求法院判令陶德华按约支付中原公司违约金1.65万元。

被告陶德华辩称:涉案房屋原产权人李某某委托多家中介公司出售房屋,中原公司并非独家掌握该房源信息,也非独家代理销售。陶德华并没有利用中原公司提供的信息,不存在"跳单"违约行为。

法院经审理查明:2008年下半年,原产权人李某某到多家房屋中介公司挂牌销售涉案房屋。2008年10月22日,上海某房地产经纪有限公司带陶德华看了该房屋;11月23日,上海某房地产顾问有限公司(以下简称某房地产顾问公司)带陶德华之妻曹某某看了该房屋;11月27日,中原公司带陶德华看了该房屋,并于同日与陶德华签订了《房地产求购确认书》。该《确认书》第2.4条约定,陶德华在验看过该房地产后六个月内,陶德华或其委托人、代理人、代表人、承办人等与陶德华有关联的人,利用中原公司提供的信息、机会等条件但未通过中原公司而与第三方达成买卖交易的,陶德华应按照与出卖方就该房地产买卖达成的实际成交价的1%,向中原公司支付违约金。当时中原公司对该房屋报价165万元,而某房地产顾问公司报价145万元,并积极与卖方协商价格。11月30日,在某房地产顾问公司居间下,陶德华与卖方签订了房屋买卖合同,成交价

138万元。后买卖双方办理了过户手续，陶德华向某房地产顾问公司支付佣金1.38万元。

裁判结果

上海市虹口区人民法院于2009年6月23日作出(2009)虹民三(民)初字第912号民事判决：被告陶德华应于判决生效之日起十日内向原告中原公司支付违约金1.38万元。宣判后，陶德华提出上诉。上海市第二中级人民法院于2009年9月4日作出(2009)沪二中民二(民)终字第1508号民事判决：(1)撤销上海市虹口区人民法院(2009)虹民三(民)初字第912号民事判决；(2)中原公司要求陶德华支付违约金1.65万元的诉讼请求，不予支持。

裁判理由

法院生效裁判认为：中原公司与陶德华签订的《房地产求购确认书》属于居间合同性质，其中第2.4条的约定，属于房屋买卖居间合同中常有的禁止"跳单"格式条款，其本意是为防止买方利用中介公司提供的房源信息却"跳"过中介公司购买房屋，从而使中介公司无法得到应得的佣金，该约定并不存在免除一方责任、加重对方责任、排除对方主要权利的情形，应认定有效。根据该条约定，衡量买方是否"跳单"违约的关键，是看买方是否利用了该中介公司提供的房源信息、机会等条件。如果买方并未利用该中介公司提供的信息、机会等条件，而是通过其他公众可以获知的正当途径获得同一房源信息，则买方有权选择报价低、服务好的中介公司促成房屋买卖合同成立，而不构成"跳单"违约。本案中，原产权人通过多家中介公司挂牌出售同一房屋，陶德华及其家人分别通过不同的中介公司了解到同一房源信息，并通过其他中介公司促成了房屋买卖合同成立。因此，陶德华并没有利用中原公司的信息、机会，故不构成违约，对中原公司的诉讼请求不予支持。

典型案例69

唐兰与程永莉房屋买卖合同纠纷案

基本案情

2000年11月7日，重庆市九龙坡区土地房屋权属登记中心收到以唐兰为卖方、程永莉为买方的《房屋买卖合同》《房地产交易合同登记申请表》等关于唐兰所有房屋的房屋买卖材料，材料上均盖有"唐兰"字样私章，部分材料签有"唐兰"字样签名，重庆市九龙坡区土地房屋权属登记中心凭上述材料将登记在唐兰名下的房屋过户给了程永莉。2003年4月17日，唐兰以其从未与程永莉签订房屋买卖合同为由向法院提起行政诉讼。重庆市第一中级人民法院二审以主体不适格为由裁定驳回唐兰的起诉，并在裁判理由中认为：唐兰与程永莉盖章签订制式房地产买卖合同，经登记部门审查，获准房屋权属转移登记。2007年3月，唐兰向重庆市九龙坡区人民法院提起本案民事诉讼，请求确认房屋买卖合同无效，并判令程永莉将诉争房屋返还给唐兰。诉讼中，法院查明，上述"唐兰"的签名均为程永莉丈夫所签，"唐兰"字样的私章无法证明为唐兰所有。

该案经一审、二审以及重庆高院再审,均在合同是有效还是无效之间争议,重庆高院再审判决认为合同有效并据此驳回了唐兰的诉讼请求。唐兰不服,向检察机关申诉,2012年5月16日,最高人民检察院向最高人民法院提起抗诉。

裁判结果

最高人民法院再审认为,涉案合同不涉及有效与无效的问题,而是是否成立的问题。在双方当事人就合同关系是否成立存在争议的情况下,根据法律规定,应由主张合同关系成立的一方当事人承担举证责任,在"唐兰"签名被证实并非唐兰本人所签的情况下,程永莉不能证明"唐兰"字样的私章为唐兰本人所有并加盖时,应当承担举证不能的诉讼后果。行政裁定书认定的事实只能证明房管部门行政行为的合规性,并不能证明民事行为的成立,且多方面证据均证明唐兰并未签订《房地产买卖合同》,唐兰与程永莉之间没有就涉案房屋成立房屋买卖合同关系。据此最高人民法院判决程永莉向唐兰返还房屋。

典型意义

该案庭审过程中,最高人民检察院首次接受当事人当庭质证,对于我国民事抗诉程序的丰富和发展具有重要意义。在该案的合同效力形态上,当事人在有效与无效之间争议,原审法院也在合同有效与无效之间裁判,但经审理发现涉案合同仅涉及是否成立的问题,并在此基础上正确运用合同成立的举证规则,合理分配举证责任,从而做到对当事人实体权利的保护,对于民事判决中举证责任的适用方法具有指导意义。

典型案例70

丁福如与石磊房屋买卖合同纠纷案

一审法院:上海市长宁区人民法院

二审法院:上海市第一中级人民法院

一审观点

(一)关于买卖合同是否有效的问题

涉讼买卖合同对标的物坐落位置、建筑面积、房屋类型等的约定,与不动产登记簿记载的内容一致。该不动产登记簿记载的内容具有公示、公信效力,一方面表明被告为涉讼房屋的登记权利人,依法享有该房屋的所有权和土地使用权;另一方面表明涉讼房屋的登记信息具有权利的正确性推定效力,可推定登记的权利状态、范围与现实的客观状态相符,善意相对人因信赖该登记的正确性而与登记权利人签订合同,该合同的效力不因登记的错误或权利内容的状态而受影响。原、被告签订买卖合同时,虽然房屋现状已与登记信息不一致,但双方在合同中记载的仍是登记的房屋状况,且被告石磊未举证证明其于签订买卖合同时,已将涉讼房屋现状与登记信息不符的事实如实告知原告丁福如。因此,原告对于本案纠纷的发生无过错,应属善意信赖不动产登记信息的合同当事人，法律应当保护原告的此种信赖利益，此亦系强化不动产公示、公信效力的要求。虽然涉讼房屋被行政机关限制交易，买卖合同的履行可能存在障碍，但根据我国《物权法》区分原则，转让不动产的合同，除法律另有规定或合同另有约定外，自合同成立时生效，未办理无权登记，不影响合同效力，因此，不能因涉讼房屋过户存在障碍就否认其买卖合同的有效性。原、被告就涉讼房屋签订的买卖合同，不具备我国《合同法》第五十二条规定的无效情形，应属有效。

（二）关于涉讼买卖合同能否继续履行的问题

虽然行政机关对涉讼房屋的权利转移作出限制，但物权未灭失，不能就此认定买卖合同法律上或事实上履行不能。行政机关限制交易的目的在于督促违法行为人纠正违法行为，履行法律手续；被告即使未出售房屋，也应按照行政机关的要求进行整改，使房屋恢复至合法状态，恢复原状系被告应尽的行政法上的义务。被告石磊明知涉讼房屋附有违法建筑仍予出售，应依诚实信用原则全面履行合同义务；对于涉讼房屋存在的违法状态，应自行采取相应措施予以消除后交付原告。经法院释明，原告丁福如同意被告按现状交付房屋，并自愿替代被告承担恢复原状的义务，原告的意思表示不违反法律、行政法规的禁止性规定，亦符合行政机关的执法目的，法院予以准许。原告在恢复原状时，房屋的四至、外观形状、层高等应与登记内容一致，质量应符合国家规定的建筑标准。被告应于原告恢复原状、通过行政机关审查认可并撤销交易限制后再协助原告办理产权手续。

二审观点

行政机关已认定涉讼房屋是附有违法建筑并结构相连的房屋，上诉人石磊认为涉讼房屋系重建的房屋，但不能改变其违法的性质。上诉人与被上诉人丁福如买卖涉讼房屋的意思表示及交易价格系属真实，结合不动产登记的公示、公信效力，双方签订的买卖合同当属有效。因行政机关的权利限制是为督促违法行为人予以改正，在上诉人未能积极履行相应义务的情况下，被上诉人同意上诉人按现状交付房屋，并自愿替代上诉人承担恢复义务，故在被上诉人完成恢复义务，行政机关撤销限制权利转移后，双方完成权利交付是可行的，买卖合同能够继续履行。

PART 4：二手房买卖的法律链接

法律链接

二手房买卖属于房地产转让的形式之一，应适用房地产转让、房地产经纪的相关法律、行政法规、行政规章及最高人民法院司法解释，读者可进一步参见本书相关章节的法律链接。

专题十六　房屋租赁

房屋租赁,是指房屋所有权人作为出租人将其房屋出租给承租人使用,由承租人向出租人支付租金的行为。房屋租赁的标的物为房屋,属于不动产租赁。房屋租赁不同于房屋买卖,转移的只是房屋的占有、使用、收益权。因此,本专题主要研究房屋租赁的法律解读和风险防控问题。

PART 1:房屋租赁的法律解读

法律解读 97　房屋租赁

根据《城市房地产管理法》第五十三条的规定,房屋租赁,是指房屋所有权人作为出租人将其房屋出租给承租人使用,由承租人向出租人支付租金的行为。房屋租赁的标的物为房屋,属于不动产租赁。根据房地一并处理原则,房屋出租时,房屋使用范围内的建设用地使用权一并出租。房屋租赁不同于房屋买卖,转移的只是房屋的占有、使用、收益权。《民法典》第七百零五条规定:"租赁期限不得超过二十年。超过二十年的,超过部分无效。租赁期限届满,当事人可以续订租赁合同;但是,约定的租赁期限自续订之日起不得超过二十年。"房屋租赁的标的物为房屋,但不是所有的房屋都可以出租。根据《商品房租赁管理办法》第六条的规定,有下列情形之一的房屋不得出租:(1)属于违法建筑的;(2)不符合安全、防灾等工程建设强制性标准的;(3)违反规定改变房屋使用性质的;(4)法律、法规规定禁止出租的其他情形。

法律解读 98　房屋租赁合同

租赁合同,是指出租人将租赁物交付承租人使用、收益,承租人支付租金的合同。房屋租赁合同,是指出租人将房屋交付承租人使用、收益,承租人支付租金的合同。房屋租赁合同为诺成、双务、有偿合同。

根据《商品房屋租赁管理办法》第七条的规定,房屋租赁合同的内容由当事人双方约定,一般应当包括以下内容:(1)房屋租赁当事人的姓名(名称)和住所;(2)房屋的坐落、面积、结构、附属设施,家具和家电等室内设施状况;(3)租金和押金数额、支付方式;(4)租赁用途和房屋使用要求;(5)房屋和室内设施的安全性能;(6)租赁期限;(7)房屋维修责任;(8)物业服务、水、电、燃气等相关费用的缴纳;(9)争议解决办法和违约责任;(10)其他约定。房屋租赁当事人应当在房屋租赁合同中约定房屋被征收或者拆迁时的处理办法。各地住建部门通常联合市场监管部门制定房屋租赁合同示范文本,供本地当事人选用。

法律解读99 出租人的主要义务

（一）交付房屋并在租赁期间保持房屋符合约定的用途

房屋租赁合同生效后，出租人应当按照合同约定，将房屋交付给承租人占有，并且在租赁关系存续期间保持房屋符合合同约定的用途。否则，出租人构成违约，需要向承租人承担违约责任。

（二）维修租赁物

除法律另有规定或者当事人另有约定外，出租人应承担租赁关系存续期间对租赁物进行维修的义务，保证房屋符合租赁合同约定的用途。在房屋需要维修时，承租人可以要求出租人在合理期间内进行维修。如果出租人未在合理期间内维修房屋，承租人可以自行维修，因为维修所支出的费用应由出租人承担。因出租人维修房屋而影响承租人使用房屋的，应当相应减少租金或者延长租期。

（三）瑕疵担保义务

出租人应保证出租的房屋符合合同约定的用途，能够使承租人按照合同约定正常地对房屋进行占有、使用、收益。如果房屋存在瑕疵，则出租人应当对承租人承担物的瑕疵担保责任，承租人可以要求出租人对房屋进行修理、更换，或者请求减少租金、解除合同。同时，出租人还应保证承租人不会因第三人对房屋主张权利而影响对房屋正常的占有、使用、收益，否则，承租人可以要求出租人减少租金，或者不支付租金。但是，第三人主张权利的，承租人应当及时通知出租人，承租人未及时通知而给出租人造成损失的，承租人无权要求出租人赔偿。

（四）负担税负及费用返还义务

当租赁房屋有税负等负担时，出租人应当承担。另外，对于承租人为租赁房屋所支出的有益费用和必要费用，出租人也有偿还的义务。有益费用，是指承租人支出的使租赁房屋价值增加的费用。《民法典》第七百一十五条规定："承租人经出租人同意，可以对租赁物进行改善或者增设他物。承租人未经出租人同意，对租赁物进行改善或者增设他物的，出租人可以请求承租人恢复原状或者赔偿损失。"由此可见，只有在经出租人同意的情况下，出租人才负有益费用的返还义务。必要费用，主要是指维持租赁物的使用收益状态所支出的费用，如房屋的维修费用等。这种费用，也应由出租人负担。

法律解读100 承租人的主要义务

（一）支付租金

租金是承租人使用租赁房屋的对价，支付租金是承租人的主要义务。《民法典》第七百二十一条规定："承租人应当按照约定的期限支付租金。对支付租金的期限没有约定或者约定不明确，依据本法第五百一十条的规定仍不能确定，租赁期限不满一年的，应当在租赁期限届满时支付；租赁期限一年以上的，应当在每届满一年时支付，剩余期限不满一年的，应当在租赁期限届满时支付。"第七百二十二条规定："承租人无正当理由未支付或者迟延支付租金的，出租人可以请求承租人在合理期限内支付；承租人逾期不支付的，出租人可以解除合同。"

(二)依照约定方法或房屋的性质使用房屋

承租人应当按照约定的方法使用所租赁的房屋,如果没有约定或者约定不明确,应当按照租赁房屋的性质进行使用。承租人按照约定的方法或者房屋的性质对房屋进行使用,致使房屋受到损耗的,不承担损害赔偿责任。如果承租人未按照约定的方法或者房屋的性质使用房屋,致使房屋受到损失的,出租人可以解除合同并要求赔偿损失。

(三)妥善保管房屋

承租人应当妥善保管房屋,不得擅自拆除、改建或者增添。确需变动的,必须征得出租人的同意并签订书面合同。承租人因保管不善造成房屋毁损、灭失的,应当承担损害赔偿责任。

(四)返还租赁的房屋

在租赁合同终止之后,承租人应当向出租人返还租赁的房屋,并且保证返还的房屋符合按照约定或者房屋的性质使用后的状态。否则,应向出租人承担违约责任。

法律解读101 无效房屋租赁合同

已经成立的房屋租赁合同,必须符合生效要件才能产生法律效力。房屋租赁合同必须符合《民法典》第一百四十三条的规定:“具备下列条件的民事法律行为有效:(一)行为人具有相应的民事行为能力;(二)意思表示真实;(三)不违反法律、行政法规的强制性规定,不违背公序良俗。”

无效的房屋租赁合同,是指合同虽然成立,但因其在内容上违反了法律、行政法规的强制性规定和社会公共利益而无法律效力的房屋租赁合同。除《民法典》规定的情形导致房屋租赁合同无效之外,根据《民法典》《最高人民法院关于审理城镇房屋租赁合同纠纷案件具体应用法律若干问题的解释》的相关规定,房屋租赁合同的特殊情形还包括:

1.《民法典》第七百零五条第一款规定,租赁期限不得超过20年。超过20年的,超过部分无效。

2.《最高人民法院关于审理城镇房屋租赁合同纠纷案件具体应用法律若干问题的解释》第二条规定,出租人就未取得建设工程规划许可证或者未按照建设工程规划许可证的规定建设的房屋,与承租人订立的租赁合同无效。但在一审法庭辩论终结前取得建设工程规划许可证或者经主管部门批准建设的,人民法院应当认定有效。

3.《最高人民法院关于审理城镇房屋租赁合同纠纷案件具体应用法律若干问题的解释》第三条第一款规定,出租人就未经批准或者未按照批准内容建设的临时建筑,与承租人订立的租赁合同无效。但在一审法庭辩论终结前经主管部门批准建设的,人民法院应当认定有效。

《商品房租赁管理办法》第六条规定:“有下列情形之一的房屋不得出租:(一)属于违法建筑的;(二)不符合安全、防灾等工程建设强制性标准的;(三)违反规定改变房屋使用性质的;(四)法律、法规规定禁止出租的其他情形。”根据《民法典》第一百五十三条第一款的规定,违反效力性强制规定的合同无效。《商品房租赁管理办法》属于住房和城乡建设部颁布的行政规章,不能作为认定合同无效的依据。

法律解读 102 房屋租赁合同的备案

根据《商品房租赁管理办法》第十四条的规定，房屋租赁合同订立后 30 日内，房屋租赁当事人应当到租赁房屋所在地直辖市、市、县人民政府建设（房地产）主管部门办理房屋租赁登记备案。《现代汉语词典》将备案解释为："把情况用书面形式报告给主管部门。"[①]可见，备案是指向主管机关报告事由存案以备查考。对于房屋租赁合同备案的效力，有的认为是合同的有效要件，有的认为是对抗要件。《最高人民法院关于审理城镇房屋租赁合同纠纷案件具体应用法律若干问题的解释》第五条规定："出租人就同一房屋订立数份租赁合同，在合同均有效的情况下，承租人均主张履行合同的，人民法院按照下列顺序确定履行合同的承租人：（一）已经合法占有租赁房屋的；（二）已经办理登记备案手续的；（三）合同成立在先的。不能取得租赁房屋的承租人请求解除合同、赔偿损失的，依照民法典的有关规定处理。"在实践中，房屋租赁合同的登记备案工作执行得并不理想。房屋租赁合同是否备案，并不影响合同的效力。因此，房屋租赁合同的备案既非生效条件，也非对抗要件。

法律解读 103 房屋租赁合同的形式

合同的形式是订立合同的方式，也是合同内容的外在表现。《民法典》第七百零七条规定："租赁期限六个月以上的，应当采用书面形式。当事人未采用书面形式，无法确定租赁期限的，视为不定期租赁。"如果房屋租赁合同没有采用书面形式，其效力如何呢？关于合同书面形式的效力，在学理上一直存在不同的看法，主要有生效要件说、成立要件说、证据效力说等观点。笔者认为，从我国法律用语来看，法律采取"应当"的表述方法，并不完全意味着该规定是一种强制性的规范。《民法典》第四百六十九条规定："当事人订立合同，可以采用书面形式、口头形式或者其他形式。书面形式是合同书、信件、电报、电传、传真等可以有形地表现所载内容的形式。以电子数据交换、电子邮件等方式能够有形地表现所载内容，并可以随时调取查用的数据电文，视为书面形式。"第四百九十条第二款规定："法律、行政法规规定或者当事人约定合同应当采用书面形式订立，当事人未采用书面形式但是一方已经履行主要义务，对方接受时，该合同成立。"我国法律规定租赁期限六个月以上的合同"应当采用书面形式"，如果一律认为违反这种规定合同就无效，并不符合鼓励交易的原则，对市场经济的发展也是不利的。在一般情况下，法律关于书面形式的要求，是为了强化证据效力而作出的规定，书面形式是证明合同存在及其内容的证据。但是，在特殊情况下，为了维护交易的安全和秩序，如果法律、行政法规特别规定书面形式作为合同成立或者生效要件的，则该规定属于法律的强制性规定。如果违反此类规定的，可以认为该合同违反法律、行政法规的强制性规定，应当被宣告为无效。

---

① 中国社会科学院语言研究所词典编辑室编：《现代汉语词典》（第 6 版），商务印书馆 2012 年版，第 56 页。

法律解读 104 房屋装饰装修的处理

房屋租赁合同纠纷案件中装饰装修的处理一直是实践中的热点和难点问题。在最高人民法院公布《最高人民法院关于审理城镇房屋租赁合同纠纷案件具体应用法律若干问题的解释》前，如何处理承租人对房屋的装饰装修缺少统一的裁判规则。《最高人民法院关于审理城镇房屋租赁合同纠纷案件具体应用法律若干问题的解释》根据房屋的装饰装修是否经出租人同意、租赁合同是否有效、装饰装修是否形成附合适用不同的处理规则：

1. 根据《最高人民法院关于审理城镇房屋租赁合同纠纷案件具体应用法律若干问题的解释》第七条的规定，承租人经出租人同意装饰装修，租赁合同无效时，未形成附合的装饰装修物，出租人同意利用的，可折价归出租人所有；不同意利用的，可由承租人拆除。因拆除造成房屋毁损的，承租人应当恢复原状。已形成附合的装饰装修物，出租人同意利用的，可折价归出租人所有；不同意利用的，由双方各自按照导致合同无效的过错分担现值损失。

2. 根据《最高人民法院关于审理城镇房屋租赁合同纠纷案件具体应用法律若干问题的解释》第八条的规定，承租人经出租人同意装饰装修，租赁期间届满或者合同解除时，除当事人另有约定外，未形成附合的装饰装修物，可由承租人拆除。因拆除造成房屋毁损的，承租人应当恢复原状。

3. 根据《最高人民法院关于审理城镇房屋租赁合同纠纷案件具体应用法律若干问题的解释》第九条的规定，承租人经出租人同意装饰装修，合同解除时，双方对已形成附合的装饰装修物的处理没有约定的，人民法院按照下列情形分别处理：

(1)因出租人违约导致合同解除，承租人请求出租人赔偿剩余租赁期内装饰装修残值损失的，应予支持；

(2)因承租人违约导致合同解除，承租人请求出租人赔偿剩余租赁期内装饰装修残值损失的，不予支持。但出租人同意利用的，应在利用价值范围内予以适当补偿；

(3)因双方违约导致合同解除，剩余租赁期内的装饰装修残值损失，由双方根据各自的过错承担相应的责任；

(4)因不可归责于双方的事由导致合同解除的，剩余租赁期内的装饰装修残值损失，由双方按照公平原则分担。法律另有规定的，适用其规定。

4. 根据《最高人民法院关于审理城镇房屋租赁合同纠纷案件具体应用法律若干问题的解释》第十条的规定，承租人经出租人同意装饰装修，租赁期间届满时，承租人请求出租人补偿附合装饰装修费用的，不予支持。但当事人另有约定的除外。

5. 根据《最高人民法院关于审理城镇房屋租赁合同纠纷案件具体应用法律若干问题的解释》第十一条的规定，承租人未经出租人同意装饰装修或者扩建发生的费用，由承租人负担。出租人请求承租人恢复原状或者赔偿损失的，人民法院应予支持。

6. 根据《最高人民法院关于审理城镇房屋租赁合同纠纷案件具体应用法律若干问题的解释》第十二条的规定，承租人经出租人同意扩建，但双方对扩建费用的处理没有约定的，人民法院按照下列情形分别处理：

(1)办理合法建设手续的,扩建造价费用由出租人负担;

(2)未办理合法建设手续的,扩建造价费用由双方按照过错分担。

《最高人民法院关于审理城镇房屋租赁合同纠纷案件具体应用法律若干问题的解释》根据有效合同和无效合同的不同法律效果,对装饰装修损失采用了现值损失和残值损失两种不同的标准。现值损失是指合同被认定无效时,装饰装修的现存价值。在合同无效场合,承租人通常已经占有使用租赁房屋一段时间,其在此期间享有的装饰装修利益,不应再列入合同无效的损失范围。残值损失是指在合同解除时,装饰装修的剩余“价值”,这一“价值”的确定是以合同解除时装饰装修的现值为基础,且不能低于合同履行期间摊销的装饰装修费用。因此,承租人如需对房屋进行装饰装修,应当经出租人同意,合理确定租赁期限,并在租赁合同中对租赁期间届满或者合同解除时装饰装修如何处理作出明确约定。

PART 2:房屋租赁的法律风险提示及防控

法律风险提示15

(一)民事法律风险

1. 违约责任

房屋出租人和承租人签订的是房屋租赁合同,如果出租人或者承租人违反房屋租赁合同的约定,则需要按照合同的约定承担相应的违约责任。违约责任主要有继续履行、采取补救措施、赔偿损失、支付违约金、定金责任等形式。

2. 无效房屋租赁合同应承担的民事法律责任

房屋租赁合同被确认无效后当事人面临的法律风险主要为缔约过失责任。房屋租赁合同无效的处理应当遵循《民法典》的普遍原则,即合同被认定无效后,当事人可能要承担民法上的返还财产、赔偿损失等法律责任。

(二)行政法律风险

根据《商品房租赁管理办法》,如果违反该办法的规定还要承担相应的行政法律责任:

1. 第二十一条规定:“违反本办法第六条规定的,由直辖市、市、县人民政府建设(房地产)主管部门责令限期改正,对没有违法所得的,可处以五千元以下罚款;对有违法所得的,可以处以违法所得一倍以上三倍以下,但不超过三万元的罚款。”

2. 第二十二条规定:“违反本办法第八条规定的,由直辖市、市、县人民政府建设(房地产)主管部门责令限期改正,逾期不改正的,可处以五千元以上三万元以下罚款。”

3. 第二十三条规定:“违反本办法第十四条第一款、第十九条规定的,由直辖市、市、县人民政府建设(房地产)主管部门责令限期改正;个人逾期不改正的,处以一千元以下罚款;单位逾期不改正的,处以一千元以上一万元以下罚款。”

法律风险防控 24

(一)采用书面形式

租赁期限6个月以上的,当事人未采用书面形式的,视为不定期租赁。此外,缺少书面合同,双方的权利义务不易确定,容易发生纠纷。因此,无论租赁期限长短,哪怕只有1个月,也最好签订书面的租赁合同,明确双方的权利义务。

(二)租赁期限的确定

租赁期限不得超20年,超过20年的,超过部分无效。租赁期间届满,当事人可以续订租赁合同。租赁期限6个月以上的,当事人未采用书面形式的,视为不定期租赁。不定期租赁,当事人可以随时解除合同,但出租人解除合同应当在合理期限之前通知承租人。

(三)房屋装饰装修的处理

为避免房屋装饰装修的纠纷,当事人应在合同中明确约定是否允许承租人对房屋进行装饰装修,装饰装修的费用由谁承担,以及合同终止后装饰装修如何处理。如果合同没有约定,承租人需要对房屋进行装饰装修的,事先应与出租人进行协商,达成一致意见后方可进行装饰装修。

(四)房屋扩建的处理

承租人未经出租人同意扩建发生的费用,由承租人负担,出租人有权请求承租人恢复原状或者赔偿损失。承租人经出租人同意扩建,但双方对扩建费用的处理没有约定的,按照下列情形分别处理:(1)办理合法建设手续的,扩建造价费用由出租人负担;(2)未办理合法建设手续的,扩建造价费用由双方按照过错分担。承租人如需对房屋进行扩建,应当经出租人同意并办理合法建设手续,同时在租赁合同中明确约定扩建费用由谁承担。

(五)同意转租的推定

为了最大限度地保持法律状态的稳定,《最高人民法院关于审理城镇房屋租赁合同纠纷案件具体应用法律若干问题的解释》规定,出租人知道或者应当知道承租人转租,但在6个月内未提出异议,无权以承租人未经同意为由请求解除合同或者认定转租合同无效。因此,出租人如知道承租人未经同意转租,应当及时行使权利。

(六)租金的诉讼时效

在实践中,出租人经常因为诉讼时效已过而无法主张租金。租赁合同是继续性合同,租金是按照合同约定的周期分期支付的,诉讼时效是按每一个支付周期分别计算的。承租人应当按照合同约定的期限支付租金。对支付期限没有约定或者约定不明确,依照《民法典》的规定仍不能确定,租赁期间不满1年的,应当在租赁期间届满时支付;租赁期间1年以上的,应当在每届满1年时支付,剩余期间不满1年的,应当在租赁期间届满时支付。如果承租人未能在上述支付期限内支付租金,出租人应当及时催告或者提起诉讼,以免超过诉讼时效,无法得到法律的保护。

PART 3：房屋租赁的典型案例

典型案例71

广州市乐天物业管理有限公司与高义勇租赁合同纠纷案

基本案情

案外人广州市天河区棠下街棠下第四股份合作经济社与乐天公司签订租赁合同，该社将天河区棠德南路42号、44号、50号、52号物业出租给乐天公司作商业用途使用，租赁期限自2010年1月1日起10年。2010年4月9日，合作社出具《场地使用证明》，证明乐天公司租用该商业楼产权属该社所有，产权正在办理中，同意作为经营场所使用；棠下村民委员会在该证明上盖章确认情况属实。广州市天河区人民政府棠下街道办事处就上述租赁物业于2010年3月20日出具《临时经营场所使用证明》，广州市公安消防局于2010年8月1日颁发《公众聚集场所投入使用、营业前消防安全检查合格证》。乐天公司以"乐天棠德广场"名义对外招租。2010年9月2日，乐天公司与高义勇签订《经营租赁合同》。签约当日，高义勇向乐天公司支付前期装修费49,000元、租赁保证金13,200元、水电押金4000元，乐天公司向高义勇开具了收取上述款项的相应收据。同日，乐天公司将涉诉铺位交付高义勇使用。高义勇起诉请求乐天公司返还装修费49,000元，确认双方签订的《经营租赁合同》为无效合同，乐天公司返还保证金13,200元、水电押金4000元。

裁判结果

一审广州市天河区人民法院2012年5月17日作出如下判决：确认《经营租赁合同》为无效合同，乐天公司返还高义勇前期装修费49,000元、租赁保证金13,200元、水电押金4000元。广州市中级人民法院于2012年11月9日作出二审判决：驳回上诉，维持原判。

裁判理由

乐天公司提交的案涉《临时经营场所使用证明》特别载明该证明不能作为建筑物合法性的确认，乐天公司提供的《公众聚集场所投入使用、营业前消防安全检查合格证》亦不足以证明案涉商铺已被政府依法认定为合法建筑物。鉴于乐天公司未能提供证据证明涉案商铺已取得建设工程规划许可证，原审法院根据《最高人民法院关于审理城镇房屋租赁合同纠纷案件具体应用法律若干问题的解释》第二条的规定，认定案涉商铺所签订的《经营租赁合同》为无效合同正确，法院予以维持。

典型案例 72

租赁物未进行消防验收　承租人诉解除租房合同[①]

2013 年 8 月 5 日,原告赵某与被告某家电公司就原告租赁日照某沿街门面房事宜签订房屋租赁合同一份,合同约定租金为 30 万元,租赁面积为 600 平方米,租赁期限为 10 年,租赁用途为开设网吧。合同签订当日,原告赵某交给家电公司水电费押金 2 万元。随后原告赵某又缴纳 15 万元的租金。合同签订后,被告将该涉案房屋交付给原告,原告即开始对涉案租赁房屋进行装修。此后原告多次要求家电公司提供该涉案房屋的整体消防验收合格手续,家电公司一直未能提供。同年 8 月 26 日,家电公司的法定代表人张某给原告出具承诺书一份,内容为:承诺于 2013 年 9 月 21 日前将消防备案到位,过期承担一切损失。到期后,该家电公司仍未提供涉案房屋的消防验收合格手续,导致原告无法办理工商、文化许可证,不能按时开业,造成原告损失。双方协商未果,原告赵某以被告方构成根本违约为由诉至法院,请求法院判令被告返还原告房屋租金 15 万元及水电费押金 2 万元;赔偿原告房屋装修费、电器设备及机器折旧费等损失共计 79 万余元。

法院经审理认为,原告方所租赁房屋并非属于按照国家工程建筑消防技术标准进行设计的对象,双方当事人在签订合同时,也未将租赁房屋经消防验收合格约定为合同生效条件,双方签订的租赁合同所涉房屋未经消防验收合格并不必然导致合同无效。但所涉房屋未经消防验收直接导致承租方经营的网吧无法开业,合同目的不能实现,出租方应当赔偿承租方损失。最终法院认定被告赔偿原告各项损失共计 45 万余元。

典型案例 73

无证房屋租赁引纠纷　租户装修损失怎么分担?[②]

2015 年 6 月 16 日,景之公司(出租人)与高某(承租人)签订了一份租期为 5 年的《房屋使用合同》,合同载明:房屋性质属于无证绿化管理用房,承租人对此已知悉,自愿接受并使用该房屋,今后不得以出租人提供的房屋没有取得房地产权证为由提出解约要求,或提出任何赔偿要求。交房后,高某花费近 28 万元对承租房屋进行装修,并对外经营。好景不长,2016 年 10 月,高某得到消息,因为租赁房屋为违法建筑,政府将予以拆除。想到房屋距离自己装修完成也不过 1 年,装修费就已经花了近 28 万元,而且一旦启动拆除,自己损失还将更大,高某很是担心。于是,高

---

① 牟慧敏、李隆财:《租赁物未进行消防验收　承租人诉解除租房合同》,载中国法院网:http://www.chinacourt.org/article/detail/2014/06/id/1325863.shtml,最后访问日期:2019 年 5 月 12 日。

② 王长鹏:《无证房屋租赁引纠纷　租户装修损失怎么分担?》,载中国法院网:https://www.chinacourt.org/article/detail/2019/03/id/3749684.shtml,最后访问日期:2019 年 5 月 12 日。

某立马与景之公司联系，以求证此事并希望能够协商有关赔偿的事宜，但始终未得到景之公司的准确回应。因为面临随时被拆除的风险，景之公司又一直没给准确说法，高某自2016年10月开始不再继续支付租金，而景之公司也因此将租赁房屋断水断电，以致高某无法正常经营，租赁双方由此产生争执，并互相致函以追讨权益，展开了一场相持不下的拉锯战。

一审：明知违法建筑还装修　损失租户自行承担

2017年5月11日，高某向法院提起诉讼，请求法院判令其与景之公司签订的《房屋使用合同》无效，出租人景之公司承担自己的装修损失。一审法院认为，景之公司将未经合法批准的房屋出租给高某，因该房屋属于无证违法建筑，依据《最高人民法院关于审理城镇房屋租赁合同纠纷案件具体应用法律若干问题的解释》第二条之规定，确认景之公司与高某签订的《房屋使用合同》无效。对于高某主张的装修损失，一审法院认为，高某明知涉案房屋系无证房屋，仍进行装修，属于扩大风险的冒险行为，由此产生的损失应自行承担，故对其装修损失的诉请不予支持。但考虑到高某投入的装修现值，对景之公司还有利用价值，基于公平原则，一审法院酌定由景之公司补偿高某6万元。高某对该判决不服，提出上诉。

二审：租赁双方均明知违法建筑　改判装修损失按过错分担

二审中，高某认为，景之公司明知系无证违法建筑，仍对外出租，这是导致合同无效的主要原因，因此主要过错方是景之公司，装修损失应由景之公司承担。上海一中院认为，涉案租赁房屋既无建设规划许可证，也无房地产权证，属违法建筑，故高某与景之公司就涉案房屋签订的《房屋使用合同》应为无效。根据相关司法解释的规定，承租人经出租人同意装饰装修，租赁合同无效，对已形成附合的装饰装修物，出租人同意利用的，可折价归出租人所有；不同意利用的，则由双方各自按照导致合同无效的过错分担现值损失。本案承租人高某装修房屋，景之公司对此是明知且同意的，现租赁合同无效，景之公司并未表示同意继续利用该装修，故对该装修损失，应按照双方过错比例进行分担。高某在明知租赁房屋系无证建筑的情形下仍然予以承租并进行装修经营，显然过错较大，应对合同无效的后果承担更大的责任，结合双方履约行为及其他实际情况，上海一中院二审改判酌情认定承租人高某应就装修损失承担70%的过错比例。

典型案例74

海门市海永农机经营部与中国石油天然气股份有限公司上海销售分公司租赁合同纠纷案[①]

基本案情

2010年8月19日，民营企业海门市海永农机经营部（以下简称海永农机部）与中国石油天

① 《海门市海永农机经营部与中国石油天然气股份有限公司上海销售分公司租赁合同纠纷案》，载中国法院网：https://www.chinacourt.org/article/detail/2016/04/id/1836001.shtml，最后访问日期：2019年5月12日。

然气股份有限公司上海销售分公司(以下简称中石油上海分公司)签订《加油站资产及经营权租赁合同》,由中石油上海分公司向海永农机部租赁某加油站资产及整体经营权;租赁期限为15年,自加油站交接之日起计算租期,前两年租金为每年23万元,第三年起每年18万元。合同签订后,双方于2010年9月1日办理交接手续,加油站由中石油上海分公司管理经营,但因相应证照无法变更,中石油上海分公司没有按期给付租金。海永农机部诉至法院,请求判令中石油上海分公司支付租金和违约金。中石油上海分公司反诉称,由于海永农机部未改制为公司制企业,不同意变更营业执照,导致中石油上海分公司不能正常合法经营加油站,合同目的无法实现,中石油上海分公司有权要求解除合同,请求判令解除《加油站资产及经营权租赁合同》,并要求海永农机部赔偿损失35,403,803元。

裁判结果

上海市浦东新区人民法院一审认为,海永农机部与中石油上海分公司签订的《加油站资产及经营权租赁合同》合法有效。中石油上海分公司作为业内知名企业的分公司,其有能力亦有条件对商业风险作出合理判断,对商业决策失误可能造成的损失应有充分认知。合同订立时,双方进行了沟通与协商,对合同履行期间可能出现的证照无法变更情形及解决方案亦有过考量与约定。合同签订后,双方办理了交接手续,海永农机部亦履行了协助义务,在证照无法变更的情况下,双方未达成补充协议,由此引发的合同目的无法实现之风险,不应归责于海永农机部。根据《合同法》第九十七条关于"合同解除后,尚未履行的,终止履行;已经履行的,根据履行情况和合同性质,当事人可以要求恢复原状、采取其他补救措施、并有权要求赔偿损失"之规定,判决:(1)解除《加油站资产及经营权租赁合同》;(2)中石油上海分公司应于判决生效之日起十日内支付海永农机部租金;(3)中石油上海分公司应于判决生效之日起十日内支付海永农机部迟延付款违约金;(4)中石油上海分公司应于判决生效之日起十日内支付海永农机部合同解除违约金56万元;(5)驳回中石油上海分公司其余反诉请求。中石油上海分公司上诉后,上海市第一中级人民法院判决驳回上诉、维持原判。

典型意义

本案是人民法院依法审理大型国有企业与非公有制企业之间租赁合同纠纷的典型案例。本案争议焦点在于如何认定加油站相应证照无法变更时海永农机部与中石油上海分公司各自应承担的责任。中石油上海分公司作为大型国有企业,有能力亦有条件对加油站证照可能无法变更的商业风险做出合理判断与认知。因此,在合同仅对海永农机部课以协助办理并提供必要材料的义务时,中石油上海分公司不能将证照未能变更导致的合同目的无法实现归责于海永农机部,而应自行承担这一商业风险所带来的后果。本案双方当事人不仅所有制性质不同,而且市场地位、经济实力悬殊。人民法院严格遵循平等保护原则,综合考虑合同双方缔约能力和行业经验,依法准确区分商业风险和主观过错,确定了合同目的不能实现的原因和后果,依法公正保护了不同规模、不同区域、不同所有制主体的合法权益。

PART 4：房屋租赁的法律链接

法律链接

《中华人民共和国城市房地产管理法》(2019年8月26日修正)

第五十三条 房屋租赁，是指房屋所有权人作为出租人将其房屋出租给承租人使用，由承租人向出租人支付租金的行为。

第五十四条 房屋租赁，出租人和承租人应当签订书面租赁合同，约定租赁期限、租赁用途、租赁价格、修缮责任等条款，以及双方的其他权利和义务，并向房产管理部门登记备案。

第五十五条 住宅用房的租赁，应当执行国家和房屋所在城市人民政府规定的租赁政策。租用房屋从事生产、经营活动的，由租赁双方协商议定租金和其他租赁条款。

第五十六条 以营利为目的，房屋所有权人将以划拨方式取得使用权的国有土地上建成的房屋出租的，应当将租金中所含土地收益上缴国家。具体办法由国务院规定。

《中华人民共和国民法典》(2020年5月28日)

第十四章 租赁合同

第七百零三条 租赁合同是出租人将租赁物交付承租人使用、收益，承租人支付租金的合同。

第七百零四条 租赁合同的内容一般包括租赁物的名称、数量、用途、租赁期限、租金及其支付期限和方式、租赁物维修等条款。

第七百零五条 租赁期限不得超过二十年。超过二十年的，超过部分无效。

租赁期限届满，当事人可以续订租赁合同；但是，约定的租赁期限自续订之日起不得超过二十年。

第七百零六条 当事人未依照法律、行政法规规定办理租赁合同登记备案手续的，不影响合同的效力。

第七百零七条 租赁期限六个月以上的，应当采用书面形式。当事人未采用书面形式，无法确定租赁期限的，视为不定期租赁。

第七百零八条 出租人应当按照约定将租赁物交付承租人，并在租赁期限内保持租赁物符合约定的用途。

第七百零九条 承租人应当按照约定的方法使用租赁物。对租赁物的使用方法没有约定或者约定不明确，依据本法第五百一十条的规定仍不能确定的，应当根据租赁物的性质使用。

第七百一十条 承租人按照约定的方法或者根据租赁物的性质使用租赁物，致使租赁物受到损耗的，不承担赔偿责任。

第七百一十一条 承租人未按照约定的方法或者未根据租赁物的性质使用租赁物，致使租赁物受到损失的，出租人可以解除合同并请求赔偿损失。

第七百一十二条 出租人应当履行租赁物的维修义务，但是当事人另有约定的除外。

第七百一十三条 承租人在租赁物需要维修时可以请求出租人在合理期限内维修。出租人未履行维修义务的,承租人可以自行维修,维修费用由出租人负担。因维修租赁物影响承租人使用的,应当相应减少租金或者延长租期。

因承租人的过错致使租赁物需要维修的,出租人不承担前款规定的维修义务。

第七百一十四条 承租人应当妥善保管租赁物,因保管不善造成租赁物毁损、灭失的,应当承担赔偿责任。

第七百一十五条 承租人经出租人同意,可以对租赁物进行改善或者增设他物。

承租人未经出租人同意,对租赁物进行改善或者增设他物的,出租人可以请求承租人恢复原状或者赔偿损失。

第七百一十六条 承租人经出租人同意,可以将租赁物转租给第三人。承租人转租的,承租人与出租人之间的租赁合同继续有效;第三人造成租赁物损失的,承租人应当赔偿损失。

承租人未经出租人同意转租的,出租人可以解除合同。

第七百一十七条 承租人经出租人同意将租赁物转租给第三人,转租期限超过承租人剩余租赁期限的,超过部分的约定对出租人不具有法律约束力,但是出租人与承租人另有约定的除外。

第七百一十八条 出租人知道或者应当知道承租人转租,但是在六个月内未提出异议的,视为出租人同意转租。

第七百一十九条 承租人拖欠租金的,次承租人可以代承租人支付其欠付的租金和违约金,但是转租合同对出租人不具有法律约束力的除外。

次承租人代为支付的租金和违约金,可以充抵次承租人应当向承租人支付的租金;超出其应付的租金数额的,可以向承租人追偿。

第七百二十条 在租赁期限内因占有、使用租赁物获得的收益,归承租人所有,但是当事人另有约定的除外。

第七百二十一条 承租人应当按照约定的期限支付租金。对支付租金的期限没有约定或者约定不明确,依据本法第五百一十条的规定仍不能确定,租赁期限不满一年的,应当在租赁期限届满时支付;租赁期限一年以上的,应当在每届满一年时支付,剩余期限不满一年的,应当在租赁期限届满时支付。

第七百二十二条 承租人无正当理由未支付或者迟延支付租金的,出租人可以请求承租人在合理期限内支付;承租人逾期不支付的,出租人可以解除合同。

第七百二十三条 因第三人主张权利,致使承租人不能对租赁物使用、收益的,承租人可以请求减少租金或者不支付租金。

第三人主张权利的,承租人应当及时通知出租人。

第七百二十四条 有下列情形之一,非因承租人原因致使租赁物无法使用的,承租人可以解除合同:

(一)租赁物被司法机关或者行政机关依法查封、扣押;

(二)租赁物权属有争议;

（三）租赁物具有违反法律、行政法规关于使用条件的强制性规定情形。

第七百二十五条　租赁物在承租人按照租赁合同占有期限内发生所有权变动的，不影响租赁合同的效力。

第七百二十六条　出租人出卖租赁房屋的，应当在出卖之前的合理期限内通知承租人，承租人享有以同等条件优先购买的权利；但是，房屋按份共有人行使优先购买权或者出租人将房屋出卖给近亲属的除外。

出租人履行通知义务后，承租人在十五日内未明确表示购买的，视为承租人放弃优先购买权。

第七百二十七条　出租人委托拍卖人拍卖租赁房屋的，应当在拍卖五日前通知承租人。承租人未参加拍卖的，视为放弃优先购买权。

第七百二十八条　出租人未通知承租人或者有其他妨害承租人行使优先购买权情形的，承租人可以请求出租人承担赔偿责任。但是，出租人与第三人订立的房屋买卖合同的效力不受影响。

第七百二十九条　因不可归责于承租人的事由，致使租赁物部分或者全部毁损、灭失的，承租人可以请求减少租金或者不支付租金；因租赁物部分或者全部毁损、灭失，致使不能实现合同目的的，承租人可以解除合同。

第七百三十条　当事人对租赁期限没有约定或者约定不明确，依据本法第五百一十条的规定仍不能确定的，视为不定期租赁；当事人可以随时解除合同，但是应当在合理期限之前通知对方。

第七百三十一条　租赁物危及承租人的安全或者健康的，即使承租人订立合同时明知该租赁物质量不合格，承租人仍然可以随时解除合同。

第七百三十二条　承租人在房屋租赁期限内死亡的，与其生前共同居住的人或者共同经营人可以按照原租赁合同租赁该房屋。

第七百三十三条　租赁期限届满，承租人应当返还租赁物。返还的租赁物应当符合按照约定或者根据租赁物的性质使用后的状态。

第七百三十四条　租赁期限届满，承租人继续使用租赁物，出租人没有提出异议的，原租赁合同继续有效，但是租赁期限为不定期。

租赁期限届满，房屋承租人享有以同等条件优先承租的权利。

地方法规、地方规章

有些地方法规、地方规章对房屋租赁进行了规定：(1)《安徽省城市房地产交易管理条例》第二十九条至第三十四条；(2)《安徽省城市房屋租赁管理办法》；(3)《北京市房屋租赁管理若干规定》；(4)《重庆市城镇房地产交易管理条例》第三十二条至第四十一条；(5)《甘肃省城市房地产管理条例》第二十二条至第二十四条；(6)《广东省城镇房屋租赁条例》；(7)《广州市房屋租赁管理规定》；(8)《贵阳市城市房地产管理办法》第四十四条至第四十八条；(9)《哈尔滨市城市房屋租赁管理办法》；(10)《哈尔滨市城市房地产市场管理条例》第四十五条至第五十四条；(11)《海口市房屋租赁管理办法》；(12)《合肥市房屋租赁管理办法》；(13)《南宁市城市房地产交易管理条例》第二十九条至第三十五条;(14)《南宁市城市房屋租赁管理办法》;(15)《上海市房屋租赁条例》;(16)《石家庄市城市房屋租赁管理办法》;(17)《深圳经济特区房屋租赁条例》;(18)《郑州市城市房屋租赁管理条例》;(19)《武汉市房产管理条例》第三十一条至第四十五条;(20)《武汉市房屋租赁管理办法》;(21)《长沙市城市房地产交易管理办法》第三十五条至第四十二条;(22)《吉林市房地产交易管理条例》第二十八条至第三十四条;(23)《吉林市房屋租赁管理暂行办法》;(24)《长春市城市房地产交易管理条例》第二十一条至第二十八条;(25)《江苏省城市房地产交易管理条例》第二十八条至第三十三条;(26)《苏州市居住房屋出租管理办法》;(27)《徐州市城市房屋租赁管理办法》;(28)《辽宁省城镇房地产交易管理条例》第二十六条至第三十二条;(29)《沈阳市城市房屋租赁管理条例》;(30)《包头市房屋租赁管理办法》;(31)《银川市房屋租赁管理条例》;(32)《西宁市城市房屋租赁管理办法》。

专题十七 房屋租赁的特殊规则

房屋承租权的物权化是债权物权化的现象之一，是房屋租赁关系的重要特征。房屋承租权的物权化主要表现为承租人的买卖不破租赁规则和优先购买权。因此，本专题主要研究房屋租赁的特殊规则的法律解读和风险防控问题，包括买卖不破租赁、承租人优先购买权、共同居住人的继续租赁权、租赁房屋转租。

一、买卖不破租赁

法律解读105 买卖不破租赁

《民法典》第七百二十五条规定："租赁物在承租人按照租赁合同占有期限内发生所有权变动的，不影响租赁合同的效力。"该条确立了买卖不破租赁原则。买卖不破租赁，是指在租赁期间，租赁物的所有权变动并不导致租赁关系的解除。

（一）买卖不破租赁的适用范围

1. 该规则主要适用于不动产。从买卖不破租赁规则的确立过程可以看出，该规则主要适用于土地、房屋等不动产的租赁。例如，《法国民法典》第一千七百四十三条、《德国民法典》第五百七十一条第一项、《日本民法典》第六百零五条、我国台湾地区"民法"第四百二十五条。该规则主要适用于不动产，其是否适用于动产，存有争议。在我国的司法实践中，一般是将该规则用于不动产。例如，《最高人民法院关于审理城镇房屋租赁合同纠纷案件具体应用法律若干问题的解释》第十四条明确该规则仅适用于房屋买卖。

2. 该规则的适用不限于买卖。"买卖不破租赁"不仅包括因买卖引起的租赁物所有权变动，还包括因赠与、继承、互易甚至合伙投资引起的所有权变动。也就是说，任何租赁物所有权的变动都不得影响租赁合同的效力。因此，买卖不破租赁中的"买卖"应作广义理解，不限于买卖。

（二）买卖不破租赁的构成要件

根据《民法典》第七百二十五条的规定，买卖不破租赁规则应当具备如下构成要件：

1. 房屋租赁合同有效。买卖不破租赁主要是为了保护承租人的利益，承租人占有租赁物必须基于有效的租赁合同。如果租赁合同尚未成立或者被宣告无效，则承租人无权占有租赁物。

2. 在租赁期间发生所有权的变动。

3. 承租人愿意继续履行原合同。

买卖不破租赁规则的目的在于保护承租人的权利，租赁房屋在租赁期间发生所有权变动的，承租人有权主张援引该规则获得保护，也有权终止合同。因此，承租人是否实际主张买卖不破租赁，而继续承租该不动产，取决于其自己的意思自由。

法律风险防控 25

如果出售的房屋已经出租：

1. 房屋的卖方应当向买方释明房屋已经出租的情况，以免买方以不知房屋已经出租为由要求解除房屋买卖合同或者要求卖方赔偿损失；

2. 房屋的卖方应当书面通知承租人，承租人应自受到书面通知之日起向房屋的买方支付租金；

3. 如果买方不愿将房屋继续出租给承租人，应要求卖方涤除承租人的租赁权，提前终止租赁合同或者要求卖方提供承租人同意终止租赁合同的书面证明；

4. 如果承租人愿意继续租赁房屋，可以根据买卖不破租赁的法律规定，要求继续履行合同；

5. 承租人不能以房屋买卖为由要求解除租赁合同或者拒付租金，否则应承担相应的违约责任；

6. 如果承租人拒绝向买方支付租金达到合同约定的因逾期支付租金解除合同条件的，买方可以据此解除合同。

典型案例 75

北京百粥乡餐饮连锁有限公司与招商银行股份有限公司北京分行房屋租赁合同纠纷案

基本案情

2012 年 3 月 20 日，百粥乡公司与首创公司签订《租赁合同》，约定百粥乡公司向首创公司租赁位于北京市海淀区万柳阳春光华×号楼 1 层 2 号房屋，租赁期自 2012 年 2 月 1 日起至 2015 年 1 月 31 日止。2013 年 7 月 23 日，招行北京分行与首创公司签订《北京市商品房现房买卖合同》，约定招行北京分行购买海淀区万柳阳春光华×号楼 1 层 2 号房屋及 -1 层 7 号房屋。2013 年 10 月 10 日，首创公司向百粥乡公司发函《关于房屋产权变更的通知》。2013 年 12 月 4 日、12 月 26 日，招行北京分行分别向百粥乡公司发《通知函》《催收函》，要求百粥乡公司支付应于 2013 年 10 月 25 日之前交纳的 2013 年 11 月 1 日至 2014 年 1 月 31 日租金 180,084.35 元。2014 年 2 月 28 日，招行北京分行向百粥乡公司发《律师函》，要求百粥乡公司支付 2013 年 11 月 1 日至 2014 年 1 月 31 日租金 180,084.35 元及应于 2014 年 1 月 25 日前交纳的 2014 年 2 月 1 日至 2014 年 4 月 30 日的租金 180,084.35 元。2014 年 3 月 11 日，招行北京分行取得海淀区万柳阳春光华×号楼 1 层 2 号及 -1 层 7 号房屋产权。百粥乡公司提出首创公司曾提出解除租赁合同，百粥乡公司、首创公司与招行北京分行就解除合同进行协商，并提交《回复函》《万柳百粥乡后续问题沟通会议纪要》《函件》等证据，招行北京分行表示确实就合同解除进行协商，但未达成协议。

裁判结果

一审北京市海淀区人民法院作出(2014)海民初字第14349号民事判决:解除招行北京分行与百粥乡公司之间的《租赁合同》,百粥乡公司腾退房屋,百粥乡公司支付招商北京分行房屋租金。二审北京市第一中级人民法院作出(2014)一中民终字第09288号民事判决:驳回上诉,维持原判。

裁判理由

首创公司与百粥乡公司签订的《租赁合同》系双方当事人的真实意思表示,未违反法律、行政法规的强制性法律规定,应为合法有效,双方均应依约履行。现涉诉房屋已经由招行北京分行购买,依据《合同法》第二百二十九条的规定,租赁物在租赁期间发生所有权变动的,不影响租赁合同的效力,因此上述《租赁合同》对招行北京分行和百粥乡公司继续有效,双方应依照《租赁合同》的约定履行各自的义务。依据现有证据,百粥乡公司逾期交纳租金,已经构成《租赁合同》的解除条件。《租赁合同》中没有约定百粥乡公司逾期付款构成违约的情况下,仍对涉诉房屋的附属设备享有折价补偿的权利。因此,百粥乡公司上诉要求招行北京分行赔偿其电力增容费、绿地补偿费、道路施工费的请求,缺乏事实和法律依据,法院不予支持。

典型案例76

厦门富山诚达百货商业广场有限公司与厦门新鹭东方商贸有限公司房屋租赁合同纠纷案

基本案情

2004年12月3日,富山诚达公司的关联公司广州市好又多百货商业广场有限公司与厦门富春东方房地产开发有限公司就“东方时代广场”部分物业租赁事宜签订《物业租赁合同》,租期为20年,约定若富山诚达公司延迟超过30天,新鹭东方公司有权以富山诚达公司租赁履约押金抵充租金和解除本合同。2004年12月18日,广州好又多公司将其在《物业租赁合同》项下的全部权利义务转让给富山诚达公司。2007年8月14日,厦门富春公司与富山诚达公司就上述租赁事宜签订了《补充协议(一)》。2009年年底,厦门富春公司将租赁物业的产权转让给新鹭东方公司,富山诚达公司表示同意转让且不行使优先购买权。2009年11月24日,厦门富春公司向富山诚达公司发出《协助函》,告知富山诚达公司自下一个租期开始将租金支付给新鹭东方公司。2010年3月2日,新鹭东方公司向富山诚达公司提供了转让后的物业产权证。2010年3月15日新鹭东方公司向富山诚达公司发出《催告函》,催告富山诚达公司支付租金。后富山诚达公司未向新鹭东方公司交付租金,新鹭东方公司于2010年3月24日向富山诚达公司发出《合同解除通知函》,该函件于2010年3月25日送达至富山诚达公司处。2010年3月26日,富山诚达公司向新鹭东方公司发出《复函》,并于2010年4月6日向新鹭东方公司发出《关于不同意贵司解除租赁合同的函件》,对新鹭东方公司单方解除合同不予确认,至2010年3月29日富山诚达公司实际交付该部分租金。

裁判结果

一审厦门市思明区人民法院作出(2011)思民初字第10136号民事判决:确认《物业租赁合同》及《补充协议(一)》已于2010年3月25日解除。二审厦门市中级人民法院作出(2012)厦民终字第450号民事判决:驳回上诉,维持原判。

裁判理由

《合同法》第二百二十九条规定,"租赁物在租赁期间发生所有权变动的,不影响租赁合同的效力"。富山诚达公司怠于履行合同义务,已构成根本违约。根据《合同法》第九十六条第一款规定:"当事人一方依照本法第九十三条第二款、第九十四条的规定主张解除合同的,应当通知对方。合同自通知到达对方时解除。对方有异议的,可以请求人民法院或者仲裁机构确认解除合同的效力。"《最高人民法院关于适用〈中华人民共和国合同法〉若干问题的解释(二)》第二十四条规定:"当事人对合同法第九十六条、第九十九条规定的合同解除或者债务抵销虽有异议,但在约定的异议期限届满后才提出异议并向人民法院起诉的,人民法院不予支持;当事人没有约定异议期间,在解除合同或者债务抵销通知到达之日起三个月以后才向人民法院起诉的,人民法院不予支持。"

法律链接

《中华人民共和国民法典》(2020年5月28日)

第四百零五条　抵押权设立前,抵押财产已经出租并转移占有的,原租赁关系不受该抵押权的影响。

第七百二十五条　租赁物在承租人按照租赁合同占有期限内发生所有权变动的,不影响租赁合同的效力。

《商品房屋租赁管理办法》(2010年12月1日)

第十二条第一款　房屋租赁期间内,因赠与、析产、继承或者买卖转让房屋的,原房屋租赁合同继续有效。

《最高人民法院关于审理城镇房屋租赁合同纠纷案件具体应用法律若干问题的解释》(2020年12月29日修正)

第十四条　租赁房屋在承租人按照租赁合同占有期限内发生所有权变动,承租人请求房屋受让人继续履行原租赁合同的,人民法院应予支持。但租赁房屋具有下列情形或者当事人另有约定的除外:

(一)房屋在出租前已设立抵押权,因抵押权人实现抵押权发生所有权变动的;

(二)房屋在出租前已被人民法院依法查封的。

《最高人民法院关于人民法院民事执行中拍卖、变卖财产的规定》(2020年12月29日修正)

第二十八条第二款　拍卖财产上原有的租赁权及其他用益物权,不因拍卖而消灭,但该权利继续存在于拍卖财产上，对在先的担保物权或者其他优先受偿权的实现有影响的，人民法院应当依法将其除去后进行拍卖。

地方法规、地方规章

有些地方法规、地方规章对买卖不破租赁进行了规定：(1)《安徽省城市房地产交易管理条例》第十六条；(2)《北京市房屋租赁管理若干规定》第八条第二款；(3)《哈尔滨市城市房地产市场管理条例》第五十四条；(4)《哈尔滨市城市房屋租赁管理办法》第十条后段；(5)《南宁市城市房屋租赁管理办法》第十一条后段；(6)《石家庄市城市房屋租赁管理办法》第十三条第一款；(7)《郑州市城市房屋租赁管理条例》第二十一条第一款后段。

二、承租人优先购买权

法律解读 106 承租人优先购买权

《民法典》第七百二十六条规定："出租人出卖租赁房屋的，应当在出卖之前的合理期限内通知承租人，承租人享有以同等条件优先购买的权利；但是，房屋按份共有人行使优先购买权或者出租人将房屋出卖给近亲属的除外。出租人履行通知义务后，承租人在十五日内未明确表示购买的，视为承租人放弃优先购买权。"该条规定了承租人的优先购买权。中外学者及相关法条对优先购买权所下定义大同小异。王泽鉴先生认为："优先购买权云者，谓特定人依约或法律规定，于所有人（义务人）出卖动产或不动产时，有依同样条件优先购买之权利。"[①]

（一）承租人优先购买权的行使条件

根据《民法典》第七百二十六条第 款的规定，出租人出卖租赁房屋的，应当在出卖之前的合理期限内通知承租人，承租人享有以同等条件优先购买的权利；但是，房屋按份共有人行使优先购买权或者出租人将房屋出卖给近亲属的除外。承租人行使优先购买权须具备两个条件：一是须出租人"出卖租赁房屋"；二是须承租人以"同等条件"表示购买。另外，根据形成权的理论和实践，承租人还应该在一定期限内行使优先购买权。根据《民法典》第七百二十六条第二款的规定，出租人履行通知义务后，承租人应在 15 日内明确表示是否购买。

（二）承租人优先购买权的效力

从各国立法例来看，既有物权效力的优先购买权，也有债权效力的优先购买权。[②]"所谓物权的先买权，即具有物权的效力之先买权是也。物权的效力可以对抗任何人，故此种先买权之效力较强，不仅于当事人之间，可以主张；对于第三人亦可主张，亦即具有对世效力。所谓债权的先买权，即仅有债权的效力之先买权是也。债权的效力，只能于当事人间主张，不能对抗第三人，故

① 王泽鉴：《优先承买权之法律性质》，载《民法学说与判例研究》（第 1 卷），中国政法大学出版社 2003 年版，第 612 页。

② 德国民法和我国台湾地区"民法"都分别规定有物权效力的优先购买权和债权效力优先购买权。

此种先买权之效力较弱,亦仅有对人的效力。"①房屋承租人优先购买权的效力如何?《民法典》第七百二十六条没有回答这个问题。《民法典》第七百二十八条规定:"出租人未通知承租人或者有其他妨害承租人行使优先购买权情形的,承租人可以请求出租人承担赔偿责任。但是,出租人与第三人订立的房屋买卖合同的效力不受影响。"该条规定实际上赋予房屋承租人优先购买权以债权效力,承租人只能向出租人主张,不能对抗第三人。

法律风险防控26

对于出租人而言,出售房屋如果没有履行法定通知义务,一旦承租人行使优先购买权,就有可能承担赔偿承租人损失的责任。对于承租人而言,出租人出售房屋履行了法定通知义务,如果承租人没有在法定期限内表示购买,就失去了优先购买权。为规避承租人优先购买权的风险,出租人应按照下列规定时间履行通知承租人行使优先购买权的义务:

根据《民法典》第七百二十七条的规定,出租人委托拍卖人拍卖租赁房屋的,应当在拍卖5日前通知承租人。承租人未参加拍卖的,视为放弃优先购买权。

承租人如果要行使承租人优先购买权,应按照下列规定时间内行使:根据《民法典》第七百二十六条第二款的规定,出租人履行通知义务后,承租人应在15日内明确表示是否购买。

典型案例77

李文诉浩达通商经贸公司、南洋新世界公司优先购买权侵权纠纷案②

基本案情

2004年3月16日,作为浩达商厦所有人的浩达公司与李文签订《商业用房租赁合同》,约定浩达公司将浩达商厦一层西侧大厅建筑面积380平方米房屋出租给李文,租赁期限自2004年4月1日起至2014年3月31日止。合同签订后,浩达公司将合同约定的房屋交付给李文,李文装修后实际入住并经营天成五金商店。2004年10月5日,浩达公司与新世界公司签订《商品房买卖合同》,约定浩达公司将浩达商厦(建筑面积为8360.50平方米,土地面积为3487.65平方米)出售给新世界公司,房屋总价款为7800万元。后双方办理了房屋产权过户手续,新世界公司分别于2004年11月29日、12月24日依法取得了浩达商厦的《国有土地使用证》和《房屋所有权证》。2004年12月24日,浩达公司鉴于该房产的部分房屋已被出租的实际情况,向天成五金商店发出了"关于变更商业房屋租赁合同主体的函",告知浩达商厦的产权所有人已变更为新世界公司,承租户应尽早与新世界公司重新签订商业房屋租赁合同,新的商业房屋租赁合同将不改变原有租赁合同的主要商业条款。原告李文收到浩达公司的通知函后,认为所有权人浩达公司出

---

① 郑玉波:《论先买权》,载台湾《法令月刊》第二十五卷第十二册。

② "李文诉浩达通商经贸公司、南洋新世界公司优先购买权侵权纠纷案",载《判解研究》2005年第5辑。

售承租人承租的房屋时,应当通知承租人,承租人享有优先购买权,浩达公司与新世界公司之间的商品房买卖合同侵犯了承租人的优先购买权,遂起诉至法院,要求确认浩达公司与新世界公司之间的商品房买卖合同无效。

案件审判

一审法院经审理认为,原告李文承租的是浩达商厦的一小部分,面积约为380平方米,现浩达商厦系整体转让,故出租部分与转让部分不属于同一标的物。李文对整体转让的浩达商厦不享有优先购买权。一审法院判决驳回原告李文的诉讼请求。二审法院经审理认为,租赁合同具有物权和债权的效力,出租人出卖租赁房屋应当在出卖前合理期限内(一般为3个月)通知承租人,承租人在同等条件下享有优先购买权。浩达公司在将包括李文承租的房屋在内的浩达商厦出售前,没有尽到通知李文的义务,其转让行为侵犯了李文的优先购买权,故浩达公司与新世界公司所订立的买卖合同中转让李文承租的部分应当确认为无效。二审法院判决:撤销一审判决,浩达公司与新世界公司签订的《商品房买卖合同》中转让李文承租的380平方米房屋的内容无效。

典型案例78

杨巧丽与中州泵业公司优先购买权侵权纠纷案

裁判摘要

根据《合同法》第二百三十条的规定,房屋出租人出卖租赁房屋时,承租人在同等条件下享有的优先购买权,应为购买自己承租的房屋,而不是出租人出卖的其他房屋。

基本案情

杨巧丽自1995年6月以来,一直承租中州泵业公司的一套房屋经营照相业务。杨巧丽与中州泵业公司于2001年6月1日签订的租房协议第四条约定:"承租方必须在当年12月25日以前与出租方续签下年租房合同,并一次性交齐半年或一年的全部租金,必须先交款,后使用。"2001年12月25日、2002年4月5日,杨巧丽向中州泵业公司交纳了房租。2002年6月22日,中州泵业公司内负责水电与房租的工作人员马如龙给杨巧丽送来中州泵业公司的通知一份,内容为:"因公司门面房整体出售他人,产权已发生变更,我公司原与你所签的租赁协议到2002年6月30日已执行到期,望你接通知后与现购房人协商具体租赁事宜。特此通知。"起诉后,杨巧丽又于2002年7月22日向中州泵业公司交纳房租,中州泵业公司也给杨巧丽出具了房租收据。杨巧丽起诉请求判令撤销被告的房屋出卖行为,确认原告对该房屋享有优先购买权。

裁判结果

一审荥阳市人民法院于2002年11月7日判决:驳回杨巧丽的诉讼请求。二审郑州市中级人民法院于2003年3月14日判决:驳回上诉,维持原判。

法律链接

《中华人民共和国民法典》(2020年5月28日)

第七百二十六条 出租人出卖租赁房屋的,应当在出卖之前的合理期限内通知承租人,承租人享有以同等条件优先购买的权利;但是,房屋按份共有人行使优先购买权或者出租人将房屋出卖给近亲属的除外。

出租人履行通知义务后,承租人在十五日内未明确表示购买的,视为承租人放弃优先购买权。

《商品房屋租赁管理办法》(2010年12月1日)

第十三条 房屋租赁期间出租人出售租赁房屋的,应当在出售前合理期限内通知承租人,承租人在同等条件下有优先购买权。

《最高人民法院关于审理城镇房屋租赁合同纠纷案件具体应用法律若干问题的解释》(2020年12月29日修正)

第十五条 出租人与抵押权人协议折价、变卖租赁房屋偿还债务,应当在合理期限内通知承租人。承租人请求以同等条件优先购买房屋的,人民法院应予支持。

《最高人民法院关于人民法院民事执行中拍卖、变卖财产的规定》(2020年12月29日修正)

第十一条 人民法院应当在拍卖五日前以书面或者其他能够确认收悉的适当方式,通知当事人和已知的担保物权人、优先购买权人或者其他优先权人于拍卖日到场。

优先购买权人经通知未到场的,视为放弃优先购买权。

地方法规、地方规章

有些地方法规、地方规章对承租人优先购买权进行了规定:(1)《安徽省城市房地产交易管理条例》第十六条;(2)《北京市房屋租赁管理若干规定》第八条第一款;(3)《哈尔滨市城市房屋租赁管理办法》第十条前段;(4)《哈尔滨市城市房地产市场管理条例》第五十四条;(5)《海口市房屋租赁管理办法》第十九条;(6)《南宁市城市房屋租赁管理办法》第十一条前段;(7)《深圳经济特区房屋租赁条例》第四十三条;(8)《石家庄市城市房屋租赁管理办法》第十三条第二款;(9)《郑州市城市房屋租赁管理条例》第二十一条第一款前段。

三、共同居住人的继续租赁权

法律解读107 共同居住人

《民法典》第七百三十二条规定:"承租人在房屋租赁期限内死亡的,与其生前共同居住的人或者共同经营人可以按照原租赁合同租赁该房屋。""共同居住"包括"共同经营",包括个体工商户和个人合伙。

承租人死亡,房屋租赁合同并不当然终止,通常依两种模式存续:一为以继承人为中心设计房屋租赁合同存续制度,即继承人中心主义。在此模式下,租赁权被视为一种可流通的财产权,承租人死亡时继承人当然得继承之。二为以共同居住人为中心设计房屋租赁合同存续制度,即共同居住人中心主义。在此模式下,优先保障共同居住人的居住权利。我国确立的是共同居住人中心主义。以共同居住人为中心构建租赁合同存续制度,但对共同居住人有“户”的限制。《民法典》第七百三十二条确立了共同居住人中心主义模式,《商品房屋租赁管理办法》第十二条第二款进一步确认了此规则。

关于共同居住人的范围,法律、行政法规没有明确规定,各地的规定也各不相同。学界主要有三种观点:(1)认为与死者生前共同生活的居住人须是亲属;(2)认为与死者生前共同居住的人必须以与死者生前有事实生活者为限,即使不是亲属也可以作为共同居住人;(3)区分私人房屋和公租房,对于私人房屋应以事实生活为标准,主体范围不限于亲属,对于公租房应该以共同居住的亲属为限。共同居住人的继续租赁权的目的是延续先前租赁事实关系,保障共同居住人的居住事实,并非保护继承权。因此,共同居住人不以亲属为限。对于公租房,有些地方专门进行规定。例如,《上海市房屋租赁条例》第四十一条第一款第二项规定:“居住房屋承租人死亡的,其生前共同居住人可以继续履行租赁合同。公有居住房屋承租人死亡的,其生前的共同居住人在该承租房屋处有本市常住户口的,可以继续履行租赁合同;其生前的共同居住人在该承租房屋处无本市常住户口或者其生前无共同居住人的,其生前有本市常住户口的配偶和直系亲属可以继续履行租赁合同。”

对于共同居住人有多人时的行使顺位问题,《民法典》未作规定,一些地方性法规作了规定。例如,《上海市房屋租赁条例》第四十一条第二款规定:“前款第(二)项规定中可以继续履行租赁合同者有多人的,应当协商确定承租人。协商一致的,出租人应当变更承租人;协商不一致的,由出租人在可以继续履行租赁合同者中确定承租人。”

法律风险防控 27

共同居住人享有继续租赁权。承租人在房屋租赁期间死亡的,与其生前共同居住的人可以按照原租赁合同租赁该房屋。承租人享有原租赁合同的各项权利,也应履行原租赁合同的各项义务。如果承租人不履行原租赁合同约定的义务,应承担相应的违约责任。承租人死亡,与其生前共同居住的人主张继续按照原租赁合同租赁该房屋的,出租人不得解除租赁合同。

典型案例 79

广东中旅(集团)有限公司与曾翠莲等房屋租赁纠纷案

基本案情

1985 年 6 月 12 日,广东省中国旅行社与承租人邝子超(被告邝德华之父,邝德华与其是同一拆迁户成员)签订《房屋拆迁安置协议书》,约定:由广东省中国旅行社拆迁邝子超户所居住的广州市百灵路九星二巷1号房屋兴建宿舍楼,在新建宿舍楼工程落成后,由广东省中国旅行社安排房屋面积30平方米的房间给邝子超户租住,安置的新居永久使用,不用向任何部门交租,邝子超户的亲属得永久性居住。之后,邝子超户回迁新宿舍楼即百灵路九星巷11号606房居住至今。原告一直没有收取被告户的租金。1995年12月26日,广东省中国旅行社经广东省人民政府侨务办公室批准改组为广东中旅(集团)有限公司。1996年6月邝子超死亡。2001年8月13日原告广东中旅(集团)有限公司取得广州市百灵路九星巷1号808房的《房产证》。

裁判结果

一审广州市越秀区人民法院作出(2004)越法民三初字第866号民事判决:《房屋拆迁安置协议书》第一条中有关"乙方亲属得永久性居住"的条款,居住期超过《中华人民共和国合同法》实施之日起20年部分无效。二审广州市中级人民法院作出(2004)穗中法民四终字第3415号民事判决:驳回上诉,维持原判。

裁判理由

承租人邝子超在租赁期内死亡,根据《广东省城镇房屋租赁条例》的规定,"租赁房屋的同住同户籍的人可以续租承租"。故原、被告之间已形成事实上的房屋租赁关系。关于邝子超与广东省中国旅行社约定"乙方亲属永久性居住"回迁房的问题,该约定属于《合同法》实施前的民事行为,此期间,法律法规对合同履行期限过长方面尚无明确规定,但当《合同法》实施后,履行期限超过法律规定的应适当缩短,即本案的被告户的居住期限从《合同法》实施之日起不得超过20年,超过部分无效。而现在离《合同法》实施尚未满20年,原告要求变更永久性居住为按公房租金标准租赁使用缺乏事实和法律上的依据,法院不予支持。另协议书已约定,乙方不用向任何部门交付租金,而邝子超作为拆迁户的代表与原告签约,乙方应包括同住成员,即被告在《合同法》实施之日起20年不用交纳租金。

典型案例80

马孝忠与广州市伊斯兰教协会房屋租赁纠纷案

基本案情

坐落于广州市光塔路78号房屋原是以江南同善堂名义登记的房产。江南同善堂是中华人民共和国成立前由江苏、上海来粤经商的回民组成的伊斯兰教民间组织,后于20世纪50年代解散。回族四坊公箱是20世纪50年代由广州市四个清真寺共同组成并轮值管理、统一接受回教同胞捐赠的民间组织。1958年6月6日,回族四坊公箱与马逢达(已死亡,马孝忠之父)签订《广州市统一租部》,由马逢达向回族四坊公箱承租上述光塔路78号前座房屋作家庭居住使用,每月租金人民币5元,起租日期1958年4月15日。该《广州市统一租部》上印刷了当时的《广州市房屋租赁暂行管理办法》,该《广州市房屋租赁暂行管理办法》第十四条为:租金一律以人民币计算,以按月交付为原则。2004 年 8 月 31 日,广州市伊斯兰教协会领取了以其名义登记的上述光塔路 78 号房屋的粤房地证字第 C3099736 号《房地产权证》。马逢达死亡后,马孝忠没有与回族四坊公箱重新签订租约,马逢达向回族四坊公箱交纳租金至 1966 年 2 月 15 日。讼争房现由马孝忠一人居住。马孝忠目前未有其他房屋可供搬迁。诉讼中,广州市伊斯兰教协会未能举证证明其在本案起诉的 1 年内有向被告主张过租金。

裁判结果

一审广州市越秀区人民法院作出(2003)越法民三初字第 1676 号民事判决:马孝忠于本判决发生法律效力之日起暂住房屋期限 6 个月,期限届满,马孝忠应将房屋腾空交回给原告广州市伊斯兰教协会;马孝忠将自 2002 年 7 月 17 日起至本判决发生法律效力之日止的租金(每月按 5 元计)一次性支付给原告广州市伊斯兰教协会;本判决发生法律效力之次日起,被告马孝忠应参照房管部门评定的同期住宅成本租金按月交纳房屋使用费至将房屋腾空交回之日止。二审广州市中级人民法院作出(2004)穗中法民四终字第 4657 号民事判决:驳回上诉,维持原判。

裁判理由

马孝忠与承租人马逢达属同住同户籍成员,在承租人马逢达死亡后其依法享有承租权,回族四坊公箱与马逢达签订的《广州市统一租部》没有约定租期,故广州市伊斯兰教协会在取得讼争房的产权后,其与马孝忠之间属不定期的租赁关系,广州市伊斯兰教协会据此请求马孝忠搬迁及支付租金是有理由的。鉴于广州市伊斯兰教协会未能举证证明其在本案起诉的 1 年内向马孝忠主张过租金,故广州市伊斯兰教协会要求马孝忠支付起诉前 1 年的租金,已超过诉讼时效期间,该院不予支持。因马孝忠目前未有其他房屋可供搬迁,宜给马孝忠一段搬迁过渡期,过渡期内,马孝忠应积极另寻房屋以便期限届满将房屋交回给广州市伊斯兰教协会。从本判决发生法律效力之次日起马孝忠应参照房管部门评定的同期住宅成本租金向广州市伊斯兰教协会交纳房屋使用费。

法律链接

《中华人民共和国民法典》(2020 年 5 月 28 日)

第七百三十二条 承租人在房屋租赁期限内死亡的,与其生前共同居住的人或者共同经营人可以按照原租赁合同租赁该房屋。

《商品房屋租赁管理办法》(2010 年 12 月 1 日)

第十二条第二款 承租人在房屋租赁期间死亡的,与其生前共同居住的人可以按照原租赁合同租赁该房屋。

地方法规、地方规章

有些地方法规、地方规章对继续租赁权进行了规定:(1)《广东省城镇房屋租赁条例》第九条;(2)《海口市房屋租赁管理办法》第二十一条;(3)《南宁市城市房屋租赁管理办法》第十五条、第十六条;(4)《深圳经济特区房屋租赁条例》第二十一条;(5)《石家庄市城市房屋租赁管理办法》第十五条;(6)《郑州市城市房屋租赁管理条例》第二十一条第二款、第三款。

四、房屋转租

法律解读 108 房屋转租

房屋转租,是指承租人在租赁期间将其承租房屋的部分或者全部再出租的行为。在房屋转租中,存在三方当事人:出租人、承租人、次承租人。在合法房屋转租中,存在如下法律关系:(1)承租人与次承租人之间的关系;(2)出租人与承租人之间的关系;(3)出租人与次承租人之间的关系。出租人与次承租人之间并不存在直接的权利义务关系,次承租人不能直接向出租人履行义务,出租人也不能直接向次承租人行使权利。转租的立法例可以分为放任主义、限制主义和区别主义。我国对转租采用的是限制主义。《民法典》第七百一十六条规定:"承租人经出租人同意,可以将租赁物转租给第三人。承租人转租的,承租人与出租人之间的租赁合同继续有效;第三人造成租赁物损失的,承租人应当赔偿损失。承租人未经出租人同意转租的,出租人可以解除合同。"根据该规定,房屋转租可以分为合法转租和非法转租。

(一)合法转租

合法转租,是指承租人征得出租人的同意,将房屋转租给第三人。合法转租的成立要件包括:(1)承租人与次承租人之间存在租赁合同;(2)承租人征得出租人同意。在实践中,争议最多的是第二个要件。《商品房屋租赁管理办法》第十一条第一款规定:"承租人转租房屋的,应当经出租人书面同意。"第十四条规定:"房屋租赁合同订立后三十日内,房屋租赁当事人应当到租赁房屋所在地直辖市、市、县人民政府建设(房地产)主管部门办理房屋租赁登记备案。"对于出租人同意的方式,《民法典》没有规定。根据《民法典》的立法精神,民事法律行为以不要式为原则,以要式为例外。因此,出租人的同意不以书面为必要,不能以《商品房屋租赁管理办法》的规定作为认定转租是否有效的依据。根据《民法典》第七百一十八条的规定,出租人知道或者应当知道承租人转租,但是在六个月内未提出异议的,视为出租人同意转租。

(二)非法转租

非法转租,是指承租人未征得出租人的同意,擅自将房屋转租给第三人。在采用放任主义立法国家,承租人的自行转租在未违反禁止约定或者对于租赁物的所有人无害的前提下属于合法行为,其法律后果应当与同意转租相同。在采用限制主义或者区分主义的国家,未经出租人同意的转租即为非法转租,会产生一定的法律后果。

1. 转租合同的效力

对于转租合同的效力有四种不同观点:第一种观点认为擅自转租有效;第二种观点认为擅自转租构成无权处分;第三种观点认为擅自转租构成欺诈而无效;第四种观点认为擅自转租属于广义上的无权处分行为,合同效力待定。相对而言,第四种观点比较合理。按照合同自由原则和相对性原则,无处分权的人处分他人财产,经权利人追认或者无处分权的人订立合同后取得处分权的,该合同有效。承租人非法转租,只有在出租人追认时,方为有效;如果不追认,则不发生法律效力。

2. 出租人的解除权

根据《民法典》第七百一十六条的规定，承租人非法转租，出租人可能解除租赁合同，也可能不解除租赁合同。如果出租人不解除租赁合同，出租人与承租人之间的关系和普通租赁合同关系相同。如果出租人解除合同，根据合同相对性原则，解除的是租赁合同而不是转租合同。由于租赁合同的解除，导致转租合同不能履行，转租合同也终止。如果转租人只是转租一部分房屋，出租人是否可以解除全部租赁合同，存有争议。根据物尽其用的原则，如果对出租人并无不利，只能对转租部分有解除权；如果对出租人不利，则出租人可以解除全部租赁合同。

（三）房屋转租的法律规则

根据《民法典》《最高人民法院关于审理城镇房屋租赁合同纠纷案件具体应用法律若干问题的解释》的规定，房屋转租应当适用如下法律规则：

1. 根据《民法典》第七百一十六条的规定，房屋转租应当经出租人同意。承租人未经出租人同意转租的，出租人可以解除合同。

2. 根据《民法典》第七百一十七条的规定，承租人经出租人同意将租赁物转租给第三人，转租期限超过承租人剩余租赁期限的，超过部分的约定对出租人不具有法律约束力，但是出租人与承租人另有约定的除外。

3. 根据《民法典》第七百一十八条的规定，出租人知道或者应当知道承租人转租，但是在六个月内未提出异议的，视为出租人同意转租。

4. 根据《民法典》第七百一十九条的规定，承租人拖欠租金的，次承租人可以代承租人支付其欠付的租金和违约金，但是转租合同对出租人不具有法律约束力的除外。次承租人代为支付的租金和违约金，可以充抵次承租人应当向承租人支付的租金；超出其应付的租金数额的，可以向承租人追偿。

5. 根据《最高人民法院关于审理城镇房屋租赁合同纠纷案件具体应用法律若干问题的解释》第十三条的规定，房屋租赁合同无效、履行期限届满或者解除，出租人可以请求负有腾房义务的次承租人支付逾期腾房的占有使用费。

法律风险防控 28

在签订租赁合同时，应明确约定承租人是否享有转租权、是全部转租权还是部分转租权。转租合同的期限不得超过承租人剩余租赁期限，超过部分的约定无效，但出租人与承租人另有约定的除外。如果没有约定转租权：

1. 如果承租人需要转租的，应事先取得出租人的同意。

2. 如果承租人没有取得出租人同意的，出租人是否可以解除租赁合同，主要取决于转租范围的大小，以及是否影响合同目的实现。如果转租全部或大部分，或者影响合同目的实现的，出租人可以解除合同，承租人应承担违约责任。

3. 如果次承租人知悉承租人没有转租权的，出租人解除租赁合同，次承租人无权要求承租人赔偿损失。

4. 出租人知道或者应当知道承租人转租,但在6个月内未提出异议,其以承租人未经同意为由请求解除合同或者认定转租合同无效的,人民法院不予支持。

典型案例81

昆明市盘龙区房地产经营开发公司与昆明银圣地商贸有限公司租赁合同纠纷案

基本案情

2003年10月26日,盘龙公司与银圣地公司订立《圆通广场租赁合同》,租赁物为"圆通广场"半地下室(建筑面积3805平方米)、功能房(建筑面积258.6平方米),合同约定若乙方改变用途整体进行转租,甲方有权终止合同收回圆通广场,由乙方承担一切损失。2004年1月7日,银圣地公司与案外人昆明吉原广告有限公司订立《承包合同》和《租赁合同》,银圣地公司将本市圆通广场一楼商场(租赁面积为3860平方米)出租给吉原公司。2004年10月19日和2005年3月7日,云南省昆明市中级人民法院和云南省高级人民法院分别作出民事判决,确认该租赁关系已于2004年5月1日终止。2005年5月10日,云南省昆明市中级人民法院在执行民事判决中发出《公告》和《移交通知》,将本市圆通广场一楼商场移交给银圣地公司。同年7月12日,云南省公证处对盘龙公司以邮寄方式向银圣地公司送达《解除合同通知书》的行为予以公证。同年8月2日,盘龙公司在《生活新报》A14版刊登《公告》,向银圣地公司送达解除合同通知,但银圣地公司并未将租赁物返还原告盘龙公司。

裁判结果

一审昆明市五华区人民法院作出(2005)五法民二初字第358号民事判决:《圆通广场租赁合同》继续履行。二审昆明市中级人民法院作出(2006)昆民三终字第106号民事判决:撤销一审判决,解除《圆通广场租赁合同》。

裁判理由

根据我国《合同法》第二百二十四条关于"承租人未经出租人同意转租的,出租人可以解除合同"的规定,作为承租人的被上诉人要将承租的租赁物转租他人的话,必须征得作为出租人的上诉人的同意,否则上诉人即可以据该法律规定享有合同解除权。现上诉人明确否认其同意和认可被上诉人的转租行为。被上诉人将本案租赁物的绝大部分转租给案外人的行为和事实,促成了上诉人可由此享有并主张约定的和法定的合同解除权,进而,上诉人依据双方所签《租赁合同》第八条以及我国《合同法》第二百二十四条的规定,要求解除双方所签《租赁合同》的主张,有事实和法律依据,法院予以支持。

法律链接

《中华人民共和国民法典》(2020年5月28日)

第七百一十六条　承租人经出租人同意,可以将租赁物转租给第三人。承租人转租的,承租人与出租人之间的租赁合同继续有效;第三人造成租赁物损失的,承租人应当赔偿损失。

承租人未经出租人同意转租的,出租人可以解除合同。

第七百一十七条　承租人经出租人同意将租赁物转租给第三人,转租期限超过承租人剩余租赁期限的,超过部分的约定对出租人不具有法律约束力,但是出租人与承租人另有约定的除外。

第七百一十八条　出租人知道或者应当知道承租人转租,但是在六个月内未提出异议的,视为出租人同意转租。

第七百一十九条　承租人拖欠租金的,次承租人可以代承租人支付其欠付的租金和违约金,但是转租合同对出租人不具有法律约束力的除外。

次承租人代为支付的租金和违约金,可以充抵次承租人应当向承租人支付的租金;超出其应付的租金数额的,可以向承租人追偿。

《商品房屋租赁管理办法》(2010年12月1日)

第十一条　承租人转租房屋的,应当经出租人书面同意。

承租人未经出租人书面同意转租的,出租人可以解除租赁合同,收回房屋并要求承租人赔偿损失。

《最高人民法院关于审理城镇房屋租赁合同纠纷案件具体应用法律若干问题的解释》(2020年12月29日修正)

第十三条　房屋租赁合同无效、履行期限届满或者解除,出租人请求负有腾房义务的次承租人支付逾期腾房占有使用费的,人民法院应予支持。

地方法规、地方规章

有些地方法规、地方规章对转租进行了规定:(1)《安徽省城市房屋租赁管理办法》第十二条;(2)《重庆市城镇房地产交易管理条例》第三十八条;(3)《广东省城镇房屋租赁条例》第二十五条至第三十条;(4)《海口市房屋租赁管理办法》第二十四条至第二十八条;(5)《南宁市城市房地产交易管理条例》第三十五条;(6)《南宁市城市房屋租赁管理办法》第二十五条至第二十九条;(7)《深圳经济特区房屋租赁条例》第四十四条至第四十九条;(8)《郑州市城市房屋租赁管理条例》第三十一条;(9)《哈尔滨市城市房屋租赁管理办法》第二十八条至第三十一条。

Chapter 3

房地产金融及财税编

房地产行业是典型资金密集型行业，具有初期资金投入量大、回收期长、变现能力差的特点。房地产行业对资金的依赖度极高，不管房地产企业拿地、建造、出售，还是购房者购买商品房，都离不开大量资金的支撑。从房地产企业的角度而言，房地产开发需要大量的资金，单纯依靠自筹资金可能无法满足房地产业长期稳定发展的需要，因而需要通过银行贷款、房地产信托、发行债权、国内外上市、私募基金等渠道筹措房地产开发所需的资金。从购房者的角度而言，购买商品房也需要大量的资金，单纯依靠家庭积蓄或者收入可能无法满足购房的资金需要，因而需要通过商业贷款、公积金贷款等渠道筹措购房所需的资金。

房地产行业是高税负行业，与房地产相关的税主要有房产税、土地税（城镇土地使用税、耕地占用税、土地增值税）、契税、印花税、增值税等。长期以来，房地产行业的税负偏重，一方面，导致了地方政府对土地财政的严重依赖，影响到我国税收制度的健康运行，造成经济结构失衡并存在泡沫风险；另一方面，客观上推高了房价，增加了人民的经济负担，挤占了国民经济中的消费需求，使经济增长乏力。“营改增”是供给侧结构性改革的重要举措，“减税”是其中最为核心的内容。“营改增”作为面向全行业的减税政策，对各行业的减税效果并不相同。“营改增”对房地产行业起到了减税降负的效果，但降幅有限。

从体系上讲，本编主要研究房地产金融及财税问题。在房地产金融方面，本编主要研究购房者商品房按揭贷款的法律解读和风险防控问题、开发商房地产开发贷款的法律解读和风险防控问题。在房地产财税方面，本编主要研究房地产税收的法律解读和风险防控问题。

专题十八　商品房按揭贷款

购房者购买商品房需要大量的资金,如果单纯依靠家庭积蓄或者收入根本无法满足购房的资金需要,就需要通过商业贷款、公积金贷款等渠道筹措购房所需的资金。因此,本专题主要研究商品房按揭贷款的法律解读和风险防控问题。

PART 1:商品房按揭贷款的法律解读

法律解读 109　房地产抵押贷款

房地产抵押贷款,是指银行以借款人或第三人拥有的房地产作为抵押物的贷款。借款人到期不能偿还贷款本息的,贷款银行有权依法处理其抵押物。房地产抵押贷款,按贷款对象可以分为企事业法人房地产抵押贷款、个人房地产抵押贷款,按贷款用途可分为土地开发抵押贷款、房屋开发抵押贷款、购房抵押贷款,按贷款利率确定和计息方法可划分为固定利率房地产抵押贷款、浮动利率房地产抵押贷款、可调利率房地产抵押贷款。个人房地产抵押贷款可以进一步区分为按揭贷款、抵押贷款,按揭贷款又可以进一步区分为楼花按揭和楼宇按揭。按揭贷款,是指不能或者不愿一次性支付房款的购房人将其与开发商之间的商品房买卖合同项下的所有权益抵押给按揭银行,或将其因与开发商之间的商品房买卖合同而取得的住房抵押给银行,按揭银行将一定数额的款项贷给购房人并以购房人名义将所贷款项交给开发商所有的一种市场行为的总称,包括楼花按揭和楼宇按揭两种情况。

法律解读 110　商品房按揭贷款

我国的按揭是从香港传入内地,是“Mongase”的粤语音译。按揭(Mongase)是属主、业主或归属主将其物业转让予按揭受益人作为还款保证的法律行为效果,经过这样的转让,按揭受益人成为属主、业主或归属主。还款后,按揭受益人将属主、业主或归属主权转让给原按揭人。

(一)按揭贷款的内容

实践中,我国的按揭已基本形成一套规则:(1)开发商与购房者签订《商品房预售合同》,并办理预售登记备案,购房者支付一定比例的首付款;(2)购房人与按揭银行签订《借款合同》以及《抵押合同》,开发商与按揭银行签订《担保合同》,并办理相关的抵押登记,按揭银行将贷款支付给开发商;(3)房屋竣工交付、办理房地产权属证书后,重新办理抵押登记手续;(4)购房者还清贷款后,办理房地产权属证书解押登记手续。可见,我国的按揭贷款是涉及开发商、购房者、按揭银行三者之间的民事法律关系,其主要内容包括:(1)按揭对象:必须符合按揭贷款的申请条件;(2)按揭年限:最长为30年,主要根据按揭人的偿还能力、年龄和土地使用年限等因素综合考虑确定;(3)按揭比率:区分首套房贷与二套房贷、住宅贷款与商业贷款,最高按揭比例主要受国家房地产调控政策的影响;(4)按揭利率:采用有条件的浮动方式,根据中国人民银行全国银行间同业拆借利率,根据贷款年限的不同确定相应的利差,并随着最优惠利率变化而浮动;(5)还款方式:主要有按月等额还本付息、按月递增或按年递增(减)。

(二)按揭贷款的标的

按揭贷款的标的必须是按揭人所购买的房屋,合同应载明该房屋的具体位置、楼层、房号、面积等。按揭标的的性质,在取得房屋所有权证之前,是按揭标的的合同权益或所有权;在取得房屋所有权证之后,是所购房屋的所有权及对共有土地的建设用地使用权。在商品房按揭合同签订之后,按揭标的将随着房屋所有权证的取得而发生相应的变化。

(三)按揭贷款的条件

《个人住房贷款管理办法》第四条规定,贷款对象应是具有完全民事行为能力的自然人。第五条规定,借款人须同时具备以下条件:(1)具有城镇常住户口或有效居留身份;(2)有稳定的职业和收入,信用良好,有偿还贷款本息的能力;(3)具有购买住房的合同或协议;(4)不享受购房补贴的以不低于所购住房全部价款的30%作为购房的首期付款,享受购房补贴的以个人承担部分的30%作为购房的首期付款;(5)有贷款人认可的资产作为抵押或质押,或有足够代偿能力的单位或个人作为保证人;(6)贷款人规定的其他条件。第六条规定,借款人应向贷款人提供下列资料:(1)身份证件(指居民身份证、户口本和其他有效居留证件);(2)有关借款人家庭稳定的经济收入的证明;(3)符合规定的购买住房合同意向书、协议或其他批准文件;(4)抵押物或质物清单、权属证明以及有处分权人同意抵押或质押的证明,有权部门出具的抵押物估价证明,保证人同意提供担保的书面文件和保证人资信证明;(5)申请住房公积金贷款的,需持有住房公积金管理部门出具的证明;(6)贷款人要求提供的其他文件或资料。

法律解读111 商品房按揭的法律关系

在我国的商品房按揭贷款实践中,各商业银行制定的合同名称不同,内容也有所差异。中国农业银行的格式合同是《个人住房按揭合同》,当事人为贷款人、借款人和保证担保人三方,内容包括借款、抵押和保证条款等;中国建设银行的格式合同是《个人住房借款合同》,当事人为甲方(借款人、抵押人)、乙方(贷款人、抵押权人)和丙方(保证人、开发商),合同约定的贷款担保为“抵押加阶段性保证”;中国工商银行的格式合同是《个人购房借款合同》,当事人为借款人、贷款人和保证人三方,内容包括借贷、抵押、质押和保证条款等;中国银行的格式合同是《中国银行住房借款合同》,当事人为借款人、贷款人(抵押权人)、抵押人和保证人四方,内容包括借款、抵押和保证条款。

综合四大国有银行的规定,在商品房按揭贷款中,实质上有三个主体、四个法律关系。三个主体为开发商(保证人)、按揭银行(贷款人、抵押权人)、购房者(借款人、抵押人)。四个法律关系为:开发商与购房者之间的商品房买卖合同关系;购房者与按揭银行之间的借款合同关系;购房者与按揭银行之间的抵押合同关系;开发商与按揭银行之间的保证合同关系。需要说明的是,上述各法律关系看似独立，实际上却是紧密关联的。商品房买卖合同关系与借款合同关系更是无法割裂，可以说商品房买卖合同关系是借款合同关系的前提。相对而言，借款合同关系是主合同，抵押合同关系和保证合同关系是从合同。

如果银行要求买受者在贷款期间投保财产险，则还涉及保险公司，以及购房者、银行与保险公司之间的保险关系。为规避银行的贷款回收风险，购房者在将所购房屋抵押给银行时，可以将房屋在贷款期间投保财产险，并承担费用，银行为受益人。发生保险事故后保险公司支付的保险理赔费用优先偿还购房者所欠银行贷款。

法律解读 112　商品房按揭的法律性质

对于商品房按揭的法律性质主要有三种观点：(1)不动产抵押说。[①] 该说认为"抵押"一词符合现行法律、法规的传统称谓，楼花虽未成型，通过预售合同备案登记可特定化。(2)权利质押说。[②] 该说认为楼花并不是真正意义上的可现实支配的物权，而仅仅是一种债权请求权，购房者只能将对开发商交付现房请求权作为担保的标的向按揭银行提供担保。(3)让与担保说。[③] 该说认为楼花按揭类似于大陆法系上让与担保这一非典型的担保制度，楼花按揭与让与担保都源于罗马法中的信托担保，二者都是通过权利的转移而对债权进行担保。笔者认为，楼花按揭实质上是一种抵押权和代位权的结合体，是一种具有中国特色的制度。楼花按揭因其标的的特殊性而与抵押、质押、让与担保等都有所不同。就其担保方式而言，因为没有转移和让渡购房者的物业权益与期待权，而只是对物业的期待权上设定了一个限制，从而担保购房者违反合同约定时由银行代位行使债务人的期待权而已。

法律解读 113　假按揭

假按揭，是指开发商为套取银行资金，与无真实购房意思的买受人签订虚假的商品房买卖合同，再以这些买受人的名义向银行申请按揭贷款。假按揭形式上符合正常按揭的表象，而实质上是虚假的，主要表现为主体虚假和标的虚假。主体虚假，是指开发商通过其内部员工、关联企业员工、员工亲属，甚至伪造不存在的个人，虚构购房事实，在银行骗取按揭贷款。标的虚假，是指开发商虚增购房单价，通过贷款将超过正常成交价格的部分挪用或造成事实上的"零首付"。

根据借款人的真实性，假按揭可分为：借款人真实存在并与开发商相互串通的假按揭、借款人真实存在但不与开发商串通的假按揭、借款人根本不存在的假按揭。根据银行是否知情，假按揭可以分为：银行知情的假按揭和银行不知情的假按揭。

---

① 程惠英：《房屋开发与交易——房屋法原理与实务》，复旦大学出版社 1997 年版，第 195 页。
② 蒋万来：《评我国房地产界对按揭的曲解》，载《法学》2004 年第 6 期。
③ 参见王闯：《让与担保法律制度研究》，法律出版社 2000 年版。

法律解读 114 假按揭法律分析

在假按揭贷款中也同样存在四种法律关系:开发商与买受人之间的商品房买卖关系、银行与买受人之间的借贷关系、银行与买受人之间的抵押关系、开发商与银行之间的担保关系等。这些法律关系因假按揭的行为而有不同的法律效力。(1)商品房买卖合同:《民法典》第一百五十四条规定:“行为人与相对人恶意串通,损害他人合法权益的民事法律行为无效。”在假按揭中,开发商与买受人之间并无真实的购房意思,商品房买卖合同虽在形式上符合法律要求,但损害第三人利益,应根据《民法典》第一百五十四条的规定认定为无效。(2)借款合同:①在银行毫不知情的情况下开发商与买受人串通的假按揭:商品房买卖合同的无效并不必然导致借款合同无效,因为作出虚假表示的当事人不得对抗善意第三人。借款合同属于效力待定合同,银行可请求人民法院或仲裁机构变更或者撤销。②在银行知情的情况下开发商与买受人串通的假按揭:由于这种假按揭存在恶意串通,以合法形式掩盖非法目的,违反了住房贷款规定,损害国家的利益,应当认定为无效合同。③开发商单方伪造贷款申请材料的假按揭贷款:无论银行是否知情,合同缺乏成立和生效要件,借款合同应属无效。(3)担保合同:担保合同是借款合同的从合同,随借款合同的被撤销或者无效而无效。(4)抵押合同:抵押合同是借款合同的从合同,随借款合同的被撤销或者无效而无效。但是,如果银行符合善意第三人的要件,应认定抵押合同有效。

法律解读 115 住房公积金贷款

《住房公积金管理条例》第二条第二款规定:“本条例所称住房公积金,是指国家机关、国有企业、城镇集体企业、外商投资企业、城镇私营企业及其他城镇企业、事业单位、民办非企业单位、社会团体(以下统称单位)及其在职职工缴存的长期住房储金。”根据《住房公积金管理条例》的相关规定,我国住房公积金的管理实行住房公积金管理委员会决策、住房公积金管理中心运作、银行专户存储、财政监督的原则。①

(一)住房公积金的提取

职工有下列情形之一的,可以提取职工住房公积金账户内的存储余额:(1)购买、建造、翻建、大修自住住房的;(2)离休、退休的;(3)完全丧失劳动能力,并与单位终止劳动关系的;(4)出境定居的;(5)偿还购房贷款本息的;(6)房租超出家庭工资收入的规定比例的。依照前款第(2)项、第(3)项、第(4)项规定,提取职工住房公积金的,应当同时注销职工住房公积金账户。职工死亡或者被宣告死亡的,职工的继承人、受遗赠人可以提取职工住房公积金账户内的存储余额;无继承人也无受遗赠人的,职工住房公积金账户内的存储余额纳入住房公积金的增值收益。

(二)住房公积金贷款

住房公积金贷款也就是个人住房担保委托贷款,是由城市住房资金管理中心及所属分中心运用房改资金委托银行向购买(含建造、大修)自住住房的公积金交存人和离退休职工发放的贷

① 参见《住房公积金管理条例》第七条至第十二条。

款。住房公积金个人购房贷款,是指以住房公积金为资金来源,向缴存住房公积金的职工发放的定向用于购买自住房的消费贷款。正常缴存住房公积金的城镇职工,在本城镇购买具有所有权的自住房时,可以其所购买的产权住房作抵押,向住房公积金个人购房贷款受托商业银行申请住房公积金个人购房贷款。组合贷款,是指在住房买卖中借款人以所购城镇住房作为抵押物时同时申请住房公积金个人购房贷款和商业性个人住房贷款,该贷款方式称为个人住房组合贷款。住房资金管理中心发放的贷款,一般都有最高限额,如果购房款超过这个限额,不足部分要向银行申请住房商业性贷款。这两种贷款合起来称为组合贷款。

法律解读116 申请住房公积金贷款的条件

根据《住房公积金管理条例》《关于住房公积金管理若干具体问题的指导意见》等法律规范的规定,各地结合本地的社会及经济发展水平制定了相应的公积金制度。尽管各地住房公积金不尽相同,但其原则和主要制度基本相同。一般情况下,申请住房公积金贷款必须符合下列条件:

1. 具备主体资格。根据《住房公积金管理条例》的规定,国家机关、国有企业、城镇集体企业、外商投资企业、城镇私营企业及其他城镇企业、事业单位、民办非企业单位、社会团体及其在职职工是缴存住房公积金的主体,而只有缴存住房公积金的职工才有权申请住房公积金。《关于住房公积金管理若干具体问题的指导意见》将缴存主体和有权申请贷款的主体扩大到包括城镇单位聘用的进城务工人员、城镇个体工商户和自由置业人员。

2. 具有还贷能力。贷款申请人应具有稳定的职业和收入,信用状况良好,具有偿还贷款本息的能力。

3. 住房公积金缴存情况。《住房公积金管理条例》没有对住房公积金贷款申请人缴存公积金的情况进行规定,但各地往往将此作为申请人应具备的条件之一。以北京为例,向北京住房公积金管理中心申请住房公积金贷款的借款申请人,其住房公积金缴存须满足以下两个条件之一(有特殊规定的除外):(1)借款申请人须建立住房公积金账户12个月(含)以上,同时,足额正常缴存住房公积金12个月(含)以上(正常缴存包括按月连续缴存、预缴、补缴住房公积金),且申请贷款时处于缴存状态。对于经中心审批同意,处于缓缴状态的单位,其职工在满足建立住房公积金账户12个月(含)以上,且足额正常缴存住房公积金12个月(含)以上的条件下,可以申请贷款。(2)借款申请人为在职期间缴存住房公积金的离退休职工。[①]

4. 贷款用途。根据《住房公积金管理条例》第五条的规定,住房公积金贷款的用途被限定为职工购买、建造、翻建、大修自住住房。

5. 提供担保。根据《住房公积金管理条例》第二十七条的规定,申请人申请住房公积金贷款的,应当提供担保。

6. 首期付款。申请住房公积金贷款,贷款申请人必须承担首期付款的比例。各地往往根据

① 参见《关于实施〈北京住房公积金贷款办法〉有关问题的通知》(京房公积金管委会〔2006〕2号)。

所在地的情况并遵循国家对房地产的调控措施制定相应的首付比例。

7. 已还清之前的住房公积金贷款。《关于住房公积金管理若干具体问题的指导意见》明确规定,职工没有还清贷款之前,不得再次申请住房公积金贷款。

法律解读117　住房公积金贷款法律关系分析

在住房公积金管理体系中,存在住房公积金管理委员会、住房公积金管理中心、银行、职工、公积金借款人等法律主体,在他们之间形成不同的法律关系:

1. 住房公积金管理委员会与住房公积金管理中心。住房公积金管理委员会是决策机构,住房公积金管理中心是管理运作机构,两者之间是领导与被领导、监督与被监督关系。

2. 住房公积金管理中心与职工。缴存住房公积金的职工对住房公积金拥有最终所有权,但只能在法定条件下进行提取、使用和处分。住房公积金管理中心是住房公积金的运作机构,承担着住房公积金的日常运作、保值和归还的职责。职工与住房公积金中心之间属于委托代理关系,但这种委托代理关系不是建立在双方合意的基础上,而是由立法规定强制建立的。

3. 住房公积金管理中心与住房公积金借款人。住房公积金管理中心与住房公积金借款人之间的法律关系是借贷关系,贷款人是管理中心,而不是银行。

4. 住房公积金管理中心与银行。住房公积金管理中心委托受委托银行办理住房公积金贷款、结算等金融业务和住房公积金账户的设立、缴存、归还等手续,两者签订委托合同,法律关系属于委托代理关系。

PART 2:商品房按揭贷款的法律风险提示及防控

法律风险提示16

(一)开发商承担保证责任的风险

在按揭贷款中,开发商为购房者提供连带责任的担保,必然会存在承担保证责任的风险。一旦购房者未按合同约定按期足额偿还银行贷款,银行可以要求开发商承担连带责任,开发商会因此要向银行偿还贷款本息及滞纳金。相对无力偿还贷款的购房者而言,银行的首选自然是开发商。银行或者从开发商的账户中扣划保证金,或者解除合同提前收回贷款并要求开发商承担连带责任。

(二)与银行相关的法律风险

与银行有关的法律风险包括以下几方面:

1. 银行拒贷或延期放款。信贷政策属于重要的房地产宏观调控政策,易受信贷政策的影响。在银根收紧的情况下,开发商、购房者往往会面临银行拒贷或延期放款的风险。一旦银行拒贷,购房者就无法支付购房款;一旦延期放款,就会影响开发商的回款进度。

2. 银行拖延办理抵押登记。在银行办理抵押登记之前,开发商为购房者提供阶段性的担保责任。只有购房者办理房屋所有权登记,且银行办理抵押登记,开发商才能脱离连带担保责任。

一般情况下，银行不会急于办理抵押登记。

3. 银行消极行使权利。在购房者延期付款，经过催收仍不还款的情况下，银行一般不会对购房者采取措施，而是要求开发商承担还款保证责任，并直接从开发商的保证金账户中划转。在银行有权解除贷款合同的情况下，银行一般也不会解除合同。银行通过阶段性担保转移风险，开发商也只能通过各种方式要求购房者按期还款。

（三）与购房者相关的法律风险

与购房者相关的法律风险包括以下几方面：

1. 购房者未按约定期限还款。一旦购房者逾期还款，开发商就要承担连带担保责任。

2. 购房者假按揭风险。购房者提供虚假材料、虚构事实进行假按揭，如被银行发现，要么拒绝贷款，要么解除贷款合同，开发商可能要为此承担违约责任、担保责任。

3. 拖延办理产权证。由于有开发商承担阶段性担保责任，有些情况下会由于购房者不积极配合办理产权登记，导致抵押登记无法进行，开发商的保证责任也无法及时解除，从而无形中延长了开发商的保证责任。

4. 购房者的其他客观原因导致的风险。购房者随时都有可能出现逾期或不能还款的情形，如死亡、破产、丧失支付能力等。一旦出现这种情况，开发商就可能要承担代偿责任。

5. 开发商代偿后追偿不能的法律风险。开发商代偿通常是因为购房者丧失履约能力，因而面临不能追偿的风险。如果开发商选择解除合同，也面临房屋清退不能、退还已付款等风险。根据《关于依法规范人民法院执行和国土资源房地产管理部门协助执行若干问题的通知》第十五条第三款的规定，被执行人购买的办理了商品房预售合同登记备案手续或者商品房预告登记的房屋，人民法院可以进行预查封。一旦房屋被银行或其他债权人预查封，开发商就有可能收不回房屋。《关于人民法院民事执行中查封、扣押、冻结财产的规定》第六条规定："对被执行人及其所扶养家属生活所必需的居住房屋，人民法院可以查封，但不得拍卖、变卖或者抵债。"

法律风险防控 29

（一）签好开发商与银行的按揭合作协议

首先，应当增加约定办理抵押登记期限的条款。如开发商在办理完购房者所购房屋产权证并向银行提供后多少个工作日内，银行应办理完抵押登记手续，逾期办理银行应对由此造成的开发商增加的损失进行赔偿，并按逾期的期限承担相应的违约责任。其次，约定银行逾期放款的违约责任。购房者按银行要求提供真实文件资料后，银行经过审查，应在规定的期限内将贷款打入开发商账户。无正当理由出现逾期的，银行应向开发商承担违约责任。最后，约定银行追偿的配合义务。购房者逾期偿还贷款，银行首先应向购房者追偿，在具备解除条件后，开发商应向购房者提出解除合同。尽管银行处于贷方地位，不会轻易接受上述条款，但只要有可能，开发商就应当尽力争取。

（二）签好开发商与购房者的《商品房买卖合同》

1. 明确约定买受人申请银行贷款的期限。在实践中，买受人在付清首付之后，就不再积极办理网签、申请银行贷款。因此，开发商可以在合同中明确约定，买受人必须在付清首付之后多少日之内，准备齐全银行贷款资料，向银行申请贷款。否则，买受人需要承担逾期付款的违约责任。

2. 明确约定未取得银行贷款情况下的处理方式。在实践中，买受人的贷款申请不一定就能得到银行的同意。因此，开发商可以在合同中明确约定，如果由于买受人的原因在合同约定的期限内无法取得银行贷款，买受人应在多少日之内付清剩余房款。否则，买受人需要承担逾期付款的违约责任。

3. 制定较为严格的违约责任条款以规避担保法律风险。在商品房按揭贷款中，贷款银行一般要求开发商为买受人承担无限连带担保责任直至办理房屋所有权抵押登记。担保期间，如果买受人违约不履行还款义务或者履行还款义务不符合合同约定，贷款银行有权向开发商追偿，要求其承担无限连带责任。在实践中，贷款银行一般要求开发商设立账户，存入一定金额的保证金。当买受人不还款时，贷款银行直接从该账户中划转款项。当买受人不还款达到一定次数后，贷款银行会解除合同，要求开发商承担无限连带责任。因此，开发商可以在合同中明确约定严格的违约责任条款：

（1）违约金条款。合同中可以约定当买受人迟延偿还贷款、拒不履行还款义务或履行还款义务不符合合同约定，导致开发商承担连带担保责任时，买受人应当在开发商代其清偿银行贷款后一定期限内向开发商支付全部代偿款项及利息。否则，买受人应按照代偿款项的一定比例向开发商支付违约金。

（2）解除权条款。当开发商代买受人垫付的款项达到一定数额，或垫付期数达到一定次数，或买受人逾期支付开发商代偿款项达到一定期限，或逾期支付开发商代偿款项累计超过一定数额时，出卖人有权解除商品房买卖合同。开发商解除合同的，买受人应向开发商支付一定数额的违约金，开发商有权直接从买受人已付房款中扣除违约金，同时开发商有权将该商品房另行出售。如果商品房已经交付给买受人的，买受人应在多少天之内将商品房腾退给开发商。

（3）代偿条款。当贷款银行根据合同约定决定提前解除借款合同收回全部贷款时，开发商有权代为清偿全部剩余贷款，单方解除商品房买卖合同、收回房屋或者要求买受人在多少日之内付清全部代偿贷款。

（4）委托条款。买受人授权开发商在按照合同约定单方解除商品房买卖合同时，开发商有权代表买受人办理商品房预售登记注销手续。

（5）费用条款。约定开发商按照合同约定实现债权所支出的全部费用，包括但不限于诉讼费、律师费、鉴定费、评估费、执行费等，均由买受人承担。

（6）逾期办证条款。在实践中，购房者往往不积极配合开发商办理产权转移登记，导致开发商无法解除担保责任。因此，应在《商品房买卖合同》中严格约束购房者办理产权证的相关义务，如购房者不缴纳税费或者不配合导致办理产权转移登记延期的，购房者应承担相应的违约责任。

（三）开发商应采取必要措施预防个人贷款法律风险

1. 采用替代担保方式，由专业的担保公司为购房者提供连带责任担保，或者要求由专业的担保公司为购房者提供反担保。

2. 要求办理商品房预售抵押登记。《城市房地产抵押管理办法》第三条第四款规定:“本办法所称预购商品房贷款抵押,是指购房人在支付首期规定的房价款后,由贷款银行代其支付其余的购房款,将所购商品房抵押给贷款银行作为偿还贷款履行担保的行为。”从此条规定来看,预售的商品房也是可以办理抵押的。

3. 做好与银行的沟通与协调工作。无论是按揭贷款的申请、放款、追款、抵押登记等环节,都离不开银行的配合,开发商有必要保持与银行的经常性沟通与协调,一旦发现问题及时解决。

4. 事先做好风险防控工作。为规避购房者贷款不能的风险,在正式签订商品房买卖合同之前,开发商可要求购房者提交按揭贷款相关资料,交银行进行贷款资格预审,只有在预审合格、符合贷款条件的情况下才能正式签订商品房买卖合同。为规避延期办理抵押登记的风险,在具备办理产权转移登记条件之前,开发商可要求购房者缴清相关税费、提供办理产权转移登记所需材料,以及委托开发商办理产权转移登记的《授权委托书》。

(四)银行应采取措施规避个人贷款法律风险

为规避个人贷款法律风险,银行应做好以下几方面工作:

1. 在受理个人住房抵押贷款申请后,应及时通过中国人民银行个人信用信息基础数据库查询借款人的信用状况,通过与不动产登记部门、工商税务部门等的合作,核实借款人申请材料的真实性、准确性和完整性,履行贷款调查职责。

2. 通过面谈了解借款人的购房意愿、购房行为的真实性和还款能力。

3. 坚持面签制度,借款合同应当面核验借款人身份证明后由借款人当面签字。

4. 项目竣工验收合格、具备办理产权条件后,银行应及时督促开发商办理产权,完善个人住房贷款抵押登记手续,抵押物他项权利证书必须由银行直接到抵押登记部门领取,不得委托中介机构办理。

5. 在贷款发放之后,银行要加强对个人住房贷款的日常监督检查,发现问题一定要及时处理。

PART 3:商品房按揭贷款的典型案例

典型案例82

徐州大舜房地产开发有限公司与王志强商品房预售合同纠纷案

一审法院:徐州市泉山区人民法院

一审观点

(一)关于原被告双方签订商品房买卖合同时明知该合同非双方真实意思表示的问题

本案中,原、被告双方对于2008年4月2日签订商品房买卖合同的事实不持异议,原告大舜公司主张其与被告王志强签订该合同是为了获取银行贷款而借用被告的名义且被告明知,被告则主张双方签订合同为其购房的真实意思表示,争议在于被告签订合同时是否明知该合同非双方真实意思表示。法院认为,一方面,合同签订后,合同约定的购房首付款由原告支付,随后,原告亦以被告名义缴纳了42,400元契税、7695元物业维修基金和160元所有权登记费,故应认定被告签订合同时明知自己不需要履行合同且也不准备实际履行合同。另一方面,原、被告双方分别以保证人和借款人名义于2008年4月24日与中国建设银行股份有限公司徐州分行签订了以涉案房地产作为抵押的《房地产抵押借款合同》,之后,被告亦未按约归还贷款,而是原告以被告的名义偿还。故综上本案应认定被告对原告借其名义签订商品房买卖合同进行所有权转移为非其真实目的是明知的。

(二)关于本案商品房买卖合同是否有效的问题

本案商品房买卖合同应当认定无效。合同是平等主体的自然人、法人、其他组织之间设立、变更、终止民事权利义务关系的协议,当事人在订立合同时,除应遵循自愿公平、等价有偿、诚实信用的原则外,还应当遵守法律、行政法规,尊重社会公德,不得扰乱社会经济秩序,损害社会公共利益。因本案原被告当事人借签订商品房买卖合同之名,掩盖违规向银行抵押贷款套取银行信贷资金的目的,故依照《合同法》第五十二条第三项的规定,依法应为无效。双方因该合同所取得的财产,应当予以返还。

典型案例83

朱俊芳与山西嘉和泰房地产开发有限公司商品房买卖合同纠纷案

再审法院:山西省高级人民法院(2010)晋民再终字第103号

提审法院:最高人民法院(2011)民提字第344号

提审观点

关于双方当事人之间法律关系的性质和效力的问题。

朱俊芳主张其与嘉和泰公司之间是商品房买卖合同关系。嘉和泰公司主张双方之间是民间借贷关系。山西高院再审认为,双方是民间借贷合同关系而非商品房买卖合同关系,商品房买卖合同是借款合同的抵押担保内容,借款协议中"到期不能还款用抵押物抵顶借款,双方之间互不支付对方任何款项"的约定违反法律的强制性规定,应属无效。法院认为,本案中,14份《商品房买卖合同》涉及的款项和《借款协议》涉及的款项,在数额上虽有差额,但双方当事人对于14份《商品房买卖合同》所涉款项和《借款协议》所涉款项属同一笔款项并无异议。也就是说,双方当事人基于同一笔款项先后签订了14份《商品房买卖合同》和《借款协议》,且在太原市房地产交易所办理了14份《商品房买卖合同》销售备案登记手续。根据《合同法》第三十二条规定:"当事人采用合同书形式订立合同的,自双方当事人签字或盖章时合同成立。"第四十四条第一款规定:"依法成立的合同,自成立时生效。"案涉14份《商品房买卖合同》和《借款协议》均为依法成立并已生效的合同。本案双方当事人实际上就同一笔款项先后设立商品房买卖和民间借贷两个法律关系。山西高院再审认为本案双方是民间借贷合同关系而非商品房买卖合同关系不当,应予纠正。从本案14份《商品房买卖合同》和《借款协议》约定的内容看,案涉《商品房买卖合同》与《借款协议》属并立又有联系的两个合同。案涉《商品房买卖合同》与《借款协议》之间的联系表现在以下两个方面:一是案涉《商品房买卖合同》与《借款协议》涉及的款项为同一笔款项;二是《借款协议》约定以签订商品房买卖合同的方式为《借款协议》所借款项提供担保,即双方当事人实际是用之前签订的14份《商品房买卖合同》为之后签订的《借款协议》提供担保。同时《借款协议》为案涉《商品房买卖合同》的履行附设了解除条件,即借款到期,嘉和泰公司还清借款,案涉《商品房买卖合同》不再履行;借款到期,嘉和泰公司不能偿还借款,则履行案涉《商品房买卖合同》。关于《借款协议》中“如到期不能偿还,或已无力偿还,乙方(嘉和泰公司)将用以上抵押物来抵顶借款,双方互不再支付对方任何款项”的约定是否违反法律的强制性规定问题。《担保法》第四十条规定:“订立抵押合同时,抵押权人和抵押人在合同中不得约定在债务履行期届满抵押权人未受清偿时,抵押物的所有权转移为债权人所有。”《物权法》第一百八十六条规定:“抵押权人在债务履行期届满前,不得与抵押人约定债务人不履行到期债务时抵押财产归债权人所有。”这是法律上禁止流押的规定。禁止流押的立法目的是防止损害抵押人的利益,以免造成对抵押人实质上的不公平。本案《借款协议》中“如到期不能偿还,或已无力偿还,乙方(嘉和泰公司)将用以上抵押物来抵顶借款,双方互不再支付对方任何款项”的约定,并非法律上禁止的流押条款。首先,《借款协议》上述条款并非约定嘉和泰公司到期不能偿还借款,《借款协议》所称抵押物所有权转移为朱俊芳所有。在嘉和泰公司到期未偿还借款时,朱俊芳并不能直接按上述约定取得《借款协议》所称的“抵押物”所有权。朱俊芳要想取得《借款协议》所称的“抵押物”即14套商铺所有权,只能通过履行案涉14份《商品房买卖合同》实现。正基于此,朱俊芳在本案一审提出的诉讼请求也是确认14份《商品房买卖合同》有效,判令嘉和泰公司履行商品房买卖合同。其次,案涉14份《商品房买卖合同》和《借款协议》均为依法成立并生效的合同,双方当事人在《借款协议》中约定以签订商品房买卖合同的形式为《借款协议》提供担保,并为此在《借款协议》中为案涉14份《商品房买卖合同》附设了解除条件,该约定并不违反法律、行政法规的强制性规定。实际上,双方当事人对于是履行14份《商品房买卖合同》,还是履行《借款协议》具有选择性,即商品房买卖合同的解除条件成就,就履行《借款协议》;商品房买卖合同的解除条件未成就,就履行14份《商品房买卖合同》。无论是履行14份《商品房买卖合同》,还是履行《借款协议》,均符合双方当事人的意思表示,且从合同的选择履行的角度看,嘉和泰公司更具主动性。嘉和泰公司如果认为履行14份《商品房买卖合同》对其不公平,损害了其利益,其完全可以依据《合同法》第五十四条第一款第二项的规定,请求人民法院撤销案涉14份《商品房买卖合同》,但嘉和泰公司在法定的除斥期间内并未行使合同撤销权,而是拒绝履行生效合同,其主张不符合诚信原则,不应得到支持。因此,《借款协议》上述关于到期不能偿还,或已无力偿还,嘉和泰公司抵押物来抵顶借款的约定,不符合《担保法》第四十条和《物权法》第一百八十六条禁止流押的规定。山西高院再审认为,《借款协议》中“到期不能还款用抵押物抵顶借款,双方之间互不再支付对方任何款项”的约定违反法律的强制性规定,应属无效,缺乏事实和法律依据,法院予以纠正。

典型案例84

招商银行股份有限公司大连分行与大连一方地产有限公司保证合同纠纷案

二审法院:辽宁省高级人民法院(2017)辽民终156号

再审法院:最高人民法院(2017)最高法民申3474号

再审观点

关于一方公司应否承担保证责任的问题。招商银行与高智签订的《个人购房借款及担保合同》,招商银行与一方公司签订的《担保协议》,均系双方当事人真实意思表示,且不违反法律、行政法规的强制性规定,应认定合法有效。

(一)关于本案保证期间的确定

招商银行与一方公司在《担保协议》第五条约定,一方公司承担的是阶段性担保,保证期间是每笔贷款放款之日起至预告抵押登记完成之日止。双方签订《担保协议》的目的是一方公司在90个工作日内办妥高智所购房屋预告抵押登记手续交给招商银行,招商银行办理完预告抵押登记后,一方公司的担保责任即可免除,招商银行通过抵押权来保障债权实现。从字面理解,双方当事人对保证期间进行了约定,以办妥预告抵押登记为时间节点,保证期间可以延长,也可以缩短。该约定是双方当事人的真实意思表示,但不能与《担保法》的规定相悖,不能无限延长保证期间,也是阶段性担保的应有之义。因此,本案的保证期间应确定为从2012年10月9日招商银行放款之日起,至2014年1月17日一方公司向招商银行交付商品房预告抵押登记手续后,招商银行在合理期限内办理完预告抵押登记止。《担保协议》第七条约定,如出现非招商银行原因未能在90个工作日内办妥借款人所购房屋预告抵押登记手续,招商银行自贷款发放之日起,至预告抵押登记完之日止之前,其有权要求一方公司履行担保责任。同理,一方公司将购房合同的登记备案手续交给招商银行后,招商银行亦应在合理期限内办理预告抵押登记,而合理期限应以上述双方约定的90个工作日作为参照。

(二)关于未办理案涉房屋预告抵押登记的责任

《担保协议》第六条约定,一方公司在承担保证担保期间,应当办理购房合同的真实有效登记备案手续,并及时将购房合同的登记备案手续转交给招商银行指定代办机构,积极配合招商银行办理预告抵押登记。招商银行一审中辩称未办理预告抵押登记的原因是高智不配合,因高智是香港户籍,与他联系困难,其未出具代办手续,银行无法单方办理。招商银行与高智签订的《个人购房借款及担保合同》第26.2条约定:"如本合同签订之时抵押房产尚未办妥产权证书的,抵押人应按照贷款人的要求,积极配合贷款人及/或售房人办理预告抵押登记或者楼花抵押登记;抵押房产具备办理正式抵押登记条件起的60日内,抵押人必须无条件配合贷款人办妥由预告抵押登记或楼花抵押登记转为正式抵押登记的手续。"在一审、二审中招商银行未提供证据证明未办理预告抵押登记是一方公司迟延交付办理预告抵押登记手续所致,亦未提供证据证明其已积极敦促一方公司及高智配合其办理预告抵押登记。招商银行于2014年1月17日收到一方公司交付的购房预告抵押登记手续后,没有在合理期间内及时办理预告抵押登记,直至2015年3月6日案涉房屋因另案被法院查封无法办理后,才于2015年4月22日向法院起诉一方公司主张权利。招商银行怠于履行合同义务是显而易见的,对案涉房屋不能办理预告抵押登记后果的产生存在重大过错。

(三)关于一方公司应否承担保证责任

本案中,招商银行是办理预告抵押登记的义务主体,在一方公司未在约定的90个工作日内交付办理预告抵押登记手续情况下,招商银行收到一方公司迟延交付的预告抵押登记手续后,应当在合理期限内及时办理预告抵押登记,防止案涉房屋被法院查封而无法办理。但是招商银行收到一方公司迟延交付预告抵押登记手续后,不但没有提出异议,而且一年多时间不去办理预告抵押登记,且无合理解释,应视为一方公司阶段性担保的保证责任免除条件成就。根据《担保法》第二十六条第二款"在合同约定的保证期间和前款规定的保证期间,债权人未要求保证人承担保证责任的,保证人免除保证责任"的规定,招商银行未在保证期间内向一方公司主张权利,一方公司的保证责任免除。另外,《合同法》第一百一十九条第一款规定:"当事人一方违约后,对方应当采取适当措施防止损失的扩大;没有采取适当措施致使损失扩大的,不得就扩大的损失要求赔偿。"因此,招商银行因怠于履行办理预告抵押登记义务所造成抵押物被法院查封的责任,应当由其自行承担。

典型案例85

徐州市路保交通设施制造有限公司与徐州市华建房地产开发有限公司、第三人尤安庆房屋买卖合同纠纷案

一审法院:江苏省高级人民法院(2004)苏民初字第3号

二审法院:最高人民法院(2005)民一终字第65号

一审观点

(一)关于双方签订的《商品房购销合同》的效力的问题

华建公司在出售综合楼时,虽然只有2700平方米的商品房预售许可证,但在起诉前,已于2003年6月30日经江苏省徐州市房产管理局批准,补办了其余面积的商品房预售许可证手续,故应认定华建公司具备综合楼的预售资格。路保公司主张综合楼所占土地系划拨土地,不能用于商品房的开发、销售,但相关房地产管理部门的批复意见是该综合楼属危改项目,系历史遗留问题,同意补办商品房预售许可证,且双方《商品房购销合同》签订于2000年5月8日,可适用《最高人民法院关于审理商品房买卖合同纠纷案件适用法律若干问题的解释》的有关规定,根据该解释第二条规定的精神,华建公司于起诉前已经补办了商品房预售许可证,应认定合同有效。

(二)关于尤安庆的权利应否保护的问题

一审法院认为,商品房买卖合同是指房地产开发企业,将尚未建成或者已竣工的房屋向社会销售并移转房屋所有权于买受人,买受人支付价款的行为。尤安庆与华建公司虽然签订了房屋买卖合同,但尤安庆并未支付房屋的对价,华建公司也未将房屋转移给尤安庆,尤安庆虽然形式上取得房屋产权证,但该房屋一直由路保公司占有和使用。双方签订合同的目的,并非购买房屋,而是为获取银行贷款。

二审观点

当事人对已经发生法律效力的判决不服,或者法院发现生效判决确有错误,只有依法通过启动审判监督程序,撤销原判,才能对案件重新审理。否则,当事人和法院都应受该生效判决的拘束,当事人不得在以后的诉讼中主张与该判决相反的内容,法院也不得在以后的诉讼中作出与该判决冲突的认定和处理。

PART 4:商品房按揭贷款的法律链接

法律链接

《最高人民法院关于审理商品房买卖合同纠纷案件适用法律若干问题的解释》(2020年12月29日修正)

第十九条 商品房买卖合同约定,买受人以担保贷款方式付款、因当事人一方原因未能订立商品房担保贷款合同并导致商品房买卖合同不能继续履行的,对方当事人可以请求解除合同和赔偿损失。因不可归责于当事人双方的事由未能订立商品房担保贷款合同并导致商品房买卖合同不能继续履行的,当事人可以请求解除合同,出卖人应当将收受的购房款本金及其利息或者定金返还买受人。

第二十条 因商品房买卖合同被确认无效或者被撤销、解除,致使商品房担保贷款合同的目的无法实现,当事人请求解除商品房担保贷款合同的,应予支持。

第二十一条 以担保贷款为付款方式的商品房买卖合同的当事人一方请求确认商品房买卖合同无效或者撤销、解除合同的,如果担保权人作为有独立请求权第三人提出诉讼请求,应当与商品房担保贷款合同纠纷合并审理;未提出诉讼请求的,仅处理商品房买卖合同纠纷。担保权人就商品房担保贷款合同纠纷另行起诉的,可以与商品房买卖合同纠纷合并审理。

商品房买卖合同被确认无效或者被撤销、解除后,商品房担保贷款合同也被解除的、出卖人应当将收受的购房贷款和购房款的本金及利息分别返还担保权人和买受人。

第二十二条 买受人未按照商品房担保贷款合同的约定偿还贷款,亦未与担保权人办理商品房抵押登记手续,担保权人起诉买受人,请求处分商品房买卖合同项下买受人合同权利的,应当通知出卖人参加诉讼;担保权人同时起诉出卖人时,如果出卖人为商品房担保贷款合同提供保证的,应当列为共同被告。

第二十三条 买受人未按照商品房担保贷款合同的约定偿还贷款,但是已经取得房屋权属证书并与担保权人办理了商品房抵押登记手续,抵押权人请求买受人偿还贷款或者就抵押的房屋优先受偿的,不应当追加出卖人为当事人,但出卖人提供保证的除外。

相关文件

《商业银行房地产贷款风险管理指引》《中国人民银行个人住房贷款管理办法》《中国建设银行个人住房贷款管理办法》《中国工商银行个人房贷管理办法》等对按揭贷款进行了专门规定。

专题十九　房地产开发贷款

房地产开发需要大量的资金,房地产企业单纯依靠自筹资金根本无法满足房地产业长期稳定发展的需要,因而需要通过多种渠道筹措房地产开发所需的资金。在众多融资渠道之中,房地产开发贷款是最常见的融资渠道。因此,本专题主要研究房地产开发贷款的法律解读和风险防控问题。

PART 1:房地产开发贷款的法律解读

法律解读 118　房地产开发贷款

房地产开发贷款,是指向借款人发放的用于开发、建造向市场销售、出租等用途的房地产项目的贷款。[①] 房地产开发贷款的主体具有特定性,贷款人是各商业银行,借款人是房地产开发企业。房地产开发贷款须专款专用,且只能用于本地区的房地产项目,严禁跨地区使用。商业银行只能通过房地产开发贷款科目发放,严禁以房地产开发流动资金贷款及其他形式贷款科目发放。房地产开发贷款具有数量大、期限长、信贷风险高等特点。

从房地产企业融资角度出发,按照融资过程中资金运动的不同途径,资金是否经过银行等金融中介,可以将融资分为直接融资和间接融资。房地产开发贷款属于间接融资,即以商业银行为金融中介获得资金。这种贷款又可以分为两种模式:一种是项目贷款管理模式,以房地产开发项目为对象;另一种是企业贷款管理模式,即以房地产企业为对象。前者贷款的主要品种有土地使用权抵押贷款和项目封闭贷款,遵循的是固定资产贷款管理方式;后者贷款方式有综合授信贷款和纯信用贷款,主要表现为流动资金管理模式。按房地产开发贷款的发放方式不同可分为信用贷款和担保贷款。信用贷款,是指以借款人的信誉发放的贷款。担保贷款,是指保证贷款、抵押贷款、质押贷款。由于房地产开发贷款的高风险性,商业银行贷款一般以发放担保贷款为常态,以发放信用贷款为例外。按房地产开发贷款的性质不同可分为商品房开发贷款、住房项目储备贷款、经济适用房开发贷款、高校学生公寓建设贷款。

法律解读 119　房地产开发贷款合同

在房地产开发贷款中涉及的两方主体:贷款人和借款人。贷款人必须经银保监会批准经营贷款业务,持有银保监会颁发的金融许可证,并经市场监督管理部门核准登记。目前,贷款人包括商业银行、农村合作银行、城市信用社、农村信用社、邮政储蓄银行、外资银行等银行业金融机

① 参见《商业银行房地产贷款风险管理指引》第二条第三款。

构。借款人仅限于房地产开发企业。在房地产开发贷款中,主要有借款合同和担保合同。

(一)借款合同

借款合同是诺成性合同、双务合同。根据《民法典》第六百六十七条的规定,借款合同是借款人向贷款人借款,到期返还借款并支付利息的合同。根据《贷款通则》《固定资产贷款管理暂行办法》《民法典》的规定,借款合同当事人之间的权利义务为:(1)贷款人的主要义务为按照合同的约定向借款人提供借款。(2)借款人的主要义务为:①按照合同约定的贷款用途使用借款;②按照合同约定的还款期限和方式还本付息;③接受贷款人监督,按照约定向贷款人定期提供有关财务会计报表等必要的材料;④贷款人为金融机构的,借款人有义务按照合同中约定的时间和数额收取借款。

(二)担保合同

借款人根据贷款人的要求提供担保,该担保合同从属于借款合同,受《民法典》等法律的调整。在担保合同关系中,如果是借款人自己提供物的担保,则借款人为抵(质)押人,贷款人抵(质)押权人;如果是第三人为借款人提供保证或者物的担保,则第三人为保证人或者抵(质)押人。

除借款合同或担保合同产生的权利义务关系之外,《贷款通则》第十八条(借款人权利)、第十九条(借款人义务)、第二十条(对借款人的限制)、第二十二条(贷款人权利)、第二十三条(贷款人义务)及第二十四条(对贷款人的限制),以部门规章的方式对贷款人和借款人的权利义务进行了一般性的规定。《商业银行法》《固定资产贷款管理暂行办法》《贷款通则》等法律、行政法规、部门规章及银行内部文件的规定,形成了一个不局限于《民法典》的贷款人与借款人之间权利义务的关系群。

法律解读120 房地产开发贷款的条件

各商业银行一般都会规定申请房地产开发贷款必须具备的条件。以中国银行为例,根据《中国银行房地产开发贷款管理办法(试行)》第七条的规定,申请房地产开发贷款,借款人应具备以下条件:

1. 符合本办法中第四条规定的贷款对象条件。

2. 具有健全的经营管理机构和合格的领导班子,以及严格的经营管理制度。

3. 企业信用和财务状况良好,确有偿还贷款本息的能力。

4. 在中国银行开立基本结算账户或一般存款账户,并在中国银行办理结算业务。

5. 已取得贷款项目的土地使用权,且土地使用权终止时间长于贷款终止时间。

6. 已取得贷款项目规划投资许可证、建设许可证、开工许可证、内外销房屋许可证,并完成各项立项手续,且全部立项文件完整、真实、有效。

7. 贷款项目申报用途与其功能相符,并能够有效地满足当地房地产市场的需求。

8. 贷款项目工程预算、施工计划符合国家和当地政府的有关规定。工程预算投资总额能满足项目完工前由于通货膨胀及不可预见等因素追加预算的需要。

9. 具有一定比例的自有资金(一般应达到项目预算投资总额的30%),并能够在银行贷款之前投入项目建设。

10. 将财产抵(质)押给中国银行或落实中国银行可接受的还本付息连带责任保证。

11. 落实中国银行规定的其他贷款条件。

法律解读121 申请房地产开发贷款所需的材料

借款人应向中国银行提交下列文件、证明和材料:

1. 借款申请书。其主要内容包括:借款项目名称、金额、用途、期限、用款计划和还款来源等。

2. 借款人营业执照、章程、资质证书副本和资信证明材料。

3. 经有权部门或会计师(审计)事务所核准的近3年及最近1个月的财务报表。

4. 贷款项目开发方案或可行性研究报告。

5. 开发项目立项文件、工程设计和批准文件。

6. 土地使用权证书、土地使用权转让合同和施工合同。

7. 企业董事会或相应决策机构关于借款和抵(质)押、担保的决议和授权书。

8. 开发项目资金落实文件。

9. 开发项目的现金流量预测表及销售和预售对象、销售价格和计划。

10. 抵(质)押财产(有价证券除外)的资产评估报告书、鉴定书、保险单和抵(质)押物清单、权属证明、抵(质)押人同意抵(质)押的承诺函。

11. 还款保证人的资信证明材料。

12. 贷款人要求提供的其他证明文件和材料。①

PART 2:房地产开发贷款的法律风险提示及防控

法律风险提示17

(一)免担保和第三方保证风险

商业银行普遍采用房地产抵押方式,即以项目土地使用权和在建工程抵押作为其申请房地产开发贷款担保的必备条件。近年来,出于同业竞争和业务拓展的需要,有的商业银行对于部分开发商实行免担保或者第三方保证,即没有落实项目土地使用权及在建工程抵押,导致银行对项目销售回款控制权的丧失,贷款回收完全寄希望于开发商的信誉。有的开发商在贷款到期时,因不落实还款资金来源,商业银行在不良资产考核的压力下被迫转贷,贷款风险陡增。与此同时,部分商业银行的贷前调查流于形式,有的为了赢得客户不断简化贷款条件,在操作上极不规范,违法现象严重;有的商业银行在贷后管理中过于依赖抵押物登记,没有对项目建设及抵押物情况进行及时跟踪,导致风险不断上升。

① 参见《中国银行房地产开发贷款管理办法》(中银信管〔1998〕214号)第七条至第八条。

(二)抵押无效风险

1. 建设用地使用权转让的法律障碍风险

一般情况下,开发企业通过出让的方式获得土地使用权。根据《城市房地产管理法》第三十九条的规定,以出让方式取得土地使用权作抵押的,借款人必须按照出让合同约定已经支付全部土地使用权出让金,并取得土地使用权证书。另外,按照出让合同约定进行投资开发,属于房屋建设工程的,完成开发投资总额的25%以上,若属于成片开发土地的,未形成工业用地或者其他条件,均不得转让。如果抵押物不符合以上法定的转让条件,在实现抵押权时存在法律障碍风险。如未达到法定转让条件的土地使用权,商业银行即使维权成功,受偿效果往往也十分有限。

2. 土地上新增房屋后的抵押权悬空风险

《民法典》第四百一十七条规定:"建设用地使用权抵押后,该土地上新增的建筑物不属于抵押财产。该建设用地使用权实现抵押权时,应当将该土地上新增的建筑物与建设用地使用权一并处分。但是,新增建筑物所得的价款,抵押权人无权优先受偿。"但商业银行在办理了土地使用权抵押后,由于在房地产开发过程中,建造房屋后土地的使用价值已被新增房屋所吸收,如果没有进一步追加其为在建工程抵押,则开发商可以轻而易举地将售房房款转移,最终将使抵押权即土地使用权悬空。另外,在办理在建工程抵押后,由于在建工程抵押与商品房预售不能同时并存,如果商业银行同意开发商在开发过程中进行预售(往往需逐个解除在建工程抵押以办理抵押),但未能实现售房款有效监管,那么债权同样面临悬空的危险。

(三)土地闲置风险

《城市房地产管理法》第二十六条规定,以出让方式取得土地使用权进行房地产开发的,必须按照土地使用权出让合同约定的土地用途、动工开发期限开发土地,超过出让合同约定的动工开发日期满1年未动工开发的,可以征收相当于土地使用权出让金20%以下的土地闲置费;满2年未动工开发的,可以无偿收回土地使用权。按照该项规定,土地长期闲置不用超过1年的,抵押人财务负担加重,还贷能力削弱。而一旦闲置期届满2年,土地使用权被国家无偿收回,抵押物就不复存在,相应的抵押权也随之消失。

(四)工程款优先受偿权风险

在项目实施中,目前普遍存在开发商不是自己施工,而是将工程发包给施工企业的现象。《民法典》第八百零七条规定:"发包人未按照约定支付价款的,承包人可以催告发包人在合理期限内支付价款。发包人逾期不支付的,除根据建设工程的性质不宜折价、拍卖外,承包人可以与发包人协议将该工程折价,也可以请求人民法院将该工程依法拍卖。建设工程的价款就该工程折价或者拍卖的价款优先受偿。"上述规定的直接后果就是银行抵押权的优先受偿权受到限制和侵害,对银行资金运作将产生巨大的冲击。如果出现开发商与承包人联手虚构未按规定支付工程价款,企图逃避银行债务的情形,则银行的抵押权将陷入危险的状态。

(五)税收优先权的冲突风险

《税收征收管理法》第四十五条规定:"纳税人欠缴的税款发生在纳税人以其财产设定抵押、质押或者纳税人的财产被留置之前的,纳税应当先于抵押权、质权、留置权执行。"该规定明确了国家税收具有优先受偿权,优于抵押权和质权,属于法定优先权。如果开发商在以开发项目占用范围内的土地使用权或在建工程提供抵押之前已经拖欠税款的,商业银行在处置抵押物时就要受到限制,税务机关有权先于商业银行进行处置并就处置价款优先受偿,纳税后的剩余部分,商业银行才可受偿。

法律风险防控30

(一)严格审查房地产企业是否具备房地产开发贷款的条件

对于项目资本金(所有者权益)比例达不到35%或未取得土地使用权证书、建设用地规划许可证、建设工程规划许可证和施工许可证的项目,不予发放任何形式的贷款;对于经自然资源部门、建设主管部门查实具有囤积土地、囤积房源行为的房地产开发企业,不得对其发放贷款。

(二)落实资金封闭监管,防范信贷资金风险

根据银保监会的监管要求,商业银行应建立完备的贷款发放、使用监控机制和风险防范机制。在房地产开发企业的自有资金得到落实后,可根据项目的进度和进展状况,分期发放贷款,并对其资金使用情况进行监控,防止贷款挪作他用。同时,积极采取措施应对项目开发过程中出现的项目自身的变化、房地产开发企业的变化、建筑施工企业的变化等,及时发现并制止违规使用贷款情况。

首先,在项目贷前的审查阶段确定贷款封闭监管的框架,框架的主要内容包括但不限于:(1)开立收支专户;(2)贷款使用条件;(3)贷款发放进度;(4)专户监管流程;(5)按揭贷款业务;(6)销售资金回笼等,继而在授信审查阶段进一步明确监管框架内容的要求和实施方案。

其次,在贷后的检查阶段,以项目专户结算为监控平台,全面落实开发贷款封闭管理的要点。将封闭运行监管落实到房地产贷款的各个阶段中,通过深入的前期工作以保障后期监管措施的实施到位。

最后,银行应监控住房的销售与资金结算。一方面,应做好落实项目在建工程抵押,防范重复抵押风险,并通过在建工程抵押分批解押,有效监控销售收入回笼情况。另一方面,通过定期核对房地产销售明细、销售回笼总量和按揭业务量,检查银企双方合作协议的履行情况,及时查找销售资金去向,落实第一还款来源,能够保障销售回笼自动还贷。房地产项目资金封闭运行监管是建立在银企间达成共识、互相约束的基础上的监管手段,商业银行通过开发贷款与按揭贷款捆绑营销、加强资金支付和产品销售回笼的过程管理的管理模式,最大可能地监管还贷资金。

(三)防范建设工程价款受偿优先权的法律风险

在实践中,银行可以通过与建设工程承包人签订放弃建设工程价款优先权承诺函的方式,让承包人放弃优先受偿权,并以此为贷款履行的条件。关于该承诺函的效力,在实践中法院更倾向于认可这一行为的效力。因此,建设工程的受偿优先权的风险可以该种方式进行防范。

(四)发放房地产开发贷款要符合监管要求

银行发放房地产开发贷款除了贷款本身的受偿风险外,还存在一定行政风险。银保监会根据《银行业监督管理法》负责对全国银行业金融机构及其业务活动监督管理的工作,并对银行机构违反法律、行政法规以及国家有关银行业监督管理规定的行为进行处罚。为避免此类法律风

险,银行的相关人员应加强该方面知识的学习,或加强与外部律师事务所的配合,尽可能做到合法合规,进而降低其他如贷款受偿等风险。银保监会的监管规定中针对房地产开发贷款的风险管理主要有以下几点:

1. 2004年8月30日,银监会发布《商业银行房地产贷款风险管理指引》(银监发〔2004〕57号),第十五条至第二十五条对房地产开发贷款的风险管理做出了要求,并对银监会的相关风险监管措施进行了规定,第四十二条规定银监会及其派出机构定期对商业银行房地产贷款发放规模、资产质量、偿付状况及催收情况、风险管理和内部贷款审核控制进行综合评价,并确定监管重点,第四十三条规定了对房地产贷款检查的事项:(1)贷款质量;(2)偿付状况及催收情况;(3)内部贷款审核控制;(4)贷后资产的风险管理;(5)遵守法律及相关规定;(6)需要进行检查的其他事项。

2. 2007年9月27日,银监会发布《关于加强商业性房地产信贷管理的通知》(银发〔2007〕359号),就严格房地产开发贷款管理、加强房地产信贷征信管理、加强房地产贷款检测和风险防范工作提出了监管要求。

3. 2008年5月26日,银监会发布《关于进一步加强房地产行业授信风险管理的通知》(银监发〔2008〕42号),就各商业银行对房地产企业的资信审查和风险防范做出了监管要求,要求各商业银行应密切监测房地产开发商的资信和财务状况,加大对开发商资信和财务状况的监控。

PART 3:房地产开发贷款的典型案例

典型案例86

上海国际信托投资有限公司与上海市综合信息交易所、上海三和房地产公司委托贷款合同纠纷案

裁判摘要

《最高人民法院关于适用〈中华人民共和国担保法〉若干问题的解释》第三十九条规定:"主合同当事人双方协议以新贷偿还旧贷,除保证人知道或者应当知道的外,保证人不承担民事责任。新贷与旧贷系同一保证人的,不适用前款的规定。"据此,借贷合同双方当事人基于以新贷偿还旧贷的合意,先后订立多个借贷合同,同一担保人在应当知道的情况下在该多个借贷合同上盖章同意担保的,应当依法承担担保责任。担保人以上述多个借贷合同之间没有形式及内在联系为由,否认以新贷偿还旧贷的合同性质,进而拒绝履行担保责任的,人民法院不予支持。

基本案情

1996年1月10日至1998年4月6日,上国投与交易所共签订5份委托贷款合同,5份贷款合同按时间排列编号分别为922660、922790、922804、922805、300263,借款金额均为人民币2000万元,月利率分别为7.89‰、6.9‰和6.435‰。借款用途为用于物资购销保证金或流动资金周

转,保证人均为三和公司。上国投按约向交易所发放了贷款。案外委托人上海市上投投资管理公司仅在后两份委托贷款合同上加盖了公章。该5份委托贷款合同之间均系借新还旧。最后一份300263号合同项下贷款期限届满后,交易所除偿还借款本金227.8万元及逾期贷款利息人民币60万元,尚欠本金人民币1772.2万元、期内利息人民币789,454.95元及相应的逾期利息。上国投请求一审法院判令交易所偿还贷款本息,三和公司对交易所的还款义务承担连带清偿责任。

裁判结果

上海市二中院一审作出(1999)沪二中经初字第811号判决:交易所向上国投偿还借款本金人民币17,722,000元,期内利息人民币789,454.95元及逾期贷款利息人民币1,626,712.54元;交易所向上国投偿还自1999年11月20日至判决生效之日止的逾期贷款利息;三和公司对交易所上述第一项、第二项还款义务承担连带清偿责任。上海市高院二审作出(2000)沪高经终字第588号判决:维持一审判决第一项、第二项;撤销一审判决第三项。上海市高院再审作出(2001)沪高经再终字第19号判决:撤销该院(2000)沪高经终字第588号民事判决;维持上海市第二中级人民法院(1999)沪二中经初字第811号民事判决。最高人民法院再审判决:维持上海市高级人民法院(2001)沪高经再终字第19号民事判决。

典型案例87

中国信达资产管理公司西安办事处与海南华山房地产开发总公司、中国建设银行股份有限公司西安曲江支行借款合同纠纷案

一审法院:海南省高级人民法院(2006)琼民一初(重)字第1号

二审法院:最高人民法院(2008)民二终字第118号

关于信达西安办事处起诉要求华山公司偿还借款本息的借款合同与华山公司与建行曲江支行签订的合作合同是否有关联的问题。

华山公司与陕建信托在原已签订的《经济合作合同书》基础上,又签订了《合作兴建"石山度假村"合同书》等合同。上述合同均表明双方在石山度假村等房地产开发项目上存在分工明确的合作关系,其中华山公司具体负责房地产开发工作,陕建信托负责房地产开发所需的资金筹措工作。双方对于以华山公司名义向陕建信托所借资金问题作出了偿还资金来源、顺序等明确约定,体现了收益共享、风险共担的合作原则。信达西安办事处主张本案借款合同与合作合同之间没有关联性,是两个独立的法律关系,但其起诉要求华山公司返还借款的重要证据即华山公司与建行曲江支行签订的98026号借款合同中明确记载"原贷款用于石山开发"。该合同系双方将本案所涉的原4400万元贷款汇总进行转贷,可以证明建行曲江支行明确认可其向华山公司所发放的本案贷款确实用于双方所签订的合作合同中所指向的开发项目。华山公司在建行曲江支行向信达西安办事处转让债权及催款过程中,多次明确提出双方系合作合同关系,信达西安办事处和建行曲江支行至诉前对此未提出异议。上述证据证明本案借款合同与合作合同之间联系紧密,

信达西安办事处关于本案借款合同与合作合同不具有关联性的上诉主张不能成立。

信达西安办事处主张本案大部分借款合同签订在前，而合作合同签订在后，从时间的顺序上否认两者具有关联关系。当事人签订民事合同具有复杂的动机、目的和作用，该合同可以具有规范和指引的作用，即当事人通过要约承诺的方式规范和指引以后发生的权利义务关系；合同也可以具有确认和评价的作用，即双方通过合同方式将双方既往发生的民事法律行为的性质、目的和作用作出评价，进行确认、补充和完善。本案当事人正是通过签订合作合同和转贷合同等民事法律行为，对先前发生的借款合同的性质、内容和作用进行了确认。信达西安办事处以借款合同发生在前、合作合同签订在后为由否认两者之间的关联性缺乏事实和法律依据。

本案中借款合同的签订和履行是合作合同履行内容的一部分。根据合作合同约定的内容，合作双方对合作项目应当共担风险、共享利润，且双方在合作合同中对资金分配顺序作出了明确规定。现信达西安办事处将借款合同与合作合同割裂开来，独立请求华山公司承担贷款本息没有事实依据。

PART 4：房地产开发贷款的法律链接

法律链接

《商业银行法》《贷款通则》《商业银行房地产贷款风险管理指引》《中国银行房地产开发贷款管理办法》《中国农业银行房地产开发建设贷款管理办法》《经济适用住房开发贷款管理办法》等对房地产开发贷款进行了规定。

专题二十 房地产税收

房地产行业是高税负行业,与房地产相关的税主要有房产税、土地税(城镇土地使用税、耕地占用税、土地增值税)、契税、印花税、增值税等。营改增是供给侧结构性改革的重要举措,减税是其中最为核心的内容。房地产税作为综合性税种,立法的呼声越来越高。因此,本专题主要研究房地产税收的法律解读和风险防控问题。

PART 1:房地产税收的法律解读

法律解读 122 房地产税收

房地产税收,是指以房地产为课税对象征收的税种和与房地产开发、转让行为紧密相关税种的总称。在我国现行税收体制下,主要是房地产在开发、交易、保有诸环节涉及的所有税种的统称,具体指国家通过税务机关向房地产所有人(或经营管理人)、使用人、经营机构和投资建设人就其房地产或者与房地产有关的行为征收有关房地产税赋的行为。依据征税对象的不同,税收可以分为商品税、所得税和财产税,这通常被认为是税收的最重要、最基本的分类。[①]

商品税,是以商品(包括劳务)为征税对象的一类税的总称,在国际上通称为“商品和劳务税”。由于商品税的计税依据是商品的流转额,因而也有人称为流转税。[②] 商品税的类型主要包括增值税、消费税、关税等税种。与房地产开发相关的商品税主要是销售不动产增值税。所得税,是以所得为征税对象,并由获取所得的主体缴纳的一类税的总称。[③] 我国的所得税主要包括企业所得税和个人所得税两类。房地产开发企业涉及企业所得税,房地产开发企业的股东涉及个人所得税。财产税,是以财产为征税对象,并由对财产进行占有、使用或收益的主体缴纳的一类税。[④] 我国的财产税主要包括资源税、房产税、土地税(土地税用税、耕地占用税、土地增值税)、契税、车船税(车船购置税、车船税、船舶吨税)、印花税。

房地产建设环节涉及耕地占用税、契税、城镇土地使用税、建筑安装增值税及附征城建税、教育费附加、企业所得税和印花税;交易环节,卖方销售需缴纳增值税及附征的城建税和教育费附加、土地增值税、企业所得税或者个人所得税。本节主要介绍与房地产相关的房产税、土地税(城镇土地使用税、耕地占用税、土地增值税)、契税、印花税、增值税。

---

① 张守文:《财税法学》,北京大学出版社 2014 年版,第 114 页。
② 张守文:《财税法学》,北京大学出版社 2014 年版,第 173 页。
③ 张守文:《财税法学》,北京大学出版社 2014 年版,第 220 页。
④ 张守文:《财税法学》,北京大学出版社 2014 年版,第 262 页。

法律解读 123　营改增

营业税改增值税，简称营改增，是指以前缴纳营业税的应税项目改成缴纳增值税。营改增的最大特点是减少重复征税，可以促使社会形成更好的良性循环，有利于企业降低税负。增值税只对产品或者服务的增值部分纳税，减少了重复纳税的环节，是党中央、国务院，根据经济社会发展新形势，从深化改革的总体部署出发做出的重要决策。目的是加快财税体制改革、进一步减轻企业赋税，调动各方积极性，促进服务业尤其是科技等高端服务业的发展，促进产业和消费升级、培育新动能、深化供给侧结构性改革。

营业税和增值税，是我国两大主体税种。营改增在全国的推开，大致经历了以下三个阶段。2011 年，经国务院批准，财政部、国家税务总局联合下发营业税改增值税试点方案。从 2012 年 1 月 1 日起，在上海交通运输业和部分现代服务业开展营业税改增值税试点。自 2012 年 8 月 1 日起至年底，国务院将扩大营改增试点至 10 省市；2013 年 8 月 1 日，“营改增”范围已推广到全国试行，将广播影视服务业纳入试点范围。2014 年 1 月 1 日起，将铁路运输和邮政服务业纳入营业税改征增值税试点，至此交通运输业已全部纳入营改增范围。2016 年 3 月 18 日召开的国务院常务会议决定，自 2016 年 5 月 1 日起，中国将全面推开营改增试点，将建筑业、房地产业、金融业、生活服务业全部纳入营改增试点。至此，营业税退出历史舞台，增值税制度将更加规范。

法律解读 124　房地产税立法

房地产税是一个综合性概念，一切与房地产经济运行过程有直接关系的都属于房地产税。在中国，与房地产相关的税包括房地产业增值税、企业所得税、个人所得税、房产税、城镇土地使用税、城市房地产税、印花税、土地增值税、投资方向调节税、契税、耕地占用税等。但是，根据专家的分析，列入立法计划的房地产税，是一个专有名称，是房屋持有环节的税种，略近于原来的“房产税”，但含义应有扩大，征收标准更复杂。值得强调的是，国家制定房地产税法，并非只是针对房地产市场，它主要还是着眼于健全地方税体系。但房地产税立法，也是构建房地产长效机制的重要组成部分。而房地产长效机制的建立，是房地产市场平稳健康发展的重要保证。

自 2011 年 1 月 28 日起，我国开始在上海、重庆进行房产税改革试点，由经营性房产扩大到非经营性房产，对符合规定的个人住房征收房产税。但是，上海、重庆两地改革试点并未达到预期的目标，征收效果并不理想。目前，上海、重庆试点的房产税扩围方案已停止，重点是加快房地产税立法。2013 年 11 月 12 日，十八届三中全会通过了《中共中央关于全面深化改革若干重大问题的决定》，提出房地产税。在政府工作报告中，关于房地产税的提法始于 2014 年。在 2014 年政府工作报告中，关于房地产税的提法是“做好房地产税、环境保护税立法相关工作”。在 2018 年政府工作报告中，关于房地产税的提法是“稳妥推进房地产税立法”。在 2019 年政府工作报告中，关于房地产税的提法是“稳步推进房地产税立法”。在 2018 年 9 月的全国人大常委会的 5 年立法规划中，房地产税被列入条件比较成熟、任期内拟提请审议的第一类项目，因此预计房地产税将不会在短期内推出，但从长远看房地产税的推出是大势所趋。在 2018 年全国人大常委会工作报告中，提出研究制定房地产税法。在 2019 年全国人大常委会工作报告中，将房地产税法例如审议范围。

法律解读 125 房产税

房产税是以房屋为征税对象并由房屋拥有所有权或使用权的主体缴纳的一种财产税。① 房产税的法律依据主要是《房产税暂行条例》。

(一)纳税主体

《房产税暂行条例》第二条规定:"房产税由产权所有人缴纳。产权属于全民所有的,由经营管理的单位缴纳。产权出典的,由承典人缴纳。产权所有人、承典人不在房产所在地的,或者产权未确定及租典纠纷未解决的,由房产代管人或者使用人缴纳。前款列举的产权所有人、经营管理单位、承典人、房产代管人或者使用人,统称为纳税义务人。"

《关于房地产税城镇土地使用税有关问题的通知》规定的房产税纳税人还包括:(1)无租使用其他单位房产的应税单位和个人,依照房产余值代缴纳房产税。(2)产权出典的房产,由承典人依照房产余值缴纳房产税。(3)融资租赁的房产,由承租人自融资租赁合同约定开始日的次月起依照房产余值缴纳房产税。自 2009 年 1 月 1 日起,外商投资企业、外国企业和组织以及外籍个人,依照《房产税暂行条例》缴纳房产税。

(二)征税范围

《房产税暂行条例》第一条规定:"房产税在城市、县城、建制镇和工矿区征收。"房产税的征税对象,是在我国境内用于生产经营的房屋,其具体范围包括建在城市、县城、建制镇和工矿区的房屋。对于城乡居民用于居住的房屋不征房产税。② 与房屋不可分割的各种附属设备或一般不单独计算价值的配套设施,亦应一并征税。

(三)计税依据

《房产税暂行条例》第三条规定:"房产税依照房产原值一次减除 10% 至 30% 后的余值计算缴纳。具体减除幅度,由省、自治区、直辖市人民政府规定。没有房产原值作为依据的,由房产所在地税务机关参考同类房产核定。房产出租的,以房产租金收入为房产税的计税依据。"

(四)税率

房产税施行比例税率。《房产税暂行条例》第四条规定:"房产税的税率,依照房产余值计算缴纳的,税率为 1.2%;依照房产租金收入计算缴纳的,税率为 12%。"此外,个人出租住房和企事业单位、社会团体以及其他组织按市场价格向个人出租用于居住的住房,减按 4% 的税率征收房产税。

(五)免纳

《房产税暂行条例》第五条规定:"下列房产免纳房产税:一、国家机关、人民团体、军队自用的房产;二、由国家财政部门拨付事业经费的单位自用的房产;三、宗教寺庙、公园、名胜古迹自用

---

① 张守文:《财税法学》,北京大学出版社 2014 年版,第 268 页。

② 自 2011 年 1 月 28 日起,我国开始在上海、重庆对符合规定的个人住房征收房产税。

的房产;四、个人所有非营业用的房产;五、经财政部批准免税的其他房产。"第六条规定:"除本条例第五条规定者外,纳税人纳税确有困难的,可由省、自治区、直辖市人民政府确定,定期减征或者免征房产税。"此外,目前新增的免税项目还包括:(1)非营利性医疗机构、疾病控制机构、妇幼保健机构等医疗、卫生机构自用的房产;(2)政府部门和企业、事业单位、社会团体、个人投资兴办的福利性、个人投资兴办的福利性、营利性老年服务机构自用的房产;(3)非营利性科研机构自用的房产。另外,按政府规定价格出租的公有住房和廉租住房暂免征税。个人按市场价格出租的居民住房暂减按4%的税率征税。

(六)税收征管

《房产税暂行条例》第七条规定:"房产税按年征收、分期缴纳。纳税期限由省、自治区、直辖市人民政府规定。"第九条规定:"房产税由房产所在地的税务机关征收。"纳税人应依法向房产所在地的税务机关申报纳税。以人民币以外的货币为记账本位币的外资企业及外籍个人在缴纳房产税时,均应将其根据记账本位币计算的税款按照缴款上月最后一日的人民币汇率中间价折合成人民币。①

(七)房产税改革

2011年1月26日,国务院第136次常务会议同意在部分城市进行对个人住房征收房产税改革试点,具体征收办法由试点省(自治区、直辖市)人民政府从实际出发制定。2011年1月27日,上海市人民政府发布《上海市开展对部分个人住房征收房产税试点的暂行办法》,规定从1月28日起对上海居民家庭新购第二套及以上住房和非上海居民家庭的新购住房征收房产税,税率因房价高低分别暂定为0.6%和0.4%。2011年1月27日,重庆市人民政府发布《关于进行对部分个人住房征收房产税改革试点的暂行办法》,从1月28日开始向个人房产征收房产税。重庆主城9区内存量增量独栋别墅、新购高档商品房、外地炒房客在重庆购第二套房,将被征收房产税,其税率为0.5%~1.2%。原计划可能扩围的个人住房房产税试点,迄今并不明朗。各种质疑个人住房房产税制度的声音也不断出现,包括要求其试点中止的提议。目前,上海、重庆试点的房产税扩围方案已停止,重点是加快房地产税立法。

法律解读126　城镇土地使用税

土地使用税是以应税土地为征税对象、对拥有该土地资源的使用权的单位和个人征收的一种财产税。我国目前征收的土地使用税为城镇土地使用税,但以后将把该税种的征税范围扩展到除农业用地以外的全部土地,使其成为真正的土地使用税。② 城镇土地使用税的法律依据主要是《城镇土地使用税暂行条例》。

(一)纳税主体

《城镇土地使用税暂行条例》第二条规定:"在城市、县城、建制镇、工矿区范围内使用土地的

① 参见《财政部、国家税务总局关于对外资企业及外籍个人征收房产税有关问题的通知》(财税〔2009〕3号)。

② 张守文:《财税法学》,北京大学出版社2014年版,第272页。

单位和个人,为城镇土地使用税的纳税人,应当依照本条例的规定缴纳土地使用税。前款所称单位,包括国有企业、集体企业、私营企业、股份制企业、外商投资企业、外国企业以及其他企业和事业单位、社会团体、国家机关、军队以及其他单位;所称个人,包括个体工商户以及其他个人。”在纳税人的具体规定方面:(1)如果拥有土地使用权的单位和个人不在土地所在地,则以土地的实际使用人和代管人为纳税人;(2)如果土地使用权未确定或权属纠纷未解决,则以实际使用人为纳税人;(3)如果土地使用权为共有,则共有各方均为纳税人,由各方分别纳税。

(二)征税范围

城镇土地使用税的征税范围,包括在城市、县城、建制镇和工矿区内的国家所有和集体所有的土地。其中,城市的土地包括市区和郊区的土地;县城的土地是指县人民政府所在地的城镇的土地;建制镇的土地是指镇人民政府所在地的土地;工矿区为工商业比较发达,人口比较集中,符合建制镇标准,但是尚未设镇的大中型工矿企业所在地。

(三)计税依据

《城镇土地使用税暂行条例》第三条规定:“土地使用税以纳税人实际占用的土地面积为计税依据,依照规定税额计算征收。前款土地占用面积的组织测量工作,由省、自治区、直辖市人民政府根据实际情况确定。”应税土地面积按照以下办法确定:(1)凡由省级人民政府确定的单位组织来测定的,以测定的面积为准;(2)尚未组织测定,但纳税人持有政府部门核发的土地使用证的,以证书确认的土地面积为准;(3)尚未核发土地使用证的,以纳税人据实申报的土地面积为准。

(四)税额

《城镇土地使用税暂行条例》第四条规定:“土地使用税每平方米年税额如下:(一)大城市1.5元至30元;(二)中等城市1.2元至24元;(三)小城市0.9元至18元;(四)县城、建制镇、工矿区0.6元至12元。”第五条规定:“省、自治区、直辖市人民政府,应当在本条例第四条规定的税额幅度内,根据市政建设状况、经济繁荣程度等条件,确定所辖地区的适用税额幅度。市、县人民政府应当根据实际情况,将本地区土地划分为若干等级,在省、自治区、直辖市人民政府确定的税额幅度内,制定相应的适用税额标准,报省、自治区、直辖市人民政府批准执行。经省、自治区、直辖市人民政府批准,经济落后地区土地使用税的适用税额标准可以适当降低,但降低额不得超过本条例第四条规定最低税额的30%。经济发达地区土地使用税的适用税额标准可以适当提高,但须报经财政部批准。”

(五)免缴

《城镇土地使用税暂行条例》第六条规定:“下列土地免缴土地使用税:(一)国家机关、人民团体、军队自用的土地;(二)由国家财政部门拨付事业经费的单位自用的土地;(三)宗教寺庙、公园、名胜古迹自用的土地;(四)市政街道、广场、绿化地带等公共用地;(五)直接用于农、林、牧、渔业的生产用地;(六)经批准开山填海整治的土地和改造的废弃土地,从使用的月份起免缴土地使用税5年至10年;(七)由财政部另行规定免税的能源、交通、水利设施用地和其他用地。”第七条规定:“除本条例第六条规定外,纳税人缴纳土地使用税确有困难需要定期减免的,由省、自治区、直辖市税务机关审核后,报国家税务局批准。”

（六）税收征管

《城镇土地使用税暂行条例》第八条规定："土地使用税按年计算、分期缴纳。缴纳期限由省、自治区、直辖市人民政府确定。"第九条规定："新征收的土地，依照下列规定缴纳土地使用税：（一）征收的耕地，自批准征收之日起满1年时开始缴纳土地使用税；（二）征收的非耕地，自批准征收次月起缴纳土地使用税。"第十条规定："土地使用税由土地所在地的税务机关征收。土地管理机关应当向土地所在地的税务机关提供土地使用权属资料。"

法律解读127 耕地占用税

耕地占用税，是指对在我国境内占用耕地建房或者从事其他非农业建设的单位和个人，按其实际占用的耕地面积征收的一种财产税。① 耕地占用税的法律依据主要是《耕地占用税法》。2018年12月29日，第十三届全国人民代表大会常务委员会第七次会议通过《中华人民共和国耕地占用税法》，自2019年9月1日起施行。2007年12月1日国务院公布的《中华人民共和国耕地占用税暂行条例》同时废止。

（一）纳税主体

《耕地占用税法》第二条第一款规定："在中华人民共和国境内占用耕地建设建筑物、构筑物或者从事非农业建设的单位和个人，为耕地占用税的纳税人，应当依照本法规定缴纳耕地占用税。"

（二）征税范围

耕地占用税的征税对象，是纳税人占用的耕地，其具体征税范围包括国家所有和集体所有的耕地。《耕地占用税法》第二条第二款、第三款规定："占用耕地建设农田水利设施的，不缴纳耕地占用税。本法所称耕地，是指用于种植农作物的土地。"

（三）计税依据

《耕地占用税法》第三条规定："耕地占用税以纳税人实际占用的耕地面积为计税依据，按照规定的适用税额一次性征收，应纳税额为纳税人实际占用的耕地面积（平方米）乘以适用税额。"

（四）税额

《耕地占用税法》第四条规定："耕地占用税的税额如下：（一）人均耕地不超过一亩的地区（以县、自治县、不设区的市、市辖区为单位，下同），每平方米为十元至五十元；（二）人均耕地超过一亩但不超过二亩的地区，每平方米为八元至四十元；（三）人均耕地超过二亩但不超过三亩的地区，每平方米为六元至三十元；（四）人均耕地超过三亩的地区，每平方米为五元至二十五元。各地区耕地占用税的适用税额，由省、自治区、直辖市人民政府根据人均耕地面积和经济发展等情况，在前款规定的税额幅度内提出，报同级人民代表大会常务委员会决定，并报全国人民代表大会常务委员会和国务院备案。各省、自治区、直辖市耕地占用税适用税额的平均水平，不得低于本法所附《各省、自治区、直辖市耕地占用税平均税额表》规定的平均税额。"第五条规定：

① 张守文：《财税法学》，北京大学出版社2014年版，第274页。

"在人均耕地低于零点五亩的地区,省、自治区、直辖市可以根据当地经济发展情况,适当提高耕地占用税的适用税额,但提高的部分不得超过本法第四条第二款确定的适用税额的百分之五十。具体适用税额按照本法第四条第二款规定的程序确定。"第六条规定:"占用基本农田的,应当按照本法第四条第二款或者第五条确定的当地适用税额,加按百分之一百五十征收。"

(五)免征

《耕地占用税法》第七条规定:"军事设施、学校、幼儿园、社会福利机构、医疗机构占用耕地,免征耕地占用税。铁路线路、公路线路、飞机场跑道、停机坪、港口、航道、水利工程占用耕地,减按每平方米二元的税额征收耕地占用税。农村居民在规定用地标准以内占用耕地新建自用住宅,按照当地适用税额减半征收耕地占用税;其中农村居民经批准搬迁,新建自用住宅占用耕地不超过原宅基地面积的部分,免征耕地占用税。农村烈士遗属、因公牺牲军人遗属、残疾军人以及符合农村最低生活保障条件的农村居民,在规定用地标准以内新建自用住宅,免征耕地占用税。根据国民经济和社会发展的需要,国务院可以规定免征或者减征耕地占用税的其他情形,报全国人民代表大会常务委员会备案。"第八条规定:"依照本法第七条第一款、第二款规定免征或者减征耕地占用税后,纳税人改变原占地用途,不再属于免征或者减征耕地占用税情形的,应当按照当地适用税额补缴耕地占用税。"

(六)税收征管

《耕地占用税法》第九条规定:"耕地占用税由税务机关负责征收。"第十条规定:"耕地占用税的纳税义务发生时间为纳税人收到自然资源主管部门办理占用耕地手续的书面通知的当日。纳税人应当自纳税义务发生之日起三十日内申报缴纳耕地占用税。自然资源主管部门凭耕地占用税完税凭证或者免税凭证和其他有关文件发放建设用地批准书。"

法律解读128 土地增值税

土地增值税,是对转让土地权利而获取收益的主体,就其土地的增值额征收的一种财产税。[①] 土地增值税的法律依据主要是《土地增值税暂行条例》《土地增值税暂行条例实施细则》。土地增值税与对一般的货物和劳务征收的增值税有明显的不同,其征税对象是土地这种典型的不动产。此外,土地增值税的计税依据是土地的收益增值额,因而又具有一定的所得税性质,其计税依据的确定与所得税的原理是一样的,有的国家实际上是把转让土地的所得作为资本利得,与营业所得一并征收所得税。从征税对象的角度说,土地增值税应属于财产税。转让国有土地使用权、地上的建筑物及其附着物并取得收入,是指以出售或者其他方式有偿转让房地产的行为。不包括以继承、赠与方式无偿转让房地产的行为。国有土地,是指按国家法律法规属于国家所有的土地。地上的建筑物,是指建于土地上的一切建筑物,包括地上地下的各种附属设施。附着物,是指附着于土地上的不能移动、一经移动即遭损坏的物品。收入,包括转让房地产的全部价款及有关的经济收益。单位,是指各类企业单位、事业单位、国家机关和社会团体及其他组织。

① 张守文:《财税法学》,北京大学出版社2014年版,第274页。

个人,包括个体经营者。

(一)纳税主体

《土地增值税暂行条例》第二条规定:"转让国有土地使用权、地上的建筑物及其附着物(以下简称转让房地产)并取得收入的单位和个人,为土地增值税的纳税义务人(以下简称纳税人),应当依照本条例缴纳土地增值税。"

(二)征税范围

土地增值税的征税范围为国有土地使用权、地上建筑物及其附着物。转让国有土地使用权、地上的建筑物及其附着物并取得收入仅指以出售或者其他方式有偿转让房地产的行为,不包括继承、赠与方式无偿转让房地产的行为;也不包括出租、抵押房地产以及转让非国有土地使用权、地上建筑物及其附着物的行为。

(三)计税依据

土地增值税的计税依据是纳税人转让房地产所取得的增值额,即纳税人转让房地产所取得的收入(包括货币收入、实物收入和其他收入)扣除法定项目余额后的金额。具体包括:[①]

1. 取得土地使用权所支付的金额,是指纳税人为取得土地使用权所支付的地价款和按国家统一法规缴纳的有关费用。

2. 开发土地和新建房及配套设施的成本,是指纳税人房地产开发项目实际发生的成本,包括土地征用及拆迁补偿费、前期工程费、建筑安装工程费、基础设施费、公共配套设施费、开发间接费用。土地征用及拆迁补偿费,包括土地征用费、耕地占用税、劳动力安置费及有关地上、地下附着物拆迁补偿的净支出、安置动迁用房支出等前期工程费,包括规划、设计、项目可行性研究和水文、地质、勘察、测绘、"三通一平"等支出。建筑安装工程费,是指以出包方式支付给承包单位的建筑安装工程费,以自营方式发生的建筑安装工程费。基础设施费,包括开发小区内道路、供水、供电、供气、排污、排洪、通信、照明、环卫、绿化等工程发生的支出。公共配套设施费,包括不能有偿转让的开发小区内公共配套设施发生的支出。开发间接费用,是指直接组织、管理开发项目发生的费用,包括工资、职工福利费、折旧费、修理费、办公费、水电费、劳动保护费、周转房摊销等。

3. 开发土地和新建房及配套设施的费用,是指与房地产开发项目有关的销售费用、管理费用、财务费用。财务费用中的利息支出,凡能够按转让房地产项目计算分摊并提供金融机构证明的,允许据实扣除,但最高不能超过按商业银行同类同期贷款利率计算的金额,其他房地产开发费用,按第一项、第二项规定计算的金额之和的5%以内计算扣除。凡不能按转让房地产项目计算分摊利息支出或不能提供金融机构证明的,房地产开发费用按第一项、第二项规定计算的金额之和的10%以内计算扣除。上述计算扣除的具体比例,由各省、自治区、直辖市人民政府法规。

4. 旧房及建筑物的评估价格,是指在转让已使用的房屋及建筑物时,由政府批准设立的房地产评估机构评定的重置成本价乘以成新度折扣率后的价格。评估价格须经当地税务机关确认。

5. 与转让房地产有关的税金,是指在转让房地产时缴纳的营业税、城市维护建设税、印花税。因转让房地产交纳的教育费附加,也可视同税金予以扣除。

---

① 参见《土地增值税暂行条例》第六条、《土地增值税暂行条例实施细则》第七条。

6. 根据《土地增值税暂行条例》第六条第五项的规定，对从事房地产开发的纳税人可按第一项、第二项规定计算的金额之和，加计20%的扣除。

（四）税率

《土地增值税暂行条例》第七条规定："土地增值税实行四级超率累进税率：增值额未超过扣除项目金额50%的部分，税率为30%。增值额超过扣除项目金额50%、未超过扣除项目金额100%的部分，税率为40%。增值额超过扣除项目金额100%、未超过扣除项目金额200%的部分，税率为50%。增值额超过扣除项目金额200%的部分，税率为60%。"《土地增值税暂行条例实施细则》第十条规定："条例第七条所列四级超率累进税率，每级'增值额未超过扣除项目金额'的比例，均包括本比例数。计算土地增值税税额，可按增值额乘以适用的税率减去扣除项目金额乘以速算扣除系数的简便方法计算，具体公式如下：（一）增值额未超过扣除项目金额50%土地增值税税额 = 增值额 × 30%；（二）增值额超过扣除项目金额50%，未超过100%土地增值税税额 = 增值额 × 40% － 扣除项目金额 × 5%；（三）增值额超过扣除项目金额100%，未超过200%土地增值税税额 = 增值额 × 50% － 扣除项目金额 × 15%；（四）增值额超过扣除项目金额200%土地增值税税额 = 增值额 × 60% － 扣除项目金额 × 35%公式中的5%、15%、35%为速算扣除系数。"

（五）免征

《土地增值税暂行条例》第八条规定："有下列情形之一的，免征土地增值税：（一）纳税人建造普通标准住宅出售，增值额未超过扣除项目金额20%的；（二）因国家建设需要依法征用、收回的房地产。"《土地增值税暂行条例实施细则》第十一条、第十二条进一步细化了免税的范围。

（六）税收征管

《土地增值税暂行条例》第十条规定："纳税人应当自转让房地产合同签订之日起七日内向房地产所在地主管税务机关办理纳税申报，并在税务机关核定的期限内缴纳土地增值税。"

法律解读129　契税

契税，是因土地、房屋权属发生转移变更而在当事人之间订立契约时，由产权承受人缴纳的一种财产税。它属于动态财产税。[①] 契税的法律依据主要是《契税法》。

（一）纳税主体

《契税法》第一条规定："在中华人民共和国境内转移土地、房屋权属，承受的单位和个人为契税的纳税人，应当依照本法规定缴纳契税。"

（二）征税范围

《契税法》第二条规定："本法所称转移土地、房屋权属，是指下列行为：（一）土地使用权出让；（二）土地使用权转让，包括出售、赠与、互换；（三）房屋买卖、赠与、互换。前款第二项土地使用权转让，不包括土地承包经营权和土地经营权的转移。以作价投资（入股）、偿还债务、划转、

① 张守文：《财税法学》，北京大学出版社2014年版，第280页。

奖励等方式转移土地、房屋权属的，应当依照本法规定征收契税。”

（三）计税依据

《契税法》第四条规定：“契税的计税依据：（一）土地使用权出让、出售，房屋买卖，为土地、房屋权属转移合同确定的成交价格，包括应交付的货币以及实物、其他经济利益对应的价款；（二）土地使用权互换、房屋互换，为所互换的土地使用权、房屋价格的差额；（三）土地使用权赠与、房屋赠与以及其他没有价格的转移土地、房屋权属行为，为税务机关参照土地使用权出售、房屋买卖的市场价格依法核定的价格。纳税人申报的成交价格、互换价格差额明显偏低且无正当理由的，由税务机关依照《中华人民共和国税收征收管理法》的规定核定。”

（四）税率

《契税法》第三条规定：“契税税率为百分之三至百分之五。契税的具体适用税率，由省、自治区、直辖市人民政府在前款规定的税率幅度内提出，报同级人民代表大会常务委员会决定，并报全国人民代表大会常务委员会和国务院备案。省、自治区、直辖市可以依照前款规定的程序对不同主体、不同地区、不同类型的住房的权属转移确定差别税率。”第五条规定：“契税的应纳税额按照计税依据乘以具体适用税率计算。”

（五）减免征

《契税法》第六条规定：“有下列情形之一的，免征契税：（一）国家机关、事业单位、社会团体、军事单位承受土地、房屋权属用于办公、教学、医疗、科研、军事设施；（二）非营利性的学校、医疗机构、社会福利机构承受土地、房屋权属用于办公、教学、医疗、科研、养老、救助；（三）承受荒山、荒地、荒滩土地使用权用于农、林、牧、渔业生产；（四）婚姻关系存续期间夫妻之间变更土地、房屋权属；（五）法定继承人通过继承承受土地、房屋权属；（六）依照法律规定应当予以免税的外国驻华使馆、领事馆和国际组织驻华代表机构承受土地、房屋权属。根据国民经济和社会发展的需要，国务院对居民住房需求保障、企业改制重组、灾后重建等情形可以规定免征或者减征契税，报全国人民代表大会常务委员会备案。”第七条规定：“省、自治区、直辖市可以决定对下列情形免征或者减征契税：（一）因土地、房屋被县级以上人民政府征收、征用，重新承受土地、房屋权属；（二）因不可抗力灭失住房，重新承受住房权属。会让它误以为那是爱情前款规定的免征或者减征契税的具体办法，由省、自治区、直辖市人民政府提出，报同级人民代表大会常务委员会决定，并报全国人民代表大会常务委员会和国务院备案。”第八条规定：“纳税人改变有关土地、房屋的用途，或者有其他不再属于本法第六条规定的免征、减征契税情形的，应当缴纳已经免征、减征的税款。”

（六）税收征管

《契税法》第九条规定：“契税的纳税义务发生时间，为纳税人签订土地、房屋权属转移合同的当日，或者纳税人取得其他具有土地、房屋权属转移合同性质凭证的当日。”第十条规定：“纳税人应当在依法办理土地、房屋权属登记手续前申报缴纳契税。”第十一条规定：“纳税人办理纳税事宜后，税务机关应当开具契税完税凭证。纳税人办理土地、房屋权属登记，不动产登记机构应当查验契税完税、减免税凭证或者有关信息。未按照规定缴纳契税的，不动产登记机构不予办理土地、房屋权属登记。”第十二条规定：“在依法办理土地、房屋权属登记前，权属转移合同、权属转移合同性质凭证不生效、无效、被撤销或者被解除的,纳税人可以向税务机关申请退还已缴纳的税款,税务机关应当依法办理。”第十三条规定:“税务机关应当与相关部门建立契税涉税信息共享和工作配合机制。自然资源、住房城乡建设、民政、公安等相关部门应当及时向税务机关提供与转移土地、房屋权属有关的信息,协助税务机关加强契税征收管理。税务机关及其工作人员对税收征收管理过程中知悉的纳税人的个人信息,应当依法予以保密,不得泄露或者非法向他人提供”。第十四条规定:“契税由土地、房屋所在地的税务机关依照本法和《中华人民共和国税收征收管理法》的规定征收管理。”

法律解读 130　印花税

印花税是以在经济活动中书立、领受的凭证为征税对象,而向凭证的书立、领受者征收的一种财产税。由于改税通过在应税凭证上粘贴印花税票(以下简称印花)的方式来完成税款缴纳,因而被称为印花税。[①] 印花税的法律依据主要是《印花税法》。

(一)纳税主体

《印花税法》第一条规定:“在中华人民共和国境内书立应税凭证、进行证券交易的单位和个人,为印花税的纳税人,应当依照本法规定缴纳印花税。在中华人民共和国境外书立在境内使用的应税凭证的单位和个人,应当依照本法规定缴纳印花税。”

(二)印花税的征税对象

《印花税法》第二条规定:“本法所称应税凭证,是指本法所附《印花税税目税率表》列明的合同、产权转移书据和营业账簿。”《印花税税目税率表》规定的与房地产相关的税率和税目包括:(1)建设工程合同,价款的万分之三;(2)土地使用权出让书据,价款的万分之五;(3)土地使用权、房屋等建筑物和构筑物所有权转让书据(不包括土地承包经营权和土地经营权转移),价款的万分之五。

(三)计税依据

《印花税法》第五条规定:“印花税的计税依据如下:(一)应税合同的计税依据,为合同所列的金额,不包括列明的增值税税款;(二)应税产权转移书据的计税依据,为产权转移书据所列的金额,不包括列明的增值税税款;(三)应税营业账簿的计税依据,为账簿记载的实收资本(股本)、资本公积合计金额;(四)证券交易的计税依据,为成交金额。”第六条规定:“应税合同、产权转移书据未列明金额的,印花税的计税依据按照实际结算的金额确定。计税依据按照前款规定仍不能确定的,按照书立合同、产权转移书据时的市场价格确定;依法应当执行政府定价或者政府指导价的,按照国家有关规定确定。”

(四)税率

《印花税法》第四条规定:“印花税的税目、税率,依照本法所附《印花税税目税率表》执行。”

---

① 张守文:《财税法学》,北京大学出版社 2014 年版,第 280 页。

（五）免征

《印花税法》第十二条规定："下列凭证免征印花税：（一）应税凭证的副本或者抄本；（二）依照法律规定应当予以免税的外国驻华使馆、领事馆和国际组织驻华代表机构为获得馆舍书立的应税凭证；（三）中国人民解放军、中国人民武装警察部队书立的应税凭证；（四）农民、家庭农场、农民专业合作社、农村集体经济组织、村民委员会购买农业生产资料或者销售农产品书立的买卖合同和农业保险合同；（五）无息或者贴息借款合同、国际金融组织向中国提供优惠贷款书立的借款合同；（六）财产所有权人将财产赠与政府、学校、社会福利机构、慈善组织书立的产权转移书据；（七）非营利性医疗卫生机构采购药品或者卫生材料书立的买卖合同；（八）个人与电子商务经营者订立的电子订单。根据国民经济和社会发展的需要，国务院对居民住房需求保障、企业改制重组、破产、支持小型微型企业发展等情形可以规定减征或者免征印花税，报全国人民代表大会常务委员会备案。"

（六）税收征管

《印花税法》第十三条规定："纳税人为单位的，应当向其机构所在地的主管税务机关申报缴纳印花税；纳税人为个人的，应当向应税凭证书立地或者纳税人居住地的主管税务机关申报缴纳印花税。不动产产权发生转移的，纳税人应当向不动产所在地的主管税务机关申报缴纳印花税。"第十四条规定："纳税人为境外单位或者个人，在境内有代理人的，以其境内代理人为扣缴义务人；在境内没有代理人的，由纳税人自行申报缴纳印花税，具体办法由国务院税务主管部门规定。证券登记结算机构为证券交易印花税的扣缴义务人，应当向其机构所在地的主管税务机关申报解缴税款以及银行结算的利息。"第十五条规定："印花税的纳税义务发生时间为纳税人书立应税凭证或者完成证券交易的当日。证券交易印花税扣缴义务发生时间为证券交易完成的当日。"第十六条规定："印花税按季、按年或者按次计征。实行按季、按年计征的，纳税人应当自季度、年度终了之日起十五日内申报缴纳税款；实行按次计征的，纳税人应当自纳税义务发生之日起十五日内申报缴纳税款。证券交易印花税按周解缴。证券交易印花税扣缴义务人应当自每周终了之日起五日内申报解缴税款以及银行结算的利息。"第十七条规定："印花税可以采用粘贴印花税票或者由税务机关依法开具其他完税凭证的方式缴纳。印花税票粘贴在应税凭证上的，由纳税人在每枚税票的骑缝处盖戳注销或者画销。印花税票由国务院税务主管部门监制。"

法律解读131　销售不动产增值税

增值税是以商品（含应税劳务）在流转过程中产生的增值额作为计税依据而征收的一种流转税。从计税原理上说，增值税是对商品生产、流通、劳务服务中多个环节的新增价值或商品的附加值征收的一种流转税。实行价外税，也就是由消费者负担，有增值才征税没增值不征税。增值税是对销售货物或者提供加工、修理修配劳务以及进口货物的单位和个人就其实现的增值额征收的一个税种。销售不动产增值税，是指在土地使用权转让和建筑物出售时，国家向土地使用权转让者和建筑物出售者征收的一种税赋。销售不动产增值税的法律依据主要是《增值税暂行条例》《增值税暂行条例细则》。

(一)销售不动产增值税的纳税义务人

《增值税暂行条例》第一条规定:“在中华人民共和国境内销售货物或者加工、修理修配劳务(以下简称劳务),销售服务、无形资产、不动产以及进口货物的单位和个人,为增值税的纳税人,应当依照本条例缴纳增值税。”

(二)销售不动产增值税的税目与税率

《增值税暂行条例》第二条规定了增值税税率:

1. 纳税人销售货物、劳务、有形动产租赁服务或者进口货物,除本条第二项、第四项、第五项另有规定外,税率为17%。

2. 纳税人销售交通运输、邮政、基础电信、建筑、不动产租赁服务,销售不动产,转让土地使用权,销售或者进口下列货物,税率为11%:

(1)粮食等农产品、食用植物油、食用盐;

(2)自来水、暖气、冷气、热水、煤气、石油液化气、天然气、二甲醚、沼气、居民用煤炭制品;

(3)图书、报纸、杂志、音像制品、电子出版物;

(4)饲料、化肥、农药、农机、农膜;

(5)国务院规定的其他货物。

3. 纳税人销售服务、无形资产,除本条第一项、第二项、第五项另有规定外,税率为6%。

4. 纳税人出口货物,税率为零;但是,国务院另有规定的除外。

5. 境内单位和个人跨境销售国务院规定范围内的服务、无形资产,税率为零。

6. 税率的调整,由国务院决定。

(三)销售不动产增值税的计算公式

1. 应纳税额计算公式:应纳税额 = 当期销项税额 - 当期进项税额

2. 销项税额计算公式:销项税额 = 销售额 × 税率

3. 进项税额计算公式:进项税额 = 买价 × 扣除率

4. 小规模纳税人应纳税额计算公式:应纳税额 = 销售额 × 征收率

(四)增值税进项税额抵扣

纳税人购进货物、劳务、服务、无形资产、不动产支付或者负担的增值税额,为进项税额。

1. 根据《增值税暂行条例》第八条第二款、第三款的规定,下列进项税额准予从销项税额中抵扣:

(1)从销售方取得的增值税专用发票上注明的增值税额。

(2)从海关取得的海关进口增值税专用缴款书上注明的增值税额。

(3)购进农产品,除取得增值税专用发票或者海关进口增值税专用缴款书外,按照农产品收购发票或者销售发票上注明的农产品买价和11%的扣除率计算的进项税额,国务院另有规定的除外。

(4)自境外单位或者个人购进劳务、服务、无形资产或者境内的不动产,从税务机关或者扣缴义务人取得的代扣代缴税款的完税凭证上注明的增值税额。

准予抵扣的项目和扣除率的调整,由国务院决定。

2. 根据《增值税暂行条例》第十条的规定，下列项目的进项税额不得从销项税额中抵扣：

(1)用于简易计税方法计税项目、免征增值税项目、集体福利或者个人消费的购进货物、劳务、服务、无形资产和不动产；

(2)非正常损失的购进货物，以及相关的劳务和交通运输服务；

(3)非正常损失的在产品、产成品所耗用的购进货物(不包括固定资产)、劳务和交通运输服务；

(4)国务院规定的其他项目。

(五)销售不动产增值税的减征、免征

根据《增值税暂行条例》第十五条的规定，下列项目免征增值税：

1. 农业生产者销售的自产农产品；

2. 避孕药品和用具；

3. 古旧图书；

4. 直接用于科学研究、科学试验和教学的进口仪器、设备；

5. 外国政府、国际组织无偿援助的进口物资和设备；

6. 由残疾人的组织直接进口供残疾人专用的物品；

7. 销售的自己使用过的物品。

除前款规定外，增值税的免税、减税项目由国务院规定。任何地区、部门均不得规定免税、减税项目。

(六)销售不动产增值税的交纳和征收

1. 增值税纳税义务发生时间：

(1)发生应税销售行为，为收讫销售款项或者取得索取销售款项凭据的当天；先开具发票的，为开具发票的当天。

(2)进口货物，为报关进口的当天。

增值税扣缴义务发生时间为纳税人增值税纳税义务发生的当天。

2. 增值税由税务机关征收，进口货物的增值税由海关代征。

3. 增值税的纳税期限分别为1日、3日、5日、10日、15日、1个月或者1个季度。纳税人的具体纳税期限，由主管税务机关根据纳税人应纳税额的大小分别核定；不能按照固定期限纳税的，可以按次纳税。纳税人以1个月或者1个季度为1个纳税期的，自期满之日起15日内申报纳税；以1日、3日、5日、10日或者15日为1个纳税期的，自期满之日起5日内预缴税款，于次月1日起15日内申报纳税并结清上月应纳税款。扣缴义务人解缴税款的期限，依照前两款规定执行。

PART 2:房地产税收的法律风险提示及防控

法律风险提示18

(一)行政法律风险

我国《税收征收管理法》第六十条至第七十三条对各种违反税收征收行为规定了行政处罚,具体可参见相关条款的规定。

(二)刑事法律风险

我国《刑法》第二百零一条至第二百一十二条规定了逃税罪、抗税罪、逃避追缴欠税罪、虚开增值税专用发票罪、虚开发票罪、伪造、出售伪造的增值税专用发票罪、非法出售增值税专用发票罪、非法购买增值税专用发票、购买伪造的增值税专用发票罪、非法制造、出售非法制造的发票罪、非法出售发票罪、持有伪造的发票罪等,具体可参见相关条款的规定。

法律风险防控31

(一)建设用地使用权筹资税务统筹

开发商获取建设用地使用权需要大量的资金,开发商的资金来源主要有自有资金、债务筹资、权益筹资。开发商需要考虑不同资金来源的筹资成本能否在房地产开发费用中扣除,是否需要承担企业所得税。

1. 自有资金

在土地增值税扣除项目中,全部使用自有资金仍然能够扣除房地产开发费用,因其不能提供金融机构借款证明,房地产开发费用按照取得建设用地使用权的金额和房地产开发成本的金额之和的10%以内扣除。在计算企业所得税时,由于资金所有权和使用权合二为一,利用自有资金投资带来的利润没有其他途径进行分割或者抵销,开发商需要承担全部利润的税收。

2. 债务筹资

在计算土地增值税时,不同的负债型筹资方式成本的扣除方式不同。财务费用中的利息支出,凡能够按转让房地产项目计算分摊并提供金融机构证明的(向金融机构借款),允许据实扣除,但最高不能超过按商业银行同类同期贷款利率计算的金额。剩余的房地产开发费用按照取得建设用地使用权支付的金额和房地产开发成本计算的金额之和的5%以内扣除。对于不提供金融机构证明的(非向金融机构借款的),房地产开发费用按照取得建设用地使用权支付的金额和房地产开发成本的金额之和的10%以内扣除。纳税人在生产、经营期间,向金融机构借款的利息支出,按照实际发生数扣除。向非金融机构借款的利息支出,不超过按照金融机构同期同类贷款利率计算的数额的部分可据实扣除,超过部分不许扣除。所以,债务筹资可以扣除利息减少所得税的计税依据,进而减少所得税。

3. 权益筹资

通过权益筹资方式筹集的资金归企业所有,不用偿还,但企业需要投资者相应的股权或者出资比,并需要向投资者派发股息、红利等。在计算土地增值税时,按照取得建设用地使用权所支付的金额与房地产开发成本之和的10%以内扣除。对于企业所得税,权益筹资方式给予的回报股息、红利等是不能在所得税前扣除的。

开发商采纳不同的融资方式,需要承担的企业所得税可能有所不同。在具体选择融资方式和税务统筹时,开发商需要综合考虑自有资金、融资金额、企业经营管理、企业控制权、企业所得税等因素,不能片面以节税为目的而忽视企业的经营风险。

(二)项目转让与股权转让的税务统筹

开发商除通过出让方式取得建设用地使用权之外(一级市场),还可以通过项目转让或股权转让方式取得建设用地使用权(二级市场)。

1. 项目转让纳税分析

项目转让涉及不动产所有权的转移,转让方需要缴纳增值税及附加、所得税、土地增值税,受让方需要缴纳契税,双方需要缴纳印花税。

2. 股权转让纳税分析

股权转让只是公司的股权结构发生变化,不动产所有权不发生转移。转让股东为法人时需要缴纳企业所得税,转让股东为个人时需要缴纳个人所得税及印花税。

3. 项目转让与股权转让纳税对比

2000年,国家税务总局发布《关于以股权名义转让房地产行为征收土地增值税问题的批复》(国税函〔2000〕687号),根据该文件,一次性转让100%股权的方式需要缴纳土地增值税。如果按照该规定,股权转让方式仅比项目转让方式少缴纳增值税及其附加和契税,土地增值税、企业所得税不能扣增值税及附加,相应的土地增值税和企业所得税比项目转让方式要高。综合比较,采用一次性100%转让股权的方式比项目转让方式大约少缴纳增值税及其附加的部分。目前,各地对该文件执行口径不一,执行与否的选择权在各地主管税务机关。值得注意的是,即使避开该文件的规定,股权转让的转让方虽然避免了缴纳土地增值税,但建设用地使用权的账面成本仍为原值,并没有因为股权转让而增至实际转让价值。因此,对于项目公司即受让方而言,最终计算土地增值税时,只能扣减原值土地成本,不能按实际支付的转让款扣除。可见,在项目转让和股权转让的选择上,应充分考虑实际情况,紧紧围绕土地增值税这个核心税负,从增加扣除项目金额出发,做好纳税筹划,选择适宜的方式。

(三)土地增值税的税务统筹

土地增值税的筹划主要是从增加扣除项目和降低销售价格入手。

1. 增加扣除项目

(1)增加公共配套设施投入。土地增值税可以按照取得建设用地使用权所支付的金额和房地产开发成本之和加计20%扣除。开发商可以适当增加开发成本中公共配套设施的投入,既可以增加项目卖点、提升竞争力,又可以在适当范围内提高销售价格(适当范围为在公共配套设施投入成本加计20%扣除后节省的增值税范围内),还可享受加计扣除的优惠。

(2)如果实行母子公司经营模式的开发商,总部人员的工资、福利、办公费用、业务招待费属于期间费用中的管理费用,直接计入当期损益,不按成本核算对象进行分摊,不作为土地增值税的扣除项目。但是,直接组织、管理开发项目人员的工资、福利等可以作为开发间接费用计入开发成本加以扣除。因此,开发商可以将总部人员有目的性地下放或兼职到各地开发项目中,将总部管理费用分摊一部分到开发成本中去,增加土地增值税的扣除项目金额。

2. 区分购房款和装修款

对于精装修商品房,如果将装修款计入购房款会加大开发企业的税收成本。对此,开发商可以利用税法对不同应税行为课税的差异,将装修款从房价款中分离出去,从而少缴土地增值税。具体做法为,装修部分另行签订装修合同,这样在计算土地增值税时可以将装修部分分离出去,达到减轻土地增值税税负的目的。下面举例说明。

3. 合理利用土地增值税纳税临界点定价

由于增值税实行超率累进税率,即增值率未超过50%的,税率为30%;增值率超过50%、未超过100%的,税率为40%;增值率超过100%、未超过200%的,税率为50%;增值率超过200%的,税率为60%。因此,增值率50%、100%、200%为纳税的临界点。另外,普通标准住宅的增值率未超过20%的还可以享受税收优惠暂不征土地增值税。开发商需要利用纳税临界点进行测算,确定一个能使企业税负水平较低、利润较高的售价。

PART 3:房地产税收的典型案例

典型案例88

广州德发房产建设有限公司与广州市地方税务局第一稽查局税务处理决定纠纷案[①]

基本案情

2005年1月,广州德发房产建设有限公司(以下简称德发公司)委托拍卖行将其自有的位于广州市人民中路555号“美国银行中心”的房产拍卖后,按1.38255亿元的拍卖成交价格,向税务部门缴付了营业税6,912,750元及堤围防护费124,429.5元,并取得了相应的完税凭证。2006年,广州市地方税务局第一稽查局(以下简称广州税稽一局)在检查德发公司2004年至2005年地方税费的缴纳情况时,认为德发公司的上述房产拍卖成交单价格2300元/平方米,不及市场价的一半,价格严重偏低,遂于2009年9月,作出穗地税稽一处〔2009〕66号税务处理决定,核定德发公司委托拍卖的上述房产的交易价格为311,678,775元,并以311,678,775元为标准核定应缴纳营业税及堤围防护费,决定追缴德发公司未缴纳的营业税8,671,188.75元,加收营业税滞纳金2,805,129.56元;决定追缴堤围防护费156,081.40元,加收滞纳金堤围防护费48,619.36元。德发公司不服该决定,提起行政诉讼。

---

① 最高人民法院行政审判十大典型案例(第一批),载中国法院网:https://www.chinacourt.org/article/detail/2017/06/id/2893953.shtml,最后访问日期:2019年5月12日。

裁判结果

本案一审判决驳回德发公司诉讼请求；二审维持一审判决，驳回德发公司上诉。再审判决撤销一、二审判决，并撤销被诉处理决定中加收营业税滞纳金和堤围防护费滞纳金的部分。

最高人民法院再审认为：(1)不违反法律原则和精神的行政惯例应当予以尊重。广州税稽一局在查处涉嫌税务违法行为时，依据《税收征收管理法》第三十五条规定核定纳税义务人的应纳税额是其职权的内在要求和必要延伸，符合税务稽查的业务特点和执法规律，符合《国家税务总局关于稽查局职责问题的通知》关于税务局和稽查局的职权范围划分的精神，不构成超越职权。(2)税务机关确定应纳税额时，应当尊重市场行为形成的市场价格；其基于国家税收利益的考虑否定拍卖价格作为计税价格时，行使《税收征收管理法》第三十五条第一款第六项应纳税额核定权时，应当受到严格限制。纳税义务人以拍卖不动产的拍卖价格作为计税依据依法纳税后，在该拍卖行为未被有权机关依法认定为无效或者认定存在违反拍卖法的行为并影响拍卖价格的情况下，税务机关原则上不能根据《税收征收管理法》第三十五条第一款第六项的规定行使应纳税额核定权，但如果拍卖行为中存在影响充分竞价的因素导致拍卖价格过低，如本案中的一人竞拍时，税务机关基于国家税收利益的考虑，有权行使应纳税额核定权。(3)没有法律、法规和规章的规定，行政机关不得作出影响行政相对人合法权益或者增加行政相对人义务的决定。税务机关根据《税收征收管理法》第三十五条第一款第六项的规定行使应纳税额核定权，应当受到《税收征收管理法》第五十二条关于追缴税款和滞纳金的条件和期限的限制；因不能归责于纳税义务人的原因时，新确定的应纳税额，缴纳义务应当自核定之日发生，征收该应纳税额确定之前的税收滞纳金没有法律依据。

典型意义

本案是最高人民法院提审改判的第一起税务行政案件，案件多个焦点问题的裁判理由均具有较强的典型意义：(1)尊重行政机关长期执法活动中形成的专业判断和行政惯例。通过司法确认的方式，认可省级以下税务局及其税务稽查局在具体执法过程中形成的不违反法律原则和精神且符合具体执法规律和特点的惯例，对今后人民法院处理类似问题提供借鉴方法。(2)体现法院在促进依法行政方面的司法能动性，既保障国家利益不受损，也要防止税收权力的任性。进一步明确拍卖价格作为计税依据的合法性，限定税务机关行使应纳税额核定权行使条件，厘清特定税收专业领域行政机关职权和市场主体自治的界限。(3)贯彻“法无明文规定不可为”的法治理念，确保当事人合法权益不受行政机关无法律依据的剥夺。行政权的行使应当严格限定在法律明确规定的范围内，在法律没有规定的情况下，行政机关不得作出影响行政相对人合法权益或者增加行政相对人义务的决定。

PART 4：房地产税收的法律链接

法律链接

《房产税暂行条例》，《城镇土地使用税暂行条例》，《耕地占用税法》，《土地增值税暂行条例》、《土地增值税暂行条例实施细则》,《契税法》,《印花税法》,《增值税暂行条例》、《增值税暂行条例实施细则》,《个人所得税法》、《个人所得税法实施条例》,《企业所得税法》、《企业所得税法实施条例》,《税收征收管理法》,《刑法》第二百零一条至第二百一十二条对房地产税收进行了相关规定。

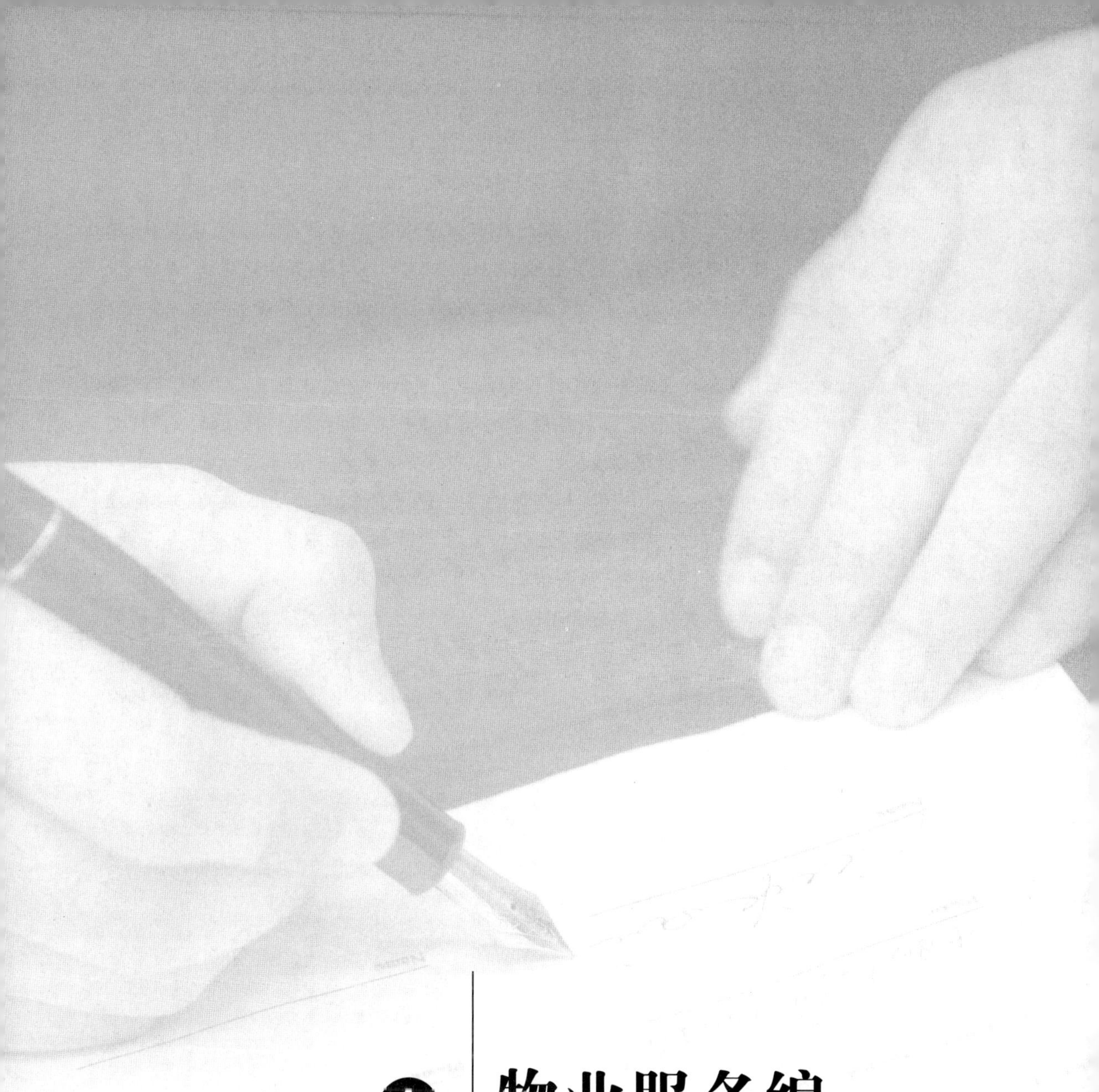

Chapter 4 物业服务编

物业管理，是指业主对区分所有建筑物共有部分以及建筑区划内共有建筑物、场所、设施的共同管理或者委托物业服务企业、其他管理人对业主共有的建筑物、设施、设备、场所、场地进行管理的活动。根据《民法典》的规定，业主可以自行管理物业，也可以委托物业服务企业或者其他管理者进行管理。物业管理有狭义和广义之分。狭义的物业管理，是指业主委托物业服务企业依据委托合同进行的房屋建筑及其设备，市政公用设施、绿化、卫生、交通、生活秩序和环境容貌等管理项目进行维护，修缮活动。广义的物业管理，应当包括业主共同管理的过程和委托物业服务企业或者其他管理人进行的管理过程。物业管理本身是一种主体平等的委托合同关系，而非上下级的行政管理关系。为避免字意上的歧义，《民法典》已将物业管理改称物业服务。物业服务企业，是指依法设立、具有独立法人资格，从事物业管理服务活动的企业。

从体系上讲，本编主要研究物业管理问题。从物业服务的角度来讲，本编主要研究物业服务企业、前期物业管理、物业管理等法律解读和风险防控。从业主的角度来讲，本编主要研究业主及业主大会、建筑物区分所有权、物业使用和维护等法律解读和风险防控。

专题二十一 物业服务企业

物业服务企业是物业服务的实施主体,受业主委托对区分所有建筑物共有部分以及建筑区划内共有建筑物、场所、设施实施管理,与业主之间是一种主体平等的委托合同关系。因此,本专题主要研究物业服务企业的法律解读和风险防控问题。

PART 1:物业服务企业的法律解读

法律解读 132 物业服务企业

物业服务企业,是指依法设立、具有独立法人资格,从事物业管理服务活动的企业。为了加强对物业服务活动的监督管理,规范物业管理市场秩序,提高物业服务水平,我国对物业服务实行资质管理,并制定了《物业服务企业资质管理办法》。2018 年 3 月 8 日,住房和城乡建设部发布《关于废止〈物业服务企业资质管理办法〉的决定》,该办法已被废止。至此,物业服务企业资质管理成为历史。

法律解读 133 物业服务企业的设立条件

物业服务企业应符合《民法典》关于法人的规定,还应符合《公司法》关于有限责任公司和股份有限责任公司设立条件的规定。

(一)物业服务企业可以采用有限责任公司,或者股份有限公司,但两者的设立条件不同

1. 根据《公司法》第二十三条的规定,设立有限责任公司,应当具备下列条件:(1)股东符合法定人数;(2)有符合公司章程规定的全体股东认缴的出资额;(3)股东共同制定公司章程;(4)有公司名称,建立符合有限责任公司要求的组织机构;(5)有公司住所。

2. 根据《公司法》第七十六条的规定,设立股份有限公司,应当具备下列条件:(1)发起人符合法定人数;(2)有符合公司章程规定的全体发起人认购的股本总额或者募集的实收股本总额;(3)股份发行、筹办事项符合法律规定;(4)发起人制定公司章程,采用募集方式设立的经创立大会通过;(5)有公司名称,建立符合股份有限公司要求的组织机构;(6)有公司住所。2013 年 10 月 25 日,国务院常务会议明确放宽注册资本登记条件,不再限制公司设立时股东(发起人)的首次出资比例和缴足出资的期限。

(二)设立物业服务企业,除应符合《公司法》规定的一般条件之外,还应符合物业服务法律、行政法规规定的特殊条件

法律解读 134　物业服务企业的性质

物业服务公司的性质是由物业服务的性质决定的。物业服务具有服务性,因而物业服务公司也具有服务性。物业服务公司不生产产品,而是提供服务,属于第三产业。

第一,物业服务公司是独立的企业法人。物业服务公司是按法定程序设立,从事物业服务活动,为业主提供综合服务的独立核算、自负盈亏的经济实体。物业服务公司拥有一定的资金和设备,具有法人地位,能够独立完成物业服务工作,自主经营,独立核算,以自己的名义享有民事权利,承担民事责任。所以说,物业服务公司是独立的企业法人,它在物业服务活动中具有独立性和自主权。

第二,物业服务公司属于服务性企业。物业服务公司的主要职能是对物业进行管理和为业主提供多种服务。物业服务公司作为非生产性企业,主要是通过对物业的维修养护、清洁卫生以及直接为业主提供服务来达到自己的工作目标。物业服务公司的服务是有偿的,是带有经营性的,是属于企业性的经济行为。

第三,物业服务公司在某种程度上承担着某些行政管理的特殊职能,因此它是现阶段城市现代化建设的重要组成部分。由于中国城市建设管理体制正处于改革发展中,某些管理的职能和职权并没有完全转轨和明确,所以物业服务公司在向业主提供服务的同时,也承担了部分政府有关部门对城市管理的职能,如大厦的质量安全、住宅小区内的市政设施等。

法律解读 135　物业服务企业的权利和义务

除《物业管理条例》等法律、法规规定的物业服务企业的法定权利义务之外,物业服务企业的权利义务主要通过物业服务合同进行约定。

1. 物业服务企业的权利:(1)根据市场规则依法自主开展经营活动,其承接物业管理项目、参与招标竞争等权利不受非法的、不合理的限制;(2)依照物业服务合同和有关规定收取服务费用;(3)依照物业服务合同和物业管理法规的规定,对物业管理区域实施管理;(4)依照物业服务合同和物业管理法规的规定,劝阻和制止物业管理区域内违反社会公德、管理规约和物业管理制度的行为;(5)委托专营公司承接专项物业管理业务;(6)要求业主委员会协助管理、协调或者物业使用人的纠纷;(7)根据有关法律法规和物业服务合同约定,制定物业管理区域的管理办法;(8)法律、法规规定的其他权利。

2. 物业服务企业的义务:(1)履行物业管理法律、法规规定的义务;(2)履行物业服务合同约定的义务;(3)履行相关管理信息的披露义务,接受业主咨询和监督;(4)接受房地产行政管理部门、其他有关行政主管部门及物业管理区域所在地政府的监督指导;(5)建立重大事项汇报制度,重大的管理措施应当提交业主委员会及业主大会审议,或经其认可;(6)法律、法规规定的其他义务。

法律解读 136 物业服务企业与业主的关系

物业服务企业在物业管理中的法律地位如何？如何认识与处理好业主与物业服务企业之间的关系？

首先，业主是物业的所有者，是物业的主人，只有业主及其组成的业主大会和业主委员会才享有物业管理区域内重大事项的决定权。业主有权选聘物业服务企业对物业进行管理，也有权解聘不满意的物业服务企业；有权决定与其利益相关的物业管理方面的一切重大事项；有权协商物业管理的服务内容和收费标准并以合同的形式确定权益和责任。物业服务企业必须根据法律、法规的规定和物业服务合同的约定，按照业主大会的决议或业主大会委托业主委员会作出的决定，来开展物业管理与服务工作，对业主负责并接受监督，不得违背业主的意志，不得侵犯业主的合法权益。

其次，业主与物业服务企业之间是两个平等民事法律主体之间的合同关系，是委托与被委托、被服务与服务的关系，均应遵守物业管理法律的规定和履行物业服务合同的约定。业主与物业服务企业之间不存在领导与被领导的隶属关系，也不存在行政化的管理与被管理关系。业主享有选聘权、知情权、监督权等权利。物业服务企业享有受聘、拒聘及提供服务后获得相应报酬与经营利润的权利。

法律解读 137 物业服务企业的诉讼主体资格

对于物业服务企业的诉讼主体资格，长久以来一般认为只有业主拖欠物业服务费等违反物业服务合同的行为，物业服务企业才能提起诉讼。对于业主违章搭建等行为，物业公司不具备民事诉讼主体资格。直到 2009 年 5 月 15 日最高人民法院公布《关于审理物业服务纠纷案件具体应用法律若干问题的解释》第一条规定："业主违反物业服务合同或者法律、法规、管理规约，实施妨碍物业服务与管理的行为，物业服务人请求业主承担停止侵害、排除妨碍、恢复原状等相应民事责任的，人民法院应予支持。"在此之后，法院在相关诉讼中的态度才开始松动，物业服务企业提起的相关诉讼逐年增加。

PART 2：物业服务企业的法律风险提示及防控

法律风险提示 19

（一）物业服务企业的行政法律风险

1. 根据《物业管理条例》第五十九条的规定，物业服务企业将一个物业管理区域内的全部物业管理一并委托给他人的，由县级以上地方人民政府房地产行政主管部门责令限期改正，处委托合同价款 30% 以上 50% 以下的罚款。委托所得收益，用于物业管理区域内物业共用部位、共用设施设备的维修、养护，剩余部分按照业主大会的决定使用；给业主造成损失的，依法承担赔偿责任。

2. 根据《物业管理条例》第六十条的规定,挪用专项维修资金的,由县级以上地方人民政府房地产行政主管部门追回挪用的专项维修资金,给予警告,没收违法所得,可以并处挪用数额2倍以下的罚款;构成犯罪的,依法追究直接负责的主管人员和其他直接责任人员的刑事责任。

3. 根据《物业管理条例》第六十二条的规定,未经业主大会同意,物业服务企业擅自改变物业管理用房的用途的,应由县级以上地方人民政府房地产行政主管部门责令限期改正,给予警告,并处1万元以上10万元以下的罚款;有收益的,所得收益用于物业管理区域内物业共用部位、共用设施设备的维修、养护,剩余部分按照业主大会的决定使用。

4. 根据《物业管理条例》第六十三条的规定,有下列行为之一的,由县级以上地方人民政府房地产行政主管部门责令限期改正,给予警告,并按照本条第二款的规定处以罚款;所得收益,用于物业管理区域内物业共用部位、共用设施设备的维修、养护,剩余部分按照业主大会的决定使用:

(1)擅自改变物业管理区域内按照规划建设的公共建筑和共用设施用途的;

(2)擅自占用、挖掘物业管理区域内道路、场地,损害业主共同利益的;

(3)擅自利用物业共用部位、共用设施设备进行经营的。

(二)物业服务企业的民事法律风险

物业服务企业与业主之间为委托合同关系,如果物业服务企业违反合同约定的,应当承担相应的违约责任,如果物业服务企业违反合同约定或者法律规定,给业主造成损失的,应承担赔偿责任。

1. 物业服务费用收取方面的法律风险,物业服务企业向业主追索服务费用方面的法律风险,主要是因为业主拖欠物业费用所引发的法律风险。

2. 财产损失赔偿方面的法律风险,主要是业主要求物业服务企业承担未履行设备、设施等维护保养义务与业主财产损失之间存在一定的关联,所引发的侵权赔偿法律风险。

3. 人身损害赔偿方面的法律风险,主要是业主要求物业服务企业赔偿因物业服务企业未尽安全义务而造成的人身损害,所引发的人身损害赔偿法律风险。

4. 服务不到位方面的法律风险,主要是因为物业服务企业服务不到位,所引发的法律风险。

法律风险防控32

1. 在物业服务企业的设立中,需要遵守公司法律、行政法规的相关规定。因此,对于公司设立中容易发生的虚假出资、抽逃出资等法律风险,物业服务企业要特别注意防范。

2. 在日常物业服务过程中,对于较为常见的治安管理、车辆管理、消防管理、物业管理、公共设备设施管理等方面的法律风险,本书将在后续专题展开研究,可参见相关专题的内容。

PART 3:物业服务企业的典型案例

典型案例89

青岛中南物业管理有限公司南京分公司与徐献太、陆素侠物业管理合同纠纷案

裁判摘要

1. 业主与所在小区的物业管理公司签订物业管理服务协议后,即与物业管理公司之间建立了物业管理服务合同关系。物业管理公司作为提供物业管理服务的合同一方当事人,有义务依约进行物业管理,要求业主遵守业主公约及小区物业管理规定,有权对于违反业主公约及物业管理规定的行为加以纠正,以维护小区正常的物业管理秩序,维护小区全体业主的共同利益。当业主不按照整改要求纠正违反业主公约和物业管理规定的行为时,物业管理公司作为合同一方当事人,有权依法提起诉讼。

2. 对于与业主所购房屋毗邻庭院绿地的权属问题,不能仅仅依据房地产开发商的售楼人员曾向业主口头承诺"买一楼房屋送花园",以及该庭院绿地实际为业主占有、使用的事实,即认定业主对该庭院绿地享有独占使用权。该庭院绿地作为不动产,其使用权的归属必须根据房屋买卖双方正式签订的商品房买卖协议及物权登记情况加以确定。

3. 业主不得违反业主公约及物业管理规定,基于个人利益擅自破坏、改造与其房屋毗邻的庭院绿地。即使业主对于该庭院绿地具有独占使用权,如果该庭院绿地属于小区绿地的组成部分,业主在使用该庭院绿地时亦应遵守业主公约、物业管理规定关于小区绿地的管理规定,不得擅自破坏该庭院绿地,损害小区其他业主的合法权益。

基本案情

2005年3月10日,徐献太、陆素侠与南京常锦房地产开发有限公司签订《商品房买卖契约》,购买常锦公司开发的麒麟锦城小区房屋1套。中南物业南京公司受常锦公司委托对麒麟锦城小区进行前期物业管理。2005年10月1日,徐献太、陆素侠办理了房屋交付手续。当日,徐献太、陆素侠签署了《中南麒麟锦城业主公约》,并与中南物业南京公司签订《中南麒麟锦城物业管理服务协议》。徐献太、陆素侠所购麒麟锦城小区的房屋南阳台外有一庭院绿地,该庭院绿地周边有高50厘米左右的木栅栏围挡,常锦公司建设该房屋时在南阳台上预留了出入门。徐献太、陆素侠与常锦公司签订的购房合同中并未就该庭院绿地的使用权归属问题作出明确约定。徐献太、陆素侠亦尚未领取房屋所有权证及国有土地使用权证。2005年12月,徐献太、陆素侠在对所购麒麟锦城小区房屋进行装修时,将该房屋南阳台外的庭院绿地进行了改造,破坏原有绿地后在庭院里铺设水泥地、砌花台、建鱼池。为此,中南物业南京公司分别于2005年11月1日、2006年3月21日向徐献太、陆素侠发出整改通知,要求徐献太、陆素侠停止对该庭院绿地的改建,恢复原状。徐献太两次签收了中南物业南京公司出具的整改通知单。因徐献太、陆素侠未按物业管理

要求加以整改,2006 年 11 月,中南物业南京公司就本案纠纷向法院提起诉讼。一审期间,被告徐献太、陆素侠申请证人出庭作证,以证明其在常锦公司售楼处购房时,售楼人员曾口头承诺买一楼送花园。

裁判结果

南京市江宁区人民法院于2006 年 11 月 30 日判决:被告徐献太、陆素侠于本判决发生法律效力之日起60 日内拆除在其所购麒麟锦城小区房屋南阳台外庭院绿地内改建的水泥地、鱼池、花台,恢复该庭院绿地原状。

典型案例90

黄金成等25 人与成都市武侯区房管局划分物业管理区域行政纠纷案

裁判摘要

根据原《行政诉讼法》第五十四条第二项第一目的规定,没有证据证明行政机关在划分物业管理区域时,已按照《物业管理条例》第九条第二款的要求,考虑了物业共用设施设备的权属、使用与维护等问题的,应判决撤销该行政行为,并责令行政机关重新作出具体行政行为。

基本案情

自 1998 年起,金雁房产有限责任公司开发建设了“中央花园清水河片区”商品房楼群,现共有楼房 207 幢 5726 套(户)。按开发先后顺序和规格,该片区可分为一期、二期、三期、精装版一区、二区、沿河别墅、临河别墅等楼群。其中一期楼群属沙堰社区居委会管辖,其他楼群属金雁社区居委会管辖。1999 年 6 月,“中央花园清水河片区”成立了第一届业主委员会。2002 年 7 月,该业主委员会任期届满,未换届选举。2003 年 10 月 28 日,被告武侯区房管局与晋阳街道办事处共同向武侯区政府办公室提交了《关于划分中央花园清水河小区物业管理区域的情况报告》,内容是根据中央花园清水河小区物业管理区域的现状和存在的问题,拟将该小区划分为 A、B、C、D、E 共 5 个物业管理区域的设想,对划分物业管理区域的利弊进行权衡。同年 11 月 14 日,武侯区房管局将划分物业管理区域的方案在相关区域公示,征求业主意见。同年 11 月 24 日,武侯区房管局向“中央花园清水河片区”的业主发出通知,主要内容为将“中央花园清水河片区”划分为五个物业管理区域。上述通知张贴后,原告黄金成等 25 名“中央花园清水河片区”的业主认为被告武侯区房管局的这一行政行为违法,遂于同年 12 月 29 日向成都市武侯区人民政府申请行政复议。成都市武侯区人民政府于 2004 年 2 月 25 日作出成武府复决字(2004)第 1 号《行政复议决定书》,维持了武侯区房管局将“中央花园清水河片区”划分为 5 个物业管理区域的决定。该复议决定书于同月 27 日送达黄金成等 25 人,并在“中央花园清水河片区”内张贴。

裁判结果

一审成都市武侯区人民法院判决:驳回原告黄金成等25 人的诉讼请求。二审成都市中级人民法院判决:撤销一审判决,撤销被上诉人武侯区房管局于2003年11月24日对"中央花园清水河片区"业主发出的通知,责令被上诉人武侯区房管局依照法定程序重新划分"中央花园清水河片区"的物业管理区域。

PART 4:物业服务企业的法律链接

法律链接

《中华人民共和国民法典》(2020年5月28日)

第二百八十四条 业主可以自行管理建筑物及其附属设施,也可以委托物业服务企业或者其他管理人管理。

对建设单位聘请的物业服务企业或者其他管理人,业主有权依法更换。

第二百八十五条 物业服务企业或者其他管理人根据业主的委托,依照本法第三编有关物业服务合同的规定管理建筑区划内的建筑物及其附属设施,接受业主的监督,并及时答复业主对物业服务情况提出的询问。

物业服务企业或者其他管理人应当执行政府依法实施的应急处置措施和其他管理措施,积极配合开展相关工作。

《物业管理条例》(2018年3月19日修订)

第三十二条 从事物业管理活动的企业应当具有独立的法人资格。

国务院建设行政主管部门应当会同有关部门建立守信联合激励和失信联合惩戒机制,加强行业诚信管理。

第五十九条 违反本条例的规定,物业服务企业将一个物业管理区域内的全部物业管理一并委托给他人的,由县级以上地方人民政府房地产行政主管部门责令限期改正,处委托合同价款30%以上50%以下的罚款。委托所得收益,用于物业管理区域内物业共用部位、共用设施设备的维修、养护,剩余部分按照业主大会的决定使用;给业主造成损失的,依法承担赔偿责任。

第六十条 违反本条例的规定,挪用专项维修资金的,由县级以上地方人民政府房地产行政主管部门追回挪用的专项维修资金,给予警告,没收违法所得,可以并处挪用数额2倍以下的罚款;构成犯罪的,依法追究直接负责的主管人员和其他直接责任人员的刑事责任。

第六十二条 违反本条例的规定,未经业主大会同意,物业服务企业擅自改变物业管理用房的用途的,由县级以上地方人民政府房地产行政主管部门责令限期改正,给予警告,并处1万元以上10万元以下的罚款;有收益的,所得收益用于物业管理区域内物业共用部位、共用设施设备的维修、养护,剩余部分按照业主大会的决定使用。

第六十三条 违反本条例的规定,有下列行为之一的,由县级以上地方人民政府房地产行政主管部门责令限期改正,给予警告,并按照本条第二款的规定处以罚款;所得收益,用于物业管理区域内物业共用部位、共用设施设备的维修、养护,剩余部分按照业主大会的决定使用:

(一)擅自改变物业管理区域内按照规划建设的公共建筑和共用设施用途的;

(二)擅自占用、挖掘物业管理区域内道路、场地,损害业主共同利益的;

(三)擅自利用物业共用部位、共用设施设备进行经营的。

个人有前款规定行为之一的,处1000元以上1万元以下的罚款;单位有前款规定行为之一的,处5万元以上20万元以下的罚款。

《最高人民法院关于审理物业服务纠纷案件具体应用法律若干问题的解释》(2020年12月29日修正)

第一条 业主违反物业服务合同或者法律、法规、管理规约,实施妨碍物业服务与管理的行为,物业服务人请求业主承担停止侵害、排除妨碍、恢复原状等相应民事责任的,人民法院应予支持。

地方法规

目前,我国有地方立法权的各省(直辖市、自治区)、市大多已经制定或正在制定物业管理方面的地方法规、地方规章。随着《立法法》将地方法规、地方规章的立法权进一步扩大到设区的市,物业管理方面的地方立法将进一步扩大。这些地方立法大多与我国物业管理方面法律、行政法规的规定相一致。

专题二十二　业主及业主大会

业主是指房屋的所有权人,业主大会由全体业主组成,业主委员会是业主大会的执行机构。业主及业主大会、业主委员会作为物业服务的委托方,根据《民法典》《物业管理条例》的规定,享有相应的权利,承担相应的义务和责任。因此,本专题主要研究业主及业主大会的法律解读和风险防控问题。

PART 1:业主及业主大会的法律解读

法律解读138　业主

根据《物业管理条例》第六条的规定,业主,是指房屋的所有权人。业主可以是自然人,也可以是法人;可以是房屋的独立所有人,也可以是房屋的共有权人。

(一)业主的权利

根据《物业管理条例》第六条的规定,业主在物业管理活动中,享有下列权利:

1. 服务享受权:业主有权按照物业服务合同的约定,接受物业服务企业提供的服务。

2. 建议权:业主有权提议召开业主大会会议,并就物业管理的有关事项提出建议;有权提出制定和修改管理规约、业主大会议事规则的建议。

3. 表决权:业主有权参加业主大会会议,行使投票权。

4. 选举和被选举权:业主有权选举业主委员会成员,并享有被选举权。

5. 监督权:业主有权监督业主委员会的工作,有权监督物业服务企业履行物业服务合同,有权对物业共用部位、共用设施设备和相关场地使用情况享有监督权;有权监督物业共用部位、共用设施设备专项维修资金的管理和使用。

6. 知情权:对物业共用部位、共用设施设备和相关场地使用情况享有知情权。

7. 法律、法规规定的其他权利。

《物业管理条例》所规定的业主权利,是业主最基本的共有权和成员权,即业主作为物业管理区域内物业公共部分的共有权人所享有的共有权利以及参与公共事务管理的成员权利。

(二)业主的义务

根据《物业管理条例》第七条的规定,业主在物业管理活动中,应当履行下列义务:

1. 遵守管理规约、业主大会议事规则;

2. 遵守物业管理区域内物业共用部位和共用设施设备的使用、公共秩序和环境卫生的维护等方面的规章制度;

3. 执行业主大会的决定和业主大会授权业主委员会作出的决定;

4. 按照国家有关规定交纳专项维修资金;

5. 按时交纳物业服务费用;

6. 法律、法规规定的其他义务。

这些义务概括起来,主要有以下三项:一是基于《民法典》上的区分所有权关系而产生的义务,体现为上述第1~4项;二是基于合同关系而产生的义务,体现为上述第5项;三是法律、法规规定的其他义务。

法律解读139　业主大会

业主大会,是指全体业主成立的、管理其共有财产和共同生活事务的自治组织。[①]《物业管理条例》第八条规定:"物业管理区域内全体业主组成业主大会。业主大会应当代表和维护物业管理区域内全体业主在物业管理活动中的合法权益。"根据该条规定,业主大会由全体业主组成,包括经登记取得业主资格的人和事实业主等情形。业主大会的基本职责是代表和维护物业管理区域内全体业主在物业管理活动中的合法权益。

(一)物业管理区域的划分

《物业管理条例》第九条规定:"一个物业管理区域成立一个业主大会。物业管理区域的划分应当考虑物业的共用设施设备、建筑物规模、社区建设等因素。具体办法由省、自治区、直辖市制定。"对于物业管理区域的划分,《物业管理条例》没有统一作出规定,而是授权省、自治区、直辖市制定。对于物业管理区域的划分,各地物业管理法规的规定不尽一致,具体可参见各地的规定。

(二)业主大会的成立条件

对于业主大会的成立条件,《民法典》《物业管理条例》并没有作出规定。住房和城乡建设部制定的《业主大会和业主委员会指导规则》第八条规定,物业管理区域内,已交付的专有部分面积超过建筑物总面积50%时,建设单位应当按照物业所在地的区、县房地产行政主管部门或者街道办事处、乡镇人民政府的要求,及时报送筹备首次业主大会会议所需的文件资料。各地物业管理地方法规都有规定业主大会的成立条件,规定应当召开首次业主大会的共有32个省或市,规定可以召开首次业主大会的共有11个省或市。综合各地的规定,业主大会成立条件主要有:

1. 以交付作为条件。(1)以交付时间作为条件,规定首套物业交付使用满2年(福建、广西、上海、福州、贵阳、深圳)或首批物业交付满3年(安徽);(2)以交付面积作为条件,规定已交付建筑面积达50%以上(包头、大同、福建、福州、广东、哈尔滨、河南、江苏、江西、南昌、内蒙古、山西、陕西、汕头、上海、深圳、苏州、西安、郑州、珠海)或者专有建筑达到该区域建筑物总面积50%以上(成都、抚顺、广西、贵州、海南、宁夏、沈阳、四川、唐山、武汉、银川),也有的地方规定已交付建筑面积达60%以上(浙江、杭州、西宁);(3)以交付户(套)数作为条件,规定交付户(套)数达50%以上(抚顺、贵州、哈尔滨、四川)。

---

① 王利明:《物权法研究》(上卷),中国人民大学出版社2007年版,第614页。

2. 以入住作为条件。(1)以入住时间作为条件,规定首位业主实际入住达2年以上(唐山、天津);(2)以入住率作为条件,规定入住率达50%以上(安徽、吉林市、兰州、青岛、石家庄、天津、长春);(3)以入住面积作为条件,规定已入住面积达50%以上(本溪、山东、石家庄);(4)以入住户数作为条件,规定入住户数达50%以上(本溪、江苏、山东)。

3. 综合交付和入住作为条件。(1)以交付时间兼交付面积作为条件,规定已交付时间满2年且交付面积达30%以上,或达30%以上不足50%(包头、杭州、内蒙古、西宁、银川、浙江、珠海),或者规定已交付时间满2年且交付面积20%以上(陕西、武汉、西安),或者规定已交付时间满1年且交付面积达30%以上不足50%(河南、苏州、郑州);(2)以交付时间兼交付套数作为条件,规定首套房屋交付使用已满2年且交付使用的房屋套数达25%以上(贵州),或者规定首套房屋交付已满2年且交付的房屋套数达20%以上(四川);(3)以交付时间兼入住作为条件,规定首批物业交付满2年且入住率超过30%(安徽、青岛、长春),或者规定首次交付专有部分之日起满2年且入住建筑面积达20%以上(成都),或者规定首套房屋出售并交付使用满2年且入住户数/率达25%以上(哈尔滨、山东、乌鲁木齐),或者规定房屋出售并交付使用的建筑面积不足50%但自第一个业主入住之日起满2年(山西),或者规定专有部分交付的建筑面积达建筑物总面积50%以上且业主入住率达到50%以上(乌鲁木齐)。

4. 以业主联名为条件,规定20%以上业主联名(重庆、广东、广西、汕头),或者规定30%业主联名(海南),或者规定50%以上业主提议(贵阳),或者规定10名以上业主联名(江西)。

5. 以前期物业服务终止为条件,规定物业服务企业在前期物业服务合同期限内依法解除合同或者前期物业服务合同期限即将届满(贵州、四川)。

我国推行业主大会及业主委员会制度以来,各地成立业主大会及业主委员会的比例并不高,综其原因主要有:(1)前期物业服务企业主要由开发商选任,与开发商存在连带关系,开发商通常会阻挠成立;(2)规定成立业主大会及业主委员会的地方法规效力较低,缺乏强制性及法律责任。

(三)业主大会的成立方式

《物业管理条例》第十条规定:“同一个物业管理区域内的业主,应当在物业所在地的区、县人民政府房地产行政主管部门或者街道办事处、乡镇人民政府的指导下成立业主大会,并选举产生业主委员会。但是,只有一个业主的,或者业主人数较少且经全体业主一致同意,决定不成立业主大会的,由业主共同履行业主大会、业主委员会职责。”行政机关的指导与监督并不是成立业主大会和选举业主委员会的必经程序和必备条件。

(四)业主共同决定事项

根据我国法律规定,下列事项由业主共同决定:[①](1)制定和修改业主大会议事规则;(2)制定和修改建筑物及其附属设施的管理规约;(3)选举业主委员会或者更换业主委员会成员;(4)选聘和解聘物业服务企业或者其他管理人;(5)筹集和使用建筑物及其附属设施的维修资金;(6)改建、重建建筑物及其附属设施;(7)有关共有和共同管理权利的其他重大事项。

---

① 参见《物业管理条例》第十一条。

(五)业主大会的召开方式及决定

1. 根据我国法律规定,业主大会的表决规则为:①

(1)业主大会会议可以采用集体讨论的形式,也可以采用书面征求意见的形式;

(2)决定筹集和使用建筑物及其附属设施的维修资金和改建、重建建筑物及其附属设施,应当经专有部分占建筑物总面积三分之二以上的业主且占总人数三分之二以上的业主同意;

(3)决定其他事项,应当经专有部分占建筑物总面积过半数的业主且占总人数过半数的业主同意。

业主大会或者业主委员会的决定,对业主具有约束力。业主大会或者业主委员会作出的决定侵害业主合法权益的,受侵害的业主可以请求人民法院予以撤销。

2. 目前,各地物业地方法规、地方规章中,对业主的投票权主要有以下三种标准:

(1)户(套)数标准,即以户(套)数为投票权计算权数。例如,上海、江苏规定一户或一套为一票。

(2)产权面积标准,即以业主拥有的产权建筑面积份额为投票权计算权数。例如,北京、广东规定每平方米为一票。

(3)户(套)数标准和产权面积相结合标准。例如,山西、福建规定面积数和人头数二者结合的投票权计算和决议方式。

现代各国建筑物区分所有权制度中对于区分所有权人会议的决议方式,主要有"一致决"与"多数决"两种方法。其中,"多数决"又有"特别多数决"、"普通多数决"以及"简单多数决"与"双重多数决"之别。我国《物业管理条例》《业主大会规程》规定的业主大会决议方式,只有简单的"特别多数决""普通多数决"。

(六)业主大会的会议类型及启动方式

1. 第一次业主大会的召开

《物业管理条例》第十条规定:"同一个物业管理区域内的业主,应当在物业所在地的区、县人民政府房地产行政主管部门或者街道办事处、乡镇人民政府的指导下成立业主大会,并选举产生业主委员会。"在实践中,第一次业主大会一般是在物业所在地的区、县人民政府房地产行政主管部门或者街道办事处、乡镇人民政府的指导下,成立筹备组,负责业主大会的筹备工作。筹备组的组织、指导机关为区、县房地产行政主管部门或者街道办事处、乡镇人民政府。法定期间为"收到业主提出筹备业主大会书面申请后60日内"。筹备组由业主代表、建设单位代表、街道办事处、乡镇人民政府代表和居民委员会代表组成。筹备组成员人数为单数,其中业主代表人数不低于筹备组总人数的一半,筹备组组长由街道办事处、乡镇人民政府代表担任。筹备组主要职责是协助业主大会的召开,其职责范围主要围绕首次业主大会的召开进行,包括确定首次业主大会会议召开的时间、地点、形式和内容,草拟管理规约、业主大会议事规则,确定首次业主大会会议表决规则等。

---

① 参见《物业管理条例》第十二条。

2. 定期与临时业主大会的召开

《物业管理条例》第十三条规定:“业主大会会议分为定期会议和临时会议。业主大会定期会议应当按照业主大会议事规则的规定召开。经20%以上的业主提议,业主委员会应当组织召开业主大会临时会议。”定期会议可以成为例会,指应当按照业主大会会议议事规则的规定定期召开。经业主大会选举产生业主委员会后,由业主委员会负责召集业主大会,根据管理规约的规定,每年召开一次或几次。[①] 临时会议是指遇有紧急情形或重大事项需要召开业主大会的,可以召开临时会议。但是,遇有下列情形之一时,应当召开临时会议:

(1)经专有部分占建筑物总面积20%以上且占总人数20%以上业主提议的;

(2)发生重大事故或者紧急事件需要及时处理的;

(3)业主大会议事规则或者管理规约规定的其他情况。

(七)业主大会会议的通知及记录

《物业管理条例》第十四条规定:“召开业主大会会议,应当于会议召开15日以前通知全体业主。住宅小区的业主大会会议,应当同时告知相关的居民委员会。业主委员会应当做好业主大会会议记录。”业主大会召开的通知时间为“会议召开15日以前”,是强制规定,否则即为违法。住宅小区的业主大会会议,应当同时告知相关的居民委员会。业主大会的会议记录由业主委员会负责,法定形式为书面,内容包括会议的时间、地点、内容等,应当有业主委员会委员的签名。业主大会的决定应当以书面形式在物业管理区域内及时公布。业主大会的决定在作出时即对业主具有约束力,公告不是业主大会决定的生效要件。

(八)业主大会议事规则

《物业管理条例》第十八条规定:“业主大会议事规则应当就业主大会的议事方式、表决程序、业主委员会的组成和成员任期等事项作出约定。”业主大会议事规则是业主大会组织、运作的规程,是对业主大会宗旨、组织体制、活动方式、成员的权利义务等内容进行记载的业主自律性文件。[②]

法律解读140 业主委员会

业主委员会,是经业主大会选举产生的,在物业管理活动中代表和维护全体业主合法权益的组织。业主委员会是业主大会的执行机构。业主委员会由业主大会依法选举产生,履行业主大会赋予的职责,执行业主大会决定的事项,接受业主的监督。

(一)业主委员会的产生

业主委员会由业主大会会议选举产生,由5~11人单数组成。业主委员会委员应当是物业管理区域内的业主,并符合下列条件:[③](1)具有完全民事行为能力;(2)遵守国家有关法律、法规;(3)遵守业主大会议事规则、管理规约,模范履行业主义务;(4)热心公益事业,责任心强,公

① 国务院法制办编:《物业管理条例注解与配套》,中国法制出版社2008年版,第14页。

② 国务院法制办编:《物业管理条例注解与配套》,中国法制出版社2008年版,第20页。

③ 参见《物业管理条例》第十六条第二款、第三款,《业主大会和业主委员会指导规则》第三十一条。

正廉洁;(5)具有一定的组织能力;(6)具备必要的工作时间。业主委员会委员实行任期制,每届任期不超过5年,可连选连任,业主委员会委员具有同等表决权。业主委员会应当自选举之日起7日内召开首次会议,推选业主委员会主任和副主任。

(二)业主委员会的职责

根据我国法律的规定,业主委员会执行业主大会的决定事项,履行下列职责:[①](1)执行业主大会的决定和决议;(2)召集业主大会会议,报告物业管理实施情况;(3)与业主大会选聘的物业服务企业签订物业服务合同;(4)及时了解业主、物业使用人的意见和建议,监督和协助物业服务企业履行物业服务合同;(5)监督管理规约的实施;(6)督促业主交纳物业服务费及其他相关费用;(7)组织和监督专项维修资金的筹集和使用;(8)调解业主之间因物业使用、维护和管理产生的纠纷;(9)业主大会赋予的其他职责。

(三)业主委员会会议

业主委员会应当按照业主大会议事规则的规定及业主大会的决定召开会议。经三分之一以上业主委员会委员的提议,应当在7日内召开业主委员会会议。业主委员会会议由主任召集和主持,主任因故不能履行职责,可以委托副主任召集。业主委员会会议应有过半数的委员出席,作出的决定必须经全体委员半数以上同意。业主委员会委员不能委托代理人参加会议。业主委员会应当于会议召开7日前,在物业管理区域内公告业主委员会会议的内容和议程,听取业主的意见和建议。业主委员会会议应当制作书面记录并存档,业主委员会会议作出的决定,应当有参会委员的签字确认,并自作出决定之日起3日内在物业管理区域内公告。

法律解读141 业主大会、业主委员会的职责限定及与居民委员会的关系

(一)业主大会、业主委员会的职责限定

《物业管理条例》第十九条规定:“业主大会、业主委员会应当依法履行职责,不得作出与物业管理无关的决定,不得从事与物业管理无关的活动。业主大会、业主委员会作出的决定违反法律、法规的,物业所在地的区、县人民政府房地产行政主管部门或者街道办事处、乡镇人民政府,应当责令限期改正或者撤销其决定,并通告全体业主。”业主大会是由全体业主组成的维护物业区域内的全体业主的公共利益、行使业主的资质管理权限的组织。而业主委员会依照《物业管理条例》的规定是业主大会的执行机构,因此二者的职责都是围绕物业管理展开的。[②] 业主大会、业主委员会不得滥用职权,业主委员会委员不得以委员身份谋求私利,不得利用自己的任职优势侵害其他业主的合法利益,“不得从事经营活动”,[③]不得从事与物业管理活动无关的活动。业主大会、业主委员会违法监督机关,为物业所在地的区、县房地产行政主管部门或者街道办事处、乡镇人民政府。

① 参见《物业管理条例》第十五条、《业主大会和业主委员会指导规则》第三十五条。
② 国务院法制办编:《物业管理条例注解与配套》,中国法制出版社2008年版,第20页。
③ 国务院法制办编:《物业管理条例注解与配套》,中国法制出版社2008年版,第20页。

（二）业主大会、业主委员会与居民委员会的关系

《物业管理条例》第二十条规定："业主大会、业主委员会应当配合公安机关，与居民委员会相互协作，共同做好维护物业管理区域内的社会治安等相关工作。在物业管理区域内，业主大会、业主委员会应当积极配合相关居民委员会依法履行自治管理职责，支持居民委员会开展工作，并接受其指导和监督。住宅小区的业主大会、业主委员会作出的决定，应当告知相关的居民委员会，并认真听取居民委员会的建议。"居民委员会是居民自我管理、自我教育、自我服务的基层群众性自治组织。在业主大会、业主委员会与居民委员会同时涉及物业管理区域内的相关事项时，居民委员会处于协作、指导、监督的地位，具有建议的权力。而业主大会、业主委员会则处于被指导、监督的地位，承担告知的义务。业主大会、业主委员会与居民委员会都是业主与行政机关之间的联系机构。其中，业主大会、业主委员会代表业主的利益，具有自治性质；而居民委员会更多的是协助物业所在地的区、县房地产行政主管部门和街道办事处、乡镇人民政府等行政机关对物业管理进行指导监督，向业主传达行政管理与指导、监督的声音，具有浓厚的行政色彩。

法律解读 142 业主的认定

1.《最高人民法院关于审理建筑物区分所有权纠纷案件具体应用法律若干问题的解释》第一条规定："依法登记取得或者依据民法典第二百二十九条至第二百三十一条规定取得建筑物专有部分所有权的人，应当认定为民法典第二编第六章所称的业主。基于与建设单位之间的商品房买卖民事法律行为，已经合法占有建筑物专有部分，但尚未依法办理所有权登记的人，可以认定为民法典第二编第六章所称的业主。"根据该条解释，业主包括：（1）依法登记取得房屋所有权的人。（2）根据《民法典》规定取得建筑物专有部分所有权的人。根据相关规定，可以认定为业主的情形有：①因人民法院、仲裁委员会的法律文书或者人民政府的征收决定等取得所有权的人；②因继承或者受遗赠取得物权的人；③因合法建造、拆除房屋等事实行为设立并取得物权的人。（3）基于与建设单位之间的商品房买卖民事法律行为，已经合法占有建筑物专有部分，但尚未依法办理所有权登记的人。

2. 房屋的所有权人可以将房屋出租、出借、出典，可能出现房屋的所有权人与使用人不一致的情况。承租人、借用人、典权人等通常称为物业使用人。物业使用人不具有业主资格，一般不参与业主大会与业主委员会。《物业管理条例》第四十七条规定："物业使用人在物业管理活动中的权利义务由业主和物业使用人约定，但不得违反法律、法规和管理规约的有关规定。物业使用人违反本条例和管理规约的规定，有关业主应当承担连带责任。"

3. 对于开发商的业主资格，学者中存有不同意见。《民法典》第二百七十八条第二款规定："业主共同决定事项，应当由专有部分面积占比三分之二以上的业主且人数占比三分之二以上的业主参与表决。决定前款第六项至第八项规定的事项，应当经参与表决专有部分面积四分之三以上的业主且参与表决人数四分之三以上的业主同意。决定前款其他事项，应当经参与表决专有部分面积过半数的业主且参与表决人数过半数的业主同意。"也就是说，无论开发商手中控制多少专用部分面积，也只能算一个业主。

法律解读 143　业主大会的法律性质

对于业主大会的法律性质有几种不同的观点:一是民事主主体说,认为业主大会是特殊的民事主体,性质上属于其他组织的一种,能够独立享有民事权利,承担民事义务。二是法人说,认为业主大会是独立的社会团体法人。三是业主集合说,认为业主大会只不过是全体业主的集合而已,不具有独立的民事主体资格,因而业主大会不能以自己的名义独立地起诉与应诉。从外国立法来看,业主大会日益被认可为一个独立的民事主体,这已经成为民法发展的重要趋势。对此,我国《民法典》并没有作出规定,回避了业主大会的民事主体资格以及诉讼主体资格问题。[①] 在实践中,业主大会具有两种存在方式:一种是作为法定的团体组织存在,另一种是作为具体的、现实性的权力形式方法的会议本身。因此,业主大会具有双重性质,既是一个议事形式也是一个团体机关。例如,《物业管理条例》第十三条关于"业主大会会议分为定期会议和临时会议"的规定,指的就是议事形式;《民法典》第二百七十七条关于"业主可以设立业主大会"、《物业管理条例》第八条关于"物业管理区域内全体业主组成业主大会"、第九条关于"一个物业管理区域成立一个业主大会"的规定,指的是团体机关。

法律解读 144　业主委员会的法律性质

关于业主委员会的法律地位争议很多,讨论的焦点在于业主委员会是否具有独立民事主体资格。世界各国立法有以下四种不同的立法例:一是德国模式,认为全体业主形成群体是没有权利能力的团体,不具有法人资格;二是法国模式,承认业主委员会具备法人资格;三是日本模式,认为当业主全体具备法定条件后即承认其法人资格;四是美国模式,认为区分所有权人管理团体不具有法人资格,只有判例实务中承认其法人资格。[②] 在《物业管理条例》实施之前,我国各地对业主委员会的法律地位有不同认识,多数地区仅规定要求业主委员会必须向有关部门登记,而未明确其具有法律资格。《物业管理条例》明确业主委员会是业主大会的执行机构,但理论上也存在不同的看法,如法人说、非法人组织说、业主团体的执行机构说。根据《民法典》的规定,成立法人必须具备四项基本条件:(1)依法成立;(2)有必要的财产或者经费;(3)有自己的名称、组织机构和场所;(4)能够独立承担民事责任。根据《物业管理条例》的规定,业主委员会虽然是依法成立的组织,也有一定的组织机构和活动场所,但没有独立的财产,不能独立承担相应的民事责任,业主才是相关民事权利的最终享有者和民事义务的实际承担者。因此,笔者认为,业主委员会不具有独立的法人资格。但是,业主在某些情况下是可以独立作出某些民事行为的,如《民法典》第二百八十六条第二款,《物业管理条例》第三十五条、第三十七条、第六十七条的规定。可见,不承认业主委员会具有独立的法人资格,但不影响其作为自然人、法人之外的民事主体而存在,可以以自己的名义从事某些民事活动,并可以自己的名义参加诉讼。从这个意义上说,业主委员会应属于非法人组织。

---

① 王利明:《物权法研究》(上卷),中国人民大学出版社 2007 年版,第 615 ~ 616 页。

② 程信和、刘国臻:《房地产法学》,北京大学出版社 2001 年版,第 195 页。

法律解读 145 业主委员会的诉讼主体资格

（一）业主委员会可以依法作为原告

业主委员会可以作为民事诉讼的原告。2003 年 8 月 20 日，《最高人民法院关于金湖新村业主委员会是否具备诉讼主体资格请示一案的复函》（〔2002〕民立他字第 46 号）明确批示："根据《中华人民共和国民事诉讼法》第四十九条、最高人民法院《关于适用〈中华人民共和国民事诉讼法〉若干问题的意见》第四十条的规定，金湖新村业主委员会符合'其他组织'条件，对房地产开发单位未向业主委员会移交住宅区规划图等资料、未提供配套公用设施、公用设施专项费、公共部位维护费及物业管理用房、商业用房的，可以自己名义提起诉讼。"

（二）业主委员会能否作为诉讼被告尚无明确规定

业主委员会是业主大会的执行机关，没有独立的财产，不能独立承担民事责任。因此，业主委员会作为被告不适格。从实践来看，对业主委员会作为被告的案件法院一般不予受理。

法律解读 146 业主委员会决定的效力及责任承担

《物业管理条例》虽然未对业主委员会决定的效力作出规定，但在第七条关于业主管理活动中应履行的义务中明确规定，业主负有执行业主大会授权业主委员会作出的决定的义务。由此可以推定，《物业管理条例》肯定了依法定程序作出的业主委员会的决定，在物业管理区域内对业主具有约束力。《民法典》进一步肯定了业主委员会决定的法律效力，该法第二百八十条第一款明确规定："业主大会或业主委员会的决定，对业主具有法律约束力。"在业主委员会决定的法律责任方面，《物业管理条例》《业主大会规程》规定业主委员会应当依法履行职责，不得作出与物业管理无关的决定，不得从事与物业管理无关的活动。业主委员会作出的决定违反法律、行政法规的，物业所在地的区、县人民政府房地产行政主管部门，应当责令限期改正或者撤销其决定，并通告全体业主。如果业主委员会超越职权或滥用职权作出的决定损害业主或第三人合法权益的，该由谁承担责任？对此我国的法律、行政法规并没有明确规定。有些地方规定，业主委员会超越职权作出的决定造成损失的，由签字同意该决定的业主委员会委员承担赔偿责任。笔者认为，这种做法不尽合理。目前，业主委员会法律地位已日趋明确，应区分不同情况加以区分处理。首先，如果业主委员会是遵照议事规则而作出不当决定的，应考虑由业主委员会承担责任。《民法典》也赋予了业主对侵犯业主合法权益的业主委员会决定的撤销请求权。其次，如果业主委员会无力偿还，应考虑由全体业主承担赔偿责任。最后，如果是业主委员会故意或者过失造成的，业主有权追究业主委员会委员的赔偿责任。

PART 2:业主及业主大会的法律风险提示及防控

法律风险提示20

(一)民事法律风险

业主作为民事主体,需要承担的主要是违约责任和侵权责任。

1. 业主与物业服务企业之间签订物业服务合同,如果违反合同的约定需要承担相应的继续履行、采取补救措施、赔偿损失或者支付违约金等违约责任。在物业服务合同中,业主最主要的合同义务是交纳物业服务费,逾期交纳物业服务费是最主要的违约形式。

2. 业主作为物业的所有人,基于物业的所有和使用时常侵害其他的合法权益,需要承担相应的侵权责任。例如,任意弃置垃圾、排放污染物或者噪声、违反规定饲养动物、违章搭建、侵占通道等损害他人合法权益的行为;擅自改变物业管理区域内按照规划建设的公共建筑和共用设施用途;擅自占用、挖掘物业管理区域内道路、场地,损害业主共同利益的;擅自利用物业共用部位、共用设施设备进行经营。

3. 违反物业服务合同约定,业主逾期不交纳物业服务费用的,业主委员会应当督促其限期交纳;逾期仍不交纳的,物业服务企业可以向人民法院起诉。

(二)行政法律风险

根据《物业管理条例》第六十六条的规定,业主有下列行为之一的,由县级以上地方人民政府房地产行政主管部门责令限期改正,给予警告,并按照本条第二款的规定处以罚款;所得收益,用于物业管理区域内物业共用部位、共用设施设备的维修、养护,剩余部分按照业主大会的决定使用:

1. 擅自改变物业管理区域内按照规划建设的公共建筑和共用设施用途的;

2. 擅自占用、挖掘物业管理区域内道路、场地,损害业主共同利益的;

3. 擅自利用物业共用部位、共用设施设备进行经营的。

个人有前款规定行为之一的,处1000元以上1万元以下的罚款;单位有前款规定行为之一的,处5万元以上20万元以下的罚款。

(三)刑事法律风险

根据《物业管理条例》第六十八条的规定,业主以业主大会或者业主委员会的名义,从事违反法律、法规的活动,构成犯罪的,依法追究刑事责任;尚不构成犯罪的,依法给予治安管理处罚。

法律风险提示21

业主大会是由全体业主组成的自治组织,业主委员会是业主大会的执行机构。对于依据法定程序作出的业主大会或者业主委员会的决定,在物业管理区域内对业主具有约束力。如果业主委员会作出的决定违反法律、行政法规的,物业所在地的区、县人民政府房地产行政主管部门,应当责令限期改正或者撤销其决定,并通告全体业主。对于业主委员会超越职权或滥用职权作出的决定损害业主或第三人合法权益的,我国的法律、行政法规并没有明确规定由谁承担责任。

无论如何，如果是业主委员会委员故意或者过失造成的，业主有权追究业主委员会委员的赔偿责任；构成犯罪的，业主委员会委员甚至还需要承担刑事责任。

法律风险防控33

第一，业主应履行交纳物业服务费的约定义务。

业主交纳物业服务费用既是业主最主要的法定义务，也是业主最主要的合同约定的义务。业主逾期不交纳物业服务费用，应按照物业服务合同的约定承担违约责任。

1. 业主不得以前期物业服务合同系开发商签订或物业服务合同系业主委员会签订，自己并不知情为由拒交物业服务费用。

2. 业主与物业使用人约定由物业使用人交纳物业服务费用，而物业使用人拒绝或者拖延交纳的，业主应承担连带责任。

3. 如果物业服务企业服务不到位，一般情况下单个或部分业主不得以物业管理服务不到位为由而擅自拒交物业服务费用。但是，如果物业服务企业未履行服务、管理职责或者物业服务企业提供的服务项目和质量与合同约定标准差距明显，且为业主大会或多数业主所确认的，或者物业服务企业擅自扩大收费范围、提高收费标准、重复收费的，或者有确切证据证明物业服务企业有经营状况严重恶化、严重丧失商业信誉、丧失或者可能丧失履行合同能力等情况的，业主可以行使抗辩权，少交、减交或不交物业服务费。物业服务企业履行服务合同确有部分瑕疵，但其收费项目无法明确区分的，业主一方提出减少物业服务费的，法院可以根据物业管理服务的内容、质量，确定相应的物业服务费，业主依此补交物业服务费，无须支付滞纳金。业主行使抗辩权必须适度，其不付、少付、减付的金额一般应与物业服务企业的服务瑕疵成比例。

4. 业主不能以房屋存在质量问题拒交物业服务费用。开发商与业主之间存在的是商品房买卖合同关系，因房屋存在质量问题的，业主应要求开发商承担违约责任。业主与物业服务企业之间是物业服务合同关系，业主不得以房屋质量问题拒交物业服务费用。

第二，如果业主需要将住宅改变为经营性用房的，除遵守法律、法规以及管理规约外，应当经有利害关系的业主同意。

第三，业主应遵守业主大会或者业主委员会依据法定程序作出的决定。如果业主大会或者业主委员会作出的决定侵害业主合法权益的，受侵害的业主可以请求人民法院予以撤销。

第四，业主大会和业主委员会，对任意弃置垃圾、排放污染物或者噪声、违反规定饲养动物、违章搭建、侵占通道、拒付物业服务费等损害他人合法权益的行为，有权依照法律、法规以及管理规约，要求行为人停止侵害、消除危险、排除妨害、赔偿损失。业主对侵害自己合法权益的行为，可以依法向人民法院提起诉讼。

PART 3:业主及业主大会的典型案例

典型案例91

夏浩鹏等人与上海市闸北区精文城市家园小区业主委员会业主知情权纠纷案

裁判摘要

业主知情权是指业主了解建筑区划内涉及业主共有权以及共同管理权相关事项的权利。根据《最高人民法院关于审理建筑物区分所有权纠纷案件具体应用法律若干问题的解释》第十三条的规定,业主请求公布、查阅建筑物及其附属设施的维修基金使用、业委会的决定及会议记录、共有部分的收益、物业服务合同等情况和资料的,人民法院应予支持。司法解释对于业主知情权的范围作出了明确的规定,业主以合理的方式行使知情权,应当受到法律保护。

基本案情

原告夏浩鹏、杨建平、杨荣华、罗光亚、周修安系上海市闸北区精文城市家园小区业主。2007年12月6日,上海市闸北区房屋土地管理局向上海市闸北区精文城市家园小区业主大会、被告精文业委会颁发了《业主大会、业主委员会备案证》,其中明确业委会负责人为姜宏章、许富琪、王耀宗。2008年6月10日,被告精文业委会与精文物业签订《物业服务合同》,委托精文物业对小区实施物业服务与管理。2008年4月5日、7月18日,精文物业对小区2005年8月至2007年12月、2008年上半年的公共收益账目制表并在小区公布。2009年1月、7月,被告精文业委会与精文物业共同对小区2008年下半年及2009年上半年的公共收益账目进行公布。2009年7月14日,闸北区房地局就原告周修安的信访作出《信访答复》,称:“精文物业以三级资质承接精文城市家园超出了其资质的承接范围。我局曾就精文物业超资质接盘的问题与业委会进行沟通,业委会表示小区刚完成物业选聘,重新选聘需花费大量人力物力,不利于小区建设,且大多数业主也认可精文物业的管理水平,为此业委会还专门提交报告,说明情况。我局对精文物业保留处罚的权力。”由于被告精文业委会认为上述《信访答复》的内容与实际不符,遂向闸北区房地局提出投诉。2009年11月30日,芷江西房地办作出书面答复。2008年,被告精文业委会与上海银行闸北支行就小区维修基金签订存款合同,将维修基金存入该行。

裁判结果

上海市闸北区人民法院于2010年8月11日判决:精文业委会应重新公布2007年下半年至2009年上半年的维修资金和公共收益账目(按每半年一次),并将上述账目张贴于小区公告栏内;精文业委会应向原告周修安、夏浩鹏、杨建平、杨荣华、罗光亚出示上述账目中的停车费、广告费及清洗玻璃、景观灯改造、业委会值班津贴(19,023元)的费用清单、发票原件和按户分摊费用清单(原告如需复印的,被告应予提供,复印费由原告自行承担)。

典型案例92

北京市海淀区品阁小区业主委员会与北京立业房地产开发有限公司物业服务合同纠纷案

裁判摘要

品阁小区是独栋建筑物的小区,因而具备了业主自管的条件,在此种情况下,业主委员会根据业主大会授权负责本小区的物业服务,与业主之间形成了物业服务法律关系。这种特殊的物业服务法律关系是基于法律的许可和业主的自治产生,并非基于合同。一个品阁小区只有一个业主大会和业主委员会,《物权法》第七十八条规定,业主大会或者业主委员会的决定对业主具有约束力。品阁业委会因从事物业服务的公共事务而有权向业主收取物业服务费用,该项权利可依民事诉讼获得保护。

基本案情

品阁小区位于北京市海淀区交大东路36号,属独栋小区,总建筑面积18,166.9平方米。立业公司拥有小区楼体地下一层及地上一层至三层的大部分物业,总面积6090.02平方米。其中,地下一层的规划用途为地下车库,地上一层至三层的规划用途为配套商业。2005年9月,前期物业公司因故突然撤离,小区管理陷入混乱。该小区业主选举产生的品阁业委会于2006年10月在主管部门进行了备案登记。2006年12月,品阁业委会向业主发放了咨询调查表,就小区物业管理方式等问题征求意见。2007年1月15日,品阁业委会公布决议,决定小区业主自治,2007年物业收费标准为2.00元/平方米/月。根据上述决议,品阁小区没有再行选聘物业服务企业,而是由品阁业委会自聘物业人员进行物业服务和管理。2007年12月30日,品阁业委会作出决议,决定2008年度的物业费标准为1.80元/平方米/月。2008年10月15日,品阁业委会向立业公司发函,要求立业公司于2008年10月30日前交纳2007~2008年度的物业费,合计277,704元。立业公司对此予以拒绝。故原告起诉请求被告交纳2007年度、2008年度物业费277,704元及利息。

裁判结果

一审法院于2009年4月27日判决立业公司向品阁业委会支付2007年和2008年的物业服务费277,704元及相应利息。

典型案例93

某小区业主委员会与邓某某物业服务合同纠纷案

基本案情

2008年4月23日,某小区业主委员会成立,并在所在地镇政府进行备案。2011年6月21

日,该小区新一届业主委员会选举产生,并在所在地镇政府备案。2011 年,该小区业主委员会开始对小区自行管理,同年制定了《自治管理办法(试行)》,明确了自治管理的范围、内容及收费标准等。邓某系该小区业主,其没有按照业主委员会确定的收费标准及收费时间交纳物业服务费用。该小区业主委员会遂将邓某起诉至法院,要求其交纳拖欠的物业服务费用。

案件审理过程中,邓某认为:本案案由为物业服务合同纠纷,有权主张要求业主支付物业管理服务费的应当是与业主建立物业服务合同关系的物业管理企业。原告作为小区的业主委员会,其成立未经过小区业主表决,亦不是合法的物业管理企业,其作为原告起诉被告主体不适格。

裁判结果

北京市怀柔区人民法院生效裁判认为:《物权法》规定,业主可以自行管理建筑物及其附属设施,也可以委托物业服务企业或者其他管理人管理。由此可见,法律赋予业主对所居住的小区的物业管理予以选择的权利,业主有权对所居住小区进行自治管理。本案中,原告某小区业主委员会受业主大会的委托负责该小区的物业服务,并制定了《自治管理办法(试行)》,其与业主之间形成了物业服务法律关系。作为小区业主,被告在接受了相应的物业服务后应该按时交纳物业服务费用。被告以原告主体不适格的辩称意见未被采纳。

法院于 2012 年 10 月 24 日作出判决:被告邓某给付原告某小区业主委员会物业服务费 120 元。

典型意义

本案中双方争议的焦点是业主委员会是不是本案的适格主体。近几年,由于传统物业公司与业主之间的矛盾激化,业主不满意物业公司的服务不按时交纳物业管理费,物业公司收费率低,无法维持公司正常运营,最终撤出小区管理,或是业主不满物业公司的服务而将其“赶”出小区。这就造成小区无人管理的情况,为维护整洁、安全、和谐的小区环境,就出现了业主委员会自行管理小区的情况。目前,我国并没有一部专门的物业管理法律。在审理物业服务合同纠纷案件时,法院主要依据《物业管理条例》及《物权法》的相关规定。但这些法律对于类似业主委员会自管这种物业模式都没有明确的规定。在立案、审理、执行等各个环节都会遇到问题,也加大案件审理难度。我们认为,根据《物权法》第八十一条的规定,业主可以自行管理建筑物及其附属设施,也可以委托物业服务企业或者其他管理人管理。由此可见,法律赋予业主对所居住的小区的物业管理予以选择的权利,业主有权对所居住小区进行自治管理。出于保护当事人合理诉求的考虑,同时业主委员会自管小区有利于营造舒适安全的环境,有利于维护小区和谐稳定的角度考虑,我们对现阶段业主委员会自管模式中业主委员会的主体资格予以认定。

PART 4:业主及业主大会的法律链接

法律链接

《中华人民共和国民法典》(2020 年 5 月 28 日)

第二百七十七条 业主可以设立业主大会,选举业主委员会。业主大会、业主委员会成立的具体条件和程序，依照法律、法规的规定。

地方人民政府有关部门、居民委员会应当对设立业主大会和选举业主委员会给予指导和协助。

第二百七十八条　下列事项由业主共同决定：

（一）制定和修改业主大会议事规则；

（二）制定和修改管理规约；

（三）选举业主委员会或者更换业主委员会成员；

（四）选聘和解聘物业服务企业或者其他管理人；

（五）使用建筑物及其附属设施的维修资金；

（六）筹集建筑物及其附属设施的维修资金；

（七）改建、重建建筑物及其附属设施；

（八）改变共有部分的用途或者利用共有部分从事经营活动；

（九）有关共有和共同管理权利的其他重大事项。

业主共同决定事项，应当由专有部分面积占比三分之二以上的业主且人数占比三分之二以上的业主参与表决。决定前款第六项至第八项规定的事项，应当经参与表决专有部分面积四分之三以上的业主且参与表决人数四分之三以上的业主同意。决定前款其他事项，应当经参与表决专有部分面积过半数的业主且参与表决人数过半数的业主同意。

第二百七十九条　业主不得违反法律、法规以及管理规约，将住宅改变为经营性用房。业主将住宅改变为经营性用房的，除遵守法律、法规以及管理规约外，应当经有利害关系的业主一致同意。

第二百八十条　业主大会或者业主委员会的决定，对业主具有法律约束力。

业主大会或者业主委员会作出的决定侵害业主合法权益的，受侵害的业主可以请求人民法院予以撤销。

《最高人民法院关于审理建筑物区分所有权纠纷案件适用法律若干问题的解释》（2020年12月29日修正）

第一条　依法登记取得或者依据民法典第二百二十九条至第二百三十一条规定取得建筑物专有部分所有权的人，应当认定为民法典第二编第六章所称的业主。

基于与建设单位之间的商品房买卖民事法律行为，已经合法占有建筑物专有部分，但尚未依法办理所有权登记的人，可以认定为民法典第二编第六章所称的业主。

第八条　民法典第二百七十八条第二款和第二百八十三条规定的专有部分面积可以按照不动产登记簿记载的面积计算；尚未进行物权登记的，暂按测绘机构的实测面积计算；尚未进行实测的，暂按房屋买卖合同记载的面积计算。

第九条　民法典第二百七十八条第二款规定的业主人数可以按照专有部分的数量计算，一个专有部分按一人计算。但建设单位尚未出售和虽已出售但尚未交付的部分，以及同一买受人拥有一个以上专有部分的，按一人计算。

第十二条　业主以业主大会或者业主委员会作出的决定侵害其合法权益或者违反了法律规

定的程序为由,依据民法典第二百八十条第二款的规定请求人民法院撤销该决定的,应当在知道或者应当知道业主大会或者业主委员会作出决定之日起一年内行使。

第十三条 业主请求公布、查阅下列应当向业主公开的情况和资料的,人民法院应予支持:

(一)建筑物及其附属设施的维修资金的筹集、使用情况;

(二)管理规约、业主大会议事规则,以及业主大会或者业主委员会的决定及会议记录;

(三)物业服务合同、共有部分的使用和收益情况;

(四)建筑区划内规划用于停放汽车的车位、车库的处分情况;

(五)其他应当向业主公开的情况和资料。

第十四条 建设单位、物业服务企业或者其他管理人等擅自占用、处分业主共有部分、改变其使用功能或者进行经营性活动,权利人请求排除妨害、恢复原状、确认处分行为无效或者赔偿损失的,人民法院应予支持。

属于前款所称擅自进行经营性活动的情形,权利人请求建设单位、物业服务企业或者其他管理人等将扣除合理成本之后的收益用于补充专项维修资金或者业主共同决定的其他用途的,人民法院应予支持。行为人对成本的支出及其合理性承担举证责任。

第十六条 建筑物区分所有权纠纷涉及专有部分的承租人、借用人等物业使用人的,参照本解释处理。

专有部分的承租人、借用人等物业使用人,根据法律、法规、管理规约、业主大会或者业主委员会依法作出的决定,以及其与业主的约定,享有相应权利,承担相应义务。

第十七条 本解释所称建设单位,包括包销期满,按照包销合同约定的包销价格购买尚未销售的物业后,以自己名义对外销售的包销人。

《物业管理条例》(2018 年 3 月 19 日修订)

第六条至第二十条、第三十五条、第三十七条、第四十二条、第六十七条、第六十八条,《业主大会和业主委员会指导规程》对业主大会和业主委员会进行了专门规定。

专题二十三　前期物业管理

根据物业服务企业的选聘和物业服务合同签订主体的不同,物业管理可以分为两个阶段:前期物业管理阶段,即业主大会选聘物业服务企业之前,物业服务企业由建设单位选聘、物业服务合同由建设单位与物业服务企业签订;物业管理阶段,即业主大会选聘物业服务企业之后,物业服务企业由业主大会选聘、物业服务合同由业主委员会与物业服务企业签订。本专题主要研究前期物业管理的法律解读和风险防控问题,对于物业管理的一般性问题,可参见下一专题物业管理的法律解读和风险防控。

PART 1:前期物业管理的法律解读

法律解读 147　前期物业管理

前期物业管理,是指在业主、业主大会选聘物业服务企业之前,由建设单位选聘物业服务企业所实施的物业管理。前期物业服务合同,是指房地产开发企业或者商品房出售单位在销售物业之前,与物业服务企业签订的物业服务合同,这种合同具有过渡的性质。[①]

法律解读 148　前期物业服务企业的选聘

《物业管理条例》规定了前期物业服务企业选聘的原则、方式,《前期物业管理招标投标管理暂行办法》详细规定了前期物业管理招标投标的具体操作规程。《物业管理条例》第二十四条规定:"国家提倡建设单位按照房地产开发与物业管理相分离的原则,通过招投标的方式选聘具有相应资质的物业服务企业。住宅物业的建设单位,应当通过招投标的方式选聘具有相应资质的物业服务企业;投标人少于 3 个或者住宅规模较小的,经物业所在地的区、县人民政府房地产行政主管部门批准,可以采用协议方式选聘具有相应资质的物业服务企业。"国家之所以要规定房地产开发与物业管理相分离的原则,主要是因为前期物业服务企业选聘和前期物业服务合同的签订是由建设单位负责的,难免发生建设单位将自建物业交给自己或者关联企业管理,制定不利于业主的物业服务合同。《物业管理条例》确立了物业管理招标的两个原则,即倡导性原则和强制性原则。一方面,国家倡导开发商通过招标投标方式选聘物业服务企业,没有对所有物业管理实行强制招标投标制度;另一方面,规定住宅物业实行强制性招标与行政审批相结合原则。无论是前期物业管理阶段,还是后续的物业管理阶段,一旦采取物业管理招标方式选聘物业服务企业,都应遵循《招标投标法》《物业管理条例》的规定。《物业管理条例》第二十四条第二款对于住

① 国务院法制办编:《物业管理条例注解与配套》,中国法制出版社 2008 年版,第 20 页。

宅物业的建设单位选聘前期物业服务企业作了强制性规定,即只能通过招投标方式进行,例外情形需同时满足两个条件才能采用协议方式:(1)投标人少于3个或住宅规模较小的;(2)经物业所在地的区、县人民政府房地产行政主管部门批准。① 根据《物业管理条例》的规定,前期物业管理应当签订书面的前期物业服务合同。前期物业服务合同是物业服务企业进行物业管理的开始,也是物业建设和管理顺利衔接的重要文件。前期物业服务合同的内容与物业服务合同内容基本一致,可参见物业服务合同的内容。

法律解读149 建设单位在前期物业管理中的义务

根据《物业管理条例》的规定,建设单位在前期物业管理中的义务主要有:②

1. 业主依法享有的物业共用部位、共用设施设备的所有权或者使用权,建设单位不得擅自处分。共有或者共用物业部分,是指物业管理区域内,业主专有房屋以外的,属于全体业主共同所有、共同使用的建筑物的部位、场所、设施、设备。根据《物业承接查验办法》第十六条的规定:(1)共用部位一般包括建筑物的基础、承重墙体、柱、梁、楼板、屋顶以及外墙、门厅、楼梯间、走廊、楼道、扶手、护栏、电梯井道、架空层及设备间等;(2)共用设备一般包括电梯、水泵、水箱、避雷设施、消防设备、楼道灯、电视天线、发电机、变配电设备、给排水管线、电线、供暖及空调设备等;(3)共用设施一般包括道路、绿地、人造景观、围墙、大门、信报箱、宣传栏、路灯、排水沟、渠、池、污水井、化粪池、垃圾容器、污水处理设施、机动车(非机动车)停车设施、休闲娱乐设施、消防设施、安防监控设施、人防设施、垃圾转运设施以及物业服务用房等。业主依法享有的物业共用部位、共用设施设备,所有权和使用权归全体业主共有,建设单位无权擅自处分。如果需要处分,必须经过全体业主同意,并对处分的受益作出约定。这里的处分应作广义的解释,既包括法律上的处分,也包括事实上的处分。

2. 物业服务企业承接物业时,应当对物业共用部位、共用设施设备进行查验。物业服务企业承接建设单位移交的新建物业时应当进行验收。根据《物业承接查验办法》第二条的规定,物业承接查验,是指承接新建物业前,物业服务企业和建设单位按照国家有关规定和前期物业服务合同的约定,共同对物业共用部位、共用设施设备进行检查和验收的活动。根据《物业承接查验办法》的相关规定,③(1)查验的截止时间:物业交付使用前15日前;(2)查验的内容:物业共用部位、共用设施、设备;(3)查验的方法:核对、观察、使用、检测和试验;(4)查验的书面记录:应为书面形式,记录内容包括查验时间、项目名称、查验范围、查验方法、存在问题、修复情况以及查验结果等,并由建设单位和物业服务企业参加查验的人员签字确认;(5)查验通知义务:物业服务企业应当将查验内容不符合约定或者规定的情形,书面通知建设单位,建设单位应当及时解决并组织物业服务企业复验;(6)不予查验的内容:建设单位应当依法移交有关单位的供水、供电、供气、供热、通信和有线电视等共用设施设备,不作为物业服务企业现场检查和验收的内容;(7)查验

① 国务院法制办编:《物业管理条例注解与配套》,中国法制出版社2008年版,第25页。

② 参见《物业管理条例》第二十七条至第三十一条。

③ 参见《物业承接查验办法》第十条、第十六条至第二十条、第二十八条。

费用的承担:有约定的按约定,没有约定的由建设单位承担。

3. 在办理物业承接验收手续时,建设单位应当向物业服务企业移交相关资料。根据相关规定:①(1)移交资料的时间:现场查验20日前,未能全部移交资料的,建设单位应当列出未移交资料的详细清单并书面承诺补交的具体时限。(2)移交资料的主要内容:竣工总平面图,单体建筑、结构、设备竣工图,配套设施、地下管网工程竣工图等竣工验收资料;共用设施设备清单及其安装、使用和维护保养等技术资料;供水、供电、供气、供热、通信、有线电视等准许使用文件;物业质量保修文件和物业使用说明文件;承接查验所必需的其他资料。(3)移交资料的最终归属:物业服务企业应当在前期物业服务合同终止时将上述资料移交给业主委员会。

4. 建设单位应当按照规定在物业管理区域内配置必要的物业管理用房。物业管理用房是开展物业管理所必需的物质条件和固定场所。

5. 建设单位应当按照国家规定的保修期限和保修范围,承担物业的保修责任。根据有关规定:②建筑工程的保修范围应当包括地基基础工程、主体结构工程、屋面防水工程和其他土建工程,以及电气管线、上下水管线的安装工程,供热、供冷系统工程等项目。在正常使用条件下,建设工程的最低保修期限为:(1)基础设施工程、房屋建筑的地基基础工程和主体结构工程,为设计文件规定的该工程的合理使用年限;(2)屋面防水工程、有防水要求的卫生间、房间和外墙面的防渗漏,为5年;(3)供热与供冷系统,为2个采暖期、供冷期;(4)电气管线、给排水管道、设备安装和装修工程,为2年;(5)其他项目的保修期限由发包方与承包方约定。建设工程的保修期,自竣工验收合格之日起计算。

法律解读150　前期物业管理的特殊性

前期物业管理的法律性质与物业管理的法律性质、前期物业服务合同的法律性质与物业服务合同的法律性质并没有太大的区别,在此不作详述,可以参见下节的相关内容。

(一)期限的短暂过渡性

前期物业服务合同存在于业主或业主大会选聘物业服务企业之前的短暂过渡期。《物业管理条例》第二十六条规定:“前期物业服务合同可以约定期限;但是,期限未满、业主委员会与物业服务企业签订的物业服务合同生效的,前期物业服务合同终止。”可见,前期物业服务合同的终止受制于或取决于业主或业主大会选聘物业服务企业并签订物业服务合同的时间。

(二)合同主体的特殊性

《物业管理条例》第二十一条规定:“在业主、业主大会选聘物业服务企业之前,建设单位选聘物业服务企业的,应当签订书面的前期物业服务合同。”第二十五条规定:“建设单位与物业买受人签订的买卖合同应当包含前期物业服务合同约定的内容。”《物业服务司法解释》第一条规定:“建设单位依法与物业服务企业签订的前期物业服务合同,以及业主委员会与业主大会依法

---

① 参见《物业管理条例》第二十九条、《物业承接查验办法》第十四条。

② 参见《建筑法》第六十二条、《建筑工程质量管理条例》第四十条、《房屋建筑工程质量保修办法》第七条。

选聘的物业服务企业签订的物业服务合同,对业主具有约束力。业主以其并非合同当事人为由提出抗辩的,人民法院不予支持。"房地产开发项目竣工验收合格之后,施工单位将建设工程交付开发商,开发商将商品房交付给业主,在业主或业主大会选聘物业服务企业之前,产生了对物业进行管理的必要。为此,法律规定由建设单位选聘物业服务企业。在实践中,一般是在商品房预售阶段,开发商即与物业服务企业签订前期物业服务合同。在开发商与买受人签订《商品房买卖合同》时,在合同中规定前期物业管理条款,并将前期物业服务合同作为合同的附件,由买受人认可合同的内容,由出卖人依法选聘的物业服务企业实施前期物业管理。《商品房买卖合同(预/现售)示范文本》规定了前期物业管理,并将前期物业服务合同作为合同的附件。合法有效的前期物业服务合同,对业主具有约束力。理由在于:第一,前期物业服务合同的签订有物业服务法律制度设计为依据;第二,业主与建设单位之间有关于受前期物业服务合同约束的合意,这种合意使前期物业服务合同的约束具有正当性。①

(三)物业服务费用承担的特殊性

前期物业服务费用的承担比较特殊。一般情况下,前期物业服务签订后,为配合开发商销售的需要和进行物业管理的筹备工作,物业服务企业提供物业服务的时间要远早于开发商将商品房交付给业主的时间。这时,前期物业服务费用由开发商承担,开发商一般会支付给物业服务企业一笔开办费。当施工单位将建设工程交付给开发商之后,开发商会将物业交付给物业服务企业管理,在交付给业主使用之前所发生的前期物业服务费用,也应由开发商承担。在开发商将已售商品房交付给业主使用后,如果存在未售商品房或者因各种原因业主未接收的商品房(俗称"空置房"),开发商也应按照合同的约定和法律的规定,向物业服务企业支付前期物业服务费用(俗称"空置费")。当然,物业服务企业和业主之间的前期物业服务合同关系与开发商和买受人之间的商品房买卖合同关系,是两类不同的法律关系,业主不能以开发商在商品房买卖合同中的违约行为为由拒绝交付物业管理费,否则,物业服务企业有权追究业主的违约责任。但是,业主可以将物业服务费用作为损失之一,向物业服务企业支付之后,再要求开发商赔偿。

PART 2:前期物业管理的法律风险提示及防控

法律风险提示22

(一)建设单位在前期物业管理中的法律责任

根据《物业管理条例》的规定,建设单位在前期物业管理中的法律责任主要是行政法律责任:②

1. 建设单位违法选聘物业服务企业的责任。《物业管理条例》第五十六条规定:"违反本条例的规定,住宅物业的建设单位未通过招投标的方式选聘物业服务企业或者未经批准,擅自采用

① 最高人民法院民事审判第一庭编著:《最高人民法院建筑物区分所有权、物业服务司法解释理解与适用》,人民法院出版社2009年版,第255页。

② 参见《物业管理条例》第五十七条至第五十九条、第六十四条。

协议方式选聘物业服务企业的，县级以上地方人民政府房地产行政主管部门责令限期改正，给予警告，可以并处 10 万元以下的罚款。"

2. 建设单位擅自处分业主共有权的责任。《物业管理条例》第五十七条规定："违反本条例的规定，建设单位擅自处分属于业主的物业共用部位、共用设施设备的所有权或者使用权的，由县级以上地方人民政府房地产行政主管部门处 5 万元以上 20 万元以下的罚款；给业主造成损失的，依法承担赔偿责任。"

3. 拒不移交资料的法律责任。《物业管理条例》第五十八条规定："违反本条例的规定，不移交有关资料的，由县级以上地方人民政府房地产行政主管部门责令限期改正；逾期仍不移交有关资料的，对建设单位、物业服务企业予以通报，处 1 万元以上 10 万元以下的罚款。"

4. 建设单位不配置物业管理用房的责任。《物业管理条例》第六十一条规定："违反本条例的规定，建设单位在物业管理区域内不按照规定配置必要的物业管理用房的，由县级以上地方人民政府房地产行政主管部门责令限期改正，给予警告，没收违法所得，并处 10 万元以上 50 万元以下的罚款。"

（二）业主在前期物业管理中的法律责任

业主在前期物业服务阶段，主要受前期物业服务合同的约束。业主不得以前期物业服务合同系开发商签订或物业服务合同系业主委员会签订，自己并不知情为由拒绝履行前期物业服务合同。业主交纳物业服务费用既是业主最主要的法定义务，也是业主最主要的合同约定的义务。

（三）物业服务企业在前期物业管理中的法律责任

物业服务企业在前期物业服务阶段，一方面受前期物业服务合同的约束，如果违反前期物业服务合同的约定，应承担相应的违约责任；另一方面必须遵守法律、行政法规的相关规定，如果违反可能承担相应的行政责任，具体可参见本书相关章节。

法律风险防控 34

第一，开发商应当通过招投标的方式选聘具有相应资质登记的住宅物业的物业服务企业，如果符合协议方式选聘物业服务企业条件的，应当经物业所在地的区、县人民政府房地产行政主管部门批准。在实践中，如果物业服务企业与开发商存在关联关系的，这一点往往容易被忽视，开发商通常直接与物业服务企业签订前期物业服务合同。为规避相关法律风险，开发商最好办理审批手续。

第二，对于属于业主的物业共用部位的绿地、屋顶、车位等，开发商通常会以首层送花园、顶层送露台、买房送车位等形式进行处置，这种行为实质上侵犯了属于业主的物业共用部位、共用设施设备的所有权或者使用权，开发商应谨慎为之。

第三，开发商应按照有关规定向前期物业服务企业移交相关资料。在实践中，如果物业服务企业与开发商存在关联关系，这一点往往也容易被忽视。开发商应向前期物业服务企业移交的资料主要有：竣工总平面图，单体建筑、结构、设备竣工图，配套设施、地下管网工程竣工图等竣工验收资料；共用设施设备清单及其安装、使用和维护保养等技术资料；供水、供电、供气、供热、通信、有线电视等准许使用文件;物业质量保修文件和物业使用说明文件;承接查验所必需的其他资料。

第四,开发商应按照有关法律、行政法规以及规划条件的规定,建设、配置、移交物业管理用房。一般情况下,在开发商申办预售许可时,当地房地产行政主管部门会要求开发商签订相关协议,落实物业管理用房后才能办理预售许可证。物业竣工具备交付使用条件后,开发商要按照有关规定向前期物业服务企业移交物业管理用房。物业管理用房属于业主的物业共用部位,开发商处置不当会侵犯业主的所有权或者使用权,开发商应谨慎为之。

PART 3:前期物业管理的典型案例

典型案例 94

别墅跑水地下室被淹　物业公司被判全额赔偿业主损失[①]

杨小姐系北京市顺义区某别墅业主,该房屋杨小姐尚未居住。杨小姐地下室安装有卡拉 OK 及音响系统、洗衣机 2 台、空气净化器、沙发、地毯、稳压电源以及杨小姐自北京某装饰有限公司购买的家具,该家具价格昂贵,同时具有艺术价值和欣赏价值。杨小姐与该别墅物业公司签订有独栋庭院前期物业管理服务协议,该协议约定物业公司对此房屋所在万万树小区进行物业管理,协议约定物业公司的物业管理服务范围为该小区共用部位及共用设施设备,包括在紧急情况时进入各业主自有的物业内部;物业公司的义务为保障共用设施的正常使用。物业公司对万万树小区内污水排水系统进行日常管理,并制订地下室返水处理预案。2006 年 5 月 25 日凌晨,该小区停电,并于当日恢复供电。物业公司未将停电及恢复供电的情况通知杨小姐。当日,物业公司也未及时进入杨小姐的庭院对污水井进行巡视检查。5 月 26 日早上,物业公司的工作人员在巡查过程中发现杨小姐所有别墅的污水井水位高。进入室内发现杨小姐地下室内的水深 30 厘米,该名贵家具、音响设备、地毯、壁纸底部及踢角线全部被水浸泡;物业公司的工作人员合闸接通电源后,污水泵启动并开始抽水。物业公司认可此次事故杨小姐无责任。

杨小姐认为,由于物业公司的责任导致其购买的上述房屋被淹,以致房屋内的名贵家具被浸泡并损毁。故起诉要求物业公司赔家具及物品损失 862,007 元。顺义法院认为,杨小姐与物业公司签订有物业管理服务协议,物业公司应当按照合同约定完全履行义务,保障杨小姐房屋的排水系统的正常使用。物业公司在小区发生停电及恢复供电后,未将事件及时通知杨小姐以尽到提醒杨小姐注意的义务,也未及时检查污水井,致使污水井向杨小姐地下室返水的情况发生。杨小姐地下室内的装修及室内设施被水浸泡,给杨小姐造成了巨大经济损失。对此物业公司应当承担全部责任。杨小姐购买的家具不仅单纯为了使用,同时具有艺术价值,受水浸泡后显然会造

---

① 王杨、杨旭:《别墅跑水地下室被淹　物业公司被判全额赔偿业主损失》,载中国法院网:http://www.chinacourt.org/article/detail/2009/01/id/342091.shtml,最后访问日期:2019 年 5 月 12 日。

成价值的降低。故此,物业公司应当承担杨小姐物品的全部赔偿责任,损害物品由物业公司自行处置。最后,法院判决物业公司赔偿杨小姐室内家具损失86万余元。

典型案例95

不满物业服务拒付费　业主未提供证据法院难支持[①]

2002年8月31日,北京夏都房地产公司与原告物业公司签订《前期物业服务合同》。约定北京夏都房地产公司选聘原告对延庆县某住宅小区提供前期物业管理服务。2006年,该住宅小区成立业主委员会,且委员会同意该小区按前期物业合同标准执行。原告系从事物业管理服务的企业,对住宅小区进行物业管理服务,收费标准以延庆县发展和改革委员会批复的延庆县普通居住小区物业收费标准为依据。被告叶先生系小区住户。2005年至2008年,被告接受了原告为其提供的物业管理服务,但未交纳物业管理费。原告催要多次未果,于2008年9月4日诉至法院。时先生辩称,原告并未与其签订物业服务合同,小区选聘的物业公司他不认可。根据《物业管理条例》的规定,原告服务未达到标准,原告管理不到位且收费过高,表现在:小区里小商小贩随便出入,常有丢失物品的事情发生,楼皮脱落,院内地面不平,雨天积水,雪天积雪、防盗门锁眼多次被堵。基于上述原因,他才拒绝给付物业费。

法院认为,原告系取得物业管理资质证书和企业法人营业执照的物业管理企业,对小区提供前期物业管理服务,被告作为小区的业主,实际接受了原告提供的物业管理服务。双方虽未签订书面合同,但事实上双方形成了物业服务合同关系,原告有向接受服务的业主收取相应物业费的权利。据此,法院支持其要求被告支付物业费的请求。

PART 4:前期物业管理的法律链接

法律链接

《物业管理条例》(2018年3月19日修订)

第二十一条　在业主、业主大会选聘物业服务企业之前,建设单位选聘物业服务企业的,应当签订书面的前期物业服务合同。

第二十二条　建设单位应当在销售物业之前,制定临时管理规约,对有关物业的使用、维护、管理,业主的共同利益,业主应当履行的义务,违反临时管理规约应当承担的责任等事项依法作出约定。

建设单位制定的临时管理规约,不得侵害物业买受人的合法权益。

---

① 古章阳:《不满物业服务拒付费　业主未提供证据法院难支持》,载中国法院网:http://www.chinacourt.org/article/detail/2008/11/id/332110.shtml,最后访问日期:2019年5月12日。

第二十三条 建设单位应当在物业销售前将临时管理规约向物业买受人明示,并予以说明。

物业买受人在与建设单位签订物业买卖合同时,应当对遵守临时管理规约予以书面承诺。

第二十四条 国家提倡建设单位按照房地产开发与物业管理相分离的原则,通过招投标的方式选聘具有相应资质的物业服务企业。

住宅物业的建设单位,应当通过招投标的方式选聘物业服务企业;投标人少于3个或者住宅规模较小的,经物业所在地的区、县人民政府房地产行政主管部门批准,可以采用协议方式选聘物业服务企业。

第二十五条 建设单位与物业买受人签订的买卖合同应当包含前期物业服务合同约定的内容。

第二十六条 前期物业服务合同可以约定期限;但是,期限未满、业主委员会与物业服务企业签订的物业服务合同生效的,前期物业服务合同终止。

第二十七条 业主依法享有的物业共用部位、共用设施设备的所有权或者使用权,建设单位不得擅自处分。

第二十八条 物业服务企业承接物业时,应当对物业共用部位、共用设施设备进行查验。

第二十九条 在办理物业承接验收手续时,建设单位应当向物业服务企业移交下列资料:

(一)竣工总平面图,单体建筑、结构、设备竣工图,配套设施、地下管网工程竣工图等竣工验收资料;

(二)设施设备的安装、使用和维护保养等技术资料;

(三)物业质量保修文件和物业使用说明文件;

(四)物业管理所必需的其他资料。

物业服务企业应当在前期物业服务合同终止时将上述资料移交给业主委员会。

第三十条 建设单位应当按照规定在物业管理区域内配置必要的物业管理用房。

第三十一条 建设单位应当按照国家规定的保修期限和保修范围,承担物业的保修责任。

第五十六条 违反本条例的规定,住宅物业的建设单位未通过招投标的方式选聘物业服务企业或者未经批准,擅自采用协议方式选聘物业服务企业的,由县级以上地方人民政府房地产行政主管部门责令限期改正,给予警告,可以并处10万元以下的罚款。

第五十七条 违反本条例的规定,建设单位擅自处分属于业主的物业共用部位、共用设施设备的所有权或者使用权的,由县级以上地方人民政府房地产行政主管部门处5万元以上20万元以下的罚款;给业主造成损失的,依法承担赔偿责任。

第五十八条 违反本条例的规定,不移交有关资料的,由县级以上地方人民政府房地产行政主管部门责令限期改正;逾期仍不移交有关资料的,对建设单位、物业服务企业予以通报,处1万元以上10万元以下的罚款。

第六十一条 违反本条例的规定,建设单位在物业管理区域内不按照规定配置必要的物业管理用房的,由县级以上地方人民政府房地产行政主管部门责令限期改正,给予警告,没收违法所得,并处10万元以上50万元以下的罚款。

专题二十四 物业管理

物业管理作为平等主体业主与物业服务企业之间的法律关系，由业主委托物业服务企业，由物业服务企业对管理区域内的各类物业实体及依托于此之上的相关财产权利实施维护、管理与经营。因此，本专题主要研究物业管理的法律解读和风险防控问题。

PART 1：物业管理的法律解读

法律解读151 物业管理

物业是指已经建成并竣工验收投入使用的各类房屋、建筑及其配套设施与场地。[①] 物业管理，是指业主通过选聘物业服务企业，由业主和物业服务企业按照物业服务合同约定，对房屋及配套的设施设备和相关场地进行维修、养护、管理，维护物业管理区域内的环境卫生和相关秩序的活动。[②] 在物业管理中：

1. 业主是物业管理关系的主导力量。我国物业管理实行市场化运作之后，业主作为物业管理的实际受益者和最终费用的承担者，成为物业管理关系的主导力量。

2. 物业服务企业是物业管理事务的专业执行者。物业服务企业是以营利为目的，为业主提供专业化服务为己任。物业服务企业必须具备相应的资质，拥有一定数量的专业技术人员和设备。

3. 物业管理是一种民事行为。业主与物业服务企业之间是委托与被委托关系，是平等主体之间的民事法律关系，不是行政管理法律关系。

4. 物业管理职能具有复杂化和社会化的特点。物业管理的相关主体有政府主管部门、业主、业主大会、业主委员会、物业服务企业等，在他们之间往往多种法律关系交织在一起。物业服务企业既要负责房屋及其附属设施、配套设备等硬件的维护、管理，也要承担具体社会化性质的职能，如环境、秩序的维护。

法律解读152 物业管理的内容

物业管理的主要任务是对管理区域内的各类物业实体及依托于此之上的相关财产权利实施维护、管理与经营。物业管理的内容因物业管理类型和等级的不同而有所不同。总体而言，物业管理主要涉及以下三个方面的内容：

---

① 房绍坤：《房地产法》，北京大学出版社2011年版，第215页。

② 参见《物业管理条例》第二条。

1. 管理方面。

(1)政府的行政监督管理。此管理属于行政法范畴,由公法调整。例如,物业管理市场的准入、物业服务企业的资质管理、物业服务收费及相关财务的监督管理,以及对物业管理中违法、违规行为实行行政处罚,对业主自治机构的组建指导和运作监督等。

(2)业主的自治管理。此管理属于私法范畴,由私法调整,涉及的主体有业主、业主大会、业主委员会、物业服务企业等。

(3)物业服务企业的专业管理。此管理基于平等主体的自由意志,由私法调整。它是在业主自治管理的框架内,通过业主与物业服务企业签订物业服务合同来实现,目的是以专业化的管理,进一步促进物业的良好维护,切实保证物业管理区域的发展、稳定和业主规范有序的生活秩序。此管理的内容依业主的委托范围而确定,涉及物业及配套设施的使用管理、业主公共物业财务收支管理、专项维修资金管理、区域的卫生环境管理及公共秩序管理等。

2. 服务方面。主要是物业服务企业对物业管理区域的业主及物业使用人提供常规性的公共服务。例如,对建筑主体及设施、设备进行日常保养维修、卫生保洁、绿化养护,代收代缴相关费用等。同时,物业服务企业还可以接受业主的特别委托,为业主提供专项服务或特约服务。

3. 经营方面。主要是物业服务企业接受业主委托,对物业管理区域内停车场、商业网点、广告招牌、文体休闲娱乐场所及其相关场地设施进行租赁管理,对物业管理区域内的房产的销售、转让实施中介代理,接受业主或业主大会委托代理公共积累基金的投资理财等,目的是促进物业的保值增值,创造和获取来自物业的收益。

法律解读 153 物业服务

(一)物业服务合同

物业服务合同,是指业主委员会与物业服务企业签订的,由物业服务企业提供物业管理服务,业主支付物业服务费用的合同。物业服务合同属于民事合同,物业服务企业与业主或业主委员会之间形成平等主体的民事法律关系。[①]《民法典》第九百三十七条规定:“物业服务合同是物业服务人在物业服务区域内,为业主提供建筑物及其附属设施的维修养护、环境卫生和相关秩序的管理维护等物业服务,业主支付物业费的合同。物业服务人包括物业服务企业和其他管理人。”《物业管理条例》第三十四条第一款规定:“业主委员会应当与业主大会选聘的物业服务企业订立书面的物业服务合同。”物业服务合同的当事人是业主委员会和物业服务企业。物业服务合同的委托方为合法选举产生的业主委员会,由业主委员会代表全体业主与物业服务企业签订物业服务合同。根据《物业管理条例》第十一条的规定,选聘和解聘物业服务企业应由业主共同决定,业主委员会只享有对业主大会的选聘和解聘决定的执行权。根据《物业管理条例》第十条的规定,只有一个业主的,或者业主人数较少且经全体业主一致同意,决定不成立业主大会的,由

① 最高人民法院民事审判第一庭编著:《最高人民法院建筑物区分所有权、物业服务司法解释理解与适用》,人民法院出版社 2009 年版,第 275 页。

业主共同履行业主大会、业主委员会职责。物业服务合同的受托方为依法设立的物业服务企业。《物业管理条例》第三十二条第一款规定:“从事物业管理活动的企业应当具有独立的法人资格。”物业服务合同虽然由业主委员会与物业服务企业签订,但业主委员会是代表业主与物业服务企业签订物业服务合同,对没有参加签订物业服务合同的业主也具有约束力。

《物业管理条例》第三十四条规定:“业主委员会应当与业主大会选聘的物业服务企业订立书面的物业服务合同。物业服务合同应当对物业管理事项、服务质量、服务费用、双方的权利义务、专项维修资金的管理与使用、物业管理用房、合同期限、违约责任等内容进行约定。”在实践中,物业服务合同的内容具体由业主委员会与物业服务企业之间进行约定,但是不得损害业主的合法权益。物业服务合同可因下列原因而终止:物业服务合同约定的物业服务期限届满,双方又没有续签合同的;当出现法定解除事由或约定解除事由时,物业服务企业或业主委员会解除物业服务合同的;因不可抗力致使物业服务合同的目的不能实现的;物业服务企业依法被撤销、解散或者被宣告破产时,物业服务合同也自然终止。

(二)物业服务企业的义务

1. 物业服务企业的义务和责任。《物业管理条例》第三十五条规定:“物业服务企业应当按照物业服务合同的约定,提供相应的服务。物业服务企业未能履行物业服务合同的约定,导致业主人身、财产安全受到损害的,应当依法承担相应的法律责任。”物业服务企业的义务主要包括:

(1)房屋共用部位的维修、养护与管理;

(2)房屋共用设施设备的维修、养护与管理;

(3)物业管理区域内共用设施设备的维修、养护与管理;

(4)物业管理区域内的环境卫生与绿化管理服务;

(5)物业区域内公共秩序、消防、交通等协管事项服务;

(6)物业装饰装修管理服务;

(7)物业档案资料的管理;

(8)专项维修资金的代管服务等公共性服务。

物业服务企业不履行合同的约定,应承担违约责任。如果物业服务企业的行为既符合违约责任的构成要件,也符合侵权责任的构成要件,受害人可以选择物业服务企业承担违约责任或者侵权责任。

2. 接管与验收义务。《物业管理条例》第三十六条规定:“物业服务企业承接物业时,应当与业主委员会办理物业验收手续。业主委员会应当向物业服务企业移交本条例第二十九条第一款规定的资料。”本条是关于物业服务企业接管与验收义务的规定。与《物业管理条例》第二十九条规定的前期物业接管与验收不同,本条指的是正式接管与验收的规定。前期物业接管与验收发生在物业服务企业与建设单位之间;正式接管与验收发生在物业服务企业与业主委员会之间,是前期物业管理服务合同终止后发生的接管与验收。业主委员会需要向物业服务企业移交的资料主要包括:物业权属资料和技术资料,包括竣工验收资料、设备设施的安装、使用和维护保养资料、物业质量保修文件、物业使用说明文件等。

3. 不得擅自改变物业管理用房的用途。《物业管理条例》第三十七条规定:“物业管理用房的所有权依法属于业主。未经业主大会同意,物业服务企业不得改变物业管理用房的用途。"本条是关于物业管理用房的规定。物业管理用房主要用于物业管理活动,一般包括物业办公用房、物业清洁用房、物业储藏用房、业主委员会活动用房等。物业管理用房虽然由开发商按照法律规定进行配建,但所有权依法属于全体业主,开发商不能对物业管理用房随意处分。物业服务企业对物业管理用房也只享有使用权,且只能出于物业管理目的,不得将物业管理用房用于非物业管理用途。

4. 合同终止后的返还及交接义务。《物业管理条例》第三十八条规定:"物业服务合同终止时,物业服务企业应当将物业管理用房和本条例第二十九条第一款规定的资料交还给业主委员会。物业服务合同终止时,业主大会选聘了新的物业服务企业的,物业服务企业之间应当做好交接工作。"本条是关于合同终止时物业服务企业的返还及交接义务。物业服务合同终止时,物业服务企业应当退出物业服务区域,将物业管理用房和相关资料交还给业主委员会。如果业主大会选聘了新的物业服务企业,物业服务企业之间应当做好交接工作。如果物业服务企业不移交资料,业主委员会有权提起诉讼。对于物业服务企业预收的物业服务费,物业服务合同终止后尚未提供物业服务的,业主可以要求物业服务企业退还。

5. 对违法行为的制止、报告义务。《物业管理条例》第四十五条规定:"对物业管理区域内违反有关治安、环保、物业装饰装修和使用等方面法律、法规规定的行为,物业服务企业应当制止,并及时向有关行政管理部门报告。有关行政管理部门在接到物业服务企业的报告后,应当依法对违法行为予以制止或者依法处理。"本条是关于物业服务企业对违法行为的制止和报告义务的规定。物业服务企业对业主负有人身与财产的安全保障义务,对于物业管理区域内违反有关治安、环保、物业装饰装修和使用等方面法律、法规规定的行为,物业服务企业应当及时制止,如果物业服务企业不及时制止导致业主受到损害的,应当承担赔偿的责任。物业服务企业没有强制执行权,因此必须及时向有关行政管理部门报告,由有关部门依法处理。

6. 安全防范义务。《物业管理条例》第四十六条规定:"物业服务企业应当协助做好物业管理区域内的安全防范工作。发生安全事故时,物业服务企业在采取应急措施的同时,应当及时向有关行政管理部门报告,协助做好救助工作。物业服务企业雇请保安人员的,应当遵守国家有关规定。保安人员在维护物业管理区域内的公共秩序时,应当履行职责,不得侵害公民的合法权益。"本条是关于物业服务企业安全防范义务的规定。物业服务企业对业主负有人身与财产的安全保障义务,应当协助做好物业管理区域内的安全防范工作,主要包括消防管理和小区治安管理两个部分。

法律解读 154 物业服务收费

(一)物业管理经营方式

我国物业管理经营方式主要有承包制、薪金制。另外,还有承包和佣金相结合的组合方式,但不多见。根据《物业服务收费管理办法》第九条的规定,包干制,是指由业主向物业管理企业支付固定物业服务费用,盈余或者亏损均由物业管理企业享有或者承担的物业服务计费方式;酬金制，是指在预收的物业服务资金中按约定比例或者约定数额提取酬金支付给物业管理企业，其余全部用于物业服务合同约定的支出，结余或者不足均由业主享有或者承担的物业服务计费方式。

（二）物业服务收费

根据《物业服务收费管理办法》第二条的规定，物业服务收费，是指物业管理企业按照物业服务合同的约定，对房屋及配套的设施设备和相关场地进行维修、养护、管理，维护相关区域内的环境卫生和秩序，向业主所收取的费用。广义的物业服务费用包括以下四种：

第一种，是物业服务企业按照政府指导价或市场调节价，根据其与业主委员会签订的物业服务合同约定，对房屋及配套的设施设备和相关场地进行维修、养护、管理，维护相关区域内的环境卫生和秩序，而向业主和物业使用人所收取的物业服务费用，一般包括综合管理服务费用和停车管理费用。

第二种，是物业服务企业在物业服务合同约定以外，为业主和物业使用人提供特约服务、专项服务而由双方协商确定或依物价管理部门收费标准确定收取的其他服务费用。

第三种，是在某些特殊情况下开展物业管理所必需的其他特别费用，如装修的垃圾清运费，这些费用往往不包括在日常的物业服务费中，而是由物业服务企业另行收取。

第四种，是根据法律法规规定或业主大会决议而收取的用于物业公共维修养护的专项维修资金以及其他用于维持物业公共管理的费用。狭义的物业服务费用专指上述第一种费用，如无特殊说明，本书所指物业服务收费一般也指狭义的物业服务费用。

《物业服务收费管理办法》第十一条规定："实行物业服务费用包干制的，物业服务费用的构成包括物业服务成本、法定税费和物业管理企业的利润。实行物业服务费用酬金制的，预收的物业服务资金包括物业服务支出和物业管理企业的酬金。物业服务成本或者物业服务支出构成一般包括以下部分：1. 管理服务人员的工资、社会保险和按规定提取的福利费等；2. 物业共用部位、共用设施设备的日常运行、维护费用；3. 物业管理区域清洁卫生费用；4. 物业管理区域绿化养护费用；5. 物业管理区域秩序维护费用；6. 办公费用；7. 物业管理企业固定资产折旧；8. 物业共用部位、共用设施设备及公众责任保险费用；9. 经业主同意的其他费用。物业共用部位、共用设施设备的大修、中修和更新、改造费用，应当通过专项维修资金予以列支，不得计入物业服务支出或者物业服务成本。"另外，停车费的收取比较特殊。停车费的构成包括停车的管理费用、车辆的保管费用、车位的使用费用。物业服务企业收取的一般是停车管理费用和保管费用，收费标准一般应有物价管理部门的核定文件或物业服务合同的约定。车位的使用费用则与车位的所有权或使用权相关联，由车位所有权人或使用权人收取。

（三）物业服务收费的确定

物业服务收费应当遵循合理、公开以及费用与服务水平相适应的原则。物业服务收费应当区分不同物业的性质和特点分别实行政府指导价和市场调节价。具体定价形式由省、自治区、直辖市人民政府价格主管部门会同房地产行政主管部门确定。物业服务收费实行政府指导价的，有定价权限的人民政府价格主管部门应当会同房地产行政主管部门根据物业管理服务等级标准等因素，制定相应的基准价及其浮动幅度，并定期公布。具体收费标准由业主与物业管理企业根据规定的基准价和浮动幅度在物业服务合同中约定。实行市场调节价的物业服务收费,由业主与物业管理企业在物业服务合同中约定。

在实践中,政府指导价一般是由市、县价格主管部门会同物业管理主管部门负责制定(发改委和住建局)。政府指导价一般区分普通住宅和非普通住宅、电梯房和非电梯房,制定相应的物业公共服务等级收费基准价和分项目收费基准价及浮动幅度。前期物业服务由开发商通过招标投标确定前期物业服务企业,根据政府指导价的基准价和浮动幅度确定前期物业收费标准,在签订的物业服务合同中明确收费标准,并由买受人在商品房买卖合同中予以确认。因此,各地一般规定前期物业服务收费标准不得超过当地政府的指导价。同时,前期物业服务企业应当将物业管理企业的服务内容、标准和收费项目、标准报物价管理部门备案。业主大会成立后,由业主大会或业主委员会与物业服务企业根据政府指导价的基准价和浮动幅度协商确定物业收费标准,并在物业服务合同中进行约定。另外,电梯费的收取比较特殊。有的地方的政府指导价区分电梯房和非电梯房实行不同指导价,有的地方则是统一指导价,另外指定电梯运行维护费用指导价。电梯运行维护费用主要包括电梯的维护费用和运行费用,运行费用主要涉及电梯的电费分摊。物业服务费用中是否包含电梯运行维护费用,主要取决于物业服务合同的具体约定。在实务中,关于电梯运行维护费的争议主要有两点:一是电梯起始层住户该不该交电梯费用?二是应实行带电梯住户统一分摊费用还是应实行分层计缴不同费用?目前,有的地方规定住宅楼的电梯起始层用户不承担电梯运行费,也有一些小区物业服务合同约定一楼不交电梯费。从"谁受益、谁担责"的角度来讲,电梯起始层或楼层低的业主不承担或少承担电梯运行维护费用比较合理,具体还是取决于当地政府指导价的规定以及物业服务合同的约定。

另外,需要注意物业服务收费的备案和明码标价问题。各地物业地方法规、规章一般规定物业服务收费项目和标准应当报当地物价管理部门备案。根据《物业服务收费明码标价规定》的规定:①(1)物业管理企业向业主提供服务(包括按照物业服务合同约定提供物业服务以及根据业主委托提供物业服务合同约定以外的服务),应当按照本规定实行明码标价,标明服务项目、收费标准等有关情况。(2)物业服务收费明码标价的内容包括:物业管理企业名称、收费对象、服务内容、服务标准、计费方式、计费起始时间、收费项目、收费标准、价格管理形式、收费依据、价格举报电话12358等。实行政府指导价的物业服务收费应当同时标明基准收费标准、浮动幅度,以及实际收费标准。(3)物业管理企业在其服务区域内的显著位置或收费地点,可采取公示栏、公示牌、收费表、收费清单、收费手册、多媒体终端查询等方式实行明码标价。(4)物业管理企业接受委托代收供水、供电、供气、供热、通信、有线电视等有关费用的,也应当依照本规定第六条、第七条的有关内容和方式实行明码标价。

(四)物业服务费用的交纳

对于业主及物业使用人来讲,交纳物业服务费用既是其最主要的法定义务,也是其最主要的合同约定的义务。根据《物业管理条例》第四十一条,《物业服务收费管理办法》第十五条、第十六条的规定:

① 参见《物业服务收费明码标价规定》第二条、第六条、第七条、第八条。

1. 交纳物业服务费是业主的基本义务。根据物业服务合同的约定，物业服务企业应当向业主提供约定的服务内容，而业主则具有向物业服务企业交纳服务费用的义务。

2. 如果业主将物业交予他人使用时，由于物业使用人并非物业服务合同的当事人，不负有交纳服务费的义务。但是，如果业主与物业使用人约定由物业使用人交纳物业服务费用的，物业管理企业应当受领不得拒绝，否则会构成受领迟延。① 如果物业使用人不按约定交纳物业服务费用的，物业服务企业无权直接向物业使用人催交费用，只能向业主主张权利。

3. 纳入物业管理范围的已竣工但尚未出售，或者因开发建设单位原因未按时交给物业买受人的物业，物业服务费用或者物业服务资金由开发建设单位全额交纳。

（五）物业代收代缴费用

《物业管理条例》第四十四条规定："物业管理区域内，供水、供电、供气、供热、通信、有线电视等单位应当向最终用户收取有关费用。物业服务企业接受委托代收前款费用的，不得向业主收取手续费等额外费用。"《物业服务收费管理办法》第十七条规定："物业管理区域内，供水、供电、供气、供热、通讯、有线电视等单位应当向最终用户收取有关费用。物业管理企业接受委托代收上述费用的，可向委托单位收取手续费，不得向业主收取手续费等额外费用。"公共代办性服务费用，是指供水、供电、供气、供暖、通信、有线等单位应当向用户收取的费用。物业服务企业可以接受上述单位的委托代收费用，但不得向业主收取手续费等额外费用。

（六）物业财务账目公开

在物业财务监督中，物业服务企业财务账目的公开问题始终是一个焦点争议问题。目前，我国法律、行政法规虽然规定了业主享有知情权，但没有明确具体规定物业服务企业的账目公开问题。对于物业财务账目公开问题，要依具体委托管理方式的不同而不同，不能简单地一律公开或一律不公开。对于实行薪金制的，收取的物业服务费用及支出除物业服务企业本身的酬金外均属于代管性质，物业服务企业必须按照合同的约定公开财务账目，并接受业主、业主委员会的监督。对于实行承包制的，物业服务企业具有自主经营权、自负盈亏，业主不能要求物业服务企业公开其所有的收支财务账目。物业服务企业只需向业主大会或全体业主公布物业服务资金年度预算、决算以及涉及业主共用设施设备费用分摊、公共水电费分摊、代收代缴费用的情况等。对于业主专项维修资金的开支情况，无论哪种经营方式都必须向业主公开。

法律解读155　物业管理的双重法律性质

首先，物业管理具有私权性质（以建筑物区分所有为主的物的管理）。物业管理的对象是"物业"。物业作为一种财产，物业权利的本质是物权，体现了物业权利人对特定物业的直接支配和排他的权利，体现了人与物之间的关系，具有私权性质。物业本身的私权性质，决定了物业管理更多体现为由民法调整的平等主体之间的私权法律关系，体现了平等主体之间的意思自治。物业管理的过程，实际上就是协调一个物业管理区域内的业主建筑物区分所有权法律关系的过

① 国务院法制办编：《物业管理条例注解与配套》，中国法制出版社2008年版，第42页。

程,即便是对公共部位、公共设备及设施的管理,仍不改变其本质上的私权性质。在实践中,一些物业服务企业,特别是由原房管所改制而来的物业企业,不尊重业主的私权自治,自觉不自觉地以管理者的身份自居,动辄对业主进行罚款、断水、断电,导致自身角色定位差错,与业主之间矛盾纠纷突出,造成了社会的不稳定。

其次,物业管理具有公共属性(以业主共同事务为目标的"人与秩序"管理)。物业是一个包括建筑物本体、附属设备设施、区域道路、绿化、场地等在内的一定空间环境范围的集合体,具有社区人文与环境的公益性,这就决定物业管理具有社会化的特征。物业管理在不同程度上承担了某些社会管理的职能,政府在一定程度上也必须介入管理。当然,这种介入不是具体、直接的干预,而是以指导为主,目的是加强物业公共秩序管理和社区建设的指导和监督,以强调和突出物业管理的公共服务为宗旨。同时,物业管理的服务对象是人,物业管理需要协调好物业管理区域内业主、物业使用人、物业服务企业及有关行政管理机关等法律主体之间的关系,以形成和维护物业管理区域内的和谐秩序。

法律解读 156　物业管理法律关系

物业管理是涉及政府行政主管部门、开发商、物业服务企业、业主、物业使用人、业主大会、业主委员会等多方法律主体在内的一系列错综复杂的法律关系,既有民事法律关系,又有行政法律关系,如触及刑律的还包括刑事法律关系。

(一)物业管理的内部法律关系

物业管理的内部法律关系,是指一个物业管理区域内的业主内部,因对物业占有、使用、收益、处分而产生的法律关系,主要是民事法律关系。一是业主与业主之间,单个业主与全体业主之间,业主与物业使用人之间与物业产权相关的各种法律关系。此类法律关系是基于建筑物区分所有权而产生的法律关系。二是业主与业主管理团体之间基于自治而产生的管理与协作关系。业主与业主管理机构之间、业主大会、业主委员会相互之间基于共有权和管理权而结成的带有相互协作和相互制约性质的法律关系。

(二)物业管理的外部法律关系

物业管理的外部法律关系,是指参与物业管理的各方主体与业主、业主管理团体之间产生的法律关系,主要是民事法律关系和行政法律关系。一是业主与建设单位之间的买卖合同关系,是基于商品房买卖合同形成的民事法律关系。二是业主、业主管理团体与物业服务企业的委托合同关系,是基于物业服务合同形成民事法律关系。三是物业管理区域内的业主、业主管理团体、物业服务企业与行政管理机关之间的行政管理关系,是基于物业行政管理形成的行政法律关系。

此外,物业管理还涉及其他一些外部法律关系,包括建设单位与物业服务企业的关系、建设单位与相关行政管理部门的关系、物业服务企业与专业服务公司的关系、物业服务企业与供水、供电、供气、供暖、通信等市政单位之间的关系,业主大会、业主委员会、物业服务企业与居委会之间的关系等。

法律解读157 物业服务合同的法律性质

物业服务合同是平等主体之间的民事法律关系，适用《民法典》的一般规定。对于物业服务的性质有不同的观点：认为物业服务合同是无名合同、雇佣合同、服务合同、保管合同、委托合同、代理合同等。其中比较典型的是认为物业服务合同是委托合同："业主作为物业服务合同委托方，将物业管理事项委托给物业管理企业，物业管理企业接受委托实施物业管理并收取报酬。"①笔者认为，物业服务合同是一种独立的新类型合同。虽然物业服务合同与委托合同相似，但与委托合同有本质的区别，主要体现在以下几个方面：

1. 处理事务的主体不同。委托合同主体是委托人与受托人，受托人应按照委托人的指示以委托人的名义处理委托事务，产生的法律后果由委托人承担；物业服务合同主体是业主和物业服务企业，物业服务企业是企业法人，根据合同的约定以自己的名义开展业务，并独立承担对外法律后果。

2. 合同的解除不同。委托人或者受托人可以随时解除委托合同，而物业服务合同除非合同约定的解除条件外，双方都不得随意解除物业服务合同。

3. 合同的性质不同。委托合同有有偿合同、无偿合同之分；物业服务合同是有偿合同。委托合同可以采用书面、口头或者其他形式，是诺成合同、非要式合同；物业服务合同应当采用书面形式，是要式合同。

法律解读158 物业服务纠纷的处理

（一）物业纠纷处理机制

1. 通过协商解决；

2. 通过调解解决；

3. 通过行政途径解决；

4. 通过仲裁或诉讼解决。

（二）诉讼主体方面

1. 业主物业使用人作为诉讼主体的情形。业主依法有权以自己的名义提起诉讼，物业服务企业不得以业主与其没有签订书面合同而对业主的诉讼主体地位提出抗辩；业主委员会已经作为原告提起诉讼的，单个或部分业主一般情况下不得再要求作为共同原告参加诉讼；业主委员会起诉且法院已经受理后，单个或部分业主也不得以相同的事实和理由起诉；物业服务企业涉及侵害单个业主或部分业主权益的，认为权益受到侵害的单个业主或部分业主提起诉讼，以提起诉讼的业主作为原告；物业服务企业涉及侵害全体业主共同权益，业主委员会怠于行使诉讼权利，部分业主提起诉讼的，以该部分业主作为原告，其他业主不反对的，法院的裁判结果对该物业管理区域内的其他业主具有约束力。物业使用人与物业服务企业直接签订物业服务合同或物业使用

① 王家福：《物业管理条例释解》，中国物价出版社2003年版，第82页。

人接受物业服务、与物业服务企业形成事实上的物业服务关系的,业主与物业使用人约定由物业使用人交纳物业服务费用的,或者物业使用人违反物业管理法规、管理规约规定的,物业使用人可以作为诉讼当事人。

2. 业主委员会作为诉讼主体的情形。经过有关行政管理部门备案的业主委员会,经业主大会授权,在下列情况下,可以作为诉讼主体参加诉讼:建设单位未依照《物业管理条例》等法规规定移交竣工总平面图等物业管理资料,未依法提供配套共用设施、设备、公共部位及物业管理用房或其他依约定应移交的用房,未依法划拨代收的专项维修资金;或者提供的配套共用设施、设备等不符合法定标准或约定标准的;物业服务企业违反合同约定损害全体业主共同权益的;业主大会决定解除前期物业服务合同、终止合同权利义务而物业服务企业拒绝退出的;物业服务合同终止时,物业服务企业拒绝将物业管理用房和有关资料移交给业主委员会的;其他侵犯全体业主公共物业财产权益情形的。业主委员会如有下列情形,也可以成为被告:因拒绝或拖延与业主大会决定聘请的物业服务企业签订物业服务合同;因履行物业服务合同不符合约定;因其他涉及业主共同利益的事项而发生的物管纠纷。但物业服务企业不得以业主违反物业服务合同约定而起诉业主委员会或要求将业主委员会列为共同被告。业主委员会以业主与房地产开发企业签订的商品房买卖合同约定的权利未兑现为由提起诉讼的,其诉讼主体不适格。

3. 物业服务企业作为诉讼主体的情形。已经领取营业执照的物业服务企业,不论是否具备法人资格或者是否领取资质证书,均可作为当事人参加诉讼。尚未领取营业执照的物业服务企业在进行物业服务过程中发生纠纷的,由开办或者设立物业服务企业的人作为当事人参加诉讼。

法律解读 159　物业服务合同的效力

(一)物业服务合同的效力

物业服务合同的效力,是指依法成立的物业服务合同在当事人之间产生的法律拘束力,反映了法律对当事人之间合意的评价。如果物业服务合同不具备法律规定的生效要件,则物业服务合同不能成立。欠缺合同生效要件的物业服务合同包括效力待定的物业服务合同、无效物业服务合同、可撤销物业服务合同等形态。

(二)无效物业服务合同

无效物业服务合同,除适用《民法典》关于无效合同的一般性规定之外,还应当适用物业服务法律、行政法规及司法解释的特殊规定。根据《民法典》第一百五十三条第一款的规定,违反法律、行政法规的强制性规定的民事法律行为无效。人民法院确认合同无效,应当以全国人大及其常委会制定的法律和国务院制定的行政法规为依据,不得以地方性法规、行政规章为依据。符合下列条件之一的,物业服务合同一般应认定为无效,或其所涉及的条款应认定为无效:

1. 未依法选举成立却以业主委员会或业主大会的名义与物业服务企业签订合同,在诉讼前仍未取得业主委员会合法资格并获得合法授权的;

2. 业主委员会未经物业管理区域内全体业主所持投票权达到法定比例以上授权同意,擅自与物业服务企业签订合同,业主大会不予追认的;

3. 物业服务企业与业主委员会恶意串通，签订损害全体业主合法权益物业服务合同的；

4. 物业服务企业违反《物业管理条例》等规定，擅自将物业管理区域内的物业管理服务项目全部转让给第三人，或者未经业主大会同意，将物业服务合同约定不允许转让的管理服务项目转让给第三人，与第三人签订转让合同的；

5. 建设单位在物业管理区域已达到成立业主大会条件或在业主大会、业主委员会成立后，仍以自己名义与物业服务企业签订物业服务合同的；

6. 必须进行招标的前期物业管理项目，建设单位未进行招标或者中标无效的；

7. 商品房销售合同或者前期物业服务合同约定的关于物业服务企业和物业服务条款，排除业主自主选择物业服务企业、商定物业费用权利及其他主要权利的；

8. 建设单位在前期物业服务合同中擅自约定处分业主依法享有的物业共用部位、共用设施设备的所有权和使用权，业主不予追认的，或者建设单位与前期物业服务企业恶意串通，签订损害全体业主其他合法权益的；

9. 前期物业服务合同签订后，或者建设单位与物业买受人签订的买卖合同已经包含前期物业服务合同内容的，建设单位未经业主同意擅自将该物业服务项目全部转让给第三人，并与第三人签订转让合同的；

10. 前期物业服务合同包含免除建设单位或物业服务企业责任、加重业主责任条款的。

依法定程序成立但未备案的业主委员会与物业服务企业签订合同，如果其选聘和签订合同已经过业主大会依法授权，并且符合合同其他生效要件的，一般不应认定为无效。业主委员会未经法定比例投票权业主授权同意，擅自与物业服务企业签订合同，在诉讼前经业主大会决议追认的，一般也不应认定为无效。业主委员会经法定比例投票权业主授权同意与物业服务企业签订合同后，不赞同决议意见的业主不得以合同违背其真实意愿而主张合同无效。

（三）物业合同无效的法律后果

合同被确认无效后，物业服务企业可以请求业主参照合同约定支付必要的物业服务费用或服务管理开支。无法确定费用数额的，物业服务企业可以请求业主按照当地政府价格主管部门核定的最低价格支付物业服务费用。业主或建设单位对合同无效有过错的，也应承担相应的民事责任。如果仅仅是合同的相关条款无效的，不影响合同约定的其他条款的效力。

法律解读 160 物业收费纠纷的处理

在物业服务合同履行过程中，最为常见、多发的纠纷是物业收费纠纷。物业收费纠纷涉及多项内容，如因收费标准产生的纠纷、公共水电费公摊产生的纠纷、物业服务企业收取装修押金产生的纠纷、因物业服务不到位拒交物业费的纠纷、因拖欠物业费产生的纠纷、因房屋存在质量问题拒交物业费的纠纷、因专项维修资金使用产生的纠纷等。

（一）业主逾期不交纳物业服务费用纠纷的处理

业主交纳物业服务费用既是业主最主要的法定义务，也是业主最主要的合同约定的义务。业主逾期不交纳物业服务费用，业主应按照物业服务合同的约定承担违约责任。业主不得以前期物业服务合同系开发商或物业服务合同系业主委员会签订,自己并不知情为由拒交物业服务费用。业主与物业使用人约定由物业使用人交纳物业服务费用,而物业使用人拒绝或拖延交纳的,业主应承担连带责任。根据《物业管理条例》第六十七条的规定,经业主委员会督促业主在规定时间内交纳后,其仍拒绝交纳的,物业服务企业可以向人民法院起诉。

(二)物业服务企业服务不到位,业主能否主张拒交、减交或缓交物业费用

在实践中,由于业主、物业服务企业对物业管理服务标准认识不同,且物业服务合同对物业服务企业的义务约定较为概括,一旦出现物业管理服务问题,业主通常会采取拒绝交纳合同约定的物业服务费用方式进行抗议。一般情况下,单个或部分业主不得以物业管理服务不到位为由而擅自拒交物业服务费用。但是,如果物业服务企业未履行服务、管理职责或者物业服务企业提供的服务项目和质量与合同约定标准差距明显,且为业主大会或多数业主所确认的,或者物业服务企业擅自扩大收费范围、提高收费标准、重复收费的,或者有确切证据证明物业服务企业有经营状况严重恶化、严重丧失商业信誉、丧失或者可能丧失履行合同能力等情况的,业主可以行使抗辩权,少交、减交或不交物业服务费。物业服务企业履行服务合同确有部分瑕疵,但其收费项目无法明确区分的,业主一方提出减少物业服务费的,法院可以根据物业管理服务的内容、质量,确定相应的物业服务费,业主依此补交物业服务费,无须支付滞纳金。业主行使抗辩权必须适度,其不付、少付、减付的金额一般应与物业服务企业的服务瑕疵成比例。

(三)业主能否以房屋存在质量问题拒交物业服务费用

在物业管理实践中,经常出现业主因房屋质量问题与开发商协商不成,转而拒交物业服务费用的情形,特别是物业服务企业系开发商投资或控股企业的情况下尤为突出。开发商与业主之间存在的是商品房买卖合同关系,因房屋存在质量问题的,业主应向开发商要求承担违约责任。业主与物业服务企业之间存在的是物业服务合同关系,业主不得以房屋质量问题拒交物业服务费用。因此,业主以房屋质量问题为由拒交物业服务费用违背了合同相对性原则,应向物业服务企业承担违约责任。

(四)物业服务企业能否采取停水、停电措施催交物业服务费用

在物业管理实践中,物业服务企业往往受有关单位委托代收水费、电费、暖气费、燃气费等,一旦业主逾期不交纳物业服务费用,物业服务企业就采取停水、停电、停暖、停气等措施催交物业服务费用。物业服务企业不是供应和管理水、电、暖、气的单位,其只是代收代付性质。在没有法定或授权的情况下,物业服务企业不得采取停水、停电、停暖、停气等措施催交物业服务费用。否则,物业服务企业不仅构成违约责任,而且有可能构成侵权责任,应承担相应的法律责任。

(五)建设单位能否赠送或免收物业服务费用

在实践中,开发商为了促销赠送业主一定期限的物业服务费用,或者因房屋质量等问题与业主发生纠纷时以免收一定期限的物业服务费用解决纠纷。开发商与物业服务企业签订的是前期物业服务合同,一旦业主大会成立并选聘新的物业服务企业,前期物业服务合同就告终止。由于物业服务合同与商品房买卖合同是两个不同的合同法律关系,开发商无权赠送或免收物业服务费用。开发商赠送或免收物业服务费用可以视同开发商替业主向物业服务企业交纳物业服务费用。如果物业服务企业是开发商的独资、控股或关联企业,此问题比较突出,也比较好解决。如

果物业服务企业与开发商无任何关联关系，或者出现物业服务企业更替时，比较容易发生纠纷。

（六）交房时开发商能否以业主拒交物业服务费用为由拒绝交付房屋

在实践中，物业服务企业会要求业主一次性交纳一年以上的物业服务费用，否则开发商就会以此为由拒绝交付房屋。物业服务合同和商品房买卖合同是两个不同的法律关系，交付房屋是商品房买卖合同约定的开发商应当履行的合同义务，交纳物业服务费用是物业服务合同约定的业主应当履行的合同义务。如果开发商以业主拒交物业服务费用为由拒绝交付房屋，导致开发商向业主延期交付房屋的，开发商应向业主承担逾期交房的违约责任。因此，开发商无权将交付房屋与交纳物业服务费用直接挂钩。

法律解读 161　物业管理区域内车辆毁损丢失纠纷的处理

在实践中，物业管理区域内的车辆毁损丢失常有发生，也极易发生纠纷。《物业管理条例》及其他物业法规没有规定物业服务企业将物业管理区域内的车辆是否应尽保管义务。物业服务企业对物业管理区域内车辆毁损、丢失应承担何种责任？首先，要看物业服务企业与车主之间是否形成保管合同关系；其次，需要进一步考察物业服务企业对车辆管理是什么性质的管理。

（一）保管合同关系

《民法典》第八百八十八条第一款规定："保管合同是保管人保管寄存人交付的保管物，并返还该物的合同。"如果物业服务企业与车主之间形成车辆保管合同关系，一旦发生车辆毁损丢失，物业服务企业作为保管人应区分不同情况承担保管合同的风险责任：

1. 车辆的毁损丢失是由于不可抗力原因引起的，物业服务企业不承担责任。

2. 因物业服务企业保管不善造成车辆丢失或毁损的，如果是有偿保管，物业服务企业应当承当损害赔偿责任；如果是无偿保管，物业服务企业能够证明自己没有重大过失的，可不承担损害赔偿责任。

3. 保管期间届满，车主未及时取走车辆的，物业服务企业不承担车辆毁损丢失的损害赔偿责任。

（二）租赁合同关系

《民法典》第七百零三条规定："租赁合同是出租人将租赁物交付承租人使用、收益，承租人支付租金的合同。"如果物业服务合同约定，由业主或业主大会授权物业服务企业将物业管理区域内的一定场地作为车辆停放场地出租，物业服务企业独立承包经营时与车主之间形成场地租赁关系。如果物业服务企业未能保证该场地符合车辆停放用途而造成车辆毁损丢失的，应承担损害赔偿责任。

（三）一般停放管理

如果物业服务企业与车主之间不存在保管、租赁关系，物业服务企业也没有收取保管或租赁费，而只是出于物业管理区域公共秩序管理的需要，要求车主将车辆按指定位置有序停放，在此种情形下，如果发生车辆毁损丢失，只有车主有足够证据证明物业服务企业没有按照合同约定尽到安全防范的附随义务，或者没有尽到侵权法上的合理范围内的注意义务，才能根据物业服务企业的过错程度、收费情况等因素,要求物业服务企业按其过错承担相应的损害赔偿责任。

法律解读162 物业安全义务纠纷的处理

物业管理中的安全问题既是物业管理中的重要方面,也是业主最为关注的一个问题。所谓安全,既包括业主的人身安全,也包括业主的财产安全。近年来,业主或物业使用人因人身和财产损害而产生的纠纷日益增多。物业服务企业负有怎样的安全义务,应该承担怎么样的安全责任?对此,业主和物业服务企业各执一词。多数业主认为物业服务企业对业主的人身财产负有严格的安全保障义务,对物业管理区域内发生的人身、财产损害,物业服务企业应负全责。而物业服务企业则认为在实施物业管理服务的过程中,其只履行有限的注意义务,只负责小区安全的一般性防范,而不是绝对的安全保障义务。对此,要根据物业管理的特征,通过分析物业服务企业管理中所负有的安全义务的法律性质进行分析判断。

(一)物业服务企业所负有的安全义务的法律性质

安全保障义务,又称保护义务、安全注意义务,是指从事住宿、餐饮、娱乐等经营活动或者其他社会活动的自然人、法人、其他组织,应采取措施,在合理限度范围内,注意保护与其有某种特殊联系的人免受人身、财产损害的义务。《物业管理条例》第四十六条规定:“物业服务企业应当协助做好物业管理区域内的安全防范工作。发生安全事故时,物业服务企业在采取应急措施的同时,应当及时向有关行政管理部门报告,协助做好救助工作。物业服务企业雇请保安人员的,应当遵守国家有关规定。保安人员在维护物业管理区域内的公共秩序时,应当履行职责,不得侵害公民的合法权益。”根据该条规定,物业服务企业主要是配合与协助的义务,主要包括三个方面的责任:

1. 预防责任,即对物业管理区域内可能产生的违反治安、环保、物业安全使用要求的行为采取事前的预防措施,防止其发生。

2. 应急责任,即在发生安全事故时,物业服务企业应采取应急措施,防止事故扩大化。

3. 报告责任,即出现安全隐患或问题时,物业服务企业应当及时向有关行政管理部门报告,协助做好救助工作。这种预防性、自治性和辅助性的安全义务虽为法定义务,但不足以表明法规为物业服务企业规定了严格的安全保障义务。

有观点认为,将物业服务企业的安全义务定性为合同义务比较妥当。业主与物业服务企业之间签订有物业服务合同,对双方当事人有法律约束力。业主履行交纳物业服务费的义务后,物业服务企业应当履行约定的义务,对业主的人身和财产负安全保障义务。物业服务企业所负的安全义务,既可能是合同的主义务或从义务,也可能是附随义务,主要取决于物业服务合同中的具体约定。在实践中,物业服务合同一般不会对安全义务作出详尽的约定,或者虽然有约定但不明确。在这种情况下,物业服务企业的安全义务主要还是附随义务。

(二)物业服务企业应承担的法律责任类型

《物业管理条例》第三十五条第二款规定:“物业服务企业未能履行物业服务合同的约定,导致业主人身、财产安全受到损害的,应当依法承担相应的法律责任。”该规定明确了物业服务企业应承担责任的情形,但没有明确物业服务企业承担的是侵权责任还是违约责任。从民法角度看,在物业服务企业依据物业服务合同提供物业管理服务的过程中,无论是其自身的行为还是第三人的行为导致业主或物业使用人人身财产损害的,只要物业服务企业违反物业服务合同约定的安全义务,不论违反的是主合同义务还是合同附随义务,都可以产生违约责任。如果没有违反物业服务合同约定的义务,则不需要承担违约责任。从侵权法角度看,物业服务企业也可能构成侵权。因当事人一方的违约行为,侵害对方人身、财产权益的,受损害方有权选择依照本法要求其承担违约责任或者依照其他法律要求其承担侵权责任。物业服务企业违反合同义务、存在过错造成业主或物业使用人的损害,可以认为是一种广义上的特殊侵权,可以要求物业服务企业承担侵权责任。

物业服务企业的安全保障义务可分为直接责任和补充责任。直接责任,是指物业服务企业没有履行依据合同约定和法律规定应当履行的义务,导致损害结果发生应当承担的责任。一般情况下,物业服务企业根据其提供的门卫值班记录、小区巡逻记录、外来车辆登记记录以及外来人员登记记录的记载,证明其每天都有安排值班、巡逻,并对外来车辆和人员进行登记的,应认为物业服务公司已经履行了其应当履行的安全保障义务,不应当承担直接责任。《民法典》第一千一百七十五条规定:"损害是因第三人造成的,第三人应当承担侵权责任。"在案件侦破之前,可以由物业服务公司先行承担补充赔偿责任,等确定犯罪人之后,物业服务公司可以向犯罪人追偿。

(三)违反安全义务纠纷的主要类型

违反安全义务的纠纷包括:(1)由物业服务企业所有或管理的物造成人身伤害纠纷;(2)业主在物业管理的范围内因第三人侵害致人身及财产损害纠纷,既包括物业服务企业的工作人员因过错造成业主人身及财产损害,也包括第三人的侵权。如何判断物业服务企业是否已尽到合理的安全保障义务?如何判断物业服务企业存在过错?其能够防止或者制止损害的范围是什么?上海市第二中级人民法院的法官对此做了一些经验总结,他们认为可从以下几个方面进行审查:(1)物业服务企业的保安人员和监控措施是否符合法律法规、规章或者相关文件的强制性规定;(2)物业服务企业是否具备了合同约定的或者是与其等级和收费标准相适应的保安措施;(3)物业服务企业的保安制度是否完备、合理,是否符合法规、规章或相关文件的要求;(4)物业服务企业是否督促所雇佣的保安人员勤勉尽职,是否保障监控系统正常有效运作;(5)当发现犯罪时,物业服务企业是否及时采取相应的合理措施;(6)当小区居民对安全提出合理怀疑或者指出不足时,物业服务企业是否引起重视并积极改进等。假如物业服务企业已达到标准、尽到合理义务,就无须再承担责任。[①]

---

① 符望、武之歌:《物业管理公司对业主的保安义务》,载最高人民法院民事审判第一庭编:《民事审判指导与参考》2004年第1集(总第17集),法律出版社2004年版,第210页。

PART 2:物业管理的法律风险提示及防控

法律风险提示23

(一)物业管理中的法律责任

1.擅自改变物业管理用房的用途的责任

《物业管理条例》第六十二条规定:“违反本条例的规定,未经业主大会同意,物业服务企业擅自改变物业管理用房的用途的,由县级以上地方人民政府房地产行政主管部门责令限期改正,给予警告,并处1万元以上10万元以下的罚款;有收益的,所得收益用于物业管理区域内物业共用部位、共用设施设备的维修、养护,剩余部分按照业主大会的决定使用。”

2.业主逾期不交物业服务费的责任

《物业管理条例》第六十四条规定:“违反物业服务合同约定,业主逾期不交纳物业服务费用的,业主委员会应当督促其限期交纳;逾期仍不交纳的,物业服务企业可以向人民法院起诉。”

(二)违约责任

1.物业服务企业的违约责任

物业服务企业未按合同约定提供服务、履行义务或者提供服务、履行义务不符合约定标准,业主可以要求物业服务企业承担违约责任。物业服务企业对共用部位、共用设施设备维护管理不善、疏于管理或违反安全规定进行管理操作,造成业主财产损失和人身损害的;对物业管理区域内的环境卫生、绿化、公共秩序等未尽管理职责造成小区环境恶化的;提供的服务项目或者质量与合同约定或有关规定不符,对业主共同生活造成影响的,业主委员会或者业主可以请求物业服务企业承担违约责任。

2.业主的违约责任

业主、业主委员会不履行物业服务合同约定义务或履行物业服务合同不符合约定的,物业服务企业可以要求业主和业主委员会承担违约责任。业主不得以物业服务企业没有与其个人签订书面服务合同为由提出不承担责任的抗辩。业主在物业共用部位搭建未经规划或批准的设施等,妨害物业管理秩序,物业服务企业可以依据合同约定,要求业主排除妨碍、恢复原状。业主违反规定在小区内饲养动物,不按预留位置悬挂空调外机,在窗外、阳台不规范摆放花盆及其他物品等,妨害物业管理秩序,可能影响他人生命健康和生活环境的,物业服务企业可以依据合同约定,要求排除妨碍、消除危险。业主损害房屋承重结构,擅自改变房屋设计用途和房屋外貌,占用、损坏住宅区内公共设施或房屋的共用部位、共用设施设备以及擅自移装共用设施设备,排放有毒、有害物质或者发出超出规定标准噪声等的,物业服务企业可以依据合同约定,请求恢复原状、排除妨碍、消除危险。业主有其他违反合同约定妨害物业管理秩序、妨害物业服务企业正常管理的行为的,物业服务企业也可依据合同约定要求其承担违约责任。

3.建设单位的违约责任

建设单位拒绝履行与物业服务企业签订的前期物业服务合同,拒不移交物业管理用房、设施设备及《物业管理条例》规定的物业管理资料,拒不交纳已竣工但尚未出售或者尚未交付给物业买受人的物业服务费用的，或者因履行前期物业服务合同不符合约定的，应承担违约责任。

（三）物业管理风险

根据管理服务的具体义务内容划分，物业管理风险主要有以下几个方面：

1. 人身、财产安全风险，是指因第三人的行为（包括过失及故意行为），给物业管理服务范围内的业主或使用人造成人身、财产损害而产生的物业管理责任风险。

2. 停车场责任风险，是指在物业管理的停车场范围内，发生车辆车身受损、车辆丢失等事件给物业服务企业带来的责任风险。

3. 消防风险，是指因小区或大厦内消防设施的维修保养不善而引发的风险，如小区发生火灾带来的可能导致重大人身损害或财产损失的风险。

4. 设备风险，是指因物业本身及公共设施设备的管理、维护不善造成的业主或使用人人身和财产损失所要承担的责任风险。

5. 公共环境管理风险，是指物业服务企业对公共区域环境具有管理和养护的义务，因管理、养护不当造成的业主或使用人人身和财产损失所要承担的责任风险。

法律风险防控35

（一）人身、财产安全风险的防控

许多业主认为只要交了物业服务费，物业服务企业就应对业主的人身、财产负安全责任。其实这是一个误区，物业服务企业只是依法成立的普通公司法人主体，不享有超出法律规定的任何行政管理权和行政处罚权，物业服务企业的工作人员包括保安人员都不具有超出普通公民的任何特权，其安全防范义务只能是一种合理范围的安全防范义务。因此，物业服务企业在签订物业管理合同时，应明确约定对业主和使用人人身、财产安全只承当合理的保障义务。同时，为避免因管理不善而承担责任，物业服务企业也要建立并完善管理制度，实行来访人员进出登记制度。来访人员必须经业主确认同意后方能进入，搬离小区物品必须经确认后方可放行；做好及保存完整的值班记录；对重点区域进行重点监控；及时发现和制止不法分子的侵害行为；在第一时间报警，协助公安部门制止和防范违法犯罪行为，尽到应尽的管理义务。

（二）停车场管理风险的防控

物业服务企业必须保证停车场的规划和建设符合法律规定，各类证件完备，停车场符合经营管理的条件，即停车场存在的合法性。物业服务企业要完善停车场的管理，制作车辆停放服务公示牌，放置在停车场的显著位置，明示停车场经营单位是否承担车辆的保管责任；严格管理车辆的出入，对进出停车场的车辆发放停车凭证，对车辆明显的、已有的损害和破损应记载在凭证上，同时把停车场停放服务的具体内容和车辆停放人应注意的事项记载在该凭证上，告知车辆停放人。为了避免风险，最重要的一点就是与车主签订书面协议，明确双方的权利义务关系，明确双方是车辆保管关系还是车位有偿使用关系。

（三）消防风险的防控

物业服务企业在接手小区和大厦物业管理时，应确认接管的小区和大厦是否已通过消防部门的验收,取得消防验收合格证。在业主进行装修时,物业服务企业应审查业主申请装修的项目是否影响结构安全,使用的材料是否符合消防要求;在业主装修过程中,要实施监督责任,对损坏公共消防设施和器械的行为及时进行制止和纠正。定期对消防设施、器械进行检查,确保消防设施、器械完好和功能正常,确保相关人员能够熟悉和掌握消防设施的正确使用,尽到物业服务企业应尽的监管及维护义务。在小区和大厦发生消防事故时,应第一时间报警,协助消防部门进行事故处理。

(四)设备风险的防控

物业服务企业在承接物业时,应对房屋本体、公共设施设备等进行查验,对房屋本体、公共设施设备等现状和存在的问题进行交底和记录,并作为重要的资料进行保存;定期对房屋本体、公共设施设备进行检查、维护,发现隐患及时处理,保存好维护记录资料。一时难以解决的,应采取相应的警示及防护措施,避免不利后果的发生。

(五)公共环境风险的防控

物业服务企业对于公共区域的绿化、消杀、环境污染的整改和施工等要实施规范管理,在施工现场周边设置明显标志并采取安全防护措施,避免造成他人人身、财产直接受到损害;确需临时占用、挖掘道路和场地时,应当征得业主委员会的同意。施工结束后,应及时恢复原状,消除风险和隐患。在实施小区消杀项目前,应公告小区业主,提醒未成年人和宠物注意安全。消杀过程中,对作业的区域应适当加以封锁。

除上述措施外,一方面,物业服务企业可以为小区购买公共责任险,将可能出现的因物业管理过失要承担的责任风险转嫁到保险公司;另一方面,可以将一些专业性较强、安全风险较大的业务,如外墙清洗、电梯维修、化粪池清掏等,包给专业公司。另外,物业服务企业应对其工作人员进行风险防范意识培养和专业的法律知识培训,从思想上树立风险防范意识,增强风险防范的能力。

PART 3:物业管理的典型案例

典型案例96

陈书豪与南京武宁房地产开发有限公司、南京青和物业管理有限公司财产损害赔偿纠纷案

裁判摘要

物业服务企业对小区共有部分负有保养、维护义务,对于可能对业主财产造成损害的小区共用部分的安全隐患,应当及时消除,否则致业主财产损害后,物业服务企业应承担违约责任,对业主的损失进行赔偿。即便该安全隐患是第三人造成,也不能免除物业服务企业的违约责任。因第三人侵权致小区共用部分对业主财产造成损害的,物业服务企业可以免责的情形是物业服务

企业已履行了保养维护义务,而第三人侵权是不可预见、不可避免的。

价值较大的财物在受损后,虽经修复,但与原物相比,不仅在客观价值上可能降低,而且在人们心理上价值降低,这就是价值贬损。按照违约责任理论,承担违约责任的方式首先是恢复原状,而恢复原状肯定要求赔偿财物的价值贬损。房地产开发企业作为商品房的出卖人,在出售房屋、转移房屋所有权,并且商品房小区已经封园后,在所售房屋及共用部分没有质量瑕疵的情形下,对于小区业主的义务已经履行完毕,不需要承担责任。

基本案情

原告陈书豪购买了被告武宁公司开发的位于南京市江宁区天元中路的武夷绿洲小区观竹苑24幢906室房屋,并于2009年7月取得房屋的所有权证,现观竹苑已封园。武宁公司于2009年7月27日和被告青和公司签订了一份武夷绿洲前期物业服务合同,约定青和公司对武夷绿洲小区提供前期物业管理服务。双方还约定,青和公司对武夷绿洲小区物业共用部位进行维修养护。2010年12月,青和公司与陈书豪签订了一份停车服务协议,约定将小区地面105号车位交由陈书豪停车。2011年6月24日、25日本区大雨,同年6月25日上午,陈书豪停车位旁围墙外堆放的泥土坍塌,致围墙倒塌,压坏了陈书豪的苏A856S3车辆。陈书豪的车辆被压坏后,产生维修费用20,654元、定损费720元。2011年11月,陈书豪诉至法院。在审理过程中,经陈书豪申请,法院委托南京市鼓楼区物价局价格认证中心对车辆苏A856S3的折损情况进行鉴定评估,经鉴定,该车在2011年6月25日的贬值损失鉴证价格为9770元。

裁判结果

南京市江宁区人民法院于2012年3月22日判决:被告青和公司赔偿原告陈书豪车辆维修费20,654元、定损费720元、车辆折损费9770元,合计31,144元。南京市中级人民法院于2012年6月19日作出判决:驳回上诉,维持原判。

典型案例97

周雪良与海盐新城物业有限公司物业服务合同纠纷案

裁判要旨

1. 物业公司应当根据法律规定和物业服务合同约定对业主的人身和财产承担安全保障义务。

2. 判断物业公司是否违反安全保障义务,除根据法律规定和物业服务合同约定外,还应当结合业主缴纳的物业费水平、物业公司的安保能力以及有关行为的性质等予以综合考量。

3. 物业公司的安全保障义务是一种行为义务而非结果义务,如果物业公司已经履行了法定和约定的义务,即使业主有人身和财产损害,物业公司也不应承担赔偿责任。

基本案情

2009年8月21日17时15分至19时25分,周雪良停放在海盐县武原镇新城花苑1号楼402室楼梯口处的一辆浙FUG136五羊本田摩托车被人以捅电门锁等手段窃走。周雪良发现摩托车被盗后,立即向海盐新城物业有限公司的小区保安及海盐县武原派出所报案。派出所工作人员到达新城花苑小区后要求小区保安调取监控录像,因保安没有权限而未能立即调取。该案至今未破。周雪良与新城物业存在物业服务合同关系,双方签订的物业服务合同约定,新城物业负担的保安义务包括配合协助公安部门做好工作以及安排门卫负责区内值班等。新城物业收取的物业费为每月每平方米0.2元,本案发生时周雪良已支付物业费。

裁判结果

海盐县人民法院于2009年10月21日作出(2009)嘉盐民初字第2836号判决:驳回周雪良的诉讼请求。一审宣判后,双方当事人均未上诉,一审判决已经发生法律效力。

PART 4:物业管理的法律链接

法律链接

《中华人民共和国民法典》(2020年5月28日)

第二十四章　物业服务合同

第九百三十七条　物业服务合同是物业服务人在物业服务区域内,为业主提供建筑物及其附属设施的维修养护、环境卫生和相关秩序的管理维护等物业服务,业主支付物业费的合同。

物业服务人包括物业服务企业和其他管理人。

第九百三十八条　物业服务合同的内容一般包括服务事项、服务质量、服务费用的标准和收取办法、维修资金的使用、服务用房的管理和使用、服务期限、服务交接等条款。

物业服务人公开作出的有利于业主的服务承诺,为物业服务合同的组成部分。

物业服务合同应当采用书面形式。

第九百三十九条　建设单位依法与物业服务人订立的前期物业服务合同,以及业主委员会与业主大会依法选聘的物业服务人订立的物业服务合同,对业主具有法律约束力。

第九百四十条　建设单位依法与物业服务人订立的前期物业服务合同约定的服务期限届满前,业主委员会或者业主与新物业服务人订立的物业服务合同生效的,前期物业服务合同终止。

第九百四十一条　物业服务人将物业服务区域内的部分专项服务事项委托给专业性服务组织或者其他第三人的,应当就该部分专项服务事项向业主负责。

物业服务人不得将其应当提供的全部物业服务转委托给第三人,或者将全部物业服务支解后分别转委托给第三人。

第九百四十二条　物业服务人应当按照约定和物业的使用性质,妥善维修、养护、清洁、绿化和经营管理物业服务区域内的业主共有部分,维护物业服务区域内的基本秩序,采取合理措施保护业主的人身、财产安全。

对物业服务区域内违反有关治安、环保、消防等法律法规的行为，物业服务人应当及时采取合理措施制止、向有关行政主管部门报告并协助处理。

第九百四十三条　物业服务人应当定期将服务的事项、负责人员、质量要求、收费项目、收费标准、履行情况，以及维修资金使用情况、业主共有部分的经营与收益情况等以合理方式向业主公开并向业主大会、业主委员会报告。

第九百四十四条　业主应当按照约定向物业服务人支付物业费。物业服务人已经按照约定和有关规定提供服务的，业主不得以未接受或者无需接受相关物业服务为由拒绝支付物业费。

业主违反约定逾期不支付物业费的，物业服务人可以催告其在合理期限内支付；合理期限届满仍不支付的，物业服务人可以提起诉讼或者申请仲裁。

物业服务人不得采取停止供电、供水、供热、供燃气等方式催交物业费。

第九百四十五条　业主装饰装修房屋的，应当事先告知物业服务人，遵守物业服务人提示的合理注意事项，并配合其进行必要的现场检查。

业主转让、出租物业专有部分、设立居住权或者依法改变共有部分用途的，应当及时将相关情况告知物业服务人。

第九百四十六条　业主依照法定程序共同决定解聘物业服务人的，可以解除物业服务合同。决定解聘的，应当提前六十日书面通知物业服务人，但是合同对通知期限另有约定的除外。

依据前款规定解除合同造成物业服务人损失的，除不可归责于业主的事由外，业主应当赔偿损失。

第九百四十七条　物业服务期限届满前，业主依法共同决定续聘的，应当与原物业服务人在合同期限届满前续订物业服务合同。

物业服务期限届满前，物业服务人不同意续聘的，应当在合同期限届满前九十日书面通知业主或者业主委员会，但是合同对通知期限另有约定的除外。

第九百四十八条　物业服务期限届满后，业主没有依法作出续聘或者另聘物业服务人的决定，物业服务人继续提供物业服务的，原物业服务合同继续有效，但是服务期限为不定期。

当事人可以随时解除不定期物业服务合同，但是应当提前六十日书面通知对方。

第九百四十九条　物业服务合同终止的，原物业服务人应当在约定期限或者合理期限内退出物业服务区域，将物业服务用房、相关设施、物业服务所必需的相关资料等交还给业主委员会、决定自行管理的业主或者其指定的人，配合新物业服务人做好交接工作，并如实告知物业的使用和管理状况。

原物业服务人违反前款规定的，不得请求业主支付物业服务合同终止后的物业费；造成业主损失的，应当赔偿损失。

第九百五十条　物业服务合同终止后，在业主或者业主大会选聘的新物业服务人或者决定自行管理的业主接管之前，原物业服务人应当继续处理物业服务事项，并可以请求业主支付该期间的物业费。

《最高人民法院关于审理物业服务纠纷案件适用法律若干问题的解释》(2020 年 12 月 29 日修正)

第二条 物业服务人违反物业服务合同约定或者法律、法规、部门规章规定,擅自扩大收费范围、提高收费标准或者重复收费,业主以违规收费为由提出抗辩的,人民法院应予支持。

业主请求物业服务人退还其已经收取的违规费用的,人民法院应予支持。

第三条 物业服务合同的权利义务终止后,业主请求物业服务人退还已经预收,但尚未提供物业服务期间的物业费的,人民法院应予支持。

其他法规

《物业管理条例》第三十二条至第四十八条对物业管理进行了专门规定,《物业服务收费管理办法》对物业服务收费进行了专门规定,《保安服务管理条例》对保安服务进行了专门规定。

专题二十五 建筑物区分所有权

建筑物区分所有权是由专有权、共有权、管理权复合而构成的特殊所有权。专有权、共有权、管理权是相对独立而又不可分离的权利。建筑物区分所有权内容的复合性决定了主体具有多重身份性。因此,本专题主要研究建筑物区分所有权的法律解读和风险防控问题。

PART 1:建筑物区分所有权的法律解读

法律解读 163 建筑物区分所有权

《民法典》第二百七十一条规定:"业主对建筑物内的住宅、经营性用房等专有部分享有所有权,对专有部分以外的共有部分享有共有和共同管理的权利。"所谓业主的建筑物区分所有权,简称为区分所有权,是在对建筑物内的不动产进行区分的基础上,业主享有的由专有部分所有权、共有权、共同管理权相结合而组成的一种特殊物权。[①] 建筑物区分所有权的权利主体是业主。业主通常是买房置业的人或者说不动产的所有人,在区分所有的情况下,业主即建筑物区分所有权人。

建筑物区分所有权的客体为建筑物,它必须能够在结构上横向、纵向或纵横向上区分为若干独立部分,且独立部分能够单独使用并能为不同的区分所有权人所专用。

建筑物区分所有权是由专有权、共有权、管理权复合而构成的特殊所有权。专有权、共有权、管理权是相对独立而又不可分离的权利。建筑物区分所有权的本身具有统一性,不是权利的组合,而是一个独立、统一、整体的权利。建筑物区分所有权内容的复合性决定了主体具有多重身份性。一方面,区分所有权人对专有部分享有专有所有权,为专有所有权人;另一方面,区分所有权人对共有部分享有共有所有权,为共有所有权人。当然,在区分所有物的管理团体中,区分所有权还具有成员权人的身份。[②]

法律解读 164 专有权

(一)专有权

《民法典》第二百七十二条规定:"业主对其建筑物专有部分享有占有、使用、收益和处分的权利。业主行使权利不得危及建筑物的安全,不得损害其他业主的合法权益。"专有权,是指业主对区分所有建筑物的专有部分所享有的占有、使用、收益和处分的权利。在建筑物区分所有权

---

① 王利明:《物权法研究》(上卷),中国人民大学出版社 2007 年版,第 558 页。

② 郭明瑞、唐广良、房绍坤:《民商法原理》(二),中国人民大学出版社 1999 年版,第 84 页。

中,专有权具有主导性。业主取得专有部分的专有权也就必然拥有共有权、管理权,如果业主失去专有部分的专有权也就必然失去共有权、管理权。

(二)专有权的客体

所谓专有部分,是指具有构造上及使用上的独立性,能够成为分别所有权客体的部分。① 《最高人民法院关于审理建筑物区分所有权纠纷案件适用法律若干问题的解释》第二条规定:"建筑区划内符合下列条件的房屋,以及车位、摊位等特定空间,应当认定为物权法第六章所称的专有部分:(一)具有构造上的独立性,能够明确区分;(二)具有利用上的独立性,可以排他使用;(三)能够登记成为特定业主所有权的客体。规划上专属于特定房屋,且建设单位销售时已经根据规划列入该特定房屋买卖合同中的露台等,应当认定为物权法第六章所称专有部分的组成部分。本条第一款所称房屋,包括整栋建筑物。"第四条规定:"业主基于对住宅、经营性用房等专有部分特定使用功能的合理需要,无偿利用屋顶以及与其专有部分相对应的外墙面等共有部分的,不应认定为侵权。但违反法律、法规、管理规约,损害他人合法权益的除外。"

(三)专有部分范围的确定

关于专有部分范围的确定,在学术界曾经有四种不同的观点:

第一种观点认为,专有部分系由墙壁、地板、天花板所围成的空间,至于墙壁、天花板与地板则属于共有部分(空间说)。

第二种观点认为,专有部分系达墙壁、天花板或地板等境界部分厚度的中心线(壁心说)。

第三种观点认为,专有部分包括墙壁、天花板、地板等境界部分表层所粉刷部分(墙面说)。

第四种观点认为,在区分所有人相互间对建筑物维持管理关系上,专有部分仅包括墙壁、天花板、地板等境界部分表层所粉刷之部分;在外部关系(如买卖、保险、税金)等关系上,专有部分达到墙壁、天花板、地板等境界部分厚度之中心线。②

王利明教授认为,这四种观点的主要分歧在于:究竟应当将墙壁视为专有部分还是共有部分,或者将墙壁分割成两半,而成为不同的专有部分。应当将共用墙壁既作为共有财产,又作为专有财产来对待。③

(四)专有部分所有权的行使

《民法典》第二百七十二条规定:"业主对其建筑物专有部分享有占有、使用、收益和处分的权利。业主行使权利不得危及建筑物的安全,不得损害其他业主的合法权益。"业主在享有和行使专有部分所有权时,应受到共同生活规则的限制,这种限制包括:

1. 业主行使权利不得危及建筑物的安全;

2. 不得滥用权利,损害其他业主的合法权益;

3. 专有部分所有权的行使必须受管理规约的限制;

4. 对专有部分所有权的处分不能与共有部分相分离。

---

① 王泽鉴:《民法物权》(第1册),台北,1992年自版,第197页。

② 王泽鉴:《民法物权》(第1册),台北,1992年自版,第257页。

③ 王利明:《物权法研究》(上卷),中国人民大学出版社2007年版,第583~584页。

法律解读 165　共有权

（一）共有权

《民法典》第二百七十三条第一款规定："业主对建筑物专有部分以外的共有部分，享有权利，承担义务；不得以放弃权利为由不履行义务。"共有权，是指业主对区分所有建筑物的共有部分所享有的权利。共有部分包括法定共有和约定共有。法定共有取决于法律的规定，约定共有取决于合同的约定。

（二）共有部分

根据我国法律、行政法规的规定，法定共有部分主要包括：

1. 道路。《民法典》第二百七十四条第一句规定："建筑区划内的道路，属于业主共有，但是属于城镇公共道路的除外。"

2. 绿地。《民法典》第二百七十四条第二句规定："建筑区划内的绿地，属于业主共有，但是属于城镇公共绿地或者明示属于个人的除外。"

3. 物业服务用房。《民法典》第二百七十四条第三句规定："建筑区划内的其他公共场所、公用设施和物业服务用房，属于业主共有。"

4. 维修资金。《民法典》第二百八十一条第一款规定："建筑物及其附属设施的维修资金，属于业主共有。经业主共同决定，可以用于电梯、屋顶、外墙、无障碍设施等共有部分的维修、更新和改造。建筑物及其附属设施的维修资金的筹集、使用情况应当定期公布。"

5. 占用业主共有的道路或者其他场地的车位。《民法典》第二百七十五条规定："建筑区划内，规划用于停放汽车的车位、车库的归属，由当事人通过出售、附赠或者出租等方式约定。占用业主共有的道路或者其他场地用于停放汽车的车位，属于业主共有。"

6. 建筑区划内的其他公共场所、公用设施。《民法典》第二百七十四条第三句规定："建筑区划内的其他公共场所、公用设施和物业服务用房，属于业主共有。"《最高人民法院关于审理建筑物区分所有权纠纷案件适用法律若干问题的解释》第三条规定："除法律、行政法规规定的共有部分外，建筑区划内的以下部分，也应当认定为民法典第二编第六章所称的共有部分：（一）建筑物的基础、承重结构、外墙、屋顶等基本结构部分，通道、楼梯、大堂等公共通行部分，消防、公共照明等附属设施、设备，避难层、设备层或者设备间等结构部分；（二）其他不属于业主专有部分，也不属于市政公用部分或者其他权利人所有的场所及设施等。建筑区划内的土地，依法由业主共同享有建设用地使用权，但属于业主专有的整栋建筑物的规划占地或者城镇公共道路、绿地占地除外。"

法律解读 166　管理权

1. 管理权

管理权，是指业主基于专有部分的所有权从而依法享有管理业主的共同财产和共同事务的权利。业主的管理权主要包括以下内容：

2. 根据《民法典》第二百七十七条、第二百七十八条的规定，业主可以设立业主大会，选举业主委员会。业主大会或者业主委员会的决定对业主具有约束力,但业主大会或者业主委员会作出的决定侵害业主合法权益的,受侵害的业主可以请求人民法院予以撤销。根据《最高人民法院关于审理建筑物区分所有权纠纷案件适用法律若干问题的解释》第十二条的规定,业主以业主大会或者业主委员会作出的决定侵害其合法权益或者违反了法律规定的程序为由,依据民法典第二百八十条第二款的规定请求人民法院撤销该决定的,应当在知道或者应当知道业主大会或者业主委员会作出决定之日起一年内行使。

3. 根据《民法典》第二百七十八条的规定,下列事项由业主共同决定:(1)制定和修改业主大会议事规则;(2)制定和修改管理规约;(3)选举业主委员会或者更换业主委员会成员;(4)选聘和解聘物业服务企业或者其他管理人;(5)使用建筑物及其附属设施的维修资金;(6)筹集建筑物及其附属设施的维修资金;(7)改建、重建建筑物及其附属设施;(8)改变共有部分的用途或者利用共有部分从事经营活动;(9)有关共有和共同管理权利的其他重大事项。业主共同决定事项,应当由专有部分面积占比三分之二以上的业主且人数占比三分之二以上的业主参与表决。决定前款第六项至第八项规定的事项,应当经参与表决专有部分面积四分之三以上的业主且参与表决人数四分之三以上的业主同意。决定前款其他事项,应当经参与表决专有部分面积过半数的业主且参与表决人数过半数的业主同意。《最高人民法院关于审理建筑物区分所有权纠纷案件适用法律若干问题的解释》第七条规定:"处分共有部分,以及业主大会依法决定或者管理规约依法确定应由业主共同决定的事项,应当认定为民法典第二百七十八条第一款第(九)项规定的有关共有和共同管理权利的'其他重大事项'。"第八条规定:"民法典第二百七十八条第二款和第二百八十三条规定的专有部分面积可以按照不动产登记簿记载的面积计算;尚未进行物权登记的,暂按测绘机构的实测面积计算;尚未进行实测的,暂按房屋买卖合同记载的面积计算。"第九条规定:"民法典第二百七十八条第二款规定的业主人数可以按照专有部分的数量计算,一个专有部分按一人计算。但建设单位尚未出售和虽已出售但尚未交付的部分,以及同一买受人拥有一个以上专有部分的,按一人计算。"

4. 根据《民法典》第二百七十九条的规定,业主不得违反法律、法规以及管理规约,将住宅改变为经营性用房。业主将住宅改变为经营性用房的,除遵守法律、法规以及管理规约外,应当经有利害关系的业主一致同意。《最高人民法院关于审理建筑物区分所有权纠纷案件适用法律若干问题的解释》第十条规定:"业主将住宅改变为经营性用房,未依据民法典第二百七十九条的规定经有利害关系的业主一致同意,有利害关系的业主请求排除妨害、消除危险、恢复原状或者赔偿损失的,人民法院应予支持。将住宅改变为经营性用房的业主以多数有利害关系的业主同意其行为进行抗辩的,人民法院不予支持。"第十一条规定:"业主将住宅改变为经营性用房,本栋建筑物内的其他业主,应当认定为民法典第二百七十九条所称'有利害关系的业主'。建筑区划内,本栋建筑物之外的业主,主张与自己有利害关系的,应证明其房屋价值、生活质量受到或者可能受到不利影响。"

5.《民法典》第二百八十一条规定:"建筑物及其附属设施的维修资金,属于业主共有。经业主共同决定,可以用于电梯、屋顶、外墙、无障碍设施等共有部分的维修、更新和改造。建筑物及其附属设施的维修资金的筹集、使用情况应当定期公布。紧急情况下需要维修建筑物及其附属设施的，业主大会或者业主委员会可以依法申请使用建筑物及其附属设施的维修资金。”《最高人民法院关于审理建筑物区分所有权纠纷案件适用法律若干问题的解释》第十三条规定：“业主请求公布、查阅下列应当向业主公开的情况和资料的，人民法院应予支持：（一）建筑物及其附属设施的维修资金的筹集、使用情况；（二）管理规约、业主大会议事规则，以及业主大会或者业主委员会的决定及会议记录；（三）物业服务合同、共有部分的使用和收益情况；（四）建筑区划内规划用于停放汽车的车位、车库的处分情况；（五）其他应当向业主公开的情况和资料。”

6. 根据《民法典》第二百八十三条的规定，建筑物及其附属设施的费用分摊、收益分配等事项，有约定的，按照约定；没有约定或者约定不明确的，按照业主专有部分面积所占比例确定。

7. 根据《民法典》第二百八十四条、第二百八十五条的规定，业主可以自行管理建筑物及其附属设施，也可以委托物业服务企业或者其他管理人管理。对建设单位聘请的物业服务企业或者其他管理人，业主有权依法更换。物业服务企业或者其他管理人根据业主的委托管理建筑区划内的建筑物及其附属设施，并接受业主的监督。

8.《民法典》第二百八十六条规定：“业主应当遵守法律、法规以及管理规约，相关行为应当符合节约资源、保护生态环境的要求。对于物业服务企业或者其他管理人执行政府依法实施的应急处置措施和其他管理措施，业主应当依法予以配合。业主大会或者业主委员会，对任意弃置垃圾、排放污染物或者噪声、违反规定饲养动物、违章搭建、侵占通道、拒付物业费等损害他人合法权益的行为，有权依照法律、法规以及管理规约，请求行为人停止侵害、排除妨碍、消除危险、恢复原状、赔偿损失。业主或者其他行为人拒不履行相关义务的，有关当事人可以向有关行政主管部门报告或者投诉，有关行政主管部门应当依法处理。”《最高人民法院关于审理建筑物区分所有权纠纷案件适用法律若干问题的解释》第十五条规定：“业主或者其他行为人违反法律、法规、国家相关强制性标准、管理规约，或者违反业主大会、业主委员会依法作出的决定，实施下列行为的，可以认定为民法典第二百八十六条第二款所称的其他‘损害他人合法权益的行为’：（一）损害房屋承重结构，损害或者违章使用电力、燃气、消防设施，在建筑物内放置危险、放射性物品等危及建筑物安全或者妨碍建筑物正常使用；（二）违反规定破坏、改变建筑物外墙面的形状、颜色等损害建筑物外观；（三）违反规定进行房屋装饰装修；（四）违章加建、改建，侵占、挖掘公共通道、道路、场地或者其他共有部分。”

法律解读 167　建筑物区分所有权的法律性质

在比较法上，就不动产区分所有权的性质，存在两种不同的观点：（1）“二元说”，认为不动产区分所有权包含共有部分和专有部分的权利，区分所有权是专有部分的“纯粹”的个人所有权与共有部分“强制性共有”的“并置”，这是两种不同的权利。（2）“一元说”，认为整个区分所有权是一个完整的整体。王利明教授认为建筑物区分所有权是一种特殊的物权，仍属于传统的物权类型。①

---

① 王利明：《物权法研究》（上卷），中国人民大学出版社 2007 年版，第 558 页。

法律解读 168 共有权的性质

《民法典》规定了共有,包括按份共有和共同共有。建筑物区分所有权中的共有权是否属于这两种共有的类型,对此一直存在争议。孙宪忠教授认为,建筑物区分所有权中的共有权在性质上既不是按份共有,也不是共同共有,应当认为是一种在按份共有和共同共有之外的第三种共有。[①] 在共有权中,具有决定意义的是持有份。所谓持有份,是指区分所有中业主根据专有部分的面积占整个建筑物总面积的比例所确定的份额。在区分所有权的情况下,通常可以根据两种方法来确定持有份额:一是根据面积来确定,即依据各共有人的专有部分占整个建筑物总面积的比例所确定的份额;二是根据购房价款来确定,即根据购房款在整栋房屋价款中的比例来确定持有份额。确定持有份的意义在于:(1)建设用地使用权的行使;(2)管理权的行使;(3)费用的分担;(4)收益的分配。

PART 2:建筑物区分所有权的法律风险提示及防控

法律风险提示 24

1. 如果业主滥用专有权,危及建筑物的安全的,或者损害其他业主的合法权益,业主应承担相应的侵权责任。

2. 如果业主违反法律、法规、管理规约,利用屋顶以及与其专有部分相对应的外墙面等共有部分的,损害他人合法权益的,应承担相应的侵权责任。

3. 如果建设单位或者其他行为人擅自占用、处分业主共有部分、改变其使用功能或者进行经营性活动,应承担排除妨害、恢复原状、处分行为无效或者赔偿损失等法律责任。

4. 业主或者其他行为人实施下列行为之一的,损害他人合法权益的,应承当相应的赔偿责任:

(1)损害房屋承重结构,损害或者违章使用电力、燃气、消防设施,在建筑物内放置危险、放射性物品等危及建筑物安全或者妨碍建筑物正常使用;

(2)违反规定破坏、改变建筑物外墙面的形状、颜色等损害建筑物外观;

(3)违反规定进行房屋装饰装修;

(4)违章加建、改建,侵占、挖掘公共通道、道路、场地或者其他共有部分。

5. 业主或者其他行为人实施下列行为之一的,应承担责令限期改正、给予警告、处以罚款、归还所得收益等法律责任:

(1)擅自改变物业管理区域内按照规划建设的公共建筑和共用设施用途的;

(2)擅自占用、挖掘物业管理区域内道路、场地,损害业主共同利益的;

(3)擅自利用物业共用部位、共用设施设备进行经营的。

6. 如果业主将住宅改变为经营性用房,未按照《民法典》的规定经有利害关系的业主同意,

---

① 孙宪忠:《争议与思考——物权立法笔记》,中国人民大学出版社 2006 年版,第 598 页。

有利害关系的业主可以请求排除妨害、消除危险、恢复原状或者赔偿损失。

7. 如果业主违反法律、法规以及管理规约，任意弃置垃圾、排放污染物或者噪声、违反规定饲养动物、违章搭建、侵占通道、拒付物业费等损害他人合法权益的行为，业主应承担停止侵害、消除危险、排除妨害、赔偿损失等责任。

8. 如果物业存在安全隐患，危及公共利益及他人合法权益时，责任人应当及时维修养护，有关业主应当给予配合，并承担相应的维修费用。

9. 如果挪用专项维修资金的，应承担如下法律责任：归还挪用的专项维修资金、警告、没收违法所得、并处挪用数额2倍以下的罚款，构成犯罪的，依法追究直接负责的主管人员和其他直接责任人员的刑事责任。

法律风险防控36

1. 业主行使建筑物区分所有权应遵守法律、法规、管理规约的约定，遵守物业服务合同的约定。

2. 业主不得滥用专有权，危及建筑物的安全的，或者损害其他业主的合法权益。

3. 业主利用屋顶以及与其专有部分相对应的外墙面等共有部分的，应遵守法律、法规、管理规约，不得损害他人合法权益。

4. 业主将住宅改变为经营性用房的，应按照《民法典》的规定，征得有利害关系业主的同意。

5. 业主不得任意弃置垃圾、排放污染物或者噪声、违反规定饲养动物、违章搭建、侵占通道、拒付物业费等损害他人合法权益的行为。

6. 如果物业存在安全隐患，危及公共利益及他人合法权益时，责任人应当及时维修养护，有关业主应当给予配合，并承担相应的维修费用。

7. 建设单位或者其他行为人不得擅自占用、处分业主共有部分、改变其使用功能或者进行经营性活动。

8. 业主或者其他行为人不得损害房屋承重结构，损害或者违章使用电力、燃气、消防设施，在建筑物内放置危险、放射性物品等危及建筑物安全或者妨碍建筑物正常使用；不得违反规定破坏、改变建筑物外墙面的形状、颜色等损害建筑物外观；不得违反规定进行房屋装饰装修；不得违章加建、改建，侵占、挖掘公共通道、道路、场地或者其他共有部分。

9. 业主或者其他行为人不得擅自改变物业管理区域内按照规划建设的公共建筑和共用设施用途；不得擅自占用、挖掘物业管理区域内道路、场地，损害业主共同利益；不得擅自利用物业共用部位、共用设施设备进行经营。

PART 3:建筑物区分所有权的典型案例

典型案例98

张一与郑中伟、中国联合网络通信有限公司武汉市分公司建筑物区分所有权纠纷案

裁判摘要

在审理建筑物区分所有权案件时,即使业主对房屋的使用没有给其他区分所有权人造成噪声、污水、异味等影响,只要房屋的用途发生改变,由专供个人、家庭日常生活居住使用改变为用于商业、工业、旅游、办公等经营性活动,即可认定该行为影响了业主的安宁生活,属于将住宅改变为经营性用房,应依照《物权法》第七十七条关于业主改变住宅用途的规定处理。房屋使用人将住宅改变为经营性用房的,应承担与业主相同的法定义务,除遵守法律、法规和管理规约外,还应当经有利害关系的业主同意。

基本案情

被告郑中伟于2003年4月28日取得位于武汉市武昌区中北路白玫瑰花苑×栋×单元A室、设计用途为住宅的房屋(以下简称A室房屋)的房屋所有权证,原告张一于2007年取得位于武汉市武昌区中北路白玫瑰花苑×栋×单元B室、设计用途为住宅的房屋的房屋所有权证。郑中伟与张一系同一单元上下楼层邻居关系。被告郑中伟于2011年10月8日与被告联通武汉分公司签订白玫瑰花苑通信机房租赁合同,约定联通武汉分公司利用A室房屋建设通信机房。被告联通武汉分公司于2011年12月入驻使用A室房屋至今。与此同时,郑中伟之兄郑中良仍居住使用A室房屋。白玫瑰花苑物业管理处、白玫瑰花苑业主自2012年3月19日起,多次要求A室房屋业主"停止生产经营、恢复原住房性质、消除安全隐患"。原告诉至法院要求判令两被告拆除光纤传输设备,恢复房屋住宅用途。被告郑中伟辩称将房屋出租给联通武汉分公司的行为合法合理,并没有给其他业主造成危害,也没有任何的安全隐患。被告联通武汉分公司辩称:依据《电信条例》和《物权法》,联通武汉分公司与被告郑中伟签订租赁合同后有权放置电信设备;联通武汉分公司放置电信设备的房间不属于经营性用房,没有对小区居民生活造成任何影响。

裁判结果

武汉市武昌区人民法院于2013年9月26日判决:驳回原告张一的诉讼请求。张一不服一审判决,向湖北省武汉市中级人民法院提起上诉。武汉市中级人民法院于2014年1月20日判决:撤销一审判决;郑中伟、联通武汉市分公司拆除光纤传输设备,恢复房屋住宅用途。

典型案例99

徐州西苑艺君花园(一期)业主委员会与徐州中川房地产开发有限公司物业管理用房所有权确认纠纷案

裁判摘要

业主委员会依照《物权法》第七十五条第一款规定成立,具有一定目的、名称、组织机构与场所,管理相应财产,是《民事诉讼法》第四十九条第一款规定的“其他组织”。业主委员会依据业主共同意见或业主大会决议,在授权范围内,以业主委员会名义从事法律行为,具备诉讼主体资格。物业管理用房依规划定点建造,为区分所有权建筑物管理人进行管理维护业务必需的场所,依照《物权法》第七十二条第一款的规定,为业主共有。在建筑物竣工验收交付后,物业管理用房的分割、转移、调整或重新配置,应当由业主共同决定或由业主大会决定。

基本案情

被告中川公司是原告艺君业委会所在的徐州市西苑艺君花园(一期)小区的开发企业。2000年6月21日,被告取得《建设用地规划许可证》,物业用房规划为:2层(限高6米),物业用房260平方米。2000年11月15日,徐州市规划局为被告核发了《建设工程规划许可证》,核准建设物业管理用房168平方米,泵房40平方米,公厕50平方米,共计258平方米物业用房。2001年8月30日,徐州市建设局就被告的该建设项目签发了竣工验收合格证书,被告随即交付房屋。后被告向徐州市规划局提交《关于变更中川“艺君花园”8#楼用途的申请报告》,申请将2000年11月规划的“艺君花园”8#楼物业管理用房大部分变更为营业房,而在7#楼西侧底层设置相当面积的物业管理用房。2001年11月6日,徐州市规划局在原规划定点图上签署了“同意原物业管理用房126平方米变更为营业用房”的意见,同日为被告填发了《建设工程规划许可证》,许可建设126平方米营业房。2008年12月,徐州西苑艺君花园(一期)全体业主向徐州市人民政府提起行政复议,请求撤销徐州市规划局所作的变更规划行政行为。2009年3月4日,徐州市人民政府作出(2008)徐行复第146号行政复议决定书,决定撤销徐州市规划局所作具体行政行为。2009年4月22日,被告中川公司不服徐州市人民政府的上述复议决定,向徐州市中级人民法院提起行政诉讼,请求撤销徐州市人民政府的上述复议决定。徐州市中级人民法院经审理驳回了被告的诉讼请求。被告不服提起上诉。江苏省高级人民法院判决驳回上诉、维持原判。后原告起诉被告,要求被告交付原规划物业用房。2013年3月5日,法院组织双方当事人对本案所涉艺君花园8#楼进行了现场勘察,确认艺君花园8#楼目前正由被告中川公司向外出租作为幼儿园经营使用。

裁判结果

徐州市泉山区人民法院于2013年12月16日作出判决:确认位于徐州市泉山区黄河南路369号艺君花园8#楼东侧(两层)(徐市规建〔2000〕268号《建设工程规划许可证》规划定点图记载的)物业管理用房归徐州西苑艺君花园(一期)全体业主共同所有。一审宣判后,双方当事人在法定期限内均未提出上诉,本判决已经发生法律效力。

典型案例100

无锡市春江花园业主委员会与上海陆家嘴物业管理有限公司等物业管理纠纷案

裁判摘要

根据《物权法》第七十二条的规定,业主对建筑物专有部分以外的共有部分,享有权利,承担义务。共有部分在物业服务企业物业管理(包括前期物业管理)期间所产生的收益,在没有特别约定的情况下,应属全体业主所有,并主要用于补充小区的专项维修资金。物业服务企业对共有部分进行经营管理的,可以享有一定比例的收益。

基本案情

2002年11月25日,被告上海陆家嘴物业管理有限公司与开发商聚江公司协商签订春江花园前期物业管理合同1份,约定由物业公司对聚江公司开发的春江花园住宅小区实施前期物业管理。合同成立后,物业公司指派其下属分支机构被告无锡分公司具体实施春江花园的前期物业管理。2007年12月22日,原告春江花园业委会成立。2008年6月21日,业委会根据业主大会作出的实施业主自治的决议,致函被告物业公司明确与其终止物业管理服务合同,同时要求物业公司在接函后15日内,向业委会移交相关资料和财产,并交接完毕。物业公司接函后即派其副总经理朱继丰,于2008年7月17日与业委会主任常本靖协商,并达成了移交协议性质的"移交清单"1份。该协议确认:截至2008年6月30日,物业公司应当返还业委会预收的2008年7月1日后的物业管理费、保管的业主各类押金、2008年1月至6月的小区共有部分收益等合计2,327,931.87元。本案在审理中,被告物业公司于2008年8月26日主动履行了557,995.72元的付款义务。后经原告业委会申请,法院裁定先予执行了物业公司的银行存款130万元,合计物业公司实际支付了185,799,532元。另查明:被告无锡分公司进行前期物业管理期间的财务报表显示:无锡分公司对春江花园业主共有部分物业实施管理的收入包括场地租赁费、停车管理费、会所收入三项,具体为:2005年度1,415,112.82元,2006年度1,808,004.50元,2007年度2,144,933元,共有部分物业管理的支出为2005年度298,155.95元,2006年度497,204.12元,2007年度430,131.07元,收入和支出的差额为4,142,559.18元。

裁判结果

无锡市锡山区人民法院于2009年6月12日判决:被告物业公司、无锡分公司共同返还原告业委会3,315,668.03元。一审宣判后,双方当事人在法定期限内均未提出上诉,判决已经发生法律效力。

典型案例101

内蒙古秋实房地产开发有限责任公司与呼和浩特市人民防空办公室人防行政征收纠纷案

裁判要点

建设单位违反《人民防空法》及有关规定，应当建设防空地下室而不建的，属于不履行法定义务的违法行为。建设单位应当依法缴纳防空地下室易地建设费的，不适用廉租住房和经济适用住房等保障性住房建设项目关于“免收城市基础设施配套费等各种行政事业性收费”的规定。

基本案情

2008年9月10日，被告呼市人防办向原告秋实房地产公司送达《限期办理“结建”审批手续告知书》，告知秋实房地产公司新建的经济适用住房：秋实第一城“住宅小区工程未按照《人民防空法》第二十二条、《人民防空工程建设管理规定》第四十五条、第四十七条的规定，同时修建战时可用于防空的地下室，要求秋实房地产公司9月14日前到呼市人防办办理“结建”手续，并提交相关资料。2009年6月18日，呼市人防办对秋实房地产公司作出呼人防征费字(001)号《呼和浩特市人民防空办公室征收防空地下室易地建设费决定书》，决定对秋实房地产公司的“秋实第一城”项目征收“防空地下室易地建设费”172.46万元。秋实房地产公司对“秋实第一城”项目应建防空地下室5518平方米而未建无异议，对呼市人防办作出征费决定的程序合法无异议。

裁判结果

内蒙古自治区呼和浩特市新城区人民法院于2010年1月19日作出(2009)新行初字第26号行政判决：维持呼市人防办作出的呼人防征费字(001)号《呼和浩特市人民防空办公室征收防空地下室易地建设费决定书》。宣判后，秋实房地产公司提起上诉。呼和浩特市中级人民法院于2010年4月20日作出(2010)呼行终字第16号行政判决：驳回上诉，维持原判。

裁判理由

法院生效裁判认为：国务院《关于解决城市低收入家庭住房困难的若干意见》第十六条规定“廉租住房和经济适用住房建设、棚户区改造、旧住宅区整治一律免收城市基础设施配套费等各种行政事业性收费和政府性基金”。建设部等七部委《经济适用住房管理办法》第八条规定“经济适用住房建设项目免收城市基础设施配套费等各种行政事业性收费和政府性基金”。上述关于经济适用住房等保障性住房建设项目免收各种行政事业性收费的规定，虽然没有明确其调整对象，但从立法本意来看，其指向的对象应是合法建设行为。《人民防空法》第二十二条规定：“城市新建民用建筑，按照国家有关规定修建战时可用于防空的地下室。”《人民防空工程建设管理规定》第四十八条规定：“按照规定应当修建防空地下室的民用建筑，因地质、地形等原因不宜修建的，或者规定应建面积小于民用建筑地面首层建筑面积的，经人民防空主管部门批准，可以不修建，但必须按照应修建防空地下室面积所需造价缴纳易地建设费，由人民防空主管部门就近易地修建。"即只有在法律法规规定不宜修建防空地下室的情况下,经济适用住房等保障性住房建设项目才可以不修建防空地下室,并适用免除缴纳防空地下室易地建设费的有关规定。免缴防空地下室易地建设费有关规定适用的对象不应包括违法建设行为,否则就会造成违法成本小于守法成本的情形,违反立法目的,不利于维护国防安全和人民群众的根本利益。秋实房地产公司没有修建依法应当修建的防空地下室,属于不履行法定义务的违法行为,不能适用免缴防空地下室易地建设费的有关优惠规定。

PART 4:建筑物区分所有权的法律链接

法律链接

《中华人民共和国民法典》(2020年5月28日)

第二百七十一条 业主对建筑物内的住宅、经营性用房等专有部分享有所有权,对专有部分以外的共有部分享有共有和共同管理的权利。

第二百七十二条 业主对其建筑物专有部分享有占有、使用、收益和处分的权利。业主行使权利不得危及建筑物的安全,不得损害其他业主的合法权益。

第二百七十三条 业主对建筑物专有部分以外的共有部分,享有权利,承担义务;不得以放弃权利为由不履行义务。

业主转让建筑物内的住宅、经营性用房,其对共有部分享有的共有和共同管理的权利一并转让。

第二百七十四条 建筑区划内的道路,属于业主共有,但是属于城镇公共道路的除外。建筑区划内的绿地,属于业主共有,但是属于城镇公共绿地或者明示属于个人的除外。建筑区划内的其他公共场所、公用设施和物业服务用房,属于业主共有。

第二百七十五条 建筑区划内,规划用于停放汽车的车位、车库的归属,由当事人通过出售、附赠或者出租等方式约定。

占用业主共有的道路或者其他场地用于停放汽车的车位,属于业主共有。

第二百七十六条 建筑区划内,规划用于停放汽车的车位、车库应当首先满足业主的需要。

第二百八十一条 建筑物及其附属设施的维修资金,属于业主共有。经业主共同决定,可以用于电梯、屋顶、外墙、无障碍设施等共有部分的维修、更新和改造。建筑物及其附属设施的维修资金的筹集、使用情况应当定期公布。

紧急情况下需要维修建筑物及其附属设施的,业主大会或者业主委员会可以依法申请使用建筑物及其附属设施的维修资金。

第二百八十二条 建设单位、物业服务企业或者其他管理人等利用业主的共有部分产生的收入,在扣除合理成本之后,属于业主共有。

第二百八十三条 建筑物及其附属设施的费用分摊、收益分配等事项,有约定的,按照约定;没有约定或者约定不明确的,按照业主专有部分面积所占比例确定。

第二百八十四条 业主可以自行管理建筑物及其附属设施,也可以委托物业服务企业或者其他管理人管理。

对建设单位聘请的物业服务企业或者其他管理人,业主有权依法更换。

第二百八十五条 物业服务企业或者其他管理人根据业主的委托,依照本法第三编有关物业服务合同的规定管理建筑区划内的建筑物及其附属设施,接受业主的监督,并及时答复业主对物业服务情况提出的询问。

物业服务企业或者其他管理人应当执行政府依法实施的应急处置措施和其他管理措施,积极配合开展相关工作。

第二百八十六条 业主应当遵守法律、法规以及管理规约,相关行为应当符合节约资源、保护生态环境的要求。对于物业服务企业或者其他管理人执行政府依法实施的应急处置措施和其他管理措施,业主应当依法予以配合。

业主大会或者业主委员会,对任意弃置垃圾、排放污染物或者噪声、违反规定饲养动物、违章搭建、侵占通道、拒付物业费等损害他人合法权益的行为,有权依照法律、法规以及管理规约,请求行为人停止侵害、排除妨碍、消除危险、恢复原状、赔偿损失。

业主或者其他行为人拒不履行相关义务的,有关当事人可以向有关行政主管部门报告或者投诉,有关行政主管部门应当依法处理。

第二百八十七条 业主对建设单位、物业服务企业或者其他管理人以及其他业主侵害自己合法权益的行为,有权请求其承担民事责任。

《最高人民法院关于审理建筑物区分所有权纠纷案件适用法律若干问题的解释》(2020年12月29日修正)

第二条 建筑区划内符合下列条件的房屋,以及车位、摊位等特定空间,应当认定为民法典第二编第六章所称的专有部分:

(一)具有构造上的独立性,能够明确区分;

(二)具有利用上的独立性,可以排他使用;

(三)能够登记成为特定业主所有权的客体。

规划上专属于特定房屋,且建设单位销售时已经根据规划列入该特定房屋买卖合同中的露台等,应当认定为前款所称的专有部分的组成部分。

本条第一款所称房屋,包括整栋建筑物。

第三条 除法律、行政法规规定的共有部分外,建筑区划内的以下部分,也应当认定为民法典第二编第六章所称的共有部分:

(一)建筑物的基础、承重结构、外墙、屋顶等基本结构部分,通道、楼梯、大堂等公共通行部分,消防、公共照明等附属设施、设备,避难层、设备层或者设备间等结构部分;

(二)其他不属于业主专有部分,也不属于市政公用部分或者其他权利人所有的场所及设施等。

建筑区划内的土地,依法由业主共同享有建设用地使用权,但属于业主专有的整栋建筑物的规划占地或者城镇公共道路、绿地占地除外。

第四条 业主基于对住宅、经营性用房等专有部分特定使用功能的合理需要,无偿利用屋顶以及与其专有部分相对应的外墙面等共有部分的,不应认定为侵权。但违反法律、法规、管理规约,损害他人合法权益的除外。

第五条 建设单位按照配置比例将车位、车库,以出售、附赠或者出租等方式处分给业主的,应当认定其行为符合民法典第二百七十六条有关"应当首先满足业主的需要"的规定。

前款所称配置比例是指规划确定的建筑区划内规划用于停放汽车的车位、车库与房屋套数的比例。

第六条 建筑区划内在规划用于停放汽车的车位之外,占用业主共有道路或者其他场地增设的车位,应当认定为民法典第二百七十五条第二款所称的车位。

第七条 处分共有部分,以及业主大会依法决定或者管理规约依法确定应由业主共同决定的事项,应当认定为民法典第二百七十八条第一款第(九)项规定的有关共有和共同管理权利的"其他重大事项"。

第八条 民法典第二百七十八条第二款和第二百八十三条规定的专有部分面积可以按照不动产登记簿记载的面积计算;尚未进行物权登记的,暂按测绘机构的实测面积计算;尚未进行实测的,暂按房屋买卖合同记载的面积计算。

第九条 民法典第二百七十八条第二款规定的业主人数可以按照专有部分的数量计算,一个专有部分按一人计算。但建设单位尚未出售和虽已出售但尚未交付的部分,以及同一买受人拥有一个以上专有部分的,按一人计算。

第十条 业主将住宅改变为经营性用房,未依据民法典第二百七十九条的规定经有利害关系的业主一致同意,有利害关系的业主请求排除妨害、消除危险、恢复原状或者赔偿损失的,人民法院应予支持。

将住宅改变为经营性用房的业主以多数有利害关系的业主同意其行为进行抗辩的,人民法院不予支持。

第十一条 业主将住宅改变为经营性用房,本栋建筑物内的其他业主,应当认定为民法典第二百七十九条所称"有利害关系的业主"。建筑区划内,本栋建筑物之外的业主,主张与自己有利害关系的,应证明其房屋价值、生活质量受到或者可能受到不利影响。

第十二条 业主以业主大会或者业主委员会作出的决定侵害其合法权益或者违反了法律规定的程序为由,依据民法典第二百八十条第二款的规定请求人民法院撤销该决定的,应当在知道或者应当知道业主大会或者业主委员会作出决定之日起一年内行使。

第十五条 业主或者其他行为人违反法律、法规、国家相关强制性标准、管理规约,或者违反业主大会、业主委员会依法作出的决定,实施下列行为的,可以认定为民法典第二百八十六条第二款所称的其他"损害他人合法权益的行为":

(一)损害房屋承重结构,损害或者违章使用电力、燃气、消防设施,在建筑物内放置危险、放射性物品等危及建筑物安全或者妨碍建筑物正常使用;

(二)违反规定破坏、改变建筑物外墙面的形状、颜色等损害建筑物外观;

(三)违反规定进行房屋装饰装修;

(四)违章加建、改建,侵占、挖掘公共通道、道路、场地或者其他共有部分。

专题二十六 物业使用和维护

物业包括专有部分和共有部分，物业的使用和维护既包括专有部分的使用和维护，又包括共有部分的使用和维护。物业的使用和维护涉及不同的责任主体，主要有建设单位、施工单位、业主、物业服务单位、市政单位等。因此，本专题主要研究物业使用和维护的法律解读和风险防控。

PART 1：物业使用和维护的法律解读

法律解读 169 物业的使用和维护

（一）公共部分的使用和维护

1. 公共建筑和共用设施的使用规定

《物业管理条例》第四十九条规定："物业管理区域内按照规划建设的公共建筑和共用设施，不得改变用途。业主依法确需改变公共建筑和共用设施用途的，应当在依法办理有关手续后告知物业服务企业；物业服务企业确需改变公共建筑和共用设施用途的，应当提请业主大会讨论决定同意后，由业主依法办理有关手续。"该条是关于公共建筑和共用设施的使用规定。物业管理区域内按照规划建设的公共建筑和共用设施，原则上不得改变用途。业主依法确需改变公共建筑和共用设施用途的，应当在依法办理有关手续后告知物业服务企业；物业服务企业确需改变公共建筑和共用设施用途的，应当提请业主大会讨论决定同意后，由业主依法办理有关手续。利用物业共用部位、共用设施进行经营的，应当在征得相关业主、业主大会、物业服务企业的同意并办理完有关手续后进行，业主所得收益应当主要用于补充专项维修资金，也可以按照业主大会的决定使用。

2. 公共道路、场地的占用、挖掘

《物业管理条例》第五十条规定："业主、物业服务企业不得擅自占用、挖掘物业管理区域内的道路、场地，损害业主的共同利益。因维修物业或者公共利益，业主确需临时占用、挖掘道路、场地的，应当征得业主委员会和物业服务企业的同意；物业服务企业确需临时占用、挖掘道路、场地的，应当征得业主委员会的同意。业主、物业服务企业应当将临时占用、挖掘的道路、场地，在约定期限内恢复原状。"物业管理区域内道路、场地设施依法约定属于业主的，所有权人为全体业主。因此，任何业主或者物业服务企业都不得擅自占用、挖掘这些道路和场地设施。因维修物业或者公共利益，业主确需临时占用、挖掘道路、场地的，应当征得业主委员会和物业服务企业的同意；物业服务企业确需临时占用、挖掘道路、场地的，应当征得业主委员会的同意。业主、物业服务企业应当将临时占用、挖掘的道路、场地，在约定期限内恢复原状。

3. 对共用部位设施设备经营的收益

《物业管理条例》第五十四条规定:"利用物业共用部位、共用设施设备进行经营的,应当在征得相关业主、业主大会、物业服务企业的同意后,按照规定办理有关手续。业主所得收益应当主要用于补充专项维修资金,也可以按照业主大会的决定使用。"该条是关于利用物业共用部位、共用设施设备进行经营的程序及所得收益用途的规定。

4. 责任人的维修养护责任

《物业管理条例》第五十五条规定:"物业存在安全隐患,危及公共利益及他人合法权益时,责任人应当及时维修养护,有关业主应当给予配合。责任人不履行维修养护义务的,经业主大会同意,可以由物业服务企业维修养护,费用由责任人承担。"该条是关于存在安全隐患物业的维修养护义务的规定。在通常情况下,物业维修养护的义务人是物业的所有权人和使用人,供水、供电、供气等公共设施的维修养护人是有关单位,物业服务企业在合同约定范围内承担维修养护责任。由于"该条把责任人与物业服务企业相并列,强调责任人不履行维修养护义务的,经业主大会同意,可以由物业服务企业维修养护。所以,该条的责任人,就不包括承担维修养护义务的物业服务企业本身"。[①]

(二)物业私用部分的使用和维护

物业私用部分应当由业主或物业使用人自行使用和维护,业主也可以委托物业服务企业对私用部分进行维护和保养,并按照约定支付报酬。物业存在安全隐患,危及公共利益及他人合法权益时,责任人应当及时维修养护,有关业主应当给予配合。责任人不履行维修养护义务的,经业主大会同意,可以由物业服务企业维修养护,费用由责任人承担。《物业管理条例》第五十二条规定:"业主需要装饰装修房屋的,应当事先告知物业服务企业。物业服务企业应当将房屋装饰装修的禁止行为和注意事项告知业主。"另外,根据《住宅室内装饰装修管理办法》的规定,业主或者装修人和装饰装修企业,应当与物业服务企业签订住宅室内装饰装修管理服务协议,内容主要包括装修内容、装修期限、装修垃圾的清运、违约责任等。

法律解读 170 物业的维修责任

在建设、销售、物业管理不同阶段,以及根据质量瑕疵责任的不同,承担物业维修责任的主体也不同。物业维修责任主要分为施工单位的维修责任、建设单位的维修责任、业主的维修责任、物业服务企业的维修责任及供水、供电、供气、供暖等单位的维修责任。

(一)施工单位的维修责任

施工单位作为建设工程的实施者,往往是建设工程质量的最后承担者。在建设工程保修期限内,即便按照商品房买卖合同由开发商对买受人承担保修责任,但只要是施工质量问题,开发商往往要求建设单位负责维修,或者开发商委托第三方维修、费用由施工单位承担。

① 国务院法制办编:《物业管理条例注释与配套》,中国法制出版社 2008 年版,第 62 页。

（二）建设单位的维修责任

《物业管理条例》第三十一条规定："建设单位应当按照国家规定的保修期限和保修范围，承担物业的保修责任。"

《商品房销售管理办法》第三十三条规定："房地产开发企业应当对所售商品房承担质量保修责任。当事人应当在合同中就保修范围、保修期限、保修责任等内容做出约定。保修期从交付之日起计算。商品住宅的保修期限不得低于建设工程承包单位向建设单位出具的质量保修书约定保修期的存续期；存续期少于《规定》中确定的最低保修期限的，保修期不得低于《规定》中确定的最低保修期限。非住宅商品房的保修期限不得低于建设工程承包单位向建设单位出具的质量保修书约定保修期的存续期。在保修期限内发生的属于保修范围的质量问题，房地产开发企业应当履行保修义务，并对造成的损失承担赔偿责任。因不可抗力或者使用不当造成的损坏，房地产开发企业不承担责任。"

《商品住宅实行住宅质量保证书和住宅使用说明书制度的规定》第五条规定："……3. 正常使用情况下各部位、部件保修内容与保修期：屋面防水 3 年；墙面、厨房和卫生间地面、地下室、管道渗漏 1 年；墙面、顶棚抹灰层脱落 1 年；地面空鼓开裂、大面积起砂 1 年；门窗翘裂、五金件损坏 1 年；管道堵塞 2 个月；供热、供冷系统和设备 1 个采暖期或供冷期；卫生洁具 1 年；灯具、电器开关 6 个月；其他部位、部件的保修期限，由房地产开发企业与用户自行约定；4. 用户报修的单位，答复和处理的时限。"第六条规定："住宅保修期从开发企业将竣工验收的住宅交付用户使用之日起计算，保修期限不应低于本规定第五条规定的期限。房地产开发企业可以延长保修期。国家对住宅工程质量保修期另有规定的，保修期限按照国家规定执行。"

（三）业主的维修责任

无论是物业的专有部分还是共有部分的维修责任均由建筑物区分所有权人即业主承担，具体依据下列原则承担相关的物业维修、更新的费用：

1. 业主自用部位和自用设备的维修、更新的费用，由业主自行承担。

2. 部分业主共用部位和共用设施的维修、更新费用，由该部分业主按照各自拥有的建筑面积比例共同承担；依照规定设立专项维修资金的，在物业专项维修资金列支。

3. 全体业主共用部位和共用设施的维修、更新费用，由物业管理区域内的全体业主按照各自拥有的建筑面积比例共同承担；依照规定设立专项维修资金的，在物业专项维修资金列支。

（四）物业服务企业的维修责任

物业服务企业对物业承担的维修、养护、管理责任是基于物业服务合同约定的合同义务，具体维修责任范围由物业服务合同进行约定。一般来讲，物业服务企业的维修责任多限于保修期满后的共用部位和共用设施的小额度维修，费用从业主交纳的物业服务费用中列支。

（五）供水、供电、供气、供暖等单位的维修责任

《物业管理条例》第五十一条规定："供水、供电、供气、供热、通信、有线电视等单位，应当依法承担物业管理区域内相关管线和设施设备维修、养护的责任。前款规定的单位因维修、养护等需要，临时占用、挖掘道路、场地的，应当及时恢复原状。"2003 年 10 月 17 日，针对维修养护责任争议，建设部办公厅作出了《关于对〈物业管理条例〉有关条款理解适用问题的批复》，该批复明

确:"一、根据我国《立法法》的规定,地方性法规可以作为《物业管理条例》第五十二条规定中'依法承担物业管理区域内相关管线和设施设备的维修、养护责任'的依据。二、根据《物业管理条例》第五十二条的规定,物业管理区域内相关管线和设施设备的维修、养护责任的划分,法律法规有规定的,依照其规定;法律法规没有规定的,应当通过合同约定来确定;没有合同或者合同没有约定的,由当事人协商解决;如果供水、供电、供气、供热、通讯、有线电视等供应价格已包含了物业管理区域内相关管线和设施设备的维修、养护费用的,物业管理区域内相关管线和设施设备的维修、养护责任由相应的供应单位承担。"①对于物业管理区域内供水、供电、供气、供热、通信、有线电视等公用设备设施,由相关单位负责维修、养护,业主不得要求物业服务企业承担维修、养护义务,业主和物业服务企业也不得以任何理由阻止因维修所必需的占用、挖掘。相关单位在完成维修、养护后,应当将临时占用、挖掘的道路、场地,在约定期限内恢复原状。

法律解读 171 住宅专项维修资金

根据《住宅专项维修资金管理办法》第二条、第三条的规定,住宅专项维修资金,是指专项用于住宅共用部位、共用设施设备保修期满后的维修和更新、改造的资金。住宅共用部位,是指根据法律、法规和房屋买卖合同,由单幢住宅内业主或者单幢住宅内业主及与之结构相连的非住宅业主共有的部位。住宅共用部位一般包括:住宅的基础、承重墙体、柱、梁、楼板、屋顶以及户外的墙面、门厅、楼梯间、走廊通道等。共用设施设备,是指根据法律、法规和房屋买卖合同,由住宅业主或者住宅业主及有关非住宅业主共有的附属设施设备,一般包括电梯、天线、照明、消防设施、绿地、道路、路灯、沟渠、池、井、非经营性车场车库、公益性文体设施和共用设施设备使用的房屋等。

(一)住宅专项维修资金的交存

1. 交存范围。《住宅专项维修资金管理办法》第六条规定:"下列物业的业主应当按照本办法的规定交存住宅专项维修资金:(一)住宅,但一个业主所有且与其他物业不具有共用部位、共用设施设备的除外;(二)住宅小区内的非住宅或者住宅小区外与单幢住宅结构相连的非住宅。前款所列物业属于出售公有住房的,售房单位应当按照本办法的规定交存住宅专项维修资金。"

2. 交存标准。《住宅专项维修资金管理办法》第七条规定:"商品住宅的业主、非住宅的业主按照所拥有物业的建筑面积交存住宅专项维修资金,每平方米建筑面积交存首期住宅专项维修资金的数额为当地住宅建筑安装工程每平方米造价的5%至8%。直辖市、市、县人民政府建设(房地产)主管部门应当根据本地区情况,合理确定、公布每平方米建筑面积交存首期住宅专项维修资金的数额,并适时调整。"第八条规定:"出售公有住房的,按照下列规定交存住宅专项维修资金:(一)业主按照所拥有物业的建筑面积交存住宅专项维修资金,每平方米建筑面积交存首期住宅专项维修资金的数额为当地房改成本价的2%。(二)售房单位按照多层住宅不低于售

① 根据2016年1月13日《国务院关于修改部分行政法规的决定》(国务院令第666号)以及2018年3月19日《国务院关于修改和废止部分行政法规的决定》(国务院令第698号),原《物业管理条例》第五十二条已修订为第五十一条。

房款的20%、高层住宅不低于售房款的30%,从售房款中一次性提取住宅专项维修资金。”

3. 业主大会成立前的交存。《住宅专项维修资金管理办法》第十条规定:“业主大会成立前,商品住宅业主、非住宅业主交存的住宅专项维修资金,由物业所在地直辖市、市、县人民政府建设(房地产)主管部门代管。直辖市、市、县人民政府建设(房地产)主管部门应当委托所在地一家商业银行,作为本行政区域内住宅专项维修资金的专户管理银行,并在专户管理银行开立住宅专项维修资金专户。开立住宅专项维修资金专户,应当以物业管理区域为单位设账,按房屋户门号设分户账;未划定物业管理区域的,以幢为单位设账,按房屋户门号设分户账。”第十二条规定:“商品住宅的业主应当在办理房屋入住手续前,将首期住宅专项维修资金存入住宅专项维修资金专户。已售公有住房的业主应当在办理房屋入住手续前,将首期住宅专项维修资金存入公有住房住宅专项维修资金专户或者交由售房单位存入公有住房住宅专项维修资金专户。公有住房售房单位应当在收到售房款之日起30日内,将提取的住宅专项维修资金存入公有住房住宅专项维修资金专户。”第十三条规定:“未按本办法规定交存首期住宅专项维修资金的,开发建设单位或者公有住房售房单位不得将房屋交付购买人。”

4. 业主大会成立后的划转。《住宅专项维修资金管理办法》第十五条规定:“业主大会成立后,应当按照下列规定划转业主交存的住宅专项维修资金:(一)业主大会应当委托所在地一家商业银行作为本物业管理区域内住宅专项维修资金的专户管理银行,并在专户管理银行开立住宅专项维修资金专户。开立住宅专项维修资金专户,应当以物业管理区域为单位设账,按房屋户门号设分户账。(二)业主委员会应当通知所在地直辖市、市、县人民政府建设(房地产)主管部门;涉及已售公有住房的,应当通知负责管理公有住房住宅专项维修资金的部门。(三)直辖市、市、县人民政府建设(房地产)主管部门或者负责管理公有住房住宅专项维修资金的部门应当在收到通知之日起30日内,通知专户管理银行将该物业管理区域内业主交存的住宅专项维修资金账面余额划转至业主大会开立的住宅专项维修资金账户,并将有关账目等移交业主委员会。”第十六条规定:“住宅专项维修资金划转后的账目管理单位,由业主大会决定。业主大会应当建立住宅专项维修资金管理制度。业主大会开立的住宅专项维修资金账户,应当接受所在地直辖市、市、县人民政府建设(房地产)主管部门的监督。”第十七条规定:“业主分户账面住宅专项维修资金余额不足首期交存额30%的,应当及时续交。成立业主大会的,续交方案由业主大会决定。未成立业主大会的,续交的具体管理办法由直辖市、市、县人民政府建设(房地产)主管部门会同同级财政部门制定。”

(二)住宅专项维修资金的使用

住宅专项维修资金应当专项用于住宅共用部位、共用设施设备保修期满后的维修和更新、改造,不得挪作他用。住宅专项维修资金的使用,应当遵循方便快捷、公开透明、受益人和负担人相一致的原则。

1. 分摊规则

《住宅专项维修资金管理办法》第二十条规定:“住宅共用部位、共用设施设备的维修和更新、改造费用,按照下列规定分摊:(一)商品住宅之间或者商品住宅与非住宅之间共用部位、共用设施设备的维修和更新、改造费用,由相关业主按照各自拥有物业建筑面积的比例分摊。

(二)售后公有住房之间共用部位、共用设施设备的维修和更新、改造费用,由相关业主和公有住房售房单位按照所交存住宅专项维修资金的比例分摊;其中,应由业主承担的,再由相关业主按照各自拥有物业建筑面积的比例分摊。(三)售后公有住房与商品住宅或者非住宅之间共用部位、共用设施设备的维修和更新、改造费用,先按照建筑面积比例分摊到各相关物业。其中,售后公有住房应分摊的费用,再由相关业主和公有住房售房单位按照所交存住宅专项维修资金的比例分摊。”《住宅专项维修资金管理办法》第二十一条规定:“住宅共用部位、共用设施设备维修和更新、改造,涉及尚未售出的商品住宅、非住宅或者公有住房的,开发建设单位或者公有住房单位应当按照尚未售出商品住宅或者公有住房的建筑面积,分摊维修和更新、改造费用。”

2. 使用程序

《住宅专项维修资金管理办法》第二十二条规定了住宅专项维修资金划转业主大会管理前的使用程序;第二十三条规定了住宅专项维修资金划转业主大会管理后的使用程序;第二十四条规定了发生危及房屋安全等紧急情况,需要立即对住宅共用部位、共用设施设备进行维修和更新、改造情况下的使用程序;第二十五条规定了不得从住宅专项维修资金中列支的费用;第二十六条规定了在保证住宅专项维修资金正常使用的前提下,可以按照国家有关规定将住宅专项维修资金用于购买国债;第二十七条规定了应当转入住宅专项维修资金滚存使用的资金。

法律解读 172　管理规约

1. 管理规约,是指开发商或者业主共同制定的规范区分所有建筑物或者建筑区划内业主权利、义务、责任的法律文件。管理规约有广义和狭义之分。广义的管理规约包括临时管理规约和管理规约。通常将开发建设单位制定的管理规约称为临时管理规约。首次业主大会制定的业主规约称为管理规约,即狭义的管理规约。

2. 管理规约一般由业主通过业主大会共同制定,并由业主签署意见,承诺遵守相关规定。管理规约遵循业主自治原则,只要不违反法律、法规,业主可以通过自由协商确定管理规约的内容。管理规约的主要内容为区分所有的建筑物、基地和附属设施等物业的管理、使用规则,业主、业主大会、业主委员会的权利和义务以及相互关系,违反规约应承担的责任等。管理规约是物业管理区域自主管理的最高规则,具有普遍约束力。

3. 管理规约的主要内容

管理规约的内容,只要不违反法律、法规的规定,业主都可以通过协商自由约定。一般而言,管理规约的内容可分为以下五个方面:

(1)业主间管理基础法律关系的约定事项,具体包括物业管理区域的基本情况,物业专有部分和共有部分的界定,对业主身份及业主投票权的原则界定与解释。

(2)业主间处理物业共同管理事务方式的约定事项,具体包括业主管理团体组织的基本设置原则、架构和权力,业主对物业管理区域内各类管理费用的分担方式、用途和财务监督,业主对物业管理区域内其他一些重大管理事务的共同约定。

(3)业主间调整物业使用管理相互关系的约定事项,具体包括明确各业主在物业管理中合理使用、维护和管理物业的权利和义务以及物业相邻关系的协调处理，列举物业管理区域内的各项行为守则。

(4)对违反管理规约应承担的责任，具体包括业主违反管理规约应承担的责任，物业使用人违反管理规约应承担的责任，承担责任的方式。

(5)对管理规约本身程序性适用规则的约定事项，具体包括管理规约的效力和修改程序，管理规约的公示、查阅和修改程序，其他相关的程序性约定事项。

法律解读173 临时管理规约

临时管理规约，是指在物业销售前，由开发商制定的规范区分所有建筑物或者建筑区划内业主权利、义务、责任的法律文件，它对将来的物业买受人具有约束力。《物业管理条例》第二十二条规定："建设单位应当在销售物业之前，制定临时管理规约，对有关物业的使用、维护、管理，业主的共同利益，业主应当履行的义务，违反临时管理规约应当承担的责任等事项依法作出约定。建设单位制定的临时管理规约，不得侵害物业买受人的合法权益。"第二十三条规定："建设单位应当在物业销售前将临时管理规约向物业买受人明示，并予以说明。物业买受人在与建设单位签订物业买卖合同时，应当对遵守临时管理规约予以书面承诺。"在实践中，一般是在商品房预售之前，由开发商制定临时管理规约。在开发商与买受人签订《商品房买卖合同》时，在合同中规定前期物业管理条款，并将临时管理规约作为合同的附件，由买受人认可临时管理规约的内容。《商品房买卖合同(预/现售)示范文本》规定了前期物业管理，并将临时管理规约作为合同的附件。

1. 临时管理规约的制定主体。临时管理规约的制定主体为建设单位，但是该规约对即将成为业主的物业买受人也具有约束力。

2. 临时管理规约的内容。临时管理规约虽然是临时的，但只是针对它的时间效力而言，事实上，就其内容所包含的事项而言，临时管理规约与正式的管理规约并没有本质上的差异。[①] 临时管理规约的内容主要包括有关物业的使用、维护、管理，业主的共同利益，业主应当履行的义务，违反公约应当承担的责任等事项。

3. 临时管理规约内容的限制。由于临时管理规定是由开发商单方面制定的有关物业管理的规范性文件，其内容直接影响到业主在物业管理中的权利和义务，因此有必要对其内容加以限制。根据《物业管理条例》第二十二条第二款的规定，开发商制定的临时管理规约不得侵害物业买受人的合法权益。

4. 建设单位的说明义务和物业买受人的承诺义务。根据《物业管理条例》第二十三条的规定，对于临时管理规约，建设单位负有说明义务，物业买受人负有承诺义务。开发商应当保证买受人的知情权，应当在物业销售前将临时管理规约向物业买受人明示，并予以说明。如果建设单位在规约中不合理地限制业主的权利或者未向买受人明确说明临时管理规约内容的，应当认定

① 国务院法制办编：《物业管理条例注解与配套》，中国法制出版社2008年版，第23页。

该临时管理规约是无效的。物业买受人的承诺义务是在买受人了解规约的主要内容的基础上作出的真实意思表示,而且是书面明示,否则不产生法律效力。

法律解读 174　管理规约的法律性质

管理规约的法律性质主要有三种观点:

第一种观点认为管理规约是一种契约,①是区分所有权人间的共同协定。

第二种观点认为管理规约是自治规则,②是规范区分所有建筑物之管理、使用,增进共同利益,确保良好生活环境的自治规则。我国学者多认同此观点。

第三种观点认为管理规约是一种法律行为,③是业主间同意接受公约规定义务约束的共同民事法律行为。我国台湾地区的一些学者,如王泽鉴先生等,也持有这种观点。

上述三种观点,均有一定的道理,但都不够准确全面。一方面,管理规约是以全体业主的合意为基础、由全体业主协商而成,系"私法自治原则"的产物,物业管理的私法性质决定了管理规约是一种特殊的合同。另一方面,管理规约是物业管理多元主体在物业使用、维护和实施自主管理活动中形成的权利义务规则,物业管理的公法性质决定了管理规约兼具自治规则的特征。

法律解读 175　管理规约的法律效力

《物业管理条例》第十七条第三款规定,管理规约对全体业主具有约束力。管理规约的法律效力应注意以下两方面的问题。

(一)管理规约的生效条件和生效时间

管理规约的生效可分为承诺生效与订立生效。承诺生效主要适用于临时管理规约,自买受人签订商品房买卖合同及签署书面承诺遵守临时管理规约之日起生效。订立生效主要适用于管理规约,管理规约通过法定程序订立,达到法定比例的业主签署意见承诺遵守后即发生效力。根据《物业管理条例》《业主大会规程》的规定,首次业主大会通过的管理规约、修订后的管理规约必须报有关行政主管部门备案。管理规约是否应经过备案才能生效?管理规约是业主协商的结果,而管理规约备案仅仅是程序性行政措施,因此管理规约不以备案为生效要件。

(二)管理规约的对人和对地效力

管理规约的效力当然及于物业管理区域的全体业主。除此之外,管理规约的效力也及于物业的继受人和使用人。管理规约主要适用于通过管理规约业主所在的特定的物业管理区域,不适用于物业管理区域之外的区域。

---

① 陈华彬:《现代建筑物区分所有权制度研究》,法律出版社 1995 年版,第 217 页。

② 梁慧星:《中国物权法草案建议稿:条文、说明、理由与参考立法例》,社会科学文献出版社 2000 年版,第 299 页。

③ 蔡华:《物业管理法律理论与实务》,人民法院出版社 2000 年版,第 18 ~ 26 页。

法律解读 176　物业使用管理的限制

业主行使建设物区分所有权不是绝对的、不加任何限制的，应当受到《民法典》《物业管理条例》等法律、行政法规和管理规约的制约，主要体现为调整相邻关系和维护公共利益与公共秩序。物业的使用管理必须注意以下几个方面的问题：

（一）改变物业管理区域内按照规划建设的公共建筑和共用设施用途的

原则上，业主与物业服务企业都不得改变物业管理区域内按照规划建设的公共建筑和共用设施用途。特殊情况下，可以依法改变公共建筑和共用设施用途。对此，《物业管理条例》根据实施主体的不同，分别作了严格的限制，该条例第四十九条规定："物业管理区域内按照规划建设的公共建筑和共用设施，不得改变用途。业主依法确需改变公共建筑和共用设施用途的，应当在依法办理有关手续后告知物业服务企业；物业服务企业确需改变公共建筑和共用设施用途的，应当提请业主大会讨论决定同意后，由业主依法办理有关手续。"

（二）占用、挖掘物业管理区域内道路、场地的

《物业管理条例》第五十条规定："业主、物业服务企业不得擅自占用、挖掘物业管理区域内的道路、场地，损害业主的共同利益。因维修物业或者公共利益，业主确需临时占用、挖掘道路、场地的，应当征得业主委员会和物业服务企业的同意；物业服务企业确需临时占用、挖掘道路、场地的，应当征得业主委员会的同意。业主、物业服务企业应当将临时占用、挖掘的道路、场地，在约定期限内恢复原状。"

（三）装饰装修房屋的

《物业管理条例》第五十二条规定："业主需要装饰装修房屋的，应当事先告知物业服务企业。物业服务企业应当将房屋装饰装修中的禁止行为和注意事项告知业主。"在实践中，业主违规、违约装修、搭建的行为屡见不鲜。对此物业服务企业常处于比较尴尬的境地：一方面，物业服务企业不具有行政执法权，尽管可以根据合同约定要求排除妨碍、恢复原状，但无权采取强制性措施；另一方面，业主又对物业服务企业寄予较高希望，对个别业主违规、违约装修、搭建的行为，总希望物业服务企业予以制止，甚至有些受损害业主归咎于物业服务公司的管理不善，要求物业服务企业赔偿其损失。对此，物业服务企业应寻求政府行政主管部门的帮助。《城乡规划法》第九条第二款规定："任何单位和个人都有权向城乡规划主管部门或者其他有关部门举报或者控告违反城乡规划的行为。城乡规划主管部门或者其他有关部门对举报或者控告，应当及时受理并组织核查、处理。"

（四）利用物业共用部位、共用设施设备进行经营的

《物业管理条例》第五十四条规定："利用物业共用部位、共用设施设备进行经营的，应当在征得相关业主、业主大会、物业服务企业的同意后，按照规定办理有关手续。业主所得收益应当主要用于补充专项维修资金，也可以按照业主大会的决定使用。"

PART 2:物业使用和维护的法律风险提示及防控

法律风险提示25

(一)挪用专项维修资金的责任

《物业管理条例》第六十条规定:“违反本条例的规定,挪用专项维修资金的,由县级以上地方人民政府房地产行政主管部门追回挪用的专项维修资金,给予警告,没收违法所得,可以并处挪用数额2倍以下的罚款;构成犯罪的,依法追究直接负责的主管人员和其他直接责任人员的刑事责任。”

(二)擅自利用行为的责任

《物业管理条例》第六十三条规定:“违反本条例的规定,有下列行为之一的,由县级以上地方人民政府房地产行政主管部门责令限期改正,给予警告,并按照本条第二款的规定处以罚款;所得收益,用于物业管理区域内物业共用部位、共用设施设备的维修、养护,剩余部分按照业主大会的决定使用:(一)擅自改变物业管理区域内按照规划建设的公共建筑和共用设施用途的;(二)擅自占用、挖掘物业管理区域内道路、场地,损害业主共同利益的;(三)擅自利用物业共用部位、共用设施设备进行经营的。个人有前款规定行为之一的,处1000元以上1万元以下的罚款;单位有前款规定行为之一的,处5万元以上20万元以下的罚款。”

法律风险防控37

1. 物业的使用和维护应遵守法律、法规、管理规约的约定,遵守物业服务合同的约定。

2. 业主不得滥用权利,危及建筑物的安全的,或者损害其他业主的合法权益。

3. 如果物业存在安全隐患,危及公共利益及他人合法权益时,责任人应当及时维修养护,有关业主应当给予配合,并承担相应的维修费用。

4. 建设单位或者其他行为人不得擅自占用、处分业主共有部分、改变其使用功能或者进行经营性活动。

5. 业主或者其他行为人不得损害房屋承重结构,损害或者违章使用电力、燃气、消防设施,在建筑物内放置危险、放射性物品等危及建筑物安全或者妨碍建筑物正常使用;不得违反规定破坏、改变建筑物外墙面的形状、颜色等损害建筑物外观;不得违反规定进行房屋装饰装修;不得违章加建、改建,侵占、挖掘公共通道、道路、场地或者其他共有部分。

6. 业主或者其他行为人不得擅自改变物业管理区域内按照规划建设的公共建筑和共用设施用途;不得擅自占用、挖掘物业管理区域内道路、场地,损害业主共同利益;不得擅自利用物业共用部位、共用设施设备进行经营。

PART 3：物业使用和维护的典型案例

典型案例 102

开发商侵占维修基金 业委会维权获支持①

涉案的小区建于 1999 年，据原告业委会称，当年小区业主在购房办理入住手续时，已经将业主承担的维修基金交给了被告开发商。2010 年，小区业委会进行了换届，新成立的业委会在对小区材料进行核查过程中意外发现，小区内有 100 多户业主的维修基金账户余额为“0”。业委会进一步查证后发现，当初开发商并未将全部维修基金解入专用账户，而是占用了代收的部分维修基金，共涉及 80 余万元。此后，业委会与开发商进行了交涉，要求归还业主的维修基金。经过多番催促，开发商归还了 21 户业主的维修基金和利息，但对于其余 121 户业主的维修基金则始终不同意归还。为此，业委会将开发商告上法庭，要求归还占用的维修基金 60 余万元，并支付利息。

庭审中，业委会提供了部分业主的购房资料。业委会找到了 13 户业主当初缴纳维修基金的收据，但其余业主的收据因为各种原因均无法提供。对此，开发商坚持认为，对于业主是否已经将维修基金交给被告的事实，原告应当出示发票或者收据，对于有证据的，被告同意归还，否则就不予认可。为查明案情，法官要求开发商提供当初已经将维修基金转账给业委会的证据，但开发商表示因为公司管理混乱，相关财务凭证已经无法找到。法院审理后认为，根据相关规定，首期维修基金购房人应于房地产权属登记前缴纳，房地产开发企业在办理初始登记时缴纳。从原、被告的举证情况综合分析，业主已经缴纳了维修基金，被告应当将 121 户业主的维修基金 689,414.42 元汇入维修基金账户，并支付占用期间的利息。

典型案例 103

拒交专项维修基金 业委会告赢开发商②

被告某房地产公司开发建设的涉案房于 1997 年 9 月前建成交付使用，原告业主委员会为该小区建筑物所有权人，小区总投资为 6,820,215 余元。依照有关规定，按投资比例的 2% 计算，开发商应于预售房屋前将归业主所有的“住宅共用部位、共用设施设备维修基金（又称专项基金）”136,104 元交到洛阳市房管局银行专户代管。被告于 2005 年 4 月撤出物业管理，小区业主委员

---

① 汤峥鸣：《开发商侵占维修基金 业委会维权获支持》，载中国法院网：http://www.chinacourt.org/article/detail/2012/12/id/802446.shtml，最后访问日期：2019 年 5 月 12 日。

② 于风卫：《拒交专项维修基金 业委会告赢开发商》，载中国法院网：http://www.chinacourt.org/article/detail/2009/03/id/349960.shtml，最后访问日期：2019 年 5 月 12 日。

会成立后,因实施维修需使用维修基金时,原告方得知被告未缴纳上述款项。双方经多次交涉无果,原告诉至法院。

法院审理后认为,根据国家法律和洛阳市的有关规定,商品房开发企业开发建设、销售商品房,依法缴纳住房共用部位、共用设施设备维修基金,是其基于与全体购房业主之间的商品房买卖关系形成的建筑物区分所有权特性产生的法定义务。虽然其售房前应将该基金交至房产行政主管部门代管,但全体业主依法无可争议地对该基金享有财产所有权等民事权利。被告违反规定,至今欠交该基金,损害了业主的合法权益。现该业主委员会作为业主大会的执行机构,为全体购房业主向房屋开发销售企业直接主张该权利,其诉求于法有据,应予支持。法院遂作出以上判决。

典型案例104

上海市虹口区久乐大厦小区业主大会与上海环亚实业总公司业主共有权纠纷案

裁判要点

专项维修资金是专门用于物业共用部位、共用设施设备保修期满后的维修和更新、改造的资金,属于全体业主共有。缴纳专项维修资金是业主为维护建筑物的长期安全使用而应承担的一项法定义务。业主拒绝缴纳专项维修资金,并以诉讼时效提出抗辩的,人民法院不予支持。

基本案情

2004年3月,被告上海环亚实业总公司(以下简称环亚公司)取得上海市虹口区久乐大厦底层、二层房屋的产权,底层建筑面积691.36平方米、二层建筑面积910.39平方米。环亚公司未支付过上述房屋的专项维修资金。2010年9月,原告久乐大厦小区业主大会(以下简称久乐业主大会)经征求业主表决意见,决定由久乐业主大会代表业主提起追讨维修资金的诉讼。久乐业主大会向法院起诉,要求环亚公司就其所有的久乐大厦底层、二层的房屋向原告缴纳专项维修资金57,566.9元。被告环亚公司辩称,其于2004年获得房地产权证,至本案诉讼有6年之久,原告从未主张过维修资金,该请求已超过诉讼时效,不同意原告诉请。

裁判结果

上海市虹口区人民法院于2011年7月21日作出(2011)虹民三(民)初字第833号民事判决:被告环亚公司应向原告久乐业主大会缴纳久乐大厦底层、二层房屋的维修资金57,566.9元。宣判后,环亚公司向上海市第二中级人民法院提起上诉。上海市第二中级人民法院于2011年9月21日作出(2011)沪二中民二(民)终字第1908号民事判决:驳回上诉,维持原判。

裁判理由

法院生效裁判认为:《物权法》第七十九条规定,“建筑物及其附属设施的维修资金,属于业主共有。经业主共同决定,可以用于电梯、水箱等共有部分的维修。"《物业管理条例》第五十四条①第二款规定,"专项维修资金属于业主所有,专项用于物业保修期满后物业共用部位、共用设施设备的维修和更新、改造,不得挪作他用"。《住宅专项维修资金管理办法》(建设部、财政部令第165号)(以下简称《办法》)第二条第二款规定,"本办法所称住宅专项维修资金,是指专项用于住宅共用部位、共用设施设备保修期满后的维修和更新、改造的资金。"依据上述规定,维修资金性质上属于专项基金,系为特定目的,即为住宅共用部位、共用设施设备保修期满后的维修和更新、改造而专设的资金。它在购房款、税费、物业费之外,单独筹集、专户存储、单独核算。由其专用性所决定,专项维修资金的缴纳并非源于特别的交易或法律关系,而是为了准备应急性地维修、更新或改造区分所有建筑物的共有部分。由于共有部分的维护关乎全体业主的共同或公共利益,所以维修资金具有公共性、公益性。

《物业管理条例》第七条第四项规定,业主在物业管理活动中,应当履行按照国家有关规定交纳专项维修资金的义务。第五十四条②第一款规定,"住宅物业、住宅小区内的非住宅物业或者与单幢住宅楼结构相连的非住宅物业的业主,应当按照国家有关规定交纳专项维修资金。"依据上述规定,缴纳专项维修资金是为特定范围的公共利益,即建筑物的全体业主共同利益而特别确立的一项法定义务,这种义务的产生与存在仅仅取决于义务人是否属于区分所有建筑物范围内的住宅或非住宅所有权人。因此,缴纳专项维修资金的义务是一种旨在维护共同或公共利益的法定义务,其只存在补缴问题,不存在因时间经过而可以不缴的问题。

业主大会要求补缴维修资金的权利,是业主大会代表全体业主行使维护小区共同或公共利益之职责的管理权。如果允许某些业主不缴纳维修资金而可享有以其他业主的维修资金维护共有部分而带来的利益,其他业主就有可能在维护共有部分上支付超出自己份额的金钱,这违背了公平原则,并将对建筑物的长期安全使用,对全体业主的共有或公共利益造成损害。

基于专项维修资金的性质和业主缴纳专项维修资金义务的性质,被告环亚公司作为久乐大厦的业主,不依法自觉缴纳专项维修资金,并以业主大会起诉追讨专项维修资金已超过诉讼时效进行抗辩,该抗辩理由不能成立。原告根据被告所有的物业面积,按照同期其他业主缴纳专项维修资金的计算标准算出的被告应缴纳的数额合理,据此判决被告应当按照原告诉请支付专项维修资金。

PART 4:物业使用和维护的法律链接

法律链接

《物业管理条例》(2018年3月19日修订)

第四十九条　物业管理区域内按照规划建设的公共建筑和共用设施,不得改变用途。

业主依法确需改变公共建筑和共用设施用途的,应当在依法办理有关手续后告知物业服务

① 修订后的《物业管理条例》第五十三条。

② 修订后的《物业管理条例》第五十三条。

企业;物业服务企业确需改变公共建筑和共用设施用途的,应当提请业主大会讨论决定同意后,由业主依法办理有关手续。

第五十条　业主、物业服务企业不得擅自占用、挖掘物业管理区域内的道路、场地,损害业主的共同利益。

因维修物业或者公共利益,业主确需临时占用、挖掘道路、场地的,应当征得业主委员会和物业服务企业的同意;物业服务企业确需临时占用、挖掘道路、场地的,应当征得业主委员会的同意。

业主、物业服务企业应当将临时占用、挖掘的道路、场地,在约定期限内恢复原状。

第五十一条　供水、供电、供气、供热、通信、有线电视等单位,应当依法承担物业管理区域内相关管线和设施设备维修、养护的责任。

前款规定的单位因维修、养护等需要,临时占用、挖掘道路、场地的,应当及时恢复原状。

第五十二条　业主需要装饰装修房屋的,应当事先告知物业服务企业。

物业服务企业应当将房屋装饰装修中的禁止行为和注意事项告知业主。

第五十三条　住宅物业、住宅小区内的非住宅物业或者与单幢住宅楼结构相连的非住宅物业的业主,应当按照国家有关规定交纳专项维修资金。

专项维修资金属于业主所有,专项用于物业保修期满后物业共用部位、共用设施设备的维修和更新、改造,不得挪作他用。

专项维修资金收取、使用、管理的办法由国务院建设行政主管部门会同国务院财政部门制定。

第五十四条　利用物业共用部位、共用设施设备进行经营的,应当在征得相关业主、业主大会、物业服务企业的同意后,按照规定办理有关手续。业主所得收益应当主要用于补充专项维修资金,也可以按照业主大会的决定使用。

第五十五条　物业存在安全隐患,危及公共利益及他人合法权益时,责任人应当及时维修养护,有关业主应当给予配合。

责任人不履行维修养护义务的,经业主大会同意,可以由物业服务企业维修养护,费用由责任人承担。

第六十条　违反本条例的规定,挪用专项维修资金的,由县级以上地方人民政府房地产行政主管部门追回挪用的专项维修资金,给予警告,没收违法所得,可以并处挪用数额2倍以下的罚款;构成犯罪的,依法追究直接负责的主管人员和其他直接责任人员的刑事责任。

第六十二条　违反本条例的规定,未经业主大会同意,物业服务企业擅自改变物业管理用房的用途的,应由县级以上地方人民政府房地产行政主管部门责令限期改正,给予警告,并处1万元以上10万元以下的罚款;有收益的,所得收益用于物业管理区域内物业共用部位、共用设施设备的维修、养护,剩余部分按照业主大会的决定使用。

第六十三条　违反本条例的规定,有下列行为之一的,由县级以上地方人民政府房地产行政主管部门责令限期改正,给予警告,并按照本条第二款的规定处以罚款;所得收益,用于物业管理区域内物业共用部位、共用设施设备的维修、养护,剩余部分按照业主大会的决定使用:

（一）擅自改变物业管理区域内按照规划建设的公共建筑和共用设施用途的；

（二）擅自占用、挖掘物业管理区域内道路、场地，损害业主共同利益的；

（三）擅自利用物业共用部位、共用设施设备进行经营的。

个人有前款规定行为之一的，处1000元以上1万元以下的罚款；单位有前款规定行为之一的，处5万元以上20万元以下的罚款。

《最高人民法院关于审理建筑物区分所有权纠纷案件适用法律若干问题的解释》

第十条 业主将住宅改变为经营性用房，未依据民法典第二百七十九条的规定经有利害关系的业主一致同意，有利害关系的业主请求排除妨害、消除危险、恢复原状或者赔偿损失的，人民法院应予支持。

将住宅改变为经营性用房的业主以多数有利害关系的业主同意其行为进行抗辩的，人民法院不予支持。

第十一条 业主将住宅改变为经营性用房，本栋建筑物内的其他业主，应当认定为民法典第二百七十九条所称"有利害关系的业主"。建筑区划内，本栋建筑物之外的业主，主张与自己有利害关系的，应证明其房屋价值、生活质量受到或者可能受到不利影响。

第十四条 建设单位、物业服务企业或者其他管理人等擅自占用、处分业主共有部分、改变其使用功能或者进行经营性活动，权利人请求排除妨害、恢复原状、确认处分行为无效或者赔偿损失的，人民法院应予支持。

属于前款所称擅自进行经营性活动的情形，权利人请求建设单位、物业服务企业或者其他管理人等将扣除合理成本之后的收益用于补充专项维修资金或者业主共同决定的其他用途的，人民法院应予支持。行为人对成本的支出及其合理性承担举证责任。

第十五条 业主或者其他行为人违反法律、法规、国家相关强制性标准、管理规约，或者违反业主大会、业主委员会依法作出的决定，实施下列行为的，可以认定为民法典第二百八十六条第二款所称的其他"损害他人合法权益的行为"：

（一）损害房屋承重结构，损害或者违章使用电力、燃气、消防设施，在建筑物内放置危险、放射性物品等危及建筑物安全或者妨碍建筑物正常使用；

（二）违反规定破坏、改变建筑物外墙面的形状、颜色等损害建筑物外观；

（三）违反规定进行房屋装饰装修；

（四）违章加建、改建，侵占、挖掘公共通道、道路、场地或者其他共有部分。

其他法规

《住宅专项维修资金管理办法》对住宅专项维修资金进行了专门规定。

房地产法律、法规、规章、司法解释、法院文件汇编

汇编说明:

(一)受本书篇幅限制,对于本书所涉及的房地产法律、法规、司法解释、法院及政策文件,除了在各专题【法律链接】部分所分类整理并引用的法律条文之外,本书仅汇编法律及政策文件名称。地方法规、地方规章由于数目繁多,因此也未汇编名录。读者如有需要,可自行上网搜索、下载相应法律及政策文件,或者通过电子邮箱 howdows@126.com 与笔者联系索要。

(二)笔者主要是通过互联网搜索、下载、整理本书所涉及的房地产法律、法规、司法解释、法院及政策文件,受能力所限,笔者无法一一核实真伪、完整。如读者需要参考使用,请读者务必自行核实真伪,笔者不承担任何法律责任。

(三)2020 年 5 月 28 日,十三届全国人大三次会议表决通过了《民法典》,自 2021 年 1 月 1 日起施行。《婚姻法》《继承法》《民法通则》《收养法》《担保法》《合同法》《物权法》《侵权责任法》《民法总则》同时废止,与之相关联的还有大量的法律、行政法规、行政规章、法律名称和法律条文的引述,有待相关部门的进一步"废、改、立"。因此,对于直接引述的法律文件、裁判文书等所涉及的被废止法律名称和法律条文,本着"引自原文、终于原文"的原则,本书未作修改和说明。

序号	名　称
一	**法律类**
1	《中华人民共和国民法典》(2020 年)
2	《中华人民共和国刑法》(2020 年修正)
3	《中华人民共和国土地管理法》(2019 年修正)
4	《中华人民共和国城市房地产管理法》(2019 年修正)
5	《中华人民共和国建筑法》(2019 年修正)
6	《中华人民共和国城乡规划法》(2019 年修正)
7	《中华人民共和国招标投标法》(2017 年修正)
8	《中华人民共和国公司法》(2018 年修正)
9	《中华人民共和国外商投资法》(2019 年)
10	《中华人民共和国广告法》(2021 年修正)
11	《中华人民共和国消费者权益保护法》(2013 年修正)
12	《中华人民共和国产品质量法》(2018 年修正)

续表

序号	名　　称
13	《中华人民共和国反不正当竞争法》(2019 年修正)
14	《中华人民共和国耕地占用税法》(2018 年)
15	《中华人民共和国个人所得税法》(2018 年修正)
16	《中华人民共和国企业所得税法》(2018 年修正)
17	《中华人民共和国税收征收管理法》(2015 年修正)
18	《中华人民共和国契税法》(2020 年)
19	《中华人民共和国印花税法》(2021 年)
二	**行政法规类**
20	《中华人民共和国城镇国有土地使用权出让和转让暂行条例》(2020 年修订)
21	《中华人民共和国土地管理法实施条例》(2021 年修订)
22	《国有土地上房屋征收与补偿条例》(2011 年)
23	《城市房地产开发经营管理条例》(2020 年修正)
24	《不动产登记暂行条例》(2019 年修正)
25	《物业管理条例》(2018 年修订)
26	《保安服务管理条例》(2009 年)
27	《中华人民共和国公司登记管理条例》(2016 年修正)
28	《中华人民共和国房产税暂行条例》(2011 年修正)
29	《中华人民共和国城镇土地使用税暂行条例》(2019 年修订)
30	《中华人民共和国土地增值税暂行条例》(2011 年修订)
31	《中华人民共和国个人所得税法实施条例》(2018 年修正)
32	《中华人民共和国企业所得税法实施条例》(2019 年修正)
33	《中华人民共和国广告管理条例》(1987 年)
三	**部门规章政策类**
34	《房地产开发企业资质管理规定》(2015 年修订)
35	《商品房销售管理办法》(2001 年)
36	《城市商品房预售管理办法》(2005 年修订)
37	《城市房地产转让管理规定》(2001 年修订)
38	《房地产经纪管理办法》(2016 年修改)
39	《城市房地产抵押管理办法》(2001 年)
40	《房屋登记办法》(2008 年)
41	《商品房屋租赁管理办法》(2010 年)

续表

序号	名　　称
42	《公共租赁住房管理办法》(2012年)
43	《住宅专项维修资金管理办法》(2007年)
44	《房地产广告发布规定》(2015年)
45	《物业服务收费管理办法》(2004年)
46	《中华人民共和国土地增值税暂行条例实施细则》(1995年)
47	《房产测绘管理办法》(2000年)
四	**最高人民法院司法解释、指导意见**
48	《最高人民法院关于适用〈中华人民共和国民法典〉时间效力的若干规定》(2020年,法释〔2020〕15号)
49	《最高人民法院关于审理矿业权纠纷案件适用法律若干问题的解释》(2020年修正,法释〔2020〕17号)
50	《最高人民法院关于审理买卖合同纠纷案件适用法律问题的解释》(2020年修正,法释〔2020〕17号)
51	《最高人民法院关于审理建筑物区分所有权纠纷案件适用法律若干问题的解释》(2020年修正,法释〔2020〕17号)
52	《最高人民法院关于审理物业服务纠纷案件适用法律若干问题的解释》(2020年修正,法释〔2020〕17号)
53	《最高人民法院关于审理涉及农村土地承包纠纷案件适用法律问题的解释》(2020年修正,法释〔2020〕17号)
54	《最高人民法院关于审理涉及国有土地使用权合同纠纷案件适用法律问题的解释》(2020年修正,法释〔2020〕17号)
55	《最高人民法院关于审理涉及农村土地承包经营纠纷调解仲裁案件适用法律若干问题的解释》(2020年修正,法释〔2020〕17号)
56	《最高人民法院关于国有土地开荒后用于农耕的土地使用权转让合同纠纷案件如何适用法律问题的批复》(2020年修正,法释〔2020〕17号)
57	《最高人民法院关于审理商品房买卖合同纠纷案件适用法律若干问题的解释》(2020年修正,法释〔2020〕17号)
58	《最高人民法院关于审理城镇房屋租赁合同纠纷案件具体应用法律若干问题的解释》(2020年修正,法释〔2020〕17号)
59	《最高人民法院关于审理民间借贷案件适用法律若干问题的规定》(2020年修正,法释〔2020〕17号)
60	《最高人民法院关于民事诉讼证据的若干规定》(2019年修正,法释〔2019〕19号)
61	《最高人民法院关于适用〈中华人民共和国民事诉讼法〉的解释》(2020年修正,法释〔2020〕20号)

续表

序号	名　　称
62	《最高人民法院关于适用〈中华人民共和国民法典〉婚姻家庭编的解释(一)》(2020 年,法释〔2020〕22 号)
63	《最高人民法院关于适用〈中华人民共和国民法典〉继承编的解释(一)》(2020 年,法释〔2020〕23 号)
64	《最高人民法院关于适用〈中华人民共和国民法典〉物权编的解释(一)》(2020 年,法释〔2020〕24 号)
65	《最高人民法院关于审理建设工程施工合同纠纷案件适用法律问题的解释(一)》(2020 年,法释〔2020〕25 号)
66	《最高人民法院关于适用〈中华人民共和国民法典〉有关担保制度的解释》(2020 年,法释〔2020〕28 号)
67	《最高人民法院关于修改〈民事案件案由规定〉的决定》(2020 年修正,法〔2020〕346 号)

图书在版编目(CIP)数据

房地产法律顾问:房地产全程法律解读和风险防控/余水生著. --2版. --北京:法律出版社,2021
ISBN 978-7-5197-5608-6

Ⅰ.①房… Ⅱ.①余… Ⅲ.①房地产法-基本知识-中国 Ⅳ.①D922.384

中国版本图书馆CIP数据核字(2021)第085402号

房地产法律顾问:
房地产全程法律解读和风险防控(第二版)
FANGDICHAN FALÜ GUWEN:
FANGDICHAN QUANCHENG FALÜ JIEDU HE FENGXIAN FANGKONG(DI-ER BAN)

余水生 著

责任编辑 李 群 陈 熙
装帧设计 汪奇峰

出版发行 法律出版社
编辑统筹 法规出版分社
责任校对 张红蕊
责任印制 张建伟
经 销 新华书店

开本 787毫米×1092毫米 1/16
印张 27 字数 639千
版本 2021年8月第2版
印次 2021年8月第1次印刷
印刷 三河市龙大印装有限公司

地址:北京市丰台区莲花池西里7号(100073)
网址:www.lawpress.com.cn
投稿邮箱:info@lawpress.com.cn
举报盗版邮箱:jbwq@lawpress.com.cn

销售电话:010-83938349
客服电话:010-83938350
咨询电话:010-63939796

书号:ISBN 978-7-5197-5608-6
定价:86.00元
凡购买本社图书,如有印装错误,我社负责退换。电话:010-83938349